IMMAGINA

L'italiano senza confini

Anne Cummings
El Camino College

Chiara Frenquellucci
Harvard University

Gloria Pastorino
Fairleigh Dickinson University

Julia A. Viazmenski
Dartmouth College

VISTA
HIGHER LEARNING

Boston, Massachusetts

IMMAGINA
L'italiano senza confini

Publisher: José A. Blanco

Executive Editor: Sarah Kenney

Managing Editors: María Eugenia Corbo, Paola Ríos Schaaf (Technology)

Editors: John DeCarli, Mónica M. González Peña, Paula Andrea Orrego, Katie Wade, Anne Wagner (Technology)

Production and Design Director: Marta Kimball

Design Manager: Susan Prentiss

Design and Production Team: Sarah Cole, Oscar Díez, Mauricio Henao, Jhoany Jiménez, Juan Camilo Moreno, Nick Ventullo

Printed in Canada.

Student Text ISBN-13: 978-1-60576-120-6
Student Text (Casebound) ISBN-13: 978-1-60576-121-3

Instructor's Annotated Edition ISBN-13: 978-1-60576-124-4

Library of Congress Card Number: 2009934650

Every reasonable effort has been made to trace the owners of copyrighted materials in this book, but in some instances this has proven impossible. The publisher will be happy to receive information leading to more complete acknowledgements in subsequent printings of the book, and in the meantime extends its apologies for any omissions.

3 4 5 6 7 8 9 TC 14 13 12 11

Maestro® and Maestro Language Learning System® and design are registered trademarks of Vista Higher Learning, Inc.

Introduction

Benvenuti a IMMAGINA, a brand-new intermediate Italian program designed to provide you with an active and rewarding learning experience as you continue to strengthen your language skills and develop your cultural competency.

Here are some of the key features you will find in **IMMAGINA**:

- A cultural focus integrated throughout the entire lesson

- Authentic dramatic short films by contemporary Italian filmmakers that carefully tie in the lesson theme and grammar structures

- A fresh, magazine-like design and lesson organization that both support and facilitate language learning

- A highly-structured, easy-to-navigate design, based on whole pages or spreads of two facing pages

- An abundance of illustrations, photos, charts, and graphs, all specifically chosen or created to help you learn

- An emphasis on authentic language and practical vocabulary for communicating in real-life situations

- Abundant guided and communicative activities

- Clear, comprehensive, and well-organized grammar explanations that highlight the most important concepts in intermediate Italian

- Short and comprehensible literary and cultural readings that recognize and celebrate Italy's diversity, culture and heritage

- A complete set of print and technology ancillaries to equip you with the materials you need to make learning Italian easier

SOMMARIO

STRUTTURE	**CULTURA**	**LETTERATURA**	

	PER COMINCIARE	CORTOMETRAGGIO	IMMAGINA

Lezione 9
L'influenza dei media

Media e cultura 320
 cinema, radio e televisione
 i media
 la gente dei media
 la stampa
 la cultura popolare

Che gioia! (9 min.) 322
Regista: Antonio Vladimir Marino

LIGURIA
*I patrimoni dell'umanità
in Liguria* 328
Il festival della canzone italiana;
Renzo Piano 329

Lezione 10
Prospettive lavorative

Il lavoro e le finanze 362
 la ricerca di lavoro
 la gente al lavoro
 al lavoro
 le finanze

Rischio d'impresa
(14 min.) 364
Regista: Francesco Brandi

LE ALPI
Sport ad alta quota 370
Lugano; Ferrero 371

Laboratorio di scrittura – Punti per la revisione dei saggi 401

Verb Conjugation Tables 403

Vocabulary
 Italiano-Inglese 417

 English-Italian 438

Index 459

Credits 462

About the authors 464

STRUTTURE	CULTURA	LETTERATURA	

SOMMARIO

outlines the content and features of each lesson.

LEZIONE 3

Distrarsi e divertirsi

La vita di tutti i giorni è frenetica e faticosa. Ognuno dovrebbe trovare del tempo da dedicare al proprio corpo e allo spirito. Fare una passeggiata in centro e distrarsi facendo compere, incontrare gli amici al caffè e fare due chiacchiere. Rilassarsi in casa con un bel libro o davanti ad un film. Andare in palestra ed allenare il corpo. Ognuno è diverso e dà sfogo allo stress della routine in modo diverso. Tu che cosa preferisci? Quale attività ti rilassa e ti dà la carica giusta per affrontare una nuova giornata piena di impegni?

SOMMARIO

Distrarsi e divertirsi 79

Lesson opener A two-page spread introduces you to the lesson theme. Dynamic photos and teasers related to the lesson theme, film, and readings are a springboard for class discussion.

Destinazione A locator map highlights each lesson's region of focus.

Lesson overview A lesson outline prepares you for the linguistic and cultural topics you will study in each lesson.

PER COMINCIARE

introduces the lesson vocabulary with thematic activities.

Vocabulary Easy-to-study thematic lists present useful vocabulary.

Photos and Illustrations Dynamic, full-color photos and art visually illustrate selected vocabulary terms.

Pratica This set of exercises practices vocabulary in diverse formats and engaging contexts.

Icons These icons provide on-the-spot visual cues for both pair and small group activities. Icons also signal activities that are available on the Supersite with auto-grading, as well as additional content online.

Supersite Go to **immagina.vhlcentral.com** to hear audio of the vocabulary and access activities from the book and additional practice with auto-grading. See p. xxvi for more information.

CORTOMETRAGGIO

features award-winning short films by contemporary Italian filmmakers.

Posters Dynamic and eye-catching movie posters introduce the films, which are available for viewing at **immagina.vhlcentral.com**.

Scene Video stills with captions from the film prepare you for the film and introduce some of the expressions you will encounter.

Nota culturale These sidebars with cultural information related to the **Cortometraggio** help you to understand the cultural context and background surrounding the film.

PREPARAZIONE & ANALISI

provide the pre- and post-viewing support necessary for a successful experience with each film.

Preparazione Pre-viewing exercises set the stage for the film by providing vocabulary support, background information, and opportunities to anticipate what will happen.

Analisi Post-viewing activities check your comprehension and progress into more open-ended activities, allowing you to explore broader themes from the film in relation to your own life.

IMMAGINA

simulates a voyage to the featured region.

Magazine-like design Each reading is presented in the attention-grabbing visual style you would expect from a magazine.

Region-specific readings Dynamic readings draw your attention to culturally significant locations, traditions, and monuments of the region of focus.

Activities The activities check your comprehension of the **Immagina** readings and lead you to further exploration.

STRUTTURE

presents grammar points key to intermediate Italian in a graphic-intensive format.

Integration of *Cortometraggio*
Photos with quotes or captions from the lesson's short film show the new grammar structures in meaningful and relevant contexts.

Charts and Diagrams Colorful, easy-to-understand charts and diagrams highlight key grammatical structures and related vocabulary.

Grammar explanations
Explanations are written in clear, comprehensible language for easy understanding and reference both in and out of class.

Attenzione These sidebars expand on the current grammar point and call attention to similar grammatical structures.

Rimando These sidebars reference relevant grammar points presented actively in **Strutture.**

STRUTTURE

progresses from directed to communicative practice.

Pratica Directed exercises support you as you begin working with the grammar structures, helping you master the forms you need for personalized communication.

Comunicazione Open-ended, communicative activities help you internalize the grammar point in a range of contexts involving pair and group work.

Nota culturale These sidebars explain cultural references embedded in activities and expand the culture content of each lesson.

SINTESI

brings together the vocabulary, grammar, and lesson theme.

Parliamo Realia and photography serve as springboards for pair, group, or class discussions.

Scriviamo This section gives you the opportunity to use the grammar and vocabulary of the lesson in engaging, real-life writing tasks.

Strategie Tips, techniques, key words, and expressions help you improve your oral and written communication skills.

CULTURA

features a dynamic cultural reading.

Readings Brief, comprehensible readings present you with additional cultural information related to the lesson theme and country or region of focus.

Photos Vibrant, dynamic photos visually illustrate the reading.

Design Readings are carefully laid out with line numbers, marginal glosses, pull quotes, and box features to help make each piece easy to navigate as a class.

LETTERATURA

showcases literary readings by well-known Italian writers.

Letteratura Comprehensible and compelling, these readings present new avenues for using the lesson's grammar, vocabulary, and themes.

Design Each reading is presented in the attention-grabbing visual style you would expect from a magazine, along with glosses of unfamiliar words that aid in comprehension.

Audio Dramatic recordings of each literary selection on the **IMMAGINA** Supersite bring the plot to life.

PREPARAZIONE & ANALISI

activities provide in-depth pre- and post-reading support for each selection in Cultura and Letteratura.

CULTURA

LETTERATURA

Preparazione ⑤ Reading

A proposito dell'autore

Autore satirico, prolifico e versatile, Stefano Benni (1947) ha scritto romanzi, racconti, opere teatrali, poesie, articoli di giornale ed è anche regista cinematografico. Benni è appassionato di jazz e inventore della *Pluriversità dell'Immaginazione*, un ciclo di conferenze legate all'Associazione culturale Italo Calvino. I generi letterari che predilige (*prefers*) vanno dalla fantascienza al fantastico, dalla fiaba (*fable*) moderna e disincantata alla quotidianità, sempre trattata con umorismo e a volte con un fondo di amarezza (*bitterness*). Benni continua a scrivere e a promuovere attività culturali. I suoi libri sono tradotti in moltissime lingue.

Vocabolario della lettura		Vocabolario utile
bastare *to be sufficient*	**il pezzo** *piece*	**la bontà** *goodness*
la classifica *chart*	**gli spiccioli** *small change*	**la coscienza** *conscience*
fatato/a *enchanted*	**lo spinotto** *plug*	**la fiaba/favola** *fairy tale*
fingere *pretend*	**suonare** *to play*	**la magia** *magic*
la ninnananna *lullaby*	**le zeppe** *wedge shoes*	**la morale** *moral*

1 Definizioni Trova la definizione adatta ad ogni parola.

_____ 1. la favola   a. la lezione di un racconto

_____ 2. gli spiccioli   b. una canzone in rima per dormire

_____ 3. le zeppe   c. un racconto di fantasia

_____ 4. la morale   d. un tipo di scarpe

_____ 5. la bontà   e. pochi soldi in contanti

_____ 6. la ninnananna   f. la qualità di essere buoni

2 Preparazione Fate le seguenti domande ad un(a) compagno/a.

1. Cosa pensi dei suonatori di strada? Sono musicisti bravi o dei falliti (*failures*)?
2. Che tipo di persona sceglie di suonare per la strada?
3. In che modo un suonatore di strada è diverso da un mendicante?
4. Ti piacciono i suonatori di strada? Li trovi bravi? Ti fermi ad ascoltarli?
5. Di solito, dove incontri suonatori di strada? Se ti piacciono, dai dei soldi?
6. Tu suoni uno strumento? Ti verrebbe mai in mente di suonarlo per la strada? Perché sì o perché no?

3 Discussione In coppia, rispondete alle domande.

1. Il racconto che segue è tratto dal libro *Il bar sotto il mare*. Secondo te, che tipo di libro è? Come può esistere un bar sotto il mare?
2. Hai mai letto *Alice nel paese delle meraviglie*? Qual è il principio fondamentale di quel libro?
3. Conosci altre fiabe in inglese in cui il mondo è alla rovescia (*upside-down*)?
4. Immagina di avere un oggetto magico: cos'è e cosa può fare?

Nota CULTURALE

Il bar sotto il mare è una raccolta° di racconti dei personaggi° che il protagonista incontra in un bar sommerso°, dopo aver cercato di salvare° un vecchio signore sceso sott'acqua. Il signore non voleva annegarsi°, voleva solo andare al bar. Come nel *Decameron* di Boccaccio o *I racconti di Canterbury* di Chaucer, i diversi personaggi del bar raccontano tutti una storia per passare il tempo. La caratteristica comune a tutti è l'elemento assurdo, esagerato o contrario a quanto ci si aspetta°.

raccolta *collection* **personaggi** *characters* **sommerso** *submerged* **salvare** *to save* **annegarsi** *to drown oneself* **ci si aspetta** *is expected*

Practice more at **immagina.vhlcentral.com.**

Analisi

...rase nella colonna di sinistra con la fine appropriata nella

a. la squadra nazionale di calcio italiana.
b. la squadra di calcio della città di Torino.
c. può trovarsi a giocare contro la propria ex-squadra.
d. si chiama *La Gazzetta dello Sport*.
e. ha usato termini calcistici per fare appello ai tifosi e diventare presidente del Consiglio.
f. si sentono le grida e le canzoni dei tifosi durante la partita.
g. uno sport che combina il gioco di squadra con il talento individuale.
h. celebri come gli attori e i cantanti.
i. a squarciagola.
l. guardano la partita, vanno allo stadio, e cantano a squarciagola.

... dello sport nazionale del vostro paese. Confrontate le vostre ... lasse.

... diana?

...ione del vostro paese?

... politica o la storia nazionale?

... primete la vostra opinione su eventi legati allo sport che hanno

Eventi	Opinione

... piccoli gruppi, create la vostra squadra.

• Come sono le vostre maglie?
• Quale slogan volete usare?

Vocabolario Helpful lists highlight active vocabulary that you will encounter in each reading, as well as other words that might prove useful for discussions. Diverse activities then allow you to practice the vocabulary and anticipate the topic of the reading.

Analisi Post-reading exercises check your understanding and motivate you to discuss the topic of the reading, express your opinions, and explore how it relates to your own experiences.

A proposito dell'autore A brief biography gives you background information about the writer and the reading.

LABORATORIO DI SCRITTURA

synthesizes the lesson with a writing assignment.

LETTERATURA

Laboratorio di scrittura

Preparazione: La proposizione principale

Il corpo di un saggio si organizza in vari paragrafi nei quali si presentano gli argomenti per difendere la tesi esposta nell'introduzione. Ognuno di questi paragrafi comprende una proposizione principale. Questa proposizione:

- fissa e riassume l'idea principale del paragrafo;
- è utile per il lettore perché offre un'idea chiara sul contenuto del paragrafo;
- è utile per l'autore perché specifica l'informazione che si vuole dare.

Pratica In coppia, leggete il seguente brano ed individuate la proposizione principale.

Anna ama studiare l'inglese, ma fino a poco tempo fa aveva sempre paura di fare una brutta figura quando parlava. Anche se è molto timida, un giorno ha fatto una domanda in inglese ad uno sconosciuto a New York perché si è persa. Dopo una lunga camminata, Anna ha finalmente trovato la strada giusta per raggiungere il teatro che cercava: per la prima volta si è sentita sicura del suo inglese!

Saggio Scegli uno di questi argomenti e scrivi un saggio.

Requisiti

1. Il tuo saggio deve far riferimento ad uno o due dei quattro brani di questa lezione contenuti in Cortometraggio, Immagina, Cultura e Letteratura.

2. Deve includere almeno tre paragrafi per difendere la tua tesi e ogni paragrafo deve contenere una proposizione principale.

3. Il saggio deve essere lungo almeno due pagine.

Nel brano (*piece*) Retel si parla dell'estasi dei tifosi per le vittorie della propria squadra e della disperazione per le sconfitte. Spesso queste scene degenerano e si assiste a veri e propri atti criminali. Che cosa può trasformare un tifoso in un criminale? Che cosa può fare la società per combattere questi fenomeni?

In una realtà quotidiana sempre in movimento, molte persone cercano «sfogo» (*outlet*) nei passatempi. Secondo te, quando questo tempo è ben speso e quando invece diventa tempo perso?

Nel cortometraggio Bulli si nasce, emerge in modo surreale la figura di due genitori che, influenzati dalle regole sociali, spingono il proprio figlio a diventare un «bullo». È giusto forzare la personalità di una persona per adeguarsi alle esigenze della società?

---

114   Lezione 3

Preparazione & Pratica Writing strategies with practice help you develop your ability to draft clear, logical essays.

Saggio Writing topics bring the lesson together by asking you to construct and defend a thesis in the context of the lesson theme, film, and readings you have studied.

VOCABOLARIO

summarizes the active vocabulary in each lesson.

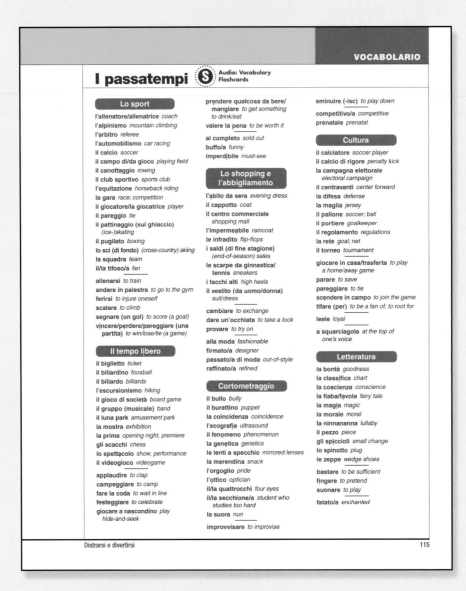

I passatempi Ⓢ Audio: Vocabulary Flashcards

VOCABOLARIO

Lo sport

l'allenatore/allenatrice *coach*
l'alpinismo *mountain climbing*
l'arbitro *referee*
l'automobilismo *car racing*
il calcio *soccer*
il campo di/da gioco *playing field*
il canottaggio *rowing*
il club sportivo *sports club*
l'equitazione *horseback riding*
la gara *race; competition*
il giocatore/la giocatrice *player*
il pareggio *tie*
il pattinaggio (sul ghiaccio) *(ice-)skating*
il pugilato *boxing*
lo sci (di fondo) *(cross-country) skiing*
la squadra *team*
il/la tifoso/a *fan*

allenarsi *to train*
andare in palestra *to go to the gym*
ferirsi *to injure oneself*
scalare *to climb*
segnare (un gol) *to score (a goal)*
vincere/perdere/pareggiare (una partita) *to win/lose/tie (a game)*

Il tempo libero

il biglietto *ticket*
il biliardino *foosball*
il biliardo *billiards*
l'escursionismo *hiking*
il gioco di società *board game*
il gruppo (musicale) *band*
il luna park *amusement park*
la mostra *exhibition*
la prima *opening night, premiere*
gli scacchi *chess*
lo spettacolo *show, performance*
il videogioco *videogame*

applaudire *to clap*
campeggiare *to camp*
fare la coda *to wait in line*
festeggiare *to celebrate*
giocare a nascondino *play hide-and-seek*

prendere qualcosa da bere/mangiare *to get something to drink/eat*
valere la pena *to be worth it*

al completo *sold out*
buffo/a *funny*
imperdibile *must-see*

Lo shopping e l'abbigliamento

l'abito da sera *evening dress*
il cappotto *coat*
il centro commerciale *shopping mall*
l'impermeabile *raincoat*
le infradito *flip-flops*
i saldi (di fine stagione) *(end-of-season) sales*
le scarpe da ginnastica/tennis *sneakers*
i tacchi alti *high heels*
il vestito (da uomo/donna) *suit/dress*

cambiare *to exchange*
dare un'occhiata *to take a look*
provare *to try on*

alla moda *fashionable*
firmato/a *designer*
passato/a di moda *out-of-style*
raffinato/a *refined*

Cortometraggio

il bullo *bully*
il burattino *puppet*
la coincidenza *coincidence*
l'ecografia *ultrasound*
il fenomeno *phenomenon*
la genetica *genetics*
le lenti a specchio *mirrored lenses*
la merendina *snack*
l'orgoglio *pride*
l'ottico *optician*
il/la quattrocchi *four eyes*
il/la secchione/a *student who studies too hard*
la suora *nun*

improvvisare *to improvise*

sminuire (-isc) *to play down*

competitivo/a *competitive*
prenatale *prenatal*

Cultura

il calciatore *soccer player*
il calcio di rigore *penalty kick*
la campagna elettorale *electoral campaign*
il centravanti *center forward*
la difesa *defense*
la maglia *jersey*
il pallone *soccer; ball*
il portiere *goalkeeper*
il regolamento *regulations*
la rete *goal; net*
il torneo *tournament*

giocare in casa/trasferta *to play a home/away game*
parare *to save*
pareggiare *to tie*
scendere in campo *to join the game*
tifare (per) *to be a fan of, to root for*

leale *loyal*

a squarciagola *at the top of one's voice*

Letteratura

la bontà *goodness*
la classifica *chart*
la coscienza *conscience*
la fiaba/favola *fairy tale*
la magia *magic*
la morale *moral*
la ninnananna *lullaby*
il pezzo *piece*
gli spiccioli *small change*
lo spinotto *plug*
le zeppe *wedge shoes*

bastare *to be sufficient*
fingere *to pretend*
suonare *to play*

fatato/a *enchanted*

Distrarsi e divertirsi

115

Icons As always, the Supersite icon lets you know exactly what resources are available for you online for this section.

Flashcards Go to the Supersite to access flashcards with vocabulary for the entire lesson. Flashcards include audio and are a great way to review for a test.

Icons

Familiarize yourself with these icons that appear throughout **IMMAGINA**.

 Supersite content available

 Activity available on Supersite

 Pair activity

 Group activity

Text next to the Supersite icon will let you know exactly what type of content is available online.

Additional practice on the Supersite, not included in the textbook, is indicated with this icon feature: **Practice more at immagina.vhlcentral.com.**

Student Ancillaries

Student Activities Manual (SAM)

The **Student Activities Manual** consists of two parts: the **Workbook** and the **Lab Manual.**

- **Workbook**

  The **Workbook** activities provide additional practice of the vocabulary and grammar for each textbook lesson. They also reinforce the content of the **Immagina** section.

- **Lab Manual**

  The **Lab Manual** activities focus on building your pronunciation and listening comprehension skills in Italian. They provide additional practice of the vocabulary and grammar of each lesson. They also revisit the **Letteratura** reading with dramatic recordings and activities.

MAESTRO® WebSAM

Completely integrated with the **IMMAGINA Supersite** (see next page), the **MAESTRO® WebSAM** provides 24-hour access to online workbook and lab activities with instant feedback. The complete audio program is integrated. Your instructor can view the results of your work, manage your class, and even customize the **WebSAM** by adjusting grading features, and assigning specific exercises.

Lab Audio Program

The **Lab Audio Program** contains the recordings to be used in conjunction with the activities in the **Lab Manual.** It is available as MP3 files that can be downloaded from the **IMMAGINA Supersite.**

Student Activities Manual Answer Key

This component, available upon instructor request, includes answer keys for all activities with discrete answers in the **Workbook** and **Lab Manual.**

IMMAGINA Film Collection

Fully integrated with your textbook, the **IMMAGINA** Film Collection features dramatic short films by Italian filmmakers. These films are the basis for the pre- and post-viewing activities in the **Cortometraggio** section of each lesson. The films are a central feature of the lesson, providing opportunities to review and recycle vocabulary from **Per cominciare**, and previewing and contextualizing the grammar from **Strutture**.

These films offer entertaining and thought-provoking opportunities to build your listening comprehension skills and your cultural knowledge of Italian speakers.

Besides providing entertainment, the films serve as a useful learning tool. As you watch the films, you will observe characters interacting in various situations, using real-world language that reflects the lesson themes as well as the vocabulary and grammar you are studying.

Film Synopses

LEZIONE 1
La scarpa
(5 minuti)

A woman wakes up to some unexpected bad news. Thinking quickly, she races across town to meet her boyfriend at the train station one last time, but will she arrive in time to speak her mind?

LEZIONE 2
La ritirata
(18 minuti)

As World War II draws to a close and the Allied forces approach, Rosa, a young Italian girl, keeps a scared German soldier hidden from her family, the village, and the advancing army. In the uncertainty of war, the line between friends and enemies is blurred.

LEZIONE 3
Bulli si nasce
(16 minuti)

Thanks to "good" genes and persistent parents, Ale became a schoolyard king. What else is he genetically destined for?

LEZIONE 4
Mare nostro
(18 minuti)

When Marcello's ordinary fishing trip suddenly goes terribly wrong, he learns a lesson in what it means to rely on one's fellow man. How will he react when someone needs to rely on him?

LEZIONE 5
Dove dormono gli aerei
(18 minuti)

In a crowded airport, an independent, extroverted little boy and a shy girl become friends. While they run off to play, they unknowingly leave worried parents, paranoid airport staff, and a forgotten backpack in their wake.

LEZIONE 6
Lacreme napulitane
(19 minuti)

Northerners and Southerners historically don't get along. What will happen when a reserved **Milanese** and an outspoken **Napoletano** are stuck together on the long journey to Milan?

LEZIONE 7
L'età del fuoco
(16 minuti)

In the future, when technology links every household appliance, sometimes the innovations that are supposed to make life easier make the simplest things impossible.

LEZIONE 8
Il segreto del santo
(21 minuti)

According to the villagers, San Faustino, the beloved patron saint who watches over the town, brings certain people together. Are the forces of history and time too strong for Lapo and Erminia to overcome, or will they be reunited... with a little help?

LEZIONE 9
Che gioia!
(9 minuti)

The quest for fame drives many people to extremes, but few would be as happy about their fifteen minutes as Michele.

LEZIONE 10
Rischio d'impresa
(14 minuti)

Balancing a career and a family is difficult. For Marina, breaking the news of a big promotion to her husband might be even harder.

MAESTRO® Supersite

IMMAGINA, is completely integrated with the enormously successful **MAESTRO® Supersite**. Now in version 2.0, this powerful learning management system offers you these features, and more.

Practice

- **NEW!** Selected activities from the student text, available with auto-grading
- **NEW!** Additional activities for every vocabulary and grammar section
- Additional cultural information and comprehension activities

Video

- The **IMMAGINA** Film Collection, with Italian and English subtitles

Audio

- Downloadable MP3s of the Lab Audio program
- Dramatic recordings of the literary readings

Resources

- English-Italian Dictionary
- Integration with the **MAESTRO® WebSAM**

Visit **immagina.vhlcentral.com** to explore this exciting resource.

> Access to the **Maestro® Supersite** is free with the purchase of a new student text.

Acknowledgments

We extend a special thank you to the contributing writers whose hard work was essential to bringing **IMMAGINA** to fruition: Laura Di Pofi (Smith College), Silvia Fanesi (University of New Hampshire), and Gina Pietrantoni (Arizona State University).

Vista Higher Learning would also like to offer sincere thanks to the many instructors who offered input on the development of our Italian programs, **SENTIERI** and **IMMAGINA**. Their thoughtful comments and insights were instrumental to the development of these programs.

Marie Bertola
De Anza College, CA

Kelly Blank
Xavier University, OH

Serafina Boggs
University of Oklahoma, OK

Beatrice L. Bongiorno
Bellevue College, WA

Dario Brancato
Concordia University, QC, Canada

Paola Carlucci
Virginia Commonwealth University, VA

Chiara Carnelos
University of California-San Diego, CA

Victoria Cerati
Solano Community College, CA

Amy Chambless
University of North Carolina at Chapel Hill, NC

Julia Cozzarelli
Ithaca College, NY

Renée D'Elia-Zunino
University of Tennessee, TN

Maria Enrico
Borough of Manhattan Community College, NY

Giuseppe Faustini
Skidmore College, NY

Giuliana Fazzion
James Madison University, VA

Maria Galli Stampino
University of Miami, FL

Judith Garcia-Quismondo
Seton Hill University, PA

Cosetta Gaudenzi
University of Memphis, TN

John S. Geary
Northeastern Illinois University, IL

Samuel Ghelli
Kean University, NJ

Jacqueline Jill-Rito
Bethpage High School, NY

Linda Landrum Wofe
Northern Arizona University, AZ

Loredana Lo Bianco
California State University-Fresno, CA

Domenico Maceri
Allan Hancock College, CA

Annachiara Mariani
University of Tennessee, TN

Carmela Mastragostino
Huntington High School, NY

Annamaria Monaco
Suffolk County Community College, NY

Annalisa Mosca
University of Miami, FL

Stefania E. Nedderman
Gonzaga University, WA

Nicholas Patruno
Bryn Mawr College, PA

Andrea Petri
Mira Costa College, CA

Teresa Picarazzi
The Hopkins School, CT

Joseph M. Poma
Rowan University, NJ

Colclough Sanders
Wagner College, NY

Giovanna Summerfield
Auburn University, AL

Nicoletta Tinozzi Mehrmand
University of California at Riverside, CA

Anne Urbanic
University of Toronto, VC, Canada

Patrick L. Vivirito
University of Notre Dame, IN

Paolo Volpe-Rinonapoli
Middle Tennessee State University, TN

Liana Wagle
Wichita State University, KS

Mary Watt
University of Florida, FL

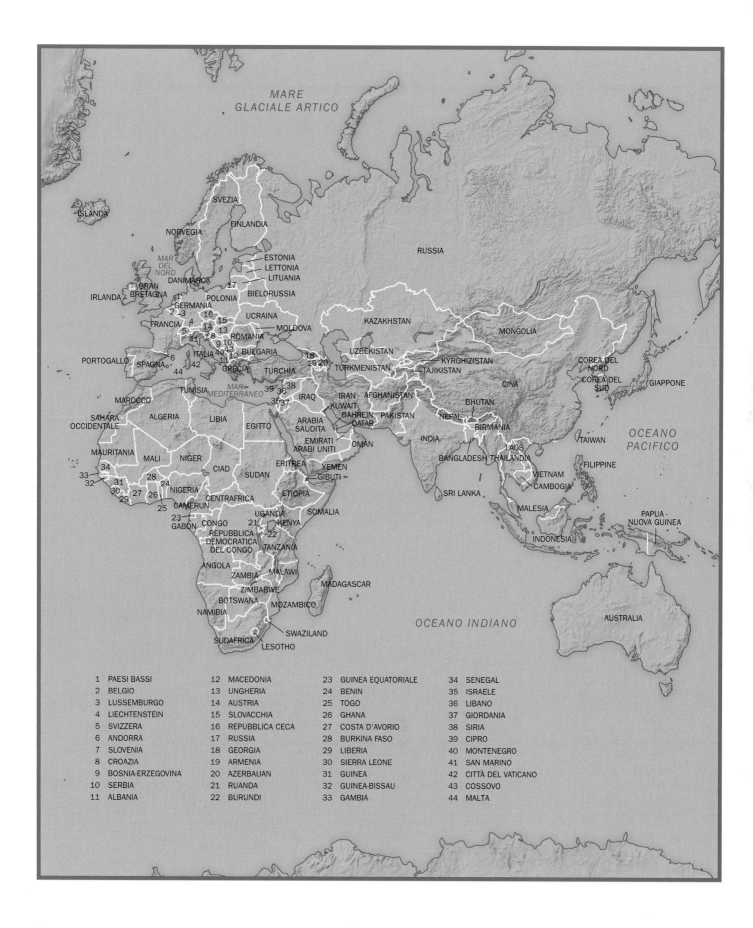

1	PAESI BASSI	12	MACEDONIA	23	GUINEA EQUATORIALE	34	SENEGAL
2	BELGIO	13	UNGHERIA	24	BENIN	35	ISRAELE
3	LUSSEMBURGO	14	AUSTRIA	25	TOGO	36	LIBANO
4	LIECHTENSTEIN	15	SLOVACCHIA	26	GHANA	37	GIORDANIA
5	SVIZZERA	16	REPUBBLICA CECA	27	COSTA D'AVORIO	38	SIRIA
6	ANDORRA	17	RUSSIA	28	BURKINA FASO	39	CIPRO
7	SLOVENIA	18	GEORGIA	29	LIBERIA	40	MONTENEGRO
8	CROAZIA	19	ARMENIA	30	SIERRA LEONE	41	SAN MARINO
9	BOSNIA-ERZEGOVINA	20	AZERBAIJAN	31	GUINEA	42	CITTÀ DEL VATICANO
10	SERBIA	21	RUANDA	32	GUINEA-BISSAU	43	COSSOVO
11	ALBANIA	22	BURUNDI	33	GAMBIA	44	MALTA

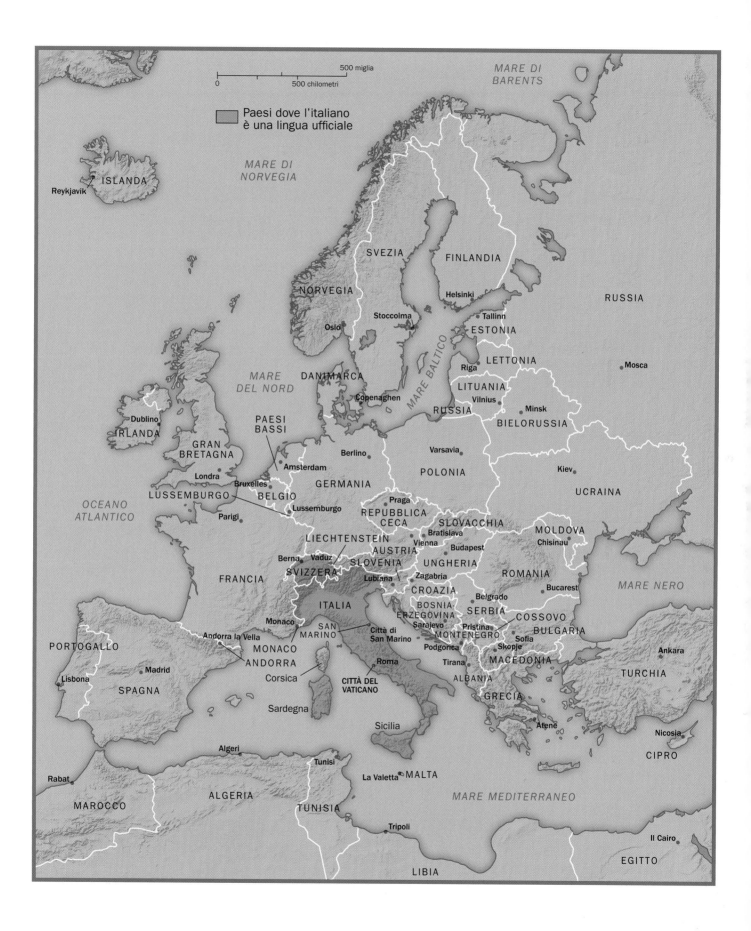

500 miglia
0   500 chilometri

Paesi dove l'italiano
è una lingua ufficiale

MARE DI
BARENTS

ISLANDA

Reykjavik

MARE DI
NORVEGIA

SVEZIA

FINLANDIA

NORVEGIA

Helsinki

RUSSIA

Oslo

Stoccolma

Tallinn

ESTONIA

MARE
DEL NORD

DANIMARCA

Copenaghen

MARE BALTICO

Riga

LETTONIA

Mosca

LITUANIA

Vilnius

Minsk

Dublino

RUSSIA

BIELORUSSIA

IRLANDA

GRAN
BRETAGNA

PAESI
BASSI

Berlino

Varsavia

Kiev

Londra

Amsterdam

POLONIA

UCRAINA

LUSSEMBURGO

Bruxelles

GERMANIA

OCEANO
ATLANTICO

BELGIO

Parigi

Lussemburgo

Praga

REPUBBLICA
CECA

SLOVACCHIA

MOLDOVA

LIECHTENSTEIN

Bratislava

Chisinau

Berna

Vaduz

AUSTRIA

Vienna

Budapest

Lubiana

UNGHERIA

ROMANIA

FRANCIA

SVIZZERA

SLOVENIA

Zagabria

MARE NERO

CROAZIA

Bucarest

ITALIA

BOSNIA-
ERZEGOVINA

Belgrado

Monaco

Città di
San Marino

SERBIA

COSSOVO

Andorra la Vella

SAN
MARINO

Sarajevo

Pristina

BULGARIA

PORTOGALLO

MONACO

MONTENEGRO

Sofia

ANDORRA

Roma

Podgorica

Skopje

Lisbona

Madrid

Corsica

CITTÀ DEL
VATICANO

Tirana

MACEDONIA

Ankara

SPAGNA

ALBANIA

TURCHIA

Sardegna

GRECIA

Nicosia

Sicilia

Atene

CIPRO

Algeri

La Valetta

MALTA

Tunisi

Rabat

ALGERIA

TUNISIA

MARE MEDITERRANEO

MAROCCO

Tripoli

Il Cairo

LIBIA

EGITTO

Sentire e vivere

L'essere umano è un animale sociale. Abbiamo bisogno degli altri per sentirci vivi. Amici, famiglia, compagni di vita, colleghi di lavoro, ma anche persone che non conosciamo, ci permettono di confrontarci, di esprimere i nostri sentimenti e quindi (*therefore*) di imparare a capire noi stessi. In una società che cambia e che diventa sempre più multietnica, che rapporto hai con gli altri? Ti senti meglio da solo o in mezzo ad altre persone? Prova a riflettere e a capire perché.

GLI ITALIANI NEL MONDO

I rapporti personali Audio: Vocabulary

La personalità

affascinante *charming*

affettuoso/a *affectionate*
geniale *ingenious; great*
idealista *idealistic*
insicuro/a *insecure*
(im)maturo/a *(im)mature*
(dis)onesto/a *(dis)honest*
orgoglioso/a *proud*
ottimista *optimistic*
pessimista *pessimistic*
prudente *careful*
seducente *attractive*
sensibile *sensitive*
timido *shy*
tranquillo/a *calm, quiet*
umile *humble*

Lo stato civile

divorziare (da) *to divorce*
fidanzarsi (con) *to get engaged (to)*
sposarsi (con) *to get married (to)*

celibe *single (m.)*
divorziato/a *divorced*
fidanzato/a *engaged; fiancé(e)*
nubile *single (f.)*
sposato/a *married*
vedovo/a *widowed; widower/widow*

I rapporti

l'amicizia *friendship*

l'anima gemella *soul mate*
l'appuntamento *date*
il colpo di fulmine *love at first sight*
il/la compagno/a *partner*
la coppia *couple*

il matrimonio *wedding*
i pettegolezzi *gossip*

---

avere fiducia (in) *to trust*
condividere *to share*
contare su *to rely on*
lasciare *to leave*
mentire *to lie*
meritare *to deserve*
rompere con *to break up with*
uscire con *to go out with*

comprensivo/a *understanding*
(in)dimenticabile *(un)forgettable*
(in)fedele *(un)faithful*

ATTENZIONE!

Generally, Italian words are stressed on the second-to-last syllable. To aid with pronunciation, when words do not follow this rule and are presented in a vocabulary or grammar feature, this text uses a dot under the stressed vowel: (1) when a word is stressed on the third or fourth syllable from the last (**parole sdrucciole e bisdrucciole**), and (2) when a diphthong is broken because the **i** or **u** is stressed (ex.: **farmacia, paura**). In addition, it is sometimes used for clarification when presenting difficult words or when contrasting words.

I sentimenti

adorare *to adore*
amare *to love*
arrabbiarsi *to get angry*

avere vergogna (di) *to be ashamed (of)*
dare fastidio (a) *to annoy*
disturbare *to bother*
innamorarsi *to fall in love*
odiare *to hate*
provare *to feel*
sentirsi *to feel*
sognare *to dream*
volere bene a *to feel affection for; to love*

---

ansioso/a *anxious*
contrariato/a *upset; annoyed*
deluso/a *disappointed*
depresso/a *depressed*

emozionato/a *excited; moved*
entusiasta *enthusiastic, excited*
geloso/a *jealous*
preoccupato/a *worried*
stufo/a *fed up*

Pratica

1

L'intruso Trova la parola che non c'entra.

1. affascinante	ottimista	timido	nubile
2. avere fiducia	odiare	adorare	volere bene
3. prudente	ansioso	contrariato	stufo
4. sposato	divorziato	fidanzato	contrariato
5. arrabbiarsi	odiare	innamorarsi	dare fastidio
6. orgoglioso	vedovo	seducente	immaturo
7. pettegolezzi	coppia	anima gemella	matrimonio
8. depresso	emozionato	geniale	preoccupato

2

Sinonimi Inserisci la parola o l'espressione più adeguata per ogni situazione.

anima gemella	colpo di fulmine	entusiasta	idealista
ansioso	deluso	geloso	indimenticabile

1. Ieri sera sono uscito con Giulia; è stata una serata bellissima che non dimenticherò mai. _____

2. La settimana scorsa mio fratello ha conosciuto Elena e si è innamorato subito di lei. _____

3. L'estate scorsa ho mangiato in un famoso ristorante, ma il cibo non era buono come mi avevano detto. _____

4. Domani inizio un nuovo progetto e sono molto contento. _____

5. Mio cugino non è felice quando la sua fidanzata esce con le amiche; ha paura che lei incontri un altro uomo. _____

6. Mia sorella ha finalmente trovato l'uomo giusto per lei. _____

3

Introverso o estroverso? Rispondi alle domande e poi calcola il tuo punteggio. Confronta il risultato del tuo test con quello di un(a) compagno/a.

Sì	Qualche volta	No		Punteggio
☐	☐	☐	1. Diventi ansioso/a quando c'è tanta gente?	Sì = 0 punti
☐	☐	☐	2. Ti imbarazza mostrare le tue emozioni?	Q.v. = 1 punto
☐	☐	☐	3. Hai paura di essere il primo/la prima a parlare?	No = 2 punti
☐	☐	☐	4. L'idea di avere un appuntamento con qualcuno che non conosci ti fa paura?	**Risultati**
☐	☐	☐	5. Ti intimidisce l'idea di amoreggiare/flirtare con qualcuno che non conosci?	**Da 0 a 7 punti** Hai la tendenza a essere introverso/a. Esci più spesso.
☐	☐	☐	6. Hai paura di parlare in pubblico?	**Da 8 a 11 punti** Non sei né introverso/a né
☐	☐	☐	7. Rifletti a lungo prima di prendere una decisione?	estroverso/a. Hai un buon equilibrio.
☐	☐	☐	8. È più importante piacere che essere onesti nella vita?	**Da 12 a 20 punti** Hai la tendenza ad
☐	☐	☐	9. Dici mai di essere d'accordo con qualcuno solo per evitare una discussione?	essere estroverso/a. Ascolti sempre
☐	☐	☐	10. Ti senti molto in imbarazzo in alcune situazioni?	gli altri?

Practice more at **immagina.vhlcentral.com.**

Preparazione

Vocabolario del cortometraggio	Vocabolario utile	
il binario *train track*	**la commessa** *saleswoman*	**la scatola** *box*
buttare via *to throw away*	**indossare** *to wear*	**i tacchi alti/bassi** *high/low heels*
la colpa *fault*	**mettersi** *to put on (clothing, shoes)*	**truccarsi** *to put on make up*
la piattaforma *platform*	**l'orario** *schedule*	**la vetrina** *shop window*
resistente *sturdy*		**vendicativo/a** *vengeful*

ESPRESSIONI

basta *enough*

come può essere finita? *how can it be over?*

dai! *come on!*

perché fai così? *why are you doing this?*

1 **Un'avventura in treno** Elisa va in treno a Milano. Usate le parole dalla lista del vocabolario per completare la storia.

Pronto, parla la polizia? Ho bisogno d'aiuto. Ieri era il compleanno di mia sorella Giulia che vive a Milano; io abito a Venezia e volevo farle una visita a sorpresa. Prima di andare alla stazione ho controllato l'(1) _____ dei treni: quello per Milano partiva alle 11 dal (2) _____ numero 8. Avevo solo mezz'ora per prepararmi per il viaggio: volevo (3) _____ delle scarpe (4) _____ per camminare comodamente. Poi sono andata a comprare il regalo per Giulia. Nella (5) _____ di un negozio ho visto una bellissima sciarpa blu, il suo colore preferito. Ho chiesto alla (6) _____ di mettere la sciarpa in una (7) _____. C'era molto traffico. Il treno stava quasi per partire quando sono finalmente arrivata alla stazione. Ho dovuto correre per non perderlo! Per fortuna avevo i (8) _____; con quelli alti non sarei mai arrivata in tempo.

Una volta sul treno, mi sono riposata per qualche minuto e poi sono andata a prendere un caffè nel vagone ristorante. Quando sono ritornata al mio posto la scatola non c'era più!

Pronto? Pronto? Oh, no! Il mio telefonino si sta scaricando! Pronto? Polizia?

2 **Continuate la storia** Secondo voi, cosa è successo alla scatola? Scegliete una conclusione e commentate la vostra scelta.

- Elisa ritrova il regalo e festeggia con la sorella.

- Elisa non ritrova il regalo e nella confusione perde anche il telefonino.

- La polizia arriva e pensa che Elisa sia la ladra.

3

Cosa fareste? In coppia, rispondete a queste domande.

1. Vi siete mai trovati in una situazione stressante? Descrivete la situazione.

2. Quali sentimenti avete provato? Come avete reagito?

3. Secondo voi, quale effetto ha lo stress sulle reazioni delle persone?

4. Come vi vestite quando siete stressati? Parlate delle vostre esperienze.

4

Come reagiresti?

A. Scegli la reazione che corrisponde meglio alla tua personalità.

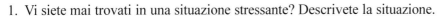

Test della **Personalità**

1. **Aspetti una mail da una persona con cui vorresti avere una relazione.**

   a. Controlli l'e-mail ogni cinque minuti.
   b. Hai da fare (*You have things to do*) ma controlli l'e-mail ogni volta che puoi.
   c. Non ti preoccupi troppo e controlli l'e-mail normalmente.

2. **La mail che ricevi da un tuo professore o dal tuo capo è scritta tutta in lettere maiuscole (*uppercase*).**

   a. Pensi che la persona che ti scrive sia molto arrabbiata con te.
   b. Pensi che sia un errore.
   c. Non lo noti.

3. **Una persona che conosci è molto triste.**

   a. Anche tu ti senti triste come quella persona.
   b. Provi compassione per la persona.
   c. Pensi che i sentimenti degli altri non ti riguardino.

4. **Hai una brutta notizia da riferire a qualcuno.**

   a. La riferisci subito, faccia a faccia. È il modo migliore.
   b. Eviti (*avoid*) la persona per qualche giorno prima di riferire la notizia.
   c. Preferisci mandare una mail che parlare faccia a faccia.

5. **Il tuo telefonino squilla (*rings*) alle tre di notte. Qual è la tua prima reazione?**

   a. Ti preoccupi: deve essere successo qualcosa di grave.
   b. Ti arrabbi per essere stato/a svegliato/a così all'improvviso.
   c. Non lo senti e continui a dormire.

6. **Compri qualcosa on-line. Quale metodo di spedizione preferisci?**

   a. Posta celere (*express*): sei impaziente.
   b. Posta normale: sai aspettare.
   c. Posta assicurata: non si sa mai.

B. In coppia, confrontate le vostre reazioni. Avete personalità simili o diverse?

5

Immaginate In coppia, guardate le immagini e ricostruite la storia.

- Cosa fa la donna? Quali sono i suoi sentimenti?

- Perché le interessano le scarpe? Chi è l'uomo?

- Qual è il rapporto tra i due personaggi?

- Come sono le loro rispettive personalità?

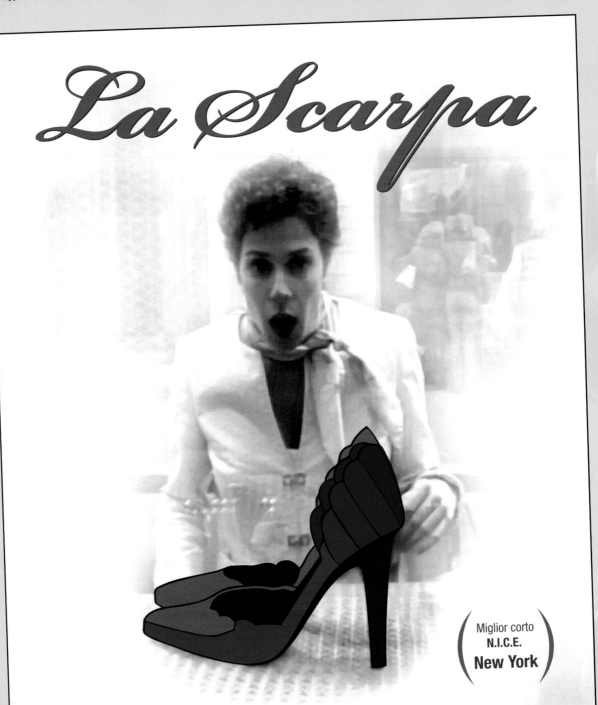

La Scarpa

Miglior corto
N.I.C.E.
New York

una produzione **HAIBUN, SKY ITALIA** regia e sceneggiatura **ANDREA ROVETTA**
attori principali **CECILIA DAZZI, CARLO MATTA** fotografia **EUGENIO GALLI** montaggio **MASSIMO QUATTROCCHI**
scenografia **RUGGERO MONCADA DI PARTENÒ** musica **LINO SABBADINI**

Trama *Una donna riceve una brutta notizia per telefono e ha pochi minuti per reagire. Cosa farà per risolvere la situazione?*

DONNA Ciao amore! Perché non sei qui?

UOMO Sono in stazione. Devo dirti una cosa. È finita. Devo dirti che è finita, basta. Dai, ciao.

DONNA Ti prego di non buttar via tutto! Siamo stati benissimo insieme.

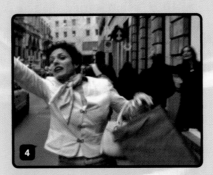

COMMESSA Signorina, la carta!
DONNA Dopo, dopo! Taxi!

DONNA In stazione!

DONNA Ehi…

Sullo **SCHERMO**

Mentre guardi il corto completa queste frasi.

1. Il telefono _____.
2. L'uomo va _____.
3. Nella vetrina c'è _____.
4. La donna lascia _____.
5. La donna prende _____.

a. un paio di scarpe
b. un taxi
c. a Milano
d. sveglia la donna
e. la carta di credito

Analisi

1

Comprensione Indica se l'affermazione è **vera** o **falsa**. Dopo, in coppia, correggete le affermazioni false.

Vero	Falso	
☐	☐	1. La donna è felice quando risponde al telefono.
☐	☐	2. L'uomo è innamorato della donna.
☐	☐	3. L'uomo è all'aereoporto.
☐	☐	4. La donna si veste con calma.
☐	☐	5. La donna corre per strada.
☐	☐	6. La donna compra un paio di scarpe.
☐	☐	7. La donna prende la metropolitana.
☐	☐	8. Alla stazione la donna si cambia le scarpe.
☐	☐	9. L'uomo sta salendo sul treno quando arriva la donna.
☐	☐	10. L'uomo sorride alla fine del film.

2

I protagonisti Descrivi le personalità e i sentimenti della donna e dell'uomo nel corto, mettendo le parole della lista vicino al personaggio appropriato. Dopo, in coppia, confrontate le vostre descrizioni.

a. ansioso/a	d. intelligente	g. stufo/a
b. contrariato/a	e. onesto/a	h. tranquillo/a
c. immaturo/a	f. sicuro/a	i. vendicativo/a

Donna: personalità e sentimenti
_____

Uomo: personalità e sentimenti
_____

3

Opinioni

A. Sei d'accordo con queste affermazioni?

Affermazioni	sono d'accordo	non sono d'accordo
1. L'uomo e la donna stavano insieme da molti anni.	☐	☐
2. La donna è vanitosa.	☐	☐
3. L'uomo è egoista.	☐	☐
4. La vendetta è una soluzione a molti problemi.	☐	☐
5. Lo shopping è un'attività terapeutica.	☐	☐
6. Una persona si può giudicare dalle scarpe che indossa.	☐	☐
7. Le separazioni sono sempre dolorose.	☐	☐
8. L'amore è un sentimento pericoloso.	☐	☐
9. Le emozioni possono influenzare il nostro modo di vestire.	☐	☐
10. È importante seguire la moda per avere successo.	☐	☐

B. In coppia, spiegate le ragioni delle vostre risposte. Ci sono delle ragioni personali o delle esperienze passate che hanno motivato le vostre risposte? Quali?

4 **Commenti** In coppia, rispondete a queste domande.

1. Pensate all'inizio dell'incontro in stazione: qual è un'altra conclusione logica di questa situazione?

2. La donna aveva già un piano (*plan*) preciso quando ha deciso di uscire o le è venuta un'idea quando ha visto le scarpe in vetrina?

3. Quale potrebbe essere un titolo alternativo per questo film?

4. Il film è una riflessione sulle relazioni fra donne e uomini o è, più semplicemente, una storia superficiale con un finale a sorpresa?

5. Vi ricordate un altro film o un'altra storia con un finale inaspettato? Quale?

5 **Modi di comunicare**

A. Qual è il modo migliore di comunicare emozioni e sentimenti? In coppia, indicate i vantaggi e gli svantaggi per ogni mezzo di comunicazione.

mezzo di comunicazione	vantaggi	svantaggi
una lettera		
una mail		
una telefonata		
una conversazione faccia a faccia		
un SMS (*text message*)		
Altro?		

B. Ora descrivete qual è il mezzo di comunicazione migliore nelle seguenti situazioni.

- Devi lamentarti con la compagnia della tua carta di credito perché ha aumentato il tasso d'interesse.

- Devi comunicare al(la) tuo/a coinquilino/a che stai per lasciare l'appartamento che condividete.

- Devi fare dei piani per il fine settimana con il/la tuo/a migliore amico/a.

- Devi dire ai tuoi genitori che non hai superato (*passed*) un esame importante.

6 **Una conversazione** In coppia, inventate un dialogo basato su una di queste situazioni e poi recitatelo davanti alla classe.

A

L'uomo e la donna si incontrano alcuni mesi dopo. Immaginate la prima conversazione fra i due. Si riavvicinano (*reconcile*)?

B

Hai un appuntamento con un(a) ragazzo/a. Sei molto nervoso/a e non sai cosa indossare. Chiedi l'opinione del(la) tuo/a coinquilino/a.

7 **Scrittura** Racconta la storia del corto dal punto di vista di un altro personaggio: per esempio, l'uomo, la commessa del negozio di scarpe, l'autista del taxi, un viaggiatore alla stazione che osserva la scena finale o un altro personaggio inventato da te.

Practice more at
immagina.vhlcentral.com.

IMMAGINA GLI ITALIANI

 Reading

Italiani: un popolo in movimento

«**T**utto il mondo è paese» recita° un proverbio che sembra definire la condizione degli **emigrati**° italiani nel mondo. Anche se l'Italia è un paese relativamente piccolo, gli italiani che vivono in altre parti del mondo sono moltissimi. Oggi si contano circa quattro milioni di italiani all'estero e ben 60 milioni sono gli **oriundi**, cioè persone nate fuori dall'Italia da genitori di origine italiana. Il paese che ospita° il maggior numero di italiani è la **Germania**, seguita da **Argentina**, **Stati Uniti**, **Canada**, **Australia** e molti altri ancora.

Perché ci sono così tanti emigrati italiani? Chi sono e cosa fanno? La ricerca di un lavoro è sempre stata la prima ragione che ha spinto° e ancora spinge gli italiani a lasciare il loro paese. È necessario, però, distinguere gli **emigranti**° del secolo° scorso da quelli attuali. Gli emigranti del XX secolo sono partiti soprattutto dopo la Prima e la Seconda Guerra Mondiale. Negli Stati Uniti erano impiegati nella costruzione di ferrovie e strade e spesso erano minatori°. In Germania, Canada e Australia operavano° nel settore edile°. In Argentina hanno collaborato alla realizzazione di grandi infrastrutture e molti hanno lavorato nell'agricoltura.

Grazie ai sacrifici dei primi emigrati e alla veloce integrazione delle **seconde generazioni**, oggi gli italiani sono presenti in ogni settore dell'economia dei nuovi paesi. Negli Stati Uniti, in Canada e in Australia sono impiegati in varie industrie, in particolare nel settore automobilistico. In Germania sono piccoli imprenditori°, hanno aperto bar, ristoranti e pasticcerie. In Argentina gli oriundi italiani lavorano in industrie familiari, di cui sono in genere i proprietari°, nel settore pubblico, ma anche nell'industria dell'automobile e nella finanza. In tutti i paesi, comunque, si registrano discendenti di italiani anche nei settori della politica e del cinema, e fra la classe dirigente dell'industria e della finanza.

In molte città ci sono dei quartieri con comunità italiane, spesso conosciute come *Little Italy*. Negli Stati Uniti la ***Little Italy*** originale, e forse più grande e famosa, è a New York. Ci sono quartieri italiani anche a Boston (il **North End**), Chicago, San Francisco, San Diego, Toronto e Montreal (**Petite Italie**).

Negli ultimi vent'anni la tipologia dell'italiano che si trasferisce all'estero è cambiata. Gli emigranti del dopoguerra avevano poca o nessuna conoscenza della lingua parlata nel nuovo paese ed erano costretti° a cercare lavoro e fortuna lontano dall'Italia. I nuovi emigranti sono spesso giovani specializzati, con un alto livello di istruzione, in genere una laurea, che scelgono di emigrare per poter mettere alla prova° le loro potenzialità, soprattutto nella ricerca accademica. Anche il rapporto con la **madrepatria**° è cambiato: per i primi emigranti il sogno era quello di tornare in Italia e molti lo hanno fatto. I giovani di oggi, in genere, mantengono un rapporto stretto° con la loro nazione d'origine soprattutto grazie alle tecnologie e a Internet, ci tornano per le vacanze, ma di solito si stabiliscono° definitivamente nel nuovo paese.

In più...

L'emigrazione dall'Italia verso l'estero inizia alla fine del 1800. Il periodo con il più alto numero di emigranti è quello tra il 1950 e la fine degli anni '60. Le regioni di provenienza sono soprattutto quelle del Sud, in particolare la Sicilia. Nel XX secolo sono emigrati **30 milioni** di italiani di cui 10 milioni sono tornati in Italia.

recita *says* **emigrati** *people who left their country and live abroad* **ospita** *hosts* **spinto** *pushed* **emigranti** *people who leave their country to move abroad* **secolo** *century* **minatori** *miners* **operavano** *performed* **settore edile** *building sector* **imprenditori** *entrepreneurs* **proprietari** *owners* **classe...** *executives* **costretti** *forced* **mettere...** *to test* **madrepatria** *homeland* **rapporto...** *close connection* **si stabiliscono** *they settle*

NEL MONDO

Vero o falso? Indica se ogni frase è **vera** o **falsa**. Correggi le frasi false.

1. Il maggior numero di emigranti italiani vive negli Stati Uniti.

2. Gli emigranti del XX secolo venivano soprattutto dalle regioni del Sud Italia.

3. Gli italiani di seconda generazione si sono integrati bene nel mondo del lavoro.

4. I nuovi emigranti italiani hanno buone possibilità di successo all'estero.

5. Gli italiani che emigrano oggi hanno una buona istruzione.

6. La maggior parte degli emigranti dei nostri giorni vuole tornare a vivere in Italia.

7. Alcuni dei festival italiani in America sono celebrazioni in onore dei santi.

8. Esempi di italiani famosi all'estero si trovano solo negli Stati Uniti.

Quanto hai imparato? Rispondi alle domande.

1. Qual è la ragione da sempre alla base dell'emigrazione dall'Italia?

2. Quali erano le condizioni degli emigranti del XX secolo?

3. In quali settori operavano gli emigranti del secolo scorso?

4. Quali sono le caratteristiche del nuovo emigrante italiano?

5. Che cosa vogliono celebrare gli italiani all'estero con i loro festival?

6. Quali sono alcune delle invenzioni realizzate da italiani emigrati all'estero?

L'Italia celebrata negli Stati Uniti I festival italiani negli Stati Uniti sono numerosi. Alcuni hanno un tema, come il **Festival di Sant'Antonio e Santa Lucia** a Boston, in cui si celebrano i santi con messe° e processioni. A San Francisco c'è la **Parata° del patrimonio italiano**, che ricorda l'arrivo di Colombo sulle coste americane. In ogni caso, i festival sono un'occasione per la celebrazione dell'eredità° e dei valori° italiani e la gente festeggia con giochi tipici, cibo, vino, musica e artigianato tutto rigorosamente «Made in Italy».

Italiani famosi nel mondo Molti italiani e discendenti di italiani hanno raggiunto la fama ed il successo in ogni parte del mondo e in ogni settore: dal cinema alla musica alla scienza. **Antonio Meucci** realizza un primo prototipo di telefono a New York; **Guglielmo Marconi** sceglie l'Australia per i suoi esperimenti radio-trasmittenti°. Anche oggi in molti nomi famosi si nasconde° un'origine italiana: **Martin Marcantonio Luciano Scorsese, Robert Mario De Niro Jr, Alfredo James Pacino, Madonna Louise Veronica Ciccone** e molti altri!

Guglielmo Marconi

messe *masses* **parata** *parade* **eredità** *heritage* **valori** *values* **esperimenti radio-trasmittenti** *radio-transmitter experiments* **si nasconde** *it is hidden*

Progetto

Dove sono gli italiani negli Stati Uniti e in Canada?

• Cerca le maggiori comunità italiane negli Stati Uniti e in Canada.

• Scegli una comunità italiana e raccogli informazioni sulla sua storia.

• Confronta i tuoi risultati con il resto della classe.

1.1

The present tense: regular verbs

*Il treno **parte** dal binario 9.*

Subject pronouns

- In Italian, the subject pronouns are:

	1st person	**2nd person**	**3rd person**	
Singular	io *I*	tu/Lei *you/you (formal)*	lui *he*	lei *she*
Plural	noi *we*	voi/Loro *you/you (formal)*	loro *they (m./f.)*	

ATTENZIONE!

Some pronouns have formal equivalents. **Egli** and **ella** are formal, literary forms for **lui** and **lei**. They are rarely used in conversation. **Esso** and **essa** (*it*) usually refer to animals and things, but **essi** and **esse** (*they*) can refer to people, in addition to animals or things. Note that these forms are rarely used in conversational Italian.

Cerco la mia gatta, ma essa non è qui.
I'm looking for my cat, but she's not here.

- Italian subject pronouns are used much less frequently than their English counterparts because the verb form usually identifies the subject.

  Mangiamo spesso al ristorante.
  We eat often at the restaurant.

  Abiti ancora a Roma?
  Do you still live in Rome?

- Subject pronouns add emphasis with words such as **neanche**, **soltanto**, and **anche**; they also add emphasis when placed after the verb. Before the verb, subject pronouns prevent ambiguity or contrast subjects.

  È lei che odia la pizza.
  She's the one who hates pizza.

  Neanche noi siamo sposati.
  We aren't married either.

  Lui ha un fratello e **lei** ha una sorella.
  He has a brother and she has a sister.

  Anche tu puoi venire alla festa.
  You can also come to the party.

ATTENZIONE!

Be careful not to confuse **lei** and **loro** with the second person, formal pronouns **Lei** and **Loro**. In this text, the formal pronouns will be capitalized as a visual hint.

- Use **Lei** and **Loro** to address people formally. **Voi**, rather than **Loro**, is typically used for both the formal and informal second person plural, especially in speaking. That style will be followed in this book.

  Buonasera, signori, **Loro** desiderano?
  Good evening, ladies and gentlemen, what would you like?

  Ehi, ragazzi, dove andate **voi**?
  Hey, guys, where are you going?

ATTENZIONE!

In Italian, you may also use the present indicative to talk about an action that will happen in the immediate future.

Stasera Enrico esce con Rosa.
Tonight Enrico is going to go out with Rosa.

The present tense

- The present indicative tense expresses actions and circumstances in the present. It has three equivalents in English.

  canto *I sing*
  I am singing
  I do sing

- To form the present indicative of the three regular verb conjugations, drop the ending of the infinitive (–**are**, –**ere**, or –**ire**) and add the appropriate endings to the stem.

	adorare	prendere	dormire	capire
io	adoro	prendo	dormo	capisco
tu	adori	prendi	dormi	capisci
lui/lei/Lei	adora	prende	dorme	capisce
noi	adoriamo	prendiamo	dormiamo	capiamo
voi	adorate	prendete	dormite	capite
loro/Loro	adorano	prendono	dormono	capiscono

- There are two types of –**ire** verbs. Verbs conjugated like **capire** insert -**isc**- between the stem and the ending of all forms except the first and second person plural. Verbs conjugated like **dormire** do not require insertion of -**isc**-.

- Most –**ire** verbs that do not require insertion of -**isc**- have a consonant five letters from the end of the infinitive: **aprire**, **coprire**, **dormire**, **offrire**, **partire**, **scoprire**, **seguire**, **sentire**, **servire**, **soffrire**, etc.

- Spelling changes are required in the present indicative of some –**are** verbs. To avoid a double **i**, drop the **i** of the **tu** and **noi** stems of most verbs ending in -**iare**.

cominciare	cominci + i/iamo	cominci (tu) / cominciamo (noi)
cambiare	cambi + i/iamo	cambi (tu) / cambiamo (noi)
lasciare	lasci + i/iamo	lasci (tu) / lasciamo (noi)
sbagliare	sbagli + i/iamo	sbagli (tu) / sbagliamo (noi)
studiare	studi + i/iamo	studi (tu) / studiamo (noi)

- When the **i** of the stem is stressed in the first person of the present indicative, in verbs ending in –**iare** like **inviare** and **sciare**, do not drop the **i** of the stem in the **tu** form.

| sciare | scio (io) | scii (tu) |
| inviare | invio (io) | invii (tu) |

- Add an **h** to the **tu** and **noi** forms of verbs ending in –**care** and –**gare** to maintain the hard sound of the **c** and **g**.

| cercare | cerch + i/iamo | cerchi (tu) / cerchiamo (noi) |
| spiegare | spiegh + i/iamo | spieghi (tu) / spieghiamo (noi) |

- Use the simple present tense for ongoing actions that began in the past. Use **da** (*for; since*) to indicate when the action first began. Use **da quando** or **da quanto tempo** when asking *How long?* or *Since when?*

Da quanto tempo sei fidanzata?
How long have you been engaged?

Sono fidanzata **da** sei mesi.
I've been engaged for six months.

Da quando escono insieme Mario e Carla?
Since when have Mario and Carla been going out?

Escono insieme **dal** mese scorso.
They've been dating since last month.

ATTENZIONE!

Verbs with a root ending in –**gn** —such as **guadagnare** (*to earn*), **insegnare** (*to teach*), and **sognare** (*to dream*)—can be spelled with or without the **i** in the first person plural.

guadagniamo or **guadagnamo**
sogniamo or **sognamo**

Pratica

1 **Ci sposiamo o ci lasciamo?** Attilio e Luciana sono una coppia in crisi. Completa il paragrafo coniugando al presente il verbo fra parentesi.

Attilio e Luciana sono fidanzati da molti anni, ma da qualche tempo lei gli (1) _____ (mentire), o almeno così lui sospetta, su un'amicizia con un compagno di scuola, Mario. Attilio è preoccupato perché (2) _____ (circolare) già molti pettegolezzi!

Luciana non (3) _____ (capire) il comportamento di Attilio, che lei considera troppo geloso. Lei è una ragazza molto fedele e Mario è il suo migliore amico. Così, un giorno, Luciana decide: «(4) _____ (Chiedere) a Mario di fare da testimone (*witness*) al mio matrimonio con Attilio!»

Attilio, intanto, è a casa: non (5) _____ (parlare), non (6) _____ (telefonare) e non (7) _____ (aprire) la sua casella di posta elettronica da ormai quindici giorni. Poi, un giorno, finalmente (8) _____ (decidere) anche lui: «(9) _____ (lasciare) Luciana e (10) _____ (cercare) un'altra anima gemella!» Cosa succede? Attilio lascia Luciana?

Nota
CULTURALE

I «**confetti**» sono piccole caramelle fatte di mandorle (*almonds*) ricoperte di zucchero. Di solito si offrono in occasioni importanti per augurare (*to wish*) successo e prosperità, sempre in numero dispari (*odd*), tre o cinque, e sono avvolti con della carta colorata. Solitamente i confetti sono rosa o azzurri per il battesimo di una bambina o di un bambino, rossi per la laurea, bianchi per il matrimonio e argentati (*silver coated*) o dorati rispettivamente per le nozze d'argento e le nozze d'oro (venticinque e cinquant'anni di matrimonio).

2 **Che disastro!** Ecco qual è la situazione una settimana prima delle nozze (*wedding*) di Attilio e Luciana. Scrivete le frasi con i soggetti e i verbi nella lista.

Modello   **Attilio / perdere / carta di credito**
Attilio perde la carta di credito.

1. pasticcere / chiudere / per ferie
2. testimoni / partire / per le vacanze
3. fratello di Attilio / perdere / anelli
4. prete / cadere / dalle scale
5. ristorante / cambiare / indirizzo
6. negozio di bomboniere / finire / confetti
7. genitori di Luciana / invitare / anche i cugini americani
8. cugini americani / arrivare / una settimana prima

3 **Chi trova un amico...** Unite gli elementi delle tre colonne per creare delle frasi complete.

Modello   I miei genitori condividono le gioie (*joys*) e i dolori del matrimonio.

A	B	C
i miei genitori	odiare	il suo compagno di stanza
io	contare su	la mia amicizia
la mia migliore amica	condividere	la sorella di Luisa
le mie compagne di classe	adorare	la sua amica del cuore
mia madre	gridare a	la sua anima gemella
mia sorella	mentire a	le gioie e i dolori del matrimonio
noi	disturbare	le persone umili
?	?	?

Comunicazione

4

Conversazione Con un(a) compagno/a, descrivete a turno ogni persona usando il verbo corrispondente.

> Modello **preferire: mio fratello**
>
> —Mio fratello preferisce lavorare la sera tardi.
>
> —Anche mia sorella. Lei preferisce fare i compiti dopo le sei di sera.

1. disturbare: la mia migliore amica
2. condividere: io e mia madre
3. cambiare: i miei compagni di classe
4. avere vergogna: i miei genitori
5. arrabbiarsi: il mio insegnante
6. adorare: io

5

Da quanto tempo...? Fatevi delle domande usando i verbi della lista.

> Modello **studiare**
>
> —Da quanto tempo studi italiano?
>
> —Studio italiano da due anni.

- amare
- ascoltare
- condividere
- conoscere
- dormire
- scrivere
- seguire
- ?

6

Una chiacchierata In coppia, fatevi domande usando questi verbi. Potete parlare dei temi suggeriti o di altri.

> Modello **provare un senso di insicurezza**
>
> —C'è qualche situazione in cui provi sempre un senso di insicurezza?
>
> —Sì. Provo sempre un senso di insicurezza quando devo parlare in pubblico perché sono timido.

1. provare un senso di: (in)sicurezza / solitudine / benessere / felicità / depressione
2. raccomandare: un film di un regista italiano / un gruppo musicale italiano / un libro di uno scrittore o un artista italiano
3. ricordarsi: quando hai imparato a nuotare / di un litigio con un amico / del tuo primo bacio
4. sognare di: visitare un luogo particolare in Italia / rivedere una persona speciale, forse lontana

7

Tra moglie e marito... Ecco Attilio e Luciana, finalmente sposi! Ma la vita matrimoniale è solo l'inizio di un'avventura... In coppia, usate i verbi della lista per parlare della vita di Attilio e Luciana dopo il matrimonio e dei loro progetti nell'immediato futuro.

cambiare	decidere	partire
capire	guadagnare	perdere
cercare	mentire	preferire
cominciare	offrire	trovare

> Modello —Attilio trova lavoro in banca.
>
> —Luciana domani parte per cercare lavoro in Inghilterra.

1.2

Articles

- Definite and indefinite articles must agree in number and gender with the nouns they modify. They vary in form for pronunciation purposes, and in spelling depending on the word they precede.

Definite articles (*the*)

Before...	masc. sing.	fem. sing.	masc. pl.	fem. pl.
most consonants	**il** padre	**la** madre	**i** genitori	**le** sorelle
s + cons., **z, y, x, ps, gn**	**lo** psicologo	**la** zia	**gli** studenti	**le** scuole
a vowel	**l'**uomo	**l'**amica	**gli** uomini	**le** amiche

Indefinite articles (*a; an*)

Before...	masculine	feminine
most consonants	**un** fratello	**una** cugina
s + cons., **z, y, x, ps, gn**	**uno** stadio	**una** zia
a vowel	**un** amore	**un'**amica

ATTENZIONE!

Omit the indefinite article in these two cases:

- before unmodified nouns designating profession or religion

È professoressa.
She's a professor.

but

È una professoressa molto divertente.
She's a very funny professor.

- after **che** in the expression *What a...!*

Che bel pupazzo di neve!
What a nice snowman!

ATTENZIONE!

The definite article is also used when talking about certain illnesses or ailments (**Luca ha la febbre**). It may also be used before names of languages (**L'italiano è la mia lingua preferita**).

ATTENZIONE!

Remember to use the definite article **le** when telling time for all numbered hours, except one o'clock, which takes a singular article (**l'una**). Don't forget to use the indefinite article **un** for quarter past an hour or quarter to the next hour.

- Use the definite article in these circumstances.

when referring to specific people or things	**Il** cane che abbaia si chiama Nobile. *The dog that is barking is named Nobile.*
with last names and titles of people	Ho visto **il** signor Bianchi stamattina. *I saw Mister Bianchi this morning.*
with geographical names such as countries, continents, large islands, regions, and mountains	**La** Sardegna è un'isola molto bella. *Sardinia is a very beautiful island.*
with days of the week or time expressions, to mean *every* or *each*	Abbiamo lezione **il** martedì e **il** giovedì. *We have class every Tuesday and Thursday.*
with the hour (when telling time)	Sono **le** undici. *It's eleven o'clock.*
when describing body parts, such as hair or eye color	La mia fidanzata ha **gli** occhi blu e **i** capelli biondi. *My fiancée has blue eyes and blonde hair.*
when referring to general categories and abstract ideas	Grazie a Meetic ho conosciuto **l'**amore… *Thanks to Meetic I found love…*

- When the definite article follows the prepositions **a**, **di**, **da**, **in**, and **su**, the article and the preposition form a contraction.

	+il	+lo	+l'	+la	+i	+gli	+le
a (*in; at*)	al	allo	all'	alla	ai	agli	alle
di (*of*)	del	dello	dell'	della	dei	degli	delle
da (*from; for*)	dal	dallo	dall'	dalla	dai	dagli	dalle
in (*in*)	nel	nello	nell'	nella	nei	negli	nelle
su (*on; about*)	sul	sullo	sull'	sulla	sui	sugli	sulle

Pratica e comunicazione

1

A ciascuno il suo Carla ha un sogno: lavorare in un'agenzia matrimoniale (*matchmaking company*). Leggi cosa pensa dei suoi amici e completa le frasi usando la forma corretta degli articoli determinativi o indeterminativi.

1. Maria è _____ ragazza matura, ma troppo orgogliosa. Ha bisogno di _____ uomo con _____ carattere dolce e forte.

2. _____ fidanzata di Giorgio è sensibile, ma molto timida. Quando vede Giorgio diventa rossa come _____ peperone!

3. Giorgio è _____ persona molto superficiale. Gli piacciono tutte _____ studentesse della scuola!

4. Lucia è _____ donna affascinante ma rompe con tutti _____ fidanzati dopo qualche settimana. Può andare bene per _____ seduttore come Giorgio.

5. Carlo, invece, è _____ ragazzo molto simpatico e carino. Ha _____ occhi neri, _____ capelli scuri, _____ naso dritto ed _____ voce profonda e seducente! Forse va bene per me!

2

Ugo e Flavia Leggi la storia di Ugo e Flavia e inserisci gli articoli determinativi, combinandoli con le preposizioni quando è necessario.

1. Ugo e Flavia si incontrano _____ lunedì prima di andare a scuola, (da) _____ 7.00 (a) _____ 8.00.

2. Quando Flavia scende (da) _____ autobus, Ugo è già (su) _____ marciapiede che la aspetta.

3. Poi, insieme, vanno (in) _____ bar (di) _____ centro e prendono un cappuccino e una brioche per colazione.

4. Si raccontano _____ cose che hanno fatto durante _____ settimana e parlano (di) _____ loro piani per _____ settimana successiva.

5. Poi si rimettono _____ zaini (su) _____ spalle e vanno verso _____ scuola, mano (in) _____ mano.

3

Chi cerca trova! In coppia, fatevi delle domande per capire quanto siete simili o diversi.

A che ora	comprare	a	discoteca
Come	mangiare	da	domenica
Cosa	passare	in	famiglia
Quando	ritornare	su	luce
Quante volte	spegnere (*turn off*)		ristorante
Quanto	telefonare		supermercato

4

L'anima gemella Scrivi una lettera a «La Posta del Cuore di Carla» per trovare la tua anima gemella. Descrivi la tua donna/il tuo uomo ideale in otto frasi, usando le preposizioni articolate, le parole della lista e altre parole imparate in questa lezione.

| appuntamento | condividere | coppia | fiducia | matrimonio |
| cercare | contare su | credere | lasciare | mentire |

Practice more at
immagina.vhlcentral.com.

1.3

Gender and number

- All nouns in Italian are characterized by their gender (masculine or feminine) and number (singular or plural). Adjectives agree in number and gender with the nouns they modify.

Gender

- Most Italian nouns end in a vowel. Nouns ending in **–o** are usually masculine and nouns ending in **–a** are usually feminine. Nouns ending in **–e** can be either masculine or feminine. While there is no sure way to determine the gender of a noun just by looking at the ending, there are a few general tendencies.

- To make the feminine form of some nouns, replace the masculine ending with the feminine ending.

change in ending	masculine → feminine
o → a	ragazzo → ragazza
e → essa	studente → studentessa
e → a	signore → signora
ore → rice	attore → attrice
a → essa	poeta → poetessa

RIMANDO

For more information about feminine profession words, see **Nota culturale, p. 119.**

- Some nouns denoting traditionally male professions or activities are used in the masculine form to refer to women, for example, **l'ingegnere** (*engineer*), **l'architetto** (*architect*), and **il chirurgo** (*surgeon*). The accompanying articles and adjectives should also be used in the masculine form. On the other hand, **la guida** (*guide*) and **la spia** (*spy*) are always feminine in gender, even when referring to a man.

Mia zia Rita è **un architetto noto**.
My aunt Rita is a well-known architect.

James Bond è **una spia famosa**.
James Bond is a famous spy.

- Some nouns have the same ending for masculine and feminine forms; the gender can be determined by the context or the article. For example, **il/la pianista** (*pianist*) and **lo/la psichiatra** (*psychiatrist*) end in **–a**, but can be either masculine or feminine.

ATTENZIONE!

Ogni (*each, every*) and **qualche** (*some*) may only be used with singular nouns.

ogni giorno
every day

qualche volta
sometimes

L'artista (*m.*) si chiama **Leonardo**.
The artist's name is Leonardo.

L'artista (*f.*) si chiama **Artemisia Gentileschi**.
The artist's name is Artemisia Gentileschi.

- Adjectives, like nouns, have masculine and feminine forms and tend to follow the same rules as nouns. Most masculine adjectives end in **–o**, and most feminine adjectives end in **–a**. Adjectives ending in **–e** can modify either masculine or feminine nouns.

Marcello è molto sensibi**le**.
Marcello is very sensitive.

La mia gatt**a** non è affettuos**a**.
My cat isn't affectionate.

RIMANDO

To learn about placement of adjectives and demonstrative adjectives, see **Strutture 2.4, p. 64.**

To learn about comparatives and superlatives, see **Strutture 7.1, pp. 246-248.**

- Not all adjectives follow the rules of **–o**, **–a**, or **–e** endings. Some common adjectives end in **–ista** (**ottimista**, **pessimista**, and **idealista**, for example) and describe both masculine and feminine nouns. Other adjectives such as **viola** (*violet*), **rosa** (*pink*), **blu**, **ogni**, and **qualche** are invariable and have only one form.

un bambino ottimista
an optimistic boy

la camicia blu
the blue shirt

Plurals

All nouns are either singular or plural; adjectives that modify them must agree with them in gender and number.

- Singular nouns and adjectives ending in –**o** or –**e** typically become –**i** in the plural. Singular nouns and adjectives ending in –**a** typically become –**e** in the plural.

fratell**o**	fratell**i**	ristorant**e**	ristorant**i**
scarp**a**	scarp**e**	intelligent**e**	intelligent**i**

- As you know, some singular nouns and adjectives ending in –**a** can be masculine or feminine. Form their plural by replacing the –**a** with –**i** for the masculine form and with –**e** for the feminine form.

il pianist**a** ottimist**a**	i pianist**i** ottimist**i**
la pianist**a** ottimist**a**	le pianist**e** ottimist**e**

- Some nouns and adjectives form plurals according to other patterns for purposes of pronunciation or gender distinctions.

	singular → plural	example	common exceptions
retain hard sound of consonant by adding an –**h** in the plural	stress on syllable before –**co**: –**co** → –**chi**	parco → parchi	amico/greco/nemico/porco → amici/greci/nemici/porci
	–**ca** → –**che**	banca → banche	
	–**go** → –**ghi**	albergo → alberghi	
	–**ga** → –**ghe**	lunga → lunghe	
change sound of consonant	stress on second syllable before –**co**: –**co** → –**ci**	dinamico → dinamici	carico → carichi
	–**ologo** → –**ologi**	biologo → biologi	monologo → monologhi
	–**fago** → –**fagi**	sarcofago → sarcofagi	
unstressed –**i**	–**io** → –**i**	negozio → negozi	orecchio → orecchie
	–**cia** → –**ce**	faccia → facce	camicia → camicie
	–**gia** → –**ge**	spiaggia → spiagge	grigia → grigie
stressed –**i**	–**io** → –**ii**	zio → zii	
	–**cia** → –**cie**	farmacia → farmacie	
	–**gia** → –**gie**	bugia → bugie	

- You must memorize the irregular plural forms of certain nouns. Some examples are **la moglie → le mogli, l'uomo → gli uomini, il dio → gli dei, il tempio → i templi, l'ala → le ali, la mano → le mani**.

- Some nouns are invariable: they do not change from the singular to the plural. Articles and adjectives can help you determine whether these nouns are singular or plural. Invariable words include some words of foreign origin (such as **bar**, **film**, and **sport**), words that end in an accented vowel or have only one syllable (such as **re**, **sci**, **virtù**, or **città**), and words that are shortened forms of longer words (such as **cinema**, **foto**, and **radio**).

ATTENZIONE!

Masculine words ending in –**ma** or –**ta** that are Greek in origin form their plurals by changing –**a** to –**i**. Some examples are **il programma/i programmi** and **il poeta/i poeti**. Feminine words ending in –**i** that are Greek in origin do not change in the plural. Some examples are **la crisi/le crisi** and **la tesi/le tesi**.

ATTENZIONE!

A number of masculine nouns that end in –**o** have a feminine plural form ending in –**a**. Many, but not all of them, refer to parts of the body.

il labbro (*lip*) **→ le labbra**

il braccio (*arm*) **→ le braccia**

il ginocchio (*knee*) **→ le ginocchia**

il ciglio (*eyelash*) **→ le ciglia**

l'uovo (*egg*) **→ le uova**

Pratica

1

Maschile o femminile? Colloca un articolo indefinito davanti ad ogni nome e concorda l'aggettivo.

Modello auto/nuovo   un'auto nuova

1. braccio/forte _____
2. camera/oscuro _____
3. cinema/aperto _____
4. crisi/lungo _____
5. foto/bello _____
6. ingegnere/abile _____
7. labbro/carnoso _____
8. mano/leggero _____
9. moglie/affettuoso _____

10. poeta/romantico _____
11. problema/politico _____
12. professore/severo _____
13. radio/alternativo _____
14. studente/serio _____
15. tesi/difficile _____
16. uovo/fresco _____
17. viaggio/avventuroso _____
18. virtù/raro _____

2

Al consolato italiano Al consolato italiano di New York ci sono molte persone in attesa (*waiting*) di un visto (*visa*) per andare in Italia. Leggi le descrizioni e cambia il genere delle parole sottolineate (*underlined*).

1. La stanza è piena di gente. C'è <u>la professoressa</u> Simonetti che parla con due <u>studenti americani</u> che hanno bisogno del visto per andare in Italia.

2. Nell'angolo (*corner*), <u>un uomo anziano</u> e <u>un bambino irrequieto</u> aspettano che <u>la mamma</u> finisca di parlare con il console.

3. <u>La donna</u> è <u>un'importante scrittrice,</u> che deve andare in Italia per una conferenza.

4. In seconda fila ci sono due <u>ragazze italiane allegre e spiritose</u> che devono rinnovare il passaporto.

5. Dietro, <u>una ragazza alta</u> dall'aria intellettuale disegna su un quaderno bianco. Ha un vestito colorato molto stravagante. Forse è <u>un'artista principiante</u> che vuole andare in Italia in cerca di nuove ispirazioni.

3

Gli stereotipi Paolo vive a New York con una famiglia americana per imparare l'inglese. La famiglia ha molti stereotipi sull'Italia e gli italiani, e Paolo non è d'accordo. Riscrivi le frasi cambiando al plurale le parole sottolineate, come nell'esempio.

Modello <u>L'automobilista italiano è</u> sempre poco <u>prudente</u>.

Non tutti gli automobilisti italiani sono sempre poco prudenti.

1. <u>Un ragazzo vive</u> in famiglia fino a trent'anni perché <u>è immaturo</u>.
2. <u>La moglie fedele prepara un pranzo squisito</u> per <u>il marito</u>.
3. <u>La coppia</u> che <u>si incontra sulla spiaggia divorzia</u> presto.
4. <u>L'italiano è ottimista</u> anche di fronte <u>alla avversità</u>.
5. <u>Il negozio</u> di alimentari <u>è</u> sempre <u>chiuso</u> tra le 13.00 e le 16.00.
6. <u>Il bar ha</u> sempre <u>un televisore</u> per vedere <u>la partita</u> di calcio.
7. <u>Il ragazzo italiano arriva</u> sempre tardi <u>all'appuntamento</u>.
8. <u>Un artista deve</u> vivere a Firenze per produrre <u>un'opera geniale</u>.

 Practice more at **immagina.vhlcentral.com**.

Comunicazione

4

Il mondo come lo vorrei! In coppia, completate le frasi usando almeno tre aggettivi. Se volete, potete usare alcune parole della lista.

comprensivo	fedele	leale	silenzioso
educato	geloso	rumoroso	socievole
esperto	istruito	severo	tranquillo

1. L'amico/a ideale è...
2. Il marito/La moglie ideale è...
3. Il professore ideale è...
4. Il fratello/La sorella ideale è...
5. Il vicino di casa ideale è...
6. Il gatto ideale è...

5

Dio li fa e poi li accoppia! In coppia, fatevi queste domande e decidete se l'altra persona può essere un(a) compagno/a di stanza ideale in un viaggio di studio. Aggiungete quattro domande libere alla lista.

1. Sei ordinato/a?
2. Hai un carattere allegro?
3. Sei una persona matura?
4. Come ti comporti quando sei stanco/a?
5. Come sono i tuoi amici?
6. Come ti descrivono i tuoi genitori?

6

Per le strade italiane Con un(a) compagno/a, trovate almeno tre modi per descrivere ciascuna foto. Confrontate le vostre descrizioni con un altro gruppo e discutete le differenze con la classe.

1.4 The present tense: irregular verbs

—Non **può** finire così!

- Many Italian verbs are irregular in the present tense. Two of the most important irregular verbs are **essere**, *to be*, and **avere**, *to have*.

essere		avere	
sono	siamo	ho	abbiamo
sei	siete	hai	avete
è	sono	ha	hanno

I miei figli **sono** gemelli.
Hanno quattordici anni.

- Only four **–are** verbs are irregular.

andare *(to go)*	dare *(to give)*	fare *(to do/make)*	stare *(to stay)*
vado	do	faccio	sto
vai	dai	fai	stai
va	dà	fa	sta
andiamo	diamo	facciamo	stiamo
andate	date	fate	state
vanno	danno	fanno	stanno

- Although the conjugations of irregular verbs must be memorized, some follow similar patterns, making them easier to learn. The verbs below, for example, insert -**g**- in the first person singular and third person plural forms.

porre *(to put)*	rimanere *(to remain)*	salire *(to go up)*	tenere *(to hold)*	venire *(to come)*
pongo	rimango	salgo	tengo	vengo
poni	rimani	sali	tieni	vieni
pone	rimane	sale	tiene	viene
poniamo	rimaniamo	saliamo	teniamo	veniamo
ponete	rimanete	salite	tenete	venite
pongono	rimangono	salgono	tengono	vengono

Oggi rimango a casa.
I'm staying home today.

Neanch'io vengo alla festa.
I'm not coming to the party either.

- Four very common **–ere** verbs are also irregular.

dovere *(to have to, must)*	potere *(to be able, can)*	sapere *(to know)*	volere *(to want)*
devo	posso	so	voglio
devi	puoi	sai	vuoi
deve	può	sa	vuole
dobbiamo	possiamo	sappiamo	vogliamo
dovete	potete	sapete	volete
devono	possono	sanno	vogliono

RIMANDO

For more information about **dovere**, **potere**, and **volere**, see **Strutture 4.4, p. 142**. For the distinction between **sapere** and **conoscere**, see **Strutture 7.4, p. 260**.

- Some irregular verbs add regular present tense endings to irregular stems. The conjugations of **bere**, **dire**, and **tradurre** use stems derived from Latin roots: **bev–**, **dic–**, and **traduc–**.

bere *(to drink)*	dire *(to say)*	tradurre *(to translate)*
bevo	dico	traduco
bevi	dici	traduci
beve	dice	traduce
beviamo	diciamo	traduciamo
bevete	dite	traducete
bevono	dicono	traducono

- The conjugations of **accogliere**, **cogliere**, **scegliere**, and **togliere** follow a similar pattern. The first person singular and third person plural have **–lg–** before the endings, but all the other forms are like the infinitive, **–gl–**.

accogliere *(to greet)*	cogliere *(to pick)*	scegliere *(to choose)*	togliere *(to remove)*
accolgo	colgo	scelgo	tolgo
accogli	cogli	scegli	togli
accoglie	coglie	sceglie	toglie
accogliamo	cogliamo	scegliamo	togliamo
accogliete	cogliete	scegliete	togliete
accolgono	colgono	scelgono	tolgono

- **Uscire** *(to go out/exit)* and **riuscire** *(to succeed)* are irregular and must be memorized.

uscire		riuscire	
esco	usciamo	riesco	riusciamo
esci	uscite	riesci	riuscite
esce	escono	riesce	riescono

Pratica

1

Completare Completa le frasi con la forma corretta dei verbi.

1. Serena e Bruno _____ (stare) insieme da tre anni e adesso _____ (fare) progetti di matrimonio.

2. Lucia _____ (fare) colazione ogni giorno al bar e poi _____ (andare) in ufficio a piedi.

3. I miei genitori _____ (avere) paura di lasciarmi sola a casa, quindi _____ (rimanere) sempre con me!

4. Vittoria _____ (dare) lezioni private di italiano e _____ (tradurre) dall'inglese.

5. «Perché quando _____ (venire) a trovarti tu mi _____ (accogliere) sempre così freddamente?»

6. Ogni volta che io _____ (togliere) la giacca di papà dalla poltrona, lui _____ (venire) da me e mi _____ (porre) il solito quesito (*question*): sono io disordinato, o sei tu maniaca dell'ordine?

2

Incontro Antonio, napoletano, e Marco, romano, sono due vecchi amici. Dopo alcuni anni si incontrano per caso a New York. Completa il dialogo usando i verbi della lista nella forma corretta. Alcuni verbi si usano più di una volta!

andare	fare	sapere
essere	potere	uscire

MARCO Antonio, ciao! Non ci (1) _____ credere! Anche tu (2) _____ qui a New York!

ANTONIO Ciao, Marco! Che bello rivederti! Sì, studio qui già da tre mesi. Ma... non capisco... oggi la città (3) _____ più vivace del solito e poi dalle finestre (4) _____ un buon profumo di dolci familiari. Che succede?

MARCO Ma come, non lo (5) _____? Oggi è il 19 settembre: la festa di san Gennaro! (6) _____ un giorno importante per la comunità italo-americana.

ANTONIO Davvero? E cosa (7) _____?

MARCO Tutto quello che (8) _____ voi a Napoli! Cucinano gli struffoli, (9) _____ a messa e portano la statua di san Gennaro in processione per le strade di Little Italy. Perché non (10) _____ anche noi alla festa?

3

Pettegolezzi Parlate di voi stessi e degli altri usando le parole delle due liste.

A	B
Il professore/La professoressa di italiano	dire
Il/La mio/a vicino/a (*neighbor*)	scegliere
I genitori di...	fare
Io	stare
Tu	venire
La mia amica	rimanere
?	?

Practice more at **immagina.vhlcentral.com**.

Comunicazione

4 **Confronti** Con un(a) compagno/a, descrivete le persone della lista usando le espressioni date. Motivate le vostre scelte e poi confrontate le vostre descrizioni con quelle di un altro gruppo.

Modello È evidente che Madonna fa ginnastica perché è in ottima forma.

avere vergogna	fare ginnastica	stare bene
avere paura	fare shopping	stare male
avere ragione	fare la doccia	stare da solo/a
avere torto	fare finta di (*to pretend*)	stare per
?	?	?

- Mariah Carey
- Brad Pitt
- Amy Winehouse

- Janet Jackson
- Will Smith
- Robert De Niro

- Miley Cyrus
- Johnny Depp
- Ben Stiller

5 **Interpretiamo** Guardate le immagini e rispondete alle domande.

1. Chi sono e dove sono queste persone?
2. Cosa fanno?
3. Come stanno?

4. Con chi sono?
5. Chi li vede?
6. Di cosa parlano?

6 **Gli affari degli altri**

A. Usando i verbi e le espressioni della lista, formulate almeno sei domande da fare al(la) vostro/a compagno/a e poi intervistatelo/a.

avere fame	bere	fare colazione
avere paura	dare un esame	rimanere a casa da solo/a
avere sete	fare i compiti	scegliere
avere sonno	fare il bagno	stare bene/male
avere vergogna	fare spese	tenere

B. A gruppi di quattro o cinque, riassumete le cose che avete saputo del(la) vostro/a compagno/a e condividetele con gli altri.

Sintesi

1

Parliamo Sandra è negli Stati Uniti per lavoro e condivide l'ufficio con Bruno.
Leggete l'e-mail di Sandra a Maria e rispondete alle domande.

Da:	Sandra <smancini@libero.it>
A:	Maria Farnetti <mfarnetti@libero.it>
Oggetto:	uno strano collega d'ufficio

Cara Maria, finalmente sono a New York! Qui è tutto così diverso dall'Italia! I supermercati sono enormi e anche le confezioni dei prodotti sono più grandi e colorate. Le macchine e le strade sono larghe e spaziose e i grattacieli (*skyscrapers*) sono immensi. Qui fa già freddo, ma l'ufficio del mio collega Bruno è molto caldo. Troppo! Penso spesso a mia nonna, che ripete sempre di fare economia, di spegnere le luci e il riscaldamento (*heating*)... E poi, è tutto molto silenzioso... tutti lavorano nel loro ufficio e quando si incontrano parlano a voce bassa. Il nostro dipartimento di italiano è il più rumoroso!

C'è un gatto in ufficio. È carino ed affettuoso, ma cammina continuamente sulla tastiera (*keyboard*) del mio computer e riempie la mia sedia di peli (*hairs*). Come faccio a dire a Bruno che odio i gatti? Non voglio offenderlo, ma non voglio condividere l'ufficio con un collega a quattro zampe (*paws*)! Forse posso chiedere un altro ufficio al capo del dipartimento... Dammi un consiglio, tu che sai sempre tutto!

A presto, Sandra.

1. Cosa fa Sandra negli Stati Uniti?
2. Cosa colpisce (*strikes*) l'attenzione di Sandra a New York?
3. Perché Sandra pensa spesso alla nonna?
4. Quali sono gli aspetti degli Stati Uniti che forse non piacciono a Sandra? Siete d'accordo con lei? Perché?
5. Cosa può fare Sandra per liberarsi del gatto senza offendere Bruno?
6. Hai un collega, un compagno di scuola, un vicino o un compagno di stanza che ti rende difficile la vita? Cosa fai per risolvere il problema?

2

Scriviamo Scrivi un'e-mail di tre paragrafi, scegliendo uno dei seguenti titoli:

- Descrivi ad un amico/un'amica una situazione nuova che ti preoccupa o in cui per qualche motivo ti senti a disagio (*uncomfortable*).

- Scrivi a Sandra dei suggerimenti per risolvere il problema del gatto in ufficio. Prova a suggerire soluzioni e a lasciare aperta la possibilità di altre proposte.

Strategie per la comunicazione
Suggerimenti per scrivere un'e-mail informale Ecco alcuni consigli per scrivere un'e-mail informale ma corretta: • Incipit: Cara Sandra/Ciao Sandra • Ringraziamenti: grazie/grazie mille/ti ringrazio per (l'aiuto, il consiglio, la disponibilità ecc.) • Saluto finale: A presto/Ciao

Preparazione

Vocabolario della lettura		Vocabolario utile
approfondire *to study in-depth*	**il quartiere** *neighborhood*	**il bar** *café*
il/la bisnonno/a *great-grandfather/mother*	**vergognarsi (si vergogna)** *to get embarrassed*	**il biscotto** *cookie*
la cassata *Sicilian dessert*	**la sfogliatella** *Neapolitan pastry*	**i cantucci** *Tuscan almond biscotti*
il/la curatore/ curatrice *curator*	**lo spumone** *a type of gelato*	**il vassoio** *tray*
il ricordo *memory*	**il tiramisù** *"pick-me-up" coffee dessert*	
il retaggio *heritage*	**ụtile** *useful*	

1 Pratica Inserisci le parole nuove negli spazi.

1. La materia che vorrei _____ di più è l'informatica.
2. Il _____ è un dolce a base di caffè, mascarpone e biscotti.
3. Nella città di New York uno dei _____ più famosi è Soho.
4. Mia cugina è molto timida: si _____ di parlare in pubblico.
5. I figli e nipoti degli immigrati sono spesso interessati al loro _____ culturale.
6. Il viaggio a Genova è stato così bello che ho ancora dei _____ molto vivi.

2 Intervista In coppia, intervistate degli altri studenti.

1. Cosa ti ha spinto (*drove you*) a studiare l'italiano?
2. Quali lingue sono simili all'italiano? Perché?
3. Hai imparato altre lingue in passato? Quali?
4. Secondo te, quali sono i vantaggi di parlare più di una lingua?
5. Quale altra lingua vorresti studiare? Perché?
6. Pensi che studiare l'italiano ti aiuterà ad imparare anche altre lingue? Perché?

3 Quartieri e specialità In coppia, rispondete alle domande.

1. C'è un quartiere italiano nella tua città? E altri quartieri etnici? Come sono?
2. Ci sono ristoranti tipici? Negozi con prodotti importati?
3. Quali sono le specialità italiane che hai assaggiato (*tasted*)?
4. Quali sono le specialità italo-americane? Perché sono diverse, secondo voi?

Nota CULTURALE

Secondo il più recente censimento ufficiale, gli **italo-americani sono 15.638.348**, cioè il 5,6% della popolazione degli U.S.A. e ne costituiscono il quinto gruppo etnico. Fra questi, **solo 1.008.370 parlano italiano** a casa (lo 0,384% dei cittadini statunitensi). **L'Associazione delle lingue moderne** (*MLA*) ha annunciato che, dal 2002 al 2006, il numero di studenti universitari iscritti a corsi d'italiano negli Stati Uniti è cresciuto del 21,1%. Tra il 1998 e il 2002, le iscrizioni erano aumentate del 29,6%.

PERCHÉ STUDI L'ITALIANO?

Reading

widespread Quali sono le ragioni più diffuse° per imparare l'italiano? Per chi è di origine *link* italiana c'è un legame° personale nel rapporto con i nonni o altri parenti
5 che ancora parlano la lingua o un dialetto. Molti hanno il desiderio di recuperare il proprio retaggio culturale: il ricordo di un piatto speciale, di una tradizione, di immagini e racconti che vengono da
10 un'altra epoca. Anche la lettura di un libro o una scena di un film possono far nascere la curiosità di conoscere meglio la propria storia. Ci sono poi studenti con interessi che li portano a contatto diretto con
15 l'Italia di ieri e di oggi: musica, cinema, ingegneria, architettura e storia dell'arte, teologia, moda, studi classici, medicina, *law* giurisprudenza°, design, sport, economia e commercio e altro ancora. C'è anche
20 chi vuole imparare la lingua perchè si è innamorato di una persona o di una città. E tu, perché studi l'italiano? Con questa domanda siamo andati al Caffè Vittoria nel *North End*, il quartiere italo-americano
25 di Boston.

Il primo a rispondere è Tom, un italo-americano: «Mia nonna parla un misto *dialect/person from* di italiano e palermitano°, ma non li ha *Palermo, Sicily* insegnati alla mia mamma. Voleva che i suoi *would speak* 30 figli parlassero° bene l'inglese per potersi *fit in* inserire° meglio nella società statunitense e non venire considerati stranieri. Ma adesso le cose sono cambiate e i sentimenti anti-italiani che si ricorda mia nonna non
35 esistono più. Da quando ho cominciato a studiare l'italiano due anni fa, parliamo per telefono molto più spesso. Però si vergogna quando parla perché non vuole che io impari il palermitano».
40 Manuel, un argentino di origine italiana che studia al MIT, ci ha detto: «Sto studiando ingegneria e voglio lavorare in Italia. Nessuno nella mia famiglia parla l'italiano, anche se riusciamo a
45 capirlo perché è così simile allo spagnolo e specialmente allo spagnolo argentino in cui si usano tante parole italiane. Non so *I don't even know* neanche° esattamente la storia di come il

mio bisnonno sia arrivato a Buenos Aires; so solo che si chiamava come me: Emanuele 50 Ricasoli. Ho potuto seguire solo 3 semestri di italiano all'università, ma l'estate scorsa ho partecipato ad uno stage° a Venezia e *internship* ho fatto una vera immersione nella lingua italiana di 3 mesi. Forse non bisogna dire 55 'immersione' parlando di una laguna... »

Erin, un'americana di origine irlandese che è curatrice di un museo, ci ha raccontato che viaggia spesso in Italia, specialmente a Firenze, sia per lavoro che° 60 *sia... che both... and* per le vacanze. «All'università ho studiato la storia dell'arte italiana, ma non ho avuto l'opportunità di approfondire la lingua. La prima volta che sono andata in Italia ho imparato qualche parola. 65 Poi ho incominciato a studiare l'italiano seguendo dei corsi di lingua e letteratura. Certamente l'italiano mi è stato utile anche professionalmente, ma la cosa più bella è stata l'amicizia con gli altri studenti 70 dei corsi. Siamo ancora in contatto».

Tom, Manuel ed Erin sono solo tre esempi di persone che scelgono di imparare l'italiano, ma le loro storie sono simili a molte altre. E tu, perché stai studiando 75 l'italiano? Perché non ci racconti anche tu la tua storia? ∎

Il Caffè Vittoria

È il primo bar italiano del *North End* di Boston, aperto nel 1929. Per i residenti è un locale° per rilassarsi, incontrarsi, chiacchierare e guardarsi intorno; per i turisti è un viaggio nel tempo. Oltre al caffè espresso offre sfogliatelle, tiramisù, gelati e spumoni. Nelle vetrine e all'interno c'è una collezione di macchine antiche per fare l'espresso. Con tanti clienti abituali e turisti di passaggio curiosi di assaggiare le specialità, i camerieri passano di corsa° tenendo magicamente in equilibrio tanti cappuccini e caffè sul vassoio. Accanto e di fronte al Caffè Vittoria ci sono altri bar e pasticcerie come Mike's Pastry.

locale *spot, business* **corsa** *rush by*

Analisi

1

Comprensione Scegli la risposta giusta.

1. Tom vuole parlare al telefono in italiano con _____.
   a. gli amici a Firenze   b. la sua mamma   c. sua nonna

2. La nonna di Tom è _____.
   a. napoletana   b. siciliana   c. abruzzese

3. Una delle ragioni per cui Manuel studia l'italiano è per _____.
   a. andare a Venezia   b. lavorare in Italia   c. parlare con i suoi nonni

4. Il bisnonno di Manuel è emigrato in _____.
   a. Argentina   b. Australia   c. Brasile

5. Erin ha imparato l'italiano _____.
   a. seguendo dei corsi di lingua   b. studiando la storia dell'arte
   c. frequentando il *North End*

2

Lingue e culture In coppia, rispondete alle domande a turno. Dopo confrontate le vostre risposte con quelle di un'altra coppia.

1. Con quale delle persone intervistate ti identifichi di più? Perché?

2. Quali lingue potevi studiare al liceo? Quale hai scelto?

3. Quali corsi di lingua puoi frequentare all'università?

4. Ci sono dei film o dei libri che ti hanno fatto venir voglia di viaggiare o/e di imparare una lingua? Quali?

3

Tre generazioni In gruppi di quattro, parlate della famiglia nelle foto.

- Come si chiamano i personaggi?
- Da dove vengono?
- Che tipo di lavoro fanno?
- Perché sono emigrati?
- Cosa hanno portato con loro?
- Cosa speravano di trovare? Cosa hanno trovato?

Donato e Rosa Corbo;
figli: Nicola, Mario e Maria
Italia → Argentina, 1954

Mario e Amelia Corbo;
figli: Mario, Luis, Sandra
Argentina → Australia, 1974

Gaby Corbo (figlia di Nicola)
Argentina → Italia, 2008

4

Scrittura Scegli uno di questi argomenti e scrivi una composizione.

- Come è arrivata in questo paese la tua famiglia? Avete dei rapporti con il vostro paese di origine? Racconta la storia della tua famiglia in tre paragrafi.

- Scrivi una lettera ad un amico/un'amica per convincerlo/a a studiare una lingua straniera.

 Practice more at **immagina.vhlcentral.com**.

Preparazione Reading

A proposito dell'autore

Salvatore Fiume (Comiso, Sicilia 1915–Milano, 1997) fu (*was*) pittore, scultore, architetto, scrittore e scenografo. A Milano conobbe (*met*) artisti e intellettuali famosi ed ebbe (*had*) modo di dedicarsi alla carriera di pittore. Famoso per opere grandiose e fuori dal comune —come dipinti su rocce (*rocks*) in Etiopia, o un quadro enorme sulla nave transatlantica Andrea Doria (48 x 3 metri), che sparì (*disappeared*) con la nave quando essa affondò (*sank*)— Fiume scrisse romanzi, racconti ed opere teatrali. «Il supplente» è tratto dal libro *Che storie son queste?*

Vocabolario della lettura		Vocabolario utile
l'amante *lover*	sbadigliare *to yawn*	la bellezza *beauty*
ingenuo/a *naïve*	lo sbadiglio *yawn*	le chiacchiere *chit-chat*
la massima *maxim, axiom*	scherzare *to joke*	la fine *the end*
nascondere *to hide*	il supplente *substitute teacher*	l'inizio *the beginning*
l'odio *hatred*	il taccuino *notebook*	i luoghi comuni *commonplaces, clichés*
il piacere *pleasure*	la tosse *cough*	la noia *boredom*

1

Definizioni Trova la definizione adatta ad ogni parola.

_____ 1. sbadiglio   a. sentimento che provoca sbadigli

_____ 2. ingenuo   b. che crede a tutto e a tutti

_____ 3. chiacchiere   c. un sentimento negativo e distruttivo

_____ 4. odio   d. atto involontario di aprire la bocca, segno di sonno, fame, noia.

_____ 5. noia   e. parole dette per passare il tempo

2

Preparazione Fate le seguenti domande ad un(a) compagno/a.

1. L'amore è una cosa seria o leggera?

2. Alla tua età credi alle storie d'amore lunghe?

3. Trovi divertente o noioso ascoltare racconti sulle storie d'amore degli altri? E parlare delle tue?

4. Cosa sono le tre cose più importanti in una storia d'amore? E le tre cose che di sicuro portano alla fine di un amore?

5. Cosa ti fa innamorare di una persona?

3

Discussione Di cosa si parla a scuola? In piccoli gruppi, rispondete alle domande.

1. Hai mai avuto un supplente? Secondo la tua esperienza, i supplenti seguono il programma o creano attività per interessare la classe?

2. Secondo te, è giusto parlare a scuola di questioni personali o di argomenti che non fanno parte del programma?

3. Qual è la funzione della scuola?

4. Se tu fossi un supplente, cosa faresti?

Nota CULTURALE

Per capire quanto sia° straordinario **Fiume**, bisogna pensare che cresce in un'isola, la Sicilia, ancora ai margini della vita intellettuale, culturale ed economica del paese. Il trasferimento° a Milano nel primo dopoguerra° permette a Fiume di conoscere tutti i personaggi più importanti dell'avanguardia artistica e letteraria di un paese già sotto il regime fascista, che non promuoveva° l'arte se non era al suo servizio. Nel secondo dopoguerra Fiume, trentenne°, esprime il suo talento di pittore e artista completo: autore di opere letterarie originali, è anche maestro nelle arti figurative, sia in stile moderno che rinascimentale.

sia *is (subjunctive)* **trasferimento** *move* **dopoguerra** *period after the war* **promuoveva** *used to promote* **trentenne** *in his thirties*

 Practice more at **immagina.vhlcentral.com.**

Il supplente

(IIª LEZIONE)

SALVATORE FIUME

L'argomento° che tratteremo oggi è l'amore. Dal momento° che voi già sapete cos'è stato l'amore per i filosofi, per i poeti, per gli operai°, per gli imperatori°, per le imperatrici e per migliaia di donne celebri°, e per le più famose meretrici°, temo di non potervi dire sull'argomento che delle cose ovvie°. Prima di tutte, ad esempio, che l'amore non prevede° la presenza degli sbadigli. Infatti appena si sbadiglia, nell'amore vuol dire che l'amore è finito. Se doveste scrivere un racconto di un amore che sia finito, al posto della parola fine scrivete «sbadiglio».

A Urbino, dove ho studiato, ho imparato una massima che vi prego° di scrivere sul vostro taccuino: «L'amore è come la tosse, non si può nascondere».

Un'altra cosa ovvia è l'avvertimento° che con l'amore si può fare di tutto meno che scherzarci, con l'amore non si scherza. Chi sa fingere° l'amore è il più indesiderabile, non solo degli amanti, ma degli esseri che camminano sulla Terra.

L'amore può essere fonte° di piaceri sempre nuovi e sempre straordinari, ma ha, al suo interno°, nascosta° una componente che può produrre tutto il contrario, come l'odio e la crudeltà.

Sarei tentato° di dirvi che cosa è per me l'amore, ma mi trattiene° il ricordo° del fastidio° che mi davano quelli che mi intrattenevano° per raccontarmi che cosa era per loro. D'altra parte sappiamo che l'amore degli altri ci dà fastidio.

E siamo tanto sorprendentemente ingenui da raccontare il nostro amore, sicuri che agli altri faccia piacere.

Vedo che non avete preso appunti. Evidentemente queste cose le sapevate già.

topic
since

workers/emperors

5 *famous*
prostitutes
obvious

allow for

10

I beg you

15 *warning*

pretend, fake

20 *source*
inside/hidden

I would be tempted
25 *prevents me/memory/ annoyance*
engaged me in a conversation

30

Analisi

1 **Sintesi** Scegli la sintesi più adeguata.

1. L'argomento della lezione è l'amore e il supplente sa tutto sulla materia, come anche gli studenti. Sbadigliare significa trovarsi bene con una persona, tossire e ammalarsi insieme, scherzare, provare piacere, amare, odiare e raccontare tutti i dettagli agli amici e alle amiche, perché il nostro piacere fa piacere.

2. L'argomento della lezione è l'amore. Il supplente sembra avere una visione negativa al riguardo (*about it*) e ha paura di dire cose ovvie, come ad esempio che la noia uccide l'amore, che far finta di amare è una cosa spregevole (*despicable*), che dove c'è amore c'è potenzialmente anche il suo opposto, e che le storie d'amore degli altri sono irritanti.

3. L'argomento della lezione è l'amore e il supplente ha scoperto che gli studenti sanno cos'è l'amore attraverso la letteratura e non vuole essere ovvio. Gli sbadigli non sono una cosa buona alla fine di un rapporto e a Urbino l'amore è come la tosse. L'amore può essere crudele e anche dare fastidio. Agli ingenui i racconti d'amore fanno piacere.

2 **Comprensione**

A. Seleziona la risposta più appropriata secondo te.

1. Il supplente parla d'amore agli studenti _____.
   a. che non prendono appunti   b. che hanno studiato l'amore sui libri
   c. tutte e due le risposte

2. Secondo il supplente l'amore finisce quando _____.
   a. qualcuno ha la tosse   b. qualcuno sbadiglia
   c. qualcuno scrive su un taccuino

3. L'amore è fonte di piacere e anche _____.
   a. di odio e crudeltà   b. di malattia (*disease*)   c. tutte e due le risposte

4. Il supplente provava fastidio quando _____.
   a. altri gli raccontavano le loro storie d'amore
   b. non poteva raccontare le sue storie   c. tutte e due le risposte

5. Gli studenti non prendono appunti perché _____.
   a. sono annoiati   b. sanno già queste cose   c. tutte e due

B. Con un(a) compagno/a discuti le domande a cui hai risposto **c**. Tu come ti comporteresti se fossi in quella classe? Cosa pensi dell'insegnante? Sei d'accordo con le sue affermazioni?

3 **I personaggi** A chi possono essere abbinati i seguenti aggettivi? Mettili nel riquadro giusto. Dopo, confronta le tue risposte con quelle di un(a) compagno/a e pensa ad altri modi per descrivere il supplente e gli studenti.

a. esperto	c. ovvio	e. sicuro	g. interessato
b. annoiato	d. attento	f. perplesso	h. infastidito

il supplente	
gli studenti	

4 **Approfondimento** Con un(a) compagno/a, rispondi alle seguenti domande.

1. È chiaro che il supplente parla a una classe?

2. Secondo te, che età hanno gli studenti?

3. Secondo te, come descriverebbe l'amore questo supplente in una classe della scuola elementare? Discutine con un(a) compagno/a.

4. Immagina che il supplente debba parlare di un testo letterario per esprimere le sue idee sull'amore. Che testo sceglierebbe secondo te?

5 **Discutere** In coppia, rispondete alle seguenti domande.

1. Come reagiresti a una lezione come questa?

2. Secondo te, il supplente è un uomo o una donna? È giovane o vecchio? Perché?

3. Secondo te, il supplente di questa storia è un vero insegnante? Perché sì o no?

4. Mentre il supplente parla, i ragazzi stanno attenti o si distraggono?

5. Cosa è successo nella vita del supplente riguardo all'amore? Quali sono le ragioni per la sua prospettiva sull'amore?

6. Com'è oggi la vita del supplente? È sposato? È felice?

6 **Situazioni** In gruppi di tre o quattro, scegliete uno di questi scenari e improvvisate una breve scenetta.

A. Immaginate che gli studenti siano tutti della terza età mentre il supplente è giovane, magari come voi. Che dialogo potrebbe nascere quando il supplente finisce di parlare?

B. Immaginate che uno di voi sia il supplente. Come sarebbe diverso il discorso sull'amore? Come reagirebbero gli studenti?

C. Dieci anni dopo, il supplente trova due degli studenti in un ristorante. I due studenti sono adesso sposati. Di cosa parlano?

7 **Coppie** Con un(a) compagno/a, descrivete le coppie nelle foto. Chi sono? Quanti anni hanno? Com'è il rapporto fra di loro? Credete che sarà una storia d'amore lunga?

8 **Tema** Scegli uno dei seguenti argomenti.

1. Scrivi un lungo SMS d'amore a una persona di cui sei innamorato. Esagera! Scrivi metafore impossibili e assurde. Puoi anche immaginare un dialogo di SMS tra due innamorati.

2. Scrivi un annuncio su un giornale per cuori solitari (*lonely hearts*) e descrivi il tuo uomo o la tua donna ideale. Specifica anche chi non deve rispondere al tuo annuncio.

Practice more at
immagina.vhlcentral.com.

Laboratorio di scrittura

Preparazione: La tesi e gli argomenti

Un saggio accademico si divide, in genere, in tre parti: un'introduzione in cui si presenta la tesi; una discussione in cui si presentano gli argomenti per difendere la tesi; e una conclusione. Una tesi è un'idea che si deve sostenere o difendere con degli argomenti. La tesi deve essere:

- **chiara e concisa:** non presentare argomenti troppo diversi altrimenti risulta imprecisa e diventa molto complicato difenderla e giungere ad una conclusione coerente.

- **obiettiva:** anche se sono richieste opinioni personali, la tesi deve essere esposta in un linguaggio obiettivo e basarsi su prove evidenti.

- **originale:** la tesi non deve prospettare argomenti ovvi; deve condurre ad una conclusione creativa ed originale.

Gli argomenti che si usano per presentare o difendere la tesi possono esprimere:

- **autorità,** quando si riporta l'opinione di un personaggio di prestigio o di un esperto.

- **esemplificazione,** quando si usano citazioni ed esempi.

- **confutazione,** quando si respingono argomenti contrari alla posizione di chi scrive la tesi.

- **analogia,** quando si mettono a confronto due fatti o situazioni.

- **opinione comune,** quando si fa riferimento ad opinioni generali, a favore o contrarie alla tesi sostenuta.

Pratica A quali categorie appartiene ognuno di questi argomenti?

1. **Confutazione/opinione comune:** Oggi tutti i giovani si trovano d'accordo…
2. **Analogia/confutazione:** Mentre le persone nel XIX secolo conducevano vite semplici, senza mezzi di comunicazione moderni, ai nostri giorni invece…
3. **Analogia/autorità:** Già nel 1960, un famoso professore di… aveva difeso la teoria…

Saggio Scegli uno di questi argomenti e scrivi un saggio, lungo almeno due pagine.

Requisiti

1. Il tuo saggio deve far riferimento ad almeno uno dei quattro brani studiati in questa lezione e contenuti in Cortometraggio, Immagina, Cultura e Letteratura.

2. Deve includere almeno due tipi diversi di argomenti ed esempi tratti dai brani nella lezione.

3. Deve far risaltare la tua tesi personale.

1. Al giorno d'oggi, il bilinguismo e il multilinguismo rappresentano un vantaggio o possono essere motivo di discriminazione? Perché?

2. La fine di una relazione segna solo un fallimento o può essere l'inizio di una riflessione su cui costruire i nostri futuri rapporti con gli altri?

3. In relazione agli esempi studiati nei brani di questa lezione, come definiresti le tue idee di amore e rispetto per un'altra persona?

I rapporti personali

 Audio: Vocabulary Flashcards

La personalità

affascinante *charming*
affettuoso/a *affectionate*
geniale *ingenious; great*
idealista *idealistic*
insicuro/a *insecure*
(im)maturo/a *(im)mature*
(dis)onesto/a *(dis)honest*
orgoglioso/a *proud*
ottimista *optimistic*
pessimista *pessimistic*
prudente *careful*
seducente *attractive*
sensibile *sensitive*
timido *shy*
tranquillo/a *calm, quiet*
umile *humble*

Lo stato civile

divorziare (da) *to divorce*
fidanzarsi (con) *to get engaged (to)*
sposarsi (con) *to get married (to)*

celibe *single (m.)*
divorziato/a *divorced*
fidanzato/a *engaged; fiancé(e)*
nubile *single (f.)*
sposato/a *married*
vedovo/a *widowed; widower/widow*

I rapporti

l'amicizia *friendship*
l'anima gemella *soul mate*
l'appuntamento *date*
il colpo di fulmine *love at first sight*
il/la compagno/a *partner*
la coppia *couple*
il matrimonio *wedding*
i pettegolezzi *gossip*

avere fiducia (in) *to trust*
condividere *to share*
contare su *to rely on*
lasciare *to leave*
mentire *to lie*
meritare *to deserve*
rompere con *to break up with*

uscire con *to go out with*

comprensivo/a *understanding*
(in)dimenticabile *(un)forgettable*
(in)fedele *(un)faithful*

I sentimenti

adorare *to adore*
amare *to love*
arrabbiarsi *to get angry*
avere vergogna (di) *to be ashamed (of)*
dare fastidio (a) *to annoy*
disturbare *to bother*
innamorarsi *to fall in love*
odiare *to hate*
provare *to feel*
sentirsi *to feel*
sognare *to dream*
volere bene a *to feel affection for; to love*

ansioso/a *anxious*
contrariato/a *upset; annoyed*
deluso/a *disappointed*
depresso/a *depressed*
emozionato/a *excited; moved*
entusiasta *enthusiastic, excited*
geloso/a *jealous*
preoccupato/a *worried*
stufo/a *fed up*

Cortometraggio

il binario *train track*
la colpa *fault*
la commessa *saleswoman*
l'orario *schedule*
la piattaforma *platform*
la scatola *box*
i tacchi alti/bassi *high/low heels*
la vetrina *shop window*

buttare via *to throw away*
indossare *to wear*
mettersi *to put on (clothing, shoes)*
truccarsi *to put on make up*

resistente *sturdy*
vendicativo/a *vengeful*

Cultura

il bar *café*
il biscotto *cookie*
il/la bisnonno/a *great-grandfather/ mother*
i cantucci *Tuscan almond biscotti*
la cassata *Sicilian dessert*
il/la curatore/curatrice *curator*
il quartiere *neighborhood*
il retaggio *heritage*
il ricordo *memory*
la sfogliatella *Neapolitan pastry*
lo spumone *a type of gelato*
il tiramisù *"pick-me-up" coffee dessert*
il vassoio *tray*

approfondire *to study in-depth*
vergognarsi (si vergogna) *to get embarrassed*

utile *useful*

Letteratura

l'amante *lover*
la bellezza *beauty*
le chiacchiere *chit-chat*
la fine *the end*
l'inizio *the beginning*
i luoghi comuni *commonplaces, clichés*
la massima *maxim, axiom*
la noia *boredom*
l'odio *hatred*
il piacere *pleasure*
lo sbadiglio *yawn*
il supplente *substitute teacher*
il taccuino *notebook*
la tosse *cough*

nascondere *to hide*
sbadigliare *to yawn*
scherzare *to joke*

ingenuo/a *naïve*

Vivere insieme

Le città, anche se non hanno parole, possono parlarci. Sono da sempre la testimonianza del bisogno delle persone di vivere insieme e sono anche uno spazio in cui gli uomini esprimono la loro capacità di gestire i materiali, di costruire e sfidare il tempo e le dimensioni. Che rapporto hai con la città e con i suoi simboli? Come ti confronti con i continui cambiamenti e gli sviluppi edilizi e demografici?

Destinazione:
L'ITALIA CENTRALE

UMBRIA
MARCHE
ABRUZZO
LAZIO
Città del Vaticano

Città e comunità Audio: Vocabulary

Luoghi e indicazioni

l'angolo *corner*
l'appartamento *apartment*
la campagna *countryside*
il casale *farmhouse; hamlet*
l'edicola *newsstand*

i giardini pubblici *public gardens*
il grattacielo *skyscraper*
l'incrocio *intersection*
il marciapiede *sidewalk*
la metro(politana) *subway*
il municipio *city hall*
il paese *village; country*
il palazzo *building; palace*
la periferia *outskirts; suburbs*
il quartiere *neighborhood*
il segnale stradale *road sign*
il semaforo *traffic light*
lo stadio *stadium*
la stazione di polizia *police station*
la strada *street*
le strisce pedonali *crosswalk*
il tribunale *courthouse*
la via *street*

attraversare *to cross*
dare indicazioni *to give directions*
perdersi *to get lost*

trovarsi *to be located*

La gente

il/la cittadino/a *citizen*
il/la coinquilino/a
   housemate; roommate
il/la contadino/a *farmer*
il/la paesano/a *fellow villager/*
   countryman/woman
il pedone (*m./f.*) *pedestrian*
il/la poliziotto/a *police officer*
il sindaco *mayor*
il/la venditore/venditrice
   (*ambulante*) (*street*) *vendor*
il/la vigile del fuoco *firefighter*

Le attività

chiacchierare *to chat*

divertirsi *to have fun*
fare commissioni *to run errands*
incontrarsi *to get together*
passeggiare *to take a walk*
trasferirsi *to move*
   (*change residence*)

Il trasporto

l'autista (*m./f.*) *driver*
la circolazione/il traffico *traffic*
la fermata (dell'autobus/della
   metro/del treno) (*bus/subway/*
   train) *stop*
l'ingorgo stradale *traffic jam*
il/la passeggero/a *passenger*
il ritardo *delay*

dare un passaggio *to give a ride*
fermare/fermarsi *to stop*
girare (a destra/sinistra) *to turn*
   (*right/left*)
guidare *to drive*
parcheggiare *to park*

salire (in macchina/sul treno/
   sull'autobus) *to get (in a car/*
   on a train/on a bus)
scendere (dalla macchina/
   dal treno/dall'autobus) *to get*
   (*out of a car/off a train/off a bus*)

Per descrivere

affollato/a *crowded*
pericoloso/a *dangerous*
quotidiano/a *daily*
rumoroso/a *noisy*
vivace *lively*

Pratica

1

Abbinare Collega ogni parola alla sua definizione.

_____ 1. grattacielo
_____ 2. coinquilino
_____ 3. pedone
_____ 4. sindaco
_____ 5. contadino
_____ 6. edicola

a. persona che si sposta per strada camminando
b. persona che lavora in campagna
c. edificio altissimo composto di numerosi piani e appartamenti
d. luogo in cui puoi comprare i giornali
e. persona che abita nel tuo stesso appartamento
f. persona più importante del paese o della città

2

Titoli Completa i titoli di giornale con le parole della lista.

| incrocio | quartiere | stadio | strisce pedonali |
| periferia | semaforo | stazione di polizia | tribunale |

1. ROMA—Sospetto assassino è trattenuto presso la _____ per un interrogatorio.
2. BENEVENTO—Donna investita (*run over*) sulle _____ è ora in perfetta salute.
3. MILANO—Famoso industriale condannato in _____ al massimo della pena.
4. NAPOLI—Nuovo ristorante apre all'_____ fra via Giuseppe Verdi e via Santa Brigida.
5. TORINO—Ogni _____ della città reclama un proprio rappresentante.
6. FIRENZE—Multe sempre più alte per chi non si ferma al _____.

3

In campagna o in città? In coppia, rispondete alle domande e scoprite se per voi è meglio vivere in campagna o in città. Confrontate le vostre risposte.

Preferisci...	A	B
…(A) fare le commissioni velocemente o (B) con calma?	☐	☐
…(A) le abitazioni che si trovano vicino o (B) lontano dal centro?	☐	☐
…(A) chiacchierare con gli amici al pub o (B) passeggiare in silenzio nella natura?	☐	☐
…(A) camminare lungo strade affollate o (B) sentieri deserti?	☐	☐
…(A) frequentare locali rumorosi o (B) visitare posti tranquilli?	☐	☐
…(A) incontrarti con gli amici in discoteca o (B) ai giardini pubblici?	☐	☐
…(A) vivere in un appartamento piccolo ma efficiente o (B) in un grande casale?	☐	☐

4

Stop al traffico! Immaginate di essere nel municipio della vostra città, davanti al sindaco. Siete stanchi del traffico cittadino e reclamate un ritmo di vita più equilibrato. In piccoli gruppi, esponete almeno cinque problemi legati al traffico e suggerite possibili soluzioni.

Practice more at **immagina.vhlcentral.com**.

Preparazione

Vocabolario del cortometraggio		Vocabolario utile
gli alleati *allies, allied troops*	**la perdita** *loss*	**l'animalaccio** *monster*
le armate *armies*	**il/la prigioniero/a** *prisoner*	**Cappuccetto Rosso** *Little Red Riding Hood*
il campo *field*	**la ritirata** *retreat*	
il nemico *enemy*	**gli sfollati** *evacuees*	**la conta** *counting rhyme*
il partigiano *resistance fighter*	**il soldato** *soldier*	**il notiziario** *radio/TV news*
la patria *homeland*	**la spia** *spy*	

ESPRESSIONI

Io giuro *I swear*

Madonna mia! *Mother of God!*

per colpa di… *… is to blame*

1

Pratica Completa le frasi con parole del vocabolario.

1. In campagna, ci sono molti _____.
2. Gli _____ combattono insieme in guerra.
3. Durante la guerra, le persone che si trasferiscono in zone più sicure si chiamano _____.
4. Una _____ è una persona che rivela informazioni segrete al nemico.
5. Un combattente che fa parte di un movimento di resistenza è un _____.

2

Secondo voi In coppia, rispondete a queste domande.

1. Abiti in una città, in un paese o in campagna?
2. Conosci bene i tuoi vicini?
3. Per strada incontri spesso delle persone che conosci?
4. Riesci facilmente a incontrare persone nuove nella zona in cui abiti?
5. Secondo te, abitare in un piccolo paese o in campagna favorisce i rapporti umani? Perché?

3

Immaginiamo In gruppi di tre o quattro, immaginate la vita di un piccolo paese italiano durante la Seconda Guerra Mondiale rispondendo a queste domande.

1. Chi abitava nel paese?
2. Qual era il lavoro principale degli abitanti del paese?
3. Quali mezzi di trasporto usavano?
4. Che cosa facevano per incontrarsi, distrarsi e divertirsi?
5. Come ricevevano notizie e informazioni?
6. Com'era la vita di tutti i giorni? Tranquilla o pericolosa?
7. Come giocavano i bambini?
8. Di che cosa si preoccupavano gli abitanti del paese? Che cosa speravano?

4 La vita degli adolescenti

A. Com'eri cinque anni fa? Fai una lista per ogni categoria.

Interessi (hobby, giochi, libri)	Preferenze (musica, TV, vestiti)	Speranze (desideri, sogni)	Scuola (materie preferite, compagni)	Persone importanti (famiglia, amici, insegnanti)

B. In coppia, confrontate le vostre risposte: eravate simili o diversi? Che cosa avevate in comune? Quali erano le differenze principali?

5 **Scene** In coppia, guardate queste immagini di Rosa, la protagonista del corto. Poi commentatele rispondendo alle domande.

- Cosa succede in queste scene?

- Com'è Rosa?

- Quale sarà la sua storia nel film?

6 **Ricordi** In piccoli gruppi, ripensate al passato e rispondete a queste domande.

1. Quanto contatto avevi con la natura quando eri piccolo/a?

2. Avevi un animale? Quale?

3. Hai mai piantato delle verdure o dei fiori in giardino o su un balcone?

4. Nel paese o nella città in cui sei cresciuto/a, gli adulti rispettavano la natura e l'ambiente? Spiega perché sì o perché no.

5. C'era un senso di appartenenza e di appoggio da parte della comunità? Spiega perché.

 Practice more at **immagina.vhlcentral.com.**

una produzione ELISABETTA BERNARDINI
in coproduzione con FOURLAB sceneggiatura CATIA CHIAVARINI, ELISABETTA BERNARDINI
un film di ELISABETTA BERNARDINI attori VALERY USAI   ROMANO TALEVI   JULIAN SIRAVO   LEONARDO CANEVA
LUDOVICA DEZI organizzatore INES VASIJEVIC direttore di produzione GIULIA TROIANO suono DAVIDE FIORENTINI
missaggio RICCARDO CANINO trucco CHIARA CIAVELA costumi VANESSA MANTELLASSI scenografia ILARIA CINEFRA
musica MASSIMILIANO FARACI direttore della fotografia LUCA COASSINI (a.l.c) montaggio ROBERTO TRAPANESE

Trama *Mentre le truppe alleate vincono la guerra e l'armata tedesca si ritira, Rosa scopre che ci sono anche nemici buoni e vicini cattivi.*

ROSA Sotto il ponte c'è tre conche°/ passa il lupo non le rompe/ passa il figlio de' lu re/ le ritira tutte e tre.

OCCHIULÌ C'è tre conche, C'è tre conche, C'è tre conche…

ROSA Sono io.

LUCIA Rosa, domani mi porti con te?
ROSA No, no, non posso.
LUCIA E perché?
ROSA Occhiulì, sono Occhiulì, uahaa… faccio la spiaa… mangio i bambini…

FRIEDRICH Bellissima…

DUMÌ Me la leggi?
ROSA Sì Dumì, te la leggo, però tu aspettami qui. Va bene?

°**conche** *basins*

✎ Sullo **SCHERMO**

Quali sono le emozioni di Rosa in queste scene?

1. Quando gioca con Lucia e Dumì, è _____.
2. Quando incontra Occhiulì, si _____.
3. Quando si mette il vestito della mamma, si _____.
4. Quando balla con Friedrich, è _____.
5. Quando corre in camicia da notte a cercare Friedrich, è _____.

a. innervosisce
b. terrorizzata
c. innamorata
d. felice
e. sente grande

Analisi

1

Comprensione Indica se ogni affermazione è **vera** o **falsa**. Dopo, in coppia, correggete le affermazioni false.

Vero	Falso	
☐	☐	1. Il padre di Rosa è morto in guerra.
☐	☐	2. Cirillo è un maiale (*pig*).
☐	☐	3. Rosa, Lucia e Dumì sono sfollati.
☐	☐	4. La via dei campi è la più sicura per tornare a casa.
☐	☐	5. Friedrich è un soldato alleato.
☐	☐	6. Occhiulì fa la spia per i tedeschi.
☐	☐	7. Friedrich uccide Occhiulì.
☐	☐	8. Alla fine del film arriva una lettera del papà di Rosa.

2

Scegliere Completa le frasi. Dopo, in coppia, discutete le frasi che avete segnato con **d**.

1. La storia del film si svolge _____.
   a. prima della Seconda Guerra Mondiale
   b. all'inizio della Seconda Guerra Mondiale
   c. alla fine della Seconda Guerra Mondiale   d. non si sa

2. Nella campagna si nascondono _____.
   a. i partigiani e i tedeschi   b. gli animalacci   c. i soldati italiani
   d. nessuno di questi

3. Qual è il mostro (*monster*) nel film?
   a. l'animalaccio   b. la guerra   c. Occhiulì   d. tutti e tre

4. Chi si ritira nella storia?
   a. i tedeschi   b. i partigiani   c. gli americani   d. tutti meno gli italiani

5. Friedrich aspetta l'arrivo _____.
   a. delle truppe tedesche   b. delle truppe fasciste   c. delle truppe americane
   d. dei genitori di Rosa

6. I partigiani uccidono Friedrich perché _____.
   a. è una spia   b. è innamorato di Rosa   c. si nasconde a casa di Rosa
   d. credono che abbia ucciso Occhiulì

3

Associazioni Collega le parole corrispondenti nelle due colonne; poi confronta le tue scelte con quelle di un(a) compagno/a.

1. Friedrich _____   a. fa paura.

2. Rosa _____   b. cambia durante il film.

3. Lucia _____   c. è un animale.

4. La guerra _____   d. è la persona più vulnerabile nella storia.

5. Occhiulì _____   e. aspetta notizie dei genitori.

6. Cirillo _____   f. ha paura dei mostri.

7. I soldati tedeschi _____   g. provoca molte vittime.

8. Dumì _____   h. si sentono in pericolo.

4

Esaminare In coppia, usate la tabella per confermare o negare le seguenti affermazioni. Poi aggiungete quattro affermazioni originali.

Opinione	Confermata dal film	Negata dal film
1. Il mondo è pericoloso	——	——
2. La campagna è più sicura della città	——	——
3. I mostri dei bambini sono immaginari	——	——
4. In guerra ci sono tante vittime innocenti	——	——
5. La guerra arriva anche in campagna	——	——
6. I tedeschi sono cattivi	——	——
7. _____	——	——
8. _____	——	——
9. _____	——	——
10. _____	——	——

5

Discutere In coppia, rispondete alle domande con degli esempi concreti.

1. Pensi che Friedrich abbia ragione a nascondersi? Perché?

2. Puoi pensare ad una situazione nel tuo paese in cui una persona voglia nascondersi per ragioni politiche?

3. Quale personaggio nel film corre il maggior pericolo? Perché?

4. Ti sei mai trovato/a in una situazione pericolosa? Cosa hai fatto per uscirne?

6

Una conversazione In coppia o in gruppi di tre, improvvisate un dialogo per una di queste situazioni.

A

Friedrich non muore. Si arrende quando arrivano gli americani e viene fatto prigioniero. Dopo la fine della guerra, libero, torna in Italia a cercare Rosa.

B

Prima la mamma e poi il papà di Rosa tornano dai loro figli. La famiglia, finalmente riunita, fa una festa per celebrare la fine della guerra.

7

Che cosa faresti? Scrivi un paragrafo spiegando la tua reazione in una di queste situazioni.

1. Mentre stai tornando a casa, un'altra macchina ti sorpassa troppo velocemente. Tu riesci ad evitare un incidente per un millimetro. Qualche minuto più tardi, vedi che la stessa macchina è andata a sbattere contro un albero; l'autista è ancora dentro.

2. Sei candidato/a per un posto al Senato e la tua campagna elettorale sta andando male. Uno dei tuoi assistenti ti rivela un segreto che potrebbe danneggiare per sempre la reputazione del tuo rivale.

3. Sei tifoso/a della squadra di calcio della Roma e sabato scorso sei uscito/a con una persona fantastica. Telefoni agli amici per raccontargli che sei innamorato/a. Oggi scopri che questa persona è il/la presidente della Lazio, la squadra rivale.

4. Sei un soldato. Mentre attraversi un bosco, vicino a un fiume, trovi un soldato nemico ferito gravemente che ti chiede dell'acqua da bere. Intorno non c'è nessuno.

Practice more at **immagina.vhlcentral.com.**

IMMAGINA

ROMA

 Reading

Roma: un museo all'aperto!

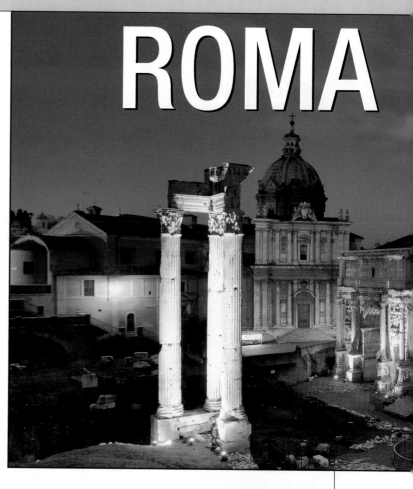

Finalmente **Roma**, *Caput Mundi*, la capitale del mondo! Passeggiamo alla scoperta° di alcuni dei monumenti più emblematici della città per arrivare alla fine in un vero e proprio stato indipendente che si trova nel cuore di Roma: **Città del Vaticano**.

Iniziamo la nostra passeggiata da uno dei simboli di Roma: l'**Anfiteatro Flavio**, noto a tutti come il **Colosseo**. Costruito nel I secolo, poteva contenere fino a 50.000 spettatori ed era l'arena per i combattimenti° tra gladiatori. Non lontano c'è l'**Arco di Costantino**, ricco di bassorilievi° che raccontano le imprese° militari dell'imperatore. Camminiamo lungo la **via dei Fori** e ammiriamo i ruderi° del **Foro di Traiano** e del **Foro Romano**. I Fori, costruiti in un secolo e mezzo da vari imperatori, avevano piazze, templi°, portici° ed edifici. Erano usati per il commercio, per le celebrazioni politiche e religiose e naturalmente per esaltare° la gloria dei sovrani.

A **piazza del Popolo** iniziamo la seconda tappa della nostra passeggiata. La piazza, di origini molto antiche, è stata ristrutturata e ampliata° nel **Rinascimento**, epoca a cui risalgono° l'obelisco e le fontane. Le due **Chiese Gemelle** fanno da ingresso al **Tridente** romano: **via del Corso, via del Babbuino e via della Ripetta**, dove possiamo fare acquisti di ogni genere. Dalla piazza ci dirigiamo verso° **Trinità dei Monti**. Scendiamo i celebri 137 scalini e siamo a **piazza di Spagna**. Al centro c'è la caratteristica **Fontana della Barcaccia**, in stile barocco, così chiamata per la sua forma di una barca che affonda°.

Nelle vicinanze c'è la **Fontana di Trevi**, la più grandiosa fontana di Roma in stile classico e barocco, costruita nel '700. Il tema della fontana è il mare, rappresentato da sculture di conchiglie°, animali marini e divinità dell'oceano. Per tradizione,

Basilica di San Pietro

lanciamo una moneta° nell'acqua per tornare a Roma e continuiamo verso **piazza Navona**, simbolo del **Barocco** romano. La piazza, un tempo stadio romano, ha una forma ovale; al centro ha una fontana realizzata dal **Bernini** ed è circondata da palazzi di famiglie importanti. Oggi è luogo di incontro di venditori e artisti e qui si celebra la famosa **Befana** romana°.

La terza tappa ci vedrà «all'estero», anche se non andiamo via da Roma. Siamo infatti a **Città del Vaticano**, centro della chiesa cattolica e residenza del **Papa**. Arriviamo a **piazza San Pietro** antistante° la **Basilica** e all'interno contempliamo numerosi capolavori tra cui la statua della **Pietà** di **Michelangelo**. Se saliamo i 537 scalini per salire in cima alla **Cupola**, si apre ai nostri occhi un panorama mozzafiato°! Visitiamo i **Musei Vaticani** e in particolare la **Cappella Sistina** per ammirare gli affreschi di Michelangelo che decorano la volta.

Dopo tanta arte e tanto cammino, concludiamo la nostra gita° in una tipica trattoria del quartiere **Trastevere** per gustare dell'ottimo cibo romano.

In più...

Roma è attraversata da due fiumi: il **Tevere** e l'**Aniene**. Secondo la leggenda°, sulle rive° del Tevere un pastore° trovò due fratelli gemelli abbandonati, **Romolo** e **Remo**, e li salvò°. Dopo molti anni e molte avventure, proprio negli stessi luoghi, Romolo fondò **Roma** nel 753 a.C.

scoperta *discovery* **combattimenti** *combats* **bassorilievi** *relief sculptures* **imprese** *exploits* **ruderi** *ruins* **templi** *temples* **portici** *colonnades* **esaltare** *to exalt* **ampliata** *enlarged* **risalgono** *date back* **ci dirigiamo verso** *let's move on to* **affonda** *sinks* **conchiglie** *sea-shells* **moneta** *coin* **Befana romana** *celebration of the Epiphany* **antistante** *in front of* **mozzafiato** *breath-taking* **gita** *trip* **Secondo...** *According to legend* **rive** *shores* **pastore** *shepherd* **salvò** *saved*

E L'ITALIA CENTRALE

Vero o falso? Indica se ogni frase è **vera** o **falsa**. Correggi le frasi false.

1. I gladiatori combattevano al Colosseo.

2. I Fori erano luoghi utilizzati solo per le celebrazioni religiose.

3. Trinità dei Monti e piazza di Spagna sono due luoghi vicini.

4. Piazza Navona era un Foro romano.

5. La montagna più alta degli Appennini si trova in Abruzzo.

6. San Francesco è il santo protettore d'Italia.

Quanto hai imparato? Rispondi alle domande.

1. In che epoca è stato costruito il Colosseo?

2. Chi ha realizzato i Fori?

3. Che cos'è il Tridente?

4. Perché la Fontana della Barcaccia ha questo nome?

5. Qual è il tema che ha ispirato la costruzione della Fontana di Trevi?

6. Che cos'è la Cappella Sistina?

7. Dove si trova la Città del Vaticano?

8. Quali sono le caratteristiche naturali delle regioni del Centro?

9. Chi era san Francesco?

10. In che stagione si celebra la festa di san Francesco?

Le regioni del Centro Italia Tra le regioni del Centro Italia ci sono **Lazio**, **Umbria**, **Marche** e **Abruzzo**. Le coste sono bagnate dal **mar Tirreno** ad ovest e dal **mar Adriatico** ad est. L'interno è attraversato dagli **Appennini** con la montagna più alta, il **Gran Sasso** (2.903 metri), in Abruzzo. Il **Centro** è caratterizzato da paesaggi collinari° con foreste e laghi, soprattutto in Umbria e Lazio, e splendidi litorali° come il **Conero** nelle Marche.

San Francesco d'Assisi **San Francesco**, nato ad **Assisi** in Umbria nel 1181 o nel 1182, è uno dei santi più cari agli italiani. Francesco, figlio di un ricco mercante, dopo una guerra tra Assisi e Perugia, si converte° e si dedica completamente alla vita spirituale. Abbandona ogni suo bene° e vive tra i poveri ed i lebbrosi° per aiutarli e per diffondere la Parola di Dio. San Francesco fonda l'ordine dei frati° francescani ed è l'autore del **Cantico delle Creature**. Dal 1939 è il **santo patrono**° d'Italia e la sua festa si celebra il 4 ottobre.

Progetto

L'Impero Romano

Quanto era grande l'Impero Romano? Che lingue si parlavano nell'Impero?

Vai in rete e cerca informazioni sull'estensione dell'Impero al massimo del suo splendore.

• Crea una mappa dell'Impero Romano

• Scopri quali sono le lingue di oggi che hanno sostituito il latino parlato all'epoca dell'Impero.

• Cerca almeno tre luoghi con resti di edifici e strutture romane.

• Confronta i tuoi risultati con il resto della classe.

collinari *hilly* **litorali** *coasts* **si converte** *is converted* **bene** *property* **lebbrosi** *lepers* **frati** *friars* **patrono** *patron saint*

2.1 Reflexive and reciprocal verbs

- Reflexive verbs describe an action that the subject of the verb does to or for himself, herself, or itself (the action is "reflected" back on the subject of the verb). Reflexive verbs are always used with a reflexive pronoun: **mi**, **ti**, **si**, **ci**, **vi**, or **si**.

*Rosa **si guarda** allo specchio.*

Reflexive verbs		
lavarsi	**vedersi**	**vestirsi**
mi **lavo**	mi **vedo**	mi **vesto**
ti **lavi**	ti **vedi**	ti **vesti**
si **lava**	si **vede**	si **veste**
ci **laviamo**	ci **vediamo**	ci **vestiamo**
vi **lavate**	vi **vedete**	vi **vestite**
si **lạvano**	si **vẹdono**	si **vẹstono**

- Reflexive pronouns precede conjugated verbs, but are attached to infinitives after dropping the final **–e**. The reflexive pronoun always matches the subject of the sentence, even when it is attached to the infinitive.

  Mi alzo presto ogni giorno.
  I get up early every day.

  Preferisco **alzarmi** presto.
  I prefer to get up early.

- Many common reflexive verbs are used to describe routines.

addormentarsi *to fall asleep*	**fermarsi** *to stop (oneself)*	**riposarsi** *to rest*
alzarsi *to get up*	**incontrarsi** *to get together/meet*	**sbrigarsi** *to hurry*
annoiarsi *to get bored*	**lavarsi** *to wash oneself*	**sdraiarsi** *to lie down*
asciugarsi *to dry up*	**mẹttersi** *to put on (clothes)*	**svegliarsi** *to wake up*
divertirsi *to have fun*	**pẹrdersi** *to get lost*	**truccarsi** *to put on make-up*
farsi la barba *to shave*	**pettinarsi** *to comb one's hair*	**vestirsi** *to get dressed*

- When parts of the body or clothing are mentioned with Italian reflexive verbs, use the definite article, not the possessive adjective as in English.

  Ci siamo lavati le mani.
  We washed our hands.

  Si mette sempre i pantaloni.
  She always puts on (her) pants.

ATTENZIONE!

When a reflexive verb is used with **potere**, **volere**, and **dovere**, the reflexive pronoun may attach to the infinitive or precede the conjugated verb.

Adriana vuole riposarsi.
Adriana si vuole riposare.
Adriana wants to rest.

RIMANDO

For more information about the use of **potere**, **dovere**, and **volere**, see **Strutture 4.4, p. 142**.

RIMANDO

In compound tenses, reflexive and reciprocal verbs are conjugated with **essere** and require agreement between the subject and the past participle. See **Strutture 3.1, pp. 90-91**.

- Some verbs that express feeling, state of mind, or attitude are used in the reflexive form even though they do not literally express a reflexive action.

accorgersi *to realize*	**lamentarsi** *to complain*	**sentirsi** *to feel*
annoiarsi *to be bored*	**pentirsi** *to regret*	**stufarsi** *to be fed up*
arrabbiarsi *to get mad/angry*	**preoccuparsi** *to worry*	**vantarsi** *to boast, to brag*
dimenticarsi *to forget*	**ricordarsi** *to remember*	**vergognarsi** *to be ashamed*

Perché **si arrabbia**? Non ho fatto niente!
Why is he getting mad? I didn't do anything!

Mi annoio sempre quando sono con Massimo.
I am always bored when I am with Massimo.

- Some verbs change meaning when they are used with a reflexive pronoun.

non-reflexive	reflexive
alzare *to raise/lift*	**alzarsi** *to get up*
chiamare *to call*	**chiamarsi** *to be named*
fermare *to stop (someone/something)*	**fermarsi** *to stop (oneself); to stay*
mettere *to put*	**mettersi** *to put on (clothes)*
muovere *to move*	**muoversi** *to get going*
svegliare *to wake someone*	**svegliarsi** *to wake up*

Hai chiamato Lola?
Did you call Lola?

Si chiama Lola.
Her name is Lola.

- Reflexive pronouns are also attached to the familiar forms (**tu**, **noi**, and **voi**) of the imperative when the command is affirmative, but can precede or follow negative forms. The reflexive pronoun always precedes a formal command.

Non **ci fermiamo**.
Non **fermiamoci**.
Let's not stop.

Prego, **si accomodi**.
Please sit down/take a seat.

- The plural forms of non-reflexive verbs can be used with the plural reflexive pronouns **ci**, **vi**, or **si** to express reciprocal actions—actions that people do to or for each other.

abbracciarsi *to hug each other*	**baciarsi** *to kiss each other*	**scriversi** *to write to each other*
aiutarsi *to help each other*	**conoscersi** *to know each other*	**telefonarsi** *to phone each other*
amarsi *to love each other*	**parlarsi** *to speak to each other*	**vedersi** *to see each other*

I miei fratelli **si telefonano** ogni sabato.
My brothers call each other every Saturday.

Non **ci parliamo** più perché lavori troppo.
We don't talk to each other anymore because you work too much.

ATTENZIONE!

Certain verbs are used in the reflexive form for emphasis, especially when spoken. Some verbs in this category are **bersi**, **mangiarsi**, **comprarsi**, and **prendersi**.

Mi sono mangiata una bella pizza.
I had myself a nice pizza.

ATTENZIONE!

Some verbs can be used either reflexively or non-reflexively.

Ho perso le mie chiavi stamattina.
I lost my keys this morning.

Mi sono persa stamattina.
I got lost this morning.

RIMANDO

For more information about the **imperative**, see **Strutture 4.3, pp. 138–139.**

ATTENZIONE!

To differentiate reciprocal from reflexive actions, you may add phrases such as **l'un l'altro/a** (*one another*), or **reciprocamente** (*mutually*).

Victor e Paolo si aiutano l'un l'altro.
Victor and Paolo help one another.

Pratica

1

Il lunedì mattina Completa il brano e descrivi quello che fanno Guido ed Elena il lunedì mattina. Utilizza la forma corretta dei verbi riflessivi.

accorgersi	farsi la barba	pettinarsi
addormentarsi	incontrarsi	prepararsi
alzarsi	lamentarsi	svegliarsi
asciugarsi	mettersi	truccarsi

Guido ed Elena (1) _____ presto la mattina, (2) _____ subito e (3) _____.
Elena fa la doccia, (4) _____ i capelli, (5) _____ e prepara la colazione.
Anche Guido fa la doccia, (6) _____ (7) _____ , e va a fare colazione. Dopo
colazione Guido ed Elena (8) _____ il cappotto ed escono di corsa. Alcune volte
Guido (9) _____ di aver dimenticato le chiavi della macchina sul tavolo e così
deve rientrare a prenderle. Di solito Guido ed Elena (10) _____ per pranzo in
una tavola calda vicino al lavoro. La sera tornano a casa tutti e due stanchi. Elena
(11) _____ del lavoro che non le piace e Guido prepara la cena. Dopo cena
guardano la TV e spesso (12) _____ sul divano.

2

Cosa fanno? In coppia, descrivete cosa fanno le persone nelle foto. Utilizzate
i verbi riflessivi.

1. Marco _____
   quando pulisce la casa.

2. Quando Sara vede
   Paolo con un'altra
   ragazza, _____.

3. Antonio e Paola
   _____ in piscina.

4. Noi _____
   al caffè.

5. Andrea _____
   tardi la domenica.

6. A volte _____
   quando viaggio.

Practice more at **immagina.vhlcentral.com**.

Comunicazione

3

E tu? In coppia, fatevi a turno le seguenti domande. Rispondete con frasi complete e spiegate le vostre risposte.

1. A che ora ti svegli di solito il sabato mattina?
2. Ti alzi sempre appena ti svegli?
3. Ti prepari subito?
4. Di solito, a che ora ti addormenti durante il fine settimana?
5. Cosa fai per rilassarti dopo una lunga giornata?

6. Come ti vesti per uscire con i tuoi amici?
7. Tu e i tuoi amici vi vestite mai in modo elegante?
8. Ti diverti quando vai a una festa? E quando vai a una riunione di famiglia?
9. Impieghi molto tempo a prepararti prima di uscire?
10. Ti preoccupi del tuo aspetto?

11. Tu e i tuoi amici vi telefonate spesso? Quante volte alla settimana?
12. Conosci qualcuno che si arrabbia spesso?
13. Ti scusi mai per cose che hai fatto?
14. Ti arrabbi con i tuoi amici? E con la tua famiglia?
15. Ti sbagli mai quando giudichi qualcuno?

4

Al caffè Immagina di essere in un caffè e a un tuo amico rubano il portafoglio. Cosa fate? Lavorate in gruppi di tre e ricreate la scena utilizzando almeno cinque dei verbi della lista.

accorgersi	fermarsi	perdersi
alzarsi	incontrarsi	preoccuparsi
arrabbiarsi	lamentarsi	ricordarsi
dimenticarsi	pentirsi	sbrigarsi

2.2

Piacere and similar verbs

*A Dumì **piacciono** le lettere del padre.*

Using the verb *piacere*

RIMANDO

To review object pronouns and stressed pronouns, see **Strutture 4.2, pp. 132-134** and **Strutture 8.2, pp. 292-293.**

- Sentences in Italian using the verb **piacere** (*to be pleasing, to like*) look quite different from their English equivalents. Typically, **piacere** is used in the third person singular and plural forms. The subject, which usually follows the verb **piacere**, determines which form to use. Remember, the thing or person that is liked is the subject of **piacere**. The person who likes someone or something is the indirect object.

  Singular subject

  Mi **piace la discoteca** in via Garibaldi.
  I like the dance club on via Garibaldi.

  Plural subject

  Ti **piacciono i film** di Spielberg?
  Do you like Spielberg's movies?

- The usual word order is *indirect object* + **piacere** + *subject*.

  Gli + **piace** + **il mio nuovo CD.**
  To him   *(it) is pleasing*   *my new CD.*
  (=He likes my new CD.)

- Indirect object pronouns in Italian are: **mi**, **ti**, **Le/gli/le**, **ci**, **vi**, **Loro/loro/gli**. **Loro** follows the verb.

  Mi piacciono i libri.
  I like books.

  I libri **piacciono loro.**
  They like books.

- The subject may also come first, followed by **piacere** + *indirect object*.

  Le lingue straniere + **piacciono** + **a Marta.**
  Foreign languages   *are pleasing*   *to Marta.*
  (=Marta likes foreign languages.)

- The indirect object may be either an indirect object pronoun or the preposition **a** followed by a noun. For emphasis or to clear up ambiguity, use **a** followed by a stressed pronoun.

  Vi piacciono i giardini pubblici vicino a casa vostra?
  Do you like the public gardens near your house?

  Agli studenti non piacciono gli esami lunghi.
  Students don't like long exams.

  A Lidia piace l'edicola all'angolo.
  Lidia likes the newsstand on the corner.

  A me piace la matematica, non a mia sorella.
  I like math, my sister doesn't.

- Stressed pronouns in Italian are: **me, te, Lei/lui/lei, noi, voi, Loro/loro**.

- **Piacere** is often used in the conditional to make polite requests or invitations:

> Ti **piacerebbe** andare al cinema stasera?
> *Would you like to go to the movies tonight?*

- **Piacere** may also be used with other verbs to indicate what someone likes to do. In this case, use **piace** + *infinitive*, even if the subject is plural.

> Gli **piace vivere** in centro. Ci **piace cantare e ballare.**
> *He likes living downtown.* *We like to sing and dance.*

- In the **passato prossimo** and other compound tenses, **piacere** takes the auxiliary **essere**. The past participle, **piaciuto**, must agree in number and gender with the subject.

> Gli è piaciut**a l'opera.** Mi **sono** piaciut**e le rose**. Grazie!
> *He liked the opera.* *I liked the roses. Thank you!*

RIMANDO

For more information about the **passato prossimo**, see **Strutture 3.1, pp. 90-91.**

Verbs like *piacere*

- Other common verbs follow the same pattern as **piacere**.

bastare *to be sufficient, to be enough*	**interessare** *to interest*
dare fastidio *to bother, to annoy*	**mancare** *to be missing*
	occorrere *to need*
dispiacere *to mind, to be sorry*	**parere** *to appear, to seem*
disturbare *to be a nuisance, to trouble*	**restare** *to have left*
	sembrare *to seem*
(non) importare *(not) to be important; (not) to matter*	**servire** *to be useful*
	stare a cuore *to matter*

Ci è **parso** molto triste.
He seemed really sad to us.

Non mi **importano** le critiche!
The criticisms don't matter to me!

Mi **mancano** le ultime pagine della storia. Non mi **serve** questa vecchia macchina.
I'm missing the last pages of the story. *I have no use for this old car.*

Ti **occorre** altro? Quanto ti **sta a cuore** la tua città?
Do you need anything else? *How much does your city matter to you?*

I tuoi amici mi **sembrano** simpatici. Cosa vi **dà fastidio**?
Your friends seem nice to me. *What bothers you?*

- Use **non piacere** to say what you dislike. **Dispiacere** means *to mind* or *to be sorry*.

> **Non** mi **piace** il traffico a Roma. Ti **dispiacerebbe** dare un passaggio a Rossella?
> *I don't like the traffic in Rome.* *Would you mind giving Rossella a ride?*

Pratica

1

Al supermercato Michele e Carla sono andati in centro a fare la spesa, ma non sono d'accordo su quello che devono comprare. Completa la conversazione inserendo la forma corretta del verbo tra parentesi e i pronomi appropriati.

MICHELE Allora cosa dobbiamo comprare per la cena di stasera?
(1) _____ (occorrere) la pasta?

CARLA Sì, e (2) _____ (servire) i funghi e il prosciutto.

MICHELE Non per me, non (3) _____ (piacere) i funghi!

CARLA E va bene, prendiamo le zucchine! Abbiamo preso tutto? No, aspetta, (4) _____ (servire) la frutta. Quale preferisci?

MICHELE (5) _____ (piacere) le ciliege e le mele.

CARLA Perfetto, adesso (6) _____ (mancare) solo la torta.

2

Cosa ti piace? In coppia, domandatevi se vi piacciono o non vi piacciono le seguenti persone o attività e spiegate perché.

Modello **dormire fino a tardi**

—Ti piace dormire fino a tardi?

—Sì, mi piace. / No, a me piace svegliarmi presto.

fare sport	l'opera	Roberto Benigni
i film d'avventura	la musica di Laura Pausini	uscire con gli amici
i romanzi d'amore	non fare niente	viaggiare

3

Il prossimo fine settimana? In coppia, domandatevi se vi piacerebbe fare le attività illustrate nelle foto. Utilizzate i verbi **piacere**, **interessare** e **dare fastidio**.

Modello Ti interesserebbe andare al parco?

Sì, mi piacerebbe molto.

 Practice more at **immagina.vhlcentral.com**.

Comunicazione

4 **Domande** In coppia, fatevi a turno delle domande sulle persone e sui luoghi seguenti.

> Modello **piacere / a tuo padre**
>
> Secondo te cosa piace a tuo padre?
>
> Non so, secondo me gli piace dormire.

1. interessare / ai tuoi fratelli
2. non importare / al presidente
3. piacere / al(la) tuo/a migliore amico/a
4. non piacere / a tua madre
5. dare fastidio / al(la) tuo/a ragazzo/a
6. stare a cuore / al tuo professore
7. mancare / alla tua città
8. occorrere / ai cittadini

5 **Come sono?** Scegli un personaggio famoso e immagina quello che gli/le piace/piaceva. Dì al(la) tuo/a compagno/a cosa hai pensato senza dire il nome del personaggio famoso. Lui/Lei deve indovinare chi è. Usate tutti i verbi della lista.

> Modello —Gli importa la situazione dell'Africa. Chi è?
>
> —È Bono!

dare fastidio	non piacere
importare	parere
interessare	piacere

6 **In centro** In coppia, descrivete cosa fate di solito quando andate in centro. Utilizzate alcune parole della lista.

divertirsi	incontrarsi	passeggiare
fare commissioni	mancare	perdersi
fermata	non piacere	piacere
guidare	parcheggiare	restare

> Modello Di solito, il sabato mattina vado in centro. Vado con la mia macchina perché mi piace guidare. A volte prendo la metro perché non mi piacciono gli ingorghi stradali e mi preoccupo per l'ambiente.

2.3

Possessive adjectives and pronouns

—La **tua** casa?

—Sì, la **mia** casa.

- Possessive adjectives and pronouns indicate ownership, possession, or relationships. In Italian, possessive adjectives and possessive pronouns have the same forms, which include the definite article in most cases.

RIMANDO

To review articles, see **Strutture 1.2, p. 18.**

English meaning	singular		plural	
	masculine	feminine	masculine	feminine
my/mine	il mio	la mia	i miei	le mie
your/yours	il tuo	la tua	i tuoi	le tue
your/yours (*formal*)	il Suo	la Sua	i Suoi	le Sue
his/her(s)/its	il suo	la sua	i suoi	le sue
our/ours	il nostro	la nostra	i nostri	le nostre
your/yours	il vostro	la vostra	i vostri	le vostre
their/theirs	il loro	la loro	i loro	le loro

RIMANDO

To review gender and number, see **Strutture 1.3, 20-21.**

Possessive adjectives

- Possessive adjectives (**gli aggettivi possessivi**) usually precede the noun that they modify. They must agree in number and gender with the noun they modify, not the owner of the object.

  Ecco **il mio** palazzo.
  Here's my apartment building.

  Dove sono **i tuoi** genitori?
  Where are your parents?

ATTENZIONE!

To clarify, you may use **di lui** or **di lei** to indicate *his* or *her(s)*.

Ada è amica di lui, non di lei.
Ada is his friend, not hers.

- In Italian, there is no difference between *his* and *her*. Use the context to determine the meaning.

  Roberto non ha voglia di vendere **il suo** motorino.
  Roberto doesn't want to sell his scooter.

  Fiammetta non ha voglia di vendere **il suo** motorino.
  Fiammetta doesn't want to sell her scooter.

ATTENZIONE!

When a preposition precedes the article used with a possessive adjective, combine the preposition and article as you normally would.

Il mio telefonino è nella mia camera.
My cellphone is in my room.

Diamo questi fiori alle tue amiche.
Let's give these flowers to your friends.

- The possessive adjective may be omitted in Italian when the relationship or ownership is obvious, such as when referring to body parts or clothing.

  Ho telefonato **alla mamma**.
  I called my mom.

  Mi lavo **la** faccia.
  I wash my face.

- To express the idea *of mine*, *of yours* and so on, use an indefinite article, a number, or a demonstrative adjective with the appropriate form of the possessive adjective.

  Due tuoi coinquilini sono venuti da me.
  Two of your roommates came by my place.

  Questo nostro amore è incredibile.
  This love of ours is incredible.

- With the exception of **loro**, which always requires the definite article, possessive adjectives are generally used *without* the definite article when referring to singular, unmodified family members. Use the definite article when the noun referring to a family member is plural and when it is a modified or affectionate form, such as **mamma** or **papà**. Compare:

Nostro fratello studia a Napoli.
Our brother studies in Naples.

but **I nostri fratelli** studiano a Roma.
Our brothers study in Rome.

Mia sorella ha ventotto anni.
My sister is twenty-eight years old.

but **La mia sorellina** ha otto anni.
My little sister is eight years old.

Tuo cugino abita a Roma.
Your cousin lives in Rome.

but **Il tuo cugino preferito** abita a Perugia.
Your favorite cousin lives in Perugia.

- Possessive adjectives are used without the definite article in some common expressions. Note that the possessive adjective often follows the noun in these expressions.

Festeggiamo **a casa nostra**.
Let's celebrate at our house.

È **colpa mia**.
It's my fault.

Preferisce fare **a modo suo**.
He prefers doing things his way.

Vorrei farlo **per conto mio**.
I want to do it on my own.

Possessive pronouns

- Possessive pronouns replace nouns, and must agree in number and gender with the nouns to which they refer.

Il tuo gatto ha sempre fame, ma **il mio** mangia poco.
Your cat is always hungry, but mine eats very little.

La squadra di Belforte è buona, ma **la vostra** è stupenda!
The team from Belforte is good, but yours is fantastic!

Ecco **la tua borsetta**, ma dov'è **la mia**?
There's your purse, but where is mine?

Se non trovi **il tuo iPod**, prendi **il nostro**.
If you don't find your iPod, take ours.

- The definite article is almost always used with possessive pronouns, even when referring to a single family member.

Hai visto mio fratello? No, ma ho visto **il suo**.
Have you seen my brother? No, but I saw hers.

Il quartiere di Michele è calmo, ma **il tuo** è molto rumoroso.
Michele's neighborhood is calm, but yours is very noisy.

- When the possessive pronoun follows the verb **essere**, the definite article is generally omitted. However, the article may be used after **essere** for clarification or emphasis.

Questi CD sono **nostri**?
Are these CDs ours?

but Questi CD sono **i nostri o i tuoi**?
Are these CDs ours or yours?

È **tuo** questo telefonino? Sì, è **mio**.
Is this cell phone yours? Yes, it's mine.

but È **il tuo** telefonino o **il mio**?
Is that your cell phone or mine?

ATTENZIONE!

Possessive pronouns may be used to refer to family.

I suoi non abitano in Umbria.
His parents don't/family doesn't live in Umbria.

Un grande abbraccio **ai tuoi**.
A big hug to your parents/family.

Pratica ⓢ

1

Trasforma Inserisci l'aggettivo possessivo e il pronome possessivo corrispondente.

Modello **Il palazzo di Luisa** Il suo palazzo / Il suo

1. L'appartamento di Marco _____ /_____

2. L'automobile tua e di Paolo _____ /_____

3. Le biciclette dei bambini _____ /_____

4. Il paese mio _____ /_____

5. La via tua _____ /_____

6. Il casale mio e di mio fratello _____ /_____

2

La riunione di famiglia Giulia racconta della riunione di famiglia a cui ha partecipato la settimana scorsa. Completa il brano con gli aggettivi possessivi giusti.

La settimana scorsa (1) _____ (mia/la mia) nonna ha organizzato una festa per il suo 80° compleanno e ha voluto attorno a sé tutti i suoi cari. C'erano proprio tutti e finalmente dopo tanto tempo ho potuto rivedere (2) _____ (mio/il mio) cugino Giovanni che studia a Firenze. È stata una bellissima festa. (3) _____ (Miei/I miei) zii hanno regalato alla nonna una bella spilla (brooch) d'oro. (4) _____ (Mie/Le mie) cugine hanno cantato la canzone preferita della nonna. (5) _____ (Mio/Il mio) fratello ha organizzato le foto dei momenti più belli della vita di (6) _____ (nostra/la nostra) nonna. Ovviamente (7) _____ (mia/la mia) mamma si è commossa (was moved) e (8) _____ (mio/il mio) papà l'ha presa in giro (made fun of her).

3

Di chi è? Il tuo coinquilino sta controllando quali oggetti gli appartengono. In coppia, rispondete a turno alle domande con i pronomi possessivi.

Modello **Questa è la tua calcolatrice?** Sì, è la mia / No, non è la mia.

1. Questo è il tuo cellulare?

2. Questa è la calcolatrice dei tuoi genitori?

3. Questo è il mio asciugamano?

4. Queste sono le foto di tuo cugino?

5. Questi sono gli appunti di Sabrina?

6. Questi sono i CD miei e di mio fratello?

4

Opinioni Due amiche si incontrano alla fermata dell'autobus e parlano di dove abitano. Completa il dialogo con gli aggettivi e i pronomi possessivi.

ROBERTA Quanto tempo! Non ci vediamo da una vita. Abiti sempre in centro?

ALESSIA No, mi sono trasferita in un'altra zona.

ROBERTA Raccontami, com'è (1) _____ quartiere? (2) _____ è così caotico!

ALESSIA (3) _____ è molto tranquillo. Anche se (4) _____ marito dice che è troppo tranquillo. Però ci sono molti giardini pieni di fiori e piante.

ROBERTA Che bello! (5) _____ sono quasi abbandonati. (6) _____ figlie non vogliono mai andare a giocare fuori. E (7) _____ come stanno?

ALESSIA Stanno bene, crescono in fretta! Ah, ecco (8) _____ autobus, devo andare, a presto!

ROBERTA (9) _____ è in ritardo… A presto!

Ⓢ Practice more at
immagina.vhlcentral.com.

Lezione 2

Comunicazione

5

Intervista In coppia, a turno, fatevi le seguenti domande e aggiungetene altre. Rispondete utilizzando gli aggettivi possessivi.

1. Come si chiamano i tuoi fratelli?
2. Quanti anni ha tuo padre?
3. Dove lavora tua madre?
4. Quale università frequentano le tue cugine?
5. Dove vivono i tuoi nonni?
6. Quante lingue parla tua sorella?

6

I vicini di casa Descrivi le persone della foto con cinque o sei frasi; utilizza gli aggettivi e i pronomi possessivi.

7

Cosa porteresti con te?

A. L'estate prossima vai a vivere in una città lontana da casa tua. Fai una lista degli oggetti personali che porti con te.

> **Modello** L'estate prossima vado a vivere per due mesi a Rimini. Di sicuro porto con me i miei CD musicali preferiti, le mie scarpe da ginnastica per le passeggiate in collina, la mia macchina fotografica per fare foto bellissime...

B. In piccoli gruppi, condividete e discutete le vostre liste. Scrivete negli spazi giusti gli oggetti simili e quelli diversi. Dopo domandate e spiegate perché volete portare le cose nella lista di oggetti diversi.

> **Modello** Io voglio portare la mia Wii ma tu non vuoi portare la tua. Perché?

oggetti simili	oggetti diversi

2.4

Demonstratives; position of adjectives

Demonstratives

- The demonstrative adjectives **questo** and **quello** correspond to *this* and *that*, respectively. They agree in number and gender with the nouns they modify. **Questo** has four forms, but may be abbreviated to **quest'** before a singular noun or adjective that begins with a vowel. **Quello**, like the definite article, has seven forms.

masc./sing.	fem./sing.	masc./pl.	fem./pl.
questo poliziotto	**questa** farmacia	**questi** quartieri	**queste** macchine
quest'anno	**quest'**amica		

masc./sing.	fem./sing.	masc./pl.	fem./pl.
quel segnale	**quella** città	**quei** tribunali	**quelle** cose
quell'autista	**quell'**edicola	**quegli** angoli	**quelle** amiche
quello stadio	**quella** strada	**quegli** zii	**quelle** banche

- **Questo** and **quello** may also be used as demonstrative pronouns. Used as a pronoun, each has only four forms ending in **–o**, **–a**, **–i**, or **–e**.

  Non mi piace **quell'appartamento** in via Roma; preferisco **questo**.
  I don't like that apartment on via Roma; I prefer this one.

Position of adjectives

- Most adjectives follow the nouns they modify. There are, however, a dozen or so common adjectives that usually precede the noun. They are typically adjectives of beauty, age, quality, or size, but you must memorize them to avoid making mistakes. Some of them are **bello**, **bravo**, **brutto**, **buono**, **cattivo**, **nuovo**, **vecchio**, **piccolo**, and **grande**.

  La Fiat 500 è una **piccola macchina**.
  The Fiat 500 is a little car.

- Some adjectives change meaning depending on whether they are placed before or after the noun they modify.

caro	un **caro** amico	a ***dear*** friend
	un quaderno **caro**	an ***expensive*** notebook
povero	un **povero** ragazzo	a ***poor (unfortunate)*** boy
	un ragazzo **povero**	a ***poor (penniless)*** boy
vecchio	una **vecchia** amica	an ***old (longtime)*** friend
	un'amica **vecchia**	an ***old (elderly)*** friend

- The singular form of **buono** follows the pattern of the indefinite article when it precedes a noun. **Bello**, like **quello**, follows the pattern of the definite article when used before a noun.

- **Grande** may be shortened to **gran** in front of masculine or feminine nouns beginning with a consonant (except **s** + *consonant*, **z** or **ps**). Before words beginning with a vowel, it may be shortened to **grand'**.

Pratica e comunicazione

1 **Perugia** Una guida sta parlando ai turisti di Perugia. Completa il brano con la forma giusta degli elementi tra parentesi.

GUIDA Buongiorno a tutti, ora parlerò brevemente di Perugia. Perugia è una città antica e ricca di storia. Ci sono (1) _____ (molto) monumenti e (2) _____ (molto) fontane. Ci sono (3) _____ (bello) palazzi, ristrutturati di recente. (4) _____ (questo) è una delle più antiche università d'Italia e (5) _____ (quello) è una famosa università per stranieri. Se mi seguite, ora vi mostro uno dei monumenti più importanti di Perugia: (6) _____ (quello) sono le antiche mura della città.

TURISTA Scusi, ma cosa sono (7) _____ (quello) edifici in fondo alla piazza?

GUIDA (8) _____ (Quello) sono il Palazzo dei Priori e la cattedrale di San Lorenzo. E non dimenticate di ammirare l'(9) _____ (antico) Fontana Maggiore. Ora, prima di lasciarvi liberi di girare da soli, voglio consigliarvi un (10) _____ (buono) ristorante per il pranzo. A più tardi.

2 **Dialoghi** In coppia, create dei piccoli dialoghi con gli elementi forniti. Fate tutte le modifiche necessarie.

Modello **Lei / visitare / chiesa**
—Vuole visitare questa chiesa o quella chiesa?
—Non voglio visitare né questa né quella.

1. Tu / affittare / appartamenti
2. Voi / visitare / giardini pubblici
3. Lui / comprare / motorino
4. Loro / fotografare / fontane
5. Lei / preferire / quartiere
6. Voi / guidare / automobile

3 **Le città** Crea delle frasi con gli elementi forniti. Fai tutte le modifiche necessarie e stai attento alla posizione degli aggettivi!

Modello **Ad Ascoli Piceno c'è una (piazza / grande / bello)**
Ad Ascoli Piceno c'è una gran bella piazza.

1. A Urbino c'è un (museo/grande/molto).
2. A Pisa c'è una (torre/pendente/famoso).
3. A Siena c'è una (piazza/grande/nuovo).
4. A Viterbo ci sono (rovine/romano/antico).
5. Ad Assisi c'è un (festival/grande/invernale).
6. Ad Orvieto ci sono due (teatri/importante/nuovo).

4 **Chi sono?** In coppia, inventate un'identità per ogni personaggio. Scrivete almeno tre frasi per ogni foto. Utilizzate i dimostrativi e gli aggettivi che avete imparato in questa lezione.

Modello Questa è Francesca. È una brava giornalista...

Practice more at **immagina.vhlcentral.com.**

Sintesi

Parliamo In gruppi di quattro, guardate le foto e rispondete alle domande.

1. Descrivi le foto. A cosa si riferiscono?

2. Quale tra le situazioni mostrate ti sembra la più seria in termini di salute e benessere della gente? Quale di queste ha più probabilità di influire (positivamente o negativamente) sulla qualità della vita nelle città?

3. Secondo te, problemi e soluzioni come questi esistono solo in Italia? Perché sì o perché no?

4. La tua città ha gli stessi problemi? Cosa si fa per cercare di risolverli?

5. Quali tra le situazioni che influiscono sulla qualità della vita nelle nostre città ti preoccupano di più? Perché?

6. Cosa fai per migliorare la qualità della vita nella tua città?

Scriviamo Scegli uno dei seguenti titoli e scrivi un tema lungo almeno una pagina. Utilizza verbi riflessivi, verbi come **piacere**, i possessivi e gli aggettivi.

- Identifica i problemi legati al traffico nel tuo campus universitario o nella tua città e suggerisci alcune soluzioni. Discuti i vantaggi e gli svantaggi delle proposte fatte.

- Ti dicono che sarà vietato circolare in auto nel tuo campus per ridurre il traffico e l'inquinamento. Come reagisci?

> ### Strategie per la comunicazione
>
> Queste sono una serie di espressioni che ti possono essere utili per esporre le tue idee.
> **Secondo me..., da una parte..., dall'altra..., i pro..., i contro..., inoltre..., peraltro..., del resto..., comunque...**

Preparazione

Vocabolario della lettura		Vocabolario utile
l'acquedotto *aqueduct*	le mura di cinta *city walls*	la composizione demografica *demographic makeup*
d.C. (dopo Cristo) *AD (Anno Domini)*	il piano urbanistico *city plan*	l'infrastruttura *infrastructure*
l'edificio *building*	il reperto *find (archeol.)*	l'ingegnere *engineer*
l'esigenza *need; requirement*	le rovine *ruins*	la topografia *topography*
il materiale edile *building material*	lo scavo *excavation*	l'urbanistica *city/town planning*
	il secolo *century*	
	le terme *(thermal) baths*	

1

La città Associa le parole nelle due colonne.

_____ 1. le rovine

_____ 2. le terme

_____ 3. il materiale edile

_____ 4. l'acquedotto

_____ 5. l'ingegnere

a. il cemento

b. il piano urbanistico

c. le opere idrauliche

d. i bagni

e. i resti

2

Il centro Completa il paragrafo.

acquedotto	edificio	mura di cinta	rovine
composizione demografica	infrastrutture	piano urbanistico	topografia

Il patrimonio artistico delle città antiche è spesso concentrato nel centro storico. Nella (1) _____ di Firenze, per esempio, il Duomo è un (2) _____ dominante. Altri monumenti come le chiese ed elementi come i parchi e le (3) _____ intorno alla città hanno influenzato lo sviluppo del (4) _____ moderno. Con l'arrivo degli immigranti nelle città italiane è cambiata la (5) _____, creando nuove necessità nella pianificazione urbanistica.

3

La tua città In coppia, descrivete la città dove siete nati o la città dove abitate.

1. Quali sono i monumenti principali della tua città?
2. Ci sono elementi che dominano la topografia della tua città?
3. Come coesistono gli edifici antichi e quelli recenti? C'è armonia o contrasto?
4. Dove vai quando vuoi rilassarti? E quando esci con gli amici?
5. Pensi che la tua città sia ben organizzata?

TUTTE LE STRADE PORTANO A ROMA

Reading

crowd

N el cuore della città, dietro ad edifici monumentali, la gente affolla° il grande mercato all'aperto scegliendo 5 gli ingredienti per la cena. Il mercato

wide, spacious

è circondato da ampi° portici dove è piacevole intrattenersi a conversare o a

to have a snack

fare uno spuntino°. Vicino alla piazza con la statua equestre dell'imperatore

get ready to (do something) 10

alcuni si apprestano° a visitare gli uffici municipali. Tutto intorno ci sono statue di personaggi illustri, botteghe con

goods

merci° esotiche, taverne, un tempio, una palestra e due biblioteche. Un gruppo

15 di studenti seduti intorno ad un albero ascolta il suo maestro. Siamo nel centro politico, economico, religioso e sociale di Roma, ideato per rispondere alle esigenze di tutti i suoi cittadini. Potrebbe essere

20 un'immagine contemporanea: invece è il Foro Romano della capitale imperiale.

Con il passare dei secoli, il piano urbanistico della città, influenzato dalle

Etruscan and Greek

tradizioni etrusche ed elleniche°, si è

Apart from/ expand, enlarge 25

trasformato. Oltre a° voler ingrandire° la capitale con opere pubbliche, ad esempio nel settore idraulico, ogni re e imperatore romano desiderava aumentare anche il proprio prestigio

30 personale realizzando dei monumenti.

resources

Le risorse° umane e i materiali edili

were plentiful/marble

abbondavano° nella zona: marmo°

slaves

travertino, schiavi° e tanto spazio.

Le grandi opere nel settore idraulico

35 includono il Foro Romano, possibile grazie alla costruzione della Cloaca Massima,

pipe/sewer line

una condotta° della rete fognaria°, e la realizzazione di 1.482 chilometri di acquedotti, fontane e terme come quelle di

40 Caracalla e di Diocleziano. L'imperatore Augusto impreziosì la città con opere di alto valore artistico come l'Ara Pacis, un altare alla pace.

Per il divertimento dei cittadini

were 45

furono° anche costruiti teatri come il famoso teatro di Marcello e anfiteatri come il Colosseo. Per il culto religioso furono innalzati templi come il

became

Pantheon (ed altri che divennero° poi chiese e basiliche) e gli imponenti 50 mausolei di Augusto e la mole Adriana (in seguito Castel Sant'Angelo). Le

erected, built

mura di cinta di Roma, erette° a scopo

Roma sotterranea

La metropolitana di Roma, paragonata° a quelle delle altre capitali, è molto breve. La Soprintendenza Archeologica spesso interrompe i lavori per via della ricchezza di reperti storici che si trovano stratificati sotto la città. La difficoltà degli scavi è anche dovuta alla conformazione del terreno e al complesso iter burocratico° dei progetti urbani.

paragonata *compared* **iter...** *bureacratic process*

strategico e difensivo, si modificarono seguendo l'espansione della città e 55 dell'impero e furono costruite grandi strade come la Salaria, la Cassia e la Flaminia. Insieme al porto di Ostia sul Mediterraneo e a quelli fluviali° sul Tevere,

river (adj.)

le vie romane facilitavano i trasporti e i 60 collegamenti in tutto l'impero. La crisi del III secolo d.C. rallentò° la grande attività

slowed down

edilizia dell'impero, ad eccezione della costruzione delle mura aureliane e delle prime catacombe cristiane. 65

La definizione dello spazio privato e pubblico è alla base della pianificazione urbanistica di Roma. Lo sviluppo di una città antica è diverso dal piano regolatore di una metropoli moderna 70 nella quale si devono prendere in considerazione le esigenze del trasporto pubblico e dello scorrimento del traffico delle automobili. Comunque, a Roma ancora oggi si usano molte 75 delle antiche infrastrutture: le piazze, i monumenti e molti degli acquedotti; anche le rovine del Foro sono rimaste luogo di passeggiate, conversazioni, commercio e riflessione. ■ 80

Analisi

1

L'antica Roma Completa le frasi.

_____ 1. La via Cassia era usata per
_____ 2. Nel Colosseo i gladiatori
_____ 3. Nel Pantheon si praticavano
_____ 4. Nelle Terme di Diocleziano gli antichi romani
_____ 5. La Mole Adriana era
_____ 6. L'Ara Pacis fu costruita dall'imperatore Augusto come

a. i culti religiosi.
b. facevano il bagno.
c. il commercio e per collegare il vasto Impero Romano.
d. altare della pace.
e. combattevano con i leoni e fra di loro.
f. un mausoleo.

2

Comprensione Indica se le affermazioni sono **vere** o **false**. Dopo, in coppia, correggete le affermazioni false.

Vero	Falso	
☐	☐	1. Molti edifici e monumenti dell'antica Roma esistono ancora oggi e le necessità dei cittadini sono rimaste simili.
☐	☐	2. Nell'antica Roma mancavano le strutture idrauliche.
☐	☐	3. Gli imperatori romani aumentavano il proprio prestigio personale costruendo opere pubbliche.
☐	☐	4. Gli antichi edifici romani per il culto religioso sono scomparsi.
☐	☐	5. Alla base della pianificazione urbanistica c'è la definizione dello spazio pubblico e privato.

3

Pianificazione urbana

A. A Roma ancora oggi si usano molte delle antiche infrastrutture: le strade, le piazze e i monumenti, gli acquedotti, i luoghi religiosi e i parchi. In coppia, discutete cosa possiamo imparare dalle città antiche per costruire delle città moderne che dureranno nel tempo.

B. Siete un ingegnere e un architetto con il compito di progettare la città ideale.

- Quali infrastrutture pubbliche volete includere nella vostra città?
- Come sono gli spazi dedicati all'arte, ai divertimenti e allo sport?
- Come risolverete il problema del traffico e dei trasporti pubblici?
- Secondo voi, le zone commerciali e pubbliche devono essere integrate o separate da quelle residenziali?
- Dove sono le scuole, le università e gli uffici comunali?
- Quali altri elementi di urbanistica saranno necessari in una città nei prossimi 100 anni? E fra 1000 anni?

C. Presentate il vostro progetto al resto della classe e guardate i progetti degli altri gruppi.

- Quali sono le differenze principali nei progetti? Ci sono degli elementi comuni?
- Le città ideali create dalla classe potrebbero funzionare in un'altra nazione? E in un altro pianeta?

Practice more at **immagina.vhlcentral.com**.

Preparazione

A proposito dell'autore

Claudio Gianini (Milano, 1968) ha cominciato recentemente la carriera di scrittore di narrativa. Per anni ha lavorato come ingegnere meccanico e ha scritto libri prevalentemente tecnici, anche per l'università, collaborando fra l'altro con Ferrari e Toyota allo sviluppo di macchine di Formula Uno. Da quando ha iniziato a scrivere racconti e romanzi gialli, o noir, non può immaginare di vivere solo di parole tecniche. Il racconto che segue è tratto dalla collezione *Spicchi di realtà*.

Vocabolario della lettura		Vocabolario utile
diffidente *mistrustful*	**indaffarato/a** *busy*	**la compassione** *compassion, pity*
essere in anticipo *to be early*	**la metropoli** *metropolis, big city*	**l'immigrante** *immigrant*
fare un giretto *to go for a stroll*	**il mezzo pubblico** *public transportation*	**il/la mendicante** *beggar*
la folla *crowd*	**il pannolino** *diaper*	**la povertà** *poverty*
frettoloso/a *in a hurry*	**il tram** *cable car*	**la sopravvivenza** *survival*
		la vergogna *shame*

1

Definizioni Trova la definizione adatta ad ogni parola.

_____ 1. diffidente   a. una persona che chiede soldi per sopravvivere

_____ 2. mendicante   b. un mezzo di trasporto pubblico su rotaie (*rails*)

_____ 3. tram   c. un grande gruppo di persone

_____ 4. folla   d. una persona proveniente dall'estero

_____ 5. indaffarato   e. una persona che ha molte cose da fare

_____ 6. immigrante   f. una persona che non si fida di un'altra

2

Preparazione Fate le seguenti domande ad un(a) compagno/a.

1. Vieni da una piccola città o da una grande città?

2. Quali sono le cose che ti piacciono della tua città? Quali sono le cose che non ti piacciono? Perché?

3. Sei mai tornato in un posto in cui avevi vissuto? Quando? Perché? È stata una visita lunga? Ti è sembrato diverso da come te lo ricordavi?

3

Vivere o visitare una metropoli In gruppi di tre o quattro, rispondete a queste domande.

1. Quali sono le cose che ti attraggono in una grande città?

2. Ti piace osservare la gente quando visiti un'altra città? Cosa puoi capire del carattere di una città osservando le persone che ci vivono?

3. Usi i mezzi pubblici o preferisci la macchina?

4. Come reagisci se qualcuno cerca di attirare la tua attenzione in mezzo alla folla?

5. Cosa pensi dei mendicanti? Dai soldi a chi te li chiede? Perché sì o perché no?

6. La vita in città rende le relazioni umane più difficili? Perché?

 Practice more at **immagina.vhlcentral.com**.

La mamma e il bambino

CLAUDIO GIANINI

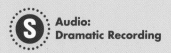

Era tanto tempo che non tornavo più nella città in cui sono nato e nella quale ho vissuto per oltre trent'anni della mia vita. In realtà non abito poi così lontano, quaranta chilometri appena, da non poterci venire più di frequente. Semplicemente non ho occasioni particolari per farlo. Tranne° oggi.

La mia Milano. Quanti ricordi sono evocati dai clacson° delle vetture°, dal rumore caotico del traffico, dallo sferragliare° dei tram. Un'onda° di emozioni mi assale appena scendo dal treno delle Ferrovie Nord Milano. Un treno da Far West, come dico spesso ridendo. In effetti mancano solo le frecce°, scagliate° dagli archi dei pellerossa durante un qualche attacco ai visi° pallidi e piantate° nel legno° dei vagoni° attorno ai finestrini.

Ho viaggiato con il treno perché il luogo in cui devo recarmi è a pochi metri dalla Stazione di Piazza Cadorna. Sarebbe stato masochismo puro venirci con l'automobile. Non tanto per il viaggio, che già in sé sarebbe stato allucinante°, quanto per la ricerca di un parcheggio. Meglio quindi il mezzo pubblico.

Mentre attraverso la strada guardo già il portone° del palazzo presso il quale ho il mio appuntamento. Un'occhiata all'orologio mi conferma che sono in anticipo. Ho almeno il tempo per fare un giretto, per immergermi° nella folla di gente frettolosa e indaffarata, per tornare a vivere il gusto della vita frenetica della grande metropoli. Una donna, forse filippina, mi viene incontro spingendo una carrozzina° con dentro un marmocchio°. Mi fissa° per un istante negli occhi. Io ricambio° con fermezza il suo sguardo°. Mi ferma, e io so già cosa vuole. Inizia a parlare, mentre la mia mente sta preparando un rifiuto°.

«Posso farti una domanda?», mi chiede. Ha negli occhi una luce di rassegnata° speranza. Gli anni passati a fermare in quel modo gente diffidente le hanno insegnato a leggere sui visi, tra le pieghe di sorrisi compiacenti o di smorfie° sdegnose°.

«Se so rispondere... », dico con tono lievemente ironico.

«Te lo chiedo come a un fratello», prosegue. Dai suoi occhi è sparita° la rassegnazione ed è rimasta solo la speranza. Forse ritiene già un grosso successo il fatto che io l'abbia almeno degnata° di un minimo di considerazione.

«Mi compri dei pannolini per mio figlio?», continua la donna indicandomi la farmacia che si trova alle mie spalle.

Il rifiuto che avevo pensato sale veloce alle mie labbra, prima ancora che le sue parole mi arrivino al cervello e scendano al cuore, prima che tocchino corde diverse da quelle solitamente fatte vibrare dalle pretese° di qualche spicciolo°. Bastano due passi e la folla si richiude attorno a noi, separandoci. Frazioni di secondo, nelle quali infine realizzo che la preghiera appena ricevuta era una sincera richiesta° d'aiuto.

Quella mamma aveva calpestato° il proprio orgoglio°. Non voleva soldi, voleva direttamente qualcosa di necessario per il suo bambino. Mi giro, torno sui miei passi°, voglio correggere quello che adesso riconosco come un errore. In fondo°, quanto mi può costare un pacco di pannolini? Ma non vi° è più traccia° della donna. Sembra che la folla l'abbia ingoiata°.

Chissà° se qualcun altro, meno pronto di me a presentare un rifiuto, porrà rimedio al mio sbaglio°? ■

*Marginal glosses:*

Except for — Tranne
car horn/cars — clacson/vetture
clanging/wave — sferragliare/onda
arrows/shot — frecce/scagliate
faces — visi
planted, stuck/wood — piantate/legno
wagons, cars — vagoni
hallucinating, devastating — allucinante
entrance door — portone
immerse myself — immergermi
pram — carrozzina
kid, tot/stares — marmocchio/fissa
return — ricambio
gaze — sguardo
refusal — rifiuto

resigned — rassegnata
grimaces/disdaining — smorfie/sdegnose
disappeared — sparita
deigned — degnata
requests, demands/small change — pretese/spicciolo
demand — richiesta
had trampled upon — calpestato
pride — orgoglio
steps — passi
after all — In fondo
(=ci) there — vi
trace — traccia
swallowed — ingoiata
Who knows — Chissà
mistake — sbaglio

> «Posso farti una domanda?», mi chiede.

Analisi

1

Comprensione Indica se ogni affermazione è **vera** o **falsa**. Dopo, in coppia, correggete le affermazioni false.

Vero	Falso	
☐	☐	1. Il protagonista ha preso il treno per andare a Milano.
☐	☐	2. Il protagonista è in ritardo.
☐	☐	3. Il protagonista vede una donna con un marmocchio in una carrozzina che lo guarda fisso.
☐	☐	4. Secondo il narratore la donna è filippina.
☐	☐	5. Il protagonista compra i pannolini.
☐	☐	6. Il protagonista cambia idea.

2

Opzioni Scegli la frase corretta tra le due.

1. a. Il protagonista lavora a Milano.
   b. Il protagonista vive fuori Milano.

2. a. Il protagonista si emoziona rivedendo Milano.
   b. Il protagonista resta indifferente rivedendo Milano.

3. a. Il viaggio in treno è un'avventura da film western.
   b. Il viaggio in treno è comodo e tranquillo.

4. a. Trovare parcheggio non sarebbe stato un problema.
   b. Trovare parcheggio sarebbe stata una tortura.

5. a. Il narratore dà soldi alla donna.
   b. Il narratore rifiuta di fare il favore chiesto.

3

Pensaci su Scegli la risposta più appropriata. Dopo, in coppia, discutete le frasi che avete segnato con **d**.

1. La donna spera di _____.
   a. aver trovato una persona gentile   b. aver trovato il padre di suo figlio
   c. riuscire a prendersi cura di (*take care of*) suo figlio   d. sia a che c

2. Il protagonista _____.
   a. ha un atteggiamento ironico   b. è subito compassionevole
   c. è pieno di pregiudizi   d. sia a che c

3. La donna è _____.
   a. una mendicante professionista   b. una persona orgogliosa ma disperata
   c. una ladra   d. un'impostora

4. Il narratore _____.
   a. pensa a lungo prima di dare una risposta   b. cerca di nascondersi tra la folla
   c. impulsivamente dice sempre di no a chi non conosce   d. prega con la donna

5. La metropoli _____.
   a. può essere impersonale   b. favorisce la comprensione tra le persone
   c. è il posto ideale per conoscere stranieri   d. aiuta il dialogo

6. Qualcuno tra la folla _____.
   a. aiuta sicuramente la donna   b. forse aiuterà la donna   c. andrà in farmacia
   d. darà soldi alla donna

4 **Cosa pensate?** In coppia, rispondete alle seguenti domande.

1. A chi si riferiscono queste frasi? Che aggettivi usereste per descrivere le emozioni di entrambe le persone?
«Ha negli occhi una luce di rassegnata speranza.»
«Ha negli occhi sospetto e sfiducia.»

2. Secondo te, cosa pensa la donna quando dice queste frasi? Descrivi le sue emozioni.
«Posso farti una domanda?»
«Te lo chiedo come a un fratello.»

3. Perché chiede dei pannolini invece dei soldi per comprarli?

4. Secondo te, chiede sempre soldi o oggetti ai passanti?

5. Come immagini che potrebbe proseguire il dialogo se il narratore la ritrovasse?

5 **Tu cosa faresti?** Dai la tua opinione personale.

1. Perché credi che il narratore sia così antipatico, persino (*even*) ironico?

2. Il viaggio in treno è paragonato a un Far West da fumetti (*cartoonish*). L'idea dei «buoni» (i visi pallidi) contro «i cattivi» (i pellerossa) è un'indicazione del pregiudizio che il narratore avrà verso la donna. È possibile non avere pregiudizi? Ci sono pregiudizi nei confronti di specifici gruppi etnici nel tuo paese? Per esempio?

3. Cosa faresti se fossi la donna del racconto?

4. Ti sei mai trovato/a in una situazione simile?

5. Sei mai stato/a vittima di pregiudizi?

6. Se tu fossi il narratore, cosa faresti? Saresti così pronto a dire di no? Perché sì o perché no?

6 **Discussione** In coppia, create un finale diverso. Immaginate il dialogo che il narratore e la donna avrebbero potuto avere. Scrivete almeno otto frasi e poi recitatele.

NO! Il narratore dice di no. La folla non li separa. Cosa risponde la donna?

SÌ! Il narratore dice di sì. Cosa succede?

7 **Tema** Scegli uno dei seguenti argomenti e scrivi una breve composizione.

- Hai mai incontrato una persona per la strada che ti ha chiesto qualcosa? Come hai reagito? Ti sei sorpreso/a della tua reazione? Pensi che avresti potuto comportarti diversamente? Non deve essere per forza un incontro con un mendicante o un'esperienza negativa: può anche essere una bella esperienza.

- Descrivi le tue emozioni quando sei andato per la prima volta in una grande città. Se vivi in una grande città, descrivi cosa provi quando vai fuori città.

Practice more at
immagina.vhlcentral.com.

Laboratorio di scrittura

Preparazione: Le citazioni

In un saggio la tesi deve essere sostenuta con prove evidenti. Un tipo di prova molto attendibile è rappresentato dalle citazioni ottenute direttamente dalle fonti originali. Le citazioni devono:

- Essere collegate direttamente a quello che si vuole dimostrare.

- Essere inserite nel contesto. Non si può cambiare il messaggio dell'autore originale.

- Includere la fonte. Citare testi senza dichiararne la fonte costituisce un plagio (*plagiarism*).

Le citazioni letterali devono essere riportate tra virgolette «…..» (*quotes*); se si omette parte del testo, si indica così: […]. Infine, se decidiamo di citare usando le nostre parole si può eseguire un cambio nei tempi dei verbi o in altri elementi simili. Esempi:

<u>Citazione diretta:</u> Claudio Gianini nel brano *La mamma e il bambino* giustifica l'uso del treno quando dice: «Non tanto per il viaggio, che già in sé sarebbe stato allucinante, quanto per la ricerca di un parcheggio».

<u>Citazione parziale:</u> Claudio Gianini nel brano *La mamma e il bambino* giustifica l'uso del treno quando dice: «Non tanto per il viaggio, […],quanto per la ricerca di un parcheggio.»

<u>Citazione indiretta:</u> Claudio Gianini nel brano *La mamma e il bambino* giustifica l'uso del treno in quanto è difficile trovare un parcheggio.

 Pratica In coppia, rileggete l'articolo a pagina 31 e identificate i tipi di citazione presenti.

Saggio Scegli uno di questi argomenti e scrivi un saggio

Requisiti

1. Il tuo saggio deve far riferimento a uno o due dei quattro brani di questa lezione contenuti in **Cortometraggio**, **Immagina**, **Cultura** e **Letteratura**.

2. Deve includere almeno tre citazioni dirette o indirette, ricavate dai brani, per difendere o sostenere i tuoi argomenti.

3. Il saggio deve essere lungo almeno due pagine.

Nelle letture *Tutte le strade portano a Roma* e *Roma: un museo all'aperto*, abbiamo un'immagine di Roma in tutta la sua grandezza ai tempi dei Romani. Anche se con duemila anni di differenza, puoi fare un confronto fra lo stile di vita ai tempi dei Romani e lo stile di vita ai tempi dei tuoi bisnonni (*great-grandparents*)?

Nel brano di Claudio Gianini *La mamma e il bambino* e nel cortometraggio *La ritirata* uno dei temi predominanti è il rapporto tra sconosciuti in cui una persona ha bisogno di aiuto. Fino a che punto un individuo può spingersi per aiutare uno sconosciuto? Secondo te, è rischioso o vale la pena in nome della tolleranza e del rispetto per tutti gli uomini?

Nei brani su Roma, emerge una ricchezza culturale attraverso l'arte che supera il tempo. Secondo te, nelle città americane come si esprime la ricchezza culturale e che valore ha?

Città e comunità

 Audio: Vocabulary Flashcards

Luoghi e indicazioni

l'angolo *corner*
l'appartamento *apartment*
la campagna *countryside*
il casale *farmhouse; hamlet*
l'edicola *newsstand*
i giardini pubblici *public gardens*
il grattacielo *skyscraper*
l'incrocio *intersection*
il marciapiede *sidewalk*
la metro(politana) *subway*
il municipio *city hall*
il paese *village*
il palazzo *building; palace*
la periferia *outskirts; suburbs*
il quartiere *neighborhood*
il segnale stradale *road sign*
il semaforo *traffic light*
lo stadio *stadium*
la stazione di polizia *police station*
la strada *street*
le strisce pedonali *crosswalk*
il tribunale *courthouse*
la via *street*

attraversare *to cross*
dare indicazioni *to give directions*
perdersi *to get lost*
trovarsi *to be located*

La gente

il/la cittadino/a *citizen*
il/la coinquilino/a
　housemate; roommate
il/la contadino/a *farmer*
il/la paesano/a *fellow villager/*
　countryman/woman
il pedone (*m./f.*) *pedestrian*
il/la poliziotto/a *police officer*
il sindaco *mayor*
il/la venditore/venditrice
　(ambulante) *(street) vendor*
il/la vigile del fuoco *firefighter*

Le attività

chiacchierare *to chat*
divertirsi *to have fun*
fare commissioni *to run errands*

incontrarsi *to get together*
passeggiare *to take a walk*
trasferirsi *to move*
　(*change residence*)

Il trasporto

l'autista (*m./f.*) *driver*
la circolazione/il traffico *traffic*
la fermata (dell'autobus/della
　metro/del treno) *(bus/subway/*
　train) stop
l'ingorgo stradale *traffic jam*
il/la passeggero/a *passenger*
il ritardo *delay*

dare un passaggio *to give a ride*
fermare/fermarsi *to stop*
girare (a destra/sinistra) *to turn*
　(*right/left*)
guidare *to drive*
parcheggiare *to park*
salire (in macchina/sul treno/
　sull'autobus) *to get (in a car/*
　on a train/on a bus)
scendere (dalla macchina/
　dal treno/dall'autobus) *to get*
　(*out of a car/off a train/off a bus*)

Per descrivere

affollato/a *crowded*
pericoloso/a *dangerous*
quotidiano/a *daily*
rumoroso/a *noisy*
vivace *lively*

Cortometraggio

gli alleati *allies/allied troops*
l'animalaccio *monster*
le armate *armies*
il campo *field*
Cappuccetto Rosso *Little Red*
　Riding Hood
la conta *counting rhyme*
il nemico *enemy*
il notiziario *radio/TV news*
il partigiano *resistance fighter*
la patria *homeland*
la perdita *loss*
il/la prigioniero/a *prisoner*

la ritirata *retreat*
gli sfollati *evacuees*
il soldato *soldier*
la spia *spy*

Cultura

l'acquedotto *aqueduct*
la composizione demografica
　demographic makeup
l'edificio *building*
l'esigenza *need; requirement*
l'infrastruttura *infrastructure*
l'ingegnere *engineer*
il materiale edile *building material*
le mura di cinta *city walls*
il piano urbanistico *city plan*
il reperto *find (archeol.)*
le rovine *ruins*
lo scavo *excavation*
il secolo *century*
le terme *(thermal) baths*
la topografia *topography*
l'urbanistica *city/town planning*

d.C. (dopo Cristo)
　AD (Anno Domini)

Letteratura

la compassione *compassion, pity*
la folla *crowd*
l'immigrante *immigrant*
il/la mendicante *beggar*
la metropoli *metropolis, big city*
il mezzo pubblico
　public transportation
il pannolino *diaper*
la povertà *poverty*
la sopravvivenza *survival*
il tram *cable car*
la vergogna *shame*

essere in anticipo *to be early*
fare un giretto *to go for a stroll*

diffidente *mistrustful*
frettoloso/a *in a hurry*
indaffarato/a *busy*

Distrarsi e divertirsi

La vita di tutti i giorni è frenetica e faticosa. Ognuno dovrebbe trovare del tempo da dedicare al proprio corpo e allo spirito. Fare una passeggiata in centro e distrarsi facendo compere. Incontrare gli amici al caffè e fare due chiacchiere. Rilassarsi in casa con un bel libro o davanti ad un film. Andare in palestra ed allenare il corpo. Ognuno è diverso e dà sfogo allo stress della routine in modo diverso. Tu che cosa preferisci? Quale attività ti rilassa e ti dà la carica giusta per affrontare una nuova giornata piena di impegni?

85

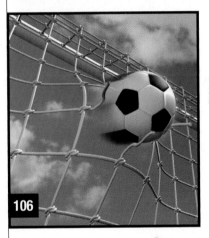

106

Destinazione:
TOSCANA

I passatempi Audio: Vocabulary

Lo sport

l'allenatore/allenatrice *coach*
l'alpinismo *mountain climbing*
l'arbitro *referee*

l'automobilismo *car racing*
il calcio *soccer*
il campo di/da gioco *playing field*
il canottaggio *rowing*
il club sportivo *sports club*
l'equitazione *horseback riding*
la gara *race; competition*
il giocatore/la giocatrice *player*
il pareggio *tie*
il pattinaggio (sul ghiaccio)
  (ice-)skating
il pugilato *boxing*
lo sci (di fondo)
  (cross-country) skiing

la squadra *team*
il/la tifoso/a *fan*

allenarsi *to train*
andare in palestra *to go to the gym*
ferirsi *to injure oneself*
scalare *to climb*
segnare (un gol) *to score (a goal)*
vincere/perdere/pareggiare (una
  partita) *to win/lose/tie (a game)*

Il tempo libero

il biglietto *ticket*
il biliardino *foosball*
il biliardo *billiards*

l'escursionismo *hiking*
il gioco di società *board game*
il gruppo (musicale) *band*
il luna park *amusement park*
la mostra *exhibition*
la prima *opening night, premiere*
gli scacchi *chess*
lo spettacolo *show, performance*
il videogioco *videogame*

applaudire *to clap*
campeggiare *to camp*

fare la coda *to wait in line*
festeggiare *to celebrate*
giocare a nascondino *to play
  hide-and-seek*
prendere qualcosa da bere/
  mangiare *to get something
  to drink/eat*
valere la pena *to be worth it*

al completo *sold out*
buffo/a *funny*
imperdibile *must-see*

Lo shopping e l'abbigliamento

l'abito da sera *evening dress*
il cappotto *coat*
il centro commerciale
  shopping mall
l'impermeabile *raincoat*
le infradito *flip-flops*
i saldi (di fine stagione) *(end-of-
  season) sales*
le scarpe da ginnastica/
  tennis *sneakers*

i tacchi alti *high heels*
il vestito (da uomo/donna)
  suit/dress

cambiare *to exchange*
dare un'occhiata *to take a look*
provare *to try on*

alla moda *fashionable*
firmato/a *designer*
passato/a di moda *out-of-style*
raffinato/a *refined*

Pratica

1 **Categorie** Trova nella lista le parole che appartengono a ciascuna categoria.

al completo	biliardo	impermeabile	prima	tacchi alti
applaudire	cappotto	infradito	scacchi	videogioco

Giochi   (1) _____ , (2) _____ , (3) _____

Teatro   (4) _____ , (5) _____ , (6) _____

Abbigliamento   (7) _____ , (8) _____

Scarpe   (9) _____ , (10) _____

2 **Ne vale la pena?** Completa la conversazione utilizzando le parole appropriate della lista.

allenarmi	calcio	pareggio	segnare	vincere
arbitro	campo da gioco	partita	tifosi	una partita

MARCO Ciao, Giorgio! Che ti è successo alla gamba?

GIORGIO Mi sono ferito giocando a (1) _____ ieri.

MARCO Fai come me: segui il calcio dalla poltrona!

GIORGIO No, Marco, questo mai! Io sono un vero sportivo: amo il calcio sul (2) _____ .

MARCO Non parlare così! I (3) _____ sono importanti quanto i calciatori per (4) _____ !

GIORGIO È vero, ma quelli che vengono allo stadio sono più importanti di quelli che guardano la (5) _____ in TV! Ora, che per un po' di tempo non potrò più (6) _____ , andrò allo stadio ogni domenica con tutta la famiglia!

MARCO Ma hai fatto in tempo a (7) _____ almeno un gol prima di farti male?

GIORGIO A dir la verità, mi sono fatto male tirando in porta (*shooting a goal*). Il pallone è entrato, ma l'(8) _____ ha fischiato fallo di mano (*hand-ball*) e la partita è finita in (9) _____ .

MARCO Vedi? Ho ragione io! Non ne vale la pena!

Nota CULTURALE

Il **calcio** è sicuramente lo sport italiano più seguito. Ogni città e piccolo paese ha la propria squadra di calcio e i propri «idoli». Sono molti gli italiani che amano il calcio o, più propriamente, amano seguire il calcio la domenica, dalla poltrona di casa propria.

Ci sono però anche gruppi di ragazzi (o adulti) che si riuniscono nel fine settimana per giocare a una versione ridotta del calcio, il «**calcetto**». Nel calcetto ci sono solo cinque giocatori per squadra, anziché undici, e il campo è molto più piccolo di un campo di calcio classico. Quando si gioca a calcetto, non c'è un arbitro, perché lo scopo del gioco è divertirsi e non vincere la partita. Spesso la serata si conclude in pizzeria.

3 **Conversazione** In coppia, fatevi queste domande e confrontate le vostre risposte.

1. Come preferisci impiegare il tuo tempo libero? Qual è il tuo passatempo preferito?

2. Quale sport segui? Quale ti piace di più? Qual è la tua squadra preferita?

3. Cosa indossi quando pratichi il tuo sport o il tuo passatempo preferito?

4. Ti sei mai ferito praticando uno sport?

5. Qual è lo spettacolo che hai visto più di recente? Ti è piaciuto? Perché?

6. Cosa indossi di solito per una serata galante?

4 **Il tempo libero** Immaginate che voi e un gruppo di vostri amici avrete una settimana libera e fate dei progetti. Cosa volete fare nel tempo a disposizione? Dove volete andare? Perché? Discutete con i vostri compagni e scrivete un programma per la settimana.

Practice more at immagina.vhlcentral.com.

Preparazione

Vocabolario del cortometraggio		Vocabolario utile
il bullo *bully*	l'ottico *optician*	il burattino *puppet*
competitivo/a *competitive*	prenatale *prenatal*	la coincidenza *coincidence*
l'ecografia *ultrasound*	il/la quattrocchi *four eyes*	la genetica *genetics*
il fenomeno *phenomenon*	il/la secchione/a *student*	le lenti a specchio *mirrored lenses*
improvvisare *to improvise*	*who studies too hard*	la merendina *snack*
l'orgoglio *pride*	sminuire (-isc) *to play down*	la suora *nun*

ESPRESSIONI

prendere di mira *to target*

prendere in giro *to make fun of*

tutto va per il meglio *everything is turning out for the best*

1 **Pratica** Scegli la risposta giusta.

1. Quando due amici si incontrano per caso si tratta di _____.
   a. una secchiona   b. una coincidenza   c. un fenomeno

2. L'ottico fa _____.
   a. gli occhiali   b. le merendine   c. l'ecografia

3. I burattini sono un tipo di _____.
   a. marionette senza fili   b. occhiali a specchio   c. asteroidi

4. L'ecografia prenatale si fa prima che il bambino _____.
   a. vada a scuola   b. compia due anni   c. nasca

5. Quando gli altri studenti chiamano un compagno «quattrocchi» _____.
   a. gli prendono gli occhiali   b. lo prendono in giro   c. lo prendono di mira

2 **Secondo te**

A. Quali attributi contribuiscono al successo?

CARATTERISTICA	SÌ	NO	CARATTERISTICA	SÌ	NO
Orgoglio	☐	☐	Rispetto per l'autorità	☐	☐
Senso di responsabilità	☐	☐	Spirito d'indipendenza	☐	☐
Iniziativa	☐	☐	Aggressività	☐	☐
Rispetto per le regole	☐	☐	Spirito di contraddizione	☐	☐
Spirito ribelle	☐	☐	Pazienza	☐	☐
Timidezza	☐	☐	Compassione	☐	☐

B. In piccoli gruppi, confrontate le vostre risposte. Poi rispondete insieme a queste domande.

1. La timidezza è davvero il contrario dell'aggressività?

2. È possibile essere responsabili e ribelli allo stesso tempo?

3. Ci sono delle persone che hanno uno spirito indipendente anche quando rispettano l'autorità?

4. Pensate a dei personaggi famosi: quali caratteristiche hanno? Ci sono delle apparenti contraddizioni in queste caratteristiche?

3

Ingegneria genetica In coppia, immaginate e descrivete il/la vostro/a figlio/a ideale. Poi rispondete insieme alle domande.

Carattere	
Abilità e talenti (tecnici, accademici, artistici, sportivi ecc.)	
Preferenze (libri, film, viaggi, amici, cibi, opinioni ecc.)	
Intelligenza (quoziente)	
Sesso (maschio o femmina?)	

1. Avete scelto un(a) figlio/a con caratteristiche simili alle vostre?
2. Quali caratteristiche sono invece diverse dalle vostre? Perché avete scelto così?
3. Siete d'accordo su tutti gli attributi o avete fatto dei compromessi? Se sì, quali?
4. Pensate che vostro/a figlio/a avrà successo nella vita? In cosa? Perché?

4

Intervista In coppia, fatevi a turno queste domande.

1. Quali dei tuoi gusti e interessi sono simili a quelli dei tuoi genitori?
2. Quanti anni avevi quando hai scoperto di avere degli interessi specifici? Sono ancora gli stessi o sono cambiati con il passare degli anni?
3. Qual è l'attività a cui dedichi più tempo in questo momento? Perché?
4. Che cosa ha influenzato di più le tue scelte accademiche e personali fino ad oggi, l'opinione dei tuoi genitori o dei tuoi amici?
5. Quali elementi saranno più importanti per il tuo futuro? Assegna un punteggio da 1 a 5 ai seguenti.

- il successo professionale
- l'intelligenza
- la salute
- la bellezza
- la felicità in famiglia e con gli amici

5

La scuola In piccoli gruppi, rispondete e commentate le risposte.

- Ci si può dedicare agli studi e allo sport senza sacrificare i rapporti con gli altri?
- Cosa pensi dei gruppi di amici che si formano a scuola? Ti hanno mai fatto sentire incluso/a o escluso/a? Perché?
- Quale tua caratteristica rende i tuoi genitori orgogliosi di te?

6

Cosa sta succedendo? Guardate le immagini in piccoli gruppi e immaginate insieme la storia del film.

Practice more at **immagina.vhlcentral.com.**

Trama *Ale è nato con le caratteristiche genetiche di un bullo eccezionale, ma deve anche accettare le altre caratteristiche che fanno parte della sua natura.*

ALE Quel giorno mamma e papà erano molto agitati. Andavano dal dottore per sapere se ero un maschio o una femmina.
MARIA Ho capito, il solito problema: loro volevano una femmina, ma poi sei arrivato tu e allora...

PADRE Nostro figlio è un bullo! Dottore, è una notizia bellissima!
MADRE Oh, Dio, il nostro piccolo bulletto!
PADRE Ha detto «bullo», il Dottore; non sminuire. (*Al dottore*) Era «bullo», no?

ALE All'asilo° poi sono diventato un fenomeno e tutti riconoscevano la mia natura.
MARIA È andata avanti così fino alla quarta elementare°?
ALE Sì, un vero successo.

MARIA Hai cambiato scuola?
ALE No, non è per quello.
MARIA Qualche compagno ti ha preso di mira?

ALE Mi mancavano quattro decimi ipometropi°, come a mia madre.
MARIA Un bullo quattrocchi non si è mai visto.

ALE Occhiali da vista con lenti a specchio! Nessuno si sarebbe accorto del mio problema. Anzi, a scuola il mio prestigio aumentò°.

asilo *kindergarten* **quarta elementare** *fourth grade*
ipometropi *myopic, nearsighted* **aumentò** *grew*

Sullo SCHERMO

Mentre guardi le scene principali del film scegli la risposta corretta:

1. Quando vanno dal dottore i genitori sono molto _____.
   a. delusi
   b. agitati
2. Il dottore è sorpreso di vedere che il bambino sarà _____.
   a. un bullo perfetto
   b. un maschio
3. Nel film Ale ha _____.
   a. un cappello e uno zaino blu
   b. un cappello e uno zaino nero
4. All'inizio Maria prova _____.
   a. orgoglio per Ale
   b. compassione per Ale
5. I bambini dell'asilo _____.
   a. hanno paura di Ale
   b. vogliono imitare Ale
6. Ale va dall'ottico perché ha bisogno _____.
   a. degli occhiali da vista
   b. degli occhiali da sole

Analisi

1

Comprensione Indica se l'affermazione è **vera** o **falsa**. Dopo, in coppia, correggete le affermazioni false.

Vero	Falso	
☐	☐	1. I genitori di Ale volevano che diventasse un calciatore.
☐	☐	2. La mamma di Ale ha bisogno degli occhiali.
☐	☐	3. I genitori sono disperati (*in despair*) che Ale sia un bullo.
☐	☐	4. I genitori non sono contenti che Ale assomigli a loro.
☐	☐	5. Ale resta calmo quando gli rompono gli occhiali la prima volta.
☐	☐	6. Alla fine del film Maria ha cambiato idea su Ale.

2

Chi lo dice?

A. Associa personaggi e affermazioni.

_____ 1. Mio figlio ha gli occhiali. È colpa mia!   a. il dottore

_____ 2. Non essere impertinente!   b. il padre

_____ 3. Voglio seguire la mia natura.   c. i bulli

_____ 4. Adesso ti rompiamo gli occhiali!   d. la suora

_____ 5. I test sono tutti positivi.   e. la secchiona

_____ 6. Ale non vede la lavagna.   f. la mamma

_____ 7. Voglio proteggere i bambini dell'asilo.   g. la maestra

_____ 8. Mi piace fare il teatro dei burattini.   h. Ale

B. In coppia, scrivete quattro nuove affermazioni e scambiatele con un'altra coppia; poi associate le rispettive affermazioni ai personaggi del film.

3

Chi è responsabile?

A. Indica le persone che hanno creato queste situazioni.

> Ale | i bulli | i genitori | il dottore | Maria

1. Ale ha gli occhi della mamma e le orecchie del papà. _____

2. I bambini piccoli vengono tormentati. _____

3. I genitori di Ale fanno l'ecografia. _____

4. Ale racconta la sua storia. _____

5. Ale ha sempre gli occhiali rotti. _____

B. In gruppi di tre, confrontate le vostre risposte. Poi rispondete alle seguenti domande.

- Pensi che Ale cambi durante il film? Come?
- Cosa imparano i genitori di Ale?
- Cosa capisce Maria?
- Come si sente Ale alla fine del film?
- Chi sono le vittime nel film? Chi sono i bulli?
- Ci sono dei personaggi stereotipati nel film? Chi sono?
- Chi è responsabile del fatto che Ale sia un bullo?

4

Opinioni In coppia, decidete se siete d'accordo o no con queste affermazioni. Spiegate il perché.

Affermazioni	sono d'accordo	non sono d'accordo
1. La scuola elementare aiuta i bambini ad imparare come vivere con gli altri.	☐	☐
2. Le scuole pubbliche sono migliori delle scuole private.	☐	☐
3. Per i miei genitori è importante che io riceva dei voti alti.	☐	☐
4. Per i miei genitori è importante che io sia molto abile in uno sport.	☐	☐
5. Studiare da soli è più efficace che studiare in gruppo.	☐	☐
6. Gli sport di squadra sono migliori degli sport individuali.	☐	☐
7. I nostri gusti sono influenzati esclusivamente dalla nostra natura.	☐	☐
8. I nostri genitori e le esperienze che facciamo influenzano la nostra personalità.	☐	☐

5

I passatempi

A. In gruppi di tre, fate una lista dei vantaggi e degli svantaggi di queste attività. Poi presentate la lista al resto della classe.

     Modello   **Suonare uno strumento**

            Vantaggi: È rilassante; si può far parte di un'orchestra…

            Svantaggi: Bisogna fare pratica spesso; ci vogliono molti anni per…

- studiare in biblioteca
- Facebook
- leggere
- guardare la TV
- giocare con la Wii
- parlare al telefono
- Twitter
- il vostro passatempo preferito

B. Commentate i vantaggi e gli svantaggi delle attività che fate nel tempo libero, a scuola o all'università.

6

Una conversazione In coppia, improvvisate un dialogo per una di queste situazioni.

A

Siete una giovane coppia che aspetta un bambino. Il dottore vi rivela che sarà una campionessa di calcio con notevoli abilità linguistiche. Qual è la vostra reazione? Come aiuterete la vostra bambina a sviluppare le sue abilità naturali? Dove abiterete? In quali scuole la manderete a studiare?

B

Maria e Ale si incontrano dieci anni dopo, quando sono all'università. Qual è la loro reazione nel rivedersi dopo tanto tempo? Come sono cambiati? Che cosa studiano? Quali sono i loro passatempi? Cosa si dicono?

7

Scrivere Scegli uno di questi argomenti e scrivi una breve composizione.

- Quali caratteristiche fisiche o mentali sono necessarie per eccellere nel campo che preferisci? Descrivi quello che ti appassiona: una professione, un passatempo o altro.

- Sei un(a) giornalista e vuoi scrivere un articolo sulle scuole che hai frequentato, specialmente su come le attività del dopo-scuola aiutano gli studenti a fare amicizia e a sviluppare un senso di gruppo o di squadra.

- Se potessi acquisire una caratteristica o un'abilità, quale sarebbe? Come la useresti?

Practice more at **immagina.vhlcentral.com.**

IMMAGINA

 Reading

In giro per Firenze

Firenze, capoluogo della regione Toscana e città ricca di opere d'arte uniche al mondo, è considerata la culla del **Rinascimento°**. Proveremo a darvi dei suggerimenti per un itinerario artistico alla scoperta di alcuni dei tesori di questa storica città.

Vi consigliamo di iniziare con la **Galleria dell'Accademia** dove sono conservati alcuni capolavori° di **Michelangelo**, come i **Prigioni** e il **San Matteo**; qui dal 1873 è possibile ammirare la statua del **David**, scolpita in un unico pezzo di marmo° e considerata da molti il più alto esempio di bellezza maschile rinascimentale. Continuate verso **piazza del Duomo** dove si trova **Santa Maria del Fiore**, il duomo di Firenze progettato° nel XIII secolo, la cui **Cupola** è uno dei simboli di Firenze e un esempio dell'ingegneria innovativa di **Brunelleschi**. Di fronte al Duomo c'è il **Battistero**, uno dei monumenti più antichi della città. L'esterno è in marmo bianco e verde, le porte in bronzo sono divise in pannelli incisi° e all'interno ci sono elaborati mosaici. A fianco del Duomo si innalza° il **Campanile**, ai cui lavori collaborò anche **Giotto**. Dalla cima del Campanile e della Cupola potrete godere° di una vista panoramica su Firenze. Nelle vicinanze c'è la basilica di **Santa Maria Novella** con la sua spettacolare facciata° in marmo e all'interno preziosi affreschi e vetrate°.

In **piazza della Signoria** potrete invece visitare **Palazzo Vecchio**, che da diversi secoli è il municipio° di Firenze, e incominciare un'altra tappa del vostro percorso che vi porterà in uno dei musei più ricchi di raccolte d'arte del mondo: la **Galleria degli Uffizi**. Qui sono conservati° i più famosi dipinti di **Botticelli**, tra cui la **Nascita di Venere** e la **Primavera**, oltre alle opere di importanti pittori del tardo **Medioevo** e del Rinascimento come **Cimabue**, **Raffaello** e altri.

Sarà poi la volta° del **Museo Nazionale del Bargello** con la sua collezione di sculture, tra cui il **David** in bronzo di **Donatello**. Non lontano c'è la chiesa di **Santa Croce** con all'interno i capolavori di Giotto e le tombe dell'astronomo e filosofo **Galileo Galilei**, di Michelangelo e di **Niccolò Machiavelli**, storico e politico rinascimentale.

Ponte Vecchio

TOSCANA E FIRENZE

Attraversate° il fiume **Arno** passando per il **Ponte Vecchio**, noto per le sue botteghe artigiane e orafe°, e vi troverete nell'area denominata **Oltrarno**, dove sorgono altri due musei importanti: il colossale **Palazzo Pitti** e la **Cappella Brancacci**. Il primo presenta eccezionali opere di pittura e comprende vari musei, tra cui la **Galleria Palatina** che conserva molte delle collezioni della famiglia **Medici**. La Cappella Brancacci, situata all'interno della chiesa di **Santa Maria del Carmine**, ospita gli affreschi di **Masaccio**, tra cui la **Cacciata di Adamo ed Eva dal paradiso terrestre**. In quest'opera l'artista introduce l'uso della prospettiva°, che sarà un elemento peculiare dell'arte rinascimentale.

A questo punto sarete stanchi, ma felici e orgogliosi di avere avuto un assaggio° delle bellezze artistiche di Firenze e magari° desiderosi di conoscerne altre.

> ### In più…
>
> La storia di Firenze è stata caratterizzata dall'ascesa° e dal declino di famiglie importanti. La famiglia **Antinori** ha avuto un ruolo significativo nella vita economica della città. Gli Antinori iniziarono a commerciare tessuti° alla fine del XIII secolo arrivando fino in Francia e, nel corso dei secoli, hanno ricoperto anche cariche politiche. Ancora oggi la famiglia Antinori contribuisce alla ricchezza cittadina con la produzione del **Chianti**, un vino riconosciuto in tutto il mondo.

culla… *cradle of the Renaissance* **capolavori** *masterpieces* **marmo** *marble* **progettato** *planned* **pannelli…** *engraved panels* **si innalza** *it rises* **godere** *to enjoy* **facciata** *façade* **affreschi…** *frescoes and stained glass windows* **municipio** *city hall* **conservati** *preserved* **volta** *turn* **attraversate** *cross* **botteghe…** *craftsmen and goldsmiths' shops* **prospettiva** *perspective* **assaggio** *taste* **magari** *perhaps* **ascesa** *rise to power* **tessuti** *fabrics*

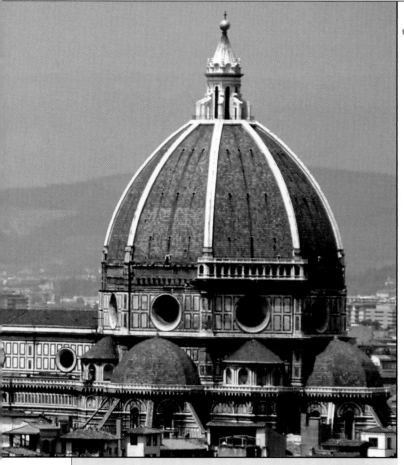

La Vespa Lo scooter **Vespa**, una delle icone italiane più conosciute nel mondo, è uno dei prodotti delle industrie toscane **Piaggio**. La sede della Piaggio è a Pontedera, in provincia di Pisa. La Piaggio inizia la sua attività alla fine del 1800 con la produzione di materiale per ferrovie°, ma ben presto si dedica alla costruzione di aerei. Negli anni '20 e '30 produce automobili ed elicotteri finché, nel 1946, brevetta° e commercializza la Vespa, seguita da altri motocicli come il **Ciao** e il **Sì**.

L'Arcipelago Toscano La Regione Toscana ha 397 chilometri di litorale° bagnato dal mar Tirreno. Al largo della costa ci sono sette isole maggiori e alcune minori che fanno parte dell'**Arcipelago Toscano**. La più grande e conosciuta è **l'isola d'Elba**, famosa per aver ospitato Napoleone Bonaparte durante il suo esilio e oggi ricercata° destinazione turistica. Altre isole dell'arcipelago sono **l'isola del Giglio, Giannutri** e **l'isola di Montecristo**.

ferrovie *railways* **brevetta** *patents* **litorale** *coast* **ricercata** *in great demand*

Vero o falso? Indica se ogni frase è **vera** o **falsa**. Correggi le frasi false.

1. I lavori per il Campanile di Firenze iniziarono nel Rinascimento.

2. Palazzo Vecchio è la sede politico-amministrativa di Firenze.

3. Molti degli affreschi di Masaccio sono conservati al Museo del Bargello.

4. Palazzo Pitti ha all'interno altri musei.

5. La famiglia Antinori oggi produce tessuti.

6. La Vespa è un'automobile prodotta dalla Piaggio.

7. L'isola di Montecristo è l'isola più grande dell'Arcipelago Toscano.

8. I più famosi dipinti di Botticelli si trovano nella Galleria degli Uffizi.

Quanto hai imparato? Rispondi alle domande.

1. Quale famosa statua è conservata nella Galleria dell'Accademia di Firenze?

2. Quali sono alcune caratteristiche di Santa Croce?

3. Che tipo di negozi ci sono su Ponte Vecchio?

4. Che cos'è l'Oltrarno?

5. Perché è famosa la famiglia Antinori?

6. Quali sono alcuni dei prodotti attuali (*current*) delle industrie Piaggio?

Progetto

Immagina di dover allestire (*to prepare*) una mostra d'arte. Vai in rete e cerca le informazioni necessarie.

• Ricerca sei opere famose presenti nei musei o nelle chiese di Firenze (possono essere opere di pittura, scultura, mosaici ecc.).

• Per ogni opera scrivi una didascalia (*caption*) con informazioni sull'autore, l'epoca in cui ha vissuto e le caratteristiche artistiche dell'opera.

• Presenta il tuo lavoro alla classe.

3.1

The *passato prossimo* with *avere* and *essere*

 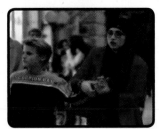

—*Ho visto cosa è successo.* —*Il giorno stesso sono andato dall'ottico.*

- Use the **passato prossimo** to express an action completed in the past. This compound tense is formed by combining the present tense of an auxiliary verb (**avere** or **essere**) with the past participle of the main verb. When the verb is conjugated with **essere**, the past participle must agree in gender and number with the subject of the verb.

Transitive verbs	
ho	
hai	
ha	
abbiamo	perdut**o**
avete	
hanno	

Intransitive verbs	
sono	
sei	andat**o**/**a**
è	
siamo	
siete	andat**i**/**e**
sono	

- The past participle of regular verbs is formed as follows.

–are → –ato	–ere → –uto	–ire → –ito
parlare → parl**ato**	potere → pot**uto**	finire → fin**ito**

- Many past participles from the second conjugation verb group (-**ere**) are irregular. Here is a partial list.

bere → be**vuto**	essere → **stato**	rimanere → rima**sto**
chiedere → chie**sto**	leggere → **letto**	rispondere → rispo**sto**
chiudere → chiu**so**	mettere → me**sso**	rompere → ro**tto**
correggere → corre**tto**	nascere → **nato**	scegliere → sce**lto**
correre → cor**so**	perdere → per**so**	scendere → sce**so**
cuocere → co**tto**	piangere → pia**nto**	scrivere → scri**tto**
decidere → deci**so**	prendere → pre**so**	smettere → sme**sso**
dipingere → dipi**nto**	raccogliere → racco**lto**	vedere → **visto**/veduto
discutere → discu**sso**	ridere → ri**so**	vincere → vi**nto**

- Transitive verbs employ **avere** as their auxiliary verb; the past participle ends in **–o**. Verbs that are intransitive usually require **essere** as their auxiliary; the past participle must agree in gender and number with the subject of the verb and will end in **–o, –a, –i,** or **–e**.

ATTENZIONE!

When the verb acts upon, or has the potential to act upon an object, it is transitive. When the verb cannot be followed by a direct object, it is intransitive. Compare:

Transitive verb:
Ho comprato un gioco di società.
I bought a board game.

Intransitive verb:
Quando siete arrivati?
When did you arrive?

Transitive verb (takes **avere**, past participle ends in **–o**)	
Paola **ha scalato** una montagna. *Paola climbed a mountain.*	Marcello **ha segnato** un gol. *Marcello has scored a goal.*

Intransitive verb (takes **essere**, past participle agrees with subject)	
Paola **è caduta**. *Paola fell.*	I giocatori **sono andati** in palestra. *The players went to the gym.*

- Intransitive verbs often express either physical movement or, in contrast, lack of movement. They also indicate changes in state.

movement	**andare, arrivare, cadere, entrare, fuggire, partire, passare, (ri)tornare, salire, saltare, scendere, uscire, venire**
lack of movement	**essere, restare, rimanere, stare**
change of state	**crescere, divenire, diventare, impazzire, morire, nascere, risultare, sparire**

- Some verbs, like **cambiare, cominciare, finire, iniziare,** and **passare,** can be used both transitively and intransitively. Compare:

Carlo **ha finito** le linguine. *Carlo finished the linguine.*
Lo spettacolo è **finito** alle 10.30. *The show ended at 10:30.*

RIMANDO

The verbs **dovere, potere,** and **volere,** when combined with an infinitive in the **passato prossimo,** generally use the auxiliary verb employed with that infinitive. See **Strutture 4.4, p. 142.**

Ho potuto comprare i biglietti. *I was able to buy the tickets.*

Siete dovuti partire alle otto. *You had to leave at eight o'clock.*

- Not all intransitive verbs are conjugated with **essere.** Some intransitive verbs that describe common activities are conjugated with **avere.** These include **camminare, dormire, nuotare, saltare,** and **viaggiare.**

Ieri notte **abbiamo dormito** solo due ore! *We only slept two hours last night!*
Laura **ha viaggiato** molto. *Laura has travelled a lot.*

- Reflexive and reciprocal verbs, as well as the verb **piacere,** always require **essere** as their auxiliary. The past participle must agree with the subject of the verb.

Paola **si è allenata** in palestra. *Paola worked out at the gym.*
Le amiche **si sono telefonate**. *The friends telephoned one another.*

A Luigi **sono piaciuti** i tuoi amici. *Luigi liked your friends.*
Non mi **sono piaciute** le lasagne. *I did not like the lasagna.*

RIMANDO

To review reflexive and reciprocal verbs, see **Strutture 2.1, pp. 52-53.**

- If a direct object pronoun precedes a verb in the **passato prossimo,** the past participle must agree with it. Remember that the past participle of transitive verbs (those verbs that are conjugated with **avere**) otherwise ends in **–o**.

Dove **hai comprato** le scarpe da ginnastica? *Where did you buy your tennis shoes?*
Le ho comprate al centro commerciale. *I bought them at the shopping mall.*

RIMANDO

You will learn more about object pronouns in **Strutture 4.2, pp. 132-134.**

Pratica

1

Francesco Totti Completa il paragrafo su Francesco Totti, un famoso giocatore italiano, usando il **passato prossimo** dei verbi tra parentesi.

Francesco Totti (1) _____ (nascere) a Roma il 27 settembre 1976. Dall'età di 16 anni fino ad oggi, (2) _____ (giocare) solo nella Roma, squadra della quale è anche capitano. (3) _____ (segnare) il suo primo gol in Serie A il 4 settembre del 1994 e da quel momento non (4) _____ (smettere) di stupirci (*astonish us*). Pelé, il famoso giocatore brasiliano, lo (5) _____ (definire) il più grande giocatore al mondo e lo (6) _____ (includere) nella lista dei 125 più grandi giocatori viventi. Nel 2003 Totti (7) _____ (scrivere) un libro: *Tutte le barzellette su Totti (raccolte da me)*. Le librerie italiane (8) _____ (vendere) moltissime copie e Totti (9) _____ (donare) i guadagni (*proceeds*) all'Unicef e ad altre associazioni di beneficenza. Nel 2005 il calciatore (10) _____ (sposare) la famosa presentatrice Ilary Blasi. Dopo un infortunio (*accident*) che lo (11) _____ (tenere) lontano dal campo da gioco per tre mesi, Totti (12) _____ (tornare) a giocare con la Nazionale nei campionati mondiali del 2006, in cui la nazionale di calcio italiana (13) _____ (vincere) il titolo di Campioni del Mondo.

2

Un fine settimana particolare Completa la conversazione tra Luisa e Mara con la forma corretta dei verbi.

andare	cadere	fare	parlare	sentire	venire
annoiarsi	costruire	ferirsi	passare	studiare	visitare

LUISA Cosa (1) _____ questo fine settimana?

MARA (2) _____ a Sant'Anna di Stazzema, vicino a Lucca, per un Campo di Educazione alla Pace.

LUISA Racconta!

MARA Eravamo in tutto trenta ragazzi e (3) _____ di temi legati alla nonviolenza e alla solidarietà internazionale. (4) _____ anche ospiti e relatori (*guests and speakers*) stranieri. La sera, invece, (5) _____ il paese.

LUISA Sant'Anna di Stazzema... (6) _____ questo nome...

MARA Probabilmente lo (7) _____ a scuola...

LUISA Ma sì, certo: Sant'Anna è il luogo in cui, durante la Seconda Guerra Mondiale, i nazisti hanno sparato su tantissimi civili!

MARA Esatto. Per ricordare quell'evento gli abitanti (8) _____ il Museo della Memoria: imperdibile! E tu, come (9) _____ questo fine settimana?

LUISA Sono restata qui, a Firenze, ma non (10) _____. Ho partecipato alla Maratona della Pace, con altre 10.000 persone! Peccato che (11) _____ e (12) _____ alla caviglia (*ankle*)!

MARA Allora, il prossimo anno vieni con me. È meno pericoloso.

Nota
CULTURALE

A **Sant'Anna di Stazzema**, il 12 agosto 1944, i soldati tedeschi hanno ucciso 560 persone, per la maggior parte donne, bambini e anziani. L'eccidio° di Sant'Anna, considerato un crimine contro l'umanità, ha ispirato numerosi film, tra i quali il famoso *La Notte di San Lorenzo* dei fratelli Taviani e *Miracolo a Sant'Anna* (*Miracle at St. Anna*) del regista americano Spike Lee, basato sull'omonimo romanzo (*novel*) di James McBride.

eccidio *massacre*

Practice more at
immagina.vhlcentral.com.

Comunicazione

3 **Cos'è successo?** In coppia, guardate le immagini e inventate una storia per ogni situazione.

Modello Marilena ha ricevuto una lettera da suo fratello che è andato in vacanza ai Caraibi. Il fratello ha deciso di rimanere lì. Si è sposato...

| Marilena | Marco e Gloria | Patrizia | Giorgio e Luana |

4 **Hai una buona memoria?** Ecco una lista di attività. Quando è stata l'ultima volta che avete fatto queste cose? In coppia, fatevi queste domande a turno.

Modello **guardare una partita di calcio**

—Quando è stata l'ultima volta che hai guardato una partita di calcio?

—Ho visto una partita di calcio domenica scorsa.

—Chi ha giocato?

1. vedere un documentario
2. scrivere un'e-mail
3. andare in vacanza
4. ferirsi
5. allenarsi in palestra
6. perdere qualcosa
7. leggere un libro
8. fare una fotografia
9. aprire un giornale
10. mettere un vestito elegante
11. rompere un oggetto di valore
12. decidere di interrompere una relazione

5 **Com'è strana la vita!**

A. In coppia, scrivete due brevi storie: una vera, ma buffa o incredibile di cui uno/a di voi è stato/a protagonista; un'altra completamente inventata, ma anche questa inusuale. Cercate di essere dettagliati e di rispondere alle seguenti domande.

- come ti sei vestito/a quel giorno?
- che scarpe ti sei messo/a?
- cosa è successo?
- ti ha visto qualcuno?
- ne è valsa la pena?
- hai pianto o hai riso quando è successo?
- hai chiesto aiuto?
- cosa hai fatto dopo?

B. A turno, ogni coppia legge le sue brevi storie alla classe che dovrà indovinare qual è la storia vera e qual è quella falsa.

6 **I divertimenti** Che fate per divertirvi? Che attività praticate?

A. Fate una lista di dieci cose divertenti che avete fatto il mese scorso.

B. In coppia, domandate al(la) vostro/a compagno/a se ha praticato le attività della vostra lista e scrivete **sì** o **no** accanto ad ognuna.

C. In gruppi di quattro, descrivete a turno quello che il/la vostro/a compagno/a ha fatto il mese scorso. Limitatevi a quattro o cinque attività.

The *imperfetto*

3.2

- Use the **imperfetto** to talk about what used to happen or to describe ongoing and habitual actions and conditions in the past. The English equivalent of the **imperfetto** is often expressed with *used to* or *would*.

> Da piccoli, **giocavamo** spesso a nascondino.
> *As children, we often played (used to play/would play) hide-and-seek.*

- To form the **imperfetto**, remove the final **–re** from the infinitive and add the endings **–vo**, **–vi**, **–va**, **–vamo**, **–vate**, and **–vano**.

tifare	perdere	applaudire
tifavo	perdevo	applaudivo
tifavi	perdevi	applaudivi
tifava	perdeva	applaudiva
tifavamo	perdevamo	applaudivamo
tifavate	perdevate	applaudivate
tifavano	perdevano	applaudivano

- There are few irregularities in the **imperfetto**. Note, however, the irregular forms of **essere** and the special stems for **bere**, **dire**, and **fare**.

essere	ero, eri, era, eravamo, eravate, erano
bere (bev-)	bevevo, bevevi, beveva, bevevamo, bevevate, bevevano
dire (dic-)	dicevo, dicevi, diceva, dicevamo, dicevate, dicevano
fare (fac-)	facevo, facevi, faceva, facevamo, facevate, facevano

- The **imperfetto** is also used to describe or set the scene when narrating a past event. Conditions such as the weather, time, age of persons involved, emotions, and circumstances may all be expressed with the **imperfetto**.

> **Pioveva** a catinelle.   Nel 1970, Carla **aveva** sei anni.
> *It was raining buckets.*   *In 1970, Carla was six years old.*

- The **imperfetto** can describe states of mind that continued over an unspecified period of time.

> Mi **sentivo** triste.   **Volevi** studiare in Italia?
> *I felt sad.*   *Did you want to study in Italy?*

- Several verbs in the **imperfetto** can be used together to convey simultaneous ongoing activities in the past.

> Il padre **lavava** i piatti mentre i bambini **giocavano** a carte.
> *The father was washing the dishes while the children were playing cards.*

> Quando la mamma **cantava**, mia sorella ed io **ballavamo** sempre.
> *When mom would sing, my sister and I used to dance all the time.*

ATTENZIONE!

When the **imperfetto** conveys ongoing or habitual actions, it is often accompanied by adverbial expressions such as: **mentre**; **sempre**; **di solito**; **spesso**; **ogni giorno/settimana**, etc.; **tutto/a/i/e** + [*period of time*]; and **il/la** + [*day of week*]. In Italian, days of the week are masculine except **la domenica**.

La squadra non si allenava la domenica.
The team didn't train on Sundays.

Da piccola, passavo tutta l'estate dalla nonna.
When I was little, I used to spend the whole summer at my grandmother's.

ATTENZIONE!

Just as it is possible to use **Da quanto tempo** with the present tense to inquire about actions that began in the past but continue into the present, the **imperfetto** can be used with this expression to inquire about actions that began in a more distant past and continued in the more recent past.

Da quanto tempo parlavi il tedesco quando sei andato in Germania per la prima volta?
How long had you been speaking German when you traveled to Germany for the first time?

Lo parlavo da tre anni.
I had been speaking it for three years.

ATTENZIONE!

Verb ending in **–urre**, **–orre**, and **–arre** use stems derived from Latin roots.

produrre (produc–) → **producevo**
proporre (propon–) → **proponevo**
trarre (tra–) → **traevo**

Pratica e comunicazione

1

Da piccolo Completa il paragrafo con l'imperfetto dei verbi fra parentesi.

Da piccolo mi (1) _____ (piacere) passare l'estate a casa dei nonni, a Lucca.
Di solito (2) _____ (giocare) con i miei amici nel parco, oppure (*or*) (3) _____
(andare) in bicicletta per le strade del centro. Un giorno, mentre (4) _____
(pedalare) e (5) _____ (guardare) in alto i colori vivaci delle case lucchesi, sono
caduto e mi sono fatto male al piede. Sono rimasto ingessato (*in a cast*) per un
mese intero! (6) _____ (avere) solo sei anni, ma ricordo tutto perfettamente!
Le passeggiate che (7) _____ (preferire) erano quelle con il nonno quasi ogni
domenica. La mattina la nonna (8) _____ (preparare) i panini per il pranzo,
mentre noi (9) _____ (indossare) le nostre scarpe da ginnastica. Poi (10) _____
(cominciare) la nostra escursione tra boschi e natura lungo la Via Francigena.
(11) _____ (Incontrare) tante persone che (12) _____ (andare) a caccia
(*hunting*) o (13) _____ (raccogliere) i funghi. Poi, quando (14) _____ (essere)
mezzogiorno, (15) _____ (fermarsi) a mangiare sotto un albero. Bei tempi!

Nota
CULTURALE

La **Via Francigena** è un'antica strada medievale che passa per Lucca, collegando° Canterbury a Roma. I pellegrini° che arrivavano a Roma decidevano se fermarsi lì o proseguire fino a Brindisi, dove si imbarcavano° fino in Terra Santa. Oggi i percorsi° della Via Francigena coincidono in parte con strade asfaltate, in parte con affascinanti sentieri tra la natura.

collegando *connecting* **pellegrini** *pilgrims* **si...** *embarked* **percorsi** *courses, routes*

2

Prima e dopo In coppia, confrontate le due immagini e commentatele. Com'era la vita prima e com'è oggi? Rispondete con almeno cinque commenti.

com'era prima

com'è adesso

3

Da piccoli

A. Utilizzate gli elementi dati per parlare di voi quando avevate otto anni. Scrivete due frasi per ogni elemento e confrontatevi con il/la compagno/a.

> **Modello** **avere paura del buio (*dark*)**
> Avevo paura del buio. Volevo dormire con i miei genitori.

1. mangiare poco
2. giocare a nascondino
3. divertirsi con l'amico/a del cuore
4. piangere davanti agli amici
5. guardare uno spettacolo televisivo
6. amare un cibo particolare
7. fare i compiti
8. praticare uno sport

B. In gruppi di quattro o cinque, cercate la persona che condivide con voi il maggior numero di caratteristiche. Quando l'avete trovata, spiegate alla classe in cosa siete simili e in cosa differenti.

> **Modello** Da piccolo io guardavo sempre i Simpson. Anche Jane li guardava.
> Da piccolo io mangiavo solo la pizza, invece Jane mangiava tutto!

Practice more at **immagina.vhlcentral.com.**

3.3 The *passato prossimo* vs. the *imperfetto*

- Italian uses both the **passato prossimo** and the **imperfetto** to talk about events in the past. The two tenses have distinct uses, however, and are not interchangeable.

—*All'asilo, poi,* **sono diventato** *un fenomeno e tutti* **riconoscevano** *la mia natura.*

- The **passato prossimo** narrates completed events, whereas the **imperfetto** describes ongoing conditions, habitual actions, or the circumstances surrounding such activities, such as the time, weather, and age or emotional state of the people involved.

> **Volevamo** festeggiare il nuovo anno, così **abbiamo comprato** una torta.
> *We wanted to celebrate the new year, so we bought a cake.*

Uses of the *passato prossimo*

Use the **passato prossimo** in these instances.

- To express completed actions.

> L'allenatrice **ha passato** tre ore in palestra ieri.
> *The trainer spent three hours in the gym yesterday.*

> La sua squadra **ha vinto** la partita sabato scorso.
> *Her team won the game last Saturday.*

- To express the beginning or end of a past action.

> La partita **è cominciata** alle dieci.
> *The match began at ten o'clock.*

> **Ho finito** il libro.
> *I have finished the book.*

- To specify the number of times an event took place.

> La Juventus **ha perso** le ultime tre partite.
> *Juventus lost the last three games.*

> **Hai campeggiato** sull'isola due volte?
> *You camped on the island twice?*

- To list a series of past actions.

> **Ho dato** un'occhiata agli ultimi arrivi, poi **ho provato** una gonna.
> *I took a look at the latest arrivals, then I tried on a skirt.*

- To indicate a change of state or a reaction.

> Margherita e la sua mamma **si sono stancate**.
> *Margherita and her mom became tired.*

> Dopo l'abbondante cena, non **ho potuto** prendere il dolce.
> *After the large dinner, I could not have dessert.*

Uses of the *imperfetto*

Use the **imperfetto** in these instances.

- To express ongoing past actions that lack a clear beginning or ending point.

  Andavi in palestra.
  You used to go to the gym.

  Preferivo fare escursionismo.
  I used to prefer hiking.

- To express habitual actions in the past.

  Di solito, non **segnavamo** molti gol.
  Usually, we did not score many goals.

  Da giovane, **praticavo** la scherma.
  When I was young, I used to fence.

- To describe emotional or physical states.

  Leo **era** triste quel giorno.
  Leo was sad that day.

  Mi **faceva** male la schiena.
  My back was hurting.

The *passato prossimo* and the *imperfetto* used together

- The **passato prossimo** and **imperfetto** often appear together, in the same sentence or paragraph, because both are necessary to fully narrate a past event.

- You may find it helpful to think of the **passato prossimo** as the tense that moves a story forward, whereas the **imperfetto** is the tense that fills out the background of the story. The **imperfetto** may also describe what was ongoing when another event took place.

  Ieri io e mio marito **abbiamo fatto** una passeggiata sulla spiaggia. **Erano** le otto di mattina quando **siamo usciti**. Purtroppo (*unfortunately*) **faceva** brutto tempo; **pioveva**, **tirava** un vento fortissimo e le onde (*waves*) del mare **erano** altissime. All'improvviso **abbiamo visto** un fulmine (*lightening bolt*) tremendo nel cielo! In quel momento **ho avuto** paura, allora **siamo tornati** subito a casa.

Events (passato prossimo)	Details, background (imperfetto)
Abbiamo fatto una passeggiata.	**Erano** le otto di mattina.
...quando **siamo usciti**.	**Faceva** brutto tempo: **pioveva**, **tirava** vento...
Abbiamo visto un fulmine.	le onde **erano** altissime.
Ho avuto paura, allora **siamo tornati**...	

- Note that some verbs carry different meanings in the **passato prossimo** and **imperfetto**.

verb	passato prossimo	imperfetto
conoscere	*to meet*	*to know or be familiar with a person, place, or thing*
sapere	*to find out*	*to know (a fact, how to do something)*

- The verbs **dovere**, **potere**, and **volere** also have different meanings in the **passato prossimo** and **imperfetto**. If the action is completed, use the **passato prossimo**. The **imperfetto** may imply that something was supposed to take place, but for some reason, did not. Compare:

  Abbiamo dovuto fare la coda per comprare un biglietto.
  We had to stand in line to buy a ticket.

  Dovevo comprare i biglietti, ma non l'ho fatto.
  I was supposed to buy the tickets, but I didn't.

ATTENZIONE!

Depending on the tense, certain adverbial expressions may be used to indicate the time frame of a past event or situation. Note these expressions.

Used with the **passato prossimo**:

una volta, in quel momento, all'improvviso, ad un tratto *one time, in that moment, suddenly, all of a sudden*

Used with the **imperfetto**:

mentre; **sempre**; **di solito**; **spesso**; **ogni giorno/settimana**, etc.; **tutto/a/i/e** + [*period of time*]; and **il/la** + [*day of week*].

RIMANDO

Conoscere and **sapere** are not interchangeable. For more information about their uses, see **Strutture 7.4, p. 260**.

RIMANDO

For more information about the use of **dovere**, **potere**, and **volere**, see **Strutture 4.4, p. 142**.

Pratica

1

Una splendida idea! Luisa racconta come ieri ha vinto la noia (*boredom*). Completa il paragrafo coniugando i verbi tra parentesi al passato prossimo o all'imperfetto.

Ieri il tempo (1) ＿＿＿＿ (essere) brutto. Non (2) ＿＿＿＿ (piovere), ma le nuvole (3) ＿＿＿＿ (coprire) il cielo. (4) ＿＿＿＿ (sentirsi) un po' triste, così, per cambiare umore, (5) ＿＿＿＿ (decidere) di passare il pomeriggio al centro commerciale. (6) ＿＿＿＿ (entrare) in un negozio di abbigliamento e (7) ＿＿＿＿ (provare) quindici gonne tutte diverse! La commessa, piuttosto irritata, (8) ＿＿＿＿ (alzare) continuamente gli occhi al cielo. Ovviamente io non (9) ＿＿＿＿ (volere) comprare nulla, ma solo divertirmi come da bambina, quando (10) ＿＿＿＿ (giocare) con i vestiti della mamma. Alla fine, fingendo di dare un'occhiata agli abiti da sera, (11) ＿＿＿＿ (avvicinarsi) alla porta, (12) ＿＿＿＿ (mettersi) il cappotto e, girandomi indietro, (13) ＿＿＿＿ (esclamare): «Grazie di tutto. Tornerò quando ci saranno i saldi di fine stagione!». È stata una giornata intensa, ma molto divertente!

2

Interruzioni Unisci gli elementi delle quattro colonne e spiega cosa facevano i personaggi quando sono stati interrotti.

io	fare la coda		il professore	cominciare a …
tu	campeggiare		io	dire che …
noi	giocare a carte	quando	un orso (*bear*)	entrare da …
la cliente	dormire		la commessa	cadere da …
i turisti	festeggiare		il pubblico	urlare (*shout*) che …

3

La vacanze In coppia, guardate le immagini e usate le parole della lista per parlare delle vacanze di Piero e Ida a Taormina l'anno scorso. Usate il passato prossimo e l'imperfetto.

Modello L'anno scorso Piero e Ida hanno deciso di passare le vacanze a Taormina e sono andati in un'agenzia turistica. Erano entusiasti…

andare in aereo/ barca/taxi/treno	aeroporto	(s)cortese	il giorno dopo
controllare	agenzia turistica	economico/a	mentre
giocare	albergo	entusiasta	ogni giorno
praticare sci nautico	camera	lussuoso/a	sempre
prenotare	spiaggia	(s)piacevole	un giorno
	stazione		

Comunicazione

4

Eventi importanti

A. Ecco cinque avvenimenti importanti nella vita di Piero. In coppia, fatevi delle domande per completare la descrizione di ogni avvenimento.

> **Modello**   —Cosa è successo a Piero nel 1975?
>
>   —Il 24 luglio 1975 Piero è nato.
>
>   —Dov'era e con chi?
>
>   —Era all'ospedale con sua madre.

1975	1980	1985	2000	2005	2008
La mia nascita, 24 luglio	Incontro con il mio migliore amico, 3 settembre	Nascita della mia sorellina, 13 maggio	Amore a prima vista con Ida, novembre	Matrimonio, 5 dicembre	Vacanza a Taormina 3 – 18 agosto

B. Pensate a cinque date importanti della vostra vita e scrivetele. Poi, in piccoli gruppi, parlatene con i vostri compagni, che vi chiederanno i dettagli di ogni avvenimento.

> **Modello**   —Il 26 Agosto 2006 è stata una data importante perché ho incontrato il mio fidanzato.
>
>   —Dov'eri? Con chi eri?…

5

Una storia In gruppi di tre o quattro, completate le frasi utilizzando il passato prossimo o l'imperfetto. Poi cambiate l'ordine delle frasi per creare una storia logica.

1. Per due ore…
2. All'improvviso…
3. Ogni anno…
4. Un giorno…
5. Poco dopo…
6. Di solito…

6

Interviste

A. In coppia, assumete il ruolo di un giornalista e di una persona celebre di cui conoscete bene la vita. Preparate un'intervista di sei domande con le relative risposte utilizzando il passato prossimo e/o l'imperfetto.

> **Modello**   **GIORNALISTA**   Sappiamo che recentemente Lei ha scritto un libro. Cosa ha fatto con i guadagni (*proceeds*) delle vendite?
>
>   **CELEBRITÀ**   Volevo comprare una villa, ma li ho donati interamente ad alcune associazioni di beneficenza.

B. Recitate le interviste alla classe. I vostri compagni dovranno indovinare chi è il personaggio intervistato e potranno fare ulteriori domande, se necessario.

3.4

The *passato remoto*

- The **passato remoto**, like the **passato prossimo**, expresses completed past actions. The **passato remoto** usually refers to events of the distant past that do not have a continuing effect in the present.

Passato prossimo	Passato remoto
Mia madre **è nata** nel 1939. *My mother was born in 1939.*	Il re **nacque** nel 1546. *The king was born in 1546.*
Ho scoperto il jazz solo recentemente. *I discovered jazz only recently.*	Chi **scoprì** l'America? *Who discovered America?*

- The **passato remoto** is not commonly used in spoken Italian, although there are regional variations. It is used to some extent in Tuscany and in parts of southern Italy, where it is sometimes used in place of the **passato prossimo**.

- Although, as a student of Italian, you will almost never use the **passato remoto** in conversation, it is essential to recognize its forms because it is frequently used in literature and most magazines and newspapers.

- To form the **passato remoto**, drop the **–re** ending of the infinitive and add the endings indicated in the table below. Note that some **–ere** verbs also have alternate first person singular and third person irregular forms.

parlare → parla-	vendere → vende-	finire → fini-
parlai	vendei/vendetti	finii
parlasti	vendesti	finisti
parlò	vendé/vendette	finì
parlammo	vendemmo	finimmo
parlaste	vendeste	finiste
parlarono	venderono/vendettero	finirono

- Many verbs are irregular in the **passato remoto**. Most of them, however, are irregular only in the first person singular (**io**), and third person singular and plural (**lui/lei, loro**) forms. Because of this pattern, they can be referred to as **1-3-3** verbs. Once you know the first person singular form of these verbs, you can easily derive all the other forms. The verbs are regular in the **tu**, **noi**, and **voi** forms. For example:

leggere (irregular forms in orange)

1 lessi	1 leggemmo
2 leggesti	2 leggeste
3 lesse	3 lessero

- Here is a list of verbs that follow the pattern **1**, **3**, **3**.

avere	ebbi	nạscere	nacqui	spẹgnere	spensi
chiẹdere	chiesi	pẹrdere	persi	spẹndere	spesi
chiụdere	chiusi	piacere	piacqui	tenere	tenni
conọscere	conobbi	piạngere	piansi	uccịdere	uccisi
cọrrere	corsi	prẹndere	presi	vedere	vidi
crẹscere	crebbi	rimanere	rimasi	venire	venni
decịdere	decisi	rispọndere	risposi	vịncere	vinsi
dipịngere	dipinsi	sapere	seppi	vịvere	vissi
mẹttere	misi	scrịvere	scrissi	volere	volli

- Some verbs are irregular in all forms of the **passato remoto**.

ẹssere	bere	fare	stare	dire	dare
fụi	bevvi	feci	stetti	dissi	diedi/detti
fosti	bevesti	facesti	stesti	dicesti	desti
fu	bevve	fece	stette	disse	diede/dette
fummo	bevemmo	facemmo	stemmo	dicemmo	demmo
foste	beveste	faceste	steste	diceste	deste
fụrono	bẹvvero	fẹcero	stẹttero	dịssero	diẹdero/dẹttero

- The **passato remoto** is used in narrations with the **imperfetto** just as the **passato prossimo** is used. The **passato remoto** relates the completed events and moves the action forward; the **imperfetto** is used for descriptions or to express habitual or ongoing actions.

Description (imperfetto)	Events (passato remoto)
C'**era** una volta una fanciulla bellissima che si **chiamava** Cenerentola. *Once upon a time there was a beautiful young girl named Cinderella.*	Il figlio del re **decise** di dare un gran ballo per tutte le fanciulle del regno. *The son of the king decided to hold a grand ball for all the young women in the kingdom.*
	La matrigna **prestò** i suoi gioielli alle figlie che **dissero** a Cenerentola: «Resta qui a lavorare!» *The stepmother loaned her jewels to her daughters, who told Cinderella: "Stay here and work!"*
	Cenerentola **arrivò** finalmente e **fece** il suo ingresso nella sala da ballo. *Cinderella finally arrived and made her entrance into the ballroom.*
Era la più bella ed elegante della festa! *She was the most beautiful and elegant one at the party!*	Il principe **fu** colpito dalla sua bellezza e la **invitò** a ballare. *The prince was struck by her beauty and asked her to dance.*

Pratica

1

Che verbo è? Identificate l'infinito di ogni verbo e coniugatelo al passato prossimo.

> **Modello**   **noi demmo**
> dare: noi abbiamo dato

1. loro vennero	6. tu decidesti	11. voi uccideste
2. lui nacque	7. io persi	12. io vidi
3. voi chiudeste	8. noi piangemmo	13. tu volesti
4. io lessi	9. loro rimasero	14. lei spense
5. lei scrisse	10. lui rispose	15. lui mise

2

Chi l'ha visto? Trasforma le frasi al passato prossimo.

1. Il ragazzo indossò gli sci e partì.
2. Dopo qualche minuto prese velocità.
3. Vide da lontano un uomo fermo sulla pista (*ski slope*).
4. Capì di andare troppo veloce.
5. Non riuscì a fermarsi in tempo.
6. L'impatto fu terribile.
7. L'uomo travolto rimase a terra ferito.
8. Il ragazzo corse via veloce come il vento.

3

Raccontiamo una favola! Trasforma i verbi al passato remoto o all'imperfetto, cominciando la storia con **C'era una volta un falegname**….

Un falegname (*carpenter*) di nome Geppetto un bel giorno decide di costruire un burattino. Mentre lavora al suo burattino, sente una voce che dice: «Non mi fare il solletico (*tickle*)!». Geppetto si guarda intorno, ma non vede nessuno. La stessa cosa si ripete altre tre volte. Alla fine Geppetto capisce che la vocina viene proprio dal pezzo di legno (*wood*). Incredibile! Un pezzo di legno che sa parlare! Così Geppetto chiama il pezzo di legno Pinocchio e lo tiene con sé per tutta la vita, come un figlio.

Practice more at
immagina.vhlcentral.com.

Comunicazione

4

Ti ricordi quando…? In piccoli gruppi, elencate dieci eventi importanti del mondo dello sport o dello spettacolo accaduti negli ultimi dieci anni e descriveteli usando il passato remoto.

> **Modello**   **Nel 2006 l'Italia vinse il campionato mondiale di calcio.**

5

Nonna Maria

A. A coppie, osservate la foto e inventate una storia su nonna Maria usando il **passato remoto** e l'**imperfetto**. Cercate di essere dettagliati e di coprire i seguenti argomenti.

- Presentazione di nonna Maria oggi (provenienza, età, stato civile, altro…)

- Eventi importanti (marito, figli, lavoro, altro…)

- Valori e interessi (famiglia, lavoro, politica, altro…)

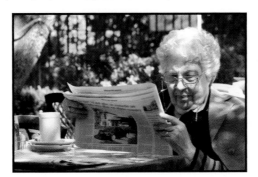

B. Ogni coppia legge ora la propria storia alla classe, che esprimerà e motiverà un giudizio (*judgment*) sui seguenti punti.

- la vita di nonna Maria (noiosa, interessante, mediocre, altro…)

- il personaggio di nonna Maria (tipica, atipica, appassionata, altro…)

- la verosimiglianza della storia (realistica, irrealistica)

6

…e vissero felici e contenti! In piccoli gruppi, scegliete l'inizio di una delle due favole e inventatene il proseguimento.

1. C'era una volta un re che aveva tre figli maschi e desiderava ardentemente una figlia. Un giorno disse alla moglie, incinta (*pregnant*) per la quarta volta: «Moglie mia, ho deciso: me ne andrò sulla montagna e ogni giorno guarderò la finestra di casa nostra. Se nascerà una figlia femmina, tu accenderai il camino e io, vedendo il fumo, capirò e tornerò. Se nascerà un altro figlio maschio, metterai fuori dalla porta una zappa (*hoe*). Io capirò e non tornerò mai più». Il giorno dopo, il re partì per la montagna….

2. Chi dice che sui pianeti della nostra galassia non ci sono altre forme di vita sicuramente non ha mai sentito questa storia. Un afoso (*sultry*) giorno d'agosto il signor Leopoldo camminava per le strade deserte della città quando, ad un tratto, vide passare veloce nel cielo un grosso «uovo» luminoso. «Accidenti! Deve essere il caldo…», pensò il signor Leopoldo e si aggiustò il berretto sulla testa…

Sintesi

Parliamo In piccoli gruppi, guardate queste foto di persone che praticano sport estremi e rispondete alle domande.

Diving: l'amore per uno sport che mette a rischio la vita: ne vale veramente la pena?

Free-climbing: desiderio di libertà o delirio di onnipotenza?

Alpinismo: sacrificio, fatica e ricompensa finale. Attraverso il corpo si può migliorare anche il proprio carattere?

Parapendio: guardare il mondo dall'alto ci dà la percezione della nostra umana fragilità?

1. Conosci qualcuno di questi sport? Lo hai mai praticato? Perché sì e perché no?

2. Immagina di essere una delle persone nelle foto. Perché hai scelto questo sport? Hai mai avuto paura?

3. Sei mai stato in una situazione pericolosa a causa degli sport? Cosa è successo?

4. Perché la gente in generale sembra attratta da questi sport? La loro popolarità continuerà a crescere?

5. Quali sono gli «effetti collaterali» degli sport estremi? Pensa ad almeno tre cose e discutine con i tuoi compagni.

Scriviamo Scrivi una pagina di diario su uno dei seguenti argomenti.

● Descrivi un episodio memorabile che ti è successo mentre praticavi uno sport o passatempo.

● Descrivi un episodio memorabile che è successo mentre guardavi un evento sportivo.

Strategie per la comunicazione

Suggerimenti per scrivere un diario:

• Un diario è di solito un oggetto personale: oltre agli eventi, assicurati di descrivere anche i tuoi sentimenti, le tue reazioni, le tue opinioni ecc.

• Un diario è per sua natura un testo informale; lo stile è semplice e lineare.

• Cerca di usare un vocabolario familiare e strutture sintattiche semplici.

• Un diario spesso è usato per raccogliere non solo pensieri e ricordi, ma anche buoni propositi per il futuro: termina il tuo testo dicendo cosa hai imparato da quello che è successo.

Preparazione

Vocabolario della lettura

il calciatore *soccer player*

la campagna elettorale *electoral campaign*

giocare in casa/ trasferta *to play a home/away game*

leale *loyal*

la maglia *jersey*

il pallone *soccer; ball*

il regolamento *regulations*

la rete *goal; net*

scendere in campo *to join the game*

a squarciagola *at the top of one's voice*

il torneo *tournament*

Vocabolario utile

il calcio di rigore *penalty kick*

il centravanti *center forward*

la difesa *defense*

parare *to save*

pareggiare *to tie*

il portiere *goalkeeper*

tifare (per) *to be a fan of, to root for*

1

Giochiamo! Utilizza le parole nuove per completare le frasi.

1. Un _____ è una serie di partite.
2. Tutti i miei amici _____ per il Milan.
3. Il _____ ha parato molti rigori (*penalty kicks*).
4. Durante la _____ i politici fanno dei discorsi (*speeches*).
5. Tutta la squadra indossa una _____ dello stesso colore.
6. Tutti giocatori devono seguire il _____.
7. Le squadre _____ per iniziare la partita.
8. Mario è un amico _____, sincero e generoso.

2

Sondaggio

A. Scopri chi sono i tifosi in classe: domanda ad altri quattro studenti quali sono i loro gusti sportivi. Aggiungi altre due domande.

- Quale sport preferisci guardare alla TV?
- C'è uno sport che vai a vedere allo stadio?
- C'è una squadra che preferisci? Quale?
- C'è un giocatore che ammiri? Chi è?

B. In piccoli gruppi, confrontate i risultati dei vostri sondaggi. Poi scriveteli alla lavagna per determinare quali sono i gusti della vostra classe.

3

Il calcio nel mondo In coppia, fate una lista di tutte le informazioni che avete sul calcio.

- Avete mai giocato a calcio?
- Come funziona il gioco?
- Quali altri sport sono simili al calcio?
- Conoscete qualche giocatore o una squadra in particolare?
- Avete mai guardato una partita importante? Quale?

Nota CULTURALE

Dal 1946 il **Totocalcio** e, più recentemente, il **Totogol** (nato nel 1992) sono **giochi a premi** molto diffusi in Italia. Andare dal tabaccaio per comprare una schedina° da compilare pronosticando° l'esito delle 13 partite di calcio settimanali (1 per la squadra che gioca in casa, 2 per la squadra in trasferta e X per il pareggio) è un passatempo e un'occasione per scommettere°. **Fare 13** è un'espressione entrata nel linguaggio comune che significa «vincere tutto».

schedina *score card* **pronosticando** *predicting* **scommettere** *to bet*

RETE!

«Perché, perché la domenica mi lasci sempre sola per andare
5 a vedere la partita di pallone?» cantava Rita Pavone nel 1962 in una delle classiche canzoni italiane sul calcio, lo
10 sport nazionale. Infatti, la domenica è il giorno in cui ancora oggi si svolgono le partite, seguite alla televisione
15 dalla maggioranza dei tifosi. Molti vanno allo stadio per guardare la squadra del cuore° dal *favorite* vivo°. Il silenzio dei *live*
20 pomeriggi domenicali è interrotto da grida° *shouts* entusiaste provenienti da case e appartamenti quando i giocatori segnano un gol e, la sera, dai canti a
25 squarciagola degli autobus pieni di tifosi che rientrano dallo stadio.

Il calcio è uno sport imprevedibile° che *unpredictable* combina il gioco di squadra con il talento individuale. Le sorti° della partita possono *outcome*
30 cambiare da un momento all'altro e nel cuore degli spettatori italiani si alternano disperazione ed estasi nel giro di pochi minuti.

Oltre ad essere il passatempo
35 nazionale, come il *baseball* negli Stati Uniti, la passione per il calcio riesce° ad *is able, manages* unire un paese spesso diviso da diverse tradizioni sportive. Negli ultimi anni, il presidente del Consiglio Silvio Berlusconi
scored, succeeded 40 ha «fatto rete»° usando espressioni calcistiche come «scendere in campo» nella campagna elettorale con il suo partito «Forza Italia», altro termine preso in prestito dal vocabolario dei tifosi durante
45 le partite internazionali. Berlusconi è inoltre il proprietario del Milan, una delle due squadre di calcio di Milano.

Il calcio è un'industria: dalla vendita dei giornali specializzati, come *La*

I MONDIALI

A Boston 10.000 persone hanno celebrato la vittoria degli Azzurri nella finale della Coppa del Mondo del 2006 seguendo la partita su un maxischermo° allestito° davanti alla piazza del comune°. Secondo alcuni, circa 1.000.200.000 persone nel mondo (pari al 17% della popolazione globale) hanno assistito alla finale in televisione. Per l'occasione sono aumentate le vendite di televisori, anche perché le partite sono state trasmesse in alta definizione. Negli USA l'incremento di spettatori rispetto ai mondiali precedenti è stato del 112%.

maxischermo *JumboTron* **allestito** *set up*
comune *city hall*

Gazzetta dello Sport, 50 quotidiano dalle pagine rosa letto avidamente per strada e nei bar, al commercio delle maglie. I giocatori di calcio in 55 Italia sono celebrità, più importanti di attori e musicisti, e guadagnano° milioni di *earn* euro all'anno. Le grandi 60 società proprietarie delle squadre vendono e acquistano giocatori: nel giro di pochi giorni un calciatore 65 può trovarsi a giocare contro quelli che l'anno prima erano i suoi più leali compagni. Ogni città e regione 70 ha una squadra: le più conosciute, antiche e quotate sono quelle appartenenti alla Serie A, con giocatori professionisti, come la Juventus, la Roma, la Lazio, il Torino, il Milan, 75 l'Inter, il Napoli e la Fiorentina, che sono spesso chiamate affettuosamente con il colore delle loro maglie: «i bianconeri», «i neroazzuri» e «i giallorossi».

Anche la squadra nazionale italiana 80 ha un soprannome ispirato al colore delle uniformi: «gli Azzurri». La nazionale azzurra è formata dai migliori giocatori di tutte le squadre italiane. Gli Azzurri giocano nei tornei europei e 85 mondiali, come i Campionati Europei e la Coppa del Mondo. Secondo il regolamento, i giocatori della squadra nazionale devono essere cittadini italiani, al contrario delle squadre di 90 club che spesso acquistano calciatori di diverse nazionalità. Finora gli Azzurri hanno vinto quattro campionati del mondo: a Roma nel 1934, a Parigi nel 1938, a Madrid nel 1982 e a Berlino nel 95 2006. Forza Azzurri! ■

Analisi

1

Comprensione Abbina ogni frase nella colonna di sinistra con la fine appropriata nella colonna di destra.

1. La domenica nelle città italiane _____
2. Il calcio è _____
3. Silvio Berlusconi _____
4. I tifosi _____
5. Il principale giornale sportivo italiano _____
6. I giocatori di calcio italiani sono _____
7. Quando un calciatore viene comprato da un'altra squadra _____
8. I tifosi cantano _____
9. «Il Torino» è _____
10. «Gli Azzurri» sono _____

a. la squadra nazionale di calcio italiana.
b. la squadra di calcio della città di Torino.
c. può trovarsi a giocare contro la propria ex-squadra.
d. si chiama *La Gazzetta dello Sport*.
e. ha usato termini calcistici per fare appello ai tifosi e diventare presidente del Consiglio.
f. si sentono le grida e le canzoni dei tifosi durante la partita.
g. uno sport che combina il gioco di squadra con il talento individuale.
h. celebri come gli attori e i cantanti.
i. a squarciagola.
l. guardano la partita, vanno allo stadio, e cantano a squarciagola.

2

Il tuo sport In coppia, parlate dello sport nazionale del vostro paese. Confrontate le vostre conclusioni con il resto della classe.

- Come sono i tifosi?
- Che effetto ha sulla vita quotidiana?
- Come ha colpito l'immaginazione del vostro paese?
- Ha ispirato libri, canzoni o film?
- Ha influenzato l'economia, la politica o la storia nazionale?
- Ha mai causato problemi di traffico?

3

Oltre lo stadio In coppia, esprimete la vostra opinione su eventi legati allo sport che hanno ripercussioni sociali.

	Eventi	Opinione
la violenza nello sport		
il mercato dei giocatori		
lo stipendio delle celebrità sportive		
sport femminili e maschili		
sport amatoriali (*amateur*) e professionistici		

4

Inventiamo una squadra In piccoli gruppi, create la vostra squadra.

- Quale sport pratica la squadra?
- Avete un nome?
- Come sono le vostre maglie?
- Quale slogan volete usare?

Preparazione Reading

A proposito dell'autore

Autore satirico, prolifico e versatile, Stefano Benni (1947) ha scritto romanzi, racconti, opere teatrali, poesie, articoli di giornale ed è anche regista cinematografico. Benni è appassionato di jazz e inventore della *Pluriversità dell'Immaginazione*, un ciclo di conferenze legate all'Associazione culturale Italo Calvino. I generi letterari che predilige (*prefers*) vanno dalla fantascienza al fantastico, dalla fiaba (*fable*) moderna e disincantata alla quotidianità, sempre trattata con umorismo e a volte con un fondo di amarezza (*bitterness*). Benni continua a scrivere e a promuovere attività culturali. I suoi libri sono tradotti in moltissime lingue.

Vocabolario della lettura		Vocabolario utile
bastare *to be sufficient*	**il pezzo** *piece*	**la bontà** *goodness*
la classifica *chart*	**gli spiccioli** *small change*	**la coscienza** *conscience*
fatato/a *enchanted*	**lo spinotto** *plug*	**la fiaba/favola** *fairy tale*
fingere *pretend*	**suonare** *to play*	**la magia** *magic*
la ninnananna *lullaby*	**le zeppe** *wedge shoes*	**la morale** *moral*

1

Definizioni Trova la definizione adatta ad ogni parola.

_____ 1. la favola   a. la lezione di un racconto

_____ 2. gli spiccioli   b. una canzone in rima per dormire

_____ 3. le zeppe   c. un racconto di fantasia

_____ 4. la morale   d. un tipo di scarpe

_____ 5. la bontà   e. pochi soldi in contanti

_____ 6. la ninnananna   f. la qualità di essere buoni

2

Preparazione Fate le seguenti domande ad un(a) compagno/a.

1. Cosa pensi dei suonatori di strada? Sono musicisti bravi o dei falliti (*failures*)?

2. Che tipo di persona sceglie di suonare per la strada?

3. In che modo un suonatore di strada è diverso da un mendicante?

4. Ti piacciono i suonatori di strada? Li trovi bravi? Ti fermi ad ascoltarli?

5. Di solito, dove incontri suonatori di strada? Se ti piacciono, dai dei soldi?

6. Tu suoni uno strumento? Ti verrebbe mai in mente di suonarlo per la strada? Perché sì o perché no?

3

Discussione In coppia, rispondete alle domande.

1. Il racconto che segue è tratto dal libro *Il bar sotto il mare*. Secondo te, che tipo di libro è? Come può esistere un bar sotto il mare?

2. Hai mai letto *Alice nel paese delle meraviglie*? Qual è il principio fondamentale di quel libro?

3. Conosci altre fiabe in inglese in cui il mondo è alla rovescia (*upside-down*)?

4. Immagina di avere un oggetto magico: cos'è e cosa può fare?

Nota CULTURALE

Il bar sotto il mare è una raccolta° di racconti dei personaggi° che il protagonista incontra in un bar sommerso°, dopo aver cercato di salvare° un vecchio signore sceso sott'acqua. Il signore non voleva annegarsi°, voleva solo andare al bar. Come nel *Decameron* di Boccaccio o *I racconti di Canterbury* di Chaucer, i diversi personaggi del bar raccontano tutti una storia per passare il tempo. La caratteristica comune a tutti è l'elemento assurdo, esagerato o contrario a quanto ci si aspetta°.

raccolta *collection* **personaggi** *characters* **sommerso** *submerged* **salvare** *to save* **annegarsi** *to drown oneself* **ci si aspetta** *is expected*

 Practice more at **immagina.vhlcentral.com**.

LA CHITARRA *magica*

STEFANO BENNI

Il racconto della ragazza col ciuffo

*Ogni ingiustizia ci offende, quando non
ci procuri direttamente alcun profitto.*

—LUC DE VAUVENARGUES

C'era un giovane musicista di nome Peter che suonava la chitarra agli angoli delle strade. Racimolava° così i soldi per proseguire° gli studi al Conservatorio: voleva diventare una grande rock star. Ma i soldi non bastavano°, perché faceva molto freddo e in strada c'erano pochi passanti°.

Un giorno, mentre Peter stava suonando «Crossroads» si avvicinò° un vecchio con un mandolino.

—Potresti cedermi° il tuo posto? È sopra un tombino° e ci fa più caldo.

—Certo—disse Peter che era di animo° buono.

—Potresti per favore prestarmi la tua sciarpa°? Ho tanto freddo.

—Certo—disse Peter che era di animo buono.

—Potresti darmi un po' di soldi? Oggi non c'è gente, ho raggranellato° pochi spiccioli e ho fame.

—Certo—disse Peter che eccetera. Aveva solo dieci monete nel cappello e le diede tutte al vecchio.

Allora avvenne° un miracolo: il vecchio si trasformò in un omone° truccato con rimmel° e rossetto°, una lunga criniera° arancione, una palandrana° di lamé e zeppe alte dieci centimetri.

L'omone disse:—Io sono Lucifumandro, il mago degli effetti speciali. Dato che sei stato buono con me ti regalerò una chitarra fatata. Suona da sola qualsiasi° pezzo, basta che tu glielo ordini. Ma ricordati: essa può essere usata solo dai puri di cuore. Guai° al malvagio° che la suonerà! Succederebbero cose orribili!

Ciò detto si udì° nell'aria un tremendo accordo di mi settima° e il mago sparì°. A terra restò una chitarra elettrica a forma di freccia°, con la cassa° di madreperla e le corde d'oro zecchino°. Peter la imbracciò° e disse:

—Suonami «Ehi Joe».

La chitarra si mise a eseguire il pezzo come neanche Jimi Hendrix, e Peter non dovette far altro che fingere di suonarla. Si fermò moltissima gente e cominciarono a piovere soldini° nel cappello di Peter.

Quando Peter smise di suonare, gli si avvicinò un uomo con un cappotto di caimano°. Disse che era un manager discografico e avrebbe fatto di Peter una rock star. Infatti tre mesi dopo Peter era primo in tutte le classifiche americane italiane francesi e malgasce°. La sua chitarra a freccia era diventata un simbolo per milioni di giovani e la sua tecnica era invidiata da tutti i chitarristi.

Una notte, dopo uno spettacolo trionfale, Peter credendo di essere solo sul palco°, disse alla chitarra di suonargli qualcosa per rilassarsi. La chitarra gli suonò una ninnananna. Ma nascosto° tra le quinte° del teatro c'era il malvagio Black Martin, un chitarrista invidioso del suo successo. Egli scoprì così che la chitarra era magica. Scivolò° alle spalle di Peter e gli infilò° giù per il collo° uno spinotto° a tremila volt, uccidendolo. Poi rubò la chitarra e la dipinse° di rosso.

La sera dopo, gli artisti erano riuniti in concerto per ricordare Peter prematuramente scomparso°. Suonarono Prince, Ponce e Parmentier, Sting, Stingsteen e Stronhaim. Poi salì sul palco il malvagio Black Martin.

Sottovoce ordinò alla chitarra:

—Suonami «Satisfaction».

Sapete cosa accadde°?

La chitarra suonò meglio di tutti i Rolling Stones insieme. Così il malvagio Black Martin diventò una rock star e in breve nessuno ricordò più il buon Peter.

Era una chitarra magica con un difetto di fabbricazione°. ∎

**Margin glosses:**

He scraped together
continue
were not enough
passers-by
approached
let me have
manhole cover
heart
scarf
I have scraped together
took place
big man
mascara/lipstick/mane
long loose coat
any
Heaven help
wicked man
was heard
E seven/disappeared
arrow/body
pure gold/he slung on his arm
coins
cayman
Madagascan
stage
hidden
wings
He slid
put/neck
plug
painted
dead
happened
manufacturing

Analisi

1

Vero o falso? Indica se l'affermazione è **vera** o **falsa**. Dopo, in coppia, correggete le affermazioni false.

Vero	Falso	
☐	☐	1. Peter suona il sassofono.
☐	☐	2. Peter presta la sua sciarpa al vecchio.
☐	☐	3. La chitarra è magica ed ha istruzioni precise.
☐	☐	4. La chitarra suona da sola.
☐	☐	5. Black Martin è un amico di Peter.
☐	☐	6. La chitarra funziona secondo le regole dette dal vecchio.

2

Comprensione Rispondi alle domande. Dopo, in coppia, discutete le domande che avete segnato con **d**.

1. Perché il vecchio chiede tante cose?
   a. perché il mandolino è meglio della chitarra   b. perché è molto curioso
   c. perché Peter è di animo buono   d. perché nelle fiabe ci sono formule ripetitive

2. Che tipo di chitarra lascia il mago?
   a. una chitarra classica   b. una chitarra di madreperla con le corde d'oro
   c. una chitarra da concerto rock   d. sia b che c

3. Qual è la magia della chitarra?
   a. suona da sola   b. riconosce le persone buone   c. fa anche il caffè
   d. ha le corde d'oro

4. Perché ha successo Peter?
   a. perché ha talento   b. perché i caimani portano fortuna   c. perché suona
   come Jimi Hendrix   d. perché ha un contratto con una casa discografica

5. Come prende la chitarra Black Martin?
   a. chiede a Peter di prestargliela   b. la trova su una sedia   c. uccide Peter
   d. la ruba mentre Peter dorme

6. Perché fanno un concerto la sera dopo?
   a. perché il mondo dello spettacolo è crudele   b. perché Peter manca a tutti
   c. perché è un'occasione per fare soldi   d. forse tutte e tre le risposte

3

Personaggi

A. Indica le parole dell'elenco che descrivono i personaggi.

affarista	criminale	di talento	generoso	malvagio
assassino	di buon cuore	disonesto	interessato	opportunista

1. Peter   2. Vecchio   3. Manager discografico   4. Black Martin

B. Confronta le tue risposte con un(a) compagno/a e discutete le differenze.

4 👥

Esaminare In coppia, usate la tabella per determinare se *La chitarra magica* segue o non segue la convenzione delle fiabe. Alla fine aggiungete due frasi originali.

Tipico delle fiabe	segue la convenzione?	NON segue la convenzione?
1. C'è una persona buona che ha un problema.		
2. La persona buona è anche generosa con chi ha bisogno.		
3. Un vecchio insignificante si rivela un mago.		
4. La persona buona ha un beneficio per la sua bontà.		
5. Una persona cattiva cerca di avere lo stesso beneficio.		
6. Il bene alla fine trionfa.		
7. Il cattivo è punito.		
8. Il cattivo fa del male al protagonista.		

5 👥

Cosa pensano? In coppia, improvvisate un dialogo tra Black Martin e Peter, se Peter si svegliasse.

Modello

PETER Cosa fai?

BLACK MARTIN Niente… passavo di qui…

PETER Perché hai in mano quello spinotto?

6 👥

Discutere In coppia, rispondete alle domande.

1. Peter è davvero un personaggio totalmente onesto?
2. Qual è il ruolo dell'opportunismo in questa fiaba?
3. Perché il bene non trionfa in questo racconto?
4. Tutte le fiabe hanno una morale più o meno esplicita. Secondo te, hanno una funzione sociale al di là dell'educazione dei bambini?

7 👥👥

Una conversazione sulle fiabe Conosci il finale originale di queste fiabe? Perché ti piacciono o non ti piacciono? Scegli una fiaba dalla lista e cambia il finale con due compagni.

La sirenetta	Cenerentola	Cappuccetto Rosso
La bella addormentata	(*Cinderella*)	La tua fiaba preferita
Pinocchio	I tre porcellini	

8

Tema Scegli uno dei seguenti argomenti e scrivi una breve composizione.

1. Cosa vuole dire la citazione da Vauvenargues all'inizio del racconto? Secondo te, la morale della gente è legata agli interessi personali e cambia secondo la convenienza? Pensa a degli esempi specifici.
2. Peter muore ed è dimenticato velocemente. Perché secondo te alcuni artisti del mondo dello spettacolo non vengono mai dimenticati? Cosa crea un mito?
3. Immagina di dover scrivere una fiaba originale. Qual è la morale della tua fiaba?

Nota CULTURALE

Il formalista russo Vladimir Propp è stato il primo a teorizzare gli elementi base dei racconti folkloristici e di fantasia (le fiabe). Anche se le sue teorie non sono perfette, è vero che ci sono elementi comuni a tutte le fiabe. Questo appare evidente anche nella raccolta *Fiabe italiane* (1956), del famoso scrittore **Italo Calvino**. È importante dire che le fiabe non devono essere sempre a lieto fine. Al contrario, le fiabe hanno una forte struttura morale e il finale rispecchia spesso l'etica del paese d'origine.

🪄 Practice more at **immagina.vhlcentral.com.**

Laboratorio di scrittura

Preparazione: La proposizione principale

Il corpo di un saggio si organizza in vari paragrafi nei quali si presentano gli argomenti per difendere la tesi esposta nell'introduzione. Ognuno di questi paragrafi comprende una proposizione principale. Questa proposizione:

- fissa e riassume l'idea principale del paragrafo;

- è utile per il lettore perché offre un'idea chiara sul contenuto del paragrafo;

- è utile per l'autore perché specifica l'informazione che si vuole dare.

Pratica In coppia, leggete il seguente brano ed individuate la proposizione principale.

Anna ama studiare l'inglese, ma fino a poco tempo fa aveva sempre paura di fare una brutta figura quando parlava. Anche se è molto timida, un giorno ha fatto una domanda in inglese ad uno sconosciuto a New York perché si è persa. Dopo una lunga camminata, Anna ha finalmente trovato la strada giusta per raggiungere il teatro che cercava: per la prima volta si è sentita sicura del suo inglese!

Saggio Scegli uno di questi argomenti e scrivi un saggio.

Requisiti

1 Il tuo saggio deve far riferimento ad uno o due dei quattro brani di questa lezione contenuti in **Cortometraggio**, **Immagina**, **Cultura** e **Letteratura**.

2 Deve includere almeno tre paragrafi per difendere la tua tesi e ogni paragrafo deve contenere una proposizione principale.

3 Il saggio deve essere lungo almeno due pagine.

> Nel brano (*piece*) Rete! si parla dell'estasi dei tifosi per le vittorie della propria squadra e della disperazione per le sconfitte. Spesso queste scene degenerano e si assiste a veri e propri atti criminali. Che cosa può trasformare un tifoso in un criminale? Che cosa può fare la società per combattere questi fenomeni?

> In una realtà quotidiana sempre in movimento, molte persone cercano «sfogo» (*outlet*) nei passatempi. Secondo te, quando questo tempo è ben speso e quando invece diventa tempo perso?

> Nel cortometraggio Bulli si nasce, emerge in modo surreale la figura di due genitori che, influenzati dalle regole sociali, spingono il proprio figlio a diventare un «bullo». È giusto forzare la personalità di una persona per adeguarsi alle esigenze della società?

I passatempi

 Audio: Vocabulary Flashcards

Lo sport

l'allenatore/allenatrice *coach*
l'alpinismo *mountain climbing*
l'arbitro *referee*
l'automobilismo *car racing*
il calcio *soccer*
il campo di/da gioco *playing field*
il canottaggio *rowing*
il club sportivo *sports club*
l'equitazione *horseback riding*
la gara *race; competition*
il giocatore/la giocatrice *player*
il pareggio *tie*
il pattinaggio (sul ghiaccio) *(ice-)skating*
il pugilato *boxing*
lo sci (di fondo) *(cross-country) skiing*
la squadra *team*
il/la tifoso/a *fan*

allenarsi *to train*
andare in palestra *to go to the gym*
ferirsi *to injure oneself*
scalare *to climb*
segnare (un gol) *to score (a goal)*
vincere/perdere/pareggiare (una partita) *to win/lose/tie (a game)*

Il tempo libero

il biglietto *ticket*
il biliardino *foosball*
il biliardo *billiards*
l'escursionismo *hiking*
il gioco di società *board game*
il gruppo (musicale) *band*
il luna park *amusement park*
la mostra *exhibition*
la prima *opening night, premiere*
gli scacchi *chess*
lo spettacolo *show, performance*
il videogioco *videogame*

applaudire *to clap*
campeggiare *to camp*
fare la coda *to wait in line*
festeggiare *to celebrate*
giocare a nascondino *play hide-and-seek*

prendere qualcosa da bere/ mangiare *to get something to drink/eat*
valere la pena *to be worth it*

al completo *sold out*
buffo/a *funny*
imperdibile *must-see*

Lo shopping e l'abbigliamento

l'abito da sera *evening dress*
il cappotto *coat*
il centro commerciale *shopping mall*
l'impermeabile *raincoat*
le infradito *flip-flops*
i saldi (di fine stagione) *(end-of-season) sales*
le scarpe da ginnastica/ tennis *sneakers*
i tacchi alti *high heels*
il vestito (da uomo/donna) *suit/dress*

cambiare *to exchange*
dare un'occhiata *to take a look*
provare *to try on*

alla moda *fashionable*
firmato/a *designer*
passato/a di moda *out-of-style*
raffinato/a *refined*

Cortometraggio

il bullo *bully*
il burattino *puppet*
la coincidenza *coincidence*
l'ecografia *ultrasound*
il fenomeno *phenomenon*
la genetica *genetics*
le lenti a specchio *mirrored lenses*
la merendina *snack*
l'orgoglio *pride*
l'ottico *optician*
il/la quattrocchi *four eyes*
il/la secchione/a *student who studies too hard*
la suora *nun*

improvvisare *to improvise*

sminuire (-isc) *to play down*
competitivo/a *competitive*
prenatale *prenatal*

Cultura

il calciatore *soccer player*
il calcio di rigore *penalty kick*
la campagna elettorale *electoral campaign*
il centravanti *center forward*
la difesa *defense*
la maglia *jersey*
il pallone *soccer; ball*
il portiere *goalkeeper*
il regolamento *regulations*
la rete *goal; net*
il torneo *tournament*

giocare in casa/trasferta *to play a home/away game*
parare *to save*
pareggiare *to tie*
scendere in campo *to join the game*
tifare (per) *to be a fan of, to root for*

leale *loyal*

a squarciagola *at the top of one's voice*

Letteratura

la bontà *goodness*
la classifica *chart*
la coscienza *conscience*
la fiaba/favola *fairy tale*
la magia *magic*
la morale *moral*
la ninnananna *lullaby*
il pezzo *piece*
gli spiccioli *small change*
lo spinotto *plug*
le zeppe *wedge shoes*

bastare *to be sufficient*
fingere *to pretend*
suonare *to play*

fatato/a *enchanted*

Il valore delle idee

La politica, anche se spesso ci appare lontana e incomprensibile, è un aspetto importante della società. I governi con i loro rappresentanti hanno il compito di guidare i cittadini e garantire i loro bisogni fondamentali come la giustizia ed il bene comune. Ti interessi di politica? Pensi che sia importante per i giovani avere una loro opinione politica ed esprimerla?

123

146

Destinazione:
LOMBARDIA

La giustizia e la politica Audio: Vocabulary

Le leggi e i diritti

la cittadinanza *citizenship*
la criminalità *crime*
il crimine *crime*
i diritti umani *human rights*
l'emigrazione (*f.*) *emigration*
la giustizia *justice*
l'immigrazione (*f.*) *immigration*

la libertà *freedom*
l'uguaglianza *equality*

abusare *to abuse*
approvare/passare una legge
  to pass a law

difendere *to defend*
giudicare *to judge*
imprigionare *to imprison*

analfabeta *illiterate*
colpevole *guilty*
(in)giusto/a *(un)fair*
ineguale *unequal*
innocente *innocent*
(il)legale *(il)legal*
oppresso/a *oppressed*
uguale *equal*

La politica

l'abuso di potere *abuse of power*
la crudeltà *cruelty*
la democrazia *democracy*
la dittatura *dictatorship*
l'esercito *army*
il governo *government*
la guerra (civile) *(civil) war*
la pace *peace*
il partito politico *political party*

la politica *politics*
la sconfitta *defeat*
la vittoria *victory*

dedicarsi a *to dedicate oneself to*
eleggere *to elect*
governare *to govern*
influenzare *to influence*
vincere/perdere le elezioni
  to win/lose the election
votare *to vote*

conservatore/conservatrice
  conservative
liberale *liberal*
moderato/a *moderate*
pacifico/a *peaceful*
pacifista *pacifist*
potente *powerful*
vittorioso/a *victorious*

La gente

l'attivista (*m., f.*) *activist*
l'avvocato (*m., f.*) *lawyer*
il/la criminale *criminal*
il/la deputato/a *congressman/
  congresswoman*
il/la giudice *judge*
la giuria *jury*
il/la ladro/a *thief*

il/la politico/a *politician*
il/la presidente *president*
il/la terrorista *terrorist*
il/la testimone *witness*
la vittima *victim*

La sicurezza e i pericoli

l'arma *weapon*
la minaccia *threat*
la paura *fear*
il pericolo *danger*
lo scandalo *scandal*
la sicurezza *security, safety*

il terrorismo *terrorism*
la violenza *violence*

combattere *to fight*
promuovere *to promote*
salvare *to save*
spiare *to spy*

Pratica

1

L'intruso Trova la parola o l'espressione che non c'entra.

1. **I diritti umani**
   a. l'uguaglianza   b. la giustizia
   c. l'abuso di potere d. la libertà

2. **Le professioni**
   a. l'avvocato   b. il pacifista
   c. il giudice   d. il presidente

3. **La politica**
   a. la dittatura   b. la democrazia
   c. il governo   d. la giuria

4. **I pericoli**
   a. il testimone   b. la minaccia
   c. la criminalità d. il terrorismo

5. **La politica**
   a. conservatore   b. moderato
   c. innocente   d. liberale

6. **Entità governative**
   a. il governo   b. l'attivista
   c. l'esercito   d. il partito politico

2

Abbinamenti Collega ogni parola alla sua definizione.

_____ 1. andare a vivere in un altro paese, sopratutto per motivi di lavoro

_____ 2. proibito dalla legge

_____ 3. possibilità di agire (*act*) senza restrizioni

_____ 4. principio secondo il quale tutti gli uomini hanno gli stessi diritti

_____ 5. chi opera attivamente all'interno di un'organizzazione

a. attivista

b. la libertà

c. illegale

d. l'emigrazione

e. l'uguaglianza

3

Domande personali In gruppi di tre, fatevi le seguenti domande.

1. A quale partito politico ti senti più vicino/a?

2. Hai votato alle ultime elezioni?

3. Chi è il presidente del tuo paese? Ti piace il suo programma politico? Perché?

4. C'è un personaggio politico che ammiri particolarmente? Perché?

5. Secondo te, la criminalità, il terrorismo e la violenza sono i principali problemi del tuo paese?

6. Conosci qualcuno che è immigrato in questo paese? Quali sono stati i problemi principali che ha dovuto affrontare (*face*)?

4

Diritti umani Immagina di essere un attivista per i diritti umani. Discuti i seguenti punti con un(a) compagno/a.

1. Quale causa abbracci (*take up*) tra l'ingiustizia sociale, il terrorismo e l'immigrazione? Perché?

2. Quali problemi combatti? Come cerchi di risolvere questi problemi?

3. Quali mezzi utilizzi per sensibilizzare (*increase awareness in*) l'opinione pubblica su questi problemi?

 Practice more at **immagina.vhlcentral.com**.

Preparazione

Vocabolario del cortometraggio	
il faro *lighthouse*	**promesso** *promised*
inaffidabile *unreliable*	**la prua** *bow*
nascosto/a *hidden*	**il punto di riferimento** *reference point*
pescare *to fish*	**salvo/a** *safe*
la poppa *stern*	**la spigola** *bass (fish)*

Vocabolario utile	
il boccaglio *snorkel*	**la maschera** *mask*
la camera d'aria *inner tube*	**la muta** *wet suit*
il clandestino *illegal immigrant*	**il naufrago** *castaway*
la guardia costiera *coast guard*	**le pinne** *flippers*
	il subacqueo *scuba diver*

1

Pratica Completa il dialogo con le parole nuove.

MARCELLO Mimì, vuoi venire a (1) _____ in barca con me oggi?

MIMÌ Certo! Possiamo andare vicino al vecchio (2) _____! Ho sentito che lì ci sono molti pesci, soprattutto le (3) _____. È un posto (4) _____: non lo conosce nessuno.

MARCELLO Va bene, è un posto molto vicino. Oggi il tempo è (5) _____. Hai visto quante nuvole? Preferisco non andare troppo lontano se piove.

MIMÌ Sai quali sono i (6) _____ per arrivarci? A nord c'è un'isola e ad ovest si vede la costa.

MARCELLO Perfetto. Per fare pesca subacquea abbiamo bisogno di indossare la (7) _____; per vedere sott'acqua ci metteremo la (8) _____; per nuotare più velocemente porteremo le (9) _____ ai piedi; e per respirare useremo il (10) _____.

2

Preparazione

A. In coppia, fatevi a turno queste domande.

1. Sei mai andato/a in barca o in nave? Ti sei divertito/a?

2. Conosci qualcuno che soffre il mal di mare (*seasickness*)?

3. Sai nuotare bene? Come hai imparato? In quali mari, laghi e fiumi hai nuotato?

4. Quanto puoi resistere sott'acqua senza respirare?

5. Hai mai visto pesci e altre creature sott'acqua? Dove? Come erano?

6. Sei mai andato/a a pesca? Qual è il pesce più grande o più strano che hai pescato?

B. Raccontate una delle esperienze dell'altro/a studente(ssa) al resto della classe.

3

Immigrazione In piccoli gruppi, parlate delle vostre opinioni.

1. Ci sono clandestini nel tuo paese?

2. Come arrivano? Per mare o per terra?

3. Perché vengono? Che tipo di lavoro fanno?

4. Cosa pensi, in generale, dell'immigrazione legale?

5. Cosa pensi dei clandestini? Vedi dei vantaggi o degli svantaggi nella loro presenza?

6. Hai mai parlato con un clandestino? In quale lingua?

7. Conosci degli immigranti regolari?

8. Quali sono le questioni legali legate all'immigrazione clandestina?

4 **L'immigrazione sui giornali** In coppia, leggete questo articolo e rispondete alle domande.

Il lungo viaggio della paura

Davide Carlucci e Sandro De Riccardis

Quando arrivano a Milano i clandestini sono ormai in salvo. Trovano una cooperativa che li fa lavorare nei cantieri (*construction sites*) o nei campi tra le cassette di frutta; altri invece cercano qualcuno da sposare per regolarizzarsi (*obtain legal status*). Ma i clandestini si lasciano alle spalle storie drammatiche difficili da immaginare. «Sono più numerosi quelli che muoiono che quelli che arrivano sani a destinazione», «La spiaggia è piena di cadaveri...» sono alcune tra le tante frasi dei testimoni. I carabinieri di Milano hanno arrestato diciassette trafficanti. Le indagini (*investigations*) ricostruiscono nel dettaglio quello che succede nei viaggi, dal «mare brutto» alle confortevoli anticamere delle cooperative che li assumeranno in nero (*hire illegally*).

Khadija, una clandestina, racconta: «Sono stata per due mesi prima a Tripoli e poi a Zuwasrah. Per arrivare in Italia ho pagato in contanti 1.300 euro. A Tripoli ci ero arrivata in aereo e Youseef, un libico, mi aveva mandato un taxi per prelevarmi». Khadija diventa la donna di un trafficante, Hafid, ed entra nell'organizzazione. Una notte le arriva una telefonata spaventosa: «Ti prego, ho un gommone (*inflatable boat*) fermo in mezzo al mare... siamo rimasti tutta la notte fino alle 7 di mattina insieme alla polizia... il mare lo ha sommerso (*sunk it*)... ho salvato 36 persone».

In un'altra occasione Khadija organizza i soccorsi per un'altra barca.

K: «Cosa userai: il gommone o una barca?».

H: «No, una barca. Una piccola barca di 13 metri».

K: «13 metri, bene».

H: «Porterà 75 persone».

Il 12 ottobre, nuova conversazione. Hafid informa Khadija che i soccorsi (*rescues*) non sono arrivati. Le persone sul gommone «rischiano di morire». Uno dei trafficanti dell'organizzazione, l'egiziano Gamal El Basatini, è già in prigione, accusato di essere uno dei responsabili della strage (*massacre*) dell'8 novembre 2007, quando su una spiaggia in Calabria restarono i cadaveri di 11 migranti uccisi dalla tempesta.

Ma i trafficanti dichiarano professionalità: «Pensi che facciamo morire la gente in mezzo al mare?». In realtà, tengono i clandestini in condizioni pietose (*pitiful*). Racconta una vittima: «Ho passato tre giorni chiuso a chiave in una stanza, mangiavo una sola volta al giorno. Eravamo 34 persone su due gommoni. Ho pagato 2.000 euro per venire in Italia». Un welfare criminale per un'umanità invisibile.

(adattato da Repubblica.it.)

1. Da dove vengono i clandestini di cui parla l'articolo?
2. In quale città italiana arrivano?
3. Dove vanno a lavorare?
4. Qual è la storia di Khadija?
5. Cosa fanno di professione Khadija e Hafid?
6. Quante persone può trasportare Hafid nella sua piccola barca?
7. Cosa è successo nella strage dell'8 novembre 2007?
8. In quali condizioni vivono i clandestini?

Preparazione

5

A. In coppia, guardate queste foto e inventate una storia. Usate questo elenco per creare la vostra storia.

- personaggi principali
- inizio della storia
- situazione da risolvere
- conclusione

B. Raccontate la vostra storia e confrontatela con il resto della classe.

Practice more at immagina.vhlcentral.com.

Short Film

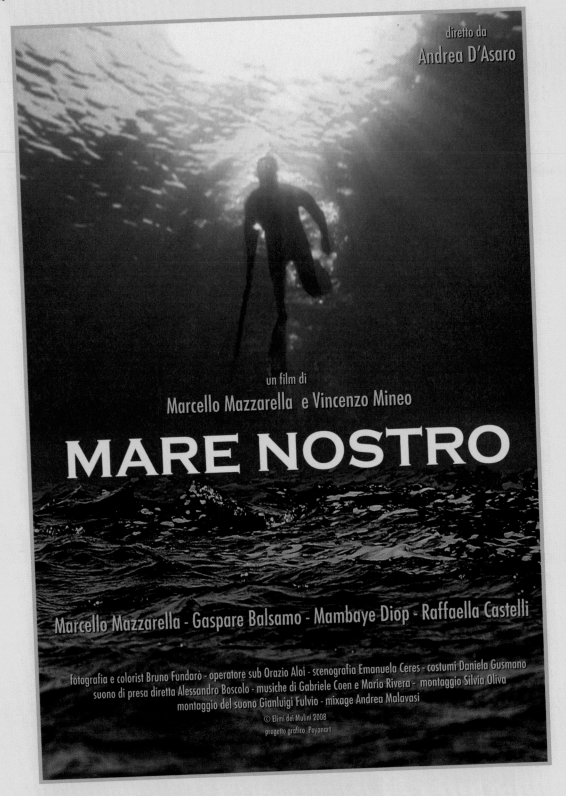

Trama *Mentre nuota nel Mediterraneo, un pescatore subacqueo siciliano incontra un naufrago africano: tutti e due sono in pericolo di vita.*

Nota
CULTURALE

Mare Nostrum

MARCELLO Allora, i punti che devi tenere sono questi: la cupola di San Francesco con il Castello di Venere e «Porta Ossuna» che deve diventare bianca. La vedi?

MIMÌ Vai tranquillo, Marcello!

Il titolo del corto viene da *Mare Nostrum*. È il nome che gli antichi Romani davano al **Mediterraneo** (il nome attuale in latino significa «in mezzo alle terre»). La connotazione «nostro» non si riferisce soltanto all'Impero Romano, ma a tutte le nazioni del Mediterraneo. Molti clandestini attraversano questo mare, soprattutto dalle coste settentrionali dell'Africa. Per loro l'Italia è molto vicina, specialmente dalla Libia o dalla Tunisia alla Sicilia.

MIMÌ Mi sono addormentato! I punti ho perso! Marcello, sei tu? Guarda che non mi spavento (*scare*) più!

MARCELLO Mimì? Mimìiiiiiiiii!

MARCELLO Vieni, andiamo al faro… là… al faro… nuotiamo insieme.

NAUFRAGO (*in broken Italian*) Mare entrato nella barca. Nero, non vedere niente. Avere paura, tutti gridare. C'erano delle donne, dei bambini…

☕ Sullo SCHERMO

Mentre guardi il corto, indica l'ordine di questi eventi:

_____ Marcello prende un pesce con la fiocina (*harpoon*).

_____ Mimì arriva al porto.

_____ Marcello incontra il clandestino.

_____ La guardia costiera si avvicina all'isola.

_____ Mimì si addormenta.

Analisi

1

Comprensione Scegli la risposta giusta.

1. Cosa fa Marcello sott'acqua?
   a. Pesca una spigola.   b. Trova una barca abbandonata.   c. Vede un mostro.

2. Cosa fa Mimì mentre aspetta Marcello?
   a. Guarda i punti di riferimento.   b. Si addormenta.   c. Canta una canzone.

3. Mimì è terrorizzato perché _____
   a. ha perso Marcello.   b. vede i cadaveri vicino alla barca.   c. a. e b.

4. Cosa è successo all'amico del naufrago?
   a. È morto in mare.   b. È tornato a casa.   c. Lo aspetta sull'isola.

5. Il naufrago non è contento dell'arrivo della guardia costiera perché _____
   a. non vuol essere salvato.   b. ha paura di nuotare.
   c. ha paura che lo rimandino a casa.

6. Marcello promette al naufrago di _____
   a. tornare più tardi a salvarlo con la sua barca.   b. telefonare alla sua famiglia.
   c. tornare più tardi a salvarlo con Mimì.

2

I personaggi Associa queste affermazioni con il personaggio giusto. Dopo, in coppia, scrivete quattro nuove affermazioni e scambiatele con un'altra coppia.

_____ 1. Chiedo a Mimì di andare da Marcello al posto mio.   a. il naufrago

_____ 2. Speriamo che sia arrivato salvo in Italia!   b. la guardia costiera

_____ 3. C'è un pescatore subacqueo in pericolo. Salviamolo!   c. Mimì

_____ 4. Tutti i miei compagni di viaggio sono morti.   d. Marcello

_____ 5. Mimì è scomparso con la barca.   e. la famiglia del naufrago

_____ 6. Pronto, guardia costiera? Non trovo più Marcello!

f. Andrea

3

Analisi Associa i sentimenti al personaggio e al momento corrispondente nel film. Usa il dizionario per cercare gli aggettivi che non conosci. Dopo, in coppia, aggiungete altri aggettivi per descrivere i personaggi.

| a. addolorato | c. arrabbiato | e. impaurito | g. speranzoso |
| b. indaffarato | d. disperato | f. pensieroso | h. stanco |

	all'inizio del film	a metà film	alla fine del film
Marcello			
Naufrago			

4

Marcello e il naufrago In coppia, parlate dei personaggi principali del corto.

Marcello	Che tipo è? Cosa fa di professione? Qual è il suo hobby? Tornerà per salvare il naufrago? Perché?
Naufrago	Perché ha affrontato un viaggio così rischioso? Cosa ha lasciato? Cosa spera di trovare? Crede alla promessa che fa Marcello? Perché?

5

Opinioni

A. In coppia, usate la tabella e dite se le affermazioni sono confermate o negate nel film. Poi aggiungete due affermazioni nuove.

Opinione	Confermata dal film	Negata dal film
1. L'immigrazione è un fenomeno negativo.	☐	☐
2. I clandestini sono pericolosi.	☐	☐
3. I clandestini sono in pericolo.	☐	☐
4. È giusto aiutare le persone in difficoltà.	☐	☐
5. Gli immigrati portano via il lavoro agli italiani.	☐	☐
6. Il Mediterraneo non appartiene soltanto all'Europa.	☐	☐
7. _____	☐	☐
8. _____	☐	☐

B. Adesso proponete le vostre affermazioni al resto della classe: cosa ne pensano gli altri studenti?

6

Riflessione In gruppi di tre, scambiate le vostre opinioni sull'emigrazione e sull'immigrazione.

- Secondo voi, considerando il loro passato di nazione di emigranti, quale dovrebbe essere l'atteggiamento (*attitude*) degli italiani verso l'immigrazione?

- Cosa devono fare gli immigranti per integrarsi nel nuovo paese?

- Cosa deve fare il governo per far fronte alle necessità ed ai problemi dei nuovi immigranti?

- Qual è l'atteggiamento del vostro paese verso l'immigrazione regolare e clandestina?

7

Una conversazione In piccoli gruppi, improvvisate un dialogo davanti alla classe su una di queste situazioni.

A

Marcello torna di notte al faro e aiuta il naufrago ad arrivare in Sicilia. Dopo 5 anni, il naufrago riesce a regolarizzarsi (*obtain legal status*). Decide di raccontare a Marcello la buona notizia. Cosa si dicono quando s'incontrano di nuovo?

B

Marcello torna a casa e racconta alla sua famiglia cosa è successo. Cosa ne pensano i suoi familiari? Deve tornare per salvare il naufrago oppure no?

C

Siete una famiglia di immigrati appena arrivati a Milano. Cosa fate il primo giorno in città? Di cosa avete paura? Cosa desiderate di più in quel giorno?

8

Scrivere Scegli uno di questi argomenti e scrivi una breve composizione usando il vocabolario che hai imparato in questa lezione.

- Commenta la citazione alla fine del film: «Dedicato a tutti coloro che intraprendono un viaggio per conoscersi, migliorarsi e fuggire la sofferenza e vivere in pace su questo piccolo e tormentato pianeta». Chi sono queste persone secondo te?

- Hai un(a) parente o un amico/un'amica che è emigrato/a all'estero? Da dove? Quali difficoltà ha dovuto superare? Quali esperienze positive e negative ti ha raccontato? Cosa pensi della vita e delle idee di questa persona?

- Secondo te, quali sono gli aspetti negativi dell'immigrazione? Quali ne sono invece i benefici sociali ed economici? Qual è il punto di vista del corto?

Nota
CULTURALE

Dalla fine del 1800 agli anni '60 oltre **24 milioni** di italiani sono **emigrati** in diverse parti del mondo, ma soprattutto negli Stati Uniti, in Brasile, in Argentina, nel resto d'Europa e in Australia. Alla fine del 1900 l'Italia è diventata invece meta (*destination*) di **immigranti**, che adesso sono circa 3,5 milioni e mezzo, ovvero (*or rather*) il 6% della popolazione.

Practice more at
immagina.vhlcentral.com.

IMMAGINA

Reading

Milano: capitale del Nord

Milano, capoluogo della regione Lombardia, è una città ricca e completa sotto ogni punto di vista: storia, arte, economia, sport. L'appellativo° **Mediolanum** che i Romani hanno dato alla città descrive la sua collocazione geografica al centro della **pianura Padana**, ed oggi questo significato si può estendere all'aspetto cosmopolita di Milano.

A Milano, infatti, è possibile viaggiare in tram o in metropolitana con persone provenienti da° ogni parte del mondo che si trovano nel capoluogo lombardo per turismo e spesso per lavoro. Milano è considerata il «cuore» educativo e professionale del Nord Italia. Le sue numerose e rinomate° università, come la **Bocconi**, il **Politecnico**, la **Cattolica**, la **Bicocca**, sono il motivo per cui migliaia di studenti e lavoratori pendolari° ogni giorno viaggiano da altre città lombarde verso Milano.

Economicamente Milano è la città più sviluppata del Nord Italia. Qui hanno la loro sede° la **Borsa valori**°, molte società multinazionali di fama mondiale, aziende del settore pubblicitario, dell'editoria°, del marketing e anche media televisivi tra cui le reti private del **Gruppo Fininvest**, una delle più importanti holding finanziarie° italiane fondata da **Silvio Berlusconi**.

Per la sua centralità, la posizione geografica di Milano è strategica e permette collegamenti con le maggiori città del Nord-Est e del Nord-Ovest, come **Torino**, **Venezia** e **Genova**, ed anche con la catena alpina e i passi doganali°.

Dal punto di vista artistico e storico, Milano possiede dei tesori invidiati° da tutto il mondo: il **Duomo**; il **Teatro alla Scala**; la **Galleria Vittorio Emanuele**, famosa per i negozi esclusivi; il **Castello Sforzesco** del XV secolo; il quartiere dell'**Accademia delle belle arti** di Brera; i **Navigli**, canali artificiali iniziati nel XII secolo; e la chiesa di **Santa Maria delle Grazie** con il **Cenacolo Vinciano**°.

Uno dei fiori all'occhiello° della città è l'industria della moda, per cui Milano detiene°

Galleria Vittorio Emanuele

MILANO E LA LOMBARDIA

un primato mondiale. Qui hanno i loro *atelier*° **Versace**, **Armani**, **Dolce & Gabbana** e molti altri stilisti di fama internazionale.

Milano non è solo istruzione, finanza, arte e moda, ma anche sport. Due delle maggiori società calcistiche° di **Serie A**, l'**Inter** e il **Milan**, rappresentano la città. I rispettivi tifosi, i «nerazzurri» e i «rossoneri» che prendono il nome dal colore delle divise° dei giocatori, affollano lo stadio di **San Siro** e l'incontro° annuale più atteso è il «**derby della Madonnina**». Il derby prende il nome dalla statua che si innalza° sulla guglia° maggiore del Duomo, divenuta il simbolo di Milano.

E per concludere, il nome di Milano occupa un posto importante anche in cucina. Famosi sono, infatti, i suoi piatti tipici come la **cotoletta alla milanese**, il **risotto alla milanese** e il dolce nazionale di Natale: il **panettone**. Scoprire tutto ciò che offre questa meravigliosa città è un'avventura.

In più...

Gli *atelier* degli stilisti più famosi d'Italia e del mondo si trovano nel centro di Milano nel «**Quadrilatero della moda**»: **via Montenapoleone**, **via della Spiga**, **corso Venezia** e **via Manzoni**. Ma anche nel resto della città ci sono negozi d'abbigliamento per tutti i gusti dove si può acquistare un capo° alla moda.

---

appellativo *name* **provenienti da** *coming from* **rinomate** *renowned* **pendolari** *commuters* **sede** *location* **Borsa...** *stock market* **editoria** *publishing* **holding...** *holding companies* **passi...** *customs offices* **invidiati** *envied* **Cenacolo...** *Da Vinci's Last Supper* **fiori...** *feathers in its cap* **detiene** *holds* **atelier** *studios* **società...** *soccer clubs* **divise** *uniforms* **incontro** *match* **si innalza** *rises* **guglia** *spire* **capo** *an item of clothing*

Vero o falso? Indica se ogni frase è **vera** o **falsa**. Correggi le frasi false.

1. Milano si trova in mezzo ad una pianura.

2. I pendolari vanno a Milano per turismo.

3. A Milano ci sono importanti università.

4. Milano è una città difficile da raggiungere (*to reach*).

5. L'Inter ed il Milan sono squadre di calcio.

6. La Madonnina si trova all'interno del Duomo.

7. Il gorgonzola è un formaggio pronto da mangiare appena prodotto.

8. Il Lago di Garda è una meta per gli sportivi e gli amanti dell'arte.

Quanto hai imparato? Rispondi alle domande.

1. Qual è il significato antico e moderno dell'appellativo Mediolanum?

2. Perché Milano è considerata la città economicamente più sviluppata del Nord Italia?

3. Che cosa sono i Navigli?

4. Qual è l'incontro più atteso tra l'Inter e il Milan?

5. Quali sono le caratteristiche del formaggio gorgonzola?

6. Quali sono le attività che si possono praticare sul Lago di Garda?

Il gorgonzola Il nome di questo formaggio deriva dalla città in cui è nato, nelle vicinanze di Milano. Le caratteristiche venature° verde-blu dipendono dalla presenza di muffe° aggiunte° agli ingredienti necessari per la sua produzione. Esistono due tipi di gorgonzola: quello «**dolce**», più cremoso, e quello «**piccante**» o «**naturale**», caratterizzato da un gusto più deciso°. Dopo una stagionatura° tra i 90 e i 110 giorni è pronto da mangiare.

Terra di laghi La Lombardia è una regione con molti laghi, tra cui il **Lago di Como**, il **Lago d'Iseo** e il **Lago di Garda**, il più grande d'Italia. Il Lago di Garda è visitato da moltissimi turisti italiani e stranieri. Diverse ragioni° contribuiscono alla fama di questo lago, tra cui, il **Vittoriale**, che fu la dimora° del poeta **Gabriele D'Annunzio**, e **Sirmione**, famoso centro termale, conosciuto già in epoca romana. Negli ultimi anni la pratica del *windsurf* e del *kitesurf* lungo il lago ha sviluppato un grande interesse tra i giovani appassionati di sport acquatici di tutta l'Europa e del mondo.

Lago di Garda

venature *veins* muffe *molds* aggiunte *added* deciso *pronounced* stagionatura *maturing* ragioni *reasons* dimora *residence*

Progetto

Cremona

Cremona è una città della Lombardia con delle particolarità e delle curiosità legate ai suoi monumenti e alla sua produzione artigianale di dolci e strumenti musicali.

• Cerca informazioni sulla città.

• Scopri quali sono i monumenti e i prodotti artigianali caratteristici di Cremona.

• Raccogli informazioni sui monumenti e sui prodotti.

• Confronta i tuoi risultati con il resto della classe.

4.1

The *trapassato prossimo* and the *trapassato remoto*

*Mimì **aveva** già **perso** i punti quando si è svegliato.*

The *trapassato prossimo*

- The **trapassato prossimo** indicates what someone *had done* or what *had occurred* prior to another past action, event, or state. Like the **passato prossimo** and other compound tenses, the **trapassato prossimo** is formed by combining an auxiliary verb (the **imperfetto** of **essere** or **avere**) with a past participle.

  Abbiamo detto alla polizia che **avevamo visto** i ladri vicino all'edificio.
  We told the police that we had seen the thieves near the building.

  Eravate già **andati** in tribunale quando l'avvocato ha chiamato.
  You had already gone to court when the lawyer called.

The *trapassato prossimo* with *avere*		The *trapassato prossimo* with *essere*	
avevo		ero	andato/a
avevi		eri	caduto/a
aveva	salvato	era	partito/a
avevamo	combattuto	eravamo	andati/e
avevate	finito	eravate	caduti/e
avevano		erano	partiti/e

- You will remember that transitive verbs—those that can take a direct object—require **avere** as their auxiliary. In these cases, the past participle must agree with the direct object pronoun, just as it does with the **passato prossimo**.

  Il presidente **aveva proposto** quelle leggi?   Sì, e la Camera **le aveva approvate**.
  Had the president proposed those laws?   *Yes, and the House had passed them.*

- Intransitive verbs, which take **essere** in compound tenses, often express physical movement, lack of movement, and changes in state. In the **trapassato prossimo** with **essere**, the past participle must agree with the subject of the verb.

  Il giudice sapeva che **la testimone era** già **arrivata**.
  The judge knew that the witness had already arrived.

- Reflexive verbs, reciprocal verbs, and the verb **piacere** also require **essere** as their auxiliary in the **trapassato prossimo**. Again, the past participle agrees with the subject of the verb.

  Durante il processo tutti si **erano messi** a piangere perché la sentenza non **era piaciuta**.
  During the trial, all had begun to cry because they did not like the verdict.

- The **trapassato prossimo** expresses past events in relation to one another, indicating what *had already* taken place before something else happened or was going on. It is often used in clauses introduced by **quando**, **dopo che**, **appena**, and **perché** when the verb in the main clause is in the **passato prossimo** or the **imperfetto**. Use the **passato prossimo** to express completed events in the more recent past and the **imperfetto** to describe states of being, conditions, habits, or circumstances in the past. Use the **trapassato prossimo** to express events that occurred before another past point of reference.

Il candidato **era** felice perché **aveva vinto** le elezioni.
The candidate was happy because he had won the election.

Appena **era entrata** la giuria, il giudice **ha iniziato** il processo.
As soon as the jury had entered, the judge began the trial.

- The adverbs **già**, **(non) … ancora**, and **(non) ... mai** often accompany a verb in the **trapassato prossimo** because this tense conveys completed events that *already, had not yet,* or *had (n)ever* taken place when another past event occurred or while a past condition existed.

Avevo già saputo i risultati delle elezioni.
I had already found out the election results.

I politici **non si erano mai dedicati** alla riforma.
The politicians had never dedicated themselves to reform.

The *trapassato remoto*

- The **trapassato remoto** indicates what someone *had done* or what *had occurred* prior to another past action, event, or state *if* that action is expressed with the **passato remoto** instead of with the **passato prossimo**. The **trapassato remoto** is used very rarely in spoken Italian and is found primarily in literary contexts. Compare:

trapassato prossimo + passato prossimo

Dopo che la giuria **era arrivata** a un verdetto, l'avvocato **è entrato**.

After the jury had reached a verdict, the lawyer entered.

trapassato remoto + passato remoto

Dopo che la giuria **fu arrivata** a un verdetto, l'avvocato **entrò**.

After the jury had reached a verdict, the lawyer entered.

- Form the **trapassato remoto** by combining the **passato remoto** of the auxiliary verb with the past participle of the main verb. The agreement rules for compound tenses apply.

The *trapassato remoto* with *avere*		The *trapassato remoto* with *essere*	
ebbi		fui	andato/a
avesti		fosti	caduto/a
ebbe	salvato	fu	partito/a
avemmo	combattuto	fummo	andati/e
aveste	finito	foste	caduti/e
ebbero		furono	partiti/e

ATTENZIONE!

In English, speakers often use the *simple past* tense to imply the past perfect tense (the **trapassato prossimo**). In Italian, one must use the **trapassato prossimo**.

I politici hanno scritto ai soldati che avevano sconfitto il nemico.
The politicians wrote to the soldiers who defeated (had defeated) the enemy.

RIMANDO

To review the **passato remoto**, see **Strutture 3.4, pp. 100-101**.

Pratica

1

Notizie di politica Inserisci i verbi tra parentesi al trapassato prossimo.

1. Il governo voleva fare delle riforme ma i deputati non le _____ (approvare).

2. Anche se il paese era contrario, il governo _____ (inviare) altri militari in missione.

3. L'avvocato _____ (battersi) per difendere l'imputato (*accused*) senza riuscire a farlo assolvere (*to acquit*).

4. La polizia si è opposta alla manifestazione anche se i pacifisti l'_____ (organizzare) secondo le regole.

5. Giovanni _____ (partecipare) alla protesta nella speranza di aiutare i più deboli.

2

Un pacifista Aldo Capitini, pacifista italiano, racconta come si è avvicinato al movimento pacifista. Completa il brano con i verbi al trapassato prossimo.

I miei genitori mi avevano insegnato che molta gente aveva bisogno di aiuto e io (1) _____ (provare) in vari modi a rendermi utile. Al liceo (2) _____ (conoscere) altri giovani che come me volevano aiutare i più bisognosi. Prima di trasferirmi a Pisa, il nostro gruppo (3) _____ (combattere) l'ingiustizia e la povertà e (4) _____ (noi / iscriversi) all'università con l'intenzione di cambiare le cose nel nostro paese. (5) _____ (io / andare) all'università per diventare dottore, ma sono diventato avvocato. (6) _____ (capire) che per aiutare gli oppressi era necessario fare qualcosa di concreto.

3

Notizie Sottolinea i verbi al passato remoto e al trapassato remoto e poi sostituiscili con il passato prossimo e il trapassato prossimo.

> **Modello** La giuria <u>si alzò</u> in piedi dopo che il giudice <u>fu entrato</u> in tribunale.
> La giuria si è alzata in piedi dopo che il giudice era entrato in tribunale.

1. La manifestazione iniziò dopo che furono arrivati tutti i rappresentanti sindacali.

2. Capii che non aveva torto dopo che ebbe spiegato le sue ragioni.

3. I deputati votarono dopo che il presidente ebbe espresso il suo parere.

4. Applaudimmo dopo che il presidente del Senato ebbe letto il messaggio.

5. Iniziarono i lavori dopo che il governo ebbe stanziato i fondi.

4

Causa ed effetto Utilizza il trapassato prossimo per spiegare perché sono accadute (*happened*) queste cose.

> **Modello** La giustizia regnava. La democrazia ha vinto.
> La giustizia regnava perché la democrazia aveva vinto.

1. I cittadini sono diventati più poveri. Il governo non si è accorto dei loro problemi.

2. Il governo è caduto. Il governo non ha ottenuto la fiducia.

3. Gli studenti hanno manifestato. Il governo ha modificato il sistema scolastico.

4. Abbiamo votato domenica. Abbiamo visto il dibattito politico sabato sera.

5. Gli attivisti sono entrati nella sala riunioni. Il sindaco ha finito di parlare.

Practice more at
immagina.vhlcentral.com.

Comunicazione

5

Pompei Immagina di essere andato in vacanza in Campania. In coppia, create un dialogo dove a turno vi fate domande sulle vostre vacanze. Utilizzate i verbi suggeriti al trapassato prossimo quando è possibile.

> **Modello** —Dove sei andata in vacanza?
>
> —Sono andata a Pompei; non ero mai stata in vacanza in Campania prima d'ora. Avevo sentito parlare delle rovine, ma non le immaginavo così belle…

andare	finire	piacere
apprezzare	mangiare	preferire
avere l'occasione	passeggiare	vedere
conoscere	permettere	visitare

6

Secondo te Cosa pensi dell'attuale governo? È migliore del governo precedente? In coppia, discutete di questi argomenti utilizzando il trapassato prossimo.

> **Modello** —Il governo attuale ha fatto molte cose finora.
>
> —Forse, ma secondo me il governo precedente era riuscito a migliorare la situazione della classe operaia.…

- economia
- istruzione
- immigrazione

- ambiente
- relazioni internazionali
- disoccupazione

7

Perché? In gruppi di tre, fate una lista di cosa hanno fatto di recente politici o personaggi famosi contemporanei. Utilizzate i verbi suggeriti. Poi, a turno, leggete la lista e commentate.

> **Modello** Il candidato democratico ha perso le elezioni.
>
> Il candidato democratico ha perso le elezioni perché non aveva preparato una campagna elettorale efficace.

approvare una legge	giudicare
dedicarsi a	imprigionare
difendere	influenzare
eleggere	vincere/perdere le elezioni

Object pronouns

 —*Oh, guarda! Vengono a prenderci.*

Direct and indirect object pronouns

- To avoid repetition, use object pronouns to take the place of direct and indirect object nouns.

    I deputati propongono le leggi e la camera **le** approva. (le = le leggi)
    The congressmen propose the laws and the House approves them.

    Quando vedo l'avvocato, **gli** do i documenti. (gli = all'avvocato)
    When I see the lawyer, I'll give him the documents.

- Object pronouns directly precede a conjugated verb and compound tenses. One exception to this rule is the indirect object pronoun **loro**, which must follow the verb. Note, however, that in contemporary Italian, **gli** is used more than **loro**.

Direct object pronouns		Indirect object pronouns	
mi (m')	ci	mi (m')	ci
ti (t')	vi	ti (t')	vi
lo / la / La / (l')	li / le	gli / le / Le	gli *or* loro

- When using an object pronoun in a *verb + infinitive* construction, drop the final –e of the infinitive and attach the pronoun. Verbs commonly used with an infinitive include **amare**, **desiderare**, **odiare**, and **preferire**.

    Claudio desidera combattere la violenza.   Claudio desidera combatter**la**.
    Claudio wants to fight violence.   *Claudio wants to fight it.*

- When an object pronoun is used in a *verb + infinitive* construction with **dovere**, **potere**, or **volere**, the pronoun may be placed either before the conjugated verb or attached to the infinitive, after dropping the final –e.

    Il candidato avrebbe potuto difendere
    i diritti umani.
    *The candidate would have been able to
    defend human rights.*

    Li avrebbe potuti difendere./Avrebbe
    potuto difender**li**.
    *He would have been able to
    defend them.*

    Il senatore voleva proporre la riforma.
    The senator wanted to propose reform.

    La voleva proporre. / Voleva propor**la**.
    He wanted to propose it.

- When a direct object pronoun precedes a compound verb, the past participle may agree with the pronoun. Agreement is obligatory with the pronouns **lo**, **la**, **li**, and **le**; it is optional with the pronouns **mi**, **ti**, **ci**, and **vi**.

> I candidati hanno promosso **la sicurezza** dei bambini.
> *The candidates promoted child safety.*

> **L'**hanno promoss**a**.
> *They promoted it.*

> Carla, gli attivisti **ti** hanno chiamat**o**? / Carla, gli attivisti **ti** hanno chiamat**a**?
> *Carla, did the activists call you?*

- Some Italian verbs take an indirect object, whereas their English counterparts take a direct object (E.g. **fare bene/male, fare paura, insegnare, rispondere, somigliare, telefonare**). Conversely, some Italian verbs take a direct object, whereas their English counterparts are followed by *preposition + indirect object* (E.g. **ascoltare, aspettare, cercare, guardare**). Compare:

> Telefoni **a Giorgio**? Sì, **gli** telefono domani.
> *Are you calling George? Yes, I'll call him tomorrow.*

> Aspettiamo **il giudice**? Sì, **l'**aspettiamo.
> *Are we waiting for the judge? Yes, we are waiting for him.*

- The neuter pronoun **lo** can replace an entire idea.

> La libertà di parola è un diritto umano fondamentale.
> *Freedom of speech is a fundamental human right.*

> Sì, **lo** è.
> *Yes, it is.*

Combined pronouns

- When a sentence contains both direct and indirect object pronouns, they can combine. The indirect object pronoun precedes the direct object pronoun. The pronouns also undergo some changes.

Double object pronouns		
indirect object	*+ direct object*	*= double object pronoun*
mi		me lo, me la, me li, me le, me ne
ti		te lo, te la, te li, te le, te ne
ci	+ lo, la, li, le, ne	ce lo, ce la, ce li, ce le, ce ne
vi		ve lo, ve la, ve li, ve le, ve ne
gli le (Le)		glielo, gliela, glieli, gliele, gliene

> Il politico ha dato i documenti alla segretaria?
> *Did the politician give the documents to the secretary?*

> Sì, il politico **glieli** ha dati.
> *Yes, the politician gave them to her.*

> L'attivista ti ha dato la bandiera?
> *Did the activist give you the flag?*

> No, l'attivista non **me l'**ha data.
> *No, he didn't give it to me.*

- Double object pronouns with **mi**, **ti**, **ci**, and **vi** are written as two words (**me lo**, **me la**, and so forth). Note the changes in spelling (**mi → me** / **ti → te** / **ci → ce** / **vi → ve**).

ATTENZIONE!

Some object pronouns may elide with the following verb if it begins with a vowel sound. Elision of **mi** and **ti** is less common, while it is frequent with **lo** and **la**. Note that indirect object pronouns and the plural forms **li** and **le** are never elided.

L'avvocato l'ha difeso.
(l'ha = lo + ha)
The lawyer defended him.

RIMANDO

Ne replaces a prepositional phrase or nouns when using certain expressions of quantity. When combined with other pronouns, it always appears last. When **ne** is used with **ci**, the combination becomes **ce ne**. See **Strutture 5.2, pp. 172-173**.

Hai inviato molte lettere al sindaco?
Have you sent many letters to the mayor?

Sì, gliene ho inviate molte.
Yes, I sent him many.

Quante bottiglie di latte ci sono in frigo?
How many bottles of milk are in the fridge?

Ce ne sono due.
There are two.

- Note that the indirect object pronouns **gli** and **le** (and **Le**) become **glie-** before **lo**, **la**, **li**, and **le**.

Avete dato i documenti al giudice?
Did you give the documents to the judge?

Sì, **glieli** abbiamo dati.
Yes, we gave them to him.

Hanno fatto le domande alla testimone?
Did they ask the witness the questions?

No, non **gliele** hanno fatte.
No, they didn't ask her them.

- The indirect object **loro** does not combine with direct object pronouns because it always follows the verb. In current usage **gli** is often used instead of **loro**.

Ha scritto la lettera di protesta ai senatori.
He wrote the letter of protest to the senators.

> **Gliel'**ha scritta. = **L'**ha scritta **loro**.
> *He wrote it to them.*

- Reflexive pronouns may be combined with direct object pronouns, following the same rules as indirect object pronouns. Note that the reflexive pronoun **si** becomes **se**.

Reflexive pronouns with direct object pronouns				
reflexive pronoun	*+ lo*	*+ la*	*+ li*	*+ le*
mi	me lo	me la	me li	me le
ti	te lo	te la	te li	te le
si	se lo	se la	se li	se le
ci	ce lo	ce la	ce li	ce le
vi	ve lo	ve la	ve li	ve le
si	se lo	se la	se li	se le

RIMANDO

For information about using the object pronouns with the imperative, see **Strutture 4.3, pp. 138-139.**

Mi lavo **le mani.** > **Me le** lavo.

- In compound tenses, the past participle of reflexive verbs agrees with the direct object pronoun, not the subject of the verb.

L'avvocato si è lavato le mani?
Did the lawyer wash his hands?

> Sì, **se le** è lavat**e**.
> *Yes, he washed them.*

Lucia, ti sei messa l'abito da sera?
Lucia, did you wear an evening gown?

> Sì, **me lo** sono mess**o**.
> *Yes, I wore one.*

- Direct object pronouns—and combinations of direct and indirect object pronouns—are attached to **ecco**.

Eccotelo! (Ecco a te il caffè.)
Here it is for you! (e.g., Here is the coffee for you!)

Eccomi!
Here I am!

Pratica

1

La giornata dell'avvocato Riscrivi le frasi sostituendo le parole sottolineate con i pronomi diretti o indiretti.

1. L'avvocato Rossi parla <u>ai clienti</u>.
2. Legge <u>gli appunti sul caso</u>.
3. Scrive <u>la relazione</u> per il tribunale.
4. Chiede <u>alla segretaria</u> di mandare un fax.
5. Difende <u>i clienti</u> in tribunale.
6. Telefona <u>ai colleghi</u>.
7. Prepara <u>il controesame</u>.
8. Incontra <u>i collaboratori</u>.
9. Manda un messaggio <u>alla fidanzata</u>.
10. Finalmente va a casa e mangia <u>la pizza</u> per cena.

2

In ufficio Completa le frasi con i pronomi diretti o indiretti.

1. – Signorina Paola, per favore telefoni al signor De Carli.
   – Sì, avvocato, _____ telefono subito.
2. – Signor Bianchi, non si dimentichi di portare i documenti in ufficio.
   – Va bene, _____ porto subito.
3. – Signorina Carmela, deve mandare subito questo fax, è importantissimo!
   – Certamente avvocato, _____ mando immediatamente.
4. – Signor Melotti, spedisca le lettere prima della pausa pranzo.
   – Sì avvocato, _____ spedisco ora.
5. – Signor Varutti, si ricordi di rispondere al signor De Carli.
   – Sì avvocato, _____ rispondo subito.
6. – Mi scusi signorina, mi può per cortesia portare il giornale?
   – Certo avvocato, _____ porto subito.

3

La scelta Trova la risposta giusta. Fai attenzione agli accordi con il passato prossimo.

1. Sua sorella _____ (lo/gli) ha insegnato il tedesco.
2. I politici volevano aiutar_____ (ci/ce).
3. La polizia _____ (le/la) ha telefonato.
4. I vostri amici _____ (vi/ve) hanno preparato una festa bellissima.
5. Simona _____ (gli/li) ha aspettati davanti al bar.
6. Il direttore doveva incontrar_____ (ti/te) alle 15.

4

Trasformare Forma delle frasi e poi riscrivile usando i pronomi combinati.

> **Modello**   La segretaria / spedire / le lettere / ai clienti
> La segretaria spedisce le lettere ai clienti. Gliele spedisce.

1. Il deputato / descrivere / ai politici / i problemi del paese
2. Il presidente / mostrare / a me / il nuovo progetto
3. L'avvocato / spiegare / il caso / a noi
4. I ladri / rubare / i gioielli (*jewelry*) / alle vittime
5. Gli attivisti / portare / aiuti / agli immigrati
6. Il sindaco / illustrare / a voi / le riforme

5

Domande In coppia, preparate a turno delle domande con gli elementi forniti e rispondete usando i pronomi diretti, indiretti o combinati.

Modello Il latte / fare bene

—Il latte fa bene ai bambini?

—Sì, gli fa bene.

1. La professoressa / insegnare
2. Tu / telefonare
3. Andrea e Marco / cercare
4. Tu / ascoltare

5. Voi / rispondere
6. Alberto / aspettare
7. Laura / guardare
8. Carla e Maria / somigliare

6

La cartolina Giulia è in vacanza sul Lago Maggiore e manda una cartolina alla sorella. Trova le frasi con i complementi diretti e indiretti e riscrivile con i pronomi. Fai attenzione agli accordi con il passato prossimo.

Cara Elena,

Il Lago Maggiore è proprio come lo immaginavo, circondato da paesi pieni di fascino e di atmosfera. Ti mostrerò le foto al mio ritorno. Mi sono divertita molto, ho visitato l'Isola Bella con i suoi splendidi giardini. Ho comprato una borsa per la mamma e un paio di orecchini per te. Stasera, i miei amici italiani mi portano in un ristorante tipico della zona. Quando torno a casa, manderò un bel regalo ai miei amici; li voglio ringraziare per la loro ospitalità.

A presto,
Julia

Elena Carzoglio

Via Garibaldi 24

Roma

1. _____   3. _____   5. _____
2. _____   4. _____

7

Creare In coppia, fatevi delle domande a turno, utilizzando gli elementi forniti, e rispondete negativamente.

Modello testimone / dire / verità / giudice

—Il testimone ha detto la verità al giudice?

—No, non gliel'ha detta.

1. giudice / farsi la barba
2. tu / lavarsi / denti
3. segretaria / mandare / fax / direttore
4. voi / volere / offrire / cena / me
5. ragazzi / scrivere / cartolina / voi
6. mamma / prestare / macchina / Roberto
7. presidente / mettersi / cappello
8. Giovanni / asciugarsi / i capelli

 Practice more at **immagina.vhlcentral.com**.

Comunicazione

8

In aeroporto Guardate il disegno e in coppia fatevi delle domande per capire cosa stanno facendo i personaggi e perché. Utilizzate i pronomi diretti e indiretti e i verbi della lista.

> **Modello** Cosa fa Diana?
>
> Diana legge un libro. Lo legge perché si annoia.

ascoltare	cercare	dare	leggere	portare
avere	comprare	domandare	parlare	trovare

Marisa Signor Fabbri Giorgio Signor Collina

Signora Fabbri Diana Matteo

9

I premi Tu e due amici avete vinto una strana serie di premi alla lotteria. Usando i pronomi diretti, indiretti o combinati, decidete come dividervi i premi e motivate le vostre decisioni.

> **Modello** **ALESSIA** Che belli tutti questi premi! Come ce li dividiamo?
>
> **SILVIA** Tu dovresti prendere il cagnolino e l'aspirapolvere!
>
> **ROBERTA** Non, non li voglio. Carlo non ce li ha. Perché non glieli diamo?

un cagnolino	una macchina	una pianta di limoni
una dozzina di uova	un aspirapolvere	un albero di Natale
un asciugacapelli	un ferro da stiro (*iron*)	una bicicletta

10

Secondo te Cosa pensi di queste affermazioni? Scrivi le tue idee e i tuoi commenti. Utilizza almeno otto pronomi diretti e indiretti.

> **Modello** **L'immigrazione illegale è la causa di tanta criminalità.**
>
> Secondo me, non lo è; la criminalità è causata da…

- L'immigrazione è un fatto positivo per l'economia di un paese.

- Non è necessario conoscere la lingua ufficiale del paese dove si vuole andare a vivere.

- La globalizzazione è la causa di alcuni problemi in tutto il mondo.

- Il lavoro manuale ha molto valore.

- La sovrappopolazione diminuisce la qualità della vita di un paese.

4.3

The imperative

—**Sta'** *attento che c'è corrente! Se scarrocci (*drift*), non mi trovi più.* **Tieni** *i punti!*

- The imperative mood is used to give a command. Subject pronouns are not usually used.

- The informal imperative forms are used to address people in the **tu**, **noi**, or **voi** forms. Note that the **noi** form expresses *let's* + [*verb*].

Rispetta le leggi!	**Rispettiamo** le leggi!	**Rispettate** le leggi!
Respect the laws!	*Let's respect the laws!*	*Respect the laws!*

- The imperative forms of –**are** verbs end in –**a** in the second person singular while the **noi** and **voi** forms are the same as the present indicative forms. The imperative forms of –**ere** and –**ire** verbs are identical to those of the present indicative.

	votare	mettere	partire	finire
tu	Vota!	Metti!	Parti!	Finisci!
noi	Votiamo!	Mettiamo!	Partiamo!	Finiamo!
voi	Votate!	Mettete!	Partite!	Finite!

ATTENZIONE!

It is helpful to remember that the **Lei** imperative forms for regular verbs are the inverse of the informal **tu** forms.

tu	Lei
Vota!	Voti!
Scrivi!	Scriva!
Finisci!	Finisca!

- To make a command in a formal setting, use the **Lei** and **Loro** forms indicated below. Note, however, that the **voi** form often replaces the **Loro** form in contemporary usage.

votare		mettere		partire		finire	
Voti!	Votino!	Metta!	Mettano!	Parta!	Partano!	Finisca!	Finiscano!

- A number of verbs are irregular in the imperative.

	tu	Lei	noi	voi	Loro
andare (io vado)	vai / va'	vada	andiamo	andate	vadano
dire (io dico)	dì / di'	dica	diciamo	dite	dicano
tenere (io tengo)	tieni	tenga	teniamo	tenete	tengano
venire (io vengo)	vieni	venga	veniamo	venite	vengano
uscire (io esco)	esci	esca	usciamo	uscite	escano
dare (noi diamo)	dai / dà /da'	dia	diamo	date	diano
fare (noi facciamo)	fai / fa'	faccia	facciamo	fate	facciano
stare (noi stiamo)	stai / sta'	stia	stiamo	state	stiano

ATTENZIONE!

Note that the formal imperative forms closely resemble the present indicative stems used in the first person singular or plural (**io/noi**). Short forms exist for the verbs **andare**, **dare**, **dire**, **fare**, and **stare**.

- The verbs **essere**, **avere**, and **sapere** have irregular imperative forms. Note the similarity of all imperative forms with the present indicative **noi** form.

	tu	Lei	noi	voi	Loro
avere (noi abbiamo)	abbi	abbia	abbiamo	abbiate	abbiano
essere (noi siamo)	sii	sia	siamo	siate	siano
sapere (noi sappiamo)	sappi	sappia	sappiamo	sappiate	sappiano

- For a negative command, use **non** plus the command for all forms except the **tu** form. For the **tu** form, use **non** + [*infinitive*].

> **(voi) Non date** i volantini a me!   *but*   **(tu) Non dare** i volantini a me!
> *Don't give the flyers to me!*   *Don't give the flyers to me!*

The imperative with object pronouns

- Imperative verbs are often combined with an object pronoun. All pronouns (except the indirect object pronoun **loro**) attach to the informal (**tu**, **noi**, **voi**) imperative forms, but precede the formal (**Lei**, **Loro**) imperative forms.

> **Eleggetelo!**   **Lo elegga!**
> *Elect him! (voi)*   *Elect him! (Lei)*

- With the short, one-syllable **tu** forms **da'**, **di'**, **fa'**, **sta'**, and **va'**, drop the apostrophe and double the initial consonant of all object pronouns except **gli**.

> **Da' il libro a me!**   **Dammi il libro!**
> *Give the book to me!*   *Give me the book!*
>
> **Di' a lui la verità!**   **Digliela!**
> *Tell him the truth!*   *Tell it to him!*

- With a negative imperative, object pronouns may be placed either before or after the verb. If placed after the negative **tu** form, the infinitive looses the final –**e**.

> **Non dimenticare** le vittime!   **Non le dimenticare! / Non dimenticarle!**
> *Don't forget the victims!*   *Don't forget them!*

The imperative of reflexive verbs

- Reflexive pronouns in the imperative follow the same rules as object pronouns. In the informal imperative, they attach to the verb, while in the formal imperative they must precede the verb.

> **Dedicati** alla nostra causa!   **Si dedichi** alla nostra causa!
> *Dedicate yourself to our cause! (tu)*   *Dedicate yourself to our cause! (Lei)*

- Reflexive pronouns can be combined with direct object pronouns in the imperative, just as in the indicative. Note that they attach to the imperative verb form.

> **Chiarisciti le idee!**   **Chiariscitele!**
> *Think things through!*   *Think them through!*
>
> **Si metta gli occhiali!**   **Se li metta!**
> *Put on your glasses!*   *Put them on!*

ATTENZIONE!

The infinitive often replaces the imperative on street signs, public instructions, and announcements.

Pagare qui.
Pay here.

RIMANDO

To review object pronouns, see **Strutture 4.2, pp. 132-133.**

RIMANDO

To review reflexive verbs, see **Strutture 2.1, pp. 52-53.**

ATTENZIONE!

To make a polite request, use the conditional form of **potere** plus the infinitive.

Mi dica l'ora!
Tell me the time!

Potrebbe dirmi l'ora?
Could you tell me the time?

Pratica

1

Cosa fare? Usa l'imperativo per dare ordini o consigli.

> **Modello** **Dì al tuo fidanzato di telefonarti.**
> Telefonami.
> **Dì a Stefano di andare al teatro con te.**
> Andiamo al teatro.

Dì a Carlo di:	Dì ai nuovi studenti di:	Dì a Giovanna di:
1. andare in biblioteca	6. prestare attenzione ai professori	11. andare al cinema con te
2. contare su di te	7. svegliarsi presto	12. bere un caffè con te
3. non uscire spesso	8. andare a lezione	13. ascoltare la musica con te
4. dare a te una mano	9. avere fiducia	14. giocare a tennis con te
5. aspettare te dopo la lezione	10. non uscire la domenica	15. non rimanere a casa con te

2

Suggerimenti Hai la possibilità di parlare con un politico della tua città; utilizzando l'imperativo formale, dagli dei suggerimenti sui problemi locali.

1. _____ (Promuovere) riforme per la sicurezza pubblica.
2. _____ (Fare) rispettare le leggi già esistenti.
3. _____ (Risolvere) il problema dei parcheggi.
4. _____ (Non dedicarsi) solo ai suoi elettori.
5. _____ (Creare) più giardini pubblici.

3

Buoni consigli Quali consigli puoi dare in queste situazioni? Utilizza l'imperativo.

1. I tuoi amici non hanno votato alle ultime elezioni.
2. Il tuo amico non è aggiornato (*up-to-date*) sulla situazione politica del vostro paese.
3. I tuoi amici non hanno mai partecipato ad una manifestazione pacifista.
4. Tu e il tuo amico non avete mai ascoltato un comizio elettorale (*rally*).
5. Il tuo amico legge solo fumetti (*comics*).

4

Raccomandazioni Dai dei suggerimenti alle seguenti persone. Usa la forma appropriata dell'imperativo.

1. al tuo professore d'italiano
2. al tuo compagno di stanza
3. al tuo migliore amico
4. al rettore (*dean*) dell'università
5. al tuo compagno di classe
6. alla nonna del tuo amico

Practice more at
immagina.vhlcentral.com.

Comunicazione

5 **Internet** Quali consigli puoi dare ad un amico/un'amica per essere più informato/a sull'attualità (*current events*)? In coppia, create una lista di otto raccomandazioni, sia con la forma affermativa che negativa dell'imperativo. Utilizzate i verbi suggeriti e siate creativi.

> **Modello** Naviga su internet. Ci sono siti web che offrono informazioni di ogni tipo.
> Non leggere solo romanzi di fantascienza.

andare	fare	navigare
ascoltare	interessare	parlare
chiedere	investigare	ricercare
consigliare	leggere	vedere

6 **Cosa dicono?** In coppia, inventate delle brevi conversazioni per ogni foto. Ricordati di utilizzare l'imperativo affermativo e negativo.

1.

2.

3.

4.

7 **Pubblicità** In gruppi di tre, create uno spot pubblicitario per promuovere uno dei prodotti suggeriti. Inventate anche un nome originale per il prodotto. Utilizzate l'imperativo formale e i pronomi diretti e indiretti.

> **Modello** Comprate il nuovo profumo «Fascino», vi renderà più affascinanti
> e attraenti. Non perdete questa occasione. È il profumo dell'anno!

Yogurt	Automobile
Succo di frutta	Dentifricio
Scarpe da ginnastica	Giornale politico
Cellulare	Crema solare

4.4

Dovere, potere, and *volere*

- **Dovere**, **potere**, and **volere** are usually followed by an infinitive.

dovere (*need or obligation*)	potere (*ability or permission*)	volere (*willingness*)
Devi studiare.	**Puoi** ballare.	**Vuoi** uscire.
*You **must** study.*	*You **can** dance. / You **are able** to dance.*	*You **want** to go out.*

RIMANDO

To review the full conjugation of **dovere**, **potere**, and **volere** in the present tense, see **Strutture 1.4, p. 25.**

- When **dovere**, **potere**, and **volere** are used with object pronouns and an infinitive, two structures are possible. The pronouns (except **Loro** and **loro**) can be placed either before the conjugated verb or attached to the infinitive (after removing the final **–e**).

  L'attivista vuole proteggere le vittime.   >   **Le** vuole proteggere. / Vuole protegger**le**.
  The activist wants to protect victims.   *He wants to protect them.*

ATTENZIONE!

When used alone, the present indicative forms of **volere** means *to want*. Use the conditional form of the verb to make polite requests (using the indicative to make a request can be considered rude).

Voglio un cappuccino.
I want a cappuccino.

Vorrei un cappuccino.
I would like a cappuccino.

When **dovere** is followed by a noun, it means *to owe*, in both a monetary and figurative sense.

Quanto ti devo?
How much do I owe you?

- When used in the conditional, **dovere**, **potere**, and **volere** carry the specific meanings of *should*, *could*, and *would like*.

  Dovremmo studiare di più.   *We should study more.*
  Potremmo imparare molto.   *We could learn a lot.*
  Vorremmo intervistare il sindaco.   *We would like to interview the mayor.*

- In compound tenses, when **dovere**, **potere**, and **volere** are used with an infinitive, they can take either **avere** or **essere** as the auxiliary. Use the auxiliary verb that is normally employed with the infinitive. If no infinitive is present, simply use **avere** as the auxiliary verb.

  Ho potuto <u>comprare</u> una bandiera.   ***but***   **Sono** potuta <u>tornare</u> a casa.
  I was able to buy a flag.   *I was able to return home.*

ATTENZIONE!

Dovere, **potere**, and **volere** can be used on their own, sometimes in response to a question containing both the verb and an infinitive.

Francesco, vuoi votare alle elezioni?
Francesco, do you want to vote in the elections?

Sì, voglio. (=Sì, voglio farlo.)
Yes, I want to. (=Yes, I want to do it.)

- Used in the imperfect, **dovere**, **potere**, and **volere** indicate a repeated, habitual, or underlying condition of *needing to*, *being able to*, or *wanting to* do something. In contrast, in the **passato prossimo**, they indicate a specific moment of necessity, success at doing something, or an instance of wanting something.

  Non sono uscito perché **dovevo** lavorare.
  I didn't go out because I had to work. (I was scheduled to work.)

  Non sono uscito perché **ho dovuto** lavorare.
  I didn't go out because I had to work. (I had to work this particular day.)

RIMANDO

To review reflexive verbs, see **Strutture 2.1, pp. 52-53.**

- When **dovere**, **potere**, and **volere** are used with the infinitive of a reflexive verb, the reflexive pronoun can be placed either before the conjugated verb or attached to the infinitive (after removing the final **–e**). Note that it is more common to attach the reflexive pronoun to the infinitive.

  Mi voglio dedicare alla causa. / Voglio dedicar**mi** alla causa.
  I want to dedicate myself to the cause.

  Ci possiamo vedere domani. / Possiamo veder**ci** domani.
  We can see each other tomorrow.

Pratica e comunicazione

1

Consigli Reagisci alle affermazioni. Dai dei suggerimenti con i verbi **dovere**, **potere** e **volere**.

> **Modello** «Non sono felice degli attuali politici».
> Devi **votare alle prossime elezioni per cambiare i politici attuali**.

1. «Francesco non si interessa di politica».
   _____ (Dovere) dedicarsi di più alla politica.
2. «Noi non abbiamo mai partecipato ad una protesta».
   _____ (Volere) venire con noi la settimana prossima?
3. «Loro non sono membri di un'associazione umanitaria».
   _____ (Potere) iscriversi alla nostra associazione.
4. «Non ho fiducia nelle istituzioni locali».
   _____ (Dovere) avere fiducia nei politici che ti rappresentano.
5. «Vorrei contribuire a migliorare la mia città».
   _____ (Potere) presentarti alle prossime elezioni.
6. «I giovani non hanno ideali politici».
   _____ (Dovere) essere più attivi in politica.

2

Lo scorso fine settimana Completa le frasi con la forma giusta dei verbi **dovere**, **potere**, e **volere**.

> **Modello** **Volevamo andare alla conferenza ma** abbiamo dovuto accompagnare Laura dal dottore.

1. Dovevi studiare ma _____.
2. Non sono potuti venire al cinema perché _____.
3. Marta voleva uscire con gli amici ma _____.
4. Dovevo incontrare Stefania ma _____.
5. Non siamo potuti partire perché _____.

3

Immagina tre storie In gruppi di tre o quattro persone, immaginate una storia per ogni foto. Includete cosa vogliono, possono e/o devono fare le persone nelle foto.

4

Preparativi I tuoi genitori vengono a trovarti questo fine settimana. Prepara una lista di cosa devi, puoi e vuoi fare per prepararti al loro arrivo.

> **Modello** Per prima cosa devo pulire la casa. Poi devo andare a fare la spesa…

 Practice more at **immagina.vhlcentral.com**.

Sintesi

1

👥

Parliamo In coppia, discutete dei seguenti argomenti.

La Gazzetta Della Sera

La crisi economica continua!

Ancora uno sbarco di immigrati illegali

Famoso politico arrestato per corruzione

Diminuisce la produzione industriale

1. In che modo si possono risolvere i problemi descritti nei titoli?
2. Quali problemi ti preoccupano di più? Perché?
3. Secondo te, sono stati fatti dei progressi per cercare di risolvere questi problemi?
4. Finalmente hai la possibilità di parlare con un politico. Cosa gli dici? Quali consigli gli dai per risolvere i problemi?
5. Cosa possono o devono fare i cittadini per contribuire a risolverli?

2

Scriviamo Scegli uno dei due argomenti e prepara un discorso di circa una pagina.

- Scrivi un discorso dove esorti (*urge*) i tuoi compagni di classe a diventare politicamente attivi invece che apatici. Suggerisci cose realistiche da fare dove vivi. Fai riferimento ai problemi della tua comunità.

- Scrivi un discorso dove dai il tuo sostegno (*support*) ad un politico locale. Spiega perché appoggi (*support*) il politico e il suo partito. Esorta gli ascoltatori a fare qualcosa di concreto per sostenere la campagna elettorale. Fornisci esempi realistici.

Strategie per la comunicazione
Quando ti rivolgi ad un pubblico utilizza le seguenti strutture: **Signore e signori, Cittadine e cittadini, Cari elettori,** … Ricorda di utilizzare l'imperativo per dare consigli e suggerimenti. Utilizza i verbi che hai imparato in questa lezione: **abusare, approvare una legge, difendere, imprigionare, giudicare, dedicarsi a, eleggere, governare, influenzare, vincere/perdere le elezioni, votare.**

Preparazione

Vocabolario della lettura		Vocabolario utile
il consiglio *council*	lo scambio *exchange*	l'accordo *agreement*
la crescita *growth*	il trattato *treaty*	la bandiera *flag*
la guerra mondiale *world war*	la valuta *currency*	il confine *(national) boundary*
l'inno *anthem*	il vantaggio *advantage*	l'integrazione *integration*
la potenza *power*	la volontà *willingness*	il multilinguismo *multilinguism*

1

Da scegliere Completa queste frasi con le parole nuove.

1. Ci sono molti _____ ad andare in vacanza in un paese tropicale.
2. La popolazione è aumentata: c'è stata una grande _____ demografica.
3. Nella prima metà del **XX** secolo ci sono state due violente _____.
4. Prima della partita i giocatori cantano l'_____ nazionale.
5. La _____ italiana è bianca, rossa e verde.
6. Dopo la guerra le nazioni hanno firmato un _____ di pace.
7. In Italia, la _____ ufficiale è l'euro.
8. Durante la riunione, il _____ delle nazioni ha eletto un presidente.

2

Ideali In coppia, leggete il motto dell'Unione Europea e, a turno, rispondete alle domande.

«Unità nella diversità»

1. Secondo te, quale ideale riflette questo motto? Perché?
2. Cosa succede invertendo i due termini: «Diversità nell'unità»? Cambia il significato? Perché?
3. Hai un motto personale? Qual è?
4. Qual è il motto del tuo paese? E della tua università? Quali altri motti conosci? Compila una lista.

3

Inventate Usando le parole della lista, create un nuovo motto nazionale per il vostro paese.

difendere	giustizia	pace	promuovere	vittoria
diritto	libertà	potente	uguaglianza	volontà

4

Feste In piccoli gruppi, rispondete alle domande.

- Quando è la festa degli Stati Uniti/Canada? Perché proprio questa data? In onore di quale evento storico?
- Quando si celebrano altre feste che ricordano eventi storici?

Nota CULTURALE

L'idea di un'Europa unita risale alle antiche espansioni imperiali dei Romani e, in seguito, di Carlo Magno e di Napoleone. Ma la data storica in cui fu ufficialmente proposta un'istituzione europea sovrannazionale° e democratica fu il **9 Maggio 1950** con la dichiarazione° di **Robert Schuman**, il ministro francese degli affari esteri. Fu un discorso rivoluzionario: secondo Schuman, «La pace mondiale non potrebbe essere salvaguardata senza iniziative creative all'altezza dei pericoli che ci minacciano». Oggi il **9 maggio** è la festa ufficiale dell'Europa.

sovrannazionale *supranational*
dichiarazione *declaration*

UNITÀ NELLA DIVERSITÀ
L'ITALIA NELL'UNIONE EUROPEA

L'Europa è un continente formato da 49 nazioni, ognuna con una propria storia, lingue diverse e complesse tradizioni culturali, in alcuni casi incompatibili tra di loro. Anche la geografia montagnosa europea crea delle divisioni che, senza una rete di trasporti internazionale, in passato sembravano insormontabili. Le differenze tra queste nazioni erano più evidenti delle loro somiglianze, tanto che, nel XX secolo, due guerre mondiali nacquero da dissensi nell'Europa centrale e coinvolsero° il resto del mondo.

involved

Come suggerisce il suo motto, l'Unione Europea (UE) promuove l'unità ma allo stesso tempo rispetta la diversità delle nazioni che la formano. Finora° sono 27 i paesi europei che fanno parte dell'Unione. L'UE non è una nazione (come lo sono invece gli Stati Uniti, per esempio) e non è un'organizzazione internazionale come l'ONU (l'Organizzazione delle Nazioni Unite): l'UE è più simile ad un consiglio che decide democraticamente sulle questioni economiche e politiche di interesse comune a tutti i suoi membri.

So far

La Repubblica Italiana è stata una delle nazioni fondatrici dell'Unione Europea, insieme alla Francia, alla Germania, al Belgio, all'Olanda ed al Lussemburgo. Oggi, con il suo PIL° (Prodotto Interno Lordo) pari a 2,1 biliardi° di dollari, l'Italia è la settima potenza economica mondiale e contribuisce alla stabilità della valuta europea, l'euro (€). L'entrata nell'UE ha portato molti vantaggi all'Italia: ha reso più facile l'immigrazione e quindi contribuito alla crescita economica e demografica del

GDP

2,100 trillion

paese, rendendo più stabile il tenore di vita° di molti dei suoi cittadini. L'apertura delle frontiere ha anche aumentato il commercio con gli altri paesi europei e ha ulteriormente° favorito l'esportazione. La crescita dell'euro rispetto alle altre valute mondiali è molto positiva non solo per l'Italia, ma per tutti i paesi membri dell'UE.

standard of living

further

I cambiamenti, soprattutto all'inizio, non sono stati facili. Il processo di adozione dell'euro come nuova valuta ufficiale e l'abbandono della vecchia lira ha portato severi disagi° ai cittadini italiani. Anche adeguarsi° ai nuovi regolamenti europei per l'industria ed il commercio è stato problematico: le nuove norme igieniche, ad esempio, non corrispondevano alle tradizioni artigianali della produzione dei formaggi e di altri prodotti gastronomici. L'improvviso arrivo di un numero inaspettato di immigranti ha causato emergenze pratiche e purtroppo anche sentimenti di razzismo.

hardships

adapting

Nonostante le difficoltà, il mondo è cambiato dal 1945 e continua a crescere: con internet, con gli estesi° collegamenti° aerei e ferroviari e con l'apprendimento delle lingue, ogni giorno ognuno di noi è in contatto con luoghi e persone in tutto il mondo. Non essendo più legati ad un unico territorio nazionale anche la nostra mentalità si sta allargando°. Le singole nazioni europee sono ormai caratterizzate dalla loro volontà di scambi e cooperazione. Sarà sempre più necessario che non solo le persone, ma anche i paesi possano imparare a coesistere in pace, tolleranza e solidarietà. ∎

extensive/connections

growing

L'inno europeo

«L'Inno alla gioia» è l'adattamento del movimento finale della nona sinfonia composta da Ludwig van Beethoven nel 1823 basata su un poema scritto da Friedrich von Schiller nel 1785. Il poema esprime° idealismo e speranza in un senso di fratellanza° fra gli esseri umani. L'inno è stato adottato per la prima volta dal Consiglio d'Europa nel 1972 dichiarando che «senza parole, con il linguaggio universale della musica, questo inno esprime gli ideali di libertà, pace e solidarietà perseguiti dall'Europa».

esprime *expresses* **fratellanza** *brotherhood*

Analisi

1

Comprensione Indica se le affermazioni sono **vere** o **false**. Dopo, in coppia, correggete le affermazioni false.

Vero	Falso	
☐	☐	1. L'Unione Europea è simile alle Nazioni Unite.
☐	☐	2. I paesi europei sono molto simili.
☐	☐	3. L'Unione Europea vuole mantenere la pace.
☐	☐	4. L'Unione Europea non è una nazione come lo sono gli Stati Uniti.
☐	☐	5. Le nazioni fondatrici dell'UE sono cinque.
☐	☐	6. L'entrata nell'UE ha portato molti vantaggi all'Italia.
☐	☐	7. Il 9 maggio è la festa ufficiale dell'Europa.
☐	☐	8. Schiller ha composto la musica per l'inno europeo.

2

L'Italia e l'UE In coppia, rispondete alle domande.

1. Per quali ragioni storiche è stata creata l'UE?
2. Quali sono i principi di base dell'UE?
3. Che cos'è l'UE?
4. Come si chiamava la vecchia valuta italiana?
5. Quali vantaggi ha comportato (*entailed*) per l'Italia l'entrata nell'UE?
6. Quali sono state alcune delle difficoltà che l'Italia ha incontrato dopo l'entrata nell'UE?

3

Opinioni In coppia, confrontate le vostre opinioni.

1. Pensi che la creazione dell'UE sia stata una buona idea? Perché?
2. Quali sono stati, secondo te, gli ostacoli (*obstacles*) più grandi alla fondazione dell'UE? Perché?
3. Si potrebbe creare un'unione simile in un'altra parte del mondo? In quale? Perché? Quali problemi potrebbe risolvere?
4. In che modo l'UE è diversa da altre organizzazioni sovrannazionali come l'ONU o la NAFTA?
5. Pensi che il tuo paese possa un giorno unirsi con degli altri in una comunità simile all'UE? Con quali paesi pensi che sarebbe possibile farlo? Quali sarebbero i vantaggi? E gli svantaggi?

4

Senza frontiere In piccoli gruppi, parlate di come risolvere democraticamente delle gravi dispute o incomprensioni nel mondo in cui viviamo: pensate a degli esempi reali e poi suggerite delle possibili soluzioni.

- **Territorio:** Due nazioni non sono d'accordo sui confini.
- **Commercio:** Una nazione offre prodotti a costi troppo bassi in confronto alle altre.
- **Religione:** Due religioni vorrebbero condividere (*would like to share*) lo stesso luogo sacro.
- **Ideologia:** Due gruppi nella stessa nazione hanno tradizioni e abitudini diverse e vogliono separarsi.

 Practice more at **immagina.vhlcentral.com.**

Preparazione Reading

A proposito dell'autore

Narratore, poeta, saggista e fondatore di riviste, Giovanni Papini (Firenze, 1881-1956) visse in un periodo tragico e mutevole (*changeable*): due guerre mondiali, un ventennio di dittatura e gli anni della ricostruzione, con la nascita e il tramonto di avanguardie artistiche e di pensiero. Le sue posizioni politiche e filosofiche riflettono l'ansietà e le incertezze della sua generazione. Ateo nella sua prima giovinezza, si convertì al cristianesimo in età adulta. Papini aderì (*supported*) al futurismo, una corrente artistica che esaltava la modernità e il ruolo liberatorio della scienza e della tecnologia. Papini appoggiò (*supported*) anche l'entrata dell'Italia nella Prima Guerra Mondiale e, successivamente, il fascismo e la dittatura di Mussolini. Per questo motivo, nel secondo dopoguerra fu quasi dimenticato dal pubblico ed emarginato dalla critica.

Vocabolario della lettura		Vocabolario utile
l'accordo *agreement*	**l'impiego** *job*	**l'apparenza** *appearance*
l'affare *deal*	**imporre** *to impose*	**il capo** *leader*
autonomo/a *self-governing*	**legiferare** *to legislate*	**la fiducia** *trust*
il burattinaio *puppeteer*	**obbediente** *obedient*	**il padrone** *owner, boss*
la carica *post*	**possedere** *to own*	
il fantoccio *puppet*	**rovesciare** *to overturn*	

Nota CULTURALE

Il brano che segue è tratto da *Gog*, romanzo pubblicato nel 1931. Il protagonista, soprannominato° Gog dal suo cognome («Goggins»), è il figlio illegittimo di una hawaiana e un uomo bianco sconosciuto, nato in povertà e poi diventato miliardario°. Prima di impazzire e finire in manicomio°, Gog consegna a Papini dei fogli sparsi° con scritti° come quello che segue. Ne esce un ritratto disincantato° e cinico della società moderna, ma anche straordinariamente profetico.

soprannominato *called* **diventato...** *becoming a millionaire* **manicomio** *mental home* **sparsi** *loose* **scritti** *writings* **disincantato** *disenchanted*

1 **Definizioni** Collega ogni parola alla sua definizione.

_____ 1. l'impiego   a. l'aspetto o il comportamento esteriore

_____ 2. la fiducia   b. il consenso tra due o più persone

_____ 3. il padrone   c. un lavoro

_____ 4. l'apparenza   d. chi possiede cose

_____ 5. l'accordo   e. credere in un'altra persona

2 **Preparazione** In coppia, fatevi queste domande.

1. I governanti del tuo paese rappresentano davvero chi li ha eletti?

2. È importante votare? Chi non vota può lamentarsi di quello che non funziona?

3. Secondo te, la politica è un grande gioco per promuovere interessi personali o è l'onesta gestione della repubblica, della «cosa pubblica»?

3 **Fantapolitica** In coppia, leggete la definizione e poi rispondete alle domande.

La fantapolitica è un genere narrativo nato sul modello della fantascienza. Invece di eventi scientifici, tratta di eventi politici in un mondo immaginario. Ha avuto grande successo nella seconda metà (*half*) del ventesimo secolo.

1. Puoi fare un esempio di due o tre romanzi o film fantapolitici?

2. Qual è lo scopo dei racconti di fantapolitica? Ti piace questo genere? Perché?

3. Perché uno scrittore dovrebbe inventare una cornice (*frame*) fittizia per discutere di problemi politici contemporanei? Perché non trattarli direttamente?

 Practice more at **immagina.vhlcentral.com**.

La COMPRA della REPUBBLICA

GIOVANNI PAPINI

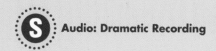

New York, 22 Marzo

In questo mese ho comprato una Repubblica. Capriccio° costoso e che non avrà continuazioni. Era una voglia che avevo da molto tempo e ho voluto liberarmene°. Esser padroni d'un paese immaginavo che desse° più gusto°.

L'occasione era buona e l'affare è stato concluso° in pochi giorni. Il Presidente aveva l'acqua alla gola°: il suo ministero, composto di° suoi clienti, era in pericolo°. Le casse° della Repubblica eran vuote: imporre nuove tasse sarebbe stato il segnale del rovesciamento° di tutto il clan al potere –forse d'una rivoluzione. C'era già un generale che armava bande d'irregolari° e prometteva cariche e impieghi al primo venuto°.

Un agente americano ch'era sul posto° mi avvertì°. Il ministro de la Hacienda corse° a New York: in quattro giorni ci mettemmo d'accordo°. Anticipai° alcuni milioni di dollari alla Repubblica e di più° assegnai° al Presidente, a tutti i ministri ed ai loro segretari uno stipendio doppio° di quello che ricevono dallo stato. Mi hanno dato in pegno° –senza che il popolo lo sappia°– le dogane° e i monopoli. Di più il Presidente e i ministri hanno firmato° un covenant segreto, che mi dà praticamente il controllo su tutta la vita della Repubblica. Benché° io sembri, quando vado là, un semplice ospite di passaggio° sono, in realtà, il padrone quasi assoluto del paese. In questi giorni ho dovuto dare una nuova sovvenzione°, assai° forte, per il rinnovamento° del materiale° dell'esercito e mi sono assicurato°, in contraccambio°, nuovi privilegi.

Lo spettacolo, per me, è abbastanza divertente. Le Camere continuano a legiferare, in apparenza° libere; i cittadini s'immaginano sempre che la Repubblica sia autonoma e indipendente e che dalla loro volontà dipenda il corso° delle cose. Non sanno che tutto ciò che s'illudono°

di possedere –vita, averi°, diritti civili– dipende in ultima istanza° da uno straniero° a loro sconosciuto°, cioè° da me.

Domani posso ordinare la chiusura° del Parlamento, una riforma della costituzione, il raddoppiamento° delle tariffe doganali, la cacciata° degli immigrati. Potrei, se mi piace, rivelare gli accordi segreti della camarilla° ora dominante e rovesciare così il governo, dal Presidente all'ultimo segretario. E non mi sarebbe impossibile spingere° il paese che ho nelle mani a dichiarar guerra a una delle Repubbliche sue confinanti°.

Questa potenza° occulta° ma illimitata mi ha fatto passare qualche ora piacevole°. Subire° tutte le noie° e le servitù° della commedia politica è una fatica bestiale°; ma essere il burattinaio che, dietro la tenda°, può sollazzarsi a tirare i fili° dei fantocci obbedienti a ogni suo moto°, è un voluttuoso mestiere. Il mio disprezzo° degli uomini vi trova un saporoso° nutrimento° e mille conferme°.

Io non sono che° il Re in incognito d'una piccola Repubblica in dissesto° ma la facilità colla quale° sono giunto° a impadronirmene° e l'evidente interesse di tutti gli iniziati° di conservare il segreto, mi fa pensare che altre nazioni, e assai° più vaste° e importanti della mia Repubblica, vivano, senza accorgersene°, in una simile dipendenza da misteriosi sovrani° stranieri. Occorrendo° assai più denaro per l'acquisto° si tratterà°, invece che d'un solo padrone, com'è il mio caso, d'un trust, d'un sindacato° d'affari, d'un gruppo ristretto° di capitalisti o di banche.

Ma ho fondati sospetti° che altri paesi siano effettivamente governati da piccoli comitati di re invisibili, noti° soltanto° ai loro uomini di fiducia che seguitano a° recitare con naturalezza la parte di capi legittimi. ∎

**Glosse (margini):**

- Whim
- satisfy it — 5
- would give/satisfaction
- has been reached
- was in deep waters
- made of — 10
- danger/coffers
- overturning
- of non-professional soldiers — 15
- just anybody
- on location
- told me
- ran — 20
- we came to an agreement/ I gave as a deposit
- moreover
- I gave
- double
- assigned me — 25
- knowing it/customs
- have signed
- Even though — 30
- passing guest
- subsidy/very — 35
- renewal/gear
- I insured for myself/ in exchange
- apparently — 40
- the course
- they flatter themselves — 45

- possessions
- on the last appeal
- foreigner/ unknown/that is
- shutting down
- redoubling — 50
- expulsion
- clique, lobby — 55
- to push
- bordering
- power/hidden — 60
- pleasant
- Enduring/drags/ obligations
- very hard work (lit. bestial labor)
- curtain
- amuse himself/pulling the threads — 65
- every move of his
- disdain
- tasty
- nourishment/ corroborations
- I am nothing but — 70
- malfunctioning
- ease with which/ I have come
- to own it
- initiates, people in the know — 75
- much/ bigger
- realizing it
- kings/Given that is needed
- purchase/it must be — 80
- union
- restricted, small
- firm suspicions — 85
- known/only
- keep on
- 90

Analisi

1

Comprensione Collega le frasi seguendo la logica.

1. Questo mese il narratore _____
2. Il popolo di questa Repubblica _____
3. Prima di vendere la Repubblica, il governo _____
4. Dopo l'accordo di vendita, il governo _____
5. Come padrone della Repubblica, il narratore _____

a. era in pericolo.
b. ha l'illusione di avere diritti civili.
c. è come un burattinaio che controlla il paese.
d. ha firmato un covenant segreto che concede il controllo totale della Repubblica al narratore.
e. ha deciso di comprare la Repubblica.

2

Interpretazione del testo

A. Scegli la risposta giusta.

1. Il narratore compra una Repubblica _____.
   a. a caro prezzo, esagerando con la spesa   b. ma non paga: avevano bisogno di lui e gliel'hanno regalata   c. a un buon prezzo e offre qualcosa in più per avere il potere assoluto   d. per poche lire

2. Secondo questo racconto di fantapolitica _____.
   a. la democrazia vera è un'illusione   b. le forze che governano un paese non sempre sono visibili   c. le democrazie moderne sono sofisticati strumenti di manipolazione delle masse   d. tutt'e tre

3. L'acquisto del paese dà al narratore _____.
   a. un piacere immenso perché può occuparsi di politica   b. un divertimento piacevole perché può controllare tutto dietro le quinte (*behind the scenes*)   c. un piacere minimo perché la politica è una noia   d. un piacere moderato perché in fondo preferirebbe giocare a golf

4. Qual è la preoccupazione del narratore circa la politica mondiale?
   a. Paesi anche più grandi del suo sono governati da altri re invisibili.
   b. In politica nulla è come appare.   c. Spesso gli interessi di un paese sono legati a banche e trust di cui la gente non sa nulla.   d. tutt'e tre

B. In coppia, date un perché a tutte le domande a cui avete risposto **d**.

3

Immaginate Quali sono le differenze tra i cittadini della Repubblica comprata ed il narratore burattinaio? Metti gli aggettivi nella colonna appropriata. Usa il dizionario per cercare gli aggettivi che non conosci. Dopo, in coppia, confrontate le vostre scelte. Sono simili? Quali sono le differenze?

	I cittadini	Il narratore
capriccioso		
irrequieto		
opportunista		
annoiato		
ignaro		

	I cittadini	Il narratore
divertito		
onnipotente		
guerrafondaio		
perplesso		
ingenuo		

4

Discussione In coppia, rispondete alle seguenti domande.

1. Gog è un miliardario, quindi può permettersi di comprare un paese. Perché lo fa secondo te?

2. A chi parla il narratore? Il brano che hai letto, secondo te, è una lettera, oppure una pagina di diario o un pensiero scritto su un foglio? Tu scrivi mai pensieri simili?

3. Il narratore usa parole straniere (*hacienda*, *camarilla*, *trust*): perché? Qual è l'effetto che desidera ottenere? Ricorda che sotto il fascismo non si potevano usare parole straniere.

4. Perché lo scritto indica come luogo di scrittura New York?

5. *Gog* è una raccolta (*collection*) di pensieri di un pazzo (*madman*), affidati (*entrusted*) all'autore che li pubblica con un'introduzione. Secondo te, perché Papini sceglie questo formato per scrivere *Gog*? Non sarebbe stato più semplice scrivere i pensieri come suoi? Che libertà gli dà usare un narratore fittizio?

5

Opinioni Con un(a) compagno/a, rispondete alle seguenti domande.

1. Il narratore paga per poter fare tutto quello che vuole. Secondo te, questo è vero sempre? Ci sono cose che non si possono comprare? Per esempio?

2. I cittadini della Repubblica comprata pensano di essere liberi di promulgare leggi e vivere come sempre. Pensi mai che la libertà che credi di avere sia solo apparente? Pensa a un esempio di libertà non vera.

3. Il narratore dice che potrebbe scatenare (*start*) una guerra per capriccio. Secondo te, a volte le guerre scoppiano così? Quali sono i motivi di una guerra?

4. Il narratore dice che si diverte a fare il burattinaio. Tu come sei? Protagonista o regista? Preferisci apparire o tirare i fili dietro le quinte?

6

Potere politico

A. In gruppi di tre o quattro, pensate a romanzi, poesie, film, opere di teatro o dipinti che parlano del potere politico (in modo fantastico o realistico) e scrivete se sono efficaci o no e perché.

- Titolo
- Problema trattato
- Genere (romanzo, film ecc.)
- Come? (Descrivi con una frase)

B. Ora condividete l'informazione della **parte A** con gli altri gruppi in classe. Avete delle opere in comune? Siete d'accordo con quello che pensano gli altri? Discutete e prendete appunti.

C. Pensate a quale problema politico vorreste illustrare in una vostra opera d'arte (film, romanzo, documentario, poesia ecc.) e poi condividete le vostre idee con il resto della classe.

7

Scrittura Scegli uno di questi argomenti e scrivi una breve composizione.

A. Ti piacerebbe avere un tuo paese? Che tipo di governo adotteresti? Perché? Come ti immagini l'organizzazione del tuo paese? Pensa a esempi specifici (tipo di scuole, organizzazione della giornata, obblighi, divieti, divertimenti ecc.).

B. Secondo te, quali sono le responsabilità di un capo di governo? Deve essere onesto e trasparente o tenere alcune cose nascoste per il buon funzionamento del paese? Esprimi la tua opinione.

> Nota
> **CULTURALE**
>
> Il regime fascista (1922-1943), coerente con la sua ideologia nazionalista e xenofoba, proibì l'uso di termini stranieri. Ad esempio, era vietato (*forbidden*) usare il **Lei** nelle conversazioni formali perché, sosteneva il fascismo, questo pronome soggetto ha origini spagnole; bisognava invece usare il **Voi**. Termini come *chauffeur*, *sandwich* e *bar* vennero aboliti e sostituiti rispettivamente con gli italianissmi **autista**, **tramezzino** e **mescita**. Curiosamente, alcuni di questi nuovi termini sono entrati nell'uso comune: si dice ancora, ad esempio, **tramezzino** ed **autista**, mentre **mescita** è una parola in disuso. E gli italiani continuano a darsi tranquillamente del **Lei**.

Practice more at
immagina.vhlcentral.com.

Laboratorio di scrittura

Preparazione: La conclusione

L'introduzione e la conclusione sono le due parti della tesi che richiedono maggior lavoro di scrittura. Per questa ragione, sono le due parti che devono essere scritte con maggior attenzione perché costituiscono la struttura della tesi.

Una buona conclusione deve:

- far riferimento alla tesi iniziale e rinforzarla
- sintetizzare i punti principali
- lasciare un'impressione finale chiara
- essere scritta nello stesso registro del resto del saggio

Una buona conclusione non deve:

- limitarsi a ripetere la tesi iniziale
- introdurre nuovi argomenti
- includere argomenti aggiuntivi
- introdurre la tesi per la prima volta

Una buona conclusione può:

- impostare nuove domande
- includere una citazione che sintetizza le idee dello scrittore

Pratica In coppia, rileggete ed esaminate la conclusione di uno dei brani in questa lezione o in quelle precedenti. In base alle caratteristiche che definiscono una buona conclusione, come definireste la conclusione del brano? Quali cambiamenti potrebbero essere fatti?

Requisiti

1. Il tuo saggio deve far riferimento ad uno o due dei quattro brani studiati in questa lezione e contenuti in **Cortometraggio**, **Immagina**, **Cultura** e **Letteratura**, oppure studiati nelle lezioni precedenti.

2. La parte finale del tuo saggio deve rispettare le caratteristiche di una buona conclusione.

3. Il saggio deve essere lungo almeno due pagine.

Saggio Scegli uno di questi argomenti e scrivi un saggio.

1. Anche se viviamo in una realtà sempre più multietnica, la diffidenza (*mistrust*) nei confronti dell'«altro» è sempre presente. I confini tra le nazioni sono una necessità che assicura protezione oppure un'imposizione alla libera circolazione delle persone?

2. In un mondo che cambia demograficamente, molti vivono in condizioni di clandestinità ed hanno bisogno di aiuto. Secondo te, è giusto aiutare se questo significa non rispettare la legge?

3. La Seconda Guerra Mondiale, con l'Olocausto degli ebrei, ha cambiato per sempre il mondo, ma le guerre continuano in varie parti del pianeta. Perché i potenti non sembrano aver imparato dal genocidio di quella guerra a rispettare gli «altri». Perché si continua a combattere?

La giustizia e la politica

Audio: Vocabulary
Flashcards

Le leggi e i diritti

la cittadinanza *citizenship*
la criminalità *crime*
il crimine *crime*
i diritti umani *human rights*
l'emigrazione (f.) *emigration*
la giustizia *justice*
l'immigrazione (f.) *immigration*
la libertà *freedom*
l'uguaglianza *equality*

abusare *to abuse*
approvare/passare una legge
  to pass a law
difendere *to defend*
giudicare *to judge*
imprigionare *to imprison*

analfabeta *illiterate*
colpevole *guilty*
(in)giusto/a *(un)fair*
ineguale *unequal*
innocente *innocent*
(il)legale *(il)legal*
oppresso/a *oppressed*
uguale *equal*

La politica

l'abuso di potere *abuse of power*
la crudeltà *cruelty*
la democrazia *democracy*
la dittatura *dictatorship*
l'esercito *army*
il governo *government*
la guerra (civile) *(civil) war*
la pace *peace*
il partito politico *political party*
la politica *politics*
la sconfitta *defeat*
la vittoria *victory*

dedicarsi a *to dedicate oneself to*
eleggere *to elect*
governare *to govern*
influenzare *to influence*
vincere/perdere le elezioni *to win/
  lose the election*
votare *to vote*

conservatore/conservatrice
  conservative

liberale *liberal*
moderato/a *moderate*
pacifico/a *peaceful*
pacifista *pacifist*
potente *powerful*
vittorioso/a *victorious*

La gente

l'attivista (m., f.) *activist*
l'avvocato (m., f.) *lawyer*
il/la criminale *criminal*
il/la deputato/a *congressman/
  congresswoman*
il/la giudice *judge*
la giuria *jury*
il/la ladro/a *thief*
il/la politico/a *politician*
il/la presidente *president*
il/la terrorista *terrorist*
il/la testimone *witness*
la vittima *victim*

La sicurezza e i pericoli

l'arma *weapon*
la minaccia *threat*
la paura *fear*
il pericolo *danger*
lo scandalo *scandal*
la sicurezza *security, safety*
il terrorismo *terrorism*
la violenza *violence*

combattere *to fight*
promuovere *to promote*
salvare *to save*
spiare *to spy*

Cortometraggio

il boccaglio *snorkel*
la camera d'aria *inner tube*
il clandestino *illegal immigrant*
il faro *lighthouse*
la guardia costiera *coast guard*
la maschera *mask*
la muta *wet suit*
il naufrago *castaway*
le pinne *flippers*
la poppa *stern*

la prua *bow*
il punto di riferimento
  reference point
la spigola *bass (fish)*
il subacqueo *scuba diver*

pescare *to fish*

inaffidabile *unreliable*
nascosto/a *hidden*
salvo/a *safe*

promesso *promised*

Cultura

l'accordo *agreement*
la bandiera *flag*
il confine *(national) boundary*
il consiglio *council*
la crescita *growth*
la guerra mondiale *world war*
l'inno *anthem*
l'integrazione *integration*
il multilinguismo *multilinguism*
la potenza *power*
lo scambio *exchange*
il trattato *treaty*
la valuta *currency*
il vantaggio *advantage*
la volontà *willingness*

Letteratura

l'accordo *agreement*
l'affare *deal*
l'apparenza *appearance*
il burattinaio *puppeteer*
il capo *leader*
la carica *post*
il fantoccio *puppet*
la fiducia *trust*
l'impiego *job*
il padrone *owner, boss*

imporre *to impose*
legiferare *to legislate*
possedere *to own*
rovesciare *to overturn*

autonomo/a *self-governing*
obbediente *obedient*

Le generazioni in movimento

Il legame (*relationship*) tra genitori e figli è indissolubile, anche se con il tempo cambia. Da bambini garantisce sicurezza, protezione e una prima identità. Poi, durante l'adolescenza, spesso diventa conflittuale. In genere si trasforma in un trampolino da cui prendere il volo per crescere e diventare persone autonome e complete. Ti senti pronto e forte abbastanza per volare? Come giudichi (*judge*) il tuo legame con le generazioni che ti hanno preceduto?

163

184

Destinazione:
SICILIA E SARDEGNA

SARDEGNA

SICILIA

In famiglia Audio: Vocabulary

I rapporti di parentela

il/la (bis)nonno/a *(great-) grandfather/grandmother*
il/la cugino/a *cousin*
il/la figlio/a (unico/a) *son/daughter; (only) child*
il/la figlioccio/a *godson/goddaughter*
il/la gemello/a *twin*

il genero *son-in-law*
il genitore (single) *(single) parent*
la madrina *godmother*
il marito *husband*
la moglie *wife*
il/la nipote *nephew/niece; grandson/granddaughter*
la nuora *daughter-in-law*
il padrino *godfather*
il/la parente *relative*
la parentela *relatives; family relationship*
lo/la sposo/a *groom/bride*

il/la suocero/a *father-/mother-in-law*
lo/la zio/a *uncle/aunt*

adottivo/a *adopted; adoptive*
imparentato/a *related*
lontano/a *distant*
materno/a *maternal*
paterno/a *paternal*

aspettare un figlio *to be expecting (a baby)*
essere incinta *to be pregnant*

Le tappe della vita

l'età adulta *adulthood*
la giovinezza *youth*
l'infanzia *childhood*
la maturità *maturity*
la morte *death*
la nascita *birth*
la vecchiaia *old age*

Le generazioni

l'antenato *ancestor*
le radici *roots*
il salto generazionale *generation gap*

il soprannome *nickname*

assomigliare *to resemble*
ereditare *to inherit*
sopravvivere *to survive*

La vita in famiglia

diventare indipendente *to become independent*
educare *to raise*
essere desolato/a *to be sorry*
litigare *to quarrel, to fight*
pentirsi *to regret*
punire *to punish*
rimproverare *to scold*

sormontare *to overcome*
trasferirsi *to move*
viziare *to spoil*

La personalità

il carattere *personality*

affiatato/a *close-knit*
amabile *lovable*
autoritario/a *bossy*

codardo/a *coward*
egoista *selfish*
furbo/a *sly, shrewd*
insopportabile *unbearable*
maleducato/a *bad-mannered*
possessivo/a *possessive*
remissivo/a *submissive*
ribelle *rebellious*

severo/a *strict*
socievole *sociable; friendly*
testardo/a *stubborn*
vanitoso/a *vain*
vivace *lively*

Nota CULTURALE

In Italia le famiglie allargate (*extended*) sono una nuova realtà e anche se ci sono parole per parlare di questi rapporti di parentela, esse vengono percepite come dispregiative e quindi sono poco usate.

il patrigno *stepfather*
la matrigna *stepmother*
il figliastro *stepson*
la figliastra *stepdaughter*
il fratellastro *half-brother*
la sorellastra *half-sister*

Pratica

1 **La parentela** Completa le frasi con la forma corretta delle parole nel riquadro.

amabile	litigare	padrino
autoritario	madrina	paterno
carattere	materno	pentirsi

1. Di solito, i miei fratellini gemelli _____ per i giocattoli.
2. I fratelli di mio padre sono i miei zii _____.
3. Al battesimo, la _____ ed il _____ erano molto emozionati.
4. Mio nonno ha un _____ molto tranquillo. Mia nonna, invece, è un po'_____.

2 **Indovinelli** Risolvi gli enigmi. Indovina i membri della famiglia e la loro personalità utilizzando solo le parole studiate in questa lezione.

1. Non ho né fratelli né sorelle e non mi piace condividere le mie cose con gli altri.
2. Pretendo (*I expect*) molto dai miei figli: devono essere bravi a scuola, fare sport e mangiare frutta e verdura.
3. L'apparenza è molto importante per me. Mi piace vestire bene e alla moda, ci tengo a fare bella figura quando vado a casa della mamma di mia moglie.
4. Sono il fratello della mamma. Mi piace fare tanti regali ai figli di mia sorella.
5. Sono il figlio della sorella del papà. Sono sempre pieno di vita; mi piace giocare, correre e fare scherzi.

3 **Biografia** Scrivi la biografia di una persona famosa o inventata e utilizza almeno otto parole della lista. Usa la nota culturale come esempio.

amabile	egoista	nonno/a	soprannome
assomigliare	figlio/a	rapporto	trasferirsi
educare	infanzia	socievole	viziare

4 **A pranzo** Descrivete le persone nella foto.

- Quante generazioni sono rappresentate?
- Qual è il loro rapporto di parentela?
- Immaginate com'è la loro vita familiare: sono rispettosi? I bambini sono viziati? Sono ribelli o educati? Spesso vengono sgridati (*scolded*) o puniti? I genitori sono autoritari o comprensivi?

Practice more at **immagina.vhlcentral.com.**

Nota
CULTURALE

Giuseppe Tomasi di Lampedusa (1896–1957) nacque a Palermo il 23 dicembre 1896. Figlio di genitori aristocratici, Giuseppe era molto legato alla madre, mentre con il padre i rapporti erano freddi perché non approvava l'amore di suo figlio per la letteratura. Anche la nonna fu una figura importante nella vita del giovane Giuseppe; fu lei che gli fece leggere i romanzi di **Emilio Salgari**. Dopo la morte della sorella Stefania a causa di una malattia, rimase figlio unico. Nel 1932 sposò **Alessandra Wolf-Stomersee**, figliastra di uno zio. Il suo romanzo più noto è Il **Gattopardo**, libro che divenne ancora più famoso dopo che il regista **Luchino Visconti** lo utilizzò per fare un film.

Preparazione

Vocabolario del cortometraggio

accomodarsi *to make oneself comfortable*

avvicinarsi *to go/come near*

cercare *to look for*

il/la fidanzato/a *boyfriend/ girlfriend*

la lavatrice *washing machine*

l'ordigno *bomb*

il rinforzo *reinforcement*

sorridere *to smile*

stare in fila *to stand in line*

lo zainetto *small backpack*

Vocabolario utile

la bambola *doll*

il banco *(check-in) counter*

la cabina di controllo *cockpit*

i carabinieri *military police*

fare il bucato *to do the laundry*

il nastro trasportatore *luggage carousel/moving walkway*

ESPRESSIONI

fidati di me *trust me*

rompere le scatole *to be a pain in the neck*

senti un po' *hey, listen*

stare insieme *to be together (dating)*

---

1 **Collegamenti** Completa le frasi.

1. Se chiamiamo i rinforzi _____
2. Cerchiamo un oggetto quando _____
3. Quando una persona sorride _____
4. Un ordigno è _____
5. I carabinieri _____
6. I fidanzati _____
7. All'aeroporto si va al banco _____
8. Il nastro trasportatore _____

a. non riusciamo a trovarlo.
b. una bomba.
c. vuol dire che abbiamo bisogno di appoggio.
d. ha l'aria di essere felice.
e. per fare il check in.
f. sono innamorati.
g. sono la polizia militare italiana.
h. porta i bagagli.

2 **Sondaggio**

A. Trova qualcuno che da bambino/a...

1. ...andava a scuola a piedi da solo/a: quanti anni aveva?
2. ...faceva il bucato: quanti anni aveva?
3. ...aiutava i genitori in casa: cosa faceva?
4. ...si è perso/a: dove?
5. ...andava a fare la spesa: cosa comprava?
6. ...ha preso l'aereo o il treno da solo/a: per andare dove?

B. Confronta i tuoi risultati con gli altri.

3

In viaggio In coppia, parlate delle vostre esperienze di viaggio.

1. Qual è stato il tuo viaggio più interessante? Perché?
2. Hai mai perso il tuo bagaglio? L'hai poi ritrovato?
3. Ti sei mai perso/a in una città che non conoscevi? Cos'è successo?
4. Qual è la cosa più strana che hai visto viaggiando?
5. Ti piace viaggiare in auto, in treno o preferisci l'aereo?
6. Hai mai fatto un viaggio con la tua famiglia? Dove siete andati?

4

La valigia Con un(a) compagno/a vi state preparando per un viaggio. Insieme, decidete dove andare e con chi; poi fate delle liste.

- Compagni di viaggio
- Mezzi di trasporto
- Destinazione
- Durata
- Luoghi da visitare (monumenti, parchi, spiagge ecc.)
- Abbigliamento
- Cose indispensabili
- Cose utili
- Cose superflue ma divertenti

5

Immaginiamo

A. Guardate le immagini e inventate una storia.

- Chi è il protagonista? Come si chiama?
- Cosa sta facendo?
- Dove sta andando? Perché?
- Cosa gli succederà?

B. Adesso presentate la vostra storia agli altri studenti.

6

Generazioni Parlate della vostra infanzia rispondendo a turno alle domande.

1. I tuoi genitori erano molto protettivi? Perché sì o perché no?
2. Quando eri piccolo/a, c'era un'attività che ti faceva sentire «grande» e indipendente? Quale?
3. Hai mai dovuto prenderti cura di (*take care of*) un fratellino o di una sorellina?
4. Ti ricordi se i tuoi nonni avevano opinioni diverse da quelle dei tuoi genitori?
5. Hai mai cercato di chiedere il permesso di fare qualcosa ad un genitore più permissivo dopo che l'altro ti aveva già detto di no?
6. Quanti anni avevi la prima volta che sei uscito/a da solo/a con gli amici? Dove siete andati?
7. Quando avrai dei figli, pensi che li lascerai andare a scuola da soli? Perché?
8. Secondo te, è giusto che i genitori abbiano regole diverse per i figli maschi e le figlie femmine? Perché?

Trama *Paolo e Alice, due bambini che s'incontrano per caso all'aeroporto di Roma, vivono in un mondo completamente diverso da quello dei loro genitori.*

PAPÀ DI ALICE Pronta? Andiamo! Non essere triste. Papà questo weekend ha avuto molto da fare. Ti vengo a trovare presto. Te lo prometto.

PAOLO Mi scusi, le posso rubare il giornale per un paio di minuti?
SIGNORA Prego, prego!

ALICE Mi chiamo Alice.
PAOLO Io Paolo e mia mamma fa la *hostess*. Sta tornando da Londra.

PAPÀ DI ALICE Dov'è finita? L'ho lasciata qui con un bambino…
IMPIEGATA Non si preoccupi: la cerchiamo subito.
PAPÀ DI ALICE Ma subito, però!

ALICE Senti un po', ma tu ce l'hai la fidanzata?
PAOLO No e tu?

MAMMA DI PAOLO Ma dov'è mio figlio?
PAPÀ DI ALICE Non lo so, è sparito° con mia figlia…

sparito *disappeared*

Nota CULTURALE

Come si arriva all'aeroporto di Roma?

Il treno Fiumicino–Termini collega l'aeroporto Leonardo da Vinci con la stazione dei treni Termini al centro di Roma. Il treno più rapido, che non fa fermate intermedie, si chiama «Leonardo Express» e parte ogni mezz'ora nei due sensi (*directions*). È un viaggio di circa 31 minuti. Una volta arrivati alla stazione, si possono prendere gli autobus o la metropolitana per spostarsi (*move*) all'interno della capitale, oppure un altro treno per raggiungere (*reach*) altre destinazioni italiane o europee.

Sullo SCHERMO

Associa i personaggi con le azioni.

1. Paolo _____
2. Il papà di Alice _____
3. Alice _____
4. La mamma di Paolo _____
5. Paolo e Alice _____
6. I carabinieri _____
7. Il treno _____
8. I passeggeri _____
9. La mamma di Alice _____
10. I bagagli _____

a. gioca con le Barbie.
b. è sempre al telefono.
c. torna da Londra.
d. trovano lo zainetto.
e. fa il bucato in lavatrice.
f. parte dalla stazione.
g. si baciano.
h. abita a Parigi.
i. arrivano sul nastro trasportatore.
l. fanno la fila.

Analisi

1

Vero o falso? Indica se le affermazioni corrispondono alla storia del corto. Dopo, in coppia, correggete le affermazioni false.

Vero	Falso	
☐	☐	1. Alice e Paolo s'incontrano all'aeroporto.
☐	☐	2. Il papà di Alice fa il pilota.
☐	☐	3. Paolo va spesso all'aeroporto ad aspettare la mamma.
☐	☐	4. La signora sul treno è preoccupata perché Paolo è da solo.
☐	☐	5. La mamma di Paolo torna da Parigi.
☐	☐	6. Il papà di Alice è disperato quando non la trova più.
☐	☐	7. L'impiegata aiuta il papà a cercare Alice.
☐	☐	8. Dopo essersi baciati, Alice e Paolo si sentono fidanzati.

2

Comprensione Come si sentono i personaggi?

1. Quando il papà parla al telefono, Alice si sente _____.
   a. ignorata   b. felice   c. indipendente

2. Quando incontra Paolo, Alice è _____.
   a. curiosa   b. triste   c. sospettosa

3. All'inizio del corto, il papà di Alice è _____.
   a. preoccupato di andare all'aeroporto   b. preoccupato per il suo lavoro
   c. preoccupato per Alice

4. La mamma di Paolo _____.
   a. è avventurosa e vuole ripartire subito   b. è stanca e vuole tornare a casa
   c. non riconosce lo zainetto di Paolo

5. Quando salgono sull'aereo segreto, Paolo e Alice si sentono _____.
   a. liberi   b. abbandonati   c. arrabbiati

6. Quando comincia a giocare con Alice, Paolo non è più _____.
   a. indipendente   b. solo   c. avventuroso

3

Paolo e Alice

A. Descrivi i due protagonisti del corto con le parole più adatte della lista.

allegro	avventuroso	gentile	(ir)responsabile	simpatico
arrabbiato	(in)dipendente	preoccupato	serio	triste

Paolo	
Alice	

B. In coppia, aggiungete delle altre caratteristiche, gusti, difetti e qualità di Paolo e Alice.

C. Adesso descrivete con le caratteristiche opportune il papà di Alice e la mamma di Paolo, usando le parole del vocabolario e aggiungendone delle altre.

4

Punti di vista

A. In coppia, descrivete come i personaggi vedono la stessa cosa diversamente.

Modello **il giornale**
Paolo: È importante essere informati! / Il ragazzo medio: Che noia!

Oggetto/Situazione	Reazioni			
l'aeroporto	la mamma	Paolo	il papà	Alice
il telefono	il papà	Alice	la signora in treno	il carabiniere
lo zainetto	i carabinieri	l'impiegata	la mamma	il papà
l'aereo	Alice	Paolo	i passeggeri	la hostess
le bambole	Alice	Paolo	gli adulti	tu

B. In coppia, rispondete alle domande.

- Perché le reazioni sono così diverse?
- Con chi ti identifichi di più riguardo ogni oggetto o situazione? Perché?

5

Opinioni Siete d'accordo o no con queste affermazioni? Rispondete individualmente e poi spiegate le vostre ragioni in coppia.

Affermazione	Sono d'accordo perché…	Non sono d'accordo perché….
I genitori non devono mai lasciare i loro bambini da soli.		
La famiglia non è più importante come una volta.		
La sicurezza negli aeroporti è eccessiva.		
I bambini devono imparare ad essere indipendenti.		
Non bisogna mai parlare con gli sconosciuti.		
In una famiglia tutti i membri devono partecipare alle attività domestiche.		

6

Interpretiamo Improvvisate un dialogo basato su una di queste situazioni e recitatelo davanti alla classe.

A

La mamma di Paolo e il papà di Alice vanno a cena fuori per conoscersi meglio. Si accorgono di avere molto in comune. Di cosa parlano? Che programmi fanno?

B

Una famiglia è all'aeroporto. C'è molta confusione: la linea aerea ha perso il bagaglio, i bambini hanno fame, i genitori si innervosiscono, i telefonini squillano. I genitori si distraggono per un momento e quando si guardano intorno si accorgono che uno dei due bambini non c'è più. Cosa fanno per ritrovarlo?

7

Scriviamo Hai mai incontrato una persona che ti ha mostrato il mondo in maniera diversa o che ti ha fatto capire una cosa molto importante? Racconta l'episodio in uno o due paragrafi.

Practice more at
immagina.vhlcentral.com.

IMMAGINA

 Reading

Due isole che parlano

La **Sicilia** e la **Sardegna** sono le due isole più grandi del **Mediterraneo**, famose per la bellezza delle coste, per le acque cristalline del loro mare e per il clima mite° che permette la crescita° di una vegetazione mediterranea.

Sono regioni con un passato intenso, che ha visto alternarsi° tante dominazioni, le cui testimonianze° sono visibili in molti monumenti.

I templi di **Segesta** e **Agrigento** in Sicilia sono simboli della colonizzazione dei Greci. I mosaici della **Villa romana** di **Piazza Armerina** ci parlano dell'epoca in cui i Romani furono sull'isola. Numerosi sono anche i segni lasciati da altri popoli come il quartiere arabo della **Kalsa** a Palermo, il **Duomo** normanno di **Monreale** e la **Cappella Palatina** a Palermo e il **Duomo** aragonese di **Enna**.

Anche la Sardegna è stata a lungo° un luogo di conquiste: Cartaginesi, Romani, Vandali, Arabi, Pisani e altri hanno lasciato tracce° di sé. A Cagliari possiamo ammirare la necropoli cartaginese di **Tuvixeddu**, i resti dell'anfiteatro romano e le chiese in stile romanico di epoca pisana. A **Porto Torres** ci sono rovine° di templi romani, ad **Assemini** ci sono la bellissima chiesa bizantina di San Giovanni e quella di San Pietro in stile gotico. E molti ancora sono i tesori artistici di inestimabile valore in tutte e due isole.

La mescolanza° di tante culture non è presente soltanto nell'arte e nell'architettura, ma in ogni aspetto della vita siciliana e sarda: dalla cucina, alla musica, alla lingua.

In entrambe° le isole si registrano idiomi° originali, il **siculo** e il **sardo**, affascinanti e misteriosi, che si tramandano° da tempi antichissimi. Le popolazioni delle isole hanno sempre lottato° per la sopravvivenza° delle loro lingue, minacciate° non solo dalle influenze linguistiche dei vari colonizzatori, ma, in tempi recenti, dalla lingua italiana, arrivata con i mezzi di comunicazione di massa°.

Stemma (*coat of arms*) Regione Sicilia

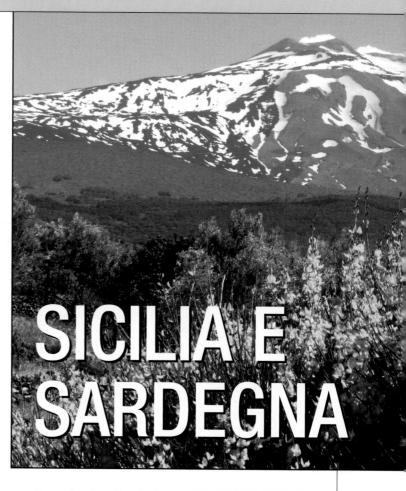

SICILIA E SARDEGNA

Per contrastare il pericolo di estinzione del siculo e del sardo, negli ultimi anni sono nati movimenti che hanno lottato per la loro riscoperta° e rivalutazione°. La lingua sicula e la lingua sarda oggi hanno dizionari, vocabolari, grammatiche e siti web, oltre ad un significativo patrimonio letterario°, musicale e teatrale. La lingua sarda ha due varianti° principali, a nord il **logudorese-nuorese** e a sud il **campidanese**. Dal 1997 il sardo è lingua ufficiale insieme alla lingua italiana ed è usata nei documenti ufficiali così come nei segnali stradali. Il siculo è oggi parlato da cinque milioni di siciliani in Sicilia e da moltissimi emigrati all'estero. Negli Stati Uniti, in particolare a New York, esiste il **Siculish**, un misto di siciliano e inglese. Insomma, le identità sarda e siciliana sono ancora forti anche quando convivono con l'identità nazionale italiana.

In più...

La Sicilia e le varie isole che la circondano si trovano in una zona con un'intensa attività vulcanica. Ci sono tre vulcani, unici per le loro caratteristiche: l'**Etna**, che alterna periodi di inattività ad eruzioni; **Vulcano**, che dorme per lunghi periodi ma ha eruzioni violente; e **Stromboli**, che erutta circa ogni ora!

mite *mild* **crescita** *growth* **alternarsi** *alternate; follow one another* **testimonianze** *witnesses* **a lungo** *for a long time* **tracce** *traces* **rovine** *ruins* **mescolanza** *mixture* **entrambe** *both* **idiomi** *languages* **si tramandano** *are handed on* **lottato** *struggled* **sopravvivenza** *survival* **minacciate** *threatened* **mezzi...** *mass media* **riscoperta** *rediscovery* **rivalutazione** *revaluation* **patrimonio letterario** *literary heritage* **varianti** *varieties*

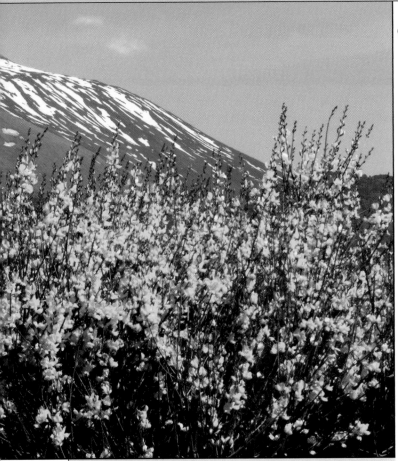

Vero o falso? Indica se ogni frase è **vera** o **falsa**. Correggi le frasi false.

1. La Sicilia e la Sardegna sono le due isole maggiori del mar Mediterraneo.

2. I Greci e/o i Romani hanno colonizzato le due isole.

3. Il quartiere della Kalsa si trova in Sardegna.

4. La mescolanza delle culture è visibile solo nell'arte.

5. Televisione e stampa hanno minacciato di estinzione le due lingue.

6. La lingua sarda, oggi, è solo orale.

7. Vucciria e Ballarò sono due piazze di Palermo.

8. I fenicotteri rosa si fermano negli stagni di Cagliari durante le migrazioni.

Quanto hai imparato? Rispondi alle domande.

1. Quali sono le caratteristiche naturali più famose della Sicilia e della Sardegna?

2. Che cosa sono il siculo e il sardo?

3. Quali sono state le minacce più pericolose per il siculo e per il sardo?

4. Quali sono le caratteristiche dei tre vulcani siciliani?

5. Che cos'è la Conca d'Oro?

6. Di che cosa si nutrono i fenicotteri negli stagni di Cagliari?

7. Quali sono state alcune dominazioni a Palermo?

8. Che caratteristica ha l'area degli stagni di Cagliari?

Palermo Palermo, capulugo della regione Sicilia, sorge nella **Conca d'Oro**, una pianura sul mar Tirreno circondata da° montagne. La città, fondata dai **Fenici**° nel 735 a.C., è stata conquistata da numerose popolazioni: Romani, Bizantini, Arabi e Normanni i cui monumenti in stili diversi rendono° unica questa città. Tra i luoghi più caratteristici di Palermo ci sono i coloratissimi e profumati mercati della **Vucciria** e di **Ballarò**.

Due oasi rosa Lo **stagno**° di Santa Gilla e lo **stagno di Molentargius,** che si trovano in un'area molto umida vicino a Cagliari, sono due oasi naturali particolarmente interessanti per l'**avifauna**°. Tra le diverse specie di uccelli che si ammirano qui, i **fenicotteri**° rosa sono ineguagliabili° per la loro bellezza ed eleganza. Si fermano in questi stagni in inverno, durante le loro migrazioni europee e si nutrono° di piccoli crostacei° che danno ai fenicotteri il tipico colore rosa. I fenicotteri rosa sono oggi il simbolo di queste zone umide del sud della Sardegna.

circondata da *surrounded by* **Fenici** *Phoenicians* **rendono** *make* **stagno** *pond* avifauna *birdlife* **fenicotteri** *flamingos* **ineguagliabili** *incomparable* **si nutrono** *they feed* **crostacei** *shellfish*

Progetto

Quali sono le testimonianze degli antichi popoli che hanno abitato in Sicilia e in Sardegna?

- Cerca alcuni dei siti archeologici di maggiore interesse sulle due isole.

- Individua quali popolazioni hanno abitato le due isole e in che epoca.

- Descrivi le loro caratteristiche architettoniche e artistiche.

- Confronta i tuoi risultati con il resto della classe.

5.1 Partitives and expressions of quantity

—Ha fatto **tanti** chilometri.

Il partitivo

- In English, words like *some*, *a few*, *a little*, *any*, and *several* express an indefinite amount or part of the whole. The Italian equivalent is conveyed by **il partitivo** and expressions of quantity such as **del**, **un po' di**, **qualche**, and **alcuni/e**.

RIMANDO

To review definite and indefinite articles, see **Strutture 1.2, p. 18**.

- To form the partitive, combine **di** with the definite article: **del, dello, della, dell', dei, degli, delle.**

  Ho comprato **della pasta** al mercato.
  I bought some pasta at the market.

  Metti **dello zucchero** sulla tavola.
  Put some sugar on the table.

  Avete preparato **degli spaghetti**? Gnam!
  Did you make spaghetti? Yum!

  Hanno invitato **delle amiche** alla festa.
  They invited some girlfriends to the party.

- Use **un po' di** (*a little of, a bit of*) with a singular noun that is abstract or that you can measure (but not count).

  Marco mi ha dato **un po' di** carne per il mio cagnolino.
  Marco gave me a bit of meat for my little dog.

  Quando avrò **un po' di** tempo libero, ti telefonerò.
  When I have a little free time, I'll call you.

- Use **qualche** with a singular noun, even though it expresses the plural meaning of *some*, *a few*, or *several*.

  Ti ho preso **qualche** libro. Va bene?
  I picked up several/a few books for you. Is that all right?

  Dove mangiamo stasera? Hai **qualche** idea?
  Where shall we eat tonight? Do you have some ideas?

- **Alcuni** and **alcune** are always followed by plural nouns and mean *several* or *a few*.

  Alcune persone sono arrivate in ritardo alla festa.
  Several people arrived late for the party.

  Facciamo **alcuni** acquisti prima di tornare a Spello.
  Let's buy a few things before going back to Spello.

- In negative sentences, the partitive is omitted. It may also be omitted in questions and when listing items.

  I vegetariani non mangiano carne.
  Vegetarians don't eat meat.

  Avete figli?
  Do you have children?

  Abbiamo bisogno di cipolle, funghi e pomodori per fare la pizza.
  We need onions, mushrooms, and tomatoes to make the pizza.

Expressions of quantity

- Many expressions of quantity are followed by **di**. Others—such as **molto**, **parecchio** (*several, a lot of*), **poco**, **troppo**, and **tanto**—are not. When used as adjectives, they must agree in number and gender with the nouns they modify.

un bicchiere di *a glass of*	**un pezzo di** *a piece of*
una bottiglia di *a bottle of*	**un po' di** *a little (of)*
un chilo di *a kilo of*	**un sacco di** *a lot of/lots of*
un litro di *a liter of*	**una scatola di** *a box of*
un paio di *a pair of*	**una tazza di** *a cup of*

Mi dia **un chilo di** uva, per favore.
Give me a kilo of grapes, please.

Ho **molta** fame. Mangiamo!
I'm very hungry. Let's eat!

Lei ha **tante** idee!
She has so many ideas!

Quanto costa **una bottiglia di** vino rosso?
How much does a bottle of red wine cost?

Troppe persone non pensano all'ambiente.
Too many people don't think about the environment.

Mio genero ha dato **un pezzo di** cioccolato al cane.
My son-in-law gave a piece of chocolate to the dog.

- When **molto**, **parecchio**, **poco**, **tanto**, and other expressions of quantity are used as adverbs, always use the masculine, singular form.

Riccardo mangia sempre **troppo**.
Riccardo always eats too much.

I bambini litigano **parecchio**!
The kids fight a lot!

- The numerical expressions **un milione** and **un miliardo** (and their multiples) are followed by **di**.

Te l'ho già detto **un miliardo di** volte!
I've already told you that a billion times!

Tre milioni di persone sono venute alla manifestazione.
Three million people came to the demonstration.

- Note these conversions and equivalents for quantities.

Tabella conversioni - Unità di misura comuni	
1 chilogrammo (kg) = 2,2 libbre	1 chilometro (km) = 0,6 miglia
1 etto = 0,22 libbre	1 metro (m) = 3,28 piedi
1 litro = 1,13 quarto di gallone	1 centimetro (cm) = 0,39 pollici (*inches*)

Numeri – Italia	Numeri – Stati Uniti
milione	*million*
miliardo	*billion*
bilione	*trillion*
biliardo	*quatrillion*

ATTENZIONE!

Don't forget that the metric system is used in Italy. To buy about two pounds of pasta, for example, ask for **un chilo di pasta**. To buy a little over a pound of something, use **un mezzo chilo di...** If you want only a small amount, ask for **un etto di...** or **due etti di...**, 100 or 200 grams, respectively. For liquid measures, **un litro** is somewhat more than a quart.

Pratica

1

I preparativi La famiglia Collina ha organizzato una cena per il prossimo fine settimana e sta ultimando (*finalizing*) i preparativi. Completa la conversazione con i partitivi.

ANDREA Ciao mamma, come va? Tutto pronto per la cena? Chi viene?

MAMMA Vengono (1) _____ miei colleghi. Vado a fare la spesa; vuoi venire con me?

ANDREA Va bene, cosa devi comprare?

MAMMA (2) _____ asparagi e (3) _____ spinaci per la torta rustica, (4) _____ formaggio per l'antipasto e (5) _____ carne.

ANDREA E per dolce, cosa fai?

MAMMA Faccio la torta di mele.

ANDREA Allora prendiamo (6) _____ mele e (7) _____ zucchero a velo.

MAMMA Sì, hai ragione!

ANDREA E non dimentichiamo qualcosa da bere.

MAMMA Vediamo, dobbiamo prendere (8) _____ acqua gassata, (9) _____ vino bianco e rosso e (10) _____ limoni; servono sempre!

2

Sardegna Elena è in vacanza in Sardegna. Completa l'e-mail con il partitivo e le espressioni di quantità.

Da:	Elena <elena73@email.it>
A:	Lucia <lucia.partemi@email.it>
Oggetto:	Saluti dalla Sardegna

Cara mamma,
la Sardegna è stupenda! Ho passato (1) _____ giorni a Porto Cervo. Ci sono (2) _____ spiagge bellissime e (3) _____ locali (4) _____ alla moda, dove è facile incontrare (5) _____ persone famose. (6) _____ giorno fa, siamo andati a fare un giro in macchina e abbiamo visto (7) _____ ville meravigliose e al porto c'erano (8) _____ yacht (9) _____ grandi! Ci siamo divertiti (10) _____.
Baci e abbracci,
Elena

3

Immagina In coppia, completate la prima frase con il partitivo e poi finite la seconda frase usando le espressioni di quantità indicate e la vostra immaginazione.

una bottiglia di	un pezzo di	un po' di	qualche	tanto

1. Non voglio mangiare _____ pesce. Preferisco comprare _____.

2. Non ho comprato _____ libri. Ho comprato soltanto _____.

3. Mi sono dimenticato di prendere _____ spumante. Però ho comprato _____.

4. Nel mio giardino non voglio piantare solo _____ alberi, ma anche _____.

5. Che fame! Ma non mi va _____ frutta, ho voglia di _____.

Comunicazione

4 **La festa** Gli invitati sono arrivati ad una festa e parlano tra di loro. Con un(a) compagno/a, a turno create delle domande e delle risposte usando le parole nelle tre colonne.

> **Modello** —Avete degli stuzzichini (*appetizers*)?
> —Certo! Ci sono delle bruschette al pomodoro.

Ho acquistato	degli	tovaglioli sul tavolo
Ci sono	del	stuzzichini
Hai preparato	dei	spumante
Avete	della	frutta
Hai mai assaggiato	delle	verdure per contorno
Ho portato	dello	?

5 **Prodotti** In coppia, per ogni prodotto, dite la quantità che acquistate o che tenete in casa e perché. Utilizzate le espressioni di quantità.

caffè	funghi	latte	prosciutto	vino
carne	insalata	pasta	succo di frutta	zucchero

> **Modello** —Di solito tengo sempre molte bottiglie di acqua gassata in frigo; non mi piace bere l'acqua del rubinetto (*tap*).
> —Io invece non bevo l'acqua gassata, ma compro sempre alcune lattine (*cans*) di aranciata.

6 **Al supermercato** Sei andato/a a trovare un amico a Taormina e vuoi preparargli uno dei tuoi piatti preferiti. In coppia, create un dialogo dove parlate di cosa hai bisogno per cucinare; utilizzate il partitivo e le espressioni di quantità dove è possibile.

> **Modello** —Oggi voglio cucinarti un piatto tipico della mia zona, spaghetti alla carbonara.
> —Devi comprare dei pomodori?
> —No, devo prendere della pancetta.

7 **Cosa ne pensi?** La famiglia di oggi ha molti problemi. Quali sono i più ricorrenti? Cosa bisogna fare, secondo te, per risolverli? In coppia, elencate (*list*) sei problemi e trovate le soluzioni. Utilizzate le parole relative alla famiglia che avete imparato in questa lezione e le espressioni di quantità come **tanto**, **molto**, **poco**, **troppo**, **parecchio** e **alcuni/e**.

> **Modello** —Il rapporto tra genitori e figli è molto problematico.
> —Sì, bisogna educare i figli al rispetto.

5.2

Ci and *ne*

Uses of **ci**

- You have already learned that **ci** is used as a reflexive and reciprocal pronoun meaning *ourselves* or *each other* and as a direct and indirect object pronoun meaning *us* or *to us*. **Ci** also has other meanings and uses.

RIMANDO

To review reflexive pronouns, see **Strutture 2.1, pp. 52-53**.

To review direct and indirect object pronouns, see **Strutture 4.2, pp. 132-134**.

- **Ci** can refer to a location. It often replaces a prepositional phrase introduced by **a**, **su**, or **in**.

  Vai **in discoteca** stasera? | Sì, **ci** vado con Roberto.
  Are you going to the dance club tonight? | *Yes, I'm going there with Roberto.*

  Hanno messo i cibi **sul tavolo**? | No, **ci** hanno messo le bottiglie.
  Did they put the food on the table? | *No, they put the bottles there.*

- **Ci** can replace **da** + [*noun/pronoun*] to mean *someone's house* or *someone's place*.

  Venite **da me** domenica? | Sì, **ci** veniamo.
  Are you coming to my place Sunday? | *Yes, we're coming.*

  Mi porti **dal dentista**? | Sì, ti **ci** porto.
  Will you take me to the dentist? | *Yes, I'll take you there.*

ATTENZIONE!

Ci is frequently used with verbs such as **andare**, **venire**, **stare**, **rimanere**, **restare**, and **essere** because they often are followed by a prepositional phrase indicating location.

- **Ci** often replaces a phrase introduced by **a** or **su** after verbs such as **riuscire (a)**, **pensare (a)**, **credere (in/a)**, and **contare (su)**.

  Possiamo contare **sul suo aiuto**? | Sì, **ci** possiamo contare.
  Can we count on his help? | *Yes, we can count on it.*

  Credi a **Babbo Natale**? | Ovviamente, **ci** credo!
  Do you believe in Santa Claus? | *Obviously I believe in him!*

  È riuscita a **mangiare tutti gli gnocchi**? | No, non **ci** è riuscita.
  Was she able to eat all the gnocchi? | *No, she couldn't do it.*

ATTENZIONE!

When **ci** is used with a direct object pronoun, a reflexive pronoun, or **ne**, the pronoun precedes **ci** in some cases and follows it in others. The correct forms are **mi ci, ti ci, vi ci, ci si, ce lo, ce l', ce la, ce li, ce le, ce ne**. The form **vi ci** is used to avoid the awkward form **ci ci**. Note that **ci** changes to **ce** before **lo, la, l', li, le** and **ne**.

Avete messo il rossetto nel cassetto?
Did you put the lipstick in the drawer?

Sì, ce l'abbiamo messo.
Yes, we put it there.

- **Ci** precedes a conjugated verb and the formal imperative, but follows and is attached to infinitives and informal imperatives. Drop the **–e** of the infinitive before attaching **ci**.

  Ecco la mia borsa. Metti**ci** le chiavi. | Devo andare a Perugia, ma non desidero restar**ci**.
  Here's my purse. Put the keys in it. | *I have to go to Perugia, but I don't want to stay there.*

- Verbs such as **avercela (con)**, **farcela**, **tenerci**, **sentirci**, **vederci**, **volerci** and **metterci** have idiomatic meanings that are not related to location. **Volerci**, used only in the third person, refers to how long it takes to do something, and **metterci**, conjugated in all forms, refers to how long it takes a particular person to do something.

  Non so perché lui **ce l'ha** con me. | Penso di **farcela**; anzi, **ci** tengo!
  I don't know why he has it in for me. | *I think I can get it done; in fact, doing it means a lot to me!*

  Quanto tempo **ci vuole** per andare a Roma? | **Ci hanno messo** un'ora per finire il giallo.
  How long does it take to get to Rome? | *It took them an hour to finish the detective story.*

  Mia nonna ha novanta anni. Non **ci sente** e non **ci vede** più.
  My grandmother is ninety years old. She can't hear or see anything anymore.

Uses of **ne**

- **Ne** is used to replace a phrase introduced by a preposition. **Ne** typically replaces **di** + [*a person or thing*], **di** + [*an infinitive*] or **da** + [*a place*].

Hai paura **dei serpenti**?
Are you afraid of snakes?

Io, sì, **ne** ho molta paura.
I am, I'm really afraid of them.

Avete voglia **di andare in trattoria**?
Do you feel like going to the trattoria?

Sì, **ne** abbiamo voglia.
Yes, we feel like it.

Sono tornati **dalla spiaggia**. **Ne sono tornati** stanchi ma felici.
They came back from the beach. They came back (from there) tired but happy.

- **Ne** replaces nouns that are introduced by the partitive. The partitive article is deleted along with the noun that is being replaced.

Ho trovato del limoncello al supermercato. **Ne** vuoi?
I bought some limoncello at the supermarket. Do you want some?

Mia madre mi dà spesso delle caramelle, ma non **ne** dà a mia sorella.
My mother often gives me hard candies, but she doesn't give any to my sister.

- **Ne** also replaces a noun or phrase introduced by an expression of quantity or a number. The number or quantity remains in the sentence even after the noun or phrase is replaced. Note that in this instance **ne** means *of it* or *of them*, which often is not expressed in English.

Quanti amici hai?
How many friends do you have?

Ne ho tanti!
I have many (of them)!

Mi compri un gelato?
Will you buy me an ice cream?

Certo, te **ne** compro due se vuoi!
Of course, I'll buy you two (of them) if you like!

- When **ne** replaces a noun or a partitive and is used with a verb in a compound tense, the past participle agrees in number and gender with the noun that **ne** replaces. There is no agreement when **ne** replaces a prepositional phrase.

Quante magliette hai comprato al mercato di Sant'Ambrogio? **Ne ho comprate** tre.
How many T-shirts did you buy at the Sant'Ambrogio market? I bought three (of them).

Berenice ha preso **degli asparagi e ne ha dati** un po' a Matteo.
Berenice took some asparagus and gave some (of them) to Matteo.

- **Ne** precedes a conjugated verb and the formal imperative, but follows and is attached to infinitives and informal imperatives. Drop the **–e** of the infinitive before attaching **ne**.

Cerco un'orologio per mia moglie. Dove posso comprar**ne** uno?
I'm looking for a watch for my wife. Where can I buy one?

Non mangiate tutto il pollo! Date**ne** a vostra sorella!
Don't eat all the chicken! Give some to your sister!

- When using the various forms of **tutto**, you must use the appropriate direct object pronoun instead of **ne**.

L'ha mangiato tutto!
He ate the whole thing! / He ate all of it!

ATTENZIONE!

Ne is used idiomatically with certain expressions and verbs. **Andarsene**, *to go away*, and the phrase **che ne dici (di)…?**, *what do you think (of)…?* are two examples. You may also use **ne** when asking what the date is.

Non voglio più vederti! Vattene!
I don't want to see you anymore. Go away!

Che ne dici di fare una passeggiata con me?
What do you think of taking a walk with me?

Quanti ne abbiamo oggi?
What's the date today?

RIMANDO

To review the partitives and expressions of quantity, see **Strutture 5.1, pp. 168-169**.

ATTENZIONE!

When **ne** is combined with other pronouns, it comes last. Also, remember to change **ci** to **ce** when combined with **ne**. See the combined pronouns chart on **p. 134**.

ATTENZIONE

Pensare may be followed by the preposition **a** or **di**. Both are translated *to think about* in English. However, with **a**, the verb has a meaning of *to consider something* whereas **di** suggests an opinion. Note how **ne** and **ci** can be used with **pensare** in these instances.

Cosa pensi del mio motorino? Che ne pensi?
What do you think of my scooter? What do you think of it?

Pensi ai tuoi guai?
Do you think about your problems?

Sì, ci penso ogni giorno.
Yes, I think about them every day.

Pratica

1

Progetti Sara e Mauro si incontrano e parlano dei loro progetti per l'estate. Completa il dialogo con **ci** e **ne**.

MAURO Ciao Sara, come va?

SARA Bene, e tu?

MAURO Sto organizzando un viaggio a Pantelleria.

SARA (1) ____ ho sentito parlare molto bene. Perché (2) ____ vai?

MAURO Ho sempre voluto (3) andar ____ perché i miei nonni materni vengono da lì e me (4) ____ parlano spesso.

SARA Ah, che bello! Loro (5) ____ tornano spesso?

MAURO No, purtroppo è da tanto tempo che non (6) ____ tornano perché il viaggio è troppo lungo, però (7) ____ pensano sempre.

SARA Quanto tempo (8) ____ vuole per arrivare a Pantelleria?

MAURO Penso che (9) ____ metterò sei ore.

SARA Hai tanti parenti a Pantelleria?

MAURO Sì, (10) ____ ho tanti, i miei zii e i miei cugini ancora (11) ____ vivono. Che (12) ____ dici, hai voglia di partire con me?

SARA Certo!

2

Quanti/e ce ne sono? Utilizza la statistica relativa alla Sicilia e scrivi una frase con i pronomi **ci** e **ne** per indicare la quantità delle cose citate.

> **Modello**　**Abitanti in Sicilia (5.000.000 circa):**
> Ce ne sono cinque milioni circa.

1. Isole minori (17): _____

2. Vulcani attivi (3): _____

3. Laghi (1): _____

4. Riserve marine (6): _____

5. Festival internazionali (2): _____

Teatro Greco di Taormina

3

La nostra società In coppia, scrivete delle frasi in base ai suggerimenti forniti.

> **Modello**　**Restare a casa il sabato sera.**
> Non ci resto mai!

1. Andare a trovare i nonni.

2. Avere paura della morte.

3. Parlare dell'infanzia.

4. Pensare alla vecchiaia.

5. Contare sull'aiuto dei tuoi genitori.

6. Mangiare schifezze (*junk food*).

 Practice more at **immagina.vhlcentral.com.**

Comunicazione

4

Il mondo In coppia, chiedetevi quali paesi avete già visitato, cosa avete visto, quando ci siete andati e se ci tornerete.

Modello —Sei mai stato in Irlanda?

—Sì, ci sono stato, è bellissima!

—Ah sì, e quando ci sei andato?

—Ci sono andato due anni fa....

5

Ricetta Un(a) tuo/a amico/a ti ha dato la ricetta per preparare il tiramisù, ma tu non sei sicuro/a di aver capito bene. Gli/Le fai delle domande sulla ricetta e lui/lei risponde usando **ci** e **ne**.

TIRAMISÙ

Ingredienti 5 uova, 5 cucchiai di zucchero, 500 gr. di mascarpone, 1 pacchetto di biscotti Pavesini o Savoiardi, caffè, liquore, cacao.

Procedimento Preparare il caffè. Separare gli albumi (*egg whites*) dai tuorli (*yolk*), lavorare i tuorli con lo zucchero, aggiungere il mascarpone e mescolare bene. Montare a neve (*beat until stiff*) gli albumi e aggiungerli delicatamente al composto. Bagnare i biscotti nel caffè zuccherato, al quale si può aggiungere il liquore.

Mettere i biscotti in una pirofila (*pan*) e coprirli con metà della crema. Ripetere lo stesso procedimento per il secondo strato e mettere in frigo per 2 ore. Spolverizzare (*sprinkle*) con del cacao prima di servire.

Modello —Grazie per la ricetta, ma non sono sicura di aver capito bene.

—Dimmi pure.

—Quanto caffè devo preparare?

—Ne devi preparare un po'.

6

Sondaggio

A. Fai ai tuoi compagni le seguenti domande. Per ogni domanda trova un(a) compagno/a che risponde **sì** e uno/a che risponde **no** e annota le risposte nella tabella. Usa **ci** e **ne** nelle risposte.

Modello —Ti piace andare in montagna per le vacanze?

—Sì, mi piace andarci.

Trova qualcuno che...	Nome	Sì	No
...ha paura del futuro.		☐	☐
...ha delle incertezze.		☐	☐
...discute di politica.		☐	☐
...pensa ai problemi ambientali.		☐	☐
...crede al destino.		☐	☐
...fa dei pettegolezzi.		☐	☐
...spera di superare tutti gli esami.		☐	☐
...va in palestra tutti i giorni.		☐	☐
...riesce a studiare con la TV accesa.		☐	☐
...beve troppo caffè.		☐	☐

B. A turno, condividete con la classe quello che avete imparato sui vostri compagni.

5.3

The future

Il futuro semplice

- To form the simple future (**il futuro semplice**), drop the final **–e** of the infinitive and add the future ending. For **–are** verbs, change the **–a–** of the infinitive ending to **–e–**.

cantare	prendere	dormire	punire
canterò	prenderò	dormirò	punirò
canterai	prenderai	dormirai	punirai
canterà	prenderà	dormirà	punirà
canteremo	prenderemo	dormiremo	puniremo
canterete	prenderete	dormirete	punirete
canteranno	prenderanno	dormiranno	puniranno

Domani, **dormiremo** dodici ore!
Tomorrow we will sleep twelve hours!

Chi **canterà** al teatro domani?
Who will sing at the theater tomorrow?

- To maintain the hard sound, insert an **-h-** after the **-c-** or **-g-** of verbs ending in **–care** and **–gare**.

Lui **pagherà** i biglietti e io **pagherò** l'albergo.
He will pay for the tickets and I will pay for the hotel.

Non **dimenticheranno** mai la nascita del loro figlio.
They will never forget the birth of their son.

- Drop the **-i-** of the stem of verbs ending in **–ciare**, **–giare** and **–sciare**.

Comincerete a fare i compiti alle tre.
You will begin to do your homework at three.

Mio marito non mi **lascerà** mai.
My husband will never leave me.

- Some verbs have irregular stems in the simple future. The verbs **dare**, **fare**, and **stare** retain the **–a–** of the infinitive in their future stem: **dar–**, **far–**, **star–**. The future stem of **essere** is **sar–**.

Starai a casa stanotte?
Will you stay home tonight?

Un giorno **sarete** meno egoisti.
One day you will be less selfish.

- Irregular verbs drop the characteristic vowel of the infinitive before adding the future endings.

andare	andr–	dovere	dovr–	vedere	vedr–
avere	avr–	potere	potr–	vivere	vivr–
cadere	cadr–	sapere	sapr–		

Mia nonna **vivrà** con mia zia quando **andremo** in Francia.
My grandmother will live with my aunt when we go to France.

- Some verbs have irregular future stems that end in **–rr–**.

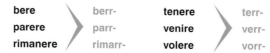

bere	berr–	tenere	terr–
parere	parr–	venire	verr–
rimanere	rimarr–	volere	vorr–

Mia nipote **rimarrà** con la nostra famiglia quest'estate.
My niece will stay with our family this summer.

- The simple future is used to express actions that will happen in the future.

Finirò i miei studi nel 2018.
I will graduate in 2018.

Secondo me, la vecchiaia **sarà** molto divertente.
In my opinion, old age will be really fun.

- The simple future may be used to express probability or speculation.

Quanti anni **avrà** quella signora?
How old could that lady be?

Avrà 80 anni.
She must be 80.

- The simple future may be used to express a polite command.

Pulirai la tua camera, poi **andrai** all'ipermercato.
(You will) clean your room, then go to the supermarket.

- After **se**, **quando**, **dopo che**, **(non) appena**, and other expressions of time, use the simple future for the main verb and for the verb in the dependent clause, if the action takes place in the future. In English, the verb in the dependent clause is usually in the present tense.

Quando **arriveremo**, **metteremo** le valige nella camera.
When we get there, we'll put the bags in the room.

Se **avrà** tempo, **andrà** a comprare il formaggio.
If he/she has time, he/she will go buy the cheese.

Il futuro anteriore

- The future perfect (**il futuro anteriore**) is used to express an action that *will have taken place* by a particular time in the future. **Il futuro anteriore** is formed with the future tense of the auxiliary verb **avere** or **essere** plus the past participle of the main verb.

finire	arrivare	alzarsi
avrò **finit**o	sarò **arrivat**o/a	mi sarò **alzat**o/a
avrai **finit**o	sarai **arrivat**o/a	ti sarai **alzat**o/a
avrà **finit**o	sarà **arrivat**o/a	si sarà **alzat**o/a
avremo **finit**o	saremo **arrivat**i/e	ci saremo **alzat**i/e
avrete **finit**o	sarete **arrivat**i/e	vi sarete **alzat**i/e
avranno **finit**o	saranno **arrivat**i/e	si saranno **alzat**i/e

- The future perfect is almost always used with the simple future to indicate that one action will have taken place before another in the future. The future perfect is often introduced by the expressions **quando**, **se**, **dopo che**, **(non) appena**, etc.

Quando **avrò preparato** il minestrone, mangeremo.
When I've prepared the soup, we'll eat.

Dopo che **ci saremo alzati**, ci vestiremo.
After we've gotten up, we will get dressed.

- **Il futuro anteriore** may be used to express probability in the past. In English, the same concept is expressed by the use of *must have* plus the past participle or by the word *probably* and the simple past tense.

Saranno già **usciti**.
They must have already gone out.

Avrà stampato la tesi all'università.
He probably printed his thesis at the university.

ATTENZIONE!

The simple future may be used for "on-the-spot" decisions, statements of concession or predictions.

Piove. Non uscirò, guarderò un DVD a casa.
It's raining. I won't go out, I'll watch a DVD at home.

ATTENZIONE!

Some words that are often used with the future are **il/la prossimo/a** + [expressions of time] and, **fra/tra** + [expressions of time].

Il prossimo anno, comprerò una casa per la mamma.
Next year, I will buy a house for my mom.

Credo che fra alcuni minuti pioverà.
I think it will rain in a few minutes.

RIMANDO

To study hypothetical statements with **se**, see **Strutture 9.3, pp. 340-341**.

ATTENZIONE!

With the future perfect, as with other compound tenses, you must follow the rules for past participle agreement, the choice of the auxiliary verb, and word order (with negation and adverbs).

Dopo che Gianna sarà uscita, telefonerò a suo fratello.
After Gianna has gone out, I will call her brother.

ATTENZIONE!

In spoken Italian, the **futuro anteriore** is often replaced by the simple future. Example:
Quando farà la torta di spinaci, la metterà sul tavolo.
Quando avrà fatto la torta di spinaci, la metterà sul tavolo.

Pratica

1

Oroscopo cinese Leggi le previsioni dell'oroscopo cinese per il segno del gallo. Metti i verbi al futuro semplice.

LAVORO (1) _____ (essere) un anno importante per il lavoro. All'inizio (2) _____ (tu / avere) qualche delusione ma se (3) _____ (tenere) duro, dopo l'estate (4) _____ (rifarsi) e (5) _____ (ottenere) tutto quello che vuoi in questo campo.

Gallo: 1945-1957-1969-1981-1993

SOLDI La tua situazione finanziaria (6) _____ (migliorare), i tuoi investimenti (7) _____ (dare) frutto e così (8) _____ (tu / potere) fare un acquisto importante.

SALUTE Non (9) _____ (tu / avere) grossi problemi di salute ma (10) _____ (dovere) seguire un'alimentazione sana e questo ti (11) _____ (fare) sentire pieno/a d'energia per affrontare tutti i problemi.

AMORE Questo è l'anno in cui i tuoi sogni (12) _____ (realizzarsi): (13) _____ (tu / incontrare) una persona importante che ti (14) _____ (rendere) felice e (15) _____ (voi / stare) insieme per tutta la vita.

2

I preparativi Il signor Mancini e la sua famiglia partono domani per l'isola della Maddalena. Completa le frasi con i verbi al futuro anteriore.

Finalmente domani mattina si parte per le vacanze, ma dovremo fare tutto in fretta (*in a hurry*) senza perdere tempo. Dopo che (1) _____ (svegliarsi) e (2) _____ (fare colazione), ci vestiremo. Appena i ragazzi (3) _____ (prepararsi), prenderanno le loro valige e le metteranno in corridoio. Nel frattempo, mia moglie (4) _____ (finire) di sistemare la casa e io (5) _____ (controllare) i biglietti. Non appena tutti (6) _____ (salire) in macchina, partiremo per l'aeroporto.

3

Conversazione Marco si lamenta di suo fratello Francesco perché fa sempre tante promesse e non le mantiene mai. In coppia, completate la conversazione usando il futuro semplice o il futuro anteriore poi leggetela ad alta voce per controllare le risposte.

MARCO Ho bisogno dei miei CD che hai preso tanto tempo fa!

FRANCESCO Va bene, te li ridarò dopo che li (1) _____.

MARCO Questa camera è un disastro!

FRANCESCO (2) _____ dopo che sarò tornato dalla festa.

MARCO Guarda che il frigo è vuoto, e toccava a te fare la spesa!

FRANCESCO Hai ragione, andrò al supermercato non appena (3) _____.

MARCO E quando pensi di restituirmi i soldi che ti ho prestato?

FRANCESCO Che noia, te li restituirò appena (4) _____.

MARCO E guarda tutti i piatti nel lavandino!

FRANCESCO Ma dai, (5) _____ appena avrò finito di fare tutte le cose che mi hai chiesto!

Comunicazione

4

Progetti Come passerai l'estate? In coppia, fatevi a turno queste domande.

- Dove andrai in vacanza?
- Passerai l'estate con la tua famiglia?
- Ti sarai riposato per la fine dell'estate?
- Avrai guadagnato abbastanza soldi prima dell'inizio delle lezioni?

5

Come sarà? Tutto cambia con il tempo. In coppia, discutete di come cambieranno i seguenti elementi. In ogni caso, indicate l'anno.

le case	la religione
la cucina	la televisione
la medicina	l'umanità
i mezzi di trasporto	la vecchiaia
i rapporti umani	la vita in famiglia

6

Nel 2030 In gruppi di tre, dite come sarà cambiata la vostra vita nel 2030. Poi, spiegate al resto della classe quello che sarà cambiato nella vita dei vostri compagni.

> **Modello** —Io e i miei genitori avremo imparato a capirci meglio nel 2030.

- la carriera
- il rapporto con i vostri amici
- il rapporto con i vostri genitori
- i vostri gusti musicali
- i vostri passatempi
- la vostra situazione economica
- ?

7

Tra 20 anni In piccoli gruppi, fate una lista di almeno cinque persone famose e immaginate come saranno tra 20 anni e cosa avranno fatto.

8

Situazioni In coppia, scegliete uno dei seguenti temi e inventate una conversazione utilizzando il futuro semplice e il futuro anteriore.

- Una mamma e un(a) figlio/a che sta per sposarsi parlano di come cambierà la vita dopo il matrimonio.
- Un papà e un(a) figlio/a che vuole cambiare lavoro parlano di cosa farà il/la ragazzo/a per cercare un nuovo lavoro e per avere una brillante carriera.
- Un nonno e un(a) nipote, che si trasferisce in un'altra città, parlano di cosa farà il/la ragazzo/a per iniziare la sua nuova vita.
- Due compagni di università parlano di cosa faranno dopo la laurea (*graduation*).

5.4

Adverbs

—*Sinceramente* a me fa un po' schifo.

• Adverbs provide information about location, time, manner, quantity, and frequency. Adverbs modify verbs, adjectives, or other adverbs. They are invariable.

Carla è **molto** bella ma si veste **male**.
Carla is very pretty, but she dresses badly.

Arrivano **puntualmente** a lezione.
They arrive on time for class.

• Most adverbs are formed by adding **–mente** to the feminine singular form of an adjective.

lenta ⟩ **lentamente**　　veloce ⟩ **velocemente**

• Adjectives that end in **–le** or **–re** drop the final **–e** before adding **–mente**, unless a consonant precedes that ending.

normale ⟩ **normalmente**
speciale ⟩ **specialmente**　*but*　mediocre ⟩ **mediocremente**

• **Bene** and **male** are the adverbs that correspond to the adjectives **buono** and **cattivo**.

• Some adverbs have exactly the same form as the corresponding adjective.

Chi va **piano** va **sano** e va **lontano**.
Slow and steady wins the race.

Il papà single che abita sopra lavora **sodo**.
The single dad that lives upstairs works hard.

• Some common adverbs have their own form: **spesso**, **insieme**, **così**, **volentieri**, etc.

Andrò **volentieri**!
I will go with pleasure!

Carla fa **spesso** stupidaggini.
Carla often does foolish things.

• In sentences with compound tenses, common, short adverbs such as **già**, **ancora**, **più**, **mai**, **sempre**, and **spesso** are usually placed after the auxiliary verb.

Avete **già** finito di traslocare?
Have you already finished moving?

In Italia siamo **spesso** andati al mercato.
In Italy we went often to the market.

• Adverbs that express time or location often come at the beginning or end of a sentence, or they may follow the past participle in compound tenses.

Il volo è partito **tardi**.
The flight left late.

Qui si parla italiano.
Italian is spoken here.

• An adverb precedes an adjective or another adverb that it modifies.

Ecco un cliente **molto** soddisfatto.
There's a very satisfied customer.

Oggi lavoro **proprio** bene.
Today I'm working really well.

Pratica e comunicazione

1

Gli avverbi Per ogni aggettivo scrivi il corrispondente avverbio.

1. gentile _____
2. vero _____
3. sincero _____
4. facile _____
5. recente _____

6. particolare _____
7. buono _____
8. cattivo _____
9. leggero _____
10. molto _____

2

In che modo? Riscrivi le frasi con l'avverbio al posto giusto.

1. Isabella torna a casa. (rapidamente)
2. Giovanni cucina la pizza. (bene)
3. I nonni sono arrivati. (già)
4. La signora ha aiutato la vecchietta. (gentilmente)
5. Le ragazze sono simpatiche. (molto)
6. Il bambino dorme. (felicemente)

3

La famiglia Stipa In coppia, dite a turno in che modo fanno le loro attività i membri della famiglia Stipa.

> **Modello** **Vittorio è tornato dall'università. È orgoglioso dei suoi voti.**
>
> Mostra orgogliosamente i suoi voti.

1. La signora Stipa è in fila allo sportello. È paziente.
2. Laura è a casa. È nervosa.
3. I signori Stipa vanno a una festa. Sono eleganti.
4. Il signor Stipa ascolta il figlio. È attento.
5. I ragazzi escono da casa. Sono veloci.

4

Sondaggio Intervista alcuni tuoi compagni di classe. Con che frequenza fanno le seguenti cose? Aggiungi altre due attività. Confronta i tuoi risultati con il resto della classe.

> **Modello** **Andare al cinema**
>
> —Vai spesso al cinema?
>
> —No, ci vado raramente.

	Sempre	Spesso	Qualche volta	Raramente	Mai
1. andare a un concerto					
2. visitare un museo il fine settimana					
3. partecipare a una gara sportiva					
4. annoiarsi il sabato sera					
5. utilizzare i mezzi pubblici					
6. cucinare per gli amici					

Practice more at
immagina.vhlcentral.com.

Sintesi

Parliamo In gruppi di tre, rispondete alle seguenti domande.

1. Che cosa vedete nelle due foto?
2. Le due famiglie sono diverse o simili? Perché?
3. Quale delle due situazioni vi piace di più? Perché?
4. Quali saranno le attività delle persone nelle foto?
5. Le due foto rispecchiano (*reflect*) una situazione familiare degli Stati Uniti o forse una italiana? Perché sì? Perché no?
6. Secondo voi, quale delle due situazioni sarà quella più comune negli anni futuri?

Scriviamo Scegli uno dei seguenti argomenti e scrivi un tema di circa una pagina.

1. Come sarà la tua famiglia quando avrai l'età dei tuoi genitori? Sarai sposato/a? Avrai bambini? Tu e il/la tuo/a compagno/a lavorerete entrambi fuori casa? Cosa farete spesso e cosa farete raramente come famiglia? Sarai in contatto con la tua famiglia acquisita (*in-laws*)?

2. Scegli una delle due foto e immagina come sarà la vita dei componenti di quella famiglia fra quindici anni. La loro vita sarà simile alla vita che vivono ora? In cosa? E come sarà cambiata?

Strategie per la comunicazione

Quando ti prepari a scrivere un tema, ricordati di utilizzare gli avverbi per rendere più chiaro e vivace quello che scrivi.

- Usa gli avverbi di tempo, come **spesso**, **mai**, **già** ecc., per dire con quale frequenza fai alcune cose.
- Usa gli avverbi di modo, come **bene**, **male**, **velocemente** ecc., per dire in che modo fai le cose.
- Usa gli avverbi di quantità, come **molto**, **poco**, **troppo**, **di più**, **di meno** ecc., per dire in che misura fai qualcosa.

Preparazione

Vocabolario della lettura	Vocabolario utile
abbiente *affluent*	**assumersi una responsabilità**
le abitazioni *housing*	*to assume responsibility*
di prima necessità *absolutely necessary*	**autosufficiente** *self-sufficient*
il fenomeno *phenomenon*	**il nucleo familiare** *family unit*
il mammone *mama's boy*	**prendere l'iniziativa** *to take initiative*
il vitto e l'alloggio *room and board*	**rimandare** *to postpone*
(lit. *food and apartment*)	**il ruolo** *role*

1

Lessico Trova un sinonimo per ogni parola.

1. cibo _____

2. iniziare _____

3. indipendente _____

4. ricco _____

5. essenziale _____

6. genitori e figli _____

7. case _____

8. ritardare _____

2

La mia famiglia Rispondete alle domande individualmente e poi confrontate insieme le risposte.

1. Secondo te, a quale età abiterai da solo/a?

2. I tuoi genitori saranno d'accordo?

3. A quale età pensi che i tuoi genitori ti considererebbero troppo grande per abitare con loro?

4. Quanti anni avevano i tuoi nonni quando si sono sposati?

5. Hai dei fratelli o delle sorelle maggiori che non abitano più a casa? Da quanto tempo? Sono sposati?

6. Che età avevi quando hai cominciato a frequentare l'università? Sei rimasto/a a casa o ti sei trasferito/a?

7. Secondo te, cosa significa essere indipendenti?

8. Hai un parente che ha più di 30 anni e che abita con i genitori?

3

Ipotesi Leggete il titolo e guardate le immagini della lettura nella pagina seguente; poi rispondete insieme alle domande.

• Com'è l'immagine? Descrivetela.

• Quale sarà l'argomento della lettura?

• Che cosa sapete sull'argomento? Fate una lista delle informazioni.

• Perché, secondo voi, «vivere con la mamma» è un fenomeno culturale tipicamente italiano?

Nota
CULTURALE

L'amore degli italiani per la mamma si manifesta anche con la musica. Le arie più famose sono certamente «**Mamma**» (Bixio e di Stefano) e «**Addio alla madre**» dall'opera lirica *Cavalleria Rusticana* (Mascagni), cantate da tenori di tutti i tempi. Molto amate sono anche le più recenti «**Viva la mamma**», canzone pop di Edoardo Bennato, e «**Portami a ballare**», con la quale Luca Barbarossa ha vinto il Festival di Sanremo, il più importante concorso musicale in Italia, nel 1992.

VIVERE CON LA MAMMA

A quale età è giusto lasciare la casa dei genitori ed andare a vivere da soli? In Italia questa domanda ha una risposta diversa da quelle che sono comuni in altri paesi. È infatti una delle caratteristiche più specifiche degli italiani quella di venir spesso chiamati «mammoni»: molti vivono insieme ai genitori fino a 30-40 anni.

Un sondaggio° riportato dall'Istituto Lard ha dimostrato che su 2.500 giovani italiani tra i 25 e i 29 anni, il 57,3% abita ancora con i propri genitori. Spesso questo si attribuisce ai prezzi molto alti delle abitazioni, specialmente in città, ma in realtà non si tratta solo di fattori economici ma anche di tradizioni culturali. I sociologi dell'Istituto Lard pensano che questo fenomeno sia il risultato di una società consumista: restando a casa i giovani non devono preoccuparsi di pagare vitto e alloggio ed hanno più denaro° a disposizione. Se vogliono, possono mettere da parte lo stipendio° per potere un giorno comprare un appartamento. In Italia non sono comuni le case dello studente come in Nord America e molti giovani, una volta finito il liceo°, restano a casa mentre frequentano i corsi all'università. Le difficoltà a trovare lavoro dopo gli studi prolungano la permanenza. Con la disoccupazione e la mancanza° di alloggi, molti giovani italiani non hanno i mezzi finanziari per andare a vivere da soli.

Secondo il centro di ricerca Eurispes, all'età di 30-34 anni ci sono più mammoni uomini (il 36,5%) che donne (il 18,1%). I figli di papà, cioè i giovani di famiglie abbienti che non devono lavorare per vivere, sono un altro fenomeno che rende i figli italiani dipendenti dai loro genitori. E il numero dei mammoni continua a crescere: la maggioranza resta a casa

survey (13)
money (23)
salary (25)
high school (30)
lack (36)

> **I genitori italiani, ormai anziani, continuano ad assumersi le responsabilità dei figli adulti e a sentirsi in dovere di mettersi a loro completa disposizione.**

La festa del papà

Il 19 marzo, il giorno della festa di san Giuseppe, in Italia si festeggiano tutti i papà. Per l'occasione si mangiano i deliziosi bigné o zeppole di san

Giuseppe (che in ogni regione hanno ricette e nomi un po' diversi): delle paste fritte, ripiene° di crema e spolverate° di zucchero a velo°.

filled
dusted
powdered sugar

fino al matrimonio, che in Italia avviene° abbastanza tardi (vicino ai trent'anni) ed è in declino (secondo i risultati dell'ISTAT).

In generale le donne italiane si separano dai genitori prima degli uomini. Le mammone intervistate nel sondaggio della LARD rinunciano° alla vita indipendente per poter risparmiare° prima del matrimonio.

Ma quali sono le conseguenze del mammismo sulla società italiana?

La convivenza con un marito mammone che si sente ancora legato° a sua madre e che si sente figlio prima che genitore può essere molto difficile. Alcuni ricercatori attribuiscono la crescita dei divorzi in Italia al progressivo aumento dei mammoni. I genitori italiani, ormai° anziani, continuano ad assumersi le responsabilità dei figli adulti e a sentirsi in dovere di mettersi a loro completa disposizione. E poi ci sono le questioni più difficili da capire: si può diventare adulti senza separarsi dai genitori? Ci si può formare un'identità individuale senza essere indipendenti? La riluttanza a tagliare° il cordone ombelicale può portare anche a rimandare le scelte importanti della vita, inclusa quella di diventare genitori, una categoria in diminuzione nella penisola. Ma il vantaggio di restare vicino all'amore incondizionato dei genitori rimane una forte tentazione per i giovani italiani. ■

happens (52)
give up (57)
to save (58)
tied (61)
already (68)
to cut (81)

Analisi

1

Comprensione Indica se le affermazioni sono **vere** o **false**. Dopo, in coppia, correggete le affermazioni false.

Vero	Falso	
☐	☐	1. La famiglia italiana non è unita.
☐	☐	2. Ai genitori italiani piace prendersi cura dei figli.
☐	☐	3. Ai figli italiani piace la sicurezza della famiglia.
☐	☐	4. Restare a casa con i genitori rende i figli indipendenti.
☐	☐	5. I matrimoni in Italia stanno diminuendo.
☐	☐	6. Le cause del mammismo includono l'alto costo delle abitazioni.

2

Opinioni A turno rispondete alle domande.

1. Quali sono le caratteristiche del mammone italiano?
2. Quali sono i risultati della ricerca dell'Istituto Lard?
3. Perché i figli e i genitori italiani hanno difficoltà a separarsi?
4. Quali sono le conseguenze del fenomeno dei mammoni nella società italiana?
5. Quali sono i vantaggi e gli svantaggi di abitare con i genitori anche da adulti?
6. Come si può definire un mammone nel tuo paese? Conosci qualcuno?
7. Qual è la tua opinione sui mammoni? E sui figli di papà?
8. Abiteresti con i tuoi genitori oppure vicino a loro dopo l'università? Perché?

3

Un'altra opinione Leggete il paragrafo e rispondete alle domande.

I genitori traggono beneficio dalla compagnia e dai servizi che i figli possono offrire e soprattutto, secondo la ricerca, dall'opportunità di costringere° i figli a osservare le loro regole. Mentre, quindi, per i genitori la situazione risulta vantaggiosa, al contrario i giovani si trovano con le ali tarpate°, sono spesso disoccupati°, viaggiano di meno e faticano a mettere su famiglia°. «Il prezzo che i giovani italiani si trovano a pagare è una scarsa indipendenza e, a lungo termine, poca soddisfazione nella vita. In conclusione, riteniamo che i genitori italiani si sforzino molto per farsi amare dalla loro prole°, ma in un certo senso comprano questo amore in cambio dell'indipendenza dei figli», hanno concluso i ricercatori.

(Fonte: Il Corriere della Sera, 3 febbraio 2006)

costringere to force **le ali tarpate** clipped wings **disoccupati** unemployed **faticano a...** find it hard to start a family **la prole** offspring

1. Come è diversa l'opinione espressa nell'articolo rispetto a quella della lettura?
2. Chi è responsabile del mammismo, secondo l'articolo?
3. Quali sono i vantaggi di tenere i figli in casa per i genitori?
4. Secondo te, il mammismo è un fenomeno temporaneo o a lungo termine?

4

Situazioni In gruppi di tre, improvvisate un dialogo basato su una di queste situazioni e recitatelo per gli altri studenti.

A

A Roma uno/a studente(ssa) di 18 anni deve spiegare ai suoi genitori molto protettivi che vuole frequentare l'università di Bologna e che vuole abitare con degli amici. I suoi genitori preferiscono che frequenti l'università vicino a casa e che abiti con loro.

B

A New York uno/a studente(ssa) che ha appena finito l'università vuole tornare ad abitare con i suoi genitori prima di decidere cosa fare del proprio futuro, ma loro non sono d'accordo. Preferirebbero che il/la figlio/a cominciasse subito a lavorare e che fosse indipendente.

Practice more at
immagina.vhlcentral.com.

Preparazione Reading

A proposito dell'autrice

Elsa Morante (Roma, 1912–1985) ha scritto alcuni libri fondamentali per la storia della letteratura italiana. *La storia* (1974) è il suo libro più importante, iniziato nel 1943 quando si era rifugiata in un paesino vicino a Roma con il marito, Alberto Moravia, anche lui un famoso scrittore. Finita la guerra, la casa della coppia a Roma divenne il ritrovo del mondo intellettuale romano di sinistra. I racconti, le fiabe e i romanzi della Morante sono un inno (*hymn*) alla vita, anche quando la guerra cerca di distruggere le cose più belle.

Vocabolario della lettura		Vocabolario utile
l'anima *soul*	la palpebra *eyelid*	l'estraneo/a *stranger*
bussare *to knock*	la pelliccia *fur*	il fantasma *ghost*
dare retta *to pay attention*	rubare *to steal*	l'ingenuità *naïveté*
la dentiera *denture*	il sangue *blood*	invecchiare *to age*
la gengiva *gum*	sordo/a *deaf*	il miracolo *miracle*
il legno *wood*	spettinare *to muss hair*	strano/a *strange*

1 Definizioni Trovate la definizione adatta ad ogni parola.

_____ 1. la dentiera   a. parte immortale dell'uomo
_____ 2. l'ingenuità   b. liquido che scorre nelle vene
_____ 3. il sangue   c. dentatura artificiale
_____ 4. il fantasma   d. che non sente
_____ 5. sordo   e. l'essere ingenuo; candore
_____ 6. la gengiva   f. apparizione soprannaturale
_____ 7. l'anima   g. battere alla porta per farsi aprire
_____ 8. bussare   h. parte carnosa che copre la base dei denti

2 Preparazione In coppia, fatevi le seguenti domande.

1. Quando eri piccolo passavi del tempo con i nonni? Ti piaceva stare con loro?
2. È importante che i bambini passino del tempo con i nonni? Perché?
3. Secondo te, per un bambino è meglio stare con un nonno o con una baby-sitter? Perché?
4. Da piccolo inventavi storie fantastiche per spiegare cose che non capivi?
5. Ti ricordi una storia divertente di quando tu e uno dei tuoi nonni non vi siete capiti?

3 Discussione In piccoli gruppi, discutete queste domande.

1. Invecchiare fa paura? Puoi fare un esempio di metodi che la gente usa per cercare di esorcizzare (*exorcize*) la paura di invecchiare?
2. I bambini spesso si trovano in situazioni pericolose e non lo sanno. Ti ricordi di essere mai stato/a in una situazione pericolosa senza saperlo? Che cosa è successo?

Nota CULTURALE

Il romanzo° più famoso della Morante, **La storia**, dopo una breve carrellata° storica che va dal 1900 al 1940, è un grande affresco degli anni della Seconda Guerra Mondiale. Il carattere popolare e poetico dello stile narrativo dell'autrice rendono *La storia* uno dei più importanti romanzi storici del Novecento°.

romanzo *novel* **carrellata** *overview* **Novecento** *twentieth century*

  Practice more at **immagina.vhlcentral.com.**

L'INNOCENZA

Elsa Morante

wise
decrepit, very old

fault
happen 5
won't fall

countless/drained

Certo non è saggio° lasciare in casa, soli, una nonna decrepita° e un nipote che appena incomincia a cambiare i denti. La colpa° di ciò che può accadere° non ricadrà° su loro due, ma sugli altri.

Il piccolo Camillo era rimasto in casa solo con la nonna. Questa nonna era sorda, e gli anni innumerevoli° l'avevano succhiata°

fino a ridurla° quasi un piccolo scheletro di legno. Non solo, ma per tenere insieme quei suoi quattro ossicini° di legna, ella era costretta° a fasciarsi stretta stretta sotto le sottane°, come un fantolino°. La sua testa minuscola e rotonda, quasi nuda° di capelli, dondolava°, e le palpebre grige rimanevano sempre abbassate°. Non era, lei, una di quelle nonne che raccontano favole: se ne

10 *reduce her*

little bones
forced
skirts/baby
15 *naked, deprived*
bobbed
lowered

Margin glosses (left column): curled up/high chair · back of a chair/mumbling · slipped · trembling gums · stool · door · yelled · broth soup · slurring · shook · ran · purple-ish/curls · white · listlessly · Come in · hall · except · ruffled up · storm · distract her · showed off · stuttered · hoarse/crossed · boldly

Margin glosses (right column): ant · empty little space · will appear · pronounced · darkened · pedantic, know-it-all · sob · proud/knowledge · buggy with a donkey · take her around · fist · running after her · fade away · furious · all grown up

stava tutta rannicchiata° nel seggiolone°
20 dall'alto schienale°, borbottando° tra
sé parole che sdrucciolavano° tra le sue
gengive tremolanti°. E il nipote, tranquillo,
seduto sullo sgabello°, ricontava le pietre
del pavimento (giacché da poco aveva
25 imparato a contare).

Mentre così passavano il tempo, si
udì bussare forte all'uscio°. Camillo
eccitato strillò°:

—Nonna, bussano! —

30 —Ma no, no, non è l'ora della
minestrina° —borbottò la nonna che,
come si è detto, era sorda.

—Macché, nonna, ho detto che
bussano! —strillò più forte il bambino.

35 —La vuoi col brodo o col latte?
—chiese biascicando° la nonna.

Allora Camillo scosse° il capo
con rassegnazione, e, saltato giù dallo
sgabello, corse° ad aprire. Fu stupefatto
40 al vedere una grande e bellissima signora
con una pelliccia violacea°, con riccioli°
scuri intorno al viso ovale e malato, le
dita lunghe e candide° intrecciate con
languore°. —È permesso? —chiese la
45 signora, con una voce pigra, che pareva il
suono dell'organo. E Camillo, inesperto
com'era, disse:

—Accomodatevi°.

La signora si sedette in anticamera°, e
50 il suo corpo, mezzo nudo sotto la pelliccia,
pareva di statua; senonché° la faccia non
era di statua, era di donna triste e pazza, e
ogni tanto, per aumentare quell'apparenza,
ella si scompigliava° tutti i capelli.
55 Così spettinata, sembrava un nero
temporale°. Camillo pensò che fosse
suo dovere distrarla°, e incominciò a
raccontarle della nonna:

—Mia nonna, —disse, —ha gli orecchi
60 sbagliati e non capisce niente. Se dico
«due» capisce «uno» (avendo imparato
da poco a contare, egli faceva sfoggio° di
esempi numerici).

—Le nonne diventano così —balbettò°
65 la signora con voce rauca°. E accavallò°
sfacciatamente° le gambe nude.

—Mia nonna non ha sangue,
—aggiunse in fretta Camillo, —è come

una formica°. Mia nonna non ha denti per
70 mangiare. Anch'io da piccolo ero così, ma
adesso no. Guardi qui c'è un buchettino°
vuoto, ma presto spunterà° il dente nuovo.

—Foglie, fiori e denti spuntano,
—sentenziò° la visitatrice con aria severa,
75 fissandolo con occhi rabbuiati°.

—Mia nonna non esce mai di casa,
—proseguì Camillo in tono saccente°, —non
cammina, è come una sedia, come… come il
muro. Ma ogni tanto parla, e nessuno le dà
80 retta. Mia nonna ha novantacinque anni.

—Novantacinque primavere e basta,
—corresse la signora. E detto questo
si spettinò con furia ed ebbe una specie
di singhiozzo°.

85 —Primavera è una stagione, —esclamò
Camillo, fiero° della propria dottrina°.
—Quand'io sarò grande, comprerò una
dentiera per la nonna, coi denti d'oro,
e pure un carretto col ciuco° per portarla
90 a spasso°.

—Ah, ah, ah! Innocente! Innocente!
—gridò la signora balzando in piedi con
una risata sfrontata° e terribile.

—Addio, mio bell'innocente. Me
95 ne vado.

—Non aspetti? —chiese Camillo
deluso.

—Ah, ah, ah, me ne vado, —ripeté la
signora, e Camillo si accorse che uscendo
100 ella raccoglieva un non so che da un
angolo e se lo nascondeva nel pugno°,
sotto la pelliccia; gli parve qualcosa come
una bambolina di legno.

—Che hai rubato? —le gridò
105 rincorrendola° sulla scala. Ma quella,
coi capelli al vento, sempre ridendo
orribilmente se ne andò, e pareva tuono
quando dilegua°.

Camillo furibondo° ritornò dalla
110 nonna, e la trovò addormentata. Questo
sonno durò in eterno. Soltanto adesso,
fattosi grande°, Camillo ha capito ogni
cosa. L'oggetto misterioso rubato da quella
signora, e da lui creduto una bambolina
115 di legno, era invece l'anima della nonna.
Infatti quella bellissima signora, che lui
stesso aveva lasciato entrare per innocenza,
era la Morte. ■

Analisi

Comprensione Scegli quale frase è vera in ogni coppia.

1. a. La nonna di Camillo è sorda.   b. La nonna di Camillo è muta.

2. a. Camillo vuole mangiare la minestrina col latte.
   b. Camillo vuole dire che qualcuno bussa alla porta.

3. a. Alla porta c'è una signora bellissima che Camillo conosce.
   b. Alla porta c'è una signora che Camillo fa accomodare anche se non la conosce.

4. a. La signora si spettina e sembra una pazza (*crazy woman*).
   b. La signora ha la faccia di una statua.

5. a. Camillo dice che anche lui non aveva denti come la nonna.
   b. Camillo dice che i denti spuntano (*begin to grow*) come i fiori.

6. a. La signora è divertita dall'ingenuità di Camillo.
   b. La signora prende in giro Camillo.

Interpretazione Scegli una risposta e poi, con un(a) compagno/a, discuti perché ti sembra giusta.

1. Camillo è _____
   a. un bambino che può già stare da solo in casa.   b. un bambino che non va ancora a scuola.   c. un bambino che ha già perso tutti i denti da latte.
   d. un fantolino (*baby*).

2. La signora _____
   a. è una pazza scappata dal manicomio (*mental home*).   b. è un'amica della nonna.   c. vende delle bambole.   d. è un po' strana e dà risposte criptiche.

3. Camillo è un bambino _____
   a. socievole che cerca di intrattenere come un grande.
   b. solo che parlerebbe con chiunque (*anyone*).   c. antipatico.
   d. che ha fame e non ha voglia di parlare.

4. La signora _____
   a. entra nelle case dove ci sono vecchi per rubare.   b. è la mamma di Camillo e vuole portarlo via.   c. fa collezione di bamboline e ne trova una rara in casa di Camillo.   d. è la Morte che Camillo si immagina bellissima e pallida.

5. La nonna _____
   a. dorme tranquilla mentre Camillo parla con la signora.   b. muore perché Camillo lascia entrare la signora.   c. cucina la minestrina che Camillo voleva mangiare.   d. muore perché la signora ruba la sua bambolina preferita.

Personaggi Scegli gli aggettivi che descrivono meglio i tre personaggi. Usa il dizionario per cercare gli aggettivi che non conosci.

a. sexy	f. ingenuo	m. saccente	r. sorpreso
b. loquace	g. fiducioso	n. fragile	s. criptico
c. sordo	h. stanco	o. vecchio	t. silenzioso
d. lento	i. misterioso	p. bizzarro	u. indifeso
e. provocante	l. curioso	q. ladro	v. ospitale

- Camillo   - la nonna   - la signora

4

Discussione In coppia, rispondete a queste domande.

1. Secondo te, per quale causa muore la nonna?
2. La nonna del racconto è proprio così o è come sembrava a Camillo bambino?
3. La signora, secondo te, è vera o immaginaria?
4. Immagina che Camillo non apra la porta: come cambia la storia?
5. Perché Camillo crede che la signora abbia rubato proprio una bambolina? Qual è il significato della bambolina?

5

Opinioni In coppia, rispondete a queste domande.

1. Com'eri tu da bambino/a? Eri fiducioso/a o diffidente?
2. C'erano delle regole che dovevi seguire anche quando non c'era con te un adulto? Quali? Dinne due.
3. Ti sei mai trovato in situazioni in cui eri più responsabile dell'adulto che era con te?
4. Come t'immagini la morte?
5. Hai paura della vecchiaia e della morte? Perché?
6. Il racconto finisce con Camillo adulto che capisce un episodio del passato modificato dalla sua fantasia di bambino. Conosci altre storie, romanzi, film che hanno la stessa struttura (un adulto che guarda al passato)?

6

Inventa una storia! In gruppi di tre o quattro, inventate una scenetta in cui pensate a soluzioni alternative al finale descritto nel racconto.

- I genitori di Camillo arrivano mentre sta parlando con la signora. La vedono anche loro o è solo immaginata da Camillo? Se la vedono, cosa succede? Diventano anche loro vittime?

- Cambia il carattere dei tre personaggi: Camillo è molto timido, la morte è un vecchio, la nonna non è sorda. Come cambiano le dinamiche tra i tre?

- La nonna in realtà non è sorda! È un super-eroe che aspettava la morte per sconfiggerla (*defeat her*). Immagina una storia completamente inventata: super-eroe, alieno, figura religiosa; immagina una nonna combattiva. Come reagisce Camillo quando vede che la nonna è fortissima?

7

Generazioni a confronto Come si comportano generazioni diverse?

A. In gruppi di tre, parlate di come si comportano di solito i bambini e i vecchi che conoscete nelle seguenti situazioni.

compleanni	nascita di un nuovo bambino
Giorno del Ringraziamento	Natale
matrimoni	traslochi (*moves*)
funerali	vacanze

B. Come si comportano gli adolescenti e gli adulti? Trovi che abbiano delle reazioni totalmente diverse?

8

Tema Scrivi due paragrafi e racconta un episodio della tua infanzia con uno dei tuoi nonni o con una persona anziana che sia stata importante per te.

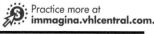
Practice more at **immagina.vhlcentral.com.**

Laboratorio di scrittura

Preparazione: Tipi e struttura di un saggio

Nelle lezioni precedenti è stato esaminato il saggio di tipo argomentativo che difende una tesi. Altri tipi di saggio possono essere:

- **Informativo** Si dichiara un tema. Si deve essere obbiettivi e non presentare opinioni personali. Si devono offrire informazioni e contesto necessari perché il lettore possa capire.

- **Persuasivo** Il fine è convincere il lettore della posizione dell'autore su un tema. Si devono presentare argomenti a favore e contrari, e dimostrare che la posizione dell'autore è corretta.

- **Narrativo** Si racconta una storia o un episodio. È necessario usare una sequenza logica che descriva l'accaduto dall'inizio alla fine.

Il tipo di saggio e la sua lunghezza dipendono dall'intenzione dell'autore e dal tipo di pubblico. Ecco un modello per un tipico saggio di cinque paragrafi:

- **Primo paragrafo:** Introduzione/Tesi (in un saggio lungo nell'introduzione si possono anticipare le proposizioni principali);

- **Secondo paragrafo:** Prima proposizione principale e argomenti;

- **Terzo paragrafo:** Seconda proposizione principale e argomenti;

- **Quarto paragrafo:** Terza proposizione principale e argomenti;

- **Quinto paragrafo:** Ricapitolazione/Conclusione.

 Pratica In coppia, scrivete tre o quattro frasi di tipo informativo, persuasivo e narrativo partendo da questa affermazione: «Imparare l'italiano è difficile ma importante».

Requisiti

1 Prima di scrivere, scegli e dichiara il tipo di saggio a cui lavorerai: informativo, persuasivo o narrativo.

2 Il saggio deve far riferimento ad almeno due dei quattro brani studiati in questa lezione e nelle precedenti lezioni e contenuti in **Cortometraggio**, **Immagina**, **Cultura** e **Letteratura**.

3 Il saggio deve svolgersi in cinque paragrafi, come suggerito nel modello.

4 Il saggio deve essere lungo almeno due pagine.

Saggio Scegli uno di questi argomenti e scrivi un saggio.

I bambini ricorrono al mondo della fantasia quando giocano e anche quando sono di fronte a situazioni nuove che non capiscono. Gli adulti devono incoraggiare questa fantasia o cercare di mostrare loro la realtà?

Responsabilizzare i bambini li aiuta a diventare adulti migliori o bambini a metà?

Si finisce mai di essere genitori? Si finisce mai di essere bambini?

In famiglia

 Audio: Vocabulary Flashcards

I rapporti di parentela

il/la (bis)nonno/a *(great-) grandfather/grandmother*
il/la cugino/a *cousin*
il/la figlio/a (unico/a) *son/daughter; (only) child*
il/la figlioccio/a *godson/goddaughter*
il/la gemello/a *twin*
il genero *son-in-law*
il genitore (single) *(single) parent*
la madrina *godmother*
il marito *husband*
la moglie *wife*
il/la nipote *nephew/niece; grandson/granddaughter*
la nuora *daughter-in-law*
il padrino *godfather*
il/la parente *relative*
la parentela *relatives; family relationship*
lo/la sposo/a *groom/bride*
il/la suocero/a *father-/mother-in-law*
lo/la zio/a *uncle/aunt*

adottivo/a *adopted; adoptive*
imparentato/a *related*
lontano/a *distant*
materno/a *maternal*
paterno/a *paternal*

aspettare un figlio *to be expecting (a baby)*
essere incinta *to be pregnant*

Le tappe della vita

l'età adulta *adulthood*
la giovinezza *youth*
l'infanzia *childhood*
la maturità *maturity*
la morte *death*
la nascita *birth*
la vecchiaia *old age*

Le generazioni

l'antenato *ancestor*
le radici *roots*
il salto generazionale *generation gap*
il soprannome *nickname*

assomigliare *to resemble*
ereditare *to inherit*
sopravvivere *to survive*

La vita in famiglia

diventare indipendente *to become independent*
educare *to raise*
essere desolato/a *to be sorry*
litigare *to quarrel, to fight*
pentirsi *to regret*
punire *to punish*
rimproverare *to scold*
sormontare *to overcome*
trasferirsi *to move*
viziare *to spoil*

La personalità

il carattere *personality*

affiatato/a *close-knit*
amabile *lovable*
autoritario/a *bossy*
codardo/a *coward*
egoista *selfish*
furbo/a *sly, shrewd*
insopportabile *unbearable*
maleducato/a *bad-mannered*
possessivo/a *possessive*
remissivo/a *submissive*
ribelle *rebellious*
severo/a *strict*
socievole *sociable; friendly*
testardo/a *stubborn*
vanitoso/a *vain*
vivace *lively*

Cortometraggio

la bambola *doll*
il banco *(check in) counter*
la cabina di controllo *cockpit*
i carabinieri *military police*
il/la fidanzato/a *boyfriend/girlfriend*
la lavatrice *washing machine*
il nastro trasportatore *luggage carousel/moving walkway*
l'ordigno *bomb*
il rinforzo *reinforcement*

lo zainetto *small backpack*

accomodarsi *to make oneself comfortable*
avvicinarsi *to go/come near*
cercare *to look for*
fare il bucato *to do the laundry*
sorridere *to smile*
stare in fila *to stand in line*

Cultura

le abitazioni *housing*
il fenomeno *phenomenon*
il mammone *mama's boy*
il nucleo familiare *family unit*
il ruolo *role*
il vitto e l'alloggio *room and board (lit. food and apartment)*

assumersi una responsabilità *to assume responsibility*
prendere l'iniziativa *to take initiative*
rimandare *to postpone*

abbiente *affluent*
autosufficiente *self-sufficient*
di prima necessità *absolutely necessary*

Letteratura

l'anima *soul*
la dentiera *denture*
l'estraneo/a *stranger*
il fantasma *ghost*
la gengiva *gum*
l'ingenuità *naïveté*
il legno *wood*
il miracolo *miracle*
la palpebra *eyelid*
la pelliccia *fur*
il sangue *blood*

bussare *to knock*
dare retta *to pay attention*
invecchiare *to age*
rubare *to steal*
spettinare *to muss hair*

sordo/a *deaf*
strano/a *strange*

La società che si evolve

Viviamo in un mondo in cui culture ed etnie si incontrano e si mescolano, ma non sempre con tolleranza e in armonia. Troppo spesso l'«altro» e il «diverso» ci fanno paura. Quali passi si possono fare per promuovere l'integrazione e superare (*overcome*) le divergenze (*differences*)? Come possiamo creare un mondo in cui la mente e lo spirito si possono arricchire (*enrich*) nella convivenza (*sharing*) delle differenze?

201

226

Destinazione:
L'ITALIA
MERIDIONALE

MOLISE
BARI
CAMPANIA
BASILICATA
CALABRIA

...ARE

...cietà e cambiamenti Audio: Vocabulary

SOMMARIO

...ti

adeguarsi *to adjust*
appartenere *to belong to*
arricchirsi *to become rich*

aumentare *to increase*
conformarsi *to conform*
diminuire *to decrease*
impoverirsi *to become poor*
ottenere *to obtain; to achieve*

pianificare *to plan*
realizzare *to fulfill; to achieve*
stabilirsi *to settle*
tutelare *to protect, to defend*

Le tendenze sociali

la (s)comparsa *(dis)appearance*
la diversità *diversity*

la globalizzazione *globalization*
l'integrazione *integration*
la lingua madre *native language*
la (sovrap)popolazione *(over)population*
(il)lo (sotto)sviluppo *(under)development*
il tasso di natalità *birthrate*
il tenore di vita *standard of living*

(anti)conformista *(non)conformist*
multilingue *multilingual*

I problemi e le soluzioni

il caos *chaos*
la comprensione *understanding*

il conflitto di classe *class conflict*
il dialogo *dialogue*
l'incertezza *uncertainty*
il maltrattamento *abuse; mistreatment*
la polemica *controversy*
la povertà *poverty*
il razzismo *racism*
la volontà *will, wish*

lamentare/lamentarsi *to regret, to lament*
lottare *to fight, to struggle*
manifestare *to demonstrate*
reclamare *to complain, to protest; to claim*
superare *to overcome*
tirare avanti *to forge ahead*

Le convinzioni religiose

la cattedrale *cathedral*

la chiesa *church*
Dio *God*
la fede *faith*
il/la fedele *believer*
la libertà di culto *freedom of worship*
la moschea *mosque*
il papa *pope*
il prete *priest*
il rabbino *rabbi*
la sinagoga *synagogue*
il/la santo/a *saint*

credere *to believe*
pregare *to pray*

agnostico/a *agnostic*
ateo/a *atheistic*
cattolico/a *Catholic*
ebreo/a *Jewish*
musulmano/a *Muslim*
protestante *Protestant*

Nota CULTURALE

In Italia, specialmente nel Sud, **l'onomastico** (*name day*), il giorno associato al santo da cui la persona ha preso il nome, è un evento importante in cui gli italiani dicono **Auguri!** proprio come per il compleanno.

Pratica

1

Sinonimi e contrari Collega ogni parola al suo sinonimo o al suo contrario.

Sinonimi		Contrari	
1. miscredente	_____	5. emarginazione	_____
2. poliglotta	_____	6. uguaglianza	_____
3. adattarsi	_____	7. certezza	_____
4. programmare	_____	8. arricchirsi	_____

2

Una domenica in Vaticano Completa la conversazione con le parole della lista.

ateo	fede	libertà di culto	pregare
cattolici	fedeli	papa	sinagoga

NICOLA Ecco! Questa è la basilica di San Pietro!

JOHN Ma quanta gente! Come mai?

NICOLA Perché è domenica. Ogni domenica a mezzogiorno il (1) _____ si affaccia al balcone della basilica e recita l'Angelus insieme ai (2) _____.

JOHN Tutta questa gente è venuta qui per (3) _____? A proposito, è vero che gli italiani sono poco aperti alle religioni diverse da quella cattolica?

NICOLA Ma no; a Roma c'è anche la Grande Moschea, il centro islamico più grande d'Europa! Abbiamo anche una bellissima (4) _____ ebraica. Nonostante i (5) _____ siano la maggioranza, in Italia c'è (6) _____ e quindi anche altre religioni possono professare la propria (7) _____.

JOHN Mi sembra giusto! Io sono un intellettuale (8) _____ e penso che sia opportuno dare spazio a tutti.

NICOLA Sono d'accordo. Ma è importante conoscere i monumenti cattolici per capire il patrimonio storico, culturale e artistico dell'Italia.

3

Definizioni In gruppi di tre o quattro, definite le parole della lista. Poi, componete una storia utilizzandone almeno sei.

impoverirsi	reclamare	la sovrappopolazione	il tenore di vita
incertezza	il sottosviluppo	superare	tirare avanti

4

Nel 3215 Siete nel 3215. Molti abitanti del pianeta B612 si trasferiscono su H724, dove cominciano una nuova vita. Immaginate di essere due inviati speciali de *La gazzetta dello spazio* e descrivete, in due brevi articoli, le situazioni che hanno portato all'emigrazione dal pianeta B612 e le nuove condizioni di vita su H724.

Modello Articolo 1: La vita su B612 è diventata insostenibile....

Articolo 2: La vita su H724 comincia lentamente ma si presenta ricca di nuove opportunità....

Practice more at **immagina.vhlcentral.com.**

Nota CULTURALE

Secondo un recente studio condotto dal CESNUR (Centro Studi Nuove Religioni) in Italia si contano oggi circa 600 confessioni religiose. Pur rimanendo un paese a maggioranza cattolica, l'Italia si sta aprendo infatti a nuove fedi e nuove culture. In particolare e in ordine di importanza numerica, al fianco dei **cattolici** si contano oggi in Italia molti **cristiani ortodossi**, **protestanti**, **ebrei**, **testimoni di Geova**, **musulmani**, **Bahai**, **induisti**, **buddisti**, **sikh**, **radhasoami** e fedeli di altre religioni di origine orientale e giapponese.

(FONTE: cesnur.org)

Preparazione

Vocabolario del cortometraggio	Vocabolario utile
il capitone *large eel*	**il dialetto** *dialect*
la corriera *long-distance bus*	**l'incomprensione** *lack of understanding*
l'estero *foreign countries*	**meridionale** *southern*
il ferroviere *railway employee*	**il pregiudizio** *prejudice*
il maltempo *bad weather*	**il proverbio** *proverb*
il panettone *Christmas bread*	**il realismo** *realism*
il tassista *taxi driver*	**settentrionale** *northern*
la vigilia *eve*	**lo stereotipo** *stereotype*
	la tradizione *tradition*
	l'umorismo *humor*

ESPRESSIONI

ammazzare il tempo *to kill time*

Che fretta c'è? *Why rush?*

Che peccato! *What a shame!*

farsi i fatti propri *to mind one's business*

mangiare in bianco *to eat light*

più o meno *more or less*

Sono stufo/a! *I've had enough!*

Vuoi/Vuole favorire? *Would you like some (food or drink)?*

1

Definizioni Abbina ogni parola con la sua definizione.

1. La vigilia di Natale è _____
2. Il tassista _____
3. L'incomprensione si crea _____
4. Il capitone _____
5. La corriera _____
6. Il senso dell'umorismo _____
7. Un pregiudizio _____
8. Il Meridione _____
9. Il Settentrione _____

a. quando le persone non si capiscono bene.
b. è un tipo di autobus per viaggi più lunghi.
c. è un tipo di pesce che si mangia a Natale.
d. sono le regioni del Nord Italia.
e. la sera prima del giorno di Natale.
f. può aiutarci a ridere anche nelle situazioni difficili.
g. guida il taxi.
h. è un'opinione formata prima di esaminare i fatti.
i. è la zona del Sud Italia.

2

Feste e tradizioni Guardate queste immagini di dolci tradizionali in Italia: li riconoscete? Come si chiamano? Quali sono i dolci che mangiate durante le feste? E per il vostro compleanno?

3

Intervista

A. Domanda agli altri studenti se si sono mai trovati nelle seguenti situazioni, come hanno reagito e cosa hanno imparato dall'esperienza. Prendete appunti mentre ascoltate.

Hai mai avuto questa esperienza?	Descrivi la situazione	Racconta la tua reazione	Cosa hai imparato?
viaggiare con una persona difficile			
sentirti vittima di uno stereotipo			
assaggiare un piatto che non ti è piaciuto per niente			
parlare con qualcuno con cui non eri d'accordo			
trovarti in una città poco ospitale			
avere una conversazione molto interessante con una persona che non conoscevi			
imparare una lezione quando non te l'aspettavi			

B. Dopo aver fatto le interviste, raccontate gli episodi più interessanti al resto della classe.

4

Opinioni Rispondete alle domande individualmente e poi commentate le risposte insieme.

1. Ci sono differenze culturali tra le diverse regioni del tuo paese?
2. Quante lingue diverse si parlano nel tuo paese? E nella tua comunità?
3. Secondo te, alcuni stereotipi corrispondono almeno in parte alla realtà?
4. Pensi che il clima e la posizione geografica possano influenzare le persone?
5. Qual è la tua festa preferita? Come la celebri? Segui delle tradizioni speciali?

5

Ipotesi biografiche In coppia, immaginate il carattere e la vita di questi due italiani.

● Come sarà la loro personalità?

● Dove abiteranno?

● Cosa faranno di professione? E nel tempo libero?

● Come sarà la loro famiglia?

● Quale piatto preferiranno?

● Cosa guarderanno alla televisione?

 Practice more at **immagina.vhlcentral.com.**

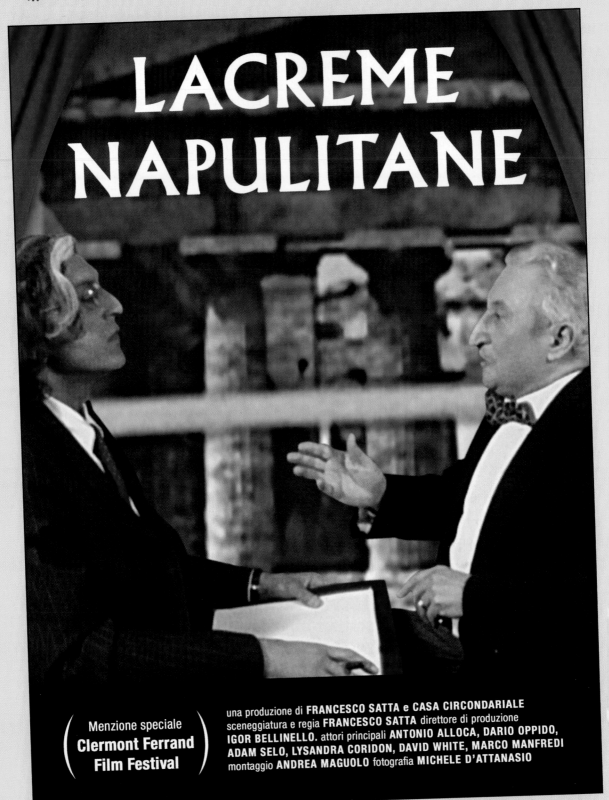

Trama *Un milanese ed un napoletano attraversano l'Italia sullo stesso treno ma con due prospettive completamente diverse.*

RADIO …il maltempo divide in due l'Italia: mentre al Sud gli italiani si godono° una tiepida vigilia di Natale, al Nord le temperature sono in discesa° e la neve blocca i passi alpini e appenninici. Si prevedono perciò gravi disagi° per chi viaggia, con aeroporti chiusi e ritardi nella circolazione dei treni…

MILANESE Ferroviere, scusi, va a Milano?
FERROVIERE Chi, io? No.
MILANESE Non Lei, il treno.
FERROVIERE Più o meno.

NAPOLETANO Treni italiani sempre in ritardo!
DONNA INGLESE *What did he say?*
UOMO INGLESE *I don't know, but it's all so picturesque!*

NAPOLETANO Finalmente si parte! Pure voi, dotto', andate a Milano?
MILANESE Io… sarei già a casa da un pezzo, se non mi avessero chiuso Linate per la neve.
NAPOLETANO E che fretta c'è di arrivare a Milano? Dotto', non vi offendete, ma a me Milano non mi piace proprio. No. È brutta, è triste… insomma, non mi piace, anche se i milanesi dicono di no.

NAPOLETANO Scusate se mi permetto… Volete favorire?
MILANESE No, grazie: ho già il mio pranzo.
NAPOLETANO Senza complimenti…
MILANESE No, grazie.

godersi *to enjoy* **in discesa** *going down*
disagi *inconveniences*

NAPOLETANO Ma perché non vi tagliate 'sti capelli? Siete ridicolo!
MILANESE Adesso basta! Io intanto non sono ridicolo! E poi basta! E prima il capitone, e poi le canzoni, e poi cosa c'è stato ancora? Ma io sono stufo! Lei si deve fare i fatti suoi!

Sullo **SCHERMO**

Riordina la sequenza di questi eventi.

8 **a.** Il napoletano è da solo per la strada.

2 **b.** Il milanese sale sul treno.

6 **c.** Il milanese e il napoletano prendono il taxi a Milano.

1 **d.** Il milanese prende il taxi a Napoli.

4 **e.** Il milanese e il napoletano arrivano a Piacenza.

5 **f.** Il milanese e il napoletano salgono sulla corriera.

3 **g.** Il capitone spaventa i turisti.

7 **h.** Il ciclista ha un incidente.

9 **i.** Il napoletano e il milanese fanno amicizia.

Analisi

1 **Comprensione** Scegli la risposta giusta.

1. Che giorno è?
   a. È una giornata lavorativa.   b. È la vigilia di Natale.   c. È il giorno di Natale.

2. Il milanese non prende l'aereo...
   a. perché non c'è un aeroporto a Napoli.   b. a causa del maltempo.
   c. perché il treno è più veloce.

3. Quando il napoletano canta, gli altri passeggeri...
   a. applaudono tutti, incluso il milanese.   b. applaudono, ma il milanese è irritato.
   c. sono irritati, ma il milanese applaude.

4. Mentre il treno attraversa l'Italia dai finestrini...
   a. si vedono delle città italiane.   b. si vedono le stazioni delle città italiane.
   c. si vedono delle fotografie di città italiane.

5. Nella stazione di quale città i passeggeri scendono dal treno e prendono la corriera?
   a. A Piacenza.   b. A Pisa.   c. A Padova.

6. Il napoletano rimane per strada e non va a casa della figlia perché...
   a. si è dimenticato l'indirizzo a Napoli e non sa trovare la casa.
   b. non parla con la figlia da molto tempo e non conosce il suo indirizzo.
   c. la sua unica figlia è morta molti anni prima.

2 **Interpretazione** Scegli la frase corretta tra le due. Poi, con un(a) compagno/a confrontate e spiegate le vostre risposte.

1. a. Secondo il napoletano, i milanesi hanno il cuore di pietra.
   b. Secondo il milanese, i napoletani hanno sempre fretta.

2. a. Secondo il milanese, i napoletani sono incivili e lenti.
   b. Secondo il milanese, i napoletani sono freddi.

3. a. I protagonisti litigano sempre perché sono ostinati.
   b. I protagonisti litigano sempre perché sono incompatibili.

4. a. I protagonisti usano il **Lei** quando si parlano.
   b. Il napoletano usa il **Voi** e il milanese il **Lei**.

5. a. I protagonisti sono caricature culturali delle loro città.
   b. I protagonisti rappresentano bene le loro rispettive città.

3 **Stereotipi**

A. Fate una lista degli stereotipi sui napoletani e i milanesi suggeriti nel corto.

a. apprezzano i rapporti umani	e. hanno una cucina poco interessante	i. sono razionali
b. apprezzano il lavoro	f. hanno un'ottima cucina	l. sono appassionati
c. sono emotivi	g. parlano molto	m. sono freddi
d. hanno il cuore di pietra	h. parlano poco	n. sono sentimentali

Napoletani:	Milanesi:

B. In coppia, scegliete due stereotipi dalla parte A. Spiegate in che modo avviene (*happens*) il contrario nel corto; poi condividete le vostre risposte con il resto della classe.

4 **Critica** In coppia, rispondete alle domande.

1. Che ruolo hanno i turisti inglesi nel film? Come sono rappresentati?

2. Come sono gli effetti speciali nel film?

3. Com'è la struttura del film? Come sono le scene all'inizio e alla fine?

4. Come interpretate la fine del film? Perché si vede il set con le telecamere, le luci e la macchina per la neve?

5. Come definiresti questo film a qualcun altro? Ironico? Malinconico? Realistico? Umoristico? Perché? Ti ricorda altri film?

5 **I rapporti umani** Qual è la reazione del tassista quando vede l'incidente? Qual è la reazione del milanese? Cosa rivelano dei loro caratteri? Ci sono altri esempi di reazioni nel film? Come avresti reagito tu nelle stesse situazioni?

MILANESE Cos'è successo?
TASSISTA Va' (*Look*) lì lo *stupid* con la bicicletta!
MILANESE Eh, ma si sarà fatto male!
TASSISTA Si sarà fatto male, però noi dobbiamo fare tutto il giro adesso!

6 **Opinioni** In piccoli gruppi, esprimete le vostre opinioni rispondendo alle domande.

1. Sei veloce a formarti un'opinione sulle persone che incontri per la prima volta?

2. Hai mai cambiato la tua prima impressione su una persona quando hai avuto l'opportunità di conoscerla meglio?

3. Pensi che il tuo ambiente ti dia la possibilità di conoscere una varietà di persone diverse?

4. Credi che internet e la televisione peggiorino o migliorino la nostra conoscenza del mondo e degli altri? Secondo te, quale effetto hanno sugli stereotipi?

7 **Incontro** In coppia, scegliete una situazione e improvvisate una conversazione fra due persone con opinioni e gusti diversi. Usate le parole e le espressioni nella lista.

| chiacchierare | (non) essere d'accordo | insistere | spiegare |

A

In aereo un(a) giovane è seduto/a vicino a una persona simpatica ma rumorosa, che ascolta il suo iPod a tutto volume e vuole assolutamente parlare. Il/La giovane spiega che ha appena finito gli esami di fine semestre e vuole semplicemente dormire, perché è stanchissimo/a.

B

Un(a) turista sta prendendo un caffè in un bar di Roma e incontra una persona italiana piena di pregiudizi sulla nazionalità del(la) turista. Dopo aver ascoltato, il/la turista cerca gentilmente di convincere l'italiano/a che si tratta solo di stereotipi che non corrispondono alla realtà e spiega quali sono alcuni dei pregiudizi sugli italiani.

 Practice more at **immagina.vhlcentral.com.**

IMMAGINA

 Reading

Tra storia e natura

L'ITALIA MERIDIONALE

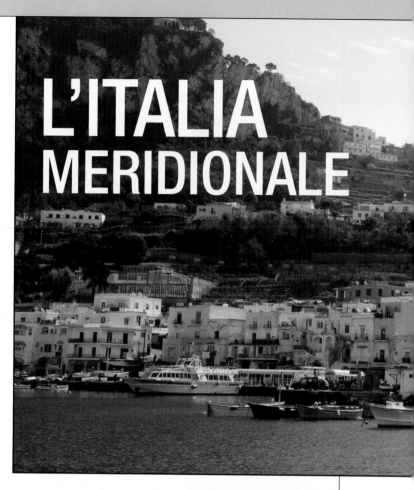

Prima dell'unificazione d'Italia, conclusa nel 1861, le regioni del Sud Italia, tra cui **Campania**, **Molise**, **Basilicata**, **Puglia** e **Calabria**, per secoli sono state storicamente accomunate°. I Greci le hanno colonizzate dall'VIII secolo a.C.; dal III secolo i Romani le hanno invase°; in seguito, famiglie provenienti dal Nord Europa, dalla Spagna e dalla Francia hanno esercitato la loro dominazione unendo le regioni nei **Regni di Napoli** e **di Sicilia**.

Oggi, ciò che continua ad accomunare queste regioni è la bellezza del territorio e delle coste insieme ad arte, storia e cultura incomparabili.

I litorali° offrono scenari straordinari. La tortuosa e suggestiva **Costiera Amalfitana**, in Campania, è una finestra sulle isole di **Capri** e **Ischia**. Le insenature° e le grotte° delle coste pugliesi, in particolare quelle del **Gargano**, sono altrettanto caratteristiche; da qui si può raggiungere la riserva marina delle **Isole Tremiti**. Non meno spettacolari sono le rive° della Calabria o della Basilicata, dove le acque dell'**Adriatico** e quelle dello **Ionio** si incontrano al largo°, dando al mare colori unici.

L'entroterra° si presenta spesso° con colline coperte di vigneti° e di oliveti° che producono oli e vini eccellenti e che diventano alte montagne in Molise, Basilicata e Calabria.

Viaggiare attraverso l'Italia meridionale significa anche visitare città di origini antiche e siti archeologici grandiosi.

In Molise ci sono numerose necropoli arcaiche, i resti romani di **Sepino** e quelli di un vasto villaggio nei pressi di **Isernia**, in cui è stato scoperto *l'Homo Aeserniensis*. In Basilicata, nel centro storico di **Matera**, ci sono i «Sassi», abitazioni antiche scavate nella roccia calcarea° e, sulla costa, i resti delle colonie greche di **Metaponto**, dove si può ammirare il superbo tempio dorico di **Hera**.

In Puglia ci sono tesori artistici come la fortezza medievale di **Castel del Monte** o gli edifici barocchi di

Napoli

Lecce, senza dimenticare i misteriosi **trulli**. In Calabria, esempi dell'intervento dei Greci e di altri popoli sono visibili nelle mura greche di **Reggio Calabria**, nelle statue dei **Bronzi di Riace** o nel **Castello Aragonese**.

Andando a nord verso la Campania si incontrano i resti della città greca di **Paestum**, e quelli di **Pompei** ed **Ercolano**, città romane scomparse dopo l'eruzione del Vesuvio.

Napoli, capoluogo della Campania, è una gemma che brilla° non solo per la luce riflessa dalle acque del golfo, ma anche per il prestigioso patrimonio artistico. **Castel dell'Ovo**, il **Duomo di San Gennaro**, la **Certosa di San Martino** sono solo alcuni esempi della prestigiosa architettura napoletana. Ma Napoli è unica anche per i vicoli ombrosi° e gli angoli caratteristici dei quartieri **Spagnoli** del centro storico.

Viaggiare attraverso il Sud Italia, insomma, significa immergersi in profumi, sapori e colori che non hanno eguali al mondo e visitare città dalle origini antiche che ci raccontano la loro storia attraverso monumenti che evocano emozioni uniche.

In più...

Tra l'VIII ed il III secolo a.C., mercanti, agricoltori°, allevatori° ed artigiani° greci iniziano un processo di colonizzazione del Sud Italia. Le regioni interessate sono: Puglia, Basilicata, Calabria, Campania e Sicilia. La colonizzazione ha un carattere commerciale ed il successo è tale che° i Greci iniziano a fondare città che impreziosiscono° con la loro arte. Queste regioni hanno preso il nome di **Magna Grecia**.

accomunate *associated* **invase** *invaded* **litorali** *coastline* **insenature** *inlets* **grotte** *caves* **rive** *shores* **al largo** *open sea* **entroterra** *inland* **spesso** *often* **vigneti** *vineyards* **oliveti** *olive groves* **roccia...** *limestone* **brilla** *shines* **vicoli ombrosi** *dark alleyways* **agricoltori** *farmers* **allevatori** *stockbreeders* **artigiani** *craftsmen* **è tale che** *it is such that* **impreziosiscono** *embellish*

Vero o falso? Indica se ogni frase è **vera** o **falsa**. Correggi le frasi false.

1. Le regioni del Sud hanno formato il Regno di Napoli e di Sicilia.

2. Il Gargano si trova in Campania.

3. Il Molise è una regione montuosa.

4. I «Sassi» si trovano in Molise.

5. Paestum era una città romana.

6. Napoli è il capoluogo della Campania.

7. Pompei è stata sepolta dalla lava del Vesuvio.

8. La ricetta della pizza napoletana è la stessa dal XVIII secolo.

Quanto hai imparato? Rispondi alle domande.

1. Quali sono le caratteristiche naturali delle regioni del Sud Italia?

2. Che cosa si produce sulle colline delle regioni del Sud?

3. Che cosa sono i «Sassi» di Matera?

4. A che epoca risale la fortezza di Castel del Monte?

5. Dove si trovano le città romane di Pompei ed Ercolano?

6. In che parte di Napoli si trovano i quartieri Spagnoli?

7. Quali sono le caratteristiche dell'impasto della pizza napoletana?

8. Che cosa è possibile vedere a Pompei?

Pompei Nel 79 d.C., il **Vesuvio** eruttò° coprendo° la città romana di **Pompei** con lapilli e cenere° che immobilizzarono per sempre persone e animali, ricoprendo interamente gli edifici. Dopo molto tempo, nel XVIII secolo sono stati riportati alla luce° i primi resti della città sepolta°. Passeggiando per le sue strade lastricate° è possibile ammirare templi, basiliche, anfiteatri, botteghe° e ville con bellissimi mosaici e affreschi che ci raccontano la storia quotidiana di una città in cui il tempo si è fermato. Pompei è uno dei siti archeologici più visitati del mondo.

La pizza napoletana Preparare un pane con farina, acqua e lievito° era un costume molto comune tra le antiche popolazioni delle coste del Mediterraneo, ma l'idea di condire° il tutto con la *pummarola*, il pomodoro, è un'idea napoletana. La vera pizza napoletana, la stessa dal XVIII secolo, ha un impasto° leggero che si cuoce brevemente in un forno molto caldo. Aggiungete **pomodoro**, **mozzarella fresca** e qualche foglia° di **basilico** profumato e otterrete il piatto più buono del mondo!

eruttò *erupted* coprendo *covering* lapilli e cenere *lapillus and ashes* riportati alla luce *brought to light* sepolta *buried* lastricate *paved* botteghe *shops* lievito *yeast* condire *to season* impasto *dough* foglia *leaf*

Progetto

La musica napoletana affonda le sue radici nel folklore locale, nei ritmi mediterranei ed ha strumenti caratteristici.

- Cerca informazioni su alcune delle canzoni più famose del repertorio napoletano.

- Cerca informazioni sugli strumenti della musica napoletana.

- Cerca anche informazioni su artisti di oggi che continuano la tradizione musicale napoletana.

- Confronta i tuoi risultati con il resto della classe.

6.1

The conditional

The conditional mood expresses a statement that might be contrary to reality, a desire or a preference, or a polite request. In Italian, as in English, there are two conditional tenses, **il condizionale presente** (*the present conditional*) and **il condizionale passato** (*the past conditional*). They often correspond to *would* or *would have* in English.

—*E poi io a Napoli devo andarci perché sono obbligato ad andarci per lavoro. Altrimenti **starei** a casa mia, ma molto volentieri.*

The present conditional

- The present conditional of regular verbs is formed using the same stem as the future. Drop the last **–e** of the infinitive and add the endings **–ei**, **–esti**, **–ebbe**, **–emmo**, **–este**, and **–ebbero**. Regular **–are** verbs also change **–a–** to **–e–** to form the future or conditional stem.

The present conditional of regular verbs		
lottare	**credere**	**finire**
lotterei	**cred**erei	**fin**irei
lotteresti	**cred**eresti	**fin**iresti
lotterebbe	**cred**erebbe	**fin**irebbe
lotteremmo	**cred**eremmo	**fin**iremmo
lottereste	**cred**ereste	**fin**ireste
lotterebbero	**cred**erebbero	**fin**irebbero

- Verbs ending in **–care** and **–gare** show the same spelling changes as the future stem; an **–h–** is inserted to keep the hard sound of the verb.

  pregare → **pregherei, pregheresti, pregherebbe, pregheremmo, preghereste, pregherebbero**

  pianificare → **pianificherei, pianificheresti, pianificherebbe, pianificheremmo, pianifichereste, pianificherebbero**

- Verbs ending in **–ciare** and **–giare** show the same spelling changes as the future stem: the **–i–** of the stem is dropped.

  cominciare → **comincerei, cominceresti, comincerebbe, cominceremmo, comincereste, comincerebbero**

  mangiare → **mangerei, mangeresti, mangerebbe, mangeremmo, mangereste, mangerebbero**

- Verbs that have irregular stems in the future are also irregular in the conditional.

  Vorremmo combattere il razzismo.
  We would like to fight racism.

  Vivresti in un paese straniero?
  Would you live in a foreign country?

RIMANDO

The conditional forms of **dovere**, **potere**, and **volere** are translated as *should*, *could*, and *would like*, respectively. They are often used to soften a request or when giving advice.

Maria, dovresti mangiare di meno.
Maria, you should eat less.

Potresti darmi una mano?
Could you give me a hand?

Vorreste venire a parlare con il mio rabbino?
Would you like to come talk to my rabbi?

To review **dovere**, **potere**, and **volere**, see **Strutture 4.4, p. 142**.

ATTENZIONE!

Use these irregular future stems for the conditional also.
andare: andr–
avere: avr–
cadere: cadr–
dovere: dovr–
essere: sar–
fare: far–
potere: potr–
sapere: sapr–
venire: verr–
volere: vorr–

- The present conditional is used to express possibility or probability under certain conditions. It is also used to express uncertainty.

RIMANDO

The conditional is also used in hypothetical statements. See **Strutture 9.3, pp. 340-341**.

> Un iPod **sarebbe** il regalo perfetto per Matteo.
> *An iPod would be the perfect gift for Matteo.*

> Non so se lo **farebbero** di nuovo.
> *I don't know if they would do it again.*

- The present conditional is also used to express wishes, desires, or polite requests.

> Ci **piacerebbe** frequentare una scuola multilingue.
> *We would like to attend a multilingual school.*

> Mi **potrebbe** spiegare il vocabolario?
> *Could you explain the vocabulary to me?*

The past conditional

- The past conditional expresses an action that *would have occurred* in the past.

Il condizionale
Senza la nebbia, **vedremmo** il cartello.
Without the fog, we would see the sign.

Il condizionale passato
Senza la nebbia, **avremmo visto** il cartello.
Without the fog, we would have seen the sign.

- The past conditional is formed using the conditional form of the auxiliary **avere** or **essere** plus the past participle of the verb. Follow the same rules for agreement of the past participle that you use for the **passato prossimo** and other compound tenses.

The past conditional		
ottenere	venire	arricchirsi
avrei ottenuto	sarei venuto/a	mi sarei arricchito/a
avresti ottenuto	saresti venuto/a	ti saresti arricchito/a
avrebbe ottenuto	sarebbe venuto/a	si sarebbe arricchito/a
avremmo ottenuto	saremmo venuti/e	ci saremmo arricchiti/e
avreste ottenuto	sareste venuti/e	vi sareste arricchiti/e
avrebbero ottenuto	sarebbero venuti/e	si sarebbero arricchiti/e

RIMANDO

The past conditional may also be used with indirect discourse. However, use the present conditional in English to translate it.

Ha detto che l'avresti fatto tu.
He said that you would do it.

You will learn about indirect discourse in **Strutture 10.3, pp. 378-379**.

- The past conditional, corresponding to *would have + [verb]*, is used in a manner similar to the present conditional. It expresses opinions and preferences in the past.

> Giovanni non **sarebbe** mai **venuto** senza di te.
> *Giovanni never would have come without you.*

> Chi **avrebbe previsto** la globalizzazione della rete?
> *Who would have predicted the globalization of the network?*

- The past conditional forms of **dovere**, **potere**, and **volere** are translated as *should have*, *could have*, and *would have liked*, respectively.

RIMANDO

To review **dovere**, **potere**, and **volere**, see **Strutture 4.4, p. 142**.

> **Avrebbero potuto** pagare.
> *They could have paid.*

> **Sarei voluto** andare alla cattedrale con lei.
> *I would have liked to go to the cathedral with her.*

> **Avreste dovuto** chiederlo al prete.
> *You should have asked the priest for it.*

Pratica

1 **I nuovi studenti** Il professore Antonio Rossi e la professoressa Elena Bacci parlano di Fatima ed Amir, due nuovi studenti da poco arrivati in Italia. Completa la conversazione coniugando i verbi al condizionale presente.

ANTONIO Buongiorno, Elena. Hai già conosciuto i nostri nuovi studenti, Fatima ed Amir? Io vorrei conoscerli, ma non parlano molto bene l'italiano.

ELENA Sì, è vero. Credo che (1) _____ (dovere) aiutarli a inserirsi (*fit in*). Non credo che (2) _____ (adattarsi) facilmente.

ANTONIO Che strategie (3) _____ (adottare) tu?

ELENA Non so, probabilmente (4) _____ (pianificare) un percorso di conoscenza reciproca, cominciando con dei giochi di ruolo che (5) _____ (arricchire) soprattutto gli italiani e (6) _____ (facilitare) il confronto fra le due culture.

ANTONIO Mi sembra una buona idea.

ELENA Poi (7) _____ (organizzare) delle lezioni di lingua.

ANTONIO In questo modo, però, i ragazzi (8) _____ (perdere) familiarità con la loro lingua madre…

ELENA (9) _____ (suggerire) una lezione in lingua madre almeno una volta a settimana.

2 **Vacanze… che stress!** Giorgio, Antonio e Manuela sono andati in vacanza insieme, ma erano spesso in disaccordo. Ecco cosa racconta Giorgio. Completa le frasi coniugando i verbi al condizionale passato.

1. Antonio ha visitato le rovine romane di Pompei ma io _____ la Costiera Amalfitana.

2. Antonio ha mangiato una sfogliatella mentre io e Manuela _____ un babà al rum.

3. Antonio ha visitato la Campania ed è andato sul Vesuvio in macchina. Io, invece _____ in seggiovia (*chair lift*).

4. Io sono andato in Sicilia e ho comprato le panelle al mercato di Ballarò, mentre Antonio _____ il pesce alla Vucciria.

5. Io sono andato in Puglia e ho visto i trulli di Alberobello, mentre Antonio e Manuela _____ più volentieri il centro storico di Lecce.

Nota
CULTURALE

Napoli è famosa per vari prodotti alimentari tra i quali la **pizza**, il **babà** (soffice dolce imbevuto di rum), la **pastiera** (una torta pasquale fatta di germe di grano) e il **caffè**.

3 **I casi della vita** In piccoli gruppi, discutete cosa fareste in queste situazioni? Usate i verbi nella lista per formulare le vostre risposte.

andare dal meccanico	chiamare la polizia	prendere l'autobus
andare all'ufficio oggetti smarriti (*lost and found*)	chiedere aiuto	raccogliere
avere paura	fare finta di niente	scappare

Comunicazione

4

Dimmi dove vai e ti dirò chi sei!

A. Scegli un luogo da visitare tra queste due proposte e discuti la tua scelta con un(a) compagno/a, rispondendo alle domande.

Montecassino:
Per chi ama la montagna, la pace e la tranquillità.

Attrattive: l'Abbazia di Montecassino, un antico monastero benedettino ricco di manoscritti antichissimi esposti nel museo; il cimitero dei soldati polacchi caduti durante la Seconda Guerra Mondiale; un teatro e un anfiteatro romano.

Nelle vicinanze: il parco nazionale d'Abruzzo; la catena montuosa delle Mainarde, punto naturalistico e faunistico di grande importanza.

Specialità culinarie: salsicce e pasta fatta in casa.

Tempo libero: passeggiate tranquille lungo la via principale della cittadina o nel parco comunale, lungo il fiume Gari.

A cosa stare attenti: durante l'inverno ogni mattina la cittadina è immersa nella nebbia, che diminuisce la visibilità per chi guida.

Costiera Amalfitana:
Per chi ama il mare, il sole e l'architettura araba.

Attrattive: le chiese e i chiostri hanno affascinanti forme e decorazioni arabe; un'antica cartiera trasformata in un originale museo ricorda ai turisti l'antica tradizione della città come produttrice di carta secondo tecniche importate dai paesi arabi e poi perfezionate dalla stessa Amalfi; prodotti artigianali in ceramica.

Nelle vicinanze: Napoli, Sorrento, Capri, Ischia.

Specialità culinarie: limoncello, pizza.

Tempo libero: romantiche passeggiate in riva al mare, ma anche molti pub e ristoranti.

A cosa stare attenti: il traffico è intenso e molto caotico; le strade sono strette e a strapiombo (*overhanging*) sul mare.

- Dove andresti? Perché?

- Chi sarebbe il/la tuo/a compagno/a di viaggio?

- Che luoghi in particolare visiteresti?

- Quanto tempo vorresti rimanere?

- Quanti soldi porteresti e cosa faresti con questi soldi?

- Cosa non dovresti fare e perché?

B. In gruppi di quattro, presentate ai compagni il vostro programma di viaggio e decidete qual è, tra tutti, il più interessante.

5

Microfono aperto Siete due giornalisti: pensate ad una domanda che vorreste fare ad ognuno dei personaggi qui elencati usando il condizionale presente. Sono personaggi importanti: ricordatevi di usare il formale!

Roberto Benigni	George Bush	Sophia Loren
Andrea Bocelli	Barack e Michelle Obama	Sarah Palin
Il papa	Steven Spielberg	Angelina Jolie e Brad Pitt

6

Avete rimpianti? C'è qualcosa che avete fatto nella vostra vita ma che non avreste dovuto fare? O qualcosa che non avete fatto ma che avreste potuto o voluto fare? A gruppi di tre, usate il condizionale passato di **dovere**, **potere** e **volere** per parlare dei vostri rimpianti.

Modello Sarei potuto diventare un grande musicista, ma ho deciso di smettere di suonare il pianoforte.

La società che si evolve

6.2

Negation

- There are many ways to express negation (**la negazione**) in Italian. The simplest way is to place the word **non** before a verb (or an object pronoun and a verb).

> Lorenzo **non** esce con noi stasera perché è impegnato.
> *Lorenzo is not going out with us tonight because he is busy.*

RIMANDO

To review negative commands, see **Strutture 4.3, pp. 138-139**.

- Many other expressions that begin with **non** can be used to make sentences negative. **Non** is placed in front of the verb and is followed by another word after the verb. Unlike in English, more than one negative expression can be used in the same sentence.

> Allora, **non** faccio più **niente**!
> *Well, I won't do anything else!*

> Claudia **non** dice **mai niente** a **nessuno**.
> *Claudia never says anything to anyone.*

- Note where the different negative expressions are placed in the sentences shown in the chart. **Non** precedes the auxiliary verb in compound tenses, and, depending on the negative expression, the other element follows either the auxiliary verb or the past participle.

Negative expressions	
non... affatto *not at all*	**Non** mi piace **affatto** il ristorante Da Valerio. *I don't like the restaurant Da Valerio at all.*
non... ancora *not yet*	Lucia, **non** hai **ancora** trovato un divano per il soggiorno? *Lucia, haven't you found a sofa for the living room yet?*
non... mai *never*	**Non** ho **mai** ascoltato la musica di Zucchero. *I have never listened to Zucchero's music.*
non... mica *not in the least,* *not a bit, not at all*	Giusy **non** è **mica** stanca. *Giusy isn't the least bit tired.*
non... né... né *neither... nor*	I poveri **non** hanno **né** soldi **né** cibo. *The poor have neither money nor food.*
non... neanche **... nemmeno** **... neppure** *not even*	Marcella **non** ha comprato **neanche** un regalo di Natale. *Marcella didn't even buy one Christmas present.* **Non** ci ha detto **neppure** una parola. *She has not even said a word to us.*
non... nessuno *not... anyone, no one,* *nobody*	**Non** abbiamo visto **nessuno** davanti alla moschea. *We didn't see anyone in front of the mosque.*
non... nessuno/a *not... a single, not... any*	**Non** aveva **nessuna** voglia di vederlo. *She didn't have any desire to see him.*
non... niente/nulla *nothing, not... anything*	**Non** faccio **niente** di speciale stasera. *I'm not doing anything special tonight.*
non... più *no longer, not anymore,* *no more*	Barbara **non** esce **più** con il suo fidanzato italiano. *Barbara isn't going out with her Italian boyfriend anymore.*

—Io **non** ho figli, e **nemmeno** i nipotini.

- When a negative expression is the subject of the sentence, **non** must be omitted.

    Nessuno capisce bene il conflitto di classe.   **Niente** cambierà le idee del papa.
    No one really understands class conflict.   *Nothing will change the Pope's ideas.*

    Né Giancarlo **né** Domenico potrebbero accompagnarmi.
    Neither Giancarlo nor Domenico could go with me.

- **Nessuno/a** may be used as an adjective. When it is, the forms follow the pattern of the indefinite article **un**.

    Nessuna ragazza è venuta alla festa!   **Nessuno** sport interessa Davide.
    Not one single girl came to the party!   *No sport interests Davide.*

- The pronouns **niente**, **nulla**, and **nessuno** are considered masculine and singular for agreement purposes.

    Nessuno si è **stabilito** in quella parte della città.
    No one settled in that part of town.

    Nulla sarebbe **piaciuto** ai nipoti di Tommaso.
    Nothing would have pleased Tommaso's grandchildren.

- Use **niente/nulla di** plus an adjective but **niente/nulla da** plus an infinitive.

    Non c'era **niente di** interessante al cinema.
    There wasn't anything interesting at the movies.

    Ho già guardato nel frigo—non c'è **nulla da** mangiare!
    I already looked in the fridge—there's nothing to eat!

Non c'è **niente da** fare! È tutto finito!

- **Alcuno/a** can be used instead of **nessuno/a** in negative sentences. In this case, always use the singular form.

    Mi ha licenziato senza **alcuna/nessuna** spiegazione.   Non c'è **alcun/nessun** problema.
    They have fired me without any explanation.   *There isn't any problem.*

Pratica

1

Bugie... politiche Immagina di essere un membro del Parlamento. Un esponente (*representative*) di un partito politico opposto al tuo si vanta (*boasts*) del proprio programma politico. Completa le frasi usando le espressioni suggerite tra parentesi.

> **Modello** —Questa nuova legge risolverà tutti i problemi del paese.
> (non... nessuno)
>
> —Non è vero, questa nuova legge non risolverà nessun problema del paese.

1. —Questa nuova legge porterà vantaggi per tutti. (non... nessuno)
   —Non è vero, _____

2. —In questo modo le persone più povere saranno sempre tutelate (*protected*). (non... mai)
   —Non è vero, _____

3. —Tutti i cittadini apprezzano la legge che sto per proporre. (nessun)
   —Non è vero, _____

4. —La maggioranza del Parlamento ha già dato la sua approvazione. (non... ancora)
   —Non è vero, _____

5. —I giovani mi amano moltissimo! (non... affatto)
   —Non è vero, _____

6. —La popolazione mi eleggerà ancora! (non... più)
   —Non è vero, _____

2

Pareri contrari Stai assistendo ad una conferenza sulla situazione sociale in Italia oggi, ma non sei affatto d'accordo con quello che afferma il relatore (*speaker*).

> **Modello** Ho sempre lottato contro il maltrattamento dei bambini.
>
> No, Lei non ha mai lottato contro il maltrattamento dei bambini.

1. Ho sempre manifestato contro il razzismo.

2. Tutti pensano che la globalizzazione sia inevitabile.

3. Il tasso di natalità in Italia quest'anno è già sceso dell'1% rispetto all'anno scorso.

4. La polizia ha registrato ancora casi di razzismo in città.

5. Oggigiorno i giovani hanno tutto.

6. L'Italia ha completamente superato le difficoltà legate all'integrazione delle comunità straniere.

3

Conversazioni In coppia, immaginate quali dialoghi hanno provocato queste reazioni.

> **Modello** —Ragazzi! Ho un'idea straordinaria per il weekend. Invece di andare al mare, potremmo visitare il museo di scienze naturali e poi andare alla presentazione dell'ultimo libro di Margherita Hack!
>
> —Peccato! Non interessa a nessuno!

Non lo farò mai!

Niente te lo impedirà!

No, non più.

Non dovrei né vederlo né parlargli!

Peccato! Non interessa a nessuno!

Non ha ancora terminato gli studi all'università.

Comunicazione

4

Noi e gli altri In coppia, ponetevi queste domande a turno. Rispondete utilizzando il più possibile le espressioni negative che avete imparato. Poi discutete delle vostre rispettive opinioni.

> **Modello** —Sei mai stato in un tribunale?
> —No, non sono mai stato in un tribunale.

Gli ideali

Sei un anticonformista? Perché pensi di esserlo o non esserlo?

Conosci persone che lo sono?

Secondo te, perché è giusto/sbagliato conformarsi alla società intorno a noi?

I problemi e le soluzioni

Hai mai avuto problemi di comprensione con qualcuno? In che occasione?

Hai mai reclamato un tuo diritto? Quale?

Hai mai lottato per una causa? Quale?

La religione

Hai mai visitato una chiesa/moschea/sinagoga?

Ti mette a disagio (*make uncomfortable*) parlare di religione con altre persone? Perché?

5

Le opinioni dell'esperto In coppia, immaginate di essere esperti sociologi e utilizzate le espressioni negative della colonna a destra per creare sei frasi sugli argomenti suggeriti nella colonna di sinistra.

> **Modello** A causa della globalizzazione, alcuni oggetti non sono più prodotti in un unico paese.

la globalizzazione	la sovrappopolazione	non... più	non... ancora
il sottosviluppo	la diversità	non... niente	non... affatto
il tenore di vita	il razzismo	non... mai	non... né... né

6

Generazioni a confronto In coppia, immaginate una conversazione tra un papà e un figlio adolescente su uno di questi argomenti. Usate delle espressioni negative. Le vostre tesi devono essere convincenti!

- Il papà pensa che sia giusto vestirsi bene per un colloquio di lavoro, ma il figlio, anticonformista, non è d'accordo.

- Il papà pensa che non si debbano mai abbandonare le proprie tradizioni, mentre il figlio crede nel dialogo e nel confronto tra culture diverse.

- Il papà difende i valori tradizionali della religione, ma il figlio non è d'accordo.

6.3

The subjunctive: impersonal expressions; will and emotion

- The subjunctive (**il congiuntivo**), is a grammatical mood that exists in both English and Italian to express attitudes or feelings such as opinion, happiness, fear, willingness, desire, obligation, necessity, or doubt.

The present subjunctive

- The present subjunctive of regular verbs is formed by adding the subjunctive endings to the stem. For verbs conjugated like **finire**, insert –**isc**– as you would in the present indicative.

The present subjunctive				
	ascoltare	prendere	dormire	finire
che io	ascolti	prenda	dorma	finisca
che tu	ascolti	prenda	dorma	finisca
che lui/lei/Lei	ascolti	prenda	dorma	finisca
che noi	ascoltiamo	prendiamo	dormiamo	finiamo
che voi	ascoltiate	prendiate	dormiate	finiate
che loro	ascoltino	prendano	dormano	finiscano

- Verbs like **cercare** and **pagare** maintain the hard sound of the infinitive by inserting –**h**– between the stem and endings of all forms of the present subjunctive.

> **cercare: cerchi, cerchi, cerchi, cerchiamo, cerchiate, cerchino**
> **pagare: paghi, paghi, paghi, paghiamo, paghiate, paghino**

- Many verbs that are irregular in the indicative are also irregular in the subjunctive.

andare	vada, vada, vada, andiamo, andiate, vadano
avere	abbia, abbia, abbia, abbiamo, abbiate, abbiano
bere	beva, beva, beva, beviamo, beviate, bevano
dare	dia, dia, dia, diamo, diate, diano
dire	dica, dica, dica, diciamo, diciate, dicano
essere	sia, sia, sia, siamo, siate, siano
fare	faccia, faccia, faccia, facciamo, facciate, facciano
potere	possa, possa, possa, possiamo, possiate, possano
rimanere	rimanga, rimanga, rimanga, rimaniamo, rimaniate, rimangano
sapere	sappia, sappia, sappia, sappiamo, sappiate, sappiano
stare	stia, stia, stia, stiamo, stiate, stiano
uscire	esca, esca, esca, usciamo, usciate, escano
venire	venga, venga, venga, veniamo, veniate, vengano
volere	voglia, voglia, voglia, vogliamo, vogliate, vogliano

Subjunctive with impersonal expressions, will, and emotion

- The subjunctive is generally used in dependent clauses introduced by **che**, where the subjects of the main and dependent clauses are different. The verb or verb phrase in the main clause triggers the use of the subjunctive in the clause.

MAIN CLAUSE	CONJUNCTION	DEPENDENT CLAUSE
È possibile	**che**	**Giorgio** vada **alla manifestazione.**
It's possible	*that*	*Giorgio is going to the demonstration.*

- Use the subjunctive in clauses introduced by impersonal expressions that state an opinion.

Impersonal expressions followed by the subjunctive

è bene/male che... *it is good/bad that...*	**è probabile che...** *it is likely that...*
è difficile che... *it is difficult/unlikely that...*	**è strano che...** *it is strange that...*
è importante che... *it is important that...*	**può darsi che...** *it is possible that...*
è possibile che... *it is (not) possible that...*	**si dice che...** *it is said/they say that...*

È strano che Salvatore vada alla sinagoga: è cattolico!
It's strange that Salvatore is going to the synagogue; he's Catholic!

Può darsi che il telefonino sia spento.
It's possible that the cell phone is off.

- Use the subjunctive in subordinate clauses when the verb in the main clause expresses opinion, will or emotion.

Expressions of will	Expressions of emotion and opinion
desiderare... *to desire...*	**avere paura...** *to be afraid...*
esigere... *to require...*	**credere...** *to believe...*
insistere... *to insist...*	**dispiacere...** *to be sorry...*
permettere... *to allow...*	**essere +** *[emotion]*
preferire... *to prefer...*	**felice/contento/a...** *to be happy...*
ritenere... *to maintain...*	**sorpreso/a...** *to be surprised...*
suggerire... *to suggest...*	**pensare...** *to think...*
volere... *to want...*	**piacere...** *to be pleased, to like...*
	sperare... *to hope...*
	temere... *to fear, to be afraid...*

Loro desiderano che Chiara gli dica la verità.
They want Chiara to tell him the truth.

Temo che questo libro non sia più disponibile.
I am afraid that this book is no longer available.

ATTENZIONE!

Some additional impersonal expressions followed by **che** and the subjunctive include:

bisogna	**(è un) peccato**
è facile/	**è (im)possibile**
difficile	**è raro/strano**
è giusto	**è (in)utile**
è incredibile	**occorre**
è meglio	**pare**
è necessario	**sembra**
è ora	**vale la pena**

ATTENZIONE!

Not all clauses introduced by **che** require use of the subjunctive. Verbs and expressions indicating certainty or fact are followed by the indicative.

Sanno che Rita viene domani.
They know that Rita is coming tomorrow.

È vero che Massimo fa lo scrittore.
It's true that Massimo is a writer.

ATTENZIONE!

If the subject of the main clause and the dependent clause is the same, use an infinitive instead of the subjunctive in the dependent clause.

Gianni vuole che tu finisca la lettera.
Gianni wants you to finish the letter.

Gianni vuole finire la lettera.
Gianni wants to finish the letter.

RIMANDO

To learn about the use of infinitive constructions, see **Strutture 8.1, pp. 288-289**.

RIMANDO

To learn about other uses of the subjunctive, see **Strutture 7.3, pp. 256-257** and **Strutture 9.4, p. 344.**

To learn about tense sequencing, see **Strutture 9.1, pp. 330-332.**

Pratica

1 Le vacanze
Completa l'e-mail che Laura ha scritto a Manuele. Usa il congiuntivo presente.

Carissimo Manuele,
sono davvero felice che tu (1) _____ (essere) qui da noi, nel Matese, e che ci (2) _____ (rimanere) per un'intera settimana, così almeno potremo vederci!
È probabile che tu non (3) _____ (volere) uscire stasera e che invece (4) _____ (preferire) rimanere in albergo a recuperare la differenza di fuso orario. Ma spero che almeno un giorno tu (5) _____ (venire) con me a percorrere «il sentiero delle quindici vette». La nostra zona non è molto vivace, ma è affascinante per i suoi scenari naturali.
Desidero davvero che tu (6) _____ (vedere) i laghi carsici e le conche (*basins*) naturali di queste montagne e che tu (7) _____ (bere) l'acqua delle nostre sorgenti (*springs*).
Spero che tu (8) _____ (avere) voglia di camminare e che (9) _____ (fare) bel tempo, così potremo goderci la bellezza di queste zone. Ora ti lascio riposare. È possibile che domani mattina io e Giorgio (10) _____ (passare) in albergo per salutarti.
A presto,
Laura.

2 Difendiamo la natura
Gli effetti dello sviluppo sono devastanti per l'ecosistema. Combinate elementi delle tre colonne per creare delle frasi complete. Dopo aggiungete tre frasi originali.

È bello che	gli animali	aumenti ancora nella mia città
Sembra che	allo zoo	diminuisca sempre di più
Non voglio che	i giovani	maltrattino gli animali
Non credo che	l'inquinamento	manifestino per la difesa dell'ambiente
È impossibile che	il numero di foche (*seals*) nel mondo	si adeguino (*adapt*) al nuovo clima

3 Il compagno di stanza
Giorgio e Alberto hanno deciso di frequentare l'Università di Lingue Orientali a Napoli. Per potersi pagare gli studi, però, dovranno condividere l'appartamento. Cosa pensate che debbano fare Giorgio e Alberto per adeguarsi l'uno all'altro? Suggerite delle soluzioni usando le espressioni della lista.

bisogna che	è necessario che
è difficile che	(non) è possibile che
è meglio che	può darsi che

Giorgio

Alberto

Comunicazione

4

Opinioni In coppia, impostate una discussione su cosa sarebbe giusto fare per migliorare la società.

Modello —È bene che gli immigrati imparino a parlare la lingua del paese ospite.

—Sì, ma è importante che non perdano le proprie abitudini culturali.

- bisogna che
- è bene che
- è giusto che
- è importante che
- penso che
- ritengo che

- abitudini
- lingua
- periferia
- religione
- scuola
- tenore di vita

5

Annunci In coppia, leggete gli annunci e immaginate di essere voi le persone che li hanno pubblicati; quindi continuate con la stesura (*draft*) dell'annuncio, usando quanto più possibile il congiuntivo presente. Poi presentate i vostri annunci completi alla classe.

Modello Annuncio 1: È importante che la ragazza abiti in casa con noi.

Annuncio 2: Occorre che il batterista abbia tempo libero il fine settimana.

Cercasi baby-sitter per un lavoro in famiglia.

Cercasi batterista (*drums player*) per una rock band!

6

Per un mondo migliore In gruppi di tre, provate a immaginare una conversazione fra due ragazzi che manifestano in piazza per la pace e il sindaco della città, che risponde in maniera pratica ai loro desideri.

Modello: **Ragazza:** Vogliamo che i quartieri siano più sicuri!

Ragazzo: È importante che la gente cammini per strada senza paura!

Sindaco: Sì, sono d'accordo. Ma per fare questo, bisogna che tutti si sentano cittadini uguali.

La società che si evolve

Suffixes

—*L'importante è che lei non mi canti più quelle **canzonacce** napoletane, perche io veramente non le sopporto.*

- Suffixes (**i suffissi**) are added to many Italian nouns and adjectives to denote affection, size, poor quality, ugliness, or other traits. As in English, adding a suffix can reflect the speaker's feelings about a particular noun or the adjective used to describe it. For example, the two words, *dog*, **cane**, and *doggie*, **cagnolino**, demonstrate a difference that reflects the speaker's perception (a *doggie* is cuter or more dear to the speaker than a *dog*).

- Italian is very rich in its choice and variety of suffixes. English tends to rely on adjectives to convey shades of meaning. An Italian might say «**Che ragazzaccio!**» whereas an English speaker would probably say "*What a naughty boy!*"

- Some suffixes are associated with diminutives (smallness, cuteness, affection).

-ino/a/i/e	un tavolo	un tavolino	*a small table*
-etto/a/i/e	un pezzo	un pezzetto	*a little piece*
-ello/a/i/e	una fontana	una fontanella	*a little fountain*
-olo/a/i/e	un figlio	un figliolo	*a little son, a little boy*
-uccio/a/i/e	una femmina	una femminuccia	*a baby girl*
-uzzo/a/i/e	una via	una viuzza	*a little street*

- Some suffixes indicate exaggeration or large size.

-one/a/i/e	un naso	un nasone	*a big nose; big-nosed person*
	una minestra	un minestrone	*a big, hearty soup*

- Some suffixes are pejorative, denoting ugliness, poor quality, or nastiness.

-accio/a/i/e	una parola	una parolaccia	*a swear word*
-astro/a/i/e	un poeta	un poetastro	*a really bad poet*
-uccio/a/i/e	una casa	una casuccia	*a small, unassuming house*

- Some suffixes may also be added to adjectives and adverbs.

pigro → **pigrone**	bello → **bellino**	bene → **benino**

Pratica e comunicazione

1

Suffissi Scegli la parola adeguata per completare ogni frase.

1. Paolo! Mamma mia come sei cresciuto! Sei diventato davvero un _____ (ragazzone/ragazzino).

2. Uffa! Piove anche oggi! È proprio un _____ (tempuccio/tempaccio).

3. Oh no! Un _____ (topone/topolino) si è nascosto sotto il frigorifero!

4. Eugenio, ho letto un articolo su di te sul giornale di ieri! Complimenti! Sei diventato un _____ (professorone/professoruccio)!

5. Mario, per cortesia, metti questi fiori sul _____ (tavolaccio/tavolino) davanti alla televisione.

6. Ho comperato una simpatica _____ (borsetta/borsaccia) per il mio vestito viola.

7. No, Sandra. Non ho voglia di parlare di Paolo. È una _____ (storiella/storiaccia).

2

Una parola per ogni occasione Inventate una frase per descrivere ogni foto usando il vocabolario nel riquadro.

Modello —Michele è proprio un tenerone! Bacia Maria ogni volta che torna a casa!…

amicona	incidentaccio
bestiaccia	ragazzaccio
cagnolino	pigrone
caratteraccio	simpaticone
dormiglione	tenerone

3

Storie In coppia, inventate una storia buffa con almeno otto parole scelte tra quelle nella lista.

angolino	nasone
cagnolino	ragazzino
finestrella	stradina
librone	vecchietto
macchinona	ventaccio

 Practice more at **immagina.vhlcentral.com.**

Sintesi

1

Parliamo In coppia, leggete l'articolo e rispondete alle domande.

ITALIA O ITALIE?

La differenza tra Italia del nord e Italia del sud esiste da sempre per motivi storici e geografici.

A causa della sua posizione geografica, nel corso dei secoli l'Italia è stata conquistata (*conquered*) da varie popolazioni: l'Italia settentrionale dai popoli dell'attuale Nord Europa, l'Italia meridionale soprattutto dai popoli arabi e spagnoli, arrivati nella penisola via mare.

Per questo motivo, l'Italia è stata frammentata in tanti piccoli regni (*kingdoms*) fino al 1861, quando l'esercito piemontese ha unificato la penisola dietro la guida di Giuseppe Garibaldi.

Dopo l'unificazione, il centro del potere, in Piemonte, era però letteralmente lontano e distante dal Sud e dai suoi problemi: un'economia povera basata su pratiche agricole molto antiquate.

Ancora oggi, a chi visita la penisola italiana da nord a sud, sembra che l'Italia abbia due anime diverse: una più ordinata, silenziosa, disciplinata, privata e fredda (il Nord) e una più confusionaria, chiassosa (*loud*), ribelle, amichevole e solare (il Sud).

Ma «non è tutto oro quello che luccica (*glitters*)», e nel clima di abbandono successivo all'unificazione, nel Sud è nata la mafia, una sorta di anti-stato che interveniva là dove lo stato era assente. Purtroppo, oggi la mafia è presente ovunque nel paese, anche nella realtà industriale del Nord Italia.

Continuando una tradizione cominciata subito dopo la Seconda Guerra Mondiale, ancora oggi i giovani del Sud emigrano verso le città del Nord in cerca di lavoro. Il tasso di disoccupazione al Sud supera, infatti, l'11% della popolazione, il doppio rispetto al Nord, nonostante il tasso di istruzione sia più alto al Sud!

Resta, dunque, un'Italia a due velocità.

1. L'articolo parla di «due anime» dell'Italia. Sei d'accordo o ti sembra che non abbia senso fare queste generalizzazioni? Quali sono, secondo te, i fattori che determinano la cultura di un popolo?

2. Per introdurre l'argomento della mafia nell'articolo è usato un antico proverbio. Cosa pensi che significhi?

3. Pensi che le migrazioni interne (nord-sud, est-ovest) possano creare degli scontri culturali? Ti sembra possibile l'idea che spostarsi all'interno di uno stesso paese sia come trasferirsi in un paese straniero? Fai alcuni esempi.

4. Hai mai sperimentato uno shock culturale? Racconta.

Strategie per la comunicazione

Suggerimenti per esprimere reazioni ed opinioni personali

Che + aggettivo	• Che bello sarebbe vivere al Sud!
Quanto/Come + frase	• Quanto mi piacerebbe vivere al Nord!
	• Come ha ragione l'autore dell'articolo!

2

Scriviamo Scrivi un testo di una pagina rispondendo a una delle seguenti domande e usando le strutture grammaticali che hai imparato in questa lezione.

● Ti piacerebbe di più vivere nel Sud o nel Nord Italia? Perché?

● Ti trasferiresti mai in un luogo con una cultura e uno stile di vita molto diversi dai tuoi? Perché sì o perché no?

● Hai mai avuto occasione di sperimentare la diversità regionale e culturale del tuo paese? Quando? Come?

Preparazione

Vocabolario della lettura

avvenire *to happen*
la carta geografica *map*
distinguere *to distinguish*
il dominio *domination*
le fondamenta *foundations*
il Medioevo *Middle Ages*

la provincia *province*
il regno *kingdom*
il Rinascimento *Renaissance*
il Risorgimento *Resurgence*
lo statista *statesman*
tracciare *to trace*

Vocabolario utile

l'autonomia *autonomy*
la costituzione *constitution*
il nazionalismo *nationalism*
il parlamento *parliament*

1

Vocabolario Inserisci le parole nuove nelle frasi.

1. Per costruire una casa bisogna cominciare dalle _____.
2. La _____ è il documento che contiene le leggi di un paese.
3. L'unificazione d'Italia _____ nel 1861.
4. Le principesse delle fiabe (*fairy-tales*) spesso abitano in un _____ magico.
5. Un sinonimo di indipendenza è _____.
6. Quando viaggio porto una _____ del paese che visito.
7. Per governare bene una nazione c'è bisogno di _____ esperti.
8. L'Italia si _____ per la sua forma a stivale (*boot*).

2

La cartina geografica Ricordate la geografia italiana? In coppia, segnate i nomi delle regioni sulla cartina.

- Abruzzo
- Basilicata
- Calabria
- Campania
- Emilia-Romagna
- Friuli-Venezia Giulia
- Lazio
- Lombardia
- Liguria
- Marche

- Molise
- Piemonte
- Puglia
- Sardegna
- Sicilia
- Toscana
- Trentino-Alto Adige
- Umbria
- Valle d'Aosta
- Veneto

3

Tradizioni regionali In piccoli gruppi, parlate degli aspetti tipici della città o della regione in cui abitate.

- Ci sono feste, piatti speciali, dialetti, monumenti o altre tradizioni della vostra zona che sono diverse rispetto a quelle nazionali? Quali?
- Quali sono le origini di queste tradizioni? Provengono da eventi storici?
- Cosa pensa il resto del paese delle vostre tradizioni?

Nota CULTURALE

«Fatta l'Italia bisogna fare gli italiani». Questa celebre frase attribuita a **Massimo D'Azeglio** (ma da alcuni attribuita a **Ferdinando Martini**) rifletteva le difficoltà degli inizi del **Regno d'Italia**. Era un paese con 22 milioni di abitanti, molti dei quali analfabeti°, un'economia debole° basata sull'agricoltura ed una forte divisione tra il Nord ed il Sud. Oltre a risolvere i problemi pratici, il nuovo governo doveva anche incoraggiare° lo sviluppo di un'identità nazionale ancora inesistente.

analfabeti *illiterate* **debole** *weak*
incoraggiare *to encourage*

L'unità d'Italia
identità regionale e nazionale

L'Italia prima dell'unificazione

L'identità nazionale italiana non si è sviluppata su fondamenta politiche, economiche o religiose ma bensì° sul concetto di una cultura, cioè di una lingua e letteratura comuni a partire da Dante Alighieri in poi. Già sapete che l'Italia ha venti regioni. Ma sapevate che le regioni italiane corrispondono ancora alle antiche città-stato ed ai territori delle dominazioni straniere che, dopo le invasioni barbariche e la dissoluzione dell'Impero Romano, hanno diviso politicamente e geograficamente il paese che oggi chiamiamo unito? E sapevate che l'Italia è un paese più giovane degli Stati Uniti?

Confrontando le carte geografiche della penisola dal Medioevo ad oggi si possono tracciare le ragioni storiche per le differenze culturali e linguistiche che distinguono ogni regione e, in molti casi, ogni provincia italiana. L'unificazione ufficiale della nazione è relativamente recente: risale° al 1861 durante l'epoca storica chiamata Risorgimento.

Le prime regioni unificate nel 1861 furono la Sicilia e gran parte dell'Italia meridionale (il Regno delle due Sicilie, dei Borbone), con la Sardegna e il Piemonte (il Regno di Sardegna, dei Savoia) sotto il nome di Regno d'Italia, governato dalla casa reale Savoia. Nel 1870 furono incluse Roma e gran parte del Lazio (quello che rimaneva dello Stato Pontificio governato dal papa). La sede della capitale italiana fu spostata° da Torino a Firenze nel 1865 e infine a Roma nel 1871. Il Friuli e parte del Veneto (dell'Impero Austriaco) furono annessi° nel 1866. Il resto del Veneto ed il Trentino-Alto Adige, anche loro sotto il dominio austriaco, diventarono italiani soltanto dopo la Prima Guerra Mondiale. Il passaggio da monarchia a repubblica costituzionale avvenne nel 1946, dopo il famoso referendum del 2 giugno, giorno in cui, ancora oggi, ogni anno si celebra la Festa della Repubblica.

Confrontando le carte geografiche dal Medioevo ad oggi si possono tracciare le ragioni storiche per le differenze culturali e linguistiche.

Durante il lungo processo dell'unificazione italiana ci furono molte rivoluzioni e guerre su tutto il territorio. Già nel Rinascimento scrittori come Niccolò Machiavelli e Francesco Guicciardini invocavano la presa di coscienza di un'identità nazionale mentre l'Italia era al centro delle guerre tra la Francia e la Spagna. In seguito°, gli ideali del movimento liberale repubblicano italiano ed europeo di statisti come Giuseppe Mazzini, Camillo Benso, conte di Cavour, e del generale Giuseppe Garibaldi resero° possibile l'unificazione politica.

Il processo di unificazione è stato lento e difficile: oltre ai molti dialetti e idiomi regionali parlati dagli italiani, alcune regioni sono ufficialmente bilingui, come il Trentino-Alto Adige (italiano e tedesco), la Valle d'Aosta (italiano e francese) e il Friuli (italiano e sloveno). Le guerre mondiali e la ripresa economica del dopoguerra hanno contribuito a rafforzare il patriottismo di molti italiani. Dalla metà del XX secolo in poi, una delle forze unificanti della lingua e della cultura italiana è stata la televisione. Il senso d'identità regionale è ancora molto forte: gli italiani sono legati sentimentalmente alle loro antiche radici, fatte di storia, lingue e tradizioni. ■

rather (5)
dates back
moved
annexed
Later (60)
made

Giuseppe Garibaldi

Giuseppe Garibaldi (1807-1882) è una delle figure più carismatiche ed amate del Risorgimento italiano. È considerato un eroe nazionale e padre dell'unità d'Italia, che conquistò con l'esercito dei Mille formato da giovani idealisti volontari. Garibaldi, con il suo esercito di italiani, oltre all'unificazione d'Italia ha partecipato anche alle guerre d'indipendenza del Brasile e dell'Uruguay.

Analisi

1

Comprensione

A. Indica se l'affermazione è **vera** o **falsa**.

Vero	Falso	
☐	☐	1. Le regioni italiane sono molto simili.
☐	☐	2. Il processo di unificazione dell'Italia è stato lungo e difficile.
☐	☐	3. Il Piemonte e la Sardegna facevano parte della Francia.
☐	☐	4. All'inizio, l'Italia unita si chiamava Regno d'Italia.
☐	☐	5. Il Lazio era governato dal papa.
☐	☐	6. Garibaldi ha partecipato alla guerra d'indipendenza argentina.
☐	☐	7. Roma è sempre stata la capitale d'Italia.
☐	☐	8. Il 2 giugno si celebra l'anniversario della Repubblica Italiana.

B. In coppia, correggete le affermazioni false.

2

Opinioni In coppia, confrontate le vostre opinioni rispondendo alle domande.

1. Secondo voi, quali sono stati i vantaggi dell'unificazione d'Italia? E gli svantaggi?
2. Quale pensate che sia stato il ruolo dei dialetti e dell'italiano nel creare un senso d'identità regionale e nazionale?
3. Pensate che i dialetti italiani possano sparire nel futuro? Perché?
4. Conoscete altri paesi in cui coesistono lingue diverse? Quali?
5. In quali altri paesi è stata necessaria una guerra o una rivoluzione per ottenere l'indipendenza o l'unità?
6. Quali sono gli elementi più importanti per gli abitanti di un paese per sentirsi uniti? Cosa significa per un paese essere unito?

3

Ideali In piccoli gruppi, analizzate il motto italiano.

> *«Unità, uguaglianza e umanità»*

- A quale altro motto nazionale assomiglia (*is similar to*) quello italiano?
- A cosa corrispondono i tre ideali del motto? Potete tracciarne (*trace*) le ragioni storiche?
- Quali altri valori o ideali avrebbe potuto includere il motto?
- Questo motto italiano può essere utilizzato anche per il tuo paese? Perché?
- Secondo voi, cosa vuol dire essere patriottici?

4

Dibattito Dividete la classe in squadre per dibattere le seguenti questioni.

- È importante conservare le diverse identità regionali.
- Le diverse identità regionali costituiscono un problema.
- È più importante creare un'identità nazionale che conservare le differenze regionali.
- L'identità nazionale deve includere le differenze regionali.

Practice more at **immagina.vhlcentral.com.**

Preparazione Reading

A proposito dell'autore

Dario Fo (Sangiano, Varese 1926) è attore, commediografo, capocomico, scenografo e pittore. Nel 1997, l'Accademia di Svezia gli ha conferito il Premio Nobel per la letteratura, sorprendendo il mondo intellettuale italiano e internazionale. Da sempre autore controverso e coraggioso, Fo è famoso in tutto il mondo per il suo teatro politico, attento ai problemi sociali. Sposato all'attrice Franca Rame dal 1954, Fo e la moglie sono una delle coppie più interessanti del mondo dello spettacolo; hanno sempre lottato per i diritti del popolo, anche pagando di persona con arresti, minacce, querele e aggressioni personali.

Vocabolario della lettura

aggrapparsi *to hold on to, hang on to*
andarsene *to leave (to go away from it)*
buttare di sotto *to throw down/below*
il delitto *crime*
disfarsi *to get rid of*
farcela *to make it*

fregarsene (di) *not to care (about)*
incosciente *irresponsible*
l'incoscienza *recklessness*
laggiù/lassù *down/up there*
mollare *to let go*
l'ospizio *nursing home*
penare *to suffer*
scommettere *to bet*
spingere *to push*

Vocabolario utile

il buon senso *common sense*
dissentire (da, su) *to disagree; to dissent*
l'empatia *empathy*
fare una manifestazione *to demonstrate*
mobilitare *to mobilize*
l'opinione pubblica *public opinion*
risolvere *to solve*

1

Definizioni Collega ogni parola alla sua definizione.

_____ 1. fregarsene   a. soffrire

_____ 2. l'opinione pubblica   b. credere che una cosa non sia abbastanza importante

_____ 3. scommettere   c. mettere dei soldi in gioco

_____ 4. aggrapparsi   d. atto grave che offende i diritti dei cittadini

_____ 5. disfarsi   e. quello che pensano molte persone

_____ 6. laggiù   f. tenere forte

_____ 7. penare   g. in basso

_____ 8. il delitto   h. buttare via

2

Discussione In coppia, fatevi queste domande.

1. Quale pensi che sia la responsabilità della società nei confronti dei suoi elementi più deboli (vecchi, bambini, disabili, ecc.)? Questi sono problemi individuali o collettivi?

2. Chi si deve occupare delle persone anziane? E dei bambini?

3. Secondo te, i vecchi sono tristi? Si può imparare qualcosa da loro?

4. I vecchi dovrebbero stare con la famiglia o da soli, secondo te? Cosa pensi di quei villaggi abitati solo da vecchietti?

5. Ci sono dei problemi per cui è giusto protestare e fare manifestazioni di massa? Fai alcuni esempi. Hai mai manifestato contro qualcosa?

Practice more at **immagina.vhlcentral.com**.

Nota CULTURALE

Una volta in Italia solo i vecchi senza famiglia o gravemente malati finivano in **ospizio** o in **case di riposo°**. Ora che la struttura familiare è sempre più nucleare, con coppie in cui entrambi° lavorano, è sempre più difficile occuparsi dei propri vecchi. Dario Fo già ne parlava ironicamente nel 1980, denunciando° lo squallore e il degrado° degli ospizi, in cui i vecchi si lasciavano morire di tristezza. Il teatro di Fo ha sempre denunciato le carenze° della società e della politica, e spesso ha contribuito a generare dibattiti° che hanno portato a cambiamenti nelle leggi.

case di riposo *retirement homes*
entrambi *both* **denunciando** *denouncing*
degrado *degradation* **carenze** *shortcomings*
dibattiti *debates*

IL PROBLEMA

Scena: fondo° prospettico di una grande strada cittadina. Un gruppo di persone sta guardando per aria° verso i piani superiori della casa di fronte. S'avvicina un giovanotto in bicicletta, si ferma.

GIOVANOTTO Che sta succedendo?

DONNA CON LA BORSA DELLA SPESA Non vede? Buttano giù un vecchio.

GIOVANOTTO Un vecchio?! Da dove?

DONNA Da lassù, guardi bene: due, tre, quattro, dal quinto piano.
5 Eccolo! Vede, lo spingono!

GIOVANOTTO Ma perché lo vogliono buttare di sotto? Che ha fatto?

UOMO CON UN PACCO SOTTO IL BRACCIO Niente, ha fatto! Che discorsi. Stai a vedere che adesso, per buttare giù un vecchio, bisogna aspettare che abbia fatto qualcosa di illegale. Staremmo freschi°!

10 **DONNA CON LA BORSA DELLA SPESA** Sì, d'accordo. Ma devo dire che non è certo uno spettacolo edificante! Ormai sta diventando uno sconcio°! Con tutti questi vecchi buttati giù sulla strada… almeno avvertissero quelli che passano sotto!

GIOVANOTTO Ma dico, lo stanno buttando giù davvero quello?! Ma
15 è ignobile! Incivile! Ma chi sono quegli energumeni° che lo spingono?

UOMO CON UN CAPPELLO A LOBBIA° IN TESTA Chi lo sa? Forse inquilini del palazzo o gente del quartiere. Certo, ha ragione lei, è incivile. Dovrebbe pensarci l'amministrazione, mica costringere i cittadini a fare da sé. Ma quelli del comune se ne fregano, figurati°!
20 … Buoni solo a farci pagare le tasse!

GIOVANOTTO Ma la polizia che fa? Non interviene?

DONNA Sì, ce n'è uno… un agente, là sotto,
sul marciapiede, che tiene lontano i curiosi
e i passanti, perché non gli
25 caschi° in testa il vecchio.

UOMO COL PACCHETTO Non ce la fanno.
Guardate come s'è aggrappato alla
balaustra°, quel vecchietto,
accidenti°, com'è arzillo°!

30 **ALTRO UOMO** È incredibile come sono
attaccati° alla vita!

*Margin glosses:*
backdrop
upward
We'd be finished
scandal
big burly men
homburg hat
just think
fall
railing
damn/lively
attached

**Ma la polizia
che fa?
Non interviene?**

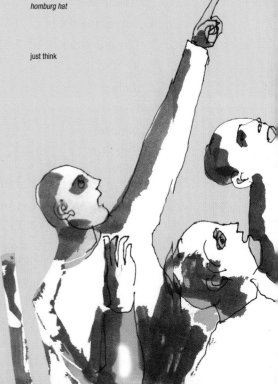

Illustrazioni di Dario Fo

GIUDIZIO : gioco di equilibrio.

DEI VECCHI

S Audio:
Dramatic Recording

UOMO CON LOBBIA È naturale. Più sono anziani-decrepiti e più desiderano stare al mondo, amano la vita, hanno il doppio istinto di conservazione!

35 *Passa un venditore ambulante*

AMBULANTE Cannocchiali°, binocoli anche tridimensionali, a colori. Godetevi° più da vicino la caduta del vecchio. Approfittate°, li diamo anche in affitto. Sconti speciali, ricchi premi.

spyglasses
Enjoy/Take advantage

ALTRO UOMO Ne dia uno a me, prego. Quant'è?

40 **DONNA** Ma guarda come è caparbio°, quel vecchietto! Non molla proprio.

obstinate

GIOVANOTTO Ma scusate, davvero non capisco! È un delitto, un fatto criminale e voi state tutti qui a guardare, non fate niente?

UOMO CON LOBBIA E che dovremmo fare se sono d'accordo i suoi?

45 **GIOVANOTTO** I suoi chi?

UOMO CON LOBBIA I suoi parenti, dal momento che hanno firmato la carta di delibera°.

release

GIOVANOTTO Delibera a che?

DONNA Come a che? Ma dove vive giovanotto?
50 La delibera per il vecchio da buttare. Lei non è di queste parti, vero?

Io dico che è indegno, i vecchi sono esseri umani!

UOMO COL PACCHETTO Ma che fa quella donna?

ALTRO UOMO Quale?

UOMO COL PACCHETTO Ma come, ha il binocolo e non la vede?
55 Là, guardi bene. S'è affacciata° una donna dalla finestra accanto°, ha afferrato° il vecchio per le braccia, lo vuole tirare su!

leaned out/adjacent
grabbed

DONNA Sarà qualche parente stretto, succede... all'ultimo momento si sarà lasciata prendere dalla pietà.

UOMO CON LOBBIA Ma che pietà, questa è incoscienza!

60 **DONNA** Eh, forse lei non può capire, anch'io quando mi hanno buttato di sotto il mio vecchio ho avuto un momento, come dire... insomma, è sempre uno del tuo sangue, dopotutto! Poi ho ragionato. Ecco! L'hanno portata via, finalmente, povera donna! Guardate il vecchio, s'è aggrappato al cornicione°...
65 non ce la fa più!

ledge

UOMO CON IL PACCHETTO Io scommetto che invece quello ce la fa ancora, quello si salva!

UOMO CON LOBBIA Scommette? Quanto scommette?

UOMO CON IL PACCHETTO Cinquemila.

70 **UOMO CON LOBBIA** D'accordo. Ci sto! Ci metto cinquemila che fra due minuti è di sotto.

UOMO CON IL PACCHETTO Scommessa andata.

DONNA Ma non vi vergognate, voi due? Scommettere su certe tragedie?

75 **ALTRO UOMO** Però, almeno dovrebbero evitare che i ragazzini se ne stiano ad assistere a certi spettacoli, andiamo! Date un'occhiata laggiù, ce ne saranno una decina° e anche piccoli.

about ten

DONNA Ma che razza° di genitori hanno? Ma come fanno a non capire che certi fatti, ai minori poi, lasciano uno shock magari per
80 tutta la vita!

kind, sort

GIOVANOTTO (*grida verso l'alto*) Bravo, bravo nonno! Guardate, ce l'ha fatta! È riuscito a scivolare° lungo la grondaia° e s'è calato° sul terrazzo di sotto... Forza nonno!

to slide/gutter/dropped

DONNA Ah, bravo, e ci fa il tifo pure! Che razza di incosciente!

85 **GIOVANOTTO** Perché scusi?

UOMO CON LA LOBBIA Ma per favore, se ne vada di qui!

ALTRO UOMO Ma che crede, di essere allo stadio!? Crede che noi si sia qui a divertirci? Si soffre più di lei, sa?

GIOVANOTTO Soffrite? Non direi, state qui a guardare e basta!

90 **DONNA** Noi non guardiamo, assistiamo°, che è ben altra cosa!

we attend

GIOVANOTTO Sì, ma insomma lasciate fare!

DONNA Invece lei applaude, da incosciente, lo incita! Ma non capisce che se i vecchi cominciano a ribellarsi, rifiutano° di farsi buttare dalla finestra, è la fine, il disordine, l'anarchia!

they refuse

95 **UOMO CON LA LOBBIA** (*al giovanotto*) Sbaglio o lei è uno di quei fanatici del comitato antinucleare per la difesa della natura e per la difesa dei vecchi da defenestrare°?

to be thrown out of the window

Abbiamo deciso
che i nostri anziani
ci sono di peso?
Che non possiamo
più né curarli
né aiutarli?

GIOVANOTTO Io non sono di nessun comitato. Io dico che
è indegno°, i vecchi sono esseri umani!

outrageous

100 **DONNA** Ecco! Ecco che si è scoperto°, il solito sbandieratore°
patetico dei diritti umani, di quelli che vogliono distribuire l'eroina
gratis ai giovani e nello stesso tempo vorrebbero veder ripristinati°
quegli ignobili ricoveri° per vecchi, dove si sbattono° a crepare° di
malinconia i nostri poveri anziani ridotti a larve, mangiati dalla
105 solitudine, e qualche volta anche dalle formiche...

come out/flag waver

reinstated

nursing home/are thrown/to die

UOMO CON IL PACCHETTO Sa cos'è lei, caro giovanotto? Lei, in verità,
è un conservatore ipocrita, un reazionario!

ALTRO UOMO Stai a vedere che dopo tutte le battaglie disperate che
abbiamo portato avanti°, per anni e anni, per arrivare a chiuderle,
110 quelle galere° infami, adesso dovremmo sopportare° ancora certi
discorsi ipocriti-populisti!?

we have carried on

prisons/endure

GIOVANOTTO Ipocriti-populisti? Ma che discorsi, e su che cosa?

DONNA Sui vecchi, caro giovanotto. Sui nostri vecchi! Bisogna avere
coraggio delle proprie scelte, non fare i demagogici. Abbiamo deciso
115 che i nostri anziani ci sono di peso°? Che non possiamo più né curarli
né aiutarli? Se non sono generali, con le pensioni non sopravvivono.
Che non ci resta più tempo per occuparci di loro? E allora, invece di
disfarcene da veri criminali, abbandonandoli in quelle puzzolenti°
galere, che sono gli ospizi, meglio, molto più onesto e civile,
120 prenderci la responsabilità di buttarli!

are a burden for us

stinking

UOMO COL BINOCOLO Attenti. Ecco, l'hanno riacciuffato°.
Lo buttano!

have caught

CORO L'hanno buttato!

DONNA Povero vecchio ha finito di penare.

125 **VIGILE** Avanti, circolare. Su andate a casa, sgomberare°!

leave

UOMO CON LA LOBBIA Scusi signore, le mie cinquemila! Ho vinto
la scommessa!

UOMO CON IL PACCHETTO Ma mi faccia il piacere, lei non ha vinto un
bel niente°! È andata pari e patta°!

nothing at all/We're even

130 **UOMO COL BINOCOLO** Attenzione! Ne stanno buttando un altro.

DONNA Dove?

UOMO COL BINOCOLO Là, da quella parte, quarto piano!
La seconda finestra.

VIGILE Eh no, adesso esagerano, mica posso continuare a tenere
135 bloccato il traffico per ore e ore!

DONNA Certo, dovrebbero mettere degli orari, alla mattina presto e
al massimo per due o tre giorni fissi alla settimana... se no, è il caos!
Ma scusi signor vigile, non c'era quella proposta dell'Assessore° alla
viabilità°, di radunare° tutti i vecchi da buttare, e portarli allo stadio
140 la domenica, e fare una cosa di massa prima della partita?

councillor

road and traffic conditions/gather

VIGILE Sì, ma quelli del totocalcio° si sono opposti! Volevano gestirlo
in proprio°! ■

soccer pools

to administer it themselves

Analisi

1

Comprensione Scegli la frase vera tra le due.

1. a. Il giovanotto si ferma a chiedere perché la folla guarda per aria.
   b. Il giovanotto in bicicletta crede che ci sia una festa in città.

2. a. Stanno buttando un vecchio di sotto.
   b. Stanno guardando un vecchio alla finestra.

3. a. La polizia non interviene.
   b. La polizia regola il traffico sotto la finestra.

4. a. Un venditore ambulante vende gelati.
   b. Un venditore ambulante vende binocoli.

5. a. Il giovanotto è perplesso perché è un fatto criminale.
   b. Il giovanotto è perplesso perché il vecchio ha fatto qualcosa di illegale.

6. a. Due uomini scommettono su come finirà la vicenda (*event*).
   b. Due uomini scommettono cinquemila volte.

2

Interpretazione Scegli la risposta giusta.

1. Il giovanotto è _____
   a. sconvolto (*upset*) da quello che vede.   b. indifferente e imparziale.
   c. incuriosito e divertito da quello che vede.
   d. d'accordo e incita a defenestrare.

2. La gente _____
   a. è indifferente e distratta.   b. sa che l'amministrazione paga i cittadini.
   c. non capisce perché il giovanotto non conosce le leggi.
   d. ha paura che la balaustra cada.

3. Secondo l'uomo con la lobbia, incitare il vecchio a salvarsi è _____
   a. da incoscienti.   b. umano.   c. un fatto criminale.   d. una cosa da stadio.

4. La donna è convinta che _____
   a. le scelte sono solo coraggiose.   b. senza coraggio non si sceglie.
   c. bisogna fare delle scelte ed avere coraggio.
   d. bisogna avere il coraggio delle proprie scelte.

5. La scena ha un finale _____
   a. moderato   b. ironico   c. ragionevole   d. felice

3

Personaggi Scegli gli aggettivi che meglio descrivono queste persone. Usa il dizionario per cercare gli aggettivi che non conosci.

a. sorpreso	e. curioso	i. attento	o. chiacchierone
b. approfittatore	f. indignato	l. imbroglione	p. incredulo
c. legalitario	g. logico	m. arrabbiato	q. opportunista
d. professionale	h. spazientito	n. onesto	r. rigido

- il giovanotto
- la donna
- il vigile

- l'ambulante
- l'uomo col pacchetto

4

Tu cosa ne pensi? In coppia, discutete queste domande.

1. Secondo te, è giusto pensare che quando si invecchia si debba avere un posto marginale nella società? Cosa si dovrebbe fare per prendersi cura delle persone anziane?

2. Come sarebbe un mondo senza vecchi? Descrivilo.

3. Ci sono paesi (l'Italia e il Giappone per esempio) in cui il tasso di natalità è bassissimo. Con una popolazione tanto vecchia, quali strutture dovrebbero esserci in una società per rendere la vita migliore per tutti?

4. Nella tua regione, che strutture ci sono per la terza età (*for seniors*)? Cosa manca secondo te?

5. È efficace discutere di problemi seri mostrando una soluzione ironica e grottesca? Qual è l'effetto di questo espediente (*device*) narrativo?

5

Reality show! In piccoli gruppi, immaginate di essere il conduttore e i partecipanti di un *reality show* che discute un problema sociale. Immaginate una soluzione ragionevole e una totalmente grottesca. Potete usare qualunque formato di *reality* che volete.

6

Discussione

A. In gruppi di tre, scegliete un argomento di discussione sociale che mobilita (*mobilizes*) l'opinione pubblica. Cercate di pensare ai diversi punti di vista su questi argomenti e stendete una lista al riguardo. Quale pensate sia il punto di vista predominante nel vostro paese?

assistenza medica per tutti	immigrazione istruzione	libertà di culto pena di morte	povertà ?

B. Paragonate il vostro parere all'opinione predominante su questi argomenti. Ci sono dei ragionamenti riguardo ai quali «dissentite»? Perché? Fate qualcosa per nuotare controcorrente?

7

Nuotare controcorrente Dario Fo ha sempre lottato attivamente contro le ingiustizie, pagando in prima persona. Secondo te, quanto può contare la voce di un singolo individuo per mobilitare l'opinione pubblica, cambiare leggi, regole, istituzioni? In gruppi di quattro, pensate a personaggi famosi della storia che hanno cambiato il corso delle cose nell'arte, nella scienza, nella religione, nella cultura, nella politica, nell'ambiente ecc. e fate una lista. Poi confrontatela con quella degli altri gruppi.

- Chi sono?
- Come hanno lottato?
- Hanno avuto successo?
- Hanno subito (*suffered*) delle conseguenze?
- Con chi vi identificate di più?

8

Tema Pensa a come tu risolveresti il problema dell'invecchiamento. Nella tua utopia, cosa succederebbe una volta passati i sessantacinque anni? Scrivi almeno due paragrafi.

Practice more at **immagina.vhlcentral.com**.

Laboratorio di scrittura

Preparazione: La confutazione

Nella **Lezione 1 (p. 38)**, si presentano strategie per scrivere argomenti in difesa di una tesi. Una strategia è la confutazione, che consiste nel difendere il nostro punto di vista in forma indiretta esaminando il punto di vista opposto. Invece di usare argomenti che difendono la sua tesi, l'autore dimostra le debolezze (*weaknesses*) della tesi opposta. In un buon saggio, la confutazione deve essere usata solo in combinazione con altri tipi di argomenti. Non deve mai essere l'unico argomento utilizzato. Una buona confutazione:

- non deve essere un attacco contro il punto di vista opposto.

- deve essere basata su una prova o, nel caso di un'opinione personale, deve essere basata su un ragionamento logico che l'autore può esprimere con un linguaggio obiettivo.

Modello

- **Tesi:** Anche in un mondo in cui l'inglese è la lingua franca, soprattutto in rete, imparare una lingua straniera come l'italiano offre grandi vantaggi.

- **Tesi contraria:** Imparare una lingua straniera «minore» come l'italiano non è importante e non è competitivo in un mondo in cui l'inglese è spesso la lingua franca in rete.

- **Proposizione principale:** Ci sono coloro che argomentano che imparare una lingua come l'italiano sia inutile e non serva. Senza dubbio queste sono affermazioni eccessive e affrettate.

- **Esempio di confutazione:** Secondo i dati più recenti, l'italiano è la quarta lingua straniera più studiata nel mondo. Inoltre, ci sono molti studi che sostengono l'utilità di internet nell'apprendimento delle lingue straniere, compreso l'italiano.

Pratica In coppia scegliete e rileggete alcuni brani delle lezioni precedenti. Qual è la tesi opposta? Quali argomenti si possono usare per respingere (*reject*) la tesi opposta?

Requisiti

1. Il saggio deve far riferimento ad almeno due dei quattro brani studiati in questa lezione e nelle precedenti lezioni contenuti in **Cortometraggio**, **Immagina**, **Cultura** e **Letteratura**.

2. Il tuo saggio deve includere almeno due esempi di confutazione.

3. Il saggio deve essere lungo almeno due pagine.

Saggio Scegli uno di questi argomenti e scrivi un saggio.

> Le divisioni politiche del passato possono aiutarci a costruire un mondo unito nel presente?

> Lo stile di vita moderno aiuta a colmare le divisioni (*fill in the gaps*) culturali radicate (*rooted*) nella storia e nella geografia di una nazione?

> Si può «nuotare controcorrente»? Quali sono i vantaggi o gli svantaggi?

Società e cambiamenti

Audio: Vocabulary Flashcards

I cambiamenti

adattarsi *to adapt*
adeguarsi *to adjust*
appartenere *to belong to*
arricchirsi *to become rich*
aumentare *to increase*
conformarsi *to conform*
diminuire *to decrease*
impoverirsi *to become poor*
ottenere *to obtain, to achieve*
pianificare *to plan*
realizzare *to fulfill; to achieve*
stabilirsi *to settle*
tutelare *to protect, to defend*

Le tendenze sociali

la (s)comparsa *(dis)appearance*
la diversità *diversity*
la globalizzazione *globalization*
l'integrazione *integration*
la lingua madre *native language*
la (sovrap)popolazione *(over)population*
(il)lo (sotto)sviluppo *(under)development*
il tasso di natalità *birthrate*
il tenore di vita *standard of living*

(anti)conformista *(non)conformist*
multilingue *multilingual*

I problemi e le soluzioni

il caos *chaos*
la comprensione *understanding*
il conflitto di classe *class conflict*
il dialogo *dialogue*
l'incertezza *uncertainty*
il maltrattamento *abuse; mistreatment*
la polemica *controversy*
la povertà *poverty*
il razzismo *racism*
la volontà *will, wish*

lamentare/lamentarsi *to regret, to lament*
lottare *to fight, struggle*
manifestare *to demonstrate*

reclamare *to complain, to protest; to claim*
superare *to overcome*
tirare avanti *to forge ahead*

Le convinzioni religiose

la cattedrale *cathedral*
la chiesa *church*
Dio *God*
la fede *faith*
il/la fedele *believer*
la libertà di culto *freedom of worship*
la moschea *mosque*
il papa *pope*
il prete *priest*
il rabbino *rabbi*
la sinagoga *synagogue*
il/la santo/a *saint*

credere *to believe*
pregare *to pray*

agnostico/a *agnostic*
ateo/a *atheistic*
cattolico/a *Catholic*
ebreo/a *Jewish*
musulmano/a *Muslim*
protestante *Protestant*

Cortometraggio

il capitone *large eel*
la corriera *long-distance bus*
il dialetto *dialect*
l'estero *foreign countries*
il ferroviere *railway employee*
l'incomprensione *lack of understanding*
il maltempo *bad weather*
il panettone *Christmas bread*
il pregiudizio *prejudice*
il proverbio *proverb*
il realismo *realism*
lo stereotipo *stereotype*
il tassista *taxi driver*
la tradizione *tradition*
l'umorismo *humor*
la vigilia *eve*

meridionale *southern*
settentrionale *northern*

Cultura

l'autonomia *autonomy*
la carta geografica *map*
la costituzione *constitution*
il dominio *domination*
le fondamenta *foundations*
il Medioevo *Middle Ages*
il nazionalismo *nationalism*
il parlamento *parliament*
la provincia *province*
il regno *kingdom*
il Rinascimento *Renaissance*
il Risorgimento *Resurgence*
lo statista *statesman*

avvenire *to happen*
distinguere *to distinguish*
tracciare *to trace*

Letteratura

il buon senso *common sense*
il delitto *crime*
l'empatia *empathy*
l'incoscienza *recklessness*
l'opinione pubblica *public opinion*
l'ospizio *nursing home*

aggrapparsi *to hold on to, hang on to*
andarsene *to leave (to go away from it)*
buttare di sotto *to throw down, below*
disfarsi *to get rid of*
dissentire (da, su) *to disagree; to dissent*
farcela *to make it*
fare una manifestazione *to demonstrate*
fregarsene (di) *not to care (about)*
mobilitare *to mobilize*
mollare *to let go*
penare *to suffer*
risolvere *to solve*
scommettere *to bet*
spingere *to push*

incosciente *irresponsible*

laggiù/lassù *down/up there*

7

Le scienze e la tecnologia

S iamo circondati da oggetti altamente tecnologici che dovrebbero semplificarci la vita e abbattere (*knock down*) le barriere del tempo e dello spazio. Ma è davvero così? La tecnologia avvicina (*brings closer*) il mondo e semplifica la vita o ci rende vulnerabili e incapaci di confrontarci con noi stessi? Che rapporto avete con le scienze e la tecnologia? Potreste vivere senza gli oggetti tecnologici che fanno ormai parte della vostra quotidianità?

241

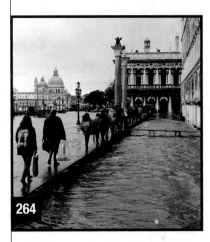

264

Destinazione:
IL TRIVENETO

FRIULI-VENEZIA GIULIA

TRENTINO-ALTO ADIGE

VENETO

I progressi e la ricerca Audio: Vocabulary

Gli scienziati

l'astronauta *astronaut*
l'astronomo/a *astronomer*

il/la biologo/a *biologist*
il/la (bio)chimico/a *(bio)chemist*
il/la fisico/a (nucleare) *(nuclear) physicist*
il/la geologo/a *geologist*
il/la matematico/a *mathematician*
il/la ricercatore/ ricercatrice *researcher*
lo/la zoologo/a *zoologist*

La ricerca scientifica

il brevetto *patent*
il DNA *DNA*

l'esperimento *experiment*
il gene *gene*
la ricerca *research*

la scoperta *discovery*
lo scopo *aim; goal*
lo sviluppo *advance; development*
il vaccino *vaccine*

dimostrare *to prove*
guarire (-isc-) *to cure; to heal*

notevole *remarkable, important*

La tecnologia

la banca dati *database*
il codice *code*
il dispositivo *device*
l'elettronica *electronics*
l'informatica *computer science*
l'ingegneria *engineering*
l'intelligenza artificiale *artificial intelligence (A.I.)*
la nanotecnologia *nanotechnology*
la rete (senza fili) *(wireless) network*
la robotica *robotics*

il segnale (analogico/digitale) *(analog/digital) signal*
le telecomunicazioni *telecommunications*
la trasmissione *broadcast*

Il mondo digitale

la chiavetta USB *flash drive*
la chiocciola *@ symbol*
il computer (da tavolo/portatile) *(desktop/laptop) computer*
l'indirizzo e-mail *e-mail address*
il lettore CD/DVD/MP3 *CD/DVD/MP3 player*
il libro elettronico *e-book*
l'SMS (m.) *text message*

aggiornare *to update*
allegare *to attach*
cancellare *to erase*
copiare *to copy*
incollare *to paste*
masterizzare *to burn*
navigare su Internet/sulla rete *to browse/to surf the Internet/Web*
salvare *to save*
scaricare *to download*

Problemi e sfide

la cellula staminale *stem cell*
il codice deontologico *code of conduct/ethics*
il furto d'identità *identity theft*
l'inquinamento *pollution*

la sfida *challenge*

clonare *to clone*
riciclare *to recycle*

controverso/a *controversial*
etico/a *ethical*
giusto/a *right*
(im)morale *(un)ethical*
sbagliato/a *wrong*

Pratica

1

Associazioni Trova la parola della colonna di destra che è associata ai termini della colonna di sinistra.

_____ 1. il codice, la banca dati, Internet   a. l'ingegneria

_____ 2. il DNA, il vaccino, la malattia   b. l'informatica

_____ 3. l'intelligenza artificiale, il codice, il dispositivo   c. la robotica

_____ 4. i progetti, la matematica, la fisica   d. lo sviluppo

_____ 5. la rete, il segnale, la trasmissione   e. la medicina

_____ 6. il progresso, la scoperta, la ricerca   f. le telecomunicazioni

2

Che bisogna fare per...? Completa le frasi con la parola appropriata.

1. Per ricevere dei messaggi elettronici bisogna avere un _____.

2. Per navigare sulla rete quando sei in spiaggia devi avere un _____.

3. Per aggiornare l'antivirus puoi _____ l'ultima versione da Internet.

4. Per non perdere i documenti devi _____ tutto su una chiavetta USB.

5. Per non riempire troppo la casella di posta elettronica bisogna _____ i messaggi inutili.

6. Per inviare un documento via Internet bisogna _____ il file al messaggio.

7. Per vedere un film su DVD bisogna avere un _____.

8. Se non vuoi telefonarmi, puoi inviarmi un _____ sul cellulare.

3

Chi è? Leggi le frasi e individua gli scienziati descritti. Aggiungi l'articolo corrispondente.

1. Mario esamina la struttura, la composizione e il cambiamento delle rocce (_rocks_). Fa _____.

2. Carlo studia la storia, l'evoluzione e i comportamenti degli animali. Fa _____.

3. Marcella studia le proprietà fisiche della materia inorganica e fa esperimenti. Fa _____.

4. Antonio è specializzato nello studio della struttura e delle funzioni degli organismi viventi e della loro interazione con l'ambiente. Fa _____.

4

Questioni di attualità Sembra che la scienza e il progresso oggi non abbiano e non debbano avere limiti. Qual è la tua opinione sui seguenti temi?

A. Contrassegna con una X le affermazioni con cui sei d'accordo e preparati a spiegare le tue opinioni con una o due frasi.

☐ 1. La clonazione del genere umano è uno strumento importante per combattere molte malattie genetiche.

☐ 2. È immorale provare ad avere un figlio ad ogni costo! Ci sono tanti bambini senza genitori: perché non adottarli?

☐ 3. I vantaggi apportati dalla tecnologia informatica sono maggiori degli svantaggi.

☐ 4. La tecnologia oggi ha semplificato molto il lavoro dell'uomo.

B. Confronta le tue risposte con quelle di un(a) compagno/a e preparate insieme un riassunto spiegando le vostre differenze o similarità.

Practice more at
immagina.vhlcentral.com.

Preparazione

Vocabolario del cortometraggio	Vocabolario utile
il collegamento *connection*	**l'acquario** *aquarium*
digitare *to type, to dial*	**il laboratorio** *lab*
il navigatore satellitare *GPS*	**la lingua dei segni** *sign language*
il piano di cottura *stovetop*	**il nastro adesivo** *adhesive tape*
la ricetta *recipe*	**il polpo** *octopus*
	lo strumento *musical/technical instrument*

ESPRESSIONI

faccio in un lampo *I'll be done in a flash*

non ci posso credere *I can't believe it*

1

Pratica Associa le parole delle due colonne.

_____ 1. l'acquario

_____ 2. la ricetta

_____ 3. il navigatore satellitare

_____ 4. il piano di cottura

_____ 5. il laboratorio

_____ 6. il collegamento

_____ 7. lo strumento

_____ 8. il polpo

a. i tentacoli

b. il pianoforte

c. gli esperimenti

d. Internet

e. l'automobile

f. il gas

g. il piatto

h. i pesci

2

La tecnologia quotidiana In piccoli gruppi, fate una lista dei prodotti elettronici che usate più spesso. Poi rispondete alle domande.

1. Quali prodotti elettronici usate più spesso?

2. Qual è la funzione di ogni prodotto (gioco, strumento, mezzo di comunicazione/ ricerca, lettura, informazione ecc.)?

3. Quali tra questi prodotti semplificano la vita? Quali, invece, la complicano?

4. Quali prodotti elettronici erano disponibili quando i vostri genitori avevano 18 anni?

5. Quali prodotti elettronici erano disponibili quando i vostri nonni avevano 18 anni?

3

Cosa succederebbe? Se non poteste più usare i prodotti che avete messo nella lista, cosa fareste? Insieme completate le frasi e scrivetene delle altre.

      Modello   **Non ho più il telefonino:** Vado a casa dei miei amici per parlare con loro.

● Non ho più il computer: _____

● L'iPod si rompe: _____

● Perdi il collegamento Internet: _____

● ? _____

4 **I personaggi** Descrivete le caratteristiche fisiche e la personalità di questi tre personaggi.

_____

_____

_____

_____

_____

_____

5 **Espansione** In piccoli gruppi, pensate a quale sarà l'innovazione più rivoluzionaria nei prossimi dieci anni.

1. Che tipo di innovazione sarà? (Nel campo della medicina, della tecnologia, dei trasporti, delle comunicazioni ecc.)
2. È un'innovazione che dovremo comprare? Quanto costerà?
3. Chi sarà responsabile per questa innovazione? Una sola persona o un gruppo?
4. Quale sarà l'impatto di questa innovazione sulla vita di tutti i giorni?
5. Quale sarà l'impatto sulla vostra vita personale? Come cambierà?
6. Ci saranno degli aspetti negativi? Quali?

6 **La tecnologia nel futuro** In piccoli gruppi, raccontate come saranno fra cinquanta anni le attività domestiche suggerite nella lista con l'aiuto della tecnologia.

Attività	Cambiamenti tecnologici
cucinare	
fare la doccia	
fare giardinaggio	
fare il bucato	
fare le pulizie	
guardare la TV	
lavare i piatti	
organizzare l'armadio	

Practice more at **immagina.vhlcentral.com**.

Le scienze e la tecnologia

Trama *Un uomo del futuro vorrebbe preparare una cena romantica, ma la tecnologia non gli permette di accendere il gas. Riuscirà a cucinare prima dell'arrivo della donna?*

VOCE DEL COMPUTER Accendi il gas… accendi il gas… accendi il gas…

UOMO Va bene, faccia quello che vuole, purché° sia in fretta!
TECNICO Un lampo!

TECNICO È un sistema intelligente questo. Però io sono più furbo di lui.

DONNA Esco ora, eh? Sarò subito da te. A dopo.

TECNICO Se vuoi, il problema lo posso risolvere, posso disattivare tutto…

TECNICO Non ti sono stato di grande aiuto, eh?
UOMO Il gas funziona!

purché *provided*

Nota CULTURALE

La casa antisismica del futuro

In Italia, come in Giappone e in California, possono avvenire terremoti° disastrosi. Grazie al Sofie (Sistema Costruttivo Fiemme), un progetto di ricerca dell'Istituto Valsa di Trento, la casa antisismica del futuro sarà italiana. La casa ha sette piani ed è costruita con materiali sostenibili° che riducono l'impatto ambientale e migliorano le caratteristiche strutturali. Il prototipo della casa antisismica è stato definito dagli esperti sismologi giapponesi come «Destinato a cambiare il modo di costruire le case antisismiche in tutto il mondo».

terremoti *earthquakes* **sostenibili** *sustainable*

 Sullo **SCHERMO**

Indica l'ordine in cui queste scene appaiono nel film.

___6___ **a.** La cena non è pronta quando la donna suona il campanello (*bell*).

___2___ **b.** Il protagonista prova ad accendere il gas.

___4___ **c.** Il tecnico arriva.

___3___ **d.** La donna telefona.

___5___ **e.** Il tecnico risolve i problemi in cucina.

___1___ **f.** Il protagonista vuole cucinare una bistecca.

Analisi

1

Vero o Falso? Indica se le affermazioni sono **vere** o **false**.

Vero	Falso	
☐	☐	1. Il protagonista ha invitato la donna a cena.
☐	☐	2. La cucina è molto ordinata.
☐	☐	3. Il gas funziona nel piano di cottura.
☐	☐	4. Il protagonista chiama il tecnico.
☐	☐	5. Il tecnico aggiusta il telefono.
☐	☐	6. Il protagonista non trova la ricetta.
☐	☐	7. Quando la donna arriva la porta non si apre.
☐	☐	8. Costa di più aggiustare il gas che comprare una cucina nuova.

2

Comprensione Scegli la frase più adatta. Dopo, in coppia, scrivete altre due frasi e scambiatele con un'altra coppia.

1. Il protagonista è _____.
   a. impaziente   b. preciso   c. tutt'e due

2. Il protagonista vuole _____.
   a. una cucina perfetta   b. diventare uno chef   c. fare innamorare la donna

3. Nel corto, la tecnologia _____.
   a. fa diventare la vita più facile   b. fa diventare la vità più complicata
   c. tutt'e due

4. Il tecnico pensa di essere _____.
   a. molto bravo a cucinare   b. più furbo del computer
   c. più veloce del protagonista

5. Il protagonista _____.
   a. non è contento della soluzione trovata dal tecnico
   b. accetta la soluzione trovata dal tecnico perché ha fretta
   c. preferirebbe avere una cucina rustica

6. Il tecnico _____.
   a. ha nostalgia delle cucine del passato   b. ha nostalgia della giovinezza
   c. ha nostalgia di sua moglie

3

Riflessione In coppia, rispondete alle domande.

1. Qual è il messaggio del film sulla tecnologia? Sei d'accordo?

2. Cosa vuole fare il protagonista? Perché? Riesce a farlo?

3. Com'è il tecnico? Com'è la sua casa? Com'è diverso dal protagonista?

4. Con quale personaggio del film ti identifichi di più? Perché?

5. Cosa succede alla fine del film?

4

Maledetta tecnologia! Vi è mai successo di trovarvi in una situazione come quella del protagonista, in cui la tecnologia è diventata un ostacolo? In piccoli gruppi, parlate di come avete risolto il problema.

5 **Case diverse**

A. La casa del futuro Descrivete la casa del protagonista e tutti i gadget che contiene.

- la cucina
- l'entrata
- la stanza principale
- la camera da letto

B. La casa del passato Immaginate una casa completamente senza tecnologia e descrivetela.

- la cucina
- l'entrata
- la stanza principale
- la camera da letto

C. La tua casa Rispondete a turno alle domande.

- Quale delle due case preferisci? Perché?
- Com'è la tua casa? Paragonala a quella del film.
- Ti piacerebbe avere una casa con molta tecnologia? Perché?
- Com'è la tua casa ideale? Descrivila.

6 **Opinioni** Siete d'accordo o no con queste affermazioni? In coppia, spiegate le vostre ragioni.

Affermazione	Sono d'accordo perché…	Non sono d'accordo perché….
La vita di una volta era più rilassante: la tecnologia di oggi causa solo problemi.		
Non potrei mai vivere senza la tecnologia.		
I ragazzi perdono tempo con i gadget: giocano soltanto e ascoltano la musica a volume troppo alto.		
Internet ha aumentato le possibilità di comunicazione fra le persone.		
La televisione permette di imparare molte cose utili.		
I computer hanno aumentato la produttività.		

7 **Interpretiamo** In coppia, improvvisate un dialogo basato su una di queste situazioni e recitatelo davanti alla classe.

A

La donna arriva a casa del protagonista e la porta non si apre. Cosa succede dopo?

B

Il tuo computer improvvisamente comincia a parlarti e a darti dei consigli sulla tua vita personale. Come reagisci?

8 **Scriviamo** Scegli uno di questi argomenti e scrivi una breve composizione.

- Qual è il tuo più grande desiderio? Immagina che un inventore trovi una soluzione (tecnologica, scientifica ecc.) per renderlo possibile. Scrivi un paragrafo su quello che potrebbe succedere.

- Se tu fossi uno scienziato, quale scoperta ti piacerebbe fare? Preferiresti una scoperta nel campo della medicina o in quello della tecnologia? Perché?

 Practice more at **immagina.vhlcentral.com.**

IMMAGINA IL TRIVENETO

S Reading

Dove l'Italia incontra l'Europa

La parte nord orientale dell'Italia è conosciuta come **Triveneto** e comprende° le regioni **Veneto, Trentino-Alto Adige** e **Friuli-Venezia Giulia**. Questo è un territorio in cui la cultura italiana si incontra e si mescola° con quella germanica e con quella slava: ciò rende° il Triveneto particolarmente affascinante.

Il confine nord orientale è incorniciato° dalle Alpi, che nella parte centrale della regione diventano **Dolomiti**, e appaiono come alte torri° con rocce dai riflessi arancioni e rosa. Molte stazioni sciistiche° prestigiose, tra cui **Cortina d'Ampezzo** in Veneto e i centri della **Val di Fiemme** e della **Val di Fassa** in Trentino-Alto Adige, accolgono gli appassionati di sport invernali. La **Pianura Padana** copre una vasta porzione del territorio e qui è attraversata da grandi fiumi come l'**Adige**, il **Tagliamento** ed il delta del **Po**. Sui litorali° della parte sud orientale si trovano località balneari° ben note°, come **Lignano Sabbiadoro** e **Iesolo**.

Il **Veneto** è forse la regione con il più consistente patrimonio artistico. **Venezia** è famosa in tutto il mondo per le sue **calli**°, **i canali** e gli splendidi monumenti. A **Verona**, l'**Arena**, oggi sede di importanti eventi musicali, ed il **Teatro** sono esempi di architettura romana; di grande interesse sono anche la basilica medioevale di **San Zeno**, **piazza delle Erbe**, il **ponte scaligero** e i tanti palazzi e monumenti costruiti quando la famiglia della **Scala** era al potere. Una meta° classica è la **casa di Giulietta** che fa da sfondo° alla sfortunata storia d'amore shakespeariana. **Vicenza** è la patria dei capolavori dell'architetto **Andrea Palladio**, mentre **Padova** preserva alcuni degli affreschi più belli di **Giotto** nella cappella degli **Scrovegni**, oltre all'imponente basilica di **Sant'Antonio**.

Il **Trentino-Alto Adige** è una terra di incontro tra la cultura italiana e quella tedesca, entrambi presenti nell'architettura delle case, nelle lingue e persino° nella tradizione gastronomica. A **Bolzano** e in tutto l'Alto Adige, a nord, si parlano italiano e tedesco; le abitazioni hanno un inconfondibile stile austriaco e lo **strudel di mele** e la **torta Sacher** sono una costante sui menù! **Trento** e la sua provincia, nel sud della regione, hanno uno stile più italiano, retaggio° della lunga presenza romana nella zona.

L'atmosfera multiculturale si respira anche in **Friuli-Venezia Giulia**, in particolare nelle zone di confine con la Slovenia e la Croazia. A **Trieste**, capoluogo di regione, convivono etnie e lingue diverse, quali l'italiano, il tedesco e lo slavo. Trieste con il suo porto è stata ed è una finestra tra Oriente ed Occidente. Il famoso **Caffè San Marco**, nel secolo scorso, era frequentato da intellettuali internazionali del calibro° di **James Joyce**, **Italo Svevo** e **Umberto Saba**.

Il Triveneto è una meta consigliata per chi ama le bellezze classiche dell'Italia arricchite da una buona dose di internazionalità.

Verona

In più...

Il fascino di Venezia è inalterato° in ogni stagione dell'anno: deriva dal riflesso di motivi architettonici, di monumenti e di luci nei canali e nelle acque della laguna. Se visitate Venezia in inverno, fatelo durante il famoso **Carnevale**, periodo in cui la città si trasforma in un teatro all'aperto e le calli sono frequentate da personaggi in maschere e costumi straordinari.

comprende *includes* si mescola *mixes* rende *makes* incorniciato *framed* torri *towers* stazioni sciistiche *ski resorts* litorali *coast* località balneari *seaside resorts* ben... *well-known* calli *narrow streets in Venice* meta *destination* sfondo *background* persino *even* retaggio *legacy* calibro *caliber* inalterato *unaltered; unchanged*

L'italiano in Slovenia e Croazia A causa della vicinanza geografica e delle comuni vicende° storiche, in **Slovenia** e nella **regione istriana** della **Croazia** ci sono minoranze etniche° italiane, circa il 7% dell'intera popolazione. Queste minoranze parlano la lingua italiana che diventa seconda lingua ufficiale dopo lo sloveno o il croato. La Regione istriana di lingua italiana occupa la parte più occidentale della penisola omonima° mentre l'italiano in **Slovenia** è parlato nei comuni di **Capodistria**, **Istria** e **Pirano**.

Pola, Croazia

Marco Polo **Marco Polo** nasce a Venezia nel 1257. A diciassette anni con il padre e lo zio, commercianti di pietre preziose, intraprende° un viaggio in Estremo Oriente. Marco trascorre° circa 25 anni in Oriente e, spinto° dalla sua curiosità e da presunti incarichi° del **Kubilai Khan**, fa numerosi viaggi. Il racconto delle sue avventure è raccolto nel libro **Il Milione**, dove Marco Polo sostiene di aver portato in Europa, oltre ad oggetti favolosi, gli spaghetti ed il gelato.

vicende *events* **minoranze etniche** *ethnic minorities* **omonima** *homonymous* **intraprende** *begins* **trascorre** *spends* **spinto** *motivated* **incarichi** *assignments*

Vero o falso? Indica se ogni frase è **vera** o **falsa**. Correggi le frasi false.

1. Il Triveneto è un'area nel Nord-Est della penisola italiana.

2. Le Dolomiti si trovano in tutte le regioni del Triveneto.

3. Andrea Palladio era un architetto veneto.

4. In Trentino-Alto Adige non si parla italiano.

5. Il Friuli-Venezia Giulia confina con la Slovenia e la Croazia.

6. Trieste era una città frequentata da personaggi della società intellettuale.

7. Gli italiani che abitano in Slovenia e Croazia sono la maggior parte della popolazione.

8. Marco Polo è rimasto in Oriente per più di venti anni.

Quanto hai imparato? Rispondi alle domande.

1. Quali sono alcune caratteristiche culturali del Triveneto?

2. In quale parte del Triveneto è possibile praticare sport invernali?

3. Quali sono le differenze tra l'Alto Adige ed il Trentino?

4. Perché il Friuli-Venezia Giulia è considerato una regione multiculturale?

5. Perché in alcune città della Slovenia e della Croazia si parla italiano?

6. Di che cosa parla il libro *Il Milione*?

Progetto

Un viaggio tra i castelli del Triveneto ti farà vivere la vita degli imperatori, dei re e delle regine.

- Ricerca almeno tre castelli nel Triveneto, uno per ogni regione.

- Per ogni castello dai informazioni sulla famiglia che lo abitava.

- Cerca anche informazioni sullo stato attuale del castello (a chi appartiene, come viene usato ecc.).

- Presenta il tuo lavoro alla classe.

7.1 Comparatives and superlatives

- The comparative form is used to compare qualities in people, things, concepts, or actions. Comparisons express three kinds of relationships: inferiority, equality, and superiority. These relationships are conveyed by structures containing the words **meno**, **così** or **tanto**, and **più**.

Il mio computer è **meno** veloce **del** tuo.
My computer is slower (lit. less fast) than yours.

Il mio computer è **più** veloce **del** tuo.
My computer is faster than yours.

Il mio computer è (**così**) veloce **come** il tuo. / Il mio computer è (**tanto**) veloce **quanto** il tuo.
My computer is as fast as yours.

Comparisons of equality

- To express equality (**uguaglianza**) when comparing adjectives or adverbs, use (**così**) + [*adjective or adverb*] + **come**. You may also use (**tanto**) + [*adjective or adverb*] + **quanto**. **Così** and **tanto** are often omitted.

Le vacanze sono (**così**) piacevoli **come** necessarie.
Le vacanze sono (**tanto**) piacevoli **quanto** necessarie.
Vacations are as enjoyable as they are necessary.

- When comparing nouns, use **tanto** + [*noun*] + **quanto**... to express *as much/many as*. When **tanto** and **quanto** precede a noun, they should agree in gender and number with the noun.

Ho letto **tanti** libri **quante** riviste.
I read as many books as magazines.

Ci sono **tante** bambine **quanti** bambini.
There are as many girls as boys.

Comparisons of inequality

- To express comparisons of inequality—indicating inferiority (**minoranza**) or superiority (**maggioranza**)—use **meno**... **di** and **più**... **di** or **meno**... **che** and **più**... **che**. The choice of structure depends on the type of comparison that is made.

- Use **meno**... **di** and **più**... **di** to compare two nouns or pronouns (people or things) in terms of a single quality (adjective or adverb) or action (verb).

Two nouns (**scienziato** and **Franco**)	+	one adjective (**etico**)	Quello scienziato è **più** etico **di** Franco. *That scientist is more ethical than Franco.*
Two nouns (**Claudio** and **Maria**)	+	one verb (**scrive articoli**)	Claudio scrive **meno** articoli **di** Maria. *Claudio writes fewer articles than Maria does.*

- Use **meno**... **che** and **più**... **che** to compare two qualities or attributes of a single noun. Use it also to compare two adverbs or two objects with respect to a single verb.

One noun (**idee**)	+	two adjectives (**originali** and **convenzionali**)	Le idee di Claudio sono **più** originali **che** convenzionali. *Claudio's ideas are more original than conventional.*
One verb (**Bevo**)	+	two objects (**caffè** and **tè**)	Bevo **più** caffè **che** tè. *I drink more coffee than tea.*
One verb (**Piove**)	+	two adverbs (**adesso** and **stamattina**)	Piove **meno** adesso **che** stamattina. *It's raining less now than (it was) this morning.*

- Use **meno … che** and **più … che** before prepositions and infinitives.

> Viaggiamo **meno** in treno **che** in aereo. È **più** importante bere **che** mangiare?
> *We travel less by train than by plane.* *Is it more important to drink than to eat?*

Relative superlative

- The relative superlative indicates that a person or thing is *the most* or *the least* of a particular group. To form the relative superlative of adjectives, use this structure: [*definite article*] + **più**/**meno** + [*adjective*] + **di** (or sometimes **in** or **tra**). To form the relative superlative of adverbs, omit the definite article, unless **possibile** is used after the adverb.

> Quale materia è **la meno** difficile **tra** quelle scientifiche?
> *Which subject is the least difficult among the scientific ones?*
>
> Quale astronauta russo è **il più** alto **di** tutti?
> *Which Russian astronaut is the tallest of all?*
>
> Piero lavora **più duro** di tutti.
> *Piero works harder than everyone else.*
>
> Ti chiamo **il più presto** possibile!
> *I'll call you as soon as possible!*

- The superlative may precede or follow the noun. The article is not repeated when it follows the noun.

> Quello zoologo è **il più famoso del** mondo. (superlative precedes noun)
> Quello è **lo** zoologo **più** famoso **del** mondo. (superlative follows noun)

- When the relative superlative is followed by a conjugated verb, the verb is usually in the subjunctive mood.

> *Guerra e pace* è il libro più lungo che io **abbia letto**.
> War and Peace *is the longest book I have read.*

Absolute superlative

- The absolute superlative conveys the highest possible degree of an adjective or adverb.

— *È comodissimo.*

- The absolute superlative of an adjective is most commonly expressed by dropping the final vowel of the masculine plural form and adding –**issimo/a/i/e**.

> La risposta è **semplicissima**.
> *The answer is very simple.*
>
> L'inquinamento è un problema **gravissimo**.
> *Pollution is an extremely serious problem.*

- The absolute superlative of adverbs that end in a vowel follows a similar pattern: add –**issimo** after dropping the final vowel. However, if an adverb ends in –**mente**, form the feminine superlative adjective first and add –**mente**.

> Il tecnico è arrivato **tardissimo**.
> *The technician arrived very late.*
>
> Il computer funziona **rapidissimamente**.
> *The computer operates very fast.*

ATTENZIONE!

In a relative phrase introduced by *more/less… than what*, use **più/meno… di quello che**, **di ciò che/di quanto** followed by the subjunctive.

I computer sono più facili da usare di quello che pensiate.
Computers are easier to use than you think.

L'esperimento ha dimostrato meno di quanto sperassimo.
The experiment proved less than we had hoped.

ATTENZIONE!

To express *one of the most/least… in/of*, use the indefinite article + **di** + **più/meno… di**.

L'Italia è uno dei più affascinanti paesi del mondo.
Italy is one of the most fascinating countries in the world.

Fra plus the definite article is sometimes used instead of **uno/a di**.

Il computer è fra le invenzioni più importanti del Novecento.
The computer is one of the most important inventions of the twentieth century.

RIMANDO

The subjunctive in superlative statements is presented in **Strutture 9.4, p. 344.**

- An alternative way to form the absolute superlative of adjectives is to place **molto** or another adverb, such as **assai**, **bene**, **estremamente**, and **incredibilmente**, before the adjective.

> È un lavoro **estremamente difficile**.
> *It's an extremely difficult job.*

> Avere un portatile è **assai conveniente**.
> *It's very convenient to have a laptop.*

- The absolute superlative of an adjective or adverb can also be formed with a prefix. The most common of these prefixes are **arci–**, **iper–**, **stra–**, **super–**, and **ultra–**.

> Alcuni politici sono **ultraconservatori**.
> *Some politicians are extremely conservative.*

> Quel portatile è **ipermoderno**.
> *That laptop is very modern.*

Irregular comparatives and superlatives

- Some adjectives have both regular and irregular comparative and superlative forms.

	comparative	relative superlative	absolute superlative
buono	più buono/**migliore**	il più buono/**il migliore**	buonissimo/**ottimo**
cattivo	più cattivo/**peggiore**	il più cattivo/**il peggiore**	cattivissimo/**pessimo**
grande	più grande/**maggiore**	il più grande/**il maggiore**	grandissimo/**massimo**
piccolo	più piccolo/**minore**	il più piccolo/**il minore**	piccolissimo/**minimo**
alto	più alto/**superiore**	il più alto/**il superiore**	altissimo/**supremo**
basso	più basso/**inferiore**	il più basso/**l'inferiore**	bassissimo/**infimo**

- In general, the irregular form is used when comparing figurative or abstract qualities, while the regular form is used to compare physical qualities. When speaking of siblings' ages, for example, or describing figuratively the importance of a historical figure, use **maggiore** and **minore**.

> Francesco ha due sorelle **minori**.
> *Francesco has two younger sisters.*

> Questo libro è **più piccolo** di quello.
> *This book is smaller than that one.*

> Conosci le opere dei poeti **minori** del Medioevo?
> *Are you familiar with the works of the minor poets of the Middle Ages?*

- Some adverbs have irregular comparative and superlative forms. In the relative superlative, omit the article unless **possibile** is used.

	comparative	relative superlative	absolute superlative
bene	meglio	(il) meglio	benissimo
male	peggio	(il) peggio	malissimo
molto	più, di più	(il) più	moltissimo
poco	meno, di meno	(il) meno	pochissimo

> Franco canta **meglio** di tutti.
> *Franco sings the best of all.*

> Lavoro **il più** possibile.
> *I work as much as possible.*

> Mi piace l'informatica, ma mi piace **di più** il giornalismo.
> *I like computer science, but I like journalism more.*

Pratica

1

Paragoni Completa le frasi inserendo **come, quanto, di, di** + articolo o **che.**

1. Una macchina elettrica inquina (*pollutes*) meno _____ una macchina ibrida.

2. Il vaccino contro la tubercolosi è più importante _____ scoperta di una cura per altre malattie meno diffuse.

3. Il mio portatile è più pratico _____ bello.

4. Oggi i ricercatori guadagnano meno _____ un impiegato di banca.

5. La fisica nucleare è tanto difficile _____ la chimica.

6. È più facile distruggere un atomo _____ un pregiudizio.

2

Il mondo di oggi Completa le frasi logicamente usando i comparativi.

1. La rete senza fili è _____ pratica _____ collegamento via cavo (*wire*). (+)

2. Spedire un'e-mail è _____ economico _____ mandare un SMS. (+)

3. La clonazione di esseri umani è un argomento _____ attuale _____ controverso. (=)

4. Una lettera cartacea (*paper*) è sicuramente _____ veloce _____ un'e-mail. (–)

5. È _____ costoso allegare un documento _____ inviare un fax. (–)

6. Il computer non è ancora _____ diffuso _____ la televisione. (=)

7. Il furto d'identità è un crimine _____ diffuso _____ furto di oggetti. (–)

8. Il problema dell'inquinamento è _____ sentito in città _____ in campagna. (+)

3

Opinioni diverse Cambiate le seguenti frasi trasformando i comparativi di uguaglianza in comparativi di maggioranza o minoranza.

> **Modello** **Il treno oggi è comodo tanto quanto l'automobile.**
>
> Il treno oggi è più comodo dell'automobile.

1. Il dottor Bisi usa la posta elettronica tanto quanto me.

2. Negli Stati Uniti i centri di ricerca sono buoni tanto quanto in Italia.

3. Ci sono tante automobili a Roma quante ce ne sono a New York.

4. Le energie rinnovabili sono tanto costose quanto importanti per l'ambiente.

5. Il professore di astronomia è più anziano di quello di biologia, ma parla inglese bene come lui.

4

Classifiche In coppia, usate il superlativo relativo per formare delle frasi con le parole della lista. Dopo trasformate le frasi usando il comparativo di maggioranza o di minoranza.

> **Modello** La radio è il mezzo di comunicazione più antico fra quelli oggi esistenti. La radio è più antica della televisione./La televisione è meno antica della radio.

la radio	il mezzo di comunicazione	celebre	di tutte
l'inquinamento	problema	urgente	fra quelli oggi esistenti
la fisica nucleare	l'argomento	antico	dei nostri tempi
la clonazione	astronomo	controverso	del mondo industrializzato
Galileo Galilei	scienza	difficile	nella storia dell'umanità

5 **L'evoluzione delle cose** In coppia, guardate le due immagini e fate dei paragoni usando aggettivi, avverbi e verbi al comparativo o al superlativo.

6 **Incontri** Immaginate di essere andati ad un appuntamento con uno/a sconosciuto/a (*blind date*). In coppia, usate il superlativo relativo e il superlativo assoluto per parlare del vostro incontro. Aiutatevi con le parole della lista.

> **Modello** È stato l'incontro più emozionante della mia vita!
>
> Abbiamo passato una giornata divertentissima!

casa	film	passeggiata
cellulare	gelato	ristorante
conversazione	macchina	spaghetti

7 **Sondaggi** In coppia, osservate i dati riportati nella tabella su alcune delle città più importanti dell'Italia centrale e meridionale. Fatevi domande sui dati aiutandovi con le espressioni della lista.

> **Modello** In quali città ci sono più uomini che donne? Qual è la città meno popolata?

> Quale città è la più/meno...?
> In quali città ci sono più/meno... che...?
> Quale città ha il maggior/minor numero di...?
> Qual è la città con il più alto/basso numero di...?

Città	Popolazione	Uomini	Donne	Nuclei familiari
Roma	2.459.776	1.155.247	1.304.529	1.006.229
Napoli	993.386	475.342	518.044	326.726
Palermo	652.640	311.648	340.992	219.972
Bari	312.452	150.311	162.141	110.491
Reggio Calabria	179.384	86.607	92.777	63.160

 Practice more at **immagina.vhlcentral.com.**

Comunicazione

8

Più o meno In coppia, paragonate a turno gli elementi della lista. Usate la vostra immaginazione.

> Modello —Lo schermo del mio computer è di 17 pollici (*inches*).
>
> —Il mio è di 15 pollici. Il tuo è più grande del mio.
>
> —Sì, il mio schermo è il più grande dei due.

- il vostro cellulare
- il vostro lettore MP3
- la vostra casella di posta elettronica
- il vostro sito web preferito
- la vostra connessione Internet

- il vostro programma televisivo preferito
- la vostra macchina fotografica
- il vostro televisore
- la vostra materia preferita
- ?

9

La nostra vita In gruppi di tre, discutete alcuni aspetti della vostra vita quotidiana che sono stati migliorati dai progressi tecnologici. Come era la vostra vita prima dell'arrivo di queste tecnologie? Come è la vostra vita oggi? Usate i comparativi e i superlativi.

10

La scoperta più importante

A. In coppia, selezionate quelle che secondo voi sono le tre scoperte più importanti per l'umanità e discutete il perché.

1492: Cristoforo Colombo, navigatore italiano, cercando di dimostrare che la Terra era rotonda e pensando di arrivare in India, ha scoperto l'America.

1500: Leonardo da Vinci, pittore, scultore, architetto, ingegnere, anatomista, letterato, musicista e inventore italiano, scrive il *Trattato delli Uccelli*, in cui studia l'anatomia degli uccelli e la resistenza dell'aria. Poi studia la caduta dei corpi e progetta il primo esempio di paracadute.

1600: Galileo Galilei, fisico, filosofo, astronomo e matematico italiano, scopre che le macchie lunari sono le ombre delle montagne della luna proiettate dalla luce del sole. Questa scoperta confuta la teoria di Aristotele secondo cui tutti i corpi celesti, esclusa la Terra, sono lisci, perfetti e incorruttibili.

inizio 1800: Alessandro Volta, fisico italiano, inventa la «pila» (*battery*), il primo generatore di energia elettrica. Grazie alla pila, è stato possibile trasmettere i segnali attraverso il telegrafo elettrico.

1830 circa: Louis Daguerre, artista e chimico francese, inventa il «dagherrotipo», il primo esempio di fotografia della storia.

1895: Guglielmo Marconi, fisico italiano, inventa un sistema di telegrafia senza fili via onde radio. Questa invenzione ha portato allo sviluppo dei moderni metodi di telecomunicazione come la televisione, la radio, il telefono cellulare, i telecomandi e, in generale, tutti i sistemi che utilizzano le comunicazioni senza fili.

1928: Alexander Fleming, biologo britannico, scopre la penicillina, una sostanza in grado di combattere numerose malattie infettive come la polmonite, la tubercolosi, la meningite e il tifo.

2008: Alcuni astronomi canadesi e francesi scoprono la «materia oscura» dell'Universo: tutti i pianeti, le stelle e gli oltre 120 miliardi di galassie costituiscono solo il 4% della materia esistente. Il resto, il 96%, non si sa cosa sia, è «oscuro». Il 70% di questa «oscurità» è «energia oscura», il 26% è materia oscura.

B. In gruppi di quattro, discutete le scelte che avete fatto e fate domande sulle scelte dell'altra coppia. Usate dei comparativi e dei superlativi. Alla fine della conversazione, il gruppo deve elencare tre scoperte giudicate le più importanti.

Relative pronouns

- Relative pronouns unite two ideas containing a common element into a single complex sentence, eliminating repetition of the common element. A complex sentence contains a main clause and a dependent (or relative) clause, introduced by a relative pronoun. The noun represented by the relative pronoun is called the *antecedent*. The most common Italian relative pronouns are **che** and **cui**.

- In the example below, the common element, or antecedent, is **il lettore DVD**. In the complex sentence, the relative pronoun **che** refers to this antecedent.

Hanno comprato un lettore DVD.		Il lettore DVD funziona bene.		Il lettore DVD **che** hanno comprato funziona bene.
They bought a DVD player.	+	*The DVD player works well.*		*The DVD player that they bought works well.*

Che vs. cui

- **Che** corresponds to *who*, *whom*, *that*, and *which*. **Cui** corresponds to *whom*, *that*, *which*, and—when preceded by a definite article—*whose*.

- Use **che** as the direct object or the subject of a relative clause.

La rete **che** installeranno sarà velocissima.
The network that they will install will be very fast.

C'è uno schermo **che** costa di meno.
There is a screen that costs less.

- Use **cui** to replace the object of a preposition. Preceded by the preposition **a**, **cui** functions as an indirect object.

Il sistema operativo **di cui** ci ha parlato è distribuito con licenza libera.
The operating system about which he told us is distributed freely.

Il tecnico **a cui** ho scritto non mi ha risposto.
The technician to whom I wrote didn't reply to me.

- With a definite article, **cui** indicates possession (the equivalent of *whose*). The article used agrees with the noun to which it refers.

Lo scienziato, **le cui** teorie hanno raggiunto una grande fama, terrà una conferenza domani.
The scientist, whose theories garnered much attention, will give a lecture tomorrow.

Non ci fidiamo dei vaccini **la cui** efficacia non è ancora dimostrata.
We don't trust vaccines whose effectiveness has not yet been proven.

- You can also use **in cui** or **che** to indicate *when*.

Agosto è un mese **in cui** gli italiani lavorano pochissimo.
August is a month when Italians work very little.

Il giorno **che** ti ho visto, stavo proprio male.
The day (when/that) I saw you, I was really feeling ill.

Il/la quale, i/le quali

- In place of **che** and **cui**, it is also possible to use a form of **quale** preceded by the definite article. **Quale** agrees in number and gender with the antecedent. Use **il/la quale** and **i/le quali** when **che** or **cui** could result in ambiguity.

> Discutiamolo con l'amica di Marco, **che** si specializza in informatica.
> *Let's discuss it with the friend of Marco's, who is majoring in computer science.*
> *(ambiguous:* **che** *could refer to* **l'amica** *or to* **Marco***)*

> Discutiamolo con l'amica di Marco, **la quale** si specializza in informatica.
> *Let's discuss it with Marco's friend, who is majoring in computer science. (clear:* **la quale** *must refer to* **l'amica***)*

Chi

- The pronoun **chi** can be used as a relative pronoun corresponding to *he/she who, people who, one who, those who,* or *whoever.* It is never preceded by an antecedent. **Chi** is always singular in form, although it can refer to a single unspecified person or to a group of people. **Chi** must always be used with a third person (masculine) singular verb.

> **Chi** naviga su Internet spesso spreca tempo prezioso.
> *People who surf the web often waste precious time.*

> **Chi** è andato via, si è perso il meglio.
> *Those who left, missed the best (part).*

- **Chi** is heard frequently in proverbs.

> **Chi** dorme non piglia pesci.
> *The early bird gets the worm.*
> (Lit. *He who sleeps catches no fish.*)

> **Chi** la vuole cotta, **chi** la vuole cruda.
> *Different strokes for different folks.*
> (Lit. *Some want it cooked, some want it raw.*)

> **Chi** cerca trova.
> *Seek and you shall find.*

> Ride bene **chi** ride l'ultimo.
> *He who laughs last laughs loudest.*

Other relative pronouns

- There exist a number of other relative pronouns. Those referring only to things are followed by singular verbs and modifiers, while those indicating people (or people and things) require plural forms. They are summarized in the chart below:

pronoun	meaning	refers to things	refers to people
quello che, quel che, ciò che, quanto	that which, that, what	✓	
tutto quello che, tutto quel che, tutto ciò che, tutto quanto	everything that, all that	✓	
tutti quelli che, tutti quanti, quanti	everyone, all who, all that	✓	✓

—*Faccia* **quello che** *vuole, purché sia in fretta!*

> La guida spiega **tutto ciò che** dovete sapere su Roma.
> *The guidebook explains everything that you need to know about Rome.*

> **Quanti** erano alla fiera della tecnologia hanno scoperto tante novità.
> *All who were at the technology fair learned many new things.*

Pratica

1

Un mondo digitale Scegli il pronome relativo giusto per completare la frase.

1. Purtroppo non ho ricevuto l'SMS _____ (cui/che) mi hai mandato.

2. Ho allegato all'e-mail il documento di _____ (che/cui) parli.

3. Stefano ha un cellulare con _____ (il quale/che) può navigare su Internet.

4. Il computer _____ (cui/che) funziona meglio è quello con la tastiera (*keyboard*) nera.

5. Piero, _____ (cui/il quale) è sempre informatissimo, ha scaricato un programma per modificare le foto.

6. La stampante (*printer*) _____ (che/cui) ho comprato ha bisogno di una nuova cartuccia (*cartridge*).

2

Realtà (quasi) sconosciute Completa il testo dell'e-mail usando le parole della lista.

che	le quali	per cui	che
con la quale	che	i quali	in cui

Da: Aldo <aldobianchi@libero.it>

A: Marco <marcosipini@libero.it>

Oggetto: Vieni a trovarmi?

Caro Marco,
hai mai sentito parlare di una regione culturale (1) _____ si chiama "Arberia"?
È un'area geografica del Sud Italia (2) _____ nel 1400 emigrarono numerose comunità di albanesi (3) _____ diedero origine a diversi paesi. La lingua (4) _____ gli abitanti dell'arberia comunicano è «l'arbereshe», (5) _____ è un miscuglio (*mix*) di antichi dialetti albanesi con contaminazioni di italiano. I membri di queste comunità, (6) _____ sono cittadini italiani a tutti gli effetti, conservano anche le proprie tradizioni, le proprie festività e soprattutto la propria cucina. La ragione (7) _____ ti dico queste cose è che nel mio paese domenica si celebrerà la Pasqua (*Easter*) arbereshe e la sera ci sarà un concerto di un gruppo musicale (8) _____ canta in arbereshe. Vieni a trovarmi! Sarà interessantissimo!

3

Ogni progresso è un successo? Collega le due frasi usando i pronomi relativi.

Modello   **Alcuni rifiuti (*waste*) sono tossici. In questi rifiuti c'è il mercurio.**
Alcuni rifiuti che contengono il mercurio sono tossici.

1. L'inquinamento è un grave problema. Tutti dobbiamo sentirci responsabili di questo problema.

2. Alcune cellule sono chiamate «staminali». Queste cellule sono capaci di trasformarsi in qualsiasi altro tipo di cellula.

3. La persona ha commesso un furto d'identità. È entrata nel sito Internet con il tuo nome.

4. I medici hanno un codice deontologico. Essi devono attenersi a questo codice.

5. La manipolazione genetica pone un problema etico. Tu parli della manipolazione genetica con entusiasmo.

Practice more at **immagina.vhlcentral.com**.

Nota CULTURALE

L'**Arberia** comprende circa 54 isole linguistiche, situate soprattuto nel Sud Italia, solitamente in zone montuose. Le regioni in cui le comunità arbereshe sono più numerose sono l'Abruzzo, la Basilicata, la Campania, il Molise, la Puglia, la Calabria e la Sicilia. La Pasqua, nei centri arbereshe ancora legati al rito greco-bizantino, è una festa molto partecipata, in cui si mescolano sacro e profano.

Comunicazione

4

Cultura generale

A. In coppia, scrivete una o due frasi per ogni città della lista usando i pronomi relativi in tutte le loro varietà.

> **Modello** **Firenze**
>
> Firenze è una città che ha accolto molti artisti. Chi va a Firenze per la prima volta, deve visitare la Galleria degli Uffizi.

1. New York
2. Napoli
3. Tokyo
4. Roma
5. Las Vegas
6. Pompei
7. Parigi
8. ?

B. Leggete le vostre frasi alla classe. Vince la coppia che ha usato la maggiore varietà di pronomi e li ha usati correttamente.

5

I vostri compagni In piccoli gruppi, scrivete nella tabella i nomi di alcuni dei vostri compagni di classe. Per ciascuno/a scrivete poi una frase per descriverlo/a usando i pronomi relativi. Infine, confrontate le vostre frasi con il resto della classe.

Valeria	Valeria appartiene al gruppo di studenti con i quali studio ogni pomeriggio.

6

Curiosità In coppia, fatevi delle domande aiutandovi con le parole della lista. Rispondete usando i pronomi relativi.

> **Modello** —A chi spedisci il maggior numero di e-mail?
>
> —Il mio ragazzo è la persona a cui spedisco il maggior numero di e-mail.

A chi	chattare
Per chi	dare/ricevere messaggi personali
Con chi	ricevere/spedire il maggior numero di e-mail
Chi	trovare/cercare informazioni sul web
Da chi	imparare a usare il computer
Di chi	conoscere la tua password

7

Ricordi In piccoli gruppi, commentate i vostri primi ricordi d'infanzia aiutandovi con le parole della lista. Cercate di usare i pronomi relativi sia nelle domande che nelle risposte.

> **Modello** —Chi è la persona che ti ricordi meglio?
>
> —Mio nonno, con cui giocavo ai pirati!

- il/la mio/a migliore amico/a
- la mia casa
- la mia prima vacanza
- il mio primo giocattolo

7.3

The subjunctive with expressions of doubt and conjunctions; the past subjunctive

—*Non si accende,* **spero** *non* **sia** *grave.*

RIMANDO

To review the subjunctive with impersonal expressions and verbs of will and emotion, see **Strutture 6.3, pp. 214-215**.

The subjunctive with indefinite expressions and with superlative statements is covered in **Strutture 9.4, p. 344**.

- Use the subjunctive in subordinate clauses that are introduced by a verb expressing doubt or uncertainty.

Dubito che **arrivino** in tempo.
I doubt that they will arrive on time.

Pare che lui **sia** un fisico.
It seems that he is a physicist.

- These verbs and expressions of doubt or uncertainty are typically followed by the subjunctive.

dubitare che	*to doubt that*	**può darsi che**	*it's possible that*
è (im)possibile che	*it's (im)possible that*	**non è sicuro che**	*it's not certain that*
è (im)probabile che	*it's (un)likely that*	**non sapere che**	*to not know that*
immaginare che	*to imagine that*	**sperare che**	*to hope that*
pare che	*it seems that*	**supporre che**	*to suppose that*

ATTENZIONE!

Remember to use the indicative after expressions of certainty. The verb **sapere** is always followed by the indicative, as is **essere certo (chiaro/evidente/ovvio/vero/sicuro)**. In contrast, **non sapere** and **non essere sicuro** are followed by the subjunctive.

Sappiamo che Giorgio ricicla molto. (indicative)
We know that Giorgio recycles a lot.

È chiaro che la gente non ricicla abbastanza. (indicative)
It's clear that people don't recycle enough.

Non sono sicura che tu dica la verità. (subjunctive)
I am not sure that you are telling the truth.

- With verbs expressing doubt or uncertainty, use the subjunctive only when there is a change in subject. When the subject of both clauses is the same, use an infinitive preceded by the preposition **di**.

different subjects	same subject
Spero **che** il tecnico mi **richiami** presto.	Spero **di finire** il lavoro presto.
I hope the technician calls me back soon.	*I hope to finish work soon.*

- Use the subjunctive after these conjunctions, which indicate a limitation or condition placed upon the verb in the independent clause. Note that many can be used interchangeably.

provided that	**a condizione che, a patto che**
although	**benché, nonostante, sebbene, malgrado**
unless	**a meno che, salvo che**
so that	**affinché, perché, purché**
in the case that	**nel caso che**
before	**prima che**
without	**senza che**

ATTENZIONE!

Note that **perché** has two meanings. When expressing *because*, it is followed by the indicative. When it means *so that*, with an expression of purpose, it is followed by the subjunctive.

Studio informatica perché mi piace. (indicative)
I am studying computer science because I like it.

Ti parla lentamente perché tu possa capire. (subjunctive)
He speaks to you slowly so that you can understand.

- When the subject of the two clauses is the same, **prima che**, **affinché/perché**, and **senza che** are replaced with **prima di**, **per**, and **senza**, and they are followed by the infinitive.

different subjects	same subject
Stampo il documento **affinché** tu e Paolo possiate discuterlo. *I'll print the document so that you and Paolo can discuss it.*	Stampo il documento **per** poterlo leggere meglio. *I'll print the document so that I can read it better.*
Fate l'esercizio **prima che** la lezione finisca! *Do the exercise before class ends!*	Fate l'esercizio **prima di** andare via! *Do the exercise before leaving!*
Puliamo **senza che** la mamma ce lo chieda. *Let's clean up without mom asking us (to do it).*	Puliamo **senza** stancarci troppo. *Let's clean up without tiring ourselves too much.*

The past subjunctive

- When the verb in the main clause is in the present (or sometimes future) tense, and the action of the subordinate clause took place before the action of the main clause, use the past subjunctive.

    È probabile che il capo **abbia inviato** quel messaggio.
    It's likely that the boss sent that message.

    Sembra che il senatore **si sia opposto** alla legge sugli animali in pericolo d'estinzione.
    It seems that the senator opposed the law on endangered animals.

- The past subjunctive is formed like the **passato prossimo** of the indicative, except that the auxiliary verb is in the present subjunctive. Verbs that take **avere** in the **passato prossimo** of the indicative are conjugated with **avere** in the past subjunctive.

	salvare	ricevere	finire
che io	abbia salvato	abbia ricevuto	abbia finito
che tu	abbia salvato	abbia ricevuto	abbia finito
che lui/lei	abbia salvato	abbia ricevuto	abbia finito
che noi	abbiamo salvato	abbiamo ricevuto	abbiamo finito
che voi	abbiate salvato	abbiate ricevuto	abbiate finito
che loro	abbiano salvato	abbiano ricevuto	abbiano finito

- Verbs that take **essere** in the **passato prossimo** of the indicative are conjugated with **essere** in the past subjunctive. Remember that past participles must agree with the subject of these verbs.

	andare	mettersi	partire
che io	sia andato/a	mi sia messo/a	sia partito/a
che tu	sia andato/a	ti sia messo/a	sia partito/a
che lui/lei	sia andato/a	si sia messo/a	sia partito/a
che noi	siamo andati/e	ci siamo messi/e	siamo partiti/e
che voi	siate andati/e	vi siate messi/e	siate partiti/e
che loro	siano andati/e	si siano messi/e	siano partiti/e

Pratica

1

Dubbi e certezze Piero ha problemi con il suo computer e Attilio lo aiuta a cercare di capire cosa succede. Piero, però, preferisce le soluzioni veloci. Completa il dialogo con il congiuntivo presente o passato del verbo tra parentesi.

PIERO Non capisco cosa (1) _____ (succedere) al mio computer: pare che non (2) _____ (volere) spegnersi...

ATTILIO Hai provato a resettarlo?

PIERO Sì, ma sembra che il problema non (3) _____ (andare) via.

ATTILIO È possibile che (4) _____ (prendere) un virus. Hai un buon antivirus?

PIERO Ho un antivirus, ma non so se (5) _____ (essere) abbastanza efficace. L'ho scaricato dal web gratuitamente.

ATTILIO Prova a chiamare un tecnico. Può darsi che ti (6) _____ (consigliare) di formattare il disco e reinstallare il sistema operativo. In questo caso suppongo che tu (7) _____ (dovere) fare una copia di back-up di tutti i documenti.

PIERO No, Attilio. Sono sicuro che non è nulla di così grave. Guarda, facciamo così!

ATTILIO Ma che fai? Hai staccato la spina (*unplugged*) senza spegnere il computer? Beh, ora dubito davvero che tu (8) _____ (potere) riaccenderlo!

2

Una vita da pendolare I «pendolari» sono le persone che ogni giorno prendono un mezzo di trasporto per andare al lavoro. Attilio è uno di loro. Leggi la sua e-mail e completa il testo usando il verbo tra parentesi al congiuntivo (presente o passato) o all'indicativo (presente o passato prossimo).

Da:	Attilio <attilio.gandolfo@email.it>
A:	Piero <piero.piso@email.it>
Oggetto:	Una vita da pendolare

Ciao Piero!
Come va con il tuo computer? Spero che tu non lo (1) _____ (rovinare) definitivamente...
Oggi ho cominciato con il mio nuovo lavoro. Bolzano è un po' lontana, ma con l'Eurostar si viaggia benissimo. In ogni posto c'è una presa (*socket*) a cui posso collegare il portatile! È chiaro che il biglietto (2) _____ (costare) di più, ma non sono sicuro che sui treni più economici (3) _____ (esserci) queste comodità. Inoltre, è sicuro che l'Eurostar (4) _____ (arrivare) sempre puntuale! Suppongo che anche alcuni autobus (5) _____ (fare) servizio tra Trento e Bolzano, ma io preferisco il treno: è più largo e più comodo. So che (6) _____ (avere) molte cose da fare in questo periodo, ma spero che tu (7) _____ (potere) venire a trovarmi lo stesso. Cerca di non venire durante le festività perché dubito che tu (8) _____ (riuscire) a trovare posto.
Fatti sentire. A presto, Attilio.

 Practice more at **immagina.vhlcentral.com**.

Nota CULTURALE

Il **treno** in Italia è un mezzo di trasporto molto popolare. Ci sono vari tipi di treni che offrono servizi diversi a costi, ovviamente, diversi. I treni regionali mettono in comunicazione le città di una stessa regione e sono i più economici. Gli Intercity coprono invece lunghe distanze. Nei treni Intercity c'è una carrozza ristorante e la possibilità di comprare snack e bibite. I treni Eurostar sono i più costosi, ma anche i più veloci. Nei treni Intercity ed Eurostar si può viaggiare sia in prima che in seconda classe, ma di solito non c'è una grande differenza fra le due.

Comunicazione

3

Io sono così! A turno, completate le frasi usando il congiuntivo o l'infinito, secondo le vostre necessità. Se volete, potete cambiare le frasi per adattare il significato alla vostra reale personalità.

1. Io controllo la mia e-mail due volte al giorno. Vado in vacanza solo a patto che...
2. Ho comprato una macchinetta fotografica digitale per/affinché...
3. Amo le cose programmate in anticipo. Non parto mai prima di/prima che...
4. Mi piace essere bene informata. Non esprimo mai giudizi sulla bioetica senza/senza che...
5. Di solito evito di prendere medicine a meno che non...
6. Sono contraria ai rifiuti tossici benché...

4

Consigli Alfredo detesta le scienze, ma vuole diventare un astronauta. In coppia, utlizzate gli elementi della lista per dirgli quello che pensate della sua scelta.

Modello —È possibile che tu diventi un astronauta, ma devi migliorare i tuoi voti in matematica.

—Puoi diventare un astronauta, a condizione che tu faccia i compiti ogni giorno.

a condizione che	è vero che
affinché	è sicuro che
credere	pensare
(non) è possibile che	perché
benché	tutti sanno che

5

Ipotesi sul futuro A gruppi di tre, immaginate come sarà il mondo nel 2050 e nel 2100. Utilizzate il più possibile le espressioni che reggono (*take*) il congiuntivo e presentate le vostre idee alla classe.

Modello È poco probabile che gli stati smettano di fare guerre.

- la società
- le relazioni internazionali
- la tecnologia
- la conquista dello spazio

6

Notizia straordinaria!

A. Il telegiornale ha annunciato la scoperta di forme di vita su un nuovo pianeta della galassia. In piccoli gruppi, provate a immaginare come sono e come vivono gli abitanti di questo pianeta. Parlate dei punti elencati nella lista.

- aspetto fisico
- società
- misurazione del tempo
- comunicazione
- attività
- cibo

B. Ecco che i primi uomini sbarcano sul nuovo pianeta per studiare la nuova specie vivente. Descrivete in sei frasi le interazioni fra gli umani e gli alieni, basandovi sulla realtà che avete descritto sopra e usando le seguenti parole: **a condizione che, affinché, perché, a meno che non, malgrado, benché, nonostante.**

Modello Gli alieni non si spaventano, malgrado non abbiano mai visto esseri umani prima di adesso.

7.4

Conoscere and *sapere*

—*Ecco qua, lo **sapevo**.*

- **Conoscere** and **sapere** both mean *to know*, but they are used in different contexts. **Conoscere** is a regular verb, while **sapere** has irregular forms.

conoscere		sapere	
conosco	conosciamo	so	sappiamo
conosci	conoscete	sai	sapete
conosce	conoscono	sa	sanno

- **Conoscere** means *to know* or *to be familiar with* a person, place, or thing.

Conosco un ottimo ristorante in centro.
I know an excellent restaurant downtown.

Conoscete il dottor Ruspoli?
Do you know Dr. Ruspoli?

- **Conoscere** in the **passato prossimo** means *met* (for the first time).

Ieri **abbiamo conosciuto** il professore di biologia.
Yesterday we met the biology professor.

Ho conosciuto mio marito nel 1964.
I met my husband in 1964.

- **Sapere** means *to know* (a fact), or *to know how* (to do something). To indicate an ability, use the infinitive after a conjugated form of **sapere**.

Sapete quando è stato inventato il computer?
Do you know when the computer was invented?

Mio padre **sa** parlare tedesco.
My father knows how to speak German.

- **Sapere** in the **passato prossimo** means *found out*.

Che bella notizia! **Abbiamo saputo** che Laura e Marco si sposano!
What great news! We found out that Laura and Marco are getting married!

- In the **imperfetto**, **conoscere** and **sapere** have the same meanings as they do in the present tense, but these meanings are conveyed in a past, descriptive framework.

Prima di viaggiare in Italia, John non **conosceva** la polenta.
Before traveling in Italy, John wasn't familiar with polenta.

Tua nonna **sapeva** parlare italiano?
Did your grandmother know how to speak Italian?

Pratica e comunicazione

1

Un amico per parlare Catia e Massimo si sono conosciuti via Internet. Hanno scoperto di fare ricerca entrambi a Bolzano, così hanno deciso di incontrarsi. Completa il dialogo inserendo **conoscere** o **sapere** nella forma appropriata.

CATIA Ciao, Massimo! Finalmente ti (1) _____ di persona!

MASSIMO Ciao! Che piacere!

CATIA Da quanto tempo sei qui a Bolzano?

MASSIMO Da poco, una settimana. Non ho avuto il tempo di (2) _____ nessuno...

CATIA Io qui ho tanti amici, ma fanno ricerca in campi diversi dal mio. Spesso non (3) _____ di cosa parlare con loro.

MASSIMO Non (4) _____ che tu cercassi un amico con cui parlare di lavoro!

CATIA Beh... (5) _____ una persona con cui uscivo spesso, un linguista anche lui, ma alla fine mi ha confessato che era stanco di parlare di grammatica e sintassi con me e non (6) _____ come dirmelo. Pensi che sia un problema?

MASSIMO Non so... non (7) _____ mai nessuno che amasse tanto parlare di lavoro... Possiamo provare ad andare da qualche parte e poi vediamo...

CATIA Ma certo! Che ne dici di andare in centro domani pomeriggio? (8) _____ che hai aperto un nuovo istituto di rieducazione linguistica!

Nota CULTURALE

Bolzano è una città molto particolare, in cui si parlano e sono riconosciute tre lingue: italiano, tedesco e ladino. Anche le televisioni e le emittenti radiofoniche mandano in onda (*broadcast*) programmi in queste tre lingue. Per le sue particolarità culturali la regione Trentino-Alto Adige è una regione «a statuto speciale», cioè con leggi speciali che tutelano le minoranze.

2

Collegamenti Con un(a) compagno/a, costruisci le frasi unendo le parole delle colonne.

io	conoscere	parlare italiano
tu	non conoscere	una persona celebre
il mio professore di italiano	sapere	navigare su Internet
mio nonno	non sapere	accendere il computer
il/la mio/a compagno/a di stanza		un tecnico bravo ed economico
i miei genitori		chi ha inventato il telefono
io e il/la mio/a compagno/a		una persona creativa
?		?

3

Ricordi e novità I verbi **sapere** e **conoscere** all'imperfetto indicano ricordi, mentre al passato prossimo indicano azioni complete, eventi nuovi che sono entrati improvvisamente nella nostra vita. In coppia, fai domande al(la) tuo/a compagno/a.

I ricordi

- quante cose sapeva fare quando aveva otto anni
- quali sono tre cose che non sapeva fare due anni fa e che sa fare adesso
- quante persone conosceva quando aveva cinque anni
- quali storie conosceva prima di cominciare a leggere

Le novità

- quali sono tre cose che ha saputo recentemente su alcuni suoi amici
- a che età ha saputo che Babbo Natale non esiste
- quante persone ha conosciuto questo semestre
- dove ha conosciuto il/la suo/a migliore amico/a

Practice more at **immagina.vhlcentral.com.**

Sintesi

1

Parliamo In coppia, rispondete alle domande riflettendo sui vari punti.

1. Osserva l'immagine. Cosa rappresenta? Che significato ha per te? Ti identifichi con l'immagine? Perché?

2. Vai in vacanza per quindici giorni in un posto in cui non è possibile usare Internet: ti senti più nervoso/a o più tranquillo/a del solito? Perché?

3. Quando non sai come arrivare in un posto, che fai?

4. Devi depositare un assegno (*check*) di diecimila dollari. Preferisci usare il bancomat (*ATM*) o andare in banca? Perché?

5. È possibile che l'uomo moderno dipenda troppo dalla tecnologia. In che modo? Fai degli esempi.

6. Pensi che la tecnologia influenzi la capacità degli uomini di interagire tra di loro? In che modo?

7. Credi che gli uomini oggi comunichino meglio o peggio di cinquanta anni fa?

8. Grazie alla tecnologia (SMS, chat, e-mail) noi oggi scriviamo molto più dei nostri genitori. Pensi che la tecnologia abbia migliorato le capacità linguistiche dei giovani di oggi?

Strategie per la comunicazione

- Per esprimere *either... or...* usa **o... o...**

  Quando esco durante il week-end porto con me **o** il cellulare **o** il portatile, ma non tutti e due.

- Per esprime *both... and...* usa **sia... che...** (più comune) o **sia... sia...** (meno comune e quindi più elegante).

  Io parlo con i miei amici **sia** in chat **che** al telefono.
  Io credo di avere bisogno **sia** del computer **sia** del cellulare.

  Per esprimere *neither... nor...* usa **né... né...**

  Quando sono in vacanza non voglio **né** computer **né** televisione.

2

Scriviamo Scegli uno di questi titoli e scrivi una composizione di una pagina.

1. Credi che la tecnologia porti sempre ad un progresso, o ci sono cose che la tecnologia non può sostituire? Usa questi oggetti come esempi.

   - macchina fotografica tradizionale/macchina digitale

   - carta/e-mail

   - un piccolo regalo consegnato di persona/una cartolina di auguri elettronica

2. Immagina di avere gli oggetti elencati nella lista, ma di dovere rinunciare a tre di loro. Quali scegli? Che cambiamento ci sarà nella tua vita senza questi oggetti? Qual è l'oggetto più importante della lista per te?

| bancomat | computer da tavolo | lavastoviglie | macchina fotografica |
| bicicletta | computer portatile | macchina | televisore |

Preparazione

1

Il mare Completa il paragrafo con le parole nuove.

I navigatori esperti conoscono abbastanza astronomia per (1) _____ i movimenti marini. Per esempio, seguendo le fasi della luna possono determinare quando ci saranno le alte e le basse (2) _____. Anche i veneziani seguono attentamente il mare: la loro città è spesso vittima di (3) _____ e corre il rischio di venire un giorno completamente (4) _____ dall'acqua. Venezia è costruita su una laguna. Per muoversi, i suoi abitanti devono usare ponti e mezzi di trasporto come i (5) _____. Se la marea è alta, bisogna installare delle (6) _____ per poter camminare sopra al livello dell'acqua.

2

Città particolari In coppia, rispondete a turno alle domande.

1. Qual è la città (antica o moderna) più diversa dalle altre, secondo te? Perché?
2. Descrivi questa città: quali sono le sue caratteristiche speciali?
3. Come vivono gli abitanti della città? Come hanno risolto i problemi particolari del loro ambiente?
4. C'è un modo innovativo per eliminare i problemi tipici della città come l'inquinamento o il traffico? Quale?
5. Conosci delle città famose la cui storia sia legata al mare o a qualche fiume? Quali sono i vantaggi o gli svantaggi di una simile posizione geografica?

3

Venezia In coppia, guardate la cartina a pagina 265 e rispondete alle domande.

1. Cosa sapete su Venezia? Perché è famosa?
2. Quali sono i punti d'entrata dell'acqua marina nella laguna?
3. Come si potrebbe fermare l'entrata dell'acqua per prevenire un allagamento?
4. Pensate che sia importante salvare Venezia prima che venga sommersa? Perché?

Nota CULTURALE

Considerata una delle più belle città del mondo, **Venezia** fa parte del «patrimonio dell'umanità» protetto dall'UNESCO. Le sue ricchezze artistiche e architettoniche rendono Venezia la città italiana con il più alto numero di turisti (secondo l'ISTAT). Anticamente, gli abitanti della terra ferma si rifugiarono nella laguna per sfuggire alle varie invasioni barbariche, soprattutto quelle dei Longobardi e degli Unni. Da piccola comunità, Venezia divenne in pochi secoli uno dei principali porti per il commercio con l'Oriente, creando un popolo di navigatori.

Venezia
sommersa o salvata?

Venezia, la romantica città-laguna con i suoi canali, ponticelli e gondole, è sempre stata minacciata° di essere sommersa dall'Adriatico. La sua posizione geografica così unica, sospesa° tra terra e mare, la rende infatti vulnerabile agli allagamenti o all'«acqua alta». I veneziani chiamano così l'alta marea, che insieme al vento più forte in autunno e in primavera, provoca gravi allagamenti e alluvioni nella zona urbana. Anche indossando le galosce, camminare e attraversare le calli ed i campi veneziani diventa difficile e in molti casi pericoloso. Durante gli allagamenti il passaggio è interdetto° anche alle barche: con l'acqua alta sopra ai 93 cm (36 pollici) non possono più passare sotto i ponti!

Gli scienziati prevedono che, a causa del riscaldamento globale, il livello del mare si alzerà in forma notevole, aggravando perciò° i problemi di Venezia. La Serenissima (uno dei soprannomi della città) ha già fatto molto per proteggere il proprio patrimonio° artistico e storico dagli allagamenti e ha dei nuovi progetti per il futuro.

Quando il livello dell'acqua comincia a salire, la città usa uno speciale sistema di comunicazione per avvertire gli abitanti molto velocemente, permettendogli di prepararsi prima possibile. Nei periodi di allagamento più lunghi, viene installata una rete di passerelle, alte fino a 120 cm (47 pollici) che permettono di camminare nelle calli principali della città.

Venezia è stata storicamente una città di mercanti, navigatori e viaggiatori. Attualmente, per la minaccia dell'acqua, è diventata anche una città di innovatori. Per risolvere il fenomeno dell'acqua alta, dal 2003 si sta realizzando il rivoluzionario progetto MO.S.E. (modulo sperimentale elettromeccanico), basato su un principio di Archimede. Delle barriere mobili bloccheranno l'accesso dell'acqua marina nella laguna alle tre bocche di porto del Lido, di Malamocco e di Chioggia. La necessità di questo progetto nacque nel 1966, dopo un'alluvione che sommerse la città di Venezia sotto 193 cm (74 pollici) d'acqua.

Il MO.S.E. è una soluzione molto innovativa, nata da ricerche, prove e analisi basate su modelli matematici e fisici. Proprio perché costituisce un nuovissimo sistema, gli ingegneri e gli architetti coinvolti nel progetto hanno considerato molte opzioni diverse in altre parti della laguna con barriere di vari tipi. Ma, dopo un'analisi comparativa, hanno deciso di implementare questa soluzione, l'unica che rende possibile l'isolamento temporaneo della laguna dal mare. Un prototipo costruito nel canale di Treporti, vicino alla bocca di porto Lido, ha permesso di osservare e perfezionare il funzionamento del sistema e dei materiali in condizioni reali.

I successi tecnologici nella protezione della città hanno però portato alla luce importanti questioni sull'equilibrio ambientale° della laguna e del mare Adriatico. Il progetto MO.S.E. è stato criticato dagli ambientalisti che si preoccupano dell'impatto delle barriere artificiali sull'ecosistema marino. E il dibattito continua: nel 2009 il progetto è stato realizzato solo per metà. Senza il MO.S.E. riusciremo a salvare Venezia prima della prossima alluvione? ■

threatened
suspended

forbidden

therefore

heritage

environmental

Laguna di Venezia
Venezia
Porto di Lido
Laguna di Venezia
Golfo di Venezia
Porto di Malamocco
Porto di Chioggia

Analisi

1

Comprensione Indica se le affermazioni sono **vere** o **false**. Dopo, in coppia, correggete le affermazioni false.

Vero	Falso	
☐	☐	1. Venezia è costruita sulla laguna.
☐	☐	2. Le cause principali dell'acqua alta sono il mare e il vento.
☐	☐	3. Se il livello dell'acqua si alza troppo a Venezia le barche non possono passare sotto i ponti.
☐	☐	4. La Serenissima è uno dei soprannomi di Venezia.
☐	☐	5. Il riscaldamento globale aggraverà i problemi di Venezia.
☐	☐	6. La piazza San Marco non si allaga mai.
☐	☐	7. Il progetto MO.S.E. sarà completato tra un anno.
☐	☐	8. Gli ambientalisti appoggiano il progetto MO.S.E.
☐	☐	9. Gli allagamenti minacciano l'ecosistema marino.

2

Venezia e l'ambiente Leggete il paragrafo e rispondete alle domande.

> Con il fronte "NO MOSE" stanno gli ambientalisti e gli enti° locali: da una parte **la preoccupazione per l'ambiente** riguardo l'equilibrio idrogeologico e il delicato ecosistema lagunare, unito al rafforzamento dei fondali° lagunari per accogliere le [barriere] in cemento; dall'altra **la preoccupazione per i costi di costruzione**, altissimi rispetto ad altri paesi che hanno affrontato problemi simili come l'Olanda, ma soprattutto **[i costi] di manutenzione°**, dato che il consorzio che ha l'incarico di costruire il MOSE è responsabile del suo funzionamento solo per i primi 3 anni dopo la realizzazione.
>
> Il sindaco [di Venezia] rimanda le decisioni al governo e suggerisce anche la revisione, sulla base di studi alternativi: **[...] proposte con soluzioni più semplici**, meno impattanti e meno costose, per la difesa della città dalle acque alte.
>
> Andrea Morelli
> (fonte: www.voceditalia.it/)
>
> **enti** *agencies* **fondali** *seabeds* **manutenzione** *maintenance*

1. Quali sono le preoccupazioni degli ambientalisti? Perchè sono contrari al progetto MO.S.E.?

2. Cosa propone il sindaco di Venezia come possibile soluzione?

3. A quale ente rimanda le decisioni il sindaco?

3

Opinioni In coppia, fatevi a turno queste domande.

1. È più importante l'ambiente o l'arte?

2. Si può trovare un compromesso per salvare sia Venezia che l'habitat marino?

3. Pensi che la tecnologia possa risolvere i problemi ambientali o solo causarne dei nuovi?

4. È giusto salvare le città antiche o ci sono dei progetti più importanti da risolvere con la tecnologia?

5. Quali sono i problemi globali che si potrebbero risolvere con la tecnologia?

 Practice more at **immagina.vhlcentral.com.**

Preparazione Reading

A proposito dell'autore

Emilio Salgari (Verona, 1862-1911) è l'autore italiano di libri d'avventura per ragazzi per eccellenza. Spesso ignorato dalla critica «seria», Salgari ha avuto un enorme impatto sulla cultura popolare del ventesimo secolo. I suoi numerosissimi romanzi hanno influenzato registi cinematografici come Sergio Leone e Federico Fellini; la serie televisiva tratta dal suo romanzo *Sandokan, la tigre della Malesia* è stata vista da oltre 80 milioni di telespettatori a settimana in tutta Europa. Salgari non ha mai viaggiato fuori d'Italia, ma i suoi romanzi hanno spaziato con la fantasia dal Far West americano, all'India, alle Bermude, all'Asia.

Vocabolario della lettura		Vocabolario utile
il bue (i buoi) *ox (oxen)*	**il pompiere** *fireman*	**abituarsi** *to get used to*
coltivare *to grow*	**predire** *to predict*	**l'arma** *weapon*
esaurirsi *to run out*	**scomparire** *to disappear*	**l'energia pulita** *clean energy*
la mandria *herd*		**il/la marziano/a** *Martian*
il pascolo *pasture, grazing land*	**stupire** *to surprise*	**fantascientifico/a** *science fiction*
	la truppa *troop*	**il ritrovato** *discovery, finding*

1

Definizioni Trovate la definizione adatta ad ogni parola

_____ 1. il marziano   a. una scoperta scientifica o tecnica

_____ 2. la mandria   b. oggetto utilizzato per difendersi o per combattere

_____ 3. il ritrovato   c. un abitante di Marte

_____ 4. l'arma   d. fare una profezia

_____ 5. predire   e. non essere più disponibile (*available*)

_____ 6. esaurirsi   f. un gruppo di animali a quattro zampe

2

Preparazione In coppia, fatevi a turno le seguenti domande.

1. Ti piace la fantascienza? Perché sì o perché no?

2. Da bambino immaginavi mai di viaggiare nel futuro? Come te lo immaginavi?

3. Cosa volevi che esistesse nel futuro?

4. Conosci altri romanzi scritti nel presente che parlano dei problemi e dei vantaggi del progresso, anche a livello politico?

3

Discussione Progresso o perdita di piaceri? In coppia, rispondete alle domande.

1. Secondo voi, il progresso è sempre una cosa positiva?

2. Quali sono dei ritrovati della tecnica che hanno migliorato la vita dell'uomo e quali la hanno peggiorata? Date almeno due esempi per ognuno.

3. La qualità della vita dipende dalla produttività o da quanto il proprio lavoro permette di godersi la vita?

4. Si vive per lavorare o si lavora per vivere?

 Practice more at **immagina.vhlcentral.com**.

Nota CULTURALE

Le meraviglie del Duemila è un romanzo scritto nel 1907 e appartiene al filone° fantascientifico e di avventura popolare in Europa. È la storia di due uomini che viaggiano nel futuro grazie ad una pianta esotica che consente loro° di addormentarsi per cento anni (dal 1903 al 2003). Al risveglio° trovano una società diversissima, con macchine volanti°, città e treni sotterranei e sottomarini°, dominata dalla velocità e dalla frenesia°. Incapaci° di abituarsi a ritmi di vita così poco umani, i due finiscono in manicomio°. Il capitolo che segue, «La luce ed il calore futuro», è tratto dalla prima parte del libro.

filone *vein* **consente loro** *lets them* **risveglio** *awakening* **volanti** *flying* **sotterranei...** *underground and undersea* **frenesia** *frenzy* **incapaci** *unable* **manicomio** *madhouse*

LE MERAVIGLIE DEL DUEMILA

(FRAMMENTO)

Emilio Salgari

Il dottor Holker aveva detto la verità°. *(truth)*
Il brodo° era squisitissimo, ma nessuna *(broth)*
pietanza° era di carne di bue, di maiale° *(dish/pork)*
e di montone°. Solo dei pesci: tutti gli *(ram)*
altri piatti si componevano° di vegetali, *(were made of)* 5
fra cui molti che erano assolutamente
sconosciuti° a Toby ed a Brandok. *(unknown)*

In compenso il vino era così eccellente
che né l'uno né l'altro mai ne avevano
gustato° di simile. *(had tasted)* 10

«Signor Holker,» disse Brandok, che
mangiava con un appetito invidiabile°, *(enviable)*
come se si fosse svegliato solo da dieci o
dodici ore «siete vegetariano voi?»

«Perché mi fate questa domanda?» 15
chiese il lontano pronipote° del dottore. *(great-grandson)*

«Ai nostri tempi si parlava molto di
vegetarianismo, specialmente in Germania
ed in Inghilterra. Si vede che quella cucina
ha fatto dei progressi.» 20

«Perché non trovate delle bistecche°?» *(steaks)*

«Sì, e mi stupisce come i moderni
americani abbiano rinunciato alle succose° *(succulent)*
bistecche ed ai sanguinanti° roast beef.» *(raw (lit. bloody))*

«Sono piatti diventati un po' rari, oggi, 25
mio caro, e pel° semplice motivo che i buoi *(for the (lit. per il))*
ed i montoni sono quasi scomparsi.»

«Ah!»

«Ve ne stupite?»

«Molto.» 30

«Mio caro signore, la popolazione del
globo in questi cento anni è enormemente
cresciuta, e non esistono più praterie° per *(prairies)*
nutrire° le grandi mandrie che esistevano *(feed)*
ai vostri tempi. Tutti i terreni disponibili 35
sono ora coltivati intensivamente per
chiedere al suolo° tutto quello che può *(soil)*
dare. Se così non si fosse fatto, a quest'ora
la popolazione del globo sarebbe alle
prese° colla° fame. I grandi pascoli 40 *(would have to deal/)*

dell'Argentina e i nostri del Far-West non esistono più, ed i buoi ed i montoni a poco a poco sono quasi scomparsi, *non rendendo°* le praterie in proporzione all'estensione. *D'altronde°* non abbiamo più bisogno di carne al giorno d'oggi. I nostri chimici, in una semplice *pillola°* dal peso di qualche grammo, fanno concentrare tutti gli elementi che prima si *potevano ricavare°* da una buona *libbra°* di ottimo bue.»

not yielding

on the other hand 45

pill

could be found/ 50
pound

«E l'agricoltura come va senza buoi?»

«*Anticaglie°*» disse Holker. «I nostri *campagnoli°* non fanno uso *che°* di macchine *mosse°* dall'elettricità.»

Old stuff

peasants/only use

moved 55

«*Sicché°* non vi sono più neanche cavalli?»

Therefore

«A che cosa potrebbero servire? Ce ne sono ancora alcuni, conservati più per curiosità che per altro.»

60

«E gli eserciti non ne fanno più uso?» chiese il dottor Toby. «Ai nostri tempi tutte le nazioni ne avevano dei reggimenti.»

«E che cosa ne facevano?» chiese Holker, con aria ironica.

65

«Se ne servivano nelle guerre.»

«Eserciti! *Cavalleria°*! Chi se ne ricorda ora?»

Cavalry

«Non vi sono più eserciti?» chiesero ad una voce Toby e Brandok.

70

«Da sessant'anni sono scomparsi, dopo che la guerra ha ucciso la guerra, l'ultima battaglia combattuta per mare e per terra fra le nazioni americane ed europee è stata terribile, *spaventevole°*, ed è costata milioni di vite umane, senza *vantaggio°* né per le une né per le altre *potenze°*. Il massacro è stato *tale°* da decidere le diverse nazioni del mondo ad abolire per sempre le guerre. E poi non sarebbero più possibili. Oggi noi *possediamo°* degli esplosivi capaci di *far saltare°* una città di qualche milione di abitanti; delle macchine che *sollevano°* delle montagne; possiamo *sprigionare°*, colla semplice *pressione°* del dito, una *scintilla°* elettrica trasmissibile a centinaia di *miglia°* di distanza e far *scoppiare°* qualsiasi deposito di *polvere°*. Una

75

frightening

advantage

powers/such

80

we have

that can blow up

lift 85

release

pressure

spark

miles/blow up

(gun) powder 90

guerra, *al giorno d'oggi°*, *segnerebbe°* la fine dell'umanità. La scienza ha vinto *ormai°* su tutto e su tutti.»

today/would mark

nowadays

«*Eppure°* quest'oggi, appena svegliato, mi fu comunicata dal vostro giornale una notizia che *smentirebbe°* quello che avete detto ora, mio caro nipote» disse Toby.

And yet

95

would run counter

«Ah sì! La distruzione di *Cadice°* da parte degli anarchici. *Bazzecole°*! Ormai questi *briccioni irrequieti°* saranno stati completamente distrutti dai pompieri di Malaga e di Alicante.»

Cadiz (Spanish city)

Trifles, Small potatoes

100 *restless scoundrels*

«Dai pompieri?»

«Non abbiamo altre truppe al giorno d'oggi, e vi assicuro che sanno mantenere l'ordine in tutte le città e *sedare°* qualunque tumulto. Mettono in *batteria°* alcune pompe e *rovesciano°* sui *sediziosi°* torrenti d'acqua *elettrizzata°* al *massimo grado°*. Ogni *goccia° fulmina°*, e l'affare è *sbrigato°* presto.»

105

quell

they line up

they pour/rioters

electrified

110 *at the utmost level/*
drop/electrifies/

the deal is done

«Un mezzo un po' brutale, signor Holker, e anche inumano.»

«Se non si facesse così, le nazioni si vedrebbero *costrette°* ad avere delle truppe per mantenere l'ordine. E *del resto°* siamo in troppi in questo mondo, e se non troviamo il mezzo d'invadere qualche pianeta, non so come se la *caveranno°* i nostri pronipoti fra altri cent'anni, a meno che non tornino, come i nostri antenati, all'*antropofagia°*. La produzione della terra e dei mari non basterebbe a nutrire tutti, e questo è il *grave°* problema che *turba°* e preoccupa gli scienziati. Ah! se si potesse dar la *scalata°* a Marte che ha invece una popolazione così scarsa e tante terre ancora *incolte°*!»

115 *would be forced*

on the other hand

will manage

120

cannibalism

serious

125 *upsets*

climb

uncultivated

«Come lo sapete voi?» chiese Toby, facendo un gesto di stupore.

130

«*Dagli stessi martiani°*» rispose Holker.

Martians

«Dagli abitanti di quel pianeta!» esclamò Brandok.

«Ah, dimenticavo che ai vostri tempi non si era trovato ancora un mezzo per *mettersi in relazione°* con quei bravi martiani.»

135

to communicate

«*Scherzate°*?»

Are you kidding?

«Ve lo dico sul serio, mio caro signor Brandok.»

140

«Voi comunicate con loro?»

«Ho anzi un carissimo amico lassù che mi dà spesso sue notizie.»

«Come avete fatto a mettervi in relazione coi martiani?»

«Ve lo dirò più tardi, quando avrete visitato la stazione elettrica di Brooklyn. Eh! Sono già° quarant'anni che siamo in relazione coi martiani.»

«È incredibile!» esclamò il dottor Toby. «Quali meravigliose scoperte avete fatto voi in questi cent'anni!»

«Molte che vi faranno assai° stupire, zio. Appena vi sarete completamente rimessi°, vi proporrò° di fare una corsa attraverso il mondo. In sette giorni saremo nuovamente a casa.»

«Il giro del mondo in una settimana!...»

«È naturale che ciò vi stupisca. Ai vostri tempi s'impiegavano° quarantacinque o cinquanta giorni, se non m'inganno°.»

«E ci sembrava d'aver raggiunto° la massima velocità.»

«Delle tartarughe°» disse Holker, ridendo. «Poi faremo anche una corsa al polo nord a visitare quella colonia.»

«Si va anche al polo, ora?»

«Bah!... è una semplice passeggiata.»

«Avete trovato il mezzo di distruggere° i ghiacci° che lo circondano°?...»

«Niente affatto°, anzi io credo che le calotte di ghiaccio° che avvolgono° i due confini della terra siano diventate più enormi di quello che erano cent'anni fa; eppure noi abbiamo° trovato egualmente° il mezzo di andare a visitarli e anche a popolarli°. Vi abbiamo relegati là...»

Un sibilo° acuto che sfuggì da un foro° aperto sopra una mensola° che si trovava in un angolo della stanza, gl'interruppe la frase.

«Ah, ecco la mia corrispondenza che arriva» disse Holker, alzandosi.

«Un'altra meraviglia!» esclamarono Toby e Brandok alzandosi.

«Una cosa semplicissima» rispose Holker. «Guardate, amici miei.»

Premette° un bottone al disotto° d'un quadro che rappresentava una battaglia navale. La figura scomparve, innalzandosi entro due scanalature°, e lasciando un vano° d'un mezzo metro quadrato°. Dentro v'era° un cilindro di metallo coperto di numeri segnati° in nero, lungo sessanta o settanta centimetri, con una circonferenza di trenta o quaranta.

«Il mio numero d'abbonamento° postale è il 1987» disse Holker. «Eccolo qui, e in un piccolo scompartimento° sono state collocate° le mie lettere.»

Mise un dito sul numero, s'aprì uno sportellino° e trasse° la sua corrispondenza, poi fece ridiscendere° il quadro e premette un altro bottone.

«Ecco il cilindro ripartito°» disse. «Va a distribuire la corrispondenza agli inquilini° della casa.»

«Come è giunto° qui quel cilindro?» chiese Brandok.

«Per mezzo d'un tubo comunicante° coll'ufficio postale più vicino, e rimorchiato° da una piccola macchina elettrica.»

«E come si ferma?»

«Dietro il quadro vi è uno strumento destinato ad interrompere la corrente elettrica. Appena il cilindro vi passa sopra, si ferma e non riparte se io prima non riattivo la corrente premendo quel bottone.»

«Vi è un cilindro per ogni casa?»

«Sì, signor Brandok; devo avvertirvi che le abitazioni moderne hanno venti o venticinque piani e che contengono dalle cinquecento alle mille famiglie.»

«La popolazione d'uno dei nostri antichi sobborghi°» disse il dottore. «Non ci sono dunque° più case piccole?»

«Il terreno è troppo prezioso oggidì°, e quel lusso° è stato bandito°. Non si può sottrarre° spazio all'agricoltura. Ma comincia a far buio°; sarebbe tempo d'illuminare° il mio salotto. Ai vostri

«Quali meravigliose scoperte avete fatto voi in questi cent'anni!»

145
already
150

a lot
155 rested/propose

160

it took
165
I am not mistaken
to have reached
turtles
170

to destroy
ice/surround 175
not at all
icecaps/surround

yet/in any case 180

to populate them
whistle/escaped
hole/shelf
185

190

He pushed/underneath
195 grooves
compartment
square/c'era
marked
200

subscription
205
compartment
have been placed
210 flap/extracted
lowered
sent again
215
tenants
has arrived
communicating
220 towed

225

230

suburbs
235 therefore
nowadays
luxury/has been banned
take away
to get dark
240 light up

tempi che cosa si accendeva alla sera?»

«Gas, petrolio, luce elettrica» disse Brandok.

«Povera gente» disse Holker. 245 «E come doveva costar cara allora l'illuminazione!»

«Certo, signor Holker» disse Brandok. «Ora invece?»

free «Abbiamo quasi gratis° la luce ed il 250 calore.»

hung/iron pole Dal soffitto pendeva° un'asta di ferro° *ball* che finiva in una palla°, composta d'un metallo azzurro.

Il signor Holker l'aprì facendola *soon* 255 scorrere sopra l'asta e tosto° una luce brillante, simile a quella che mandavano un tempo le lampade elettriche, si *emanated/flooding* sprigionò°, inondando° il salotto.

Ciò che la produceva era una *little ball/barely* 260 pallottolina° appena° visibile che si *stuck* trovava infissa° sotto la sfera, e la luce che *transmitted/gave off* tramandava°, espandeva° un dolce calore assai superiore a quello del gas.

«Che cos'è?» chiesero ad una voce 265 Brandok e Toby.

small piece «Un semplice pezzetto° di radium» rispose Holker.

«Il radium!» esclamarono [...]

«Si conosceva ai vostri tempi?»

270 «L'avevano già scoperto» rispose Toby. «Ma non si usava ancora a causa dell'enorme suo costo. Un grammo non si poteva avere a meno di tre o quattromila lire. E poi non s'era potuto trovare ancora 275 il modo di applicarlo, come avete fatto ora voi. Tutti però gli predicevano un grande avvenire.»

«Quello che non hanno potuto fare i chimici del 1900 l'hanno fatto quelli del 280 Duemila» disse Holker. «Quel pezzetto lì *burns* non vale che un dollaro e brucia° sempre, senza mai consumarsi. È il fuoco eterno.»

«Meraviglioso metallo!...»

«Sì, meraviglioso, perché oltre a darci la *has dethroned* 285 luce, ci dà anche il calore. Ha detronizzato° *coal* il carbon fossile°, la luce elettrica, il gas, *stoves/chimneys* il petrolio, le stufe° ed i camini°.»

«Sicché anche le vie sono illuminate con lampade a radium?» chiese Toby.

«E anche gli stabilimenti°, le officine° 290 *plants/factories* e così via.»

«E nelle miniere° di carbone non si *mines* lavora più?»

«A che cosa servirebbe il carbone? Poi cominciavano già ad esaurirsi.» 295

«La forza necessaria per far agire° *work* le macchine degli stabilimenti, chi ve la dà ora?»

«L'elettricità trasportata ormai a distanze enormi. Le nostre cascate° del 300 *falls* Niagara, per esempio, fanno lavorare delle macchine che si trovano a mille miglia° di *miles* distanza. Se noi volessimo, potremmo dare di quelle forze° anche all'Europa, mandandole *those resources* attraverso l'Atlantico. Ma anche laggiù 305 hanno costruito° delle cascate sui loro fiumi *have built* e non hanno più bisogno di noi.»

«Amico James,» disse Toby «ti penti° *are you sorry* d'aver dormito cent'anni per poter vedere le meraviglie del Duemila?» 310

«Oh no!» esclamò vivamente il giovane.

«Credevi di veder il mondo così progredito°?» *advanced*

«Non mi aspettavo tanto.»

«E il tuo spleen?» 315

«Non lo provo più, tuttavia... non senti nulla tu?»

«Sì, un'agitazione° strana, un'irritazione *anxiety* inesplicabile del sistema nervoso» disse Toby. «Mi sembra che i muscoli ballino 320 sotto la mia pelle.»

«Anche a me» disse Brandok.

«Sapete da che cosa deriva?» chiese Holker.

«Non saprei indovinarlo°» rispose Toby. 325 *guess it*

«Dall'immensa tensione elettrica che regna° ormai in tutte le città del mondo *reigns* ed a cui voi non siete ancora abituati. Cent'anni fa l'elettricità non aveva ancora raggiunto° un grande sviluppo, mentre 330 *had not reached yet* ora l'atmosfera ed il suolo ne sono saturi. [...] E per oggi basta. Andate a riposare e domani mattina faremo una corsa attraverso Nuova York sul mio Condor.»

«È un'automobile?» chiese Brandok. 335

«Sì, ma di nuovo genere°» rispose *kind* Holker, con un sorriso. «Cominceremo così il nostro viaggio attraverso il mondo.» ■

Analisi

1   **Invenzioni** Scegli quale invenzione è presente nella lettura.

	SÌ	NO		SÌ	NO
1. pillole di vitamine e proteine	☐	☐	7. truppe antropofaghe (*cannibalistic*)	☐	☐
2. macchine elettriche per coltivare i campi	☐	☐	8. mezzi di comunicazione con Marte	☐	☐
3. buoi meccanici	☐	☐	9. oro (*gold*) per illuminare	☐	☐
4. eserciti virtuali	☐	☐	10. sistema postale ultra-rapido	☐	☐
5. pillole per essere intelligenti	☐	☐	11. edifici molto alti	☐	☐
6. acqua fulminante	☐	☐	12. cascate radioattive	☐	☐

2   **Comprensione** Scegli una risposta e poi, in coppia, dite perché le altre sono sbagliate.

1. Toby e Brandok sono due _____.
   a. personaggi dell'anno 2003   b. personaggi dell'anno 1903
   c. carnivori che non apprezzano la verdura   d. marziani

2. Le praterie non esistono perché _____.
   a. tutti i terreni sono coltivati con soia   b. non ci sono più mandrie di buoi
   c. i buoi hanno mangiato i montoni   d. ci sono troppe persone sulla Terra

3. Le guerre non ci sono più perché _____.
   a. i cavalli sono morti   b. gli eserciti hanno sterminato le persone
   c. una guerra ora ucciderebbe tutti   d. gli esplosivi sono nascosti nelle montagne

4. I pompieri usano l'acqua per _____.
   a. spegnere gli incendi   b. dare la scossa (*electrify*) alle persone
   c. diluire il vino   d. lavarsi

5. Il giro del mondo si può fare _____.
   a. in una settimana   b. in quarantacinque giorni
   c. solo con gli amici   d. solo passando da un polo

6. La posta arriva _____.
   a. portata dal postino   b. con un cavallo molto veloce
   c. elettronicamente attraverso dei tubi   d. in un cilindro di plastica

3   **Profezie** Indica quali elementi della storia di Salgari si sono avverati (*came true*) e poi con un(a) compagno/a discuti in che modo l'autore è profetico. Cosa oggi è esattamente come lo descrive l'autore (A), cosa esiste in maniera un po' diversa (B) e cosa non esiste o non è successo (C)? È meglio o peggio quello che immagina Salgari? Dai esempi concreti.

	A	B	C		A	B	C
1. estinzione di specie animali	☐	☐	☐	10. viaggi nello spazio	☐	☐	☐
2. vegetarianismo	☐	☐	☐	11. comunicazione con i marziani	☐	☐	☐
3. edifici sempre più alti	☐	☐	☐	12. macchine volanti	☐	☐	☐
4. mono-coltivazioni agricole	☐	☐	☐	13. energie alternative	☐	☐	☐
5. assenza (*absence*) di eserciti	☐	☐	☐	14. energia pulita	☐	☐	☐
6. assenza di guerre	☐	☐	☐	15. mezzi di trasporto iper-veloci	☐	☐	☐
7. forze dell'ordine molto repressive	☐	☐	☐	16. aumento dei ghiacci polari	☐	☐	☐
8. una guerra per l'estinzione dell'uomo	☐	☐	☐	17. posta veloce	☐	☐	☐
9. armi troppo potenti	☐	☐	☐	18. inquinamento atmosferico	☐	☐	☐

4   **Viaggi nel tempo** In coppia, fatevi le seguenti domande.

1. Se potessi viaggiare nel tempo, dove vorresti andare e perché?

2. Con chi vorresti viaggiare nel tempo? Preferiresti avere un(a) compagno/a di viaggio o andare da solo/a? Perché?

3. Se viaggiassi nel futuro, quali avanzamenti della scienza, della medicina, e della tecnica vorresti trovare? Elencane almeno due.

4. Se viaggiassi nel futuro, cosa vorresti non trovare più?

5. Se una guerra apocalittica distruggesse quasi tutto, cosa vorresti salvare?

5   **Risveglio tra un secolo** In piccoli gruppi, immaginate di dormire per cento anni: come sarà il ventiduesimo secolo? Fate una lista di almeno sei invenzioni, scoperte, o disastri che ci saranno in un futuro non troppo lontano ma che comunque non appartiene alla vostra vita attuale.

Il ventiduesimo secolo: invenzioni, scoperte e disastri

6   **Reazioni** In piccoli gruppi, rispondete alle seguenti domande e pensate a cosa vuol dire viaggiare nel tempo.

1. Quali sono le implicazioni etiche ed emotive di un viaggio come quello descritto nel romanzo?

2. Il modo di comportarsi è sempre lo stesso attraverso i secoli?

3. Pensate a un viaggio che comincia nell'antica Roma (o nel medioevo) e che arriva al ventiduesimo secolo in tre o quattro tappe (*stages*). Come cambia il mondo?

4. Chi viaggia può mantenere un comportamento neutrale? Pensate, per esempio, a come sarebbe sconvolto (*upset*) un uomo del medioevo dall'assenza di meditazione e di vita religiosa o dalla presenza di donne sul posto di lavoro.

7   **Tema** Sei uno dei due personaggi del libro (Toby o Brandok): scrivi due paragrafi e descrivi com'è il *Condor*.

- Che tipo di veicolo è? Di che colore?

- A che velocità va? Quanti posti ha? Sono posti tradizionali?

- Come si muove nel traffico?

Laboratorio di scrittura

Preparazione: Confutazioni parziali

Nella **Lezione 6** (p. 232) abbiamo fatto riferimento alla confutazione come strategia argomentativa. È possibile però, che il disaccordo con il punto di vista opposto sia solo parziale.

Una strategia molto comune nei saggi argomentativi consiste nel non accettare l'idea opposta ma allo stesso tempo fare alcune concessioni, vale a dire riconoscere la validità di alcuni aspetti del punto di vista contrario.

Esistono alcuni elementi verbali che indicano l'utilizzo di questa strategia. Tra questi ricordiamo le congiunzioni: **sebbene**, **nonostante**, **senza dubbio**, **malgrado**, e così via.

Modello

- Sebbene sia d'accordo con il punto di vista degli ambientalisti sui rischi ambientali del progetto MO.S.E., credo che la loro critica sia eccessiva. In primo luogo…

- Lo scrittore esprime un punto di vista affascinante sul mondo del futuro, ma poco obiettivo perché…

Pratica A coppie, rileggete le affermazioni dell'**Attività 4, p. 237**. Scrivete delle confutazioni parziali usando alcune delle congiunzioni suggerite.

Requisiti

1. Il saggio deve far riferimento ad almeno due dei quattro brani studiati in questa lezione o nelle precedenti lezioni e contenuti in **Cortometraggio**, **Immagina**, **Cultura** e **Letteratura**.

2. Il tuo saggio deve contenere almeno due confutazioni parziali di idee contrarie.

3. Il saggio deve essere lungo almeno due pagine.

Saggio Scegli uno di questi argomenti e scrivi un saggio.

Esiste, secondo te, una soglia (*threshold*) etica oltre la quale neanche la scienza e la tecnologia possono andare?

Al giorno d'oggi, la tecnologia serve all'uomo o l'uomo è servo della tecnologia?

Con tutte le scoperte scientifiche e con l'uomo esploratore dell'universo, c'è ancora spazio per la fantasia?

I progressi e la ricerca

Audio: Vocabulary
Flashcards

Gli scienziati

l'astronauta *astronaut*
l'astronomo/a *astronomer*
il/la biologo/a *biologist*
il/la (bio)chimico/a *(bio)chemist*
il/la fisico/a (nucleare)
  (nuclear) physicist
il/la geologo/a *geologist*
il/la matematico/a *mathematician*
il/la ricercatore/
  ricercatrice *researcher*
lo/la zoologo/a *zoologist*

La ricerca scientifica

il brevetto *patent*
il DNA *DNA*
l'esperimento *experiment*
il gene *gene*
la ricerca *research*
la scoperta *discovery*
lo scopo *aim; goal*
lo sviluppo *advance; development*
il vaccino *vaccine*

dimostrare *to prove*
guarire (-isc-) *to cure; to heal*

notevole *remarkable, important*

La tecnologia

la banca dati *database*
il codice *code*
il dispositivo *device*
l'elettronica *electronics*
l'informatica *computer science*
l'ingegneria *engineering*
l'intelligenza artificiale
  artificial intelligence (A.I.)
la nanotecnologia *nanotechnology*
la rete (senza fili)
  (wireless) network
la robotica *robotics*
il segnale (analogico/digitale)
  (analog/digital) signal
le telecomunicazioni
  telecommunications
la trasmissione *broadcast*

Il mondo digitale

la chiavetta USB *flash drive*
la chiocciola *@ symbol*
il computer (da tavolo/portatile)
  (desktop/laptop) computer
l'indirizzo e-mail *e-mail address*
il lettore CD/DVD/MP3
  CD/DVD/MP3 player
il libro elettronico *e-book*
l'SMS (*m.*) *text message*

aggiornare *to update*
allegare *to attach*
cancellare *to erase*
copiare *to copy*
incollare *to paste*
masterizzare *to burn*
navigare su Internet/sulla rete
  to browse/to surf the Internet/Web
salvare *to save*
scaricare *to download*

Problemi e sfide

la cellula staminale *stem cell*
il codice deontologico *code of*
  conduct/ethics
il furto d'identità *identity theft*
l'inquinamento *pollution*
la sfida *challenge*

clonare *to clone*
riciclare *to recycle*

controverso/a *controversial*
etico/a *ethical*
giusto/a *right*
(im)morale *(un)ethical*
sbagliato/a *wrong*

Cortometraggio

l'acquario *aquarium*
il collegamento *connection*
il laboratorio *Lab*
la lingua dei segni *sign language*
il nastro adesivo *adhesive tape*
il navigatore satellitare *GPS*
il piano di cottura *stovetop*
il polpo *octopus*
la ricetta *recipe*

lo strumento
  musical/technical instruments
digitare *to type; to dial*

Cultura

l'allagamento *flooding*
l'alluvione *flood, inundation*
le calli *Venetian streets*
i campi *Venetian squares/fields*
i canali *canals*
l'impatto ambientale
  environmental impact
la marea *tide*
la passerella *footbridge*
i pollici *inches (lit. thumbs)*
il riscaldamento globale
  global warming
il traghetto *ferry*
il vaporetto *motor boat (used for*
  public transportation in Venice)

prevedere *to predict*

sommerso/a *submerged*

Letteratura

l'arma *weapon*
il bue (i buoi) *ox (oxen)*
l'energia pulita *clean energy*
la mandria *herd*
il/la marziano/a *Martian*
il pascolo *pasture, grazing land*
il pompiere *fireman*
il ritrovato *discovery, finding*
la truppa *troop*

abituarsi *to get used to*
coltivare *to grow*
esaurirsi *to run out*
predire *to predict*
scomparire *to disappear*
stupire *to surprise*

fantascientifico/a *science fiction*

Le ricchezze culturali e storiche

Viviamo in una società che ci garantisce una vita sana e all'avanguardia. Ma ci fermiamo mai a riflettere su come tutto questo sia possibile? Guardiamo mai indietro alla storia, alle donne e agli uomini che con fatica (*hard work*) e spesso controcorrente hanno fatto compiere (*complete*) passi da gigante all'umanità? Facciamo abbastanza per preservare la loro memoria e l'eredità che ci hanno lasciato? Che ruolo ha la storia nella nostra quotidianità? I grandi del passato ci ispirano o ci intimidiscono? Ora la storia siamo noi: che passato lasceremo alle generazioni future?

283

306

Destinazione:
EMILIA-ROMAGNA

Le arti e la storia Audio: Vocabulary

La storia

la battaglia *battle*
la civiltà *civilization*
il decennio *decade*
l'età *age; times*
l'imperatore/imperatrice *emperor/empress*
il re/la regina *king/queen*
il regime *regime*

il regno *kingdom*
la schiavitù *slavery*
il secolo *century*

abitare *to inhabit*
abolire *to abolish*
arrendersi *to surrender*
colonizzare *to colonize*
conquistare *to conquer*
dirigere *to lead*
espellere *to expel*
invadere *to invade*
liberare *to liberate*
opprimere *to oppress*
rovesciare *to overthrow*
sconfiggere *to defeat*
stabilirsi *to settle*

democratico/a *democratic*
fascista *fascist*
monarchico/a *monarchic*
(prei)storico/a *(pre)historic*

a.C. (avanti Cristo) *BC, BCE*
d.C. (dopo Cristo) *AD*

La letteratura

la biografia *biography*
il diritto d'autore *copyright*
il genere *genre*
il giallo *crime novel; thriller*
il narratore *narrator*
la novella *short novel*
il personaggio *character*
la poesia *poetry*
la prosa *prose*
la rima *rhyme*
il romanzo *novel*
la strofa *stanza*
la trama *plot*
il verso *line (of poetry)*

censurare *to censor*

svolgersi *to take place*

classico/a *classic*
oggettivo/a *objective*
premiato/a *award-winning*
realistico/a *realistic*
satirico/a *satirical*
soggettivo/a *subjective; biased*
tragico/a *tragic*
umoristico/a *humorous*

L'arte

l'acquerello *watercolor*
l'autoritratto *self-portrait*
le belle arti *fine arts*
la natura morta *still life*

l'opera *work (of art); opera*
l'orchestra sinfonica/da camera *symphony/chamber orchestra*
il pennello *paintbrush*
la pittura *paint; painting*
la pittura a olio/pastello *oil/pastel painting*
il quadro *painting*
la scultura *sculpture*

d'avanguardia *avant-garde*
estetico/a *aesthetic*

Gli artisti

l'artigiano/a *artisan; craftsman*
il/la drammaturgo/a *playwright*

il pittore/la pittrice *painter*
il/la saggista *essayist*
lo scultore/la scultrice *sculptor*

Pratica

1

Il regno di Romolo Completa il brano con le parole giuste.

Secondo la leggenda, la (1) _____ (età / civiltà) romana risale (*dates back*) all'VIII
(2) _____ (secolo / decennio) a.C. con la fondazione di Roma il 21 aprile 753
(3) _____ (a.C. / d.C.). Romolo e Remo (4) _____ (si stabilirono / invasero)
vicino al fiume Tevere e fondarono una città. Romolo uccise Remo, chiamò la
città Roma e ne divenne il primo (5) _____ (monarchico / re). Poiché solo uomini
(6) _____ (abitavano / colonizzavano) nella città, i romani combatterono una
(7) _____ (schiavitù / battaglia) con i vicini Sabini per rapire (*abduct*) le loro
donne. Il (8) _____ (secolo / regno) di Romolo durò 37 anni, quasi 4 (9) _____
(decenni / secoli), durante i quali (10) _____ (conquistò / abitò) i popoli vicini.

2

Il fascismo Completa la conversazione tra nonno e nipote con le parole della lista.

abolita	dirigeva	liberata	regime
democratica	invasa	oppressa	si arrese

NIPOTE Nonno, cosa ricordi del (1) _____ fascista?

NONNO Ricordo tante cose, in particolare che Benito Mussolini (2) _____ il governo.

NIPOTE La tua famiglia fu (3) _____?

NONNO Beh, non come i deportati ma in un certo senso fummo perseguitati perché mio padre aveva aiutato alcuni partigiani.

NIPOTE Quando (4) _____ l'Italia?

NONNO Il 3 settembre 1943, dopo che ebbe firmato l'armistizio.

NIPOTE Quando fu (5) _____?

NONNO Fu occupata dai tedeschi subito dopo.

NIPOTE E quando fu (6) _____?

NONNO Il 25 aprile 1945 gli Alleati e le formazioni partigiane liberarono l'Italia.

NIPOTE Quando fu (7) _____ la monarchia e fondata la repubblica (8) _____?

NONNO La Repubblica Italiana nacque il 2 giugno 1946 dopo che gli italiani scelsero, con un referendum, l'abolizione della monarchia.

3

L'arte Pensate alla vostra opera d'arte preferita e a turno descrivetela con almeno quattro frasi. Tenete in considerazione l'autore, lo stile e la tecnica usata.

> **Modello** **La mia opera d'arte preferita è la *Pietà* di Michelangelo. È una scultura di marmo...**

4

Libri In piccoli gruppi, parlate dell'ultimo libro che avete letto. Considerate queste domande.

1. Qual è il titolo?
2. Chi è l'autore?
3. Che genere di libro è?
4. Dove e quando si svolge la storia?
5. Qual è la trama?
6. Chi è il narratore?
7. Chi sono i personaggi principali?
8. Consiglieresti questo libro? Perché?

Practice more at
immagina.vhlcentral.com.

Preparazione

Vocabolario del cortometraggio		Vocabolario utile
la cantina *wine cellar*	**la puzza** *stench*	**il baule** *trunk (car/luggage)*
la granata *grenade*	**la tana** *burrow*	**le colline** *hills*
il patto *pact*	**il vestito da sposa**	**il relitto** *relic*
il podere *farmhouse*	*wedding dress*	**il rifugio** *shelter*
il protettore *protector*		**la scala** *ladder, stairs*
		scivolare *to slide*

ESPRESSIONI

buono a nulla *good-for-nothing*

dacci una mano *give us a hand*

sono fritti! *they are finished!*

tocca a... *it's... turn*

1 **Lessico** Inserisci le parole più adatte.

1. Mio nonno faceva il vino e aveva una _____ con molte varietà di bianco.

2. Ogni anno vado in vacanza in campagna, in un bellissimo _____ in Toscana.

3. San Gennaro è il santo _____ della città di Napoli.

4. Prima del matrimonio, mia sorella deve comprare un _____ bianco con un lungo velo.

5. Per i viaggi molto lunghi, i passeggeri usavano un _____.

6. Hai promesso: devi rispettare il _____ che abbiamo stretto (*made*).

7. Per arrivare all'ultimo piano bisogna salire la _____.

8. Quando piove, i conigli (*rabbits*) restano nella loro _____ e non escono.

2 **Le epoche dell'arte** Associate l'opera d'arte con il periodo in cui è stata creata.

D ___ 1. I paesaggi di Van Gogh (1888)   a. Il Rinascimento

B ___ 2. *Le Quattro stagioni* di Vivaldi (1723)   b. L'epoca barocca

A ___ 3. *La Pietà* di Michelangelo (1499)   c. L'antico Egitto

F ___ 4. Il Colosseo (80 d.C.)   d. l'Impressionismo

C ___ 5. Le piramidi (2560 a.C.)   e. Il tardo Medioevo

E ___ 6. *La Divina commedia* di Dante (1304-1321)   f. L'antica Roma

3 **L'arte e la storia** In coppia, completate la tabella.

Quali opere d'arte sono state ispirate da eventi storici?		
tema	**evento storico**	**opera d'arte**
guerre	Seconda Guerra Mondiale	Il film *Saving Private Ryan*
scoperte geografiche/scientifiche		
viaggi/immigrazione		
disastri naturali		
personaggi influenti		
rivoluzioni		
artisti famosi		

4 **Riflessione** Rispondete alle domande.

1. Quali eventi storici hanno ispirato molte opere d'arte?
2. Pensate che l'arte possa essere un commento alla storia? In che modo?
3. Quali sono stati gli eventi storici più importanti nel tuo paese? E in Italia?
4. Che cosa determina l'importanza di un evento storico?
5. Che cosa determina se un'opera (un quadro, un libro, un film) è arte oppure no?
6. C'è un'opera d'arte che ha influenzato la tua vita? Qual è? In che modo ha cambiato il tuo modo di pensare?

5 **Personaggi** Guardate le foto e rispondete alle domande.

- Com'è l'aspetto fisico di ognuno dei personaggi?
- Com'è la loro personalità?
- Qual è il rapporto tra le tre coppie?
- Come saranno collegati (*connected*) questi personaggi nella storia del film?
- Come cambierà il loro rapporto nel corso degli anni?

 Practice more at **immagina.vhlcentral.com.**

VENTICANO
Miglior film/
Premio della giuria/
Migliore fotografia

IL SEGRETO DEL SANTO

Un film di **HERVÉ DUCROUX**
Scritto da **MASSIMO GUARDUCCI** e **HERVÉ DUCROUX**
Prodotto da **L'ACCADEMIA DE' VALIGONDI**

Attori Pino Colizzi/Camilla Dragoni/Pietro Cacciatori/
Nardis Mugelli/Giulio Pampiglione/Milena Vukotic
Montaggio Simona Paggi **Costumi** Sara D'agostin
Fotografia Alessandro Pucci **Scenografia** Carlo Serafini
Soggetto Laura Gori Savellini/Hervé Ducroux
Musiche Giacomo Zumpano

Trama *Durante la Seconda Guerra Mondiale, sperando di sopravvivere ai bombardamenti tedeschi, gli abitanti di un paese in Toscana si nascondono in una cantina, insieme al loro santo protettore.*

(Esplosione)
VOCE Alle cantine! Alle cantine!

RAGAZZO Vi serve niente, signora Adele?
ADELE No, grazie, ci vediamo giù.
Muoviti, Erminia!

PERPETUA Poverino! Chissà che paura si è preso!
PRETE Macché paura! Io mi son fatto male! Questo è un buono a nulla!

ELENA Capisco. Non si può più andare a giocare nei campi!

LAPO Di chi saranno?
ERMINIA Nostri! Teniamoli noi. Sono gli anelli nostri. Ma non bisogna dirlo a nessuno, capito? Dobbiamo saperlo solo io e te.
LAPO Giuriamo!

PRETE Oggi è la festa del nostro santo patrono. Ed è proprio in questo giorno che il Signore ha voluto unire in matrimonio una nostra giovane concittadina° con un giovane ragazzo che viene dall'altra parte del mondo.

concittadina *fellow citizen*

 Sullo SCHERMO

Indica se l'evento ha luogo nel passato o nel presente.

1. il matrimonio _____
2. i bombardamenti _____
3. le colline sono verdi _____
4. Lapo ed Erminia corrono nella neve _____
5. gli abitanti del paese vanno in cantina _____
6. il santo scivola sulla strada _____

Analisi

1

Sequenza Riordina gli eventi secondo la cronologia della storia.

_4_ a. I tedeschi bombardano.

_3_ b. Lapo ed Erminia si incontrano per strada.

_5_ c. La mamma e Lapo si nascondono in cantina.

_8_ d. Lapo ed Erminia si baciano.

_1_ e. Inizia la Seconda Guerra Mondiale.

_7_ f. Giulia ed Erwin si sposano.

_2_ g. La mamma e Lapo sono in cucina.

_6_ h. Lapo va a vivere in Nuova Zelanda.

2

Analisi Scegli la risposta giusta. Dopo, in coppia, giustificate le vostre risposte usando esempi presi dal film.

1. Gli adulti sperano che i tedeschi non trovino _i giovani_.
   a. i giovani   b. i vecchi   c. i preti

2. I vecchi aspettano l'arrivo _degli americani_
   a. degli italiani   b. degli americani   c. dei tedeschi

3. Erminia non può sposare Lapo perché _lui si trasferisce in Nuova Zelanda_
   a. lui si trasferisce in Nuova Zelanda   b. lei muore
   c. lui si innamora di un'altra

4. Anche se gli manca il papà, Lapo _è contento che la mamma si risposi_.
   a. è contento che la mamma si risposi   b. è triste che la mamma si risposi
   c. non vuole che la mamma si risposi

5. Erwin ha _inconsciamente realizzato_ il sogno segreto del nonno.
   a. rivelato   b. scoperto   c. inconsciamente realizzato

3

Personaggi In coppia, decidete se i desideri dei personaggi si realizzano nel film.

Intenzioni e desideri	Realizzati	Non realizzati
1. La mamma desidera che Lapo abbia un futuro dopo la guerra.	☐	☐
2. Erminia e Lapo si promettono di non separarsi mai.	☐	☐
3. Le persone nascoste in cantina vogliono sopravvivere ai bombardamenti.	☐	☐
4. Lapo spera che il nipote torni in Italia.	☐	☐
5. La fine della guerra riporta la serenità nella vita dei personaggi.	☐	☐
6. Erminia vuole che la promessa rimanga segreta.	☐	☐
7. Il prete desidera mettere in salvo il santo.	☐	☐
8. Erminia e Lapo si sposano.	☐	☐

4

Interpretazioni In coppia, rispondete alle domande.

1. Perché è importante per Erminia che gli anelli restino segreti?

2. Perché Lapo rivela il segreto al nipote?

3. Qual è il ruolo del santo nel film?

4. Erminia e Lapo si incontrano davvero alla fine del film?

5

Temi

A. Indicate quali elementi visivi (*visual*) sono più importanti nella storia e spiegate perché.

Elementi	Importanti/ Non importanti	Perché?
la neve		
il rumore dei bombardamenti		
la mummia del santo		
la fotografia del papà di Lapo		
la cartina dell'Africa		
la macchina giocattolo di Lapo		
la cantina		
il baule		
la campagna		
la chiesa		

B. In coppia, spiegate le scelte del regista.

Elementi cinematografici	Scelte del regista	Spiegazione
tipo di storia		
tono		
ambientazione		
tipo di recitazione		
epoca		
riprese (*shots*)		

6

Situazioni In piccoli gruppi, improvvisate dei dialoghi basati su una di queste situazioni e poi recitateli davanti alla classe.

A

Immaginate la vita di Erminia e Lapo dopo la guerra se la mamma di Lapo non avesse incontrato il capitano. Come sarebbe cambiata la fine del film? Cosa sarebbe successo al segreto?

B

Immaginate la conversazione tra un artista contemporaneo e uno del passato. Quali consigli si darebbero? Quali sarebbero le differenze principali nei loro approcci? E le similitudini?

7

Scrittura Racconta un episodio della tua vita in uno o due paragrafi.

- Ti sei mai trovato/a in una situazione in cui hai dovuto rivelare un segreto o una confidenza di un'altra persona? Perché? Ci sono delle ragioni più importanti della confidenza? Quali sono?

- Cinecittà organizza una gara (*contest*) per film corti storici. Scrivi un riassunto del tuo film: quale periodo scegli? Perché? Chi sono i tuoi personaggi? Quale tipo di sequenza vuoi usare nella trama?

Practice more at
immagina.vhlcentral.com.

IMMAGINA

Reading

Una regione da… mangiare!

EMILIA

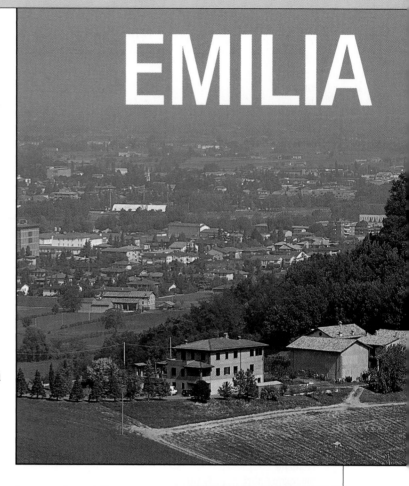

L'Emilia-Romagna, nell'Italia settentrionale è una delle regioni più grandi e più ricche della penisola. Grazie ai numerosi prodotti dell'agricoltura e all'allevamento del bestiame°, la sua industria alimentare è fiorente°. Conoscere meglio alcuni prodotti eno-gastronomici° tipici può diventare «un'appetitosa variante» per un itinerario attraverso la regione.

Il **Parmigiano Reggiano**, un formaggio prodotto sin dall'inizio del millennio scorso, è tipico dell'Emilia-Romagna ed è apprezzato in tutto il mondo. Si produce a **Parma**, **Reggio Emilia**, **Modena** e **Bologna**. Oltre al Parmigiano, Parma dà i natali° anche al **Grana Padano**. Il Grana ha una consistenza più «granulosa» del Parmigiano e può essere messo sul mercato dopo 15 mesi di stagionatura° contro i 18–24 mesi o, a volte, anche tre anni del Parmigiano.

Un altro formaggio tipico della provincia di **Piacenza** è il **Provolone della Valpadana**, un formaggio morbido° che si produce in diverse grandezze. Il **Formaggio di fossa**, prodotto nella città di **Sogliano al Rubicone**, è ottenuto da latte di mucca° e di pecora°, ha un sapore intenso e rimane per un periodo di tempo in fosse° profonde tre metri.

Anche i salumi° sono tipici della regione. Primo tra tutti il **Prosciutto di Parma**, che forse, insieme al Parmigiano Reggiano, è il prodotto emiliano-romagnolo più conosciuto al mondo. Si produce in un'area limitata e ha come caratteristiche l'assenza di conservanti° e la minima componente di grasso° nella carne. La stagionatura del prosciutto varia, a seconda del peso, dai 10 ai 12 mesi.

La città di **Bologna** è storicamente legata alla **mortadella**, che, infatti, in molte parti d'Italia e all'estero si chiama «la Bologna» o «*baloney*». La mortadella di

Bologna si ottiene con carni di suino tritate°, pezzetti di grasso, sale e pepe, insaccati° e poi cotti in stufe° ad aria secca.

La provincia di **Piacenza** è nota anche per la **pancetta**° e la **coppa**°, prodotte con carni suine. Limitato nella produzione è il **culatello di Zibello**, che si ottiene dalla carne della coscia° di suino salata, insaccata e stagionata per 10 mesi.

Formaggi e salumi possono essere accompagnati da vini locali eccellenti come il **Lambrusco**, il **Sangiovese** e l'**Albana** e anche dal famoso **aceto balsamico di Modena**, prodotto con vino o mosto° e invecchiato in botti° di legno. Per gli appassionati dei prodotti del mare, la costa ed il delta del Po offrono delizie come le **anguille**° delle **Valli di Comacchio**. Insomma, l'Emilia-Romagna può soddisfare ogni tipo di palato!

In più…

L'azienda **Ferrari**, con sede a **Maranello** in Emilia-Romagna, produce e vende automobili sportive di alta classe e gestisce° anche la **Scuderia Ferrari**, che compete nelle gare di **Formula Uno**. Queste magnifiche autovetture° si distinguono per lo stile che è affidato a designer famosi come **Giugiaro**, **Pininfarina**, **Scaglietti**, **Bertone** e **Vignola**. Il colore rosso delle macchine da corsa è stato scelto negli anni Venti per rappresentare l'Italia nelle gare.

allevamento… *animal farming* **fiorente** *flourishing* **eno-gastronomici** *food- and wine-related* **natali** *birth* **stagionatura** *ripening; aging* **morbido** *soft* **mucca** *cow* **pecora** *sheep* **fosse** *pits* **salumi** *cold cuts* **conservanti** *preservatives* **grasso** *fat* **carni… tritate** *minced pork meat* **insaccati** *wrapped* **cotti in stufe** *cooked on stoves* **pancetta** *unsmoked bacon* **coppa** *pork loaf* **coscia** *thigh, leg* **mosto** *must* **botti** *barrels* **anguille** *eels* **gestisce** *manages* **autovetture** *automobiles*

ROMAGNA

La Serenissima Repubblica di San Marino Tra l'Emilia-Romagna e le Marche si trova la piccola **Repubblica di San Marino**, che conserva la sua identità dal Medioevo. San Marino è divisa in nove castelli, con cui si indicano i comuni, e la capitale è **Città di San Marino**. La lingua ufficiale è l'italiano e abbastanza diffuso è anche un dialetto romagnolo. L'economia della Repubblica di San Marino si basa principalmente sul turismo e su attività finanziarie. San Marino ha relazioni diplomatiche con molti paesi ed ha 15 ambasciate° all'estero.

I mosaici ieri e oggi L'Emilia-Romagna, ed in particolare la città di **Ravenna**, custodiscono° un patrimonio musivo° unico al mondo. Per gli appassionati del mosaico, Ravenna con i capolavori del **Mausoleo di Galla Placidia**, del **Battistero degli Ariani** e della chiesa di **San Vitale**, è una tappa da non perdere.

La tradizione dell'arte del mosaico affonda le radici° nell'arte bizantina ma si è consolidata nella regione e ancora oggi è un importante aspetto dell'economia. Infatti, ci sono molti artigiani° e industrie che producono preziose creazioni in mosaico per usi contemporanei.

ambasciate *embassies* **custodiscono** *preserve* **musivo** *works in mosaic*
affonda le radici *has roots in* **artigiani** *craftsmen*

Vero o falso? Indica se ogni frase è **vera** o **falsa**. Correggi le frasi false.

1. In Emilia-Romagna l'agricoltura è molto sviluppata.

2. La produzione del Parmigiano Reggiano è cominciata nel secolo scorso.

3. Il formaggio di fossa si mette sotto terra.

4. In provincia di Piacenza si producono soltanto formaggi.

5. Il Lambrusco ed il Sangiovese sono aceti balsamici.

6. Chi ama il pesce può mangiare le anguille.

7. Nella Repubblica di San Marino si parla italiano.

8. La lavorazione del mosaico è usata solo nelle opere antiche.

Quanto hai imparato? Rispondi alle domande.

1. Quali sono alcune differenze tra il Parmigiano Reggiano ed il Grana Padano?

2. Quali sono le caratteristiche nutrizionali del Prosciutto di Parma?

3. Quali sono alcuni degli ingredienti della mortadella di Bologna?

4. Che tipo di autovetture produce l'azienda Ferrari?

5. Su che cosa si basa l'economia di San Marino?

6. Quando è nata la Repubblica di San Marino?

7. Qual è l'origine dell'arte del mosaico dell'Emilia-Romagna?

8. Chi produce oggetti lavorati con il mosaico?

Progetto

I tortellini sono uno dei piatti tipici della cucina emiliano-romagnola.

- Fai una ricerca sull'origine e la storia dei tortellini.

- Cerca qualche fatto curioso che riguarda questo piatto.

- Cerca una ricetta per cucinare i tortellini.

- Confronta i tuoi risultati con il resto della classe.

Le ricchezze culturali e storiche

8.1

Uses of the infinitive

The present and past infinitive

The infinitive has two forms in Italian: the present and the past. You are already very familiar with the present infinitive, the equivalent of *to* + [*verb*] in English. The past infinitive is formed with the infinitive of **avere** or **essere** + the past participle of the main verb. When the past infinitive is formed with **essere**, the past participle must agree with the subject.

present infinitive	past infinitive
abitare (*to live*)	**avere abitato** (*to have lived*)
credere (*to believe*)	**avere creduto** (*to have believed*)
dormire (*to sleep*)	**avere dormito** (*to have slept*)
cadere (*to fall*)	**essere caduto/a/i/e** (*to have fallen*)
lavarsi (*to wash up*)	**essersi lavato/a/i/e** (*to have washed up*)

Dopo **aver mangiato**, Gianni si alzò e si lavò le mani.
After eating, Gianni got up and washed his hands.

Penso di **aver guardato** tutti i quadri.
I think that I have looked at all the paintings.

Dopo **essere arrivati** al convegno, i saggisti si sono messi a chiacchierare.
After arriving at the convention, the essayists began to chat.

Speriamo di **esserci** ben spiegati.
We hope that we made ourselves clear.

ATTENZIONE!

The auxiliary verbs **essere** and **avere** often drop the final **-e** when used in past infinitive construction.

RIMANDO

To review object pronouns, see **Strutture 4.2, pp. 132-134**.

- Object and reflexive pronouns are attached to the infinitive after the final **–e** has been dropped. The past participle of a past infinitive must agree in number and gender with the pronoun. The past participle of the past infinitive of a reflexive verb agrees in number and gender with the subject.

  Finirlo in anticipo sarebbe ideale.
  Finishing it early would be ideal.

  Dopo **averli comprati**, Luca ha messo i quadri nella macchina.
  After buying them, Luca put the pictures in the car.

  Sono contenta di **essermi divertita** alla festa.
  I'm glad to have had a good time at the party.

Uses of the infinitive

- In Italian, an infinitive may be used as a noun, even as the subject of a sentence or clause. When used as nouns, infinitives are masculine and are often preceded by a definite article. The English equivalent is expressed with a gerund (a verb form ending in *–ing*).

  Il dire è una cosa, **il fare** è un'altra.
  Saying is one thing, doing is another. (Easier said than done.)

  Non pensavo che **parlare** lingue straniere fosse **necessario**.
  I did not think that speaking foreign languages was necessary.

- The infinitive is often used to give commands or instructions, especially in signs, directions, notices, and recipes.

> **Per cortesia, lasciare** la porta aperta.
> *Please leave the door open.*

> **Girare** a destra, poi **continuare** dritto.
> *Turn right, then continue straight ahead.*

> **Selezionare** il numero e **premere** il bottone «Next».
> *Select your number and push the "Next" button.*

> **Salare, pepare, coprire** e **far** cuocere a fiamma bassa.
> *Salt, pepper, cover, and let cook at a low temperature.*

RIMANDO

To review the use of the infinitive for negative **tu** commands, see **Strutture 4.3, pp. 138-139.**

- The infinitive directly follows modal verbs such as **potere**, **volere**, and **dovere** when the subject of both verbs is the same. It also follows verbs like **desiderare**, **piacere**, **preferire**, and **sapere** when there is no change of subject.

RIMANDO

To review **dovere**, **potere**, and **volere**, see **Strutture 4.4., pp. 142**

> —*Ma perché **dovrebbe venire** giù il torrino?*

> **Voglio dare** le tele a Leonardo.
> *I want to give the canvases to Leonardo.*

> **Dobbiamo studiare**; non possiamo **uscire**.
> *We have to study; we can't go out.*

> Mi **piace andare** all'opera.
> *I like going to the opera.*

> **Preferirebbe studiare** arte in Italia.
> *He would prefer to study art in Italy.*

- Sometimes a conjugated verb is followed by the prepositions **a** or **di** + [*infinitive*]. You must memorize which verbs require prepositions or look them up in a reference book or table.

> **Spero di tornare** in Italia quest'estate.
> *I hope to go back to Italy this summer.*

> **Cominciano a capire** le rime.
> *They are starting to understand the rhymes.*

ATTENZIONE!

Other common prepositions that introduce infinitives are **invece di, per, prima di**, and **senza. Per** expresses purpose.

Invece di andare al museo, facciamo una passeggiata.
Instead of going to the museum, let's take a walk.

Ti ho scritto per invitarti alla mostra.
I wrote to you (in order to) to invite you to the exhibition.

- Infinitives are used after impersonal expressions when the sentence has no explicit subject.

> Bisogna **rispettare** i diritti d'autore.
> *It is necessary to respect copyrights.*

> È bene **arrivare** in anticipo.
> *It's good to arrive early.*

> Non è possibile **dimenticare** i momenti vissuti con te.
> *It's impossible to forget the time spent with you.*

> Basta **firmare** qui.
> *It is sufficient to sign here.*

RIMANDO

As you have learned, the subjunctive is used after impersonal expressions when the subjects of the main clause and the dependent clause differ. See **Strutture 6.3, pp. 214-215 Strutture 7.3, pp. 256-257**

- The past infinitive is generally used after the word **dopo** or another verb. It expresses an action completed before the action of the main verb.

> Dopo **avere sconfitto** Vercingetorige nella battaglia di Alesia, Cesare lo portò a Roma.
> *After having defeated Vercingetorix at the battle of Alesia, Caesar took him to Rome.*

> Sono contento di **essere nato** nelle Marche.
> *I'm happy to have been born in Marche.*

RIMANDO

You will learn about the use of infinitives after **fare, lasciare**, and verbs of perception in **Strutture 10.4, pp. 382-383**

Pratica

Nota
CULTURALE

Alessandro Manzoni è uno dei maggiori autori della letteratura italiana e in particolare del romanticismo. Nato a Milano nel 1785, Alessandro è un adolescente ribelle ed è anche un grande studioso dei classici. Finiti gli studi, raggiunge la madre a Parigi e lì conoscerà un gruppo di intellettuali illuministi che influenzeranno la sua formazione. Dal 1821 al 1827 lavora a *I promessi sposi*, il primo romanzo storico della letteratura italiana, dove per la prima volta i protagonisti sono persone umili. Non contento dello stile usato, Manzoni va a Firenze per migliorare il suo italiano e per riscrivere il romanzo che uscirà nella sua versione definitiva in dispense, tra il 1840 e il 1842. Muore a Milano nel 1873.

1 **Situazioni** Riscrivi le frasi sostituendo le parole sottolineate con l'infinito presente e fai tutte le modifiche necessarie.

Modello <u>La vita</u> in Italia era difficile durante la Seconda Guerra Mondiale.

Vivere in Italia era difficile durante la Seconda Guerra Mondiale.

Abolire
1. <u>L'abolizione di</u> quella legge è stata necessaria.
   Colonizzare
2. <u>La colonizzazione di</u> quel paese è stata uno sbaglio.
   Conquistare lo
3. <u>La conquista dello</u> spazio è possibile.
   Invadere
4. <u>L'invasione di</u> altre nazioni è condannata dalle Nazioni Unite.
   Liberare gli
5. <u>La liberazione degli</u> ostaggi è stata un successo.
   Opprimere le
6. <u>L'oppressione delle</u> minoranze è ingiusta.

2 **I promessi sposi** Completa il breve riassunto del romanzo *I promessi sposi* con i verbi all'infinito presente e passato.

Renzo e Lucia sono due semplici ragazzi che desiderano (1) _sposarsi_ (sposarsi) e vanno da don Abbondio, il prete del paese. Ma don Abbondio si rifiuta di (2) _celebrare_ (celebrare) il matrimonio dopo (3) _esser stato_ (essere) minacciato dai bravi (*henchmen*) di don Rodrigo, il signorotto del paese che si è innamorato di Lucia. Padre Cristoforo, dopo (4) _aver parlato_ (parlare) con Lucia, va da don Rodrigo per (5) _convincerlo_ (convincere / lui) a (6) _lasciarla_ (lasciare / lei) in pace. Dopo (7) _aver tentato_ (tentare) un matrimonio a sorpresa, Lucia si rifugia in un convento a Monza e Renzo va a Milano per (8) _cercare_ (cercare) giustizia. L'Innominato, un uomo potente a cui don Rodrigo ha chiesto aiuto, dopo (9) _aver rapito_ (rapire) (*kidnap*) Lucia, decide di (10) _liberarla_ (liberare / lei). Renzo si trova coinvolto nelle rivolte a Milano a causa della carestia (*famine*) e fugge a Bergamo. Torna a Milano a (11) _cercare_ (cercare) Lucia e dopo (12) _averla ritrovata_ (ritrovare / lei) tornano al loro paese. Dopo (13) _aver affrontato_ (affrontare) la peste, finalmente Renzo e Lucia si possono (14) _sposare_ (sposare).

3 **Cosa è successo dopo?** Completate le frasi con i verbi all'infinito passato per dire cosa avete fatto ieri tu e altre persone. Dopo, aggiungete altre due frasi.

Modello Dopo <u>essermi svegliato</u>, mi sono alzato e ho fatto la doccia.

1. Dopo _aver fatto i compiti_, il mio compagno di appartamento è uscito con gli amici.
2. Dopo _aver fatto una passeggiata_, i miei genitori sono andati a riposare.
3. Dopo _aver mangiato_, io e i miei amici abbiamo guardato un film.
4. Dopo _essersi tagliati i capelli_, la mia amica Silvana è andata al supermercato.
5. Dopo _essere tornato da scuola_, ho letto un libro.
6. Dopo _aver finito il liceo_, sono andato/a all'università.
7. _Dopo aver rubato il pane, siamo andati in prigione._
8. _Dopo esserci andati in Italia, abbiamo fatto molte nuove amicizie._

Comunicazione

4

Consigli In coppia, preparate almeno due consigli per foto usando le espressioni suggerite. Condivideteli poi con la classe.

bisogna	è importante	è possibile
basta	non è necessario	non è possibile
è bene	è meglio	

Modello **Non supererò mai l'esame di storia! Non riesco a memorizzare tutto!**

Non è possibile memorizzare tutto. È meglio cercare di capire i concetti e fare dei collegamenti!

Mi alleno sette giorni alla settimana, ma non diventerò mai una maratoneta!

Non andrò a dormire fino a quando non avrò finito di scrivere la tesina.

Non sarò mai bravo come Totti. Dovrei lasciar perdere il calcio!

Mi arrendo. Proprio non gli piaccio! (*I give up. He just doesn't like me!*)

5

I segnali In coppia, preparate dei segnali (*signs*) da mettere nei posti suggeriti. Usate l'infinito presente.

Modello **in cucina**

Lavarsi le mani prima di iniziare a cucinare. Pulire gli utensili che si usano. Mettere sempre tutto a posto.

- nel parcheggio del campus
- nella biblioteca
- nel parco
- nello spogliatoio (*locker room*) della palestra
- nella mensa universitaria
- nel collegio universitario

6

Quando...? In coppia, chiedetevi a turno quando farete le seguenti cose. Utilizzate la struttura **prima di** + [*infinito*] o **dopo** + [*infinito*] per rispondere.

Modello —Quando studierai oggi?

—Studierò prima di preparare la cena./Studierò dopo aver preparato la cena.

1. preparare la cena
2. fare la spesa
3. guardare la TV
4. andare in palestra
5. uscire con gli amici
6. usare il computer

8.2

Disjunctive pronouns; prepositions

Disjunctive pronouns

*—Non è buono a proteggersi nemmeno per **sé**!*

ATTENZIONE!

Disjunctive pronouns are used in comparisons after words such as **come**, **quanto**, or **di**.

Maria cerca un bel ragazzo come te.
Maria is looking for a handsome boyfriend like you.

Lei preferisce quel ragazzo americano perché è più ricco di me.
She prefers that American boy because he is richer than I am.

- Disjunctive pronouns, **i pronomi tonici**, are also known as *stressed pronouns* because they are used to emphasize or clarify the object of a verb. They are also frequently used as objects of prepositions. Unlike other Italian pronouns, they are placed in the same position in a sentence as their English equivalents, after a verb or a preposition.

singular	me	te	lui	lei	Lei	sé
	me	*you*	*him*	*her*	*you* (formal)	*himself / herself / oneself / yourself* (formal)

plural	noi	voi	loro	Loro	sé	
	us	*you*	*them*	*you* (formal)	*themselves / yourselves* (formal)	

Ceniamo con **loro** stasera.
We are having dinner with them tonight.

Guardo **lui**, non **lei**.
I am looking at him, not her.

ATTENZIONE!

Da solo/a/i/e is often used instead of **da** + [*disjunctive pronoun*] to show that something is done without help.

Noi abbiamo studiato la poesia classica da soli.
We studied classic poetry (all) by ourselves/on our own.

- **Sé** only has a reflexive meaning; **me**, **te**, **noi**, and **voi** can also have a reflexive meaning.

Sergio preferisce fare tutto da **sé**.
Sergio prefers doing everything (by) himself.

Ti piace parlare di **te**, non è vero?
You like talking about yourself, don't you?

- For extra emphasis, the adjective **stesso** is used with disjunctive pronouns. It must agree in number and gender with the stressed pronoun.

Quando osservo quella pittrice al lavoro, vedo **me** stessa.
When I observe that painter at work, I see myself.

Non fatelo per **me**, fatelo per **voi** stessi.
Don't do it for me, do it for yourselves.

- Disjunctive pronouns are also used with certain brief exclamations.

Beata **lei**!   Maledetto **te**!   Povero **me**!
Lucky her!   *Curse you!*   *Poor me!*

RIMANDO

To review preposition and article contractions, see **Strutture 1.2, p. 18.**

Prepositions

Prepositions have different meanings and functions in Italian and English. It is important not to translate them literally. The most common Italian prepositions are **a**, **con**, **da**, **di**, **in**, **per**, and **su**. As you know, some of these can be combined with the definite article.

Dobbiamo andare **dal** dottore alle tre.
We have to go to the doctor's office at three.

All'inizio, tutti hanno riso **del** pittore.
At first, everyone laughed at the painter.

- Italian prepositions have varied functions and indicate diverse relationships. It is useful to sort prepositions into categories based on their function.

Geographical names	a	Vado a Roma.	*I am going to Rome.*
	da	Viene da Spello.	*She is coming from Spello.*
	di	Sono di Lucca.	*They are from Lucca.*
	in	Abita in Italia.	*He lives in Italy.*
Time	a	A che ora parti?	*What time are you leaving?*
	da	Studio dalle otto alle nove.	*I study from eight to nine.*
	di	Di notte non si lavora.	*At night you don't work.*
	in	In autunno fa freddo.	*It's cold in autumn.*
	per	Abbiamo parlato per due ore.	*We talked for two hours.*
Dates	a	A maggio vado in campagna.	*In May, I go to the countryside.*
	di	D'inverno, sciamo.	*In the winter we go skiing.*
	in	Nel 2006 gli Azzurri hanno vinto.	*In 2006, the Azzurri won.*
Manner or means	a	Ci vado a cavallo.	*I'm going there on horseback.*
	con	Lavora con gioia.	*He works with joy.*
	di	La ringrazia di cuore.	*He thanks her with all his heart.*
	in	Arrivano in treno.	*They are arriving by train.*
	per	Lo spedisco per posta.	*I send it by mail.*
Description/Material	a	È un vestito a righe.	*It's a striped dress.*
	da	Dov'è il ferro da stiro?	*Where is the iron?*
	di	Porta una sciarpa di seta.	*She is wearing a silk scarf.*
	in	Avevo una statua in marmo.	*I had a marble statue.*
Purpose	a	È destinato a trionfare.	*He is destined to succeed.*
	da	Ti aspetto nella sala da pranzo.	*I'll wait for you in the dining room.*
	in	Si è svolta una manifestazione in memoria dei soldati.	*There was a demonstration in memory of the soldiers.*
	per	Combatte per l'uguaglianza.	*He fights for equality.*
Place/Location	a	Si trova all'angolo.	*It's on the corner.*
	da	Vado dal dottore.	*I go to the doctor's.*
	in	In aula ci sono venti studenti.	*In the classroom there are twenty students.*
	per	Cammino per il parco.	*I walk in/around the park.*
	su	Sul tavolo c'è un coltello.	*There is a knife on the table.*
Possession/ Authorship	di	Il libro è di Marco. La *Pietà* di Michelangelo	*The book belongs to Marco.* La *Pietà* by Michelangelo
Cause	per	Non vado per la neve.	*I'm not going because of the snow.*
Instrument	con	Lo taglio con le forbici.	*I cut it with the scissors.*
Company	con	Vieni con me!	*Come with me!*

ATTENZIONE!

Other common prepositions are:

contro *against*
dietro *behind*
dopo *after*
durante *during*
fra/tra *between/among, in (time)*
lungo *along*
mediante *by means of*
oltre *beyond*
presso *near, with*
salvo *except (for)*
senza *without*
sotto *under*
tranne *except*

Parto fra/tra due giorni.
I am leaving in two days.

ATTENZIONE!

Common expressions with **in** include:

in montagna
in campagna
in centro
in classe
in biblioteca

ATTENZIONE!

Many prepositions are followed by **di** when used with a disjunctive pronoun. They include **contro, dietro, dopo, fra, presso, senza, sopra, sotto,** and **su.**

Mia sorella conta su di me.
My sister counts on me.

Le mie cugine vivono con i loro amici; vivranno presso di loro fino ad agosto.
My cousins are living with their friends; they will live with them until August.

Mio fratello ha un appartamento in via Firenze; una ragazza greca abita sotto di lui.
My brother has an apartment in Via Firenze; a Greek girl lives downstairs from him.

Il drammaturgo non è ancora qui; parliamo fra di noi nel frattempo.
They playwright isn't here yet; let's talk among ourselves in the meantime.

Pratica

1

Sostituire Sostituisci le parole sottolineate con i pronomi tonici giusti.

1. Sono andato alla festa con <u>Annamaria</u>.

2. Chi viene con <u>te e tuo fratello</u>?

3. Queste foto sono di <u>Luigi</u>.

4. Questa cartolina è per <u>me e mia sorella</u>.

5. La nonna è con <u>i bambini</u>.

6. Sofia è egocentrica (*self-centered*), ama sempre parlare di <u>Sofia</u>.

2

Opzioni Scegli la preposizione giusta.

1. Dante era (di/da) Firenze ma fu sepolto (*buried*) (in/a) Ravenna.

2. Le città (di/a) Pompei ed Ercolano furono distrutte (dell'/dall')eruzione del Vesuvio.

3. Gli Etruschi vivevano (a/in) città indipendenti, circondate (da/di) grosse mura.

4. La *Gioconda* è uno (dei/di) quadri più famosi (nel/al) mondo.

5. Dario Fo è stato il vincitore (del/dal) Premio Nobel (nella/ per la) Letteratura (in/nel) 1997.

6. La Fontana dei Fiumi di Bernini è (con/di) marmo.

3

Bologna Completa la cartolina con le preposizioni giuste.

Ciao Mauro,

finalmente sono (1) _____ Italia. Sono arrivata (2) _____ Bologna (3) _____ Emilia-Romagna ieri sera. Sono venuta (4) _____ treno, ed il viaggio è stato molto interessante perché ho potuto vedere tutta la campagna emiliana. Il mio albergo è (5) _____ centro, non troppo lontano (6) _____ stazione e vicino c'è una fermata (7) _____ autobus. Bologna non è una città molto grande e quindi si può girare (8) _____ piedi. Stasera vado (9) _____ Guido (10) _____ cena; non vedo l'ora di rivederlo. Poi (11) _____ due giorni partirò (12) _____ Parma e (13) _____ una settimana sarò (14) _____ casa. A presto,

Giulia

Mauro Stipa

Via Nazionale, 31

16100 Genova

4

Destinazioni In coppia, e usando i suggerimenti dati, create delle frasi per dire dove e quando volete andare in vacanza in Italia. Condividete le vostre frasi con la classe.

Modello Voglio andare a Roma a ottobre.

Preposizioni	Luoghi	Preposizioni	Quando
a	montagna	a	2 settimane
al	Siena	a / in	luglio
ad	campagna	da...a	giugno...settembre
in	lago	di	autunno
nelle	Marche	fra	marzo
	Lombardia	in	estate
	mare		mattina
	Ascoli Piceno		mezzogiorno

Comunicazione

5 **La festa** Nel disegno ci sono varie situazioni d'inconto tra persone. Descrivi quello che vedi, usando il maggior numero di preposizioni possibile.

6 **La vostra famiglia** In coppia, parlate della vostra famiglia usando le preposizioni della lista e i pronomi tonici.

Modello Mia madre è sempre occupata, allora spesso faccio io la spesa per lei di mattina.

a	di	sotto
con	in	su
da	per	tra / fra

7 **Sogni** Girando per la classe, domandate a sei compagni/e in quale città sognano di vivere e perché. Raccogliete le informazioni su un foglio di carta e poi condividetele con la classe. Non dimenticate di usare le preposizioni giuste.

Nome	Città	Nazione	Motivo
Silvia	a Boston	negli Stati Uniti	per studiare

Modello —In quale città sogni di vivere e perché?

—Sogno di vivere a Boston, negli Stati Uniti, per studiare.

8 **Il giro del mondo** In coppia, create un giro del mondo fantastico. Dite dove andate, in quale città, in quale paese, quando partite, a che ora, in che giorno e in quale stagione. Utilizzate le preposizioni giuste. Presentate il vostro itinerario alla classe e rispondete alle domande che vi fanno.

Modello Partiamo da Siena, in Italia, in Europa, alle 8 di mattina del 2 giugno, in primavera e arriviamo a Pisa. Dopo Pisa...

Verbs followed by prepositions

- Many verbs and expressions require the use of a preposition to introduce an infinitive, a noun, or pronoun. You must learn which verbs require prepositions through practice and/or by checking them in a dictionary.

Avevo voglia di parlargli prima di partire.
I wanted to talk to him before leaving.

Andiamo a vedere Massimo stasera.
Let's go visit Massimo tonight.

- The following verbs and expressions require the preposition **a** before an infinitive.

abituarsi a *to get used to*	**invitare a** *to invite*
andare a *to go*	**mandare a** *to send*
cominciare a *to begin to*	**mettersi a** *to start to*
continuare a *to continue to*	**obbligare a** *to oblige, to compel*
decidersi a *to make up one's mind to*	**pensare a** *to think about*
essere attento/a a *to be careful*	**persuadere a** *to persuade to*
essere pronto/a a *to be ready to*	**preparare a** *to prepare to*
essere ultimo/a a *to be last*	**provare a** *to try to*
fare meglio a *to be better off*	**rinunciare a** *to give up*
giocare a *to play*	**riuscire a** *to manage to*
imparare a *to learn to*	**servire a** *to be good for*
incoraggiare a *to encourage to*	**venire a** *to come*
insegnare a *to teach*	**volerci a** *to take, require*

Siete pronti a vedere la mostra d'arte moderna?
Are you ready to see the modern art exhibit?

- The following verbs and expressions take the preposition **a** before a noun or pronoun.

assistere a *to attend*	**interessarsi a** *to be interested in*
assomigliare a *to resemble*	**partecipare a** *to participate in*
credere a *to believe in*	**pensare a** *to think about*
dare noia a *to bother*	**rinunciare a** *to give up*
fare attenzione a *to pay attention to*	**servire a** *to be good for*
fare vedere a *to show*	**stringere la mano a** *to shake hands with*
giocare a *to play*	**tenere a** *to care about*

I miei fratelli **giocano a** calcio ogni giorno.
My brothers play soccer every day.

- Note that the preposition may be separated from the verb by an adverb; the preposition immediately precedes the infinitive, noun, or pronoun.

Pensiamo spesso **al** nostro futuro.
We often think about our future.

Ci vuole un'ora **a** trovare un parcheggio a Roma.
It takes an hour to find a parking lot in Rome.

RIMANDO

To review preposition and article contractions, see **Strutture 1.2, p. 18**.

To review prepositions, see **Strutture 8.2, pp. 292-293**.

ATTENZIONE!

You are already familiar with a number of verbs and impersonal expressions that are followed directly by an infinitive in Italian.

Il protagonista desidera colonizzare la luna.
The protagonist wants to colonize the Moon.

Sarà possibile farlo nel 2020 d.C.
It will be possible to do it in 2020 AD.

- The following verbs and expressions require the preposition **di** before an infinitive.

accorgersi di *to notice*	**chiedere di** *to ask*
aspettare di *to wait*	**consigliare di** *to advise*
avere bisogno di *to need*	**decidere di** *to decide to*
avere fretta di *to be in a hurry*	**dimenticarsi di** *to forget to*
avere paura di *to be afraid of*	**finire di** *to finish*
avere ragione di *to have reason*	**occuparsi di** *to take care of*
avere torto di *to be wrong*	**pensare di** *to plan to*
avere vergogna di *to be ashamed of*	**preoccuparsi di** *to worry about*
avere voglia di *to feel like*	**promettere di** *to promise to*
cercare di *to try*	**ricordarsi di** *to remember*
cessare di *to stop*	**trattarsi di** *to be about*

- The following verbs and expressions require the preposition **di** before a noun or pronoun.

accorgersi di *to notice*	**parlare di** *to talk about*
avere bisogno di *to need*	**preoccuparsi di** *to worry about*
coprire di *to cover with*	**rendersi conto di** *to realize*
dimenticarsi di *to forget*	**ricordarsi di** *to remember*
discutere di *to discuss*	**ridere di** *to laugh at*
fidarsi di *to trust*	**riempire di** *to fill with*
innamorarsi di *to fall in love with*	**ringraziare di** *to thank for*
interessarsi di *to be interested in*	**soffrire di** *to suffer from*
lamentarsi di *to complain about*	**trattare di** *to deal with*
occuparsi di *to take care of*	**vivere di** *to live on*

- The following verbs require the preposition **da** before a noun or pronoun.

allontanarsi da *to distance oneself*	**partire da** *to leave from*
dipendere da *to depend on*	**uscire da** *to leave*
divorziare da *to divorce (someone)*	**venire da** *to come from*

- Certain verbs in Italian change meaning according to the preposition that follows. Some common ones are **decidere di / decidersi a, finire di / finire per,** and **pensare a / pensare di**.

Betta **pensa** sempre **ai** personaggi delle sue novelle prima di scrivere.
Betta always thinks about the characters in her short novels before writing.

Lei **pensa di** andare in Toscana.
She's planning to go to Tuscany.

Cosa **pensi del** suo romanzo?
What do you think of her novel?

Finiremo di studiare alle 15.00.
We will finish studying at 3:00.

Tutti **finiranno per** capirla.
Everyone will end up understanding it.

Si **è deciso a** cercare un altro lavoro.
He made up his mind to find another job.

Ha deciso di diventare ingegnere.
She has decided to become an engineer.

ATTENZIONE!

There are verbs in Italian that take a preposition, but do not take a preposition in English.

Mi sono dimenticata di comprare il latte!
I forgot to buy the milk!

Cerco di comprare un libro sull'arte preistorica.
I'm trying to buy a book on prehistoric art.

ATTENZIONE!

Uscire takes **di** instead of **da** as a preposition in the expression **uscire di casa** (*to leave home*).

ATTENZIONE!

Several verbs are followed by the preposition **su**.

contare su *to count on*
giurare su *to swear on*
riflettere su *to reflect on, to ponder*
scommettere su *to bet on*

Pratica

1 **L'università** Completa il seguente paragrafo con le preposizioni semplici o le preposizioni articolate. Dove non sono necessarie, metti una X.

Nel XII secolo iniziò (1) _____ aumentare il numero di persone che volevano (2) _____ dedicarsi agli studi superiori. Fino a quel momento la chiesa si era occupata (3) _____ istruzione ma ora le città avevano bisogno (4) _____ più scuole. Iniziarono (5) _____ formarsi gruppi di studenti e di maestri. Gli studenti invitavano i maestri (6) _____ insegnare e i maestri incoraggiavano (7) _____ studiare. La prima università fu quella di Bologna nel 1088, dove gli studenti si interessavano soprattutto (8) _____ giurisprudenza (*law*). Sull'esempio di Bologna nacquero altre università come quella di Parigi o di Oxford.

2 **Preferenze** Inventa delle frasi utilizzando gli elementi di ogni colonna. Non dimenticare di aggiungere le preposizioni se necessario.

Modello **Marco / decidere / andare alla mostra**

Marco ha deciso di andare alla mostra.

tu	interessarsi	l'importanza dell'arte
noi	pensare	visitare molti musei
Marta	riflettere	pittura a olio
io	desiderare	noi
il professore d'arte	occuparsi	mostra di domani
voi	invitare	creare opere artistiche
il successo dell'esposizione	preferire	scolpire piuttosto che dipingere
Eleonora e Sofia	dipendere	restaurare vecchi dipinti

3 **Completare** Completa le frasi con la preposizione giusta e un nome o pronome. Condividile poi con la classe.

Modello **Io assomiglio...**

Io assomiglio alla nonna.

1. Io e i miei amici ci lamentiamo _____.
2. Gli studenti di questa università vivono _____.
3. La mia migliore amica si preoccupa _____.
4. Io rido _____.
5. Secondo me, la maleducazione dà noia _____.
6. Mio cugino Matteo vuole stringere la mano _____.
7. Noi abbiamo assistito _____.
8. I miei amici giocano _____.
9. Ho deciso _____.
10. I miei amici non si fidano _____.

 Practice more at **immagina.vhlcentral.com**.

Comunicazione

5

Al parco Diverse persone al parco sono impegnate in varie attività.

A. In coppia, guardate il disegno e fatevi delle domande su cosa vedete. Usate i verbi suggeriti seguiti dalle preposizioni giuste.

aspettare	avere voglia	consigliare	giocare	provare
assomigliare	chiedere	fare vedere	pensare	ridere

B. Aggiungete dei dettagli alla descrizione che avete fatto. Immaginate che cosa è successo prima e dopo quello che vedete nel disegno. Usate i verbi seguiti dalle preposizioni.

6

Intervista In coppia, usate i verbi della lista per creare delle domande da farvi a turno. Poi condividete le risposte con la classe.

> **Modello**   **incoraggiare**
>
> Cosa ti incoraggiano a fare i tuoi genitori?

aspettare	fidarsi
avere bisogno	obbligare
contare	partecipare
credere	preparare

7

La storia In coppia, scegliete un titolo e inventate una storia usando almeno dieci verbi dalla lista seguiti dalle preposizioni giuste, se necessarie.

andare	~~avere voglia~~	~~fare attenzione~~	~~preoccuparsi~~
assomigliare	~~consigliare~~	mandare	servire
~~avere bisogno~~	decidere	~~mettersi~~	tenere
~~avere fretta~~	~~decidersi~~	pensare	~~uscire~~
~~avere paura~~	desiderare	persuadere	~~volere~~

- Un'estate da non dimenticare
- La mia notte al museo

- E così sono diventato artista
- Il mio viaggio nel passato

8.4 Gerunds and participles

Gerunds

- The Italian gerund is the equivalent of the English verb form ending in –*ing*. It is used to describe an action that is or was in progress.

    Piangendo, ha letto la sua poesia per le amiche.
    Crying, she read her poem for her friends.

    Guardando le sculture, abbiamo scoperto un Modigliani.
    Looking at the sculptures, we discovered one by Modigliani.

- To form the present gerund, add –**ando** to the stem of –**are** verbs and –**endo** to the stem of –**ere** and –**ire** verbs.

conquistare	conquistando
dirigere	dirigendo
abolire	abolendo

- Some verbs form the gerund based on an archaic infinitive:

bere	(bevere)	bevendo
dire	(dicere)	dicendo
fare	(facere)	facendo
tradurre	(traducere)	traducendo
porre	(ponere)	ponendo

- The gerund may be used to introduce a dependent clause if the subject of the gerund and the dependent clause is the same. The gerund can provide information about how something is done, what will happen if someone does something, or the outcome that results from the action of the gerund.

    Gesticolando, Marco spiegò la sua teoria.
    Gesturing, Marco explained his theory.

    Ascoltando la canzone, Patrizia e Paolo si divertono molto.
    While listening to the song, Patrizia and Paolo are having a lot of fun.

    Studiando il regno di Carlomagno, imparerai la storia francese.
    By studying Charlemagne's reign, you will learn French history.

- If the gerund is used to express a condition leading to the action of the main clause, the subject of the two clauses can be different.

    Tempo **permettendo**, andremo a vedere il castello per la lezione di educazione civica.
    Weather permitting, we will go see the castle for our civic education class.

- Use the present, imperfect, or future tense of the verb **stare** + [*gerund*] to indicate an action in progress. The progressive forms are not used as frequently in Italian as they are in English.

    –Piero, cosa **stai facendo**?
    –Piero, what are you doing?

    –**Sto scrivendo** un'e-mail, mamma.
    –I am writing an e-mail, Mom.

    Il re **stava parlando** con i suoi cavalieri quando la regina è entrata.
    The king was (in the process of) talking to his knights when the queen came in.

ATTENZIONE!

In some instances, an infinitive must be used in Italian where a gerund is used in English. In Italian, the gerund can never be used as the subject or direct object of a sentence.

Imparare l'italiano non è semplice.
Learning Italian isn't simple.

Mi piace nuotare.
I like swimming.

Erano occupati a scrivere gialli.
They were busy writing thrillers.

Hai passato ore a leggere un romanzo.
You spent hours reading a novel.

ATTENZIONE!

Object pronouns precede the conjugated verb **stare** + [*infinitive*].

Gli sto spiegando il quadro di Botticelli.
I'm explaining Botticelli's painting to him.

- The past gerund is used to express an action that happened before the action of the main clause. To form the past gerund, use the gerund of **avere** or **essere** + the past participle. The past participle of a verb conjugated with **essere** must agree in number and gender with its subject.

fare ＞ avendo fatto   arrivare ＞ essendo arrivato/a/i/e

Avendo visto l'acquerello, hanno deciso di comprarlo.
Having seen the watercolor, they decided to buy it.

Essendo arrivata in ritardo alla mostra, non ha visto l'autoritratto di Van Gogh.
Having arrived late at the exposition, she didn't see Van Gogh's self-portrait.

- Reflexive and object pronouns are attached to the gerund. Used with the past gerund, the pronouns attach to **avendo** or **essendo**. The past participle agrees in number and gender with direct object pronouns.

Mettendola nella scatola di cartone, l'artigiano proteggerà la sua opera.
By putting it in a cardboard box, the artisan will protect his work of art.

Essendomi seduta in aula, ho visto che gli altri studenti non erano ancora arrivati.
Having sat down in the classroom, I saw that the other students hadn't arrived yet.

Participles

- There are two forms of the Italian participle: present and past. To form the present participle, add **–ante** to the stem of **–are** verbs and **–ente** to the stem of **–ere** and **–ire** verbs.

abitare ＞ **abitante** *(inhabitant)*
opprimere ＞ **opprimente** *(oppressive)*
seguire ＞ **seguente** *(following)*

- The present participle is often used as an adjective or noun. When used as an adjective, the participle agrees in number and gender with the noun it modifies. The present participle can replace a relative clause in some instances.

I **seguenti** studenti devono andare in aula alle 8.00.
The following students must go to the classroom at 8 o'clock.

Lo scultore ha fatto una statua **rappresentante** (che rappresenta) la primavera.
The sculptor made a statue representing (that represents) spring.

- Past participles may also be used as adjectives or nouns. When used as adjectives, past participles agree in number and gender with the nouns they modify.

Quei pittori non sono ben **conosciuti**.
Those painters aren't well known.

La natura morta non è ancora **finita**.
The still life isn't finished yet.

Il nuovo **arrivato** mi ha domandato di accompagnarlo all'appartamento.
The newcomer asked me to accompany him to the apartment.

- The past participle can replace a clause beginning with **dopo che** or **quando** + [past action].

Quando aveva finito la strofa, il poeta ha sorriso.
When he had finished the stanza, the poet smiled.

Dopo che è tornata a casa, si è seduta.
After returning home, she sat down.

Finita la strofa, il poeta ha sorriso.
Having finished the stanza, the poet smiled.

Tornata a casa, si è seduta.
Having returned home, she sat down.

ATTENZIONE!

Remember that a reflexive pronoun used with a gerund must correspond to the subject of the sentence.

Telefonandoci con Skype, non ci perderemo di vista.
By calling each other with Skype, we won't lose touch.

RIMANDO

To review the formation of the past participle, see **Strutture 3.1, pp. 90-91**.

ATTENZIONE!

Object and reflexive pronouns are attached to the past participle. The past participle agrees with a direct object.

Finita la strofa, il poeta ha chiuso il quaderno.
Having finished the stanza, the poet closed the notebook.

Finitala, il poeta ha chiuso il quaderno.
Having finished it, the poet closed the notebook.

Pratica

Conseguenze Riscrivi le frasi usando il gerundio.

Modello Quando ha letto la biografia di Mussolini, ha imparato molto sul dittatore e sul periodo fascista.

Leggendo la biografia di Mussolini, ha imparato molto sul dittatore e sul periodo fascista.

1. Quando ho guardato il David, ho capito la grandezza di Michelangelo.
2. Mentre restauravamo una chiesa, abbiamo scoperto un affresco di Giotto.
3. Mentre curiosava (*looked around*) in un negozio di libri, Piero ha scoperto un giallo molto interessante.
4. Poiché ha scritto molti romanzi è diventato famoso.
5. Quando ho analizzato le poesie di Giacomo Leopardi, sono rimasta affascinata dal suo stile.

Risultati Forma delle frasi usando il gerundio passato.

Modello arrivare in ritardo alla mostra / non ho visto le sculture.

Essendo arrivato/a in ritardo alla mostra, non ho visto le sculture.

- liberare il paese / hanno introdotto le loro leggi.
- realizzare un quadro bellissimo / era stato premiato dalla giuria.
- stabilirsi al confine / hanno assimilato le tradizioni dei vicini.
- partire presto / non hanno incontrato la scultrice.
- abolire la schiavitù / era diventato il re più popolare.

3

Arte Completa il brano con il participio presente dei verbi della lista.

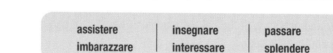

assistere	insegnare	passare	studiare
imbarazzare	interessare	splendere	

Per Laura era un giorno molto (1) _____: avrebbe realizzato il suo primo acquerello. C'erano molti (2) _____ d'arte a lezione, ma l'(3) _____ le aveva assicurato che seguendo i consigli dell'(4) _____, avrebbe fatto un quadro bellissimo. Si sistemarono per strada con i loro fogli, alcuni (5) _____ si fermarono a guardare ed era una situazione (6) _____ per Laura, che si vergognava perché lei non era una vera studentessa d'arte. Era una giornata (7) _____ e Laura si lasciò guidare dalle sue emozioni e alla fine realizzò un'opera stupenda.

Cosa hai fatto? Rispondi alle domande utilizzando il participio passato.

Modello Cosa hai fatto dopo che... hai guardato il film?

Guardato il film, sono andato/a a letto.

Cosa hai fatto dopo che...

- sei arrivato/a a casa?
- hai parcheggiato la macchina?
- sono partiti i tuoi amici?
- hai finito di studiare?
- hai mangiato gli spaghetti?
- sei tornato/a dalle vacanze?

Comunicazione

5 **Cosa fanno?** In coppia, dite cosa sta accadendo nei disegni usando il gerundio presente.

> **Modello** Guardando la partita, Andrea si annoia.

6 **Intervista** In coppia, fatevi almeno sei domande su cosa stavate facendo ieri in determinati momenti della giornata. Rispondete usando **stare** + [*gerundio*].

> **Modello** —Cosa stavi facendo ieri alle quattro del pomeriggio?
> —Stavo studiando.

7 **E dopo?** In coppia, completate le frasi usando il gerundio passato o il participio passato.

> **Modello** **Massimo stava dipingendo un quadro...**
> Avendo dipinto abbastanza, è uscito con gli amici.
> Finito il quadro, è uscito con gli amici.

1. Giovanna stava leggendo un libro quando ha sentito un rumore provenire dal salotto...

2. Paolo e Francesca stavano mangiando in cucina quando hanno visto qualcosa che si muoveva sul balcone...

3. Carlo stava scrivendo un romanzo quando alla TV hanno dato la notizia...

4. Giovanni aveva appena chiuso la porta di casa quando si è accorto che aveva lasciato le chiavi dentro...

5. Maria era scesa dal treno quando si è resa conto (*realized*) di aver lasciato una valigia sul treno...

8 **Rimini** In coppia, fatevi a turno delle domande usando gli indizi che seguono. Rispondete usando il gerundio o il participio passato.

> **Modello** **come trovare un albergo non troppo costoso**
> —Come posso trovare un albergo non troppo costoso?
> —Andando all'ufficio del turismo, puoi trovare molte informazioni sugli alberghi.

- dove trovare un ristorante tipico della zona

- come noleggiare una macchina per visitare le colline dell'Emilia-Romagna

- come trovare una spiaggia dove affittare un ombrellone (*beach umbrella*) e due sdraio (*deckchairs*)

- dove comprare prodotti tipici della zona

- come trovare un locale dove passare una serata divertente

- dove trovare un posto per fare un po' di sport

Sintesi

1

Parliamo In piccoli gruppi, guardate la foto e rispondete alle domande.

1. Cosa vedete nella foto?
2. Dopo aver guardato la foto, a cosa pensate?
3. Riuscite a spiegare lo scopo e le intenzioni dell'autore?
4. Vi piace? Perché sì o perché no?
5. Vi piacerebbe vedere questo monumento dal vivo? Perché?
6. Assomiglia a qualcosa nella vostra città? Che cosa?

Strategie per la comunicazione

Quando descrivi opere d'arte, ricordati di spiegare:

- il tipo di opera: una scultura, un dipinto, una fotografia, un edificio
- la tecnica usata: pittura a olio, pittura a pastello, acquerello, affresco
- lo stile: classico, moderno, d'avanguardia

2

Scriviamo Scegli uno dei seguenti argomenti e scrivi un tema di circa una pagina usando le strutture grammaticali che hai imparato in questa lezione.

- Scegli una scultura, o un edificio o un sito storico che rappresenta la tua zona e/o la tua cultura. Se possibile inserisci una foto. Descrivi e valuta l'opera e poi spiega perché l'hai scelta. Dì qual è il suo significato storico o artistico. Spiega cosa significa per te o per la tua comunità.

- La città dove vivi ha ricevuto dei fondi per acquistare un'opera d'arte da esporre pubblicamente. Prepara una proposta per il consiglio comunale. Indica che tipo di opera dovrebbe essere commissionata: una scultura, un dipinto, un monumento o un edificio. Pensa chi dovrebbe essere l'autore. Descrivi l'opera in generale e indica dove andrà messa. Rifletti su quale sarà il suo scopo e pensa a come migliorerà la città. Cerca di prevedere come reagirà la comunità o come utilizzerà quest'opera.

Preparazione

Vocabolario della lettura		Vocabolario utile
l'affresco *fresco*	il martello *hammer*	la composizione *composition*
l'apprendista *apprentice*	il patrono *patron*	il neoplatonismo *Neoplatonism*
la bottega *shop*	il pigmento *pigment*	la mostra *exhibit*
la commissione *commission*	lo schizzo *sketch*	il paesaggio *landscape*
il marmo *marble*		l'Umanęsimo *Humanism*

1

Lessico Completa le frasi.

1. Il _____ è una sostanza colorata.

2. I giovani che imparano un'arte o un mestiere (*trade*) si chiamano _____.

3. Al museo c'era una _____ speciale sugli impressionisti.

4. Un _____ è un tipo di dipinto.

5. Un disegno molto veloce si chiama _____.

6. Una _____ è un progetto che devi completare.

2

Le arti Rispondete a turno alle domande.

1. Ti piace visitare i musei? Di che tipo?

2. Prima di scegliere un film o un libro leggi le recensioni (*reviews*)?

3. Quali musicisti ascolti? Hai dei gusti simili ai tuoi amici?

4. È importante conoscere la biografia di un artista, scrittore o musicista per capire la sua opera?

5. Se tu potessi commissionare un'opera d'arte, quale sarebbe (un quadro, una scultura ecc.)? Quale artista sceglieresti? Lo stile sarebbe classico o moderno? Una volta finita, dove metteresti l'opera d'arte?

6. C'è un'opera d'arte in uno spazio pubblico che ti piace? Che tipo di opera è? Chi è l'artista? Perché ti piace?

3

La pittura Guardate l'immagine e rispondete alle domande.

1. Com'è la composizione? Descrivetela.

2. Chi sono i personaggi?

3. Qual è il colore dominante?

4. Cosa pensi del disegno?

5. Perché è considerato un capolavoro (*masterpiece*), secondo te?

6. Che reazioni emotive suscita quest'opera in te?

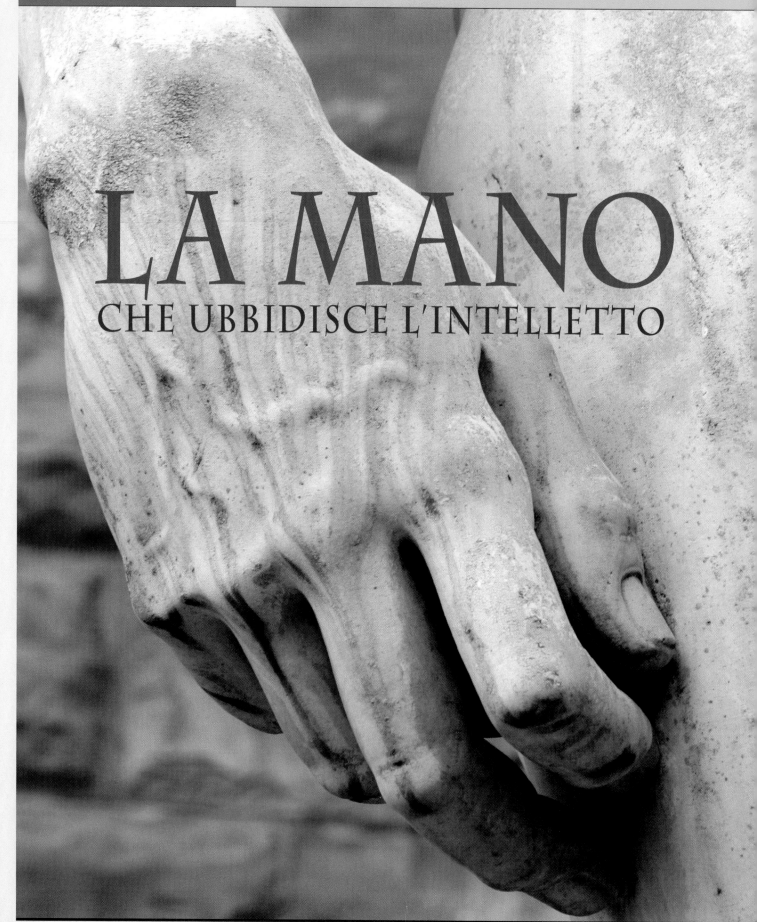

LA MANO
CHE UBBIDISCE L'INTELLETTO

Il nome di Michelangelo Buonarroti è sinonimo di genio creativo nella storia dell'arte dal Rinascimento ai nostri giorni. Nasce il 6 marzo del 1475 a Caprese, una città toscana in provincia d'Arezzo, e la famiglia sceglie di chiamarlo con il nome di un arcangelo: in seguito, la sua arte gli porterà il soprannome° di «Divino». Il padre, poverissimo, lo manda a lavorare già a quattordici anni come apprendista nella bottega del pittore Ghirlandaio a Firenze.

nickname

La leggenda narra che l'artista stesso, impressionato dal realismo del Mosè che aveva appena completato, gli abbia scagliato un martello contro il ginocchio chiedendogli: «Perché non parli?»

Il giovane dimostra° subito delle forti attitudini artistiche: Lorenzo de' Medici, riconoscendo il suo grande talento, gli commissiona diverse opere quando è ancora giovanissimo. Michelangelo va ad abitare nel palazzo mediceo, dove incontra molti tra i personaggi più prominenti della cultura del tempo, come il poeta Angelo Poliziano e i filosofi Marsilio Ficino e Pico della Mirandola, uomini che influenzarono la sua pittura con le loro teorie.

shows

Seguendo patroni e commissioni, Michelangelo si trasferisce prima a Venezia, poi a Bologna dove studia letteratura e in seguito a Roma, dove scolpisce la *Pietà* da un unico blocco di marmo di Carrara, che diventa il suo materiale preferito. Lo usa infatti anche per il *David* (lavoro che dura ben tre anni) e per tutte le sue più celebri sculture. Le figure di Michelangelo sono così morbide° da apparire vive: la leggenda narra che l'artista stesso, impressionato dal realismo del Mosè° che aveva appena completato, gli abbia

smooth

Moses

scagliato° un martello contro il ginocchio° chiedendogli: «Perché non parli?»

hurled/knee

Papa Giulio II gli commissiona molte opere, tra le quali l'affresco sul soffitto della Cappella Sistina, da molti considerato il suo capolavoro°. Anche il papa successivo, Clemente VII, gli chiede di continuare il suo lavoro nella cappella, dove Michelangelo dipinge il *Giudizio universale* che ispira molti complimenti ma anche scandali per via della nudità delle figure. L'artista ha un rapporto tormentato con la religione cattolica che traspare nelle sue rappresentazioni bibliche.

masterpiece

Come architetto, Michelangelo intraprende progetti monumentali, quali la biblioteca Laurentina, e disegna la cupola più famosa del mondo, quella della basilica di San Pietro al Vaticano.

Oltre ad eccellere nella pittura, scultura e architettura, Michelangelo è anche poeta. Durante l'arco della sua vita scrive centinaia di importanti sonetti, influenzati da Dante e Petrarca. Il poeta americano Ralph Waldo Emerson li traduce in inglese nell'Ottocento. Quando Michelangelo muore, nel 1564, con il suo testamento° (citato dal famoso biografo Giorgio Vasari) lascia «l'anima sua nelle mani di Dio, il suo corpo alla terra, e la roba° ai parenti più prossimi». Al mondo lascia un'eredità artistica impossibile da descrivere o quantificare. Anche recentemente sono stati ritrovati schizzi di sua mano; le opere esistenti, quelle mai finite, insieme all'influenza che ha avuto su artisti successivi rendono Michelangelo uno dei personaggi più emblematici del mondo occidentale. ■

will

belongings

Ingredienti per la pittura

Le ricette per i colori erano spesso segrete. Nelle botteghe gli apprendisti preparavano le pitture usando pigmenti che si compravano in farmacia. Alcuni materiali, come il lapislazuli, una pietra semi-preziosa, erano costosi come l'oro e l'argento. I patroni volevano il proprio prestigio personale riflesso non solo dalla fama dell'artista ma anche dalla ricchezza dei materiali usati nelle opere che commissionavano.

Analisi

1

Comprensione Indica se le affermazioni sono **vere** o **false**. Dopo, in coppia, correggete le affermazioni false.

Vero	Falso	
☐	☐	1. Il *Giudizio universale* è un affresco.
☐	☐	2. Michelangelo è stato l'apprendista del Ghirlandaio.
☐	☐	3. Michelangelo ha studiato pittura a Bologna.
☐	☐	4. Le sculture di Michelangelo sono di marmo di Carrara.
☐	☐	5. La cupola della basilica di San Pietro è stata progettata da Leonardo.
☐	☐	6. Le poesie di Michelangelo hanno ispirato Dante.
☐	☐	7. I sonetti di Michelangelo sono stati tradotti in inglese.
☐	☐	8. Michelangelo lascia le sue proprietà alla Chiesa.

2

Opinioni In piccoli gruppi, parlate delle vostre reazioni alle seguenti affermazioni.

> Tutti gli studenti devono seguire un corso di storia dell'arte.

> La depressione, il tormento e anche le malattie mentali possono essere fonte di creatività.

> L'arte moderna è molto difficile da capire perché è astratta.

> Capire l'espressione artistica di un paese è importante come studiare la sua storia.

> La vera arte deve essere controversa.

> Per avere successo gli artisti hanno bisogno di patroni.

3

Intervista Scegliete uno degli argomenti.

- Dovete intervistare un artista, musicista, scrittore o architetto del passato. Scrivete insieme delle domande da fargli.

- Quale artista contemporaneo ha oggi il talento e l'influenza che Michelangelo ha avuto durante il suo tempo? In che modo sono simili?

4

Scrittura Descrivi un'opera artistica, musicale o letteraria che adori o che detesti e spiega perché. Includi:

- lo stile
- la composizione
- il tema
- i colori

 Practice more at **immagina.vhlcentral.com**.

Preparazione Reading

A proposito dell'autore

Scrittore, giornalista e pittore, **Dino Buzzati** (San Pellegrino di Belluno, 1906-1972) manifestò la sua passione per la scrittura da giovane. Prima di laurearsi entrò a far parte della redazione del *Corriere della Sera* e pubblicò il suo primo romanzo poco dopo. Il suo romanzo più famoso, *Il deserto dei Tartari*, fu pubblicato nel 1939 alla vigilia dell'entrata in guerra dell'Italia. Buzzati dipinge in tutte le sue opere, in maniera più o meno astratta, l'assurdità della condizione umana e l'attesa di spiegazioni e di certezze che, immancabilmente, vengono deluse.

Vocabolario della lettura

l'accenno *hint, mention*
allusivo/a *suggestive, allusive*
il carcere *jail*
coercitivo/a *coercive*
la coscienza *conscience*
il decreto *decree*

il divieto *prohibition, ban*
interpellare *to ask, to consult*
proibito/a *forbidden*
il sussurro *rumor, whisper*
velato/a *veiled*

Vocabolario utile

adeguarsi *to conform*
la censura *censorship*
il conformismo *conformism*
contravvenire a *to contravene, to infringe*
la norma *law, norm*
il popolo *people*
il potere *power*

1 Definizioni Trovate la definizione adatta ad ogni parola.

_____ 1. il carcere   a. il seguire l'opinione della maggioranza

_____ 2. il decreto   b. un posto in cui la libertà è tolta (*taken away*) per legge

_____ 3. il divieto   c. una regola o imposta dal governo

_____ 4. il popolo   d. l'insieme degli individui che abitano un territorio

_____ 5. la censura   e. la limitazione per legge di esprimersi liberamente

_____ 6. il conformismo   f. la proibizione al cittadino di fare qualcosa

2 Preparazione Fate a un(a) compagno/a le seguenti domande.

1. Cosa vuol dire «repubblica»? Quali sono le caratteristiche principali di una repubblica? Che altre forme di governo conosci? Nominane almeno altre due.

2. Quali sono i tre diritti garantiti dal governo a cui non rinunceresti?

3. La libertà deve essere assoluta o condizionata al non nuocere (*harm*) quella degli altri?

4. Ci sono parole o concetti nella tua cultura che sono tabù? Per esempio?

3 Il contratto sociale Nel racconto che segue, l'ideologia espressa dalla maggioranza è seguita senza chiedersi perché. In ogni società ci sono dei diritti e dei doveri. In una società democratica il contributo dei cittadini è dato attraverso il voto. In piccoli gruppi, provate a fare una lista di problemi sociali che potrebbero essere risolti da leggi diverse da quelle correnti. Poi scegliete un problema e pensate a come lo risolvereste voi.

Nota CULTURALE

Il deserto dei Tartari è un romanzo molto interessante basato sull'attesa°, sul peso° delle decisioni e sul significato° della vita. Nel 1980 il premio Nobel J.M. Coetzee in *Aspettando i barbari* ha ripreso parte della trama e alcuni dei temi centrali del romanzo di Buzzati. Entrambi° gli scrittori si preoccupano del valore° della vita umana in periodi storici in cui governi totalitari la minacciano°. Buzzati scrisse il suo romanzo in pieno periodo fascista e Coetzee scrisse la sua allegoria in pieno Apartheid. Entrambi parlano dei rischi° del conformismo, del non porsi domande°, del delegare ad altri la gestione° del governo in una società che limita le libertà civili di tutta o parte della popolazione.

attesa *wait* **peso** *weight* **significato** *meaning* **Entrambi** *Both* **valore** *value* **minacciano** *threaten* **rischi** *risks* **porsi domande** *ask oneself questions* **gestione** *administration*

 Practice more at **immagina.vhlcentral.com.**

LA PAROLA
proibita

DINO BUZZATI

hints/jokes
cautious circumlocutions

Da velati accenni°, scherzi° allusivi, prudenti circonlocuzioni°, vaghi sussurri, mi sono fatto finalmente l'idea che in questa città, dove mi sono trasferito da tre mesi, ci sia il divieto di usare una parola. Quale? Non so. Potrebbe essere una parola strana, *inconsueta°*, ma potrebbe trattarsi anche di un vocabolo comune, nel qual caso, per uno che fa il mio mestiere, potrebbe nascere qualche *inconveniente°*.

unusual

problem

Più che allarmato, *incuriosito°*, vado *dunque°* a interpellare Geronimo, mio amico, *saggio°* fra quanti io conosco, che vivendo in questa città da una *ventina°* d'anni, ne conosce vita e miracoli.

intrigued
therefore
wise
about twenty

«È vero» *egli°* mi risponde subito. «È vero. C'è da noi una parola proibita, da cui tutti *girano alla larga°*.»

he

keep their distance

«E che parola è?»

«Vedi?» mi dice. «Io so che sei una persona onesta, di te posso fidarmi. Inoltre ti sono sinceramente amico. Con tutto questo, credimi, meglio che non te la dica. Ascolta: io vivo in questa città da oltre vent'anni, *essa° mi ha accolto°*, mi ha dato lavoro, mi permette una vita *decorosa°*, non dimentichiamolo. E io? Da parte mia ne ho accettate le leggi *lealmente°*, belle o brutte che siano. Chi mi *impediva°* di andarmene? Tuttavia sono rimasto. Non voglio darmi le *arie°* da filosofo, non voglio certo *scimmiottare°* Socrate quando gli proposero la *fuga°* di prigione, ma veramente *mi ripugna°* contravvenire alla norma della città che mi considera suo figlio… *sia pure°* in una *minuzia simile°*. Dio sa, poi, se è davvero una minuzia…»

it (the city)/has welcomed me
respectable

loyally
prevented

put on airs
mimick
escape
it repulses me

even/such a trifle

«Ma qui parliamo in tutta   . Qui non ci sente nessuno. Geronimo, *suvvia°*, potresti dirmela, questa parola *benedetta°*. Chi ti potrebbe denunciare? Io?»

come on!
blessed

«*Constato°*» osservò Geronimo con un ironico sorriso «constato che tu vedi le cose con la mentalità dei nostri nonni. La *punizione°*? Sì, una volta si credeva che senza punizione la legge non potesse avere efficacia coercitiva. Ed era vero, forse. Ma questa è una concezione

I see

punishment

rozza°, primordiale. Anche se non è accompagnato da sanzione, il precetto può *assurgere°* a tutto il suo massimo *valore°*; siamo *evoluti°*, noi.»

crude

rise
value/evolved

«Che cosa ti *trattiene°*, allora? La coscienza? Il *presentimento°* del rimorso?»

keeps
foreboding

«Oh, la coscienza! Povero *ferravecchio°*. Sì, la coscienza, per tanti secoli ha reso agli uomini *inestimabili°* *servigi°*; anche lei tuttavia ha dovuto adeguarsi ai tempi, adesso è trasformata in qualcosa che le *assomiglia°* solo vagamente, qualcosa di più semplice, più standard, più tranquillo direi, *di gran lunga°* meno *impegnativo°* e tragico.»

wreck

invaluable/services

resembles

far/demanding

«Se non ti spieghi meglio…»

«Una definizione scientifica ci manca. Volgarmente lo si chiama conformismo. È la pace di *colui°* che si sente *in armonia°* con la massa che lo *attornia°*. Oppure è l'*inquietudine°*, il *disagio°*, lo *smarrimento°* di chi si allontana dalla norma.»

he/accord

surrounds
restlessness/discomfort/disorientation

«E questo basta?»

«*Altro°*, se basta! È una forza tremenda, più potente dell'atomica. Naturalmente non è dovunque uguale. Esiste una geografia del conformismo. Nei paesi *arretrati°* è ancora *in fasce°*, in embrione, o *si esplica°* disordinatamente, a suo capriccio, senza *direttive°*. La moda ne è un tipico esempio. Nei paesi più moderni, invece, questa forza si è *ormai°* *estesa°* a tutti i *campi°* della vita, si è completamente *rassodata°*, è sospesa si può dire nell'atmosfera stessa: ed è nelle mani del potere.»

Indeed

backwards, not developed/at a birthing stage
it manifests itself
instructions

by now (also: "oramai")/extended/areas
consolidated

«E qui da noi?»

«Non c'è male, non c'è male. La proibizione della parola, per esempio, è stata una *sagace°* iniziativa dell'autorità *appunto°* per *saggiare°* la maturità conformistica del popolo. Così è. Una specie di test. E il risultato è stato molto, ma molto superiore alle *previsioni°*. Quella parola è tabù, oramai. Per quanto tu possa *andarne in cerca°* col *lumino°*, *garantito°* che, qui da noi, non la incontri assolutamente più, neanche nei *sottoscala°*. La gente si è adeguata in men che non si

astute
precisely/test

expectations

go look for it/with a lantern
rest assured
dark corners (lit. "cupboard below a staircase")

in a jiffy/to threaten
lawsuits/fines 100

By Jove! (lit. "by Bacchus")
give up 105
is no big effort
shenanigans/backbitings/foul play
are attached to them
to give them up 110
wave
left
one's own interest/cowardice
change course 115
it will happen

flattening
120

collectivity/benefits from it
remarkable 125
captivating/after all
seed (lit. "bud")

structure
130
disheartening

Boy/get mad 135
Realize, See
uncomfortable

brought down/level
shook 140

145

dica°. Senza bisogno che si minacciassero° denunce°, multe°, o carcere.»

«Se fosse vero quanto dici, allora sarebbe facilissimo far diventare tutti onesti.»

«Si capisce. Però ci vorranno molti, molti anni, decenni, forse secoli. Perbacco°, proibire una parola è facile, rinunciare° a una parola non costa gran fatica°. Ma gli imbrogli°, le maldicenze°, i vizi, la slealtà°, le lettere anonime, sono cose grosse... la gente ci si è affezionata°, prova a dirle un po' che ci rinunzi°. Questi sì sono sacrifici. Inoltre la spontanea ondata° conformistica, da principio, abbandonata° a se stessa, si è diretta verso il male, i porci comodi°, i compromessi, la viltà°. Bisogna farle invertire rotta°, e non è facile. Certo, col tempo ci si riuscirà°, puoi star certo che ci si riuscirà.»

«E tu trovi bello questo? Non ne deriva un appiattimento°, una uniformità spaventosa?»

«Bello? Non si può dire bello. In compenso è utile, estremamente utile. La collettività° ne gode°. In fondo —ci hai mai pensato?— i caratteri, i 'tipi', le personalità spiccate°, fino a ieri così amate e affascinanti°, non erano in fondo° che il primo germe° dell'illegalità, dell'anarchia. Non rappresentavano una debolezza nella compagine° sociale? E, in senso opposto, non hai mai notato che nei popoli più forti c'è una straordinaria, quasi affliggente°, uniformità di tipi umani?»

«Insomma, questa parola, hai deciso di non dirmela?»

«Figliolo° mio, non devi prendertela°. Renditi conto°: non è per diffidenza. Se te la dicessi, mi sentirei a disagio°.»

«Anche tu? Anche tu, uomo superiore, livellato° alla quota° della massa?»

«Così è, mio caro» e scosse° melanconicamente il capo. «Bisognerebbe essere titani per resistere alla pressione dell'ambiente.»

«E la   ? Il supremo bene? Una volta l'amavi. Pur di non perderla, qualsiasi cosa avresti dato. E adesso?»

«Qualsiasi cosa, qualsiasi cosa... gli

eroi di Plutarco... Ci vuol altro... Anche il più nobile sentimento si atrofizza° e si dissolve a poco a poco, se nessuno intorno° ne fa più caso. È triste dirlo, ma a desiderare il Paradiso non si può essere soli.»

«Dunque: non me la vuoi dire? È una parola sporca? O ha un significato delittuoso°?»

«Tutt'altro. È una parola pulita, onesta e tranquillissima. E proprio° qui si è dimostrata la finezza° del legislatore. Per le parole turpi° o indecenti, c'era già un tacito divieto, anche se blando°, ... la prudenza, la buona educazione. L'esperimento non avrebbe avuto gran valore.»

«Dimmi almeno: è un sostantivo? un aggettivo? un verbo? un avverbio?»

«Ma perché insisti? Se rimani qui tra noi, un bel giorno la identificherai anche tu, la parola proibita, all'improvviso°, quasi senza accorgertene°. Così è, figliolo mio. La assorbirai dall'aria.»

«Bene, vecchio Geronimo, sei proprio° un testone°. Pazienza°. Vuol dire che per cavarmi° la curiosità dovrò andare in biblioteca, a consultare i Testi Unici. Ci sarà al proposito° una legge, no? E sarà stampata° questa legge! E dirà bene° cos'è proibito!»

«Ahi, ahi, sei rimasto in arretrato°, ragioni ancora con i vecchi schemi°. Non solo: ingenuo°, sei. Una legge che, per proibire l'uso di una parola, la nominasse, contravverrebbe automaticamente a se stessa, sarebbe una mostruosità giuridica°. È inutile° che tu vada in biblioteca.»

«Via°, Geronimo, ti prendi gioco° di me! Ci sarà ben stato qualcuno che ha avvertito°: da oggi la parola X è proibita. E l'avrà pur° nominata, no? Altrimenti la gente come avrebbe fatto a sapere?»

«Questo, effettivamente, è l'aspetto forse un poco problematico del caso. Ci sono tre teorie: c'è chi dice che la proibizione è stata diffusa° a voce da agenti della municipalità travestiti°. C'è chi garantisce° di aver trovato a casa sua, in busta° chiusa, il decreto del divieto con l'ordine di bruciarlo° appena letto. Ci sono

atrophies
150 *around*

155 *criminal*

precisely
refinement
dirty
160 *weak*

165

all of a sudden
realizing it

170
truly/stubborn, a mule/ Too bad
to satisfy (lit. "to take away")
about this
175 *printed*
indeed
behind
models
naïve
180

juridical
useless
Come/you are mocking
185
has warned
indeed

190

has been spread
disguised
guarantees
195 *envelope*
to burn it

poi gli integralisti —pessimisti li chiameresti tu— che sostengono addirittura non esserci stato bisogno di un ordine espresso°, a tal punto i cittadini sono pecore°; è bastato che l'autorità volesse, e tutti lo hanno subito saputo, per una specie° di telepatia.»

«Ma non saranno mica diventati tutti vermi°. Per quanto° pochi, esisteranno ancora qui in città dei tipi° indipendenti che pensano con la propria testa, degli oppositori°, eterodossi, ribelli, fuorilegge°, chiamali pure come vuoi. Capirà, no, che qualcuno di costoro°, a titolo di sfida°, pronunci o scriva la parola incriminata°? Cosa succede allora?»

«Niente, assolutamente niente. Proprio° qui sta lo straordinario successo dell'esperimento. Il divieto è così entrato nella profondità° degli animi da condizionare la percezione sensoriale.»

«Come sarebbe a dire?»

«Che, per un veto° dell'inconscio, sempre pronto a intervenire, in caso di pericolo, se uno pronuncia la nefanda° parola, la gente non la sente più nemmeno, e se la trova scritta non la vede…»

«E al posto della parola cosa vede?»

«Niente, il muro nudo° se è scritta sul muro, uno spazio bianco sulla carta se è scritta su di un foglio.»

Io tento° l'ultimo assalto°: «Geronimo, ti prego: tanto per curiosità, oggi, qui, parlando con te, l'ho mai adoperata° questa parola misteriosa? Almeno° questo me lo potrai dire, non ci rimetti° proprio° niente.»

Il vecchio Geronimo sorride e strizza un occhio°.

«L'ho adoperata, allora?»

Lui strizza ancora l'occhio. Ma una sovrana° mestizia° improvvisamente° illumina il suo volto.

«Quante volte? Non fare il prezioso°, su, dimmi, quante volte?»

«Quante volte non so, guarda, parola mia d'onore. Anche se l'hai pronunciata, io udirla° non potevo. Però mi è parso°, ecco, che a un certo punto, ma ti giuro° non mi ricordo dove, ci sia stata una pausa, un brevissimo spazio vuoto°, come se tu avessi

pronunciato una parola e il suono non me ne fosse giunto°. Può anche darsi° però che si trattasse° di una involontaria sospensione, come succede sempre nei discorsi.»

«Una volta sola?»

«Oh, basta. Non insistere.»

«Sai cosa faccio allora? Questo colloquio°, appena ritorno a casa, io lo trascrivo, parola per parola. E poi lo do alle stampe.»

«A che scopo°?»

«Se è vero quello che hai detto, il tipografo°, che possiamo presumere sia un buon cittadino, non vedrà la parola incriminata. Dunque le possibilità sono due: o egli lascia uno spazio vuoto nella riga di piombo° e questo mi spiegherà tutto; o invece tira diritto° senza spazi vuoti e in questo caso non avrò che da confrontare lo stampato con l'originale di cui naturalmente tengo copia; e così saprò qual è la parola.»

Rise Geronimo, bonario°.

«Non caverai un ragno dal buco°, amico mio. A qualsiasi tipografo tu ti rivolga°, il conformismo è tale che il tipografo automaticamente saprà come comportarsi per eludere° la tua piccola manovra. Egli cioè, una volta tanto°, vedrà la parola scritta da te —ammesso° che tu la scriva— e non la salterà° nella composizione. Sta pur tranquillo, sono ben addestrati° i tipografi, da noi, e informatissimi.»

«Ma scusa, che scopo c'è in tutto questo? Non sarebbe un vantaggio per la città se io apprendessi° qual è la parola proibita, senza che nessuno la nomini° o la scriva?»

«Per adesso probabilmente no. Dai discorsi che mi hai fatto è chiaro che non sei ancora maturo. C'è bisogno di una iniziazione. Insomma, non ti sei ancora conformato. Non sei ancora degno° —secondo l'ortodossia vigente°— di rispettare la legge.»

«E il pubblico, leggendo questo dialogo, non si accorgerà° di niente?»

«Semplicemente vedrà uno spazio vuoto. E, semplicemente, penserà: che disattenti°, hanno saltato una parola.» ■

precise

sheep 200

sort

cowards (lit. "worms")/ Even
people 205

opponents/outlaws

these people/as a challenge
offending 210

Exactly

depth 215

denial

nefarious 220

naked

225

try/attack

have I ever used

At least 230

you won't lose/ at all

winks

235

utmost (lit. "sovereign")/ meekness/suddenly

don't play hard to get

240

hear it/it seemed

I swear

empty 245

did not reach me/ It may be
it was

250

conversation

255

purpose

typographer

260

lead line

he will just move on

265

kindly

You won't find out anything
you turn to

270

avoid/scheme

sometimes

supposing

he won't skip 275

trained

280 *if I learned*

naming it

worthy 285

current

290

will not notice

careless

Analisi

1

Comprensione Decidi quale delle due possibilità è vera.

1. a. Geronimo non vuole contravvenire alle leggi della città.
   b. Geronimo vuole contravvenire alle leggi come Socrate.

2. a. Geronimo ha paura di una denuncia.
   b. I mezzi punitivi di una volta non esistono più.

3. a. Le leggi vengono rispettate secondo coscienza.
   b. Le leggi vengono rispettate perché lo fanno tutti.

4. a. La parola proibita è onesta e pulita.
   b. La parola proibita è turpe (*vile*) e indecente.

5. a. L'indipendenza di pensiero è affascinante.
   b. L'indipendenza di pensiero genera anarchia.

6. a. Se la parola viene pronunciata la gente viene messa in carcere.
   b. Se la parola viene pronunciata la gente non la sente.

7. a. Il protagonista ha usato la parola proibita.
   b. Il protagonista non ha adoperato la parola proibita.

8. a. Solo stampandola risulterebbe chiaro qual è la parola proibita.
   b. Neanche stampandola risulterebbe chiaro qual è la parola proibita.

2

Comprensione

A. Scegli a chi si riferiscono le frasi riportate nella prima colonna

Chi?	il narratore	Geronimo
1. Vive in città da vent'anni.	☐	☐
2. È un amico sincero.	☐	☐
3. Non vuole contravvenire alle leggi della città.	☐	☐
4. Crede nelle punizioni.	☐	☐
5. Il conformismo appartiene ai paesi più evoluti.	☐	☐
6. La proibizione della parola testa l'obbedienza del popolo.	☐	☐
7. Resistere da soli è molto difficile.	☐	☐
8. Vuole consultare i libri delle leggi.	☐	☐
9. Secondo lui, non è possibile che nessuno si ribelli.	☐	☐

B. Qual è la parola proibita? In che modo non rivelare la parola rende il racconto più efficace?

C. Con un(a) compagno/a, inventate un dialogo in cui nascondete una parola e vedete chi dei vostri compagni di classe la indovina per primo.

3

Com'è Geronimo? In coppia, analizzate il personaggio di Geronimo usando le seguenti domande come traccia (*guide*).

1. Perché non aiuta il narratore ad individuare la parola misteriosa?

2. Nella cultura cattolica la coscienza è il più forte controllore delle azioni umane. Perché Geronimo la trova obsoleta?

3. Geronimo è cinico o sinceramente convinto della giustezza della legge della massa?

4. Per giustificare il suo conformismo Geronimo cita esempi di onestà intellettuale, forza e valori impossibili (Socrate, i titani, gli eroi di Plutarco): perché lo fa?

5. Geronimo è ancora capace di riconoscere il valore dell'indipendenza? Riconosce la parola proibita quando è pronunciata o non se ne accorge più?

4 **Tabù e proibizioni** Fai a un(a) compagno/a le seguenti domande.

1. Ci sono dei tabù, delle parole proibite nella tua famiglia? Perché?

2. Cosa è tabù nella società in cui viviamo? Puoi pensare a parole che non si dicono più? Perché, secondo te? Qual è un tabù del passato che ora non esiste più? (per esempio, l'uso del bikini sulle spiagge: impensabile all'inizio del ventesimo secolo)

3. Ti viene in mente un esempio di proibizione imposta dal governo in maniera indiretta attraverso i media? Qual è, secondo te, il risultato delle proibizioni?

4. I tabù possono anche essere diversi da cultura a cultura? Puoi nominare due o tre tabù che appartengono a culture diverse dalla tua?

5 **Il potere delle parole** Inventate una pubblicità.

● In piccoli gruppi, pensate a una campagna pubblicitaria o a uno slogan per un prodotto che metta in luce le caratteristiche straordinarie ed originali del prodotto stesso.

● Pensate a campagne come quella della Apple sul pensare fuori dalla massa, fuori dagli schemi: «Think different» (per quanto sgrammaticato), con foto di pensatori e artisti che hanno cambiato la nostra vita, come Einstein, Picasso, Rosa Parks, Ghandi, Bob Dylan, Martin Luther King Jr., Hitchcock ecc.

● Potete scegliere:
-un prodotto che già esiste (anche una campagna che già esiste e la traducete in italiano)
-un prodotto nuovo
-un prodotto banalissimo che voi vendete per straordinario (uno spazzolino da denti per esempio)
-un prodotto che non esiste e che inventate voi.

● Provate a vedere come le parole possono essere persuasive!

6 **Famosi per nulla**

A. In piccoli gruppi, inventate una scenetta di un talk show dove l'ospite fa domande inutili a personaggi normali trovandoli super-interessanti ed eccitanti.

> Modello Incredibile! Lei è barbiere e una volta ha prestato una penna a Brad Pitt in aeroporto e ha notato un po' di barba! Incredibile! Che cosa emozionante! Ci racconti l'esperienza: quanto era lunga la barba? Ha notato dei peli bianchi tra quelli biondi? Non è possibile… ci dica: quanti erano? Ce n'erano anche alcuni rossi?

B. In piccoli gruppi, rispondete alle domande.

● Ci sono veramente persone famose per non aver fatto nulla?

● La televisione è conformista? Perché?

7 **La parola a te!** Scegli uno dei seguenti temi.

1. E noi? È chiaro che alla fine del racconto Geronimo dice che i lettori non vedranno la parola proibita perché sono anche loro ormai conformati alla norma imposta. Tu ti senti conformista o originale? Fai degli esempi concreti presi dalla tua vita, o da quella di amici e parenti, o di personaggi famosi.

2. Sapresti spiegare i pro e i contro dell'essere conformisti o dell'essere originali?

3. Parla di un artista che ha cambiato il mondo, sfidando censura e conformismo.

Practice more at
immagina.vhlcentral.com.

Laboratorio di scrittura

Preparazione: Revisione e correzione

Per scrivere un buon saggio, è necessario imparare a revisionare e correggere il proprio lavoro. Alla fine della prima stesura, usa le domande di seguito come guida per revisionare il tuo saggio e apportare tutti i cambiamenti necessari.

- **Contenuto** Hai risposto al tema assegnato? Mancano esempi o argomenti? Ci sono parti che si ripetono o che non sono pertinenti?

- **Organizzazione** L'organizzazione è chiara? Ci sono una buona introduzione e una buona conclusione? Esiste una connessione logica tra i paragrafi?

- **Ortografia e grammatica** I verbi sono coniugati correttamente? C'è concordanza tra aggettivi e sostantivi? Ci sono errori di ortografia? Leggi ogni frase due volte e controlla minuziosamente. Assicurati che il tuo linguaggio sia preciso e specifico.

Pensa al tuo saggio come se lo avesse scritto un'altra persona. Ti convince? Ci sono dei problemi? Quali? Osservando le tue idee obbiettivamente, riesci ad anticipare le reazioni dei tuoi lettori?

Pratica In coppia, rivedete i commenti del vostro insegnante sui saggi che avete scritto finora. A quali delle precedenti tre categorie dovete prestare più attenzione?

Saggio Scegli uno di questi argomenti e scrivi un saggio.

Requisiti

1. Il tuo saggio deve far riferimento ad almeno due dei quattro brani studiati in questa lezione e nelle precedenti lezioni e contenuti in **Cortometraggio**, **Immagina**, **Cultura** e **Letteratura**.

2. Il saggio deve essere lungo almeno due pagine.

3. Quando finisci, revisiona e correggi il tuo saggio seguendo le indicazioni elencate per il contenuto, l'organizzazione, l'ortografia e la grammatica ed i suggerimenti che troverai nei **Punti per la revisione dei saggi** a pagina 401.

La storia ci ha presentato spesso artisti che hanno avuto una vita fuori dal comune. Bisogna essere «diversi» e non convenzionali per essere dei bravi artisti? Che cosa fa di una persona un artista?

L'arte è solo qualcosa da ammirare nei musei, oppure può avere un effetto nella vita di tutti i giorni? Come?

Potrebbero esserci un Leonardo da Vinci o un Michelangelo ai nostri giorni? In quali campi esprimerebbero la loro genialità? Come verrebbero giudicati dalla società?

Che ruolo ha la storia nella nostra quotidianità? È importante guardare indietro alla storia o dobbiamo concentrarci sul presente?

Le arti e la storia

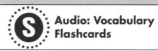 Audio: Vocabulary Flashcards

La storia

la battaglia *battle*
la civiltà *civilization*
il decennio *decade*
l'età *age; times*
l'imperatore/imperatrice *emperor/empress*
il re/la regina *king/queen*
il regime *regime*
il regno *kingdom*
la schiavitù *slavery*
il secolo *century*

abitare *to inhabit*
abolire *to abolish*
arrendersi *to surrender*
colonizzare *to colonize*
conquistare *to conquer*
dirigere *to lead*
espellere *to expel*
invadere *to invade*
liberare *to liberate*
opprimere *to oppress*
rovesciare *to overthrow*
sconfiggere *to defeat*
stabilirsi *to settle*

democratico/a *democratic*
fascista *fascist*
monarchico/a *monarchic*
(prei)storico/a *(pre)historic*

a.C. (avanti Cristo) *BC, BCE*
d.C. (dopo Cristo) *AD*

La letteratura

la biografia *biography*
il diritto d'autore *copyright*
il genere *genre*
il giallo *crime novel; thriller*
il narratore *narrator*
la novella *short novel*
il personaggio *character*
la poesia *poetry*
la prosa *prose*
la rima *rhyme*
il romanzo *novel*
la strofa *stanza*
la trama *plot*

il verso *line (of poetry)*
censurare *to censor*
svolgersi *to take place*

classico/a *classic*
oggettivo/a *objective*
premiato/a *award-winning*
realistico/a *realistic*
satirico/a *satirical*
soggettivo/a *subjective; biased*
tragico/a *tragic*
umoristico/a *humorous*

L'arte

l'acquerello *watercolor*
l'autoritratto *self-portrait*
le belle arti *fine arts*
la natura morta *still life*
l'opera *work (of art); opera*
l'orchestra sinfonica/da camera *symphony/chamber orchestra*
il pennello *paintbrush*
la pittura *paint; painting*
la pittura a olio/pastello *oil/pastel painting*
il quadro *painting*
la scultura *sculpture*

d'avanguardia *avant-garde*
estetico/a *aesthetic*

Gli artisti

l'artigiano/a *artisan; craftsman*
il/la drammaturgo/a *playwright*
il pittore/la pittrice *painter*
il/la saggista *essayist*
lo scultore/la scultrice *sculptor*

Cortometraggio

il baule *trunk*
la cantina *wine cellar*
le colline *hills*
la granata *grenade*
il patto *pact*
il podere *farmhouse*
il protettore *protector*
la puzza *stench*
il relitto *relic*

il rifugio *shelter*
la scala *ladder, stairs*
la tana *burrow*
il vestito da sposa *wedding dress*

scivolare *to slide*

Cultura

l'affresco *fresco*
l'apprendista *apprentice*
la bottega *shop*
la commissione *commission*
la composizione *composition*
il marmo *marble*
il martello *hammer*
la mostra *exhibit*
il neoplatonismo *Neoplatonism*
il paesaggio *landscape*
il patrono *patron*
il pigmento *pigment*
lo schizzo *sketch*
l'Umanesimo *Humanism*

Letteratura

l'accenno *hint, mention*
il carcere *jail*
la censura *censorship*
il conformismo *conformism*
la coscienza *conscience*
il decreto *decree*
il divieto *prohibition, ban*
la norma *law, norm*
il popolo *people*
il potere *power*
il sussurro *rumor, whisper*

adeguarsi *to conform*
contravvenire a *to contravene, to infringe*
interpellare *to ask, to consult*

allusivo/a *suggestive, allusive*
coercitivo/a *coercive*
proibito/a *forbidden*
velato/a *veiled*

L'influenza dei media

Radio, giornali, televisione, Internet hanno certamente contribuito alla diffusione dell'informazione e, in molti casi, hanno influenzato la conoscenza globale. Oggi abbiamo accesso completo all'informazione in casa e fuori, ad ogni ora del giorno e della notte. Che uso ne facciamo? Siamo in grado di (*in a position to*) controllare l'enorme quantità di informazioni che ci arriva o ne siamo vittime passive? I mezzi di comunicazione ci mostrano una realtà vera o in qualche modo distorta?

325

348

Destinazione:
LIGURIA

Media e cultura Audio: Vocabulary

Cinema, radio e televisione

l'adattamento *adaptation*
i cartoni animati *cartoons*
la colonna sonora *soundtrack*
il documentario *documentary*
il doppiaggio *dubbing*
gli effetti speciali *special effects*
l'intervista *interview*

la puntata *episode*
lo schermo *screen*
il sottotitolo *subtitle*
la (stazione) radio *radio (station)*

la telenovela *soap opera*
la televisione via cavo *cable TV*

filmare *to film*
registrare *to record*
trasmettere *to broadcast*
uscire *to come out, to be released*

I media

l'attualità *current events*
la censura *censorship*
il giornale radio *radio news*
la notizia *news story*
il notiziario *news program*
la pubblicità *commercial, advertisement*
il sondaggio *opinion poll*
il telegiornale *TV news*

essere aggiornato/a *to be informed, up-to-date*
informarsi *to get/stay informed*

in differita *pre-recorded*
in diretta *live*
influente *influential*
(im)parziale *(im)partial; (un)biased*

La gente dei media

l'ascoltatore/ascoltatrice *(radio) listener*
l'attore/attrice *actor/actress*
il/la cronista *reporter*
l'editore/editrice *publisher*
il/la giornalista *journalist*
l'inviato/a speciale *correspondent*
il/la redattore/redattrice *editor*
il/la telespettatore/telespettatrice *television viewer*

La stampa

il comunicato stampa *press release*
la cronaca (locale/sportiva) *(local/sports) news*
il fumetto *comic strip*
il giornale *newspaper*
la libertà di stampa *freedom of the press*
il mensile *monthly magazine*
l'oroscopo *horoscope*
la rivista *magazine*
la rubrica (di cultura e società) *(lifestyle) section*
il settimanale *weekly magazine*
la vignetta *cartoon*

fare un abbonamento *to subscribe*

La cultura popolare

il carnevale *carnival, Mardi Gras*

ferragosto *August 15 (holiday); August vacation*
i festeggiamenti *celebrations; festivities*
il folclore *folklore*
la pasquetta *Easter Monday*
il patrimonio culturale *cultural heritage*
il/la santo/a patrono/a *patron saint*
l'usanza *custom*

festeggiare *to celebrate*

Pratica

1

Relazioni Completa le relazioni scegliendo la parola opportuna dal vocabolario.

1. la radio : l'ascoltatore :: la televisione : _____

2. il libro : la traduzione :: il film : _____

3. la televisione : il canale :: la radio : _____

4. l'imparzialità : la parzialità :: la libertà di stampa : _____

5. il film : il produttore :: la rivista : _____

6. adulti : il telegiornale :: bambini : _____

2

Discussioni... festive! Carlo ha deciso di trascorrere il pomeriggio del 15 agosto a casa. Stefania, invece, ha altre idee. Completa il dialogo con le parole della lista.

ferragosto	festeggiare	patrimonio culturale
festeggiamenti	folclore	usanza

CARLO Accidenti! Non c'è niente di interessante in televisione! Su nessun canale!

STEFANIA Ma certo! A (1) _____ gli italiani non stanno in casa come fai tu! Non vedi che la città è deserta e i negozi sono chiusi? Sono tutti fuori!

CARLO Mi rifiuto di uscire a ferragosto: tutto costa di più, c'è traffico in autostrada e fa un gran caldo... Preferisco andare ai (2) _____ in paese questa sera.

STEFANIA E la processione? Dovremmo andarci, è un'antica (3) _____ del nostro paese...

CARLO Grazie, ma preferisco (4) _____ stasera in piazza di fronte ad un bel piatto di carne alla brace (*grilled*). Anche questo è parte del (5) _____ del nostro paese. Risale (*It dates back*) ai Romani...

STEFANIA Sei il solito materialista!

CARLO E tu sei poco esperta di (6) _____: certe tradizioni sono molto più arcaiche del cristianesimo! Informati!

3

Secondo te Rispondi al questionario. Poi, in coppia, confrontate le vostre risposte e supportatele con degli esempi.

	Sì	No
1. Oggi informarsi è più facile che nel passato.	☐	☐
2. Grazie ai mass media, oggi la gente conosce meglio il mondo.	☐	☐
3. La libertà di stampa è un'utopia.	☐	☐
4. Ci sono più notizie imparziali su Internet che sui giornali.	☐	☐
5. Nei mass media le immagini influenzano più delle parole.	☐	☐
6. Per informarsi bisogna guardare la televisione piuttosto che leggere i giornali.	☐	☐

4

I miei gusti In coppia, conversate sui seguenti argomenti.

- se ascoltate la radio e, se sì, quali programmi o quali stazioni preferite

- se leggete regolarmente o se siete abbonati a giornali, riviste o fumetti

- quale rubrica preferite in un giornale o se preferite invece leggere l'oroscopo o le vignette

- se avete un cronista, un presentatore o un attore preferito e perché vi piace

Nota CULTURALE

Quasi tutte le maggiori festività italiane hanno avuto origine in epoca pagana e sono poi state assimilate dal cristianesimo. **Pasqua** è la risurrezione di Cristo, ma è anche una remota celebrazione per esaltare la rinascita della natura. Il giorno di **pasquetta**, inserito nel calendario per prolungare la festa di Pasqua, è dedicato a un tradizionale picnic all'aperto, un giorno di festa insieme a parenti o amici. Anche **ferragosto**, che oggi celebra l'assunzione in cielo di Maria, segnava in origine la fine dei lavori agricoli con balli, canti e cibo per tutti. A causa del caldo, anche questo giorno è tradizionalmente dedicato ad una gita al mare o in montagna in cerca di refrigerio (*relief from the heat*).

Practice more at **immagina.vhlcentral.com**.

Preparazione

Vocabolario del cortometraggio		Vocabolario utile
la carrozza *carriage*	**la raccomandata** *registered mail*	**il giornale scandalistico** *tabloid*
l'impiegato postale *postal worker*	**il reality** *reality show*	**mandare in onda** *to broadcast*
incartare *to wrap*	**i selvaggi** *savages*	**il pronto soccorso** *emergency room*
l'intervento *intervention*	**timbrare** *to stamp*	**il selciato** *cobblestones*
il pacco *package*	**il vetturino** *coachman*	**il vicolo** *alley*

ESPRESSIONI

ne vale la pena *it's worth it*

la prima serata *prime-time*

1

Pratica Associa le parole nelle due colonne.

____ 1. la carrozza   a. partecipazione

____ 2. incartare   b. un documento ufficiale

____ 3. la raccomandata   c. la scatola

____ 4. timbrare   d. un regalo

____ 5. il vetturino   e. via stretta

____ 6. il vicolo   f. il cavallo

____ 7. intervento   g. l'autista

____ 8. il pacco   h. una lettera importante

2

Le celebrità Rispondi alle domande e commenta le tue risposte con un(a) compagno/a.

1. Chi è la tua celebrità preferita? (di TV, cinema, sport, musica ecc.)
2. C'è un altro personaggio che ammiri che non è una star famosa? Chi è?
3. Ti interessano le vite personali dei personaggi famosi? Perché?
4. Come ti tieni informato? Leggi i giornali scandalistici?
5. Perché, secondo te, alla gente piace ascoltare i pettegolezzi?
6. Quale sezione del giornale o delle riviste leggi per prima?
7. Hai mai incontrato una persona famosa? Chi?
8. Hai mai chiesto un autografo? A chi?

3

Sondaggio Intervistate i vostri compagni. Trova qualcuno che...

1. ...è stato/a in fila tutta la notte per avere i biglietti per un concerto speciale. Di quale gruppo?

2. ...ha usato una scusa per tornare a casa a vedere il suo programma televisivo preferito. Quale scusa?

3. ...appartiene ad un fan club. Quale?

4. ...conosce tutti i dettagli della biografia di una celebrità. Chi?

5. ...legge regolarmente i giornali scandalistici. Quali?

6. ...non ha mai letto un giornale scandalistico. Perché?

4

Il prezzo del successo Siete d'accordo con queste affermazioni? Spiegate perché.

Affermazione	D'accordo Sì / No	Perché
Le celebrità non hanno diritto alla privacy.		
Con la notorietà aumentano i pericoli.		
Le celebrità devono sempre essere cortesi con i loro ammiratori.		
I paparazzi hanno il diritto e il dovere di fare il loro lavoro.		

5

I personaggi e la storia

A. Descrivete le caratteristiche fisiche e la personalità di questi personaggi.

B. Descrivete il rapporto tra i personaggi ritratti sopra e immaginate la storia del film.

 Practice more at **immagina.vhlcentral.com.**

Short Film

Premio
CORTO LAZIO 2004
migliore
sceneggiatura

Che gioia!

Una produzione di IVAN MARINO
in collaborazione con il COMUNE DI GENAZZANO

Regia e Sceneggiatura ANTONIO VLADIMIR MARINO Fotografia FRANCESCO DI GIACOMO
Montaggio JOHANNES HIROSHI NAKAJIMA Musica GIUSEPPE SASSO
Direttrice di Produzione MONICA POLI Attori PEPPINO MAZZOTTA/GIORGIO COLANGELI/
LIDIA BIONDI/DARIO RONZANI/EVA MILELLA

Trama *Michele diventa protagonista di una notizia del telegiornale e si trova all'improvviso al centro dell'attenzione. Per la prima volta nella sua vita, Michele si sente importante.*

MICHELE Mamma! Papà! Dormite? Sveglia! Svegliatevi!

MICHELE Antonio! Claudia! Sveglia! Tutti in salotto!

PAPÀ Ma che cosa, che cosa è successo? Ti spieghi? Parla! Dicci qualcosa con le parole!

MICHELE Voi non guardate la televisione! Non la guardate. Vivete isolati. Vivete come dei selvaggi.

MICHELE Papà, da domani metti questa in biblioteca!

MICHELE E adesso, guardate...

Nota CULTURALE

Il telegiornale

Ciascun canale televisivo italiano offre il proprio notiziario giornaliero, spesso chiamato anche «TG»: i tre canali della RAI trasmettono il TG1, il TG2 e il TG3, che manda in onda anche un notiziario regionale. Anche se non ufficialmente, i tre canali sono vicini a tre correnti politiche e questo, a volte, pregiudica il modo in cui le notizie vengono trasmesse al pubblico. Normalmente si comincia con le notizie più importanti che, secondo la serata, possono essere prima di natura internazionale, poi politica interna seguita da cronaca nazionale. Le notizie di natura culturale e sportiva concludono il programma.

Sullo SCHERMO

Indica se le affermazioni sono **vere** o **false**.

___ **1.** Michele è un impiegato postale.

___ **2.** I genitori stanno guardando un film.

___ **3.** Claudia sta leggendo un libro.

___ **4.** Michele farà l'attore.

___ **5.** Michele ha avuto un incidente.

___ **6.** Al telegiornale parlano di Michele.

Analisi

1

Comprensione Completa le frasi.

___ 1. I genitori…   a. fanno di tutto per salvare Michele.

___ 2. La madre…   b. sono traumatizzati dall'esperienza all'ospedale.

___ 3. Il padre…   c. Michele vuole raccontare la sua avventura.

___ 4. Michele…   d. sono a letto quando Michele torna a casa.

___ 5. Gli attori…   e. chiede a Michele di spiegare cos'è successo.

___ 6. La giornalista…   f. chiede a Michele perché è così agitato.

___ 7. Quando torna a casa…   g. muore a causa dell'incidente.

___ 8. I dottori…   h. annuncia la notizia su Michele al telegiornale.

2

Analisi Scegli la risposta più appropriata.

1. Per Michele fare l'impiegato postale è _____.
   a. emozionante   b. noioso   c. divertente

2. Quando arriva a casa Michele è _____.
   a. entusiasta   b. stanco   c. annoiato

3. Dopo aver visto il telegiornale la mamma di Michele è _____.
   a. contenta   b. emozionata   c. terrorizzata

4. Per Michele è una novità _____.
   a. sentirsi male   b. sentirsi importante   c. sentirsi amato

5. Il tono del film è _____.
   a. tragico   b. satirico   c. allegro

6. La famiglia di Michele preferisce _____ che guardare la televisione.
   a. leggere   b. andare al cinema   c. giocare a carte

7. Secondo Michele chi non guarda la televisione è _____.
   a. un intellettuale   b. un animale   c. un selvaggio

8. Michele è disposto a fare qualsiasi cosa per _____.
   a. incontrare gli attori   b. apparire in televisione   c. cambiare lavoro

3

Opinioni In coppia, rispondete a turno alle domande.

- Cosa pensi dei reality show? Li guardi spesso?

- Perché molte notizie riguardano la vita personale delle celebrità?

- Secondo te, i mezzi di comunicazione dovrebbero rispettare di più la privacy delle persone famose?

- Ti piacerebbe andare in TV? In quali circostanze? In che tipo di programma?

- Si può essere famosi e avere una vita privata?

- Come è cambiato nel tempo il concetto di fama?

4

Davanti alla telecamera Rispondete alle domande e parlate delle vostre risposte con un(a) compagno/a.

Domande	Sì	No
Pensi di essere fotogenico/a? Ti piace vederti in foto o su video?	☐	☐
Secondo te, le persone cambiano atteggiamento davanti ad una telecamera?	☐	☐
Ti senti a tuo agio (*at ease*) quando sei al centro dell'attenzione?	☐	☐
Pensi che sia difficile parlare spesso in pubblico?	☐	☐
Ti piacerebbe fare un lavoro in televisione?	☐	☐
Essere estroversi è una caratteristica necessaria per fare l'attore?	☐	☐

5

Essere famosi

A. In piccoli gruppi, rispondete alle domande.

- Ti piacerebbe diventare famoso?

- In quale campo vorresti ottenere la fama? Perché?

B. In quale circostanza vorresti essere famoso/a per 15 minuti? Perché?

> Intervista al telegiornale
>
> Vincita alla lotteria
>
> Atto di eroismo
>
> Audizione per un programma musicale
>
> Apparizione in un reality
>
> Partecipazione a un quiz a premi come «il Milionario»

C. Scegliete tre persone che sono diventate famose in modi diversi. Ricostruite la loro storia personale e decidete se la loro celebrità sarà duratura o no, spiegando perché.

6

Scenette In piccoli gruppi, improvvisate dei dialoghi basati su una di queste situazioni e poi recitateli davanti alla classe.

A

La mattina dopo, Michele si sveglia e si rende conto che l'incontro con gli attori e l'incidente è stato tutto un sogno. Accende la televisione e...

B

Un'audizione: siete due attori in cerca di lavoro e il vostro regista preferito ha due ruoli perfetti. Convincetelo ad assumervi.

7

Scrittura Scegli uno di questi argomenti e scrivi una breve composizione.

- Immagina di essere un paparazzo: per caso al supermercato incontri una celebrità del cinema, della televisione, dello sport o di un altro campo che ti interessa. Cosa sta facendo? Scrivi un breve articolo scandalistico.

- Sei un giornalista e devi scrivere un articolo importante. Puoi scegliere un argomento di cronaca, di politica o di affari internazionali.

- Nel 2007, il presidente della RAI ha proposto, senza successo, di buttare «via i reality dalla Rai» perché questi programmi rappresentano le persone in situazioni «artificiali e coercitive da cui discendono inevitabilmente situazioni improbabili e comportamenti immotivati, quando non degradanti». Cosa ne pensi? Si dovrebbero proibire i reality? Perché?

: Practice more at **immagina.vhlcentral.com.**

IMMAGINA

 Reading

I patrimoni dell'umanità

La **Liguria** è una regione nel Nord-Ovest dell'Italia, estesa° tra le Alpi, gli Appennini ed il mar Ligure. Il litorale° è conosciuto come **Riviera di Ponente** e **Riviera di Levante** con **Genova**, il capoluogo, quasi nel mezzo. Nel 1997 e nel 2006 l'UNESCO ha riconosciuto alla Liguria due siti come patrimonio dell'umanità°. Il primo comprende° **Porto Venere**, le **Cinque Terre** e le **isole di Palmaria, Tino e Tinetto** nel golfo di **La Spezia**. Il secondo riguarda il centro storico di Genova, in particolare la **Strada Nuova** ed i **palazzi dei Rolli**.

Porto Venere è un borgo° ben conservato° con angoli molto pittoreschi e un considerevole patrimonio architettonico. Di grande interesse e valore artistico sono i simboli religiosi che adornano molti architravi° delle abitazioni del centro storico, la chiesa di **San Pietro**, risalente al XIII secolo, la chiesa di **San Lorenzo**, eretta nel XII secolo, ed il **Castello Doria** che in epoca medievale fungeva da fortezza.

La bellezza suggestiva e romantica dei cinque borghi che costituiscono le Cinque Terre è ormai nota in tutto il mondo. **Riomaggiore**, **Manarola**, **Vernazza**, **Corniglia** e **Monterosso al Mare** si trovano su colline a strapiombo° sul mare. Due di loro, Riomaggiore e Manarola, sono collegati da un sentiero° conosciuto come la «Via dell'Amore» con magnifici panorami del mare e delle Alpi. Ogni borgo è caratteristico per le case colorate, i «carrugi», —le tipiche stradine della Liguria— e per le colline su cui i contadini hanno costruito terrazzamenti° che coltivano con vigneti e oliveti.

Andando nel centro storico di Genova, in **via Garibaldi**, conosciuta durante il Rinascimento come **Strada Nuova**, possiamo ammirare il secondo sito UNESCO. Lungo questa strada le famiglie nobili della città costruirono palazzi iscritti°

Palazzo Tursi

ai ***Rolli degli alloggiamenti pubblici di Genova*** per accogliere° personaggi importanti o visite di stato. La costruzione e la disposizione di questi palazzi rappresenta il primo esempio di architettura urbana in Europa, emulato in seguito in molte parti del mondo. Passeggiando per le strade e visitando i palazzi, il turista ha l'opportunità di

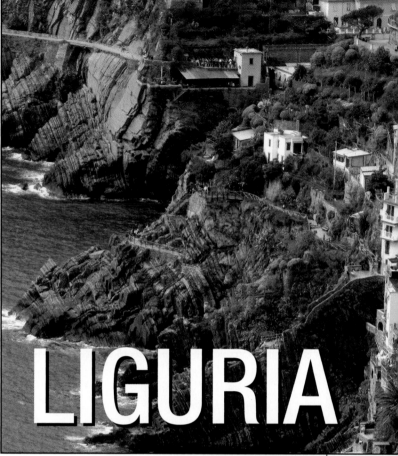

LIGURIA

Riomaggiore (La Spezia)

scoprire una Genova antica. Durante il '500 ed il '600, Genova conobbe un periodo di grande splendore che le è valso° l'appellativo la «Superba°». Tra gli edifici della Strada Nuova, **Palazzo Tobia Pallavicini** conserva la magnifica **Galleria d'oro** in stile rococò; **Palazzo Nicolosio Lomellini** ha il bellissimo ninfeo° all'ingresso; ricordiamo anche il **Palazzo Rosso** ed il **Palazzo Bianco**, dal colore delle loro facciate°, in cui sono conservate collezioni d'arte europea; **Palazzo Tursi**, infine, è oggi la sede della municipalità di Genova.

La Liguria, insomma, promette di soddisfare sia gli appassionati della natura che gli amanti della storia e della architettura.

In più…

Vernazza è l'unico borgo delle Cinque Terre dotato di un piccolo porto naturale su cui si trovano i resti° del Castello dei Doria con la torre di avvistamento. Al centro del borgo, pieno di vicoli stretti, portici e archi, sorge° la chiesa di Santa Margherita d'Antiochia, in stile gotico-ligure, con un campanile a pianta ottagonale°. Le colline che circondano Vernazza sono coltivate a vigneti e producono il passito° Schiacchetrà.

estesa *spread out* **litorale** *coastline* **patrimonio dell'umanità** *human heritage* **comprende** *includes* **borgo** *village* **ben conservato** *well-preserved* **architravi** *decorated bands framing doors or windows* **colline a strapiombo** *hills overhanging* **sentiero** *path* **terrazzamenti** *terraces* **iscritti** *registered* **accogliere** *welcome* **si opponeva** *offered resistance* **le è valso** *earned it* **la Superba** *the Proud* **ninfeo** *nymphaeum; fountain* **facciate** *façades* **resti** *remains* **sorge** *it is located* **pianta ottagonale** *octagonal plan* **passito** *wine made from raisins*

Il Festival della canzone italiana Il **Festival di Sanremo** si svolge° ogni anno, dal 1951, nell'omonima cittadina ligure, tra la fine di febbraio e i primi giorni di marzo. La manifestazione è una gara° tra cantanti che interpretano, in prima assoluta°, una canzone di autori italiani. Di solito gareggiano° due gruppi di cantanti, quelli già famosi e i giovani, cioè cantanti poco conosciuti o nuovi al pubblico. Le canzoni sono votate da giurie° di esperti o giurie popolari.

Renzo Piano è nato a Genova-Pegli nel 1937. Ha studiato in Italia e all'estero e da oltre trent'anni è uno degli architetti più famosi nel mondo. Il suo stile si distingue° per i materiali altamente tecnologici ed un design pulito e lineare. Tra i progetti più famosi ricordiamo la ristrutturazione° del centro storico e del porto di Genova, l'auditorium della musica di Roma, l'aeroporto internazionale di Osaka ed il palazzo del New York Times. Renzo Piano è anche fondatore del **Renzo Piano Building Workshop**, con sedi a Genova e a Parigi che offre tirocini° per giovani architetti.

si svolge *takes place* **gara** *competition* **prima assoluta** *for the very first time* **gareggiano** *compete* **giurie** *juries* **si distingue** *stands out* **ristrutturazione** *reconstruction* **tirocini** *internships*

Vero o falso? Indica se ogni frase è **vera** o **falsa**. Correggi le frasi false.

1. Genova si trova a metà tra la Riviera di Levante e la Riviera di Ponente.

2. In epoca medievale, la chiesa di San Pietro faceva da fortezza.

3. La «Via dell'Amore» è un'autostrada della Liguria.

4. I terrazzamenti sono balconi delle case dei borghi liguri.

5. I palazzi dei Rolli furono costruiti da famiglie aristocratiche.

6. Il Castello di Vernazza si vede dal porto.

7. Al Festival di Sanremo gli artisti devono cantare canzoni nuove.

8. Renzo Piano si occupa solo di ristrutturare vecchi edifici.

Quanto hai imparato? Rispondi alle domande.

1. Quali sono alcune caratteristiche dei siti UNESCO della Liguria?

2. Che cosa rende la città di Porto Venere ricca da un punto di vista artistico?

3. Quali sono alcuni elementi comuni ai borghi delle Cinque Terre?

4. Perché sono importanti i palazzi dei Rolli da un punto di vista architettonico?

5. Che cos'è il Festival di Sanremo?

6. Per che cosa si distingue lo stile dell'architetto Renzo Piano?

Progetto

La Liguria ha dato i natali a famosi personaggi della cultura italiana, tra cui Edmondo De Amicis, **Niccolò Paganini**, Eugenio Montale e Carlo Bo.

- Cerca informazioni su uno dei personaggi menzionati o un ligure famoso a tua scelta.

- Scrivi una breve presentazione biografica e una presentazione su uno dei loro lavori.

- Fai un paragone con un'altra opera che hai studiato e presenta le tue riflessioni.

- Confronta il tuo lavoro con il resto della classe.

RIMANDO

To review the formation and uses of the present subjunctive, see **Strutture 6.3, pp. 214-215** and **Strutture 7.3, pp. 256-257**.

Additional uses of the subjunctive are presented in **Strutture 9.4, p. 344**.

ATTENZIONE!

Like the imperfect indicative, the imperfect subjunctive can convey several different meanings. These depend on the time relationship between the independent and dependent clauses and the writer's or speaker's intentions.

Nostra madre pensava che bevessimo troppo caffè.
Our mother thought we were drinking/used to drink/drank (in general) too much coffee.

ATTENZIONE!

As in the imperfect indicative, in the imperfect subjunctive, the verbs **bere**, **dire**, and **fare** retain their Latin stems **beve-**, **dice-**, and **face-**, to which the imperfect subjunctive endings are added.

Non credevamo che bevessero molto tè.
We didn't think they drank a lot of tea.

Era probabile che il cronista dicesse la verità.
It was likely that the reporter was telling the truth.

Era necessario che ogni lettore facesse un abbonamento alla rivista.
It was necessary that each reader subscribe (would subscribe) to the magazine.

9.1

The imperfect subjunctive and the past perfect subjunctive; tense sequencing

*Nessuno credeva che Michele **fosse** famoso.*

The imperfect subjunctive

- Use the imperfect subjunctive (**congiuntivo imperfetto**) when the verb in the independent clause is in a past tense or the conditional and requires the subjunctive, and the action in the dependent clause occurs at the same time or after the action in the independent clause.

Speravo che **trasmettessero** la conferenza stampa in diretta.
I hoped they would broadcast the press conference live.

Marco e Sabrina pensarono che la vignetta **fosse** offensiva.
Marco and Sabrina thought the cartoon was offensive.

Vorremmo che il giornale **pubblicasse** quell'intervista.
We would like the newspaper to publish that interview.

Sarebbe bello se l'intervista **durasse** più di cinque minuti.
It would be nice if the interview lasted more than five minutes.

- To form the imperfect subjunctive, use the same stems as for the imperfect indicative and add the endings shown, which are identical for all three conjugations. Remember that in the imperfect **–are**, **–ere**, and **–ire** verbs all maintain their characteristic vowel.

filmare > filma-	scrivere > scrive-	uscire > usci-
filma**ssi**	scrive**ssi**	usci**ssi**
filma**ssi**	scrive**ssi**	usci**ssi**
filma**sse**	scrive**sse**	usci**sse**
filma**ssimo**	scrive**ssimo**	usci**ssimo**
filma**ste**	scrive**ste**	usci**ste**
filma**ssero**	scrive**ssero**	usci**ssero**

Non credevo che **filmaste** la prima puntata oggi.
I did not think that you were filming the first episode today.

Speravamo che il nuovo film **uscisse** entro febbraio.
We hoped that the new film would come out by February.

Ci piacerebbe che quel canale **mettesse** in onda meno cartoni animati.
We wish that channel showed fewer cartoons.

Vorrei che la televisione pubblica **offrisse** più programmi educativi.
I wish public television offered more educational programs.

- The verbs **dare**, **essere**, and **stare** have entirely irregular forms, as shown below.

dare	**dessi, dessi, desse, dẹssimo, deste, dẹssero**
ẹssere	**fossi, fossi, fosse, fọssimo, foste, fọssero**
stare	**stessi, stessi, stesse, stẹssimo, steste, stẹssero**

Speravo che mi **dessero** più soldi.   Non sembrava che quell'uomo **fosse** un attore.
I hoped they would give me more money.   *It didn't seem like that man was an actor.*

Sarebbe meglio che non **steste** a casa tutto il giorno a guardare la TV.
It would be better if you did not stay at home all day watching TV.

- Verbs ending in **–rre** use the same stems for both the imperfect indicative and the imperfect subjunctive. They take the imperfect subjunctive endings used for **–ere** verbs.

infinitive	**porre**	**condurre**	**tradurre**	**trarre**
stem	**pon-**	**conduc-**	**traduc-**	**tra-**
imperfect subjunctive	**ponessi** ecc....	**conducessi** ecc....	**traducessi** ecc....	**traessi** ecc....

The past perfect subjunctive

- Use the past perfect subjunctive (**congiuntivo trapassato**) when the verb in the independent clause is in a past tense or the conditional and requires the subjunctive, and the action in the dependent clause occurs prior to the action in the independent clause.

    Sembrava che il cronista **avesse condotto** un'inchiesta in profondità.
    It seemed that the reporter had carried out an extensive investigation.

    Speravo che il mensile **fosse** già **arrivato** in edicola.
    I was hoping that the magazine had already made it to the newsstands.

- To form the past perfect subjunctive, use the imperfect subjunctive form of **essere** or **avere** plus the past participle of the verb. Remember that the past participle of verbs conjugated with **essere** agrees with the subject in number and gender.

festeggiare		partire		informarsi	
avessi		fossi		mi fossi	
avessi		fossi	partito/a	ti fossi	informato/a
avesse	festeggiato	fosse		si fosse	
avẹssimo		fọssimo		ci fọssimo	
aveste		foste	partiti/e	vi foste	informati/e
avẹssero		fọssero		si fọssero	

    Mia sorella sperava che il paese non **avesse** ancora **festeggiato** il santo patrono.
    My sister hoped that the town had not yet celebrated the patron saint.

    Avremmo voluto che la conferenza stampa **fosse stata** più lunga.
    We would have preferred that the press conference had lasted longer.

ATTENZIONE!

The adverbs **già**, **più**, **ancora** and **mai** are often used with the past perfect indicative and the past perfect subjunctive. Remember that these adverbs are usually placed between the auxillary verb (**essere** or **avere**) and the past participle.

Non avevo ancora letto la rivista.
I had not yet read the magazine.

Pensavi che io avessi già letto la rivista.
You thought that I had already read the magazine.

Tense sequencing

- Italian follows specific rules regarding the tense of a subjunctive verb in a dependent clause. These rules take into account the tense of the verb in the independent clause and the time relationship between the two clauses. There are two general sequences: one for sentences whose independent clause is in the present, future, or imperative, and another for sentences in the past or conditional.

Independent clause	Dependent clause	The action of the verb in the dependent clause occurs...
Present, future, imperative	present subjunctive	at the same time or later than the action of the independent clause
	past subjunctive	prior to the action of the independent clause
Past, conditional	imperfect subjunctive	at the same time or later than the action of the independent clause
	past perfect subjunctive	prior to the action of the independent clause

Dubito che la rivista **esca** in anticipo.
I doubt the magazine comes out early.

Pensava che i biglietti **fossero** esauriti.
She thought that the tickets were sold out.

Credete che l'attore **sia nato** in Danimarca?
Do you think the actor was born in Denmark?

Ero deluso che il film **fosse cominciato**.
I was disappointed that the movie had begun.

- The examples below demonstrate that a dependent verb can express an action that is (a) after, (b) contemporaneous with, or (c) prior to the action expressed by the main verb.

Sequence for independent verbs in present, future, or imperative

after (posteriorità)	contemporaneous (contemporaneità)	prior (anteriorità)
Penso che **arrivino** domani. *I think they are arriving (will arrive) tomorrow.*	Penso che **arrivino** oggi. *I think they are arriving today.*	Penso che **siano arrivati** ieri. *I think they arrived yesterday.*
Penseranno che tu **capisca**. *They will think that you (will) understand.*	Penseranno che tu **capisca**. *They will think that you understand.*	Penseranno che tu **abbia capito**. *They will think that you understood.*
Non crediate che **arrivi** in orario! *Don't believe that he will arrive on time!*	Non crediate che **arrivi** in orario! *Don't believe that he arrives on time!*	Non crediate che **sia arrivato** in orario! *Don't believe that he arrived on time!*

Sequence for independent verbs in past tenses or conditional

after (posteriorità)	contemporaneous (contemporaneità)	prior (anteriorità)
Pensavo che **arrivassero** il giorno dopo. *I thought they were arriving the next day.*	Pensavo che **arrivassero** quel giorno stesso. *I thought they were arriving that same day.*	Pensavo che **fossero arrivati** il giorno prima. *I thought that they had arrived the day before.*
Vorrebbe che **veniste**. *He would like you all to come. (sometime in the future)*	Vorrebbe che **veniste**. *He would like you all to come. (at that same time)*	Vorrebbe che **foste venuti**. *He would have liked for you to have come.*

Pratica

1

Animali e cartoni animati! Secondo alcuni psicologi, gli animali che prima incutevano paura (*struck fear*), ora suscitano (*provoke*) nei bambini sensazioni completamente diverse, grazie ad alcuni cartoni animati. Completa le frasi scegliendo fra il congiuntivo presente e il congiuntivo imperfetto.

1. Alcuni bambini oggi credono che il leone _____ (sia/fosse) un animale simpatico e socievole.

2. I miei genitori da piccoli pensavano che i maiali non _____ (abbiano/avessero) un'intelligenza.

3. Mi dispiace che alcune persone _____ (mangino/mangiassero) i conigli.

4. Mi sembra che il cavallo _____ (occupi/occupasse) ruoli importanti in molti film e cartoni animati attuali.

5. Da bambino non volevo che gli animali _____ (muoiano/morissero) nei film.

6. Molti bambini sperano che il proprio cane _____ (abbia/avesse) le qualità di un eroe della TV.

2

Lingua e comunicazione Leggi il paragrafo e completalo usando il congiuntivo imperfetto o il congiuntivo trapassato.

Ieri sera sono tornata a casa; era vuota e ho pensato che Franco (1) _____ (andare) al cinema con il suo amico Stefano, appassionato di Neorealismo, e che (2) _____ (dimenticarsi) di dirmelo. Così ho letto un articolo sulla storia della televisione. Quando è nata la Rai, nel 1954, nessuno si aspettava che la TV (3) _____ (riuscire) ad entrare anche nelle case in cui si parlava dialetto e che (4) _____ (potere) contribuire alla diffusione di una lingua nazionale. Anche Dante Alighieri sperava che gli italiani (5) _____ (parlare) una lingua unitaria, ma chi poteva immaginare che il suo sogno si sarebbe concretizzato grazie ad uno strumento così poco poetico? Quando Franco è tornato, ho voluto che mi (6) _____ (raccontare) tutto. Il film era di Visconti, ma non era sicuro che gli (7) _____ (piacere) perché gli attori parlavano in dialetto ed era difficile capirli. Visconti riteneva che il cinema (8) _____ (escludere) il popolo dalla storia, per questo voleva che i suoi attori (9) _____ (essere) spontanei. Un vero artista va sempre controcorrente, no?

3

Il Festival di Sanremo Leggete il paragrafo e riscrivetelo al passato coniugando i verbi sottolineati al modo e al tempo adeguato, come nel modello.

> **Modello** **Non <u>ricordo</u> quale canzone <u>abbia vinto</u> nel 2009.**
>
> Non ricordavo quale canzone avesse vinto nel 2009.

Il Festival di Sanremo

Alcuni (1) <u>dicono</u> che il Festival di Sanremo (2) <u>sia</u> il Festival della canzone italiana più seguito. Altri (3) <u>pensano</u> che al Festival si (4) <u>ascolti</u> solo musica banale e commerciale. Io (5) <u>credo</u> che solo alcune canzoni del Festival si (6) <u>distinguano</u> per originalità di testi e musica. Non (7) <u>so</u> quale cantante (8) <u>abbia vinto</u> per più volte, ma (9) <u>credo</u> che (10) <u>sia stato</u> Domenico Modugno. Non mi (11) <u>meraviglia</u> che gli italiani (12) <u>abbiano votato</u> per Modugno, e mi (13) <u>fa</u> piacere che lo (14) <u>considerino</u> ancora un grande artista. (15) <u>Sembra</u> che le sue canzoni non (16) <u>invecchino</u> mai!

4

Chi l'avrebbe immaginato! Completa l'e-mail che Paolo scrive ad Alfredo raccontandogli tutte le cose interessanti che ha scoperto oggi alla lezione di storia del cinema. Attenzione, devi scegliere tu il tempo del congiuntivo appropriato: presente, passato, imperfetto o trapassato.

Ciao Alfredo,
mi dispiace che tu non (1) _____ (venire) oggi alla prima lezione del corso di cinema. Non avrei mai pensato che (2) _____ (essere) così interessante! Io ho sempre creduto che il doppiaggio (3) _____ (nascere) dalla pigrizia (*laziness*) di qualche italiano che non voleva leggere i sottotitoli, ma non sapevo che proprio le case di produzione americane (4) _____ (incentivare) il doppiaggio per distribuire i film in Europa! Pare che questa necessità (5) _____ (presentarsi) già nel 1929, quando lo stesso film ha cominciato a essere girato più volte in diverse lingue! Sembra che alcuni attori (6) _____ (limitarsi) a muovere la bocca, mentre altri attori madrelingua parlavano al loro posto. I registi, però, volevano che almeno gli attori principali (7) _____ (recitare) in tutte le lingue e che (8) _____ (leggere) la trascrizione fonetica delle parole su dei cartelli posizionati dietro le videocamere! Ti immagini? È un peccato che molte di queste versioni in italiano (9) _____ (andare perdute): sarebbe divertente guardarle oggi! Spero che tu (10) _____ (venire) mercoledì prossimo, perché ne vale davvero la pena!
Un saluto, Paolo.

5

Il doppiaggio Leggete le frasi e commentatele usando il congiuntivo imperfetto.

> **Modello**   L'arte del doppiaggio richiede che i doppiatori parlino un italiano senza accenti regionali.
>
> **Non immaginavo che** i doppiatori parlassero senza accento.

1. È ormai accettato che solo i personaggi italo-americani conservino nel doppiaggio un accento regionale, solitamente siciliano.
   Non pensavo che _____.

2. Tutti concordano con il fatto che un buon doppiaggio debba rispettare il senso della frase originale e il movimento delle labbra dell'attore.
   Non avevo mai considerato il fatto che _____.

3. La sincronizzazione dei tempi richiede che la frase doppiata sia sempre un po' diversa da quella originale.
   Non credevo che _____.

4. Chi ama il doppiaggio pensa che i sottotitoli affatichino (*tire*) lo spettatore distraendolo dall'immagine.
   Non ho mai ritenuto che _____.

5. Pare che alcuni paesi dell'Est Europa preferiscano il «lettore», un attore che legge le battute degli attori, mentre le voci originali si possono sentire in sottofondo, ad un volume più basso.
   Non avrei mai pensato che _____.

6. Si ritiene che l'Italia e la Germania abbiano la più lunga e migliore tradizione di doppiaggio.
   Non avrei mai detto che _____.

 Practice more at **immagina.vhlcentral.com.**

Comunicazione

6 **I genitori sono tutti uguali!** Scrivi sei frasi spiegando cosa i tuoi genitori speravano che tu facessi o non facessi una volta iscritto/a all'università. Poi confronta le tue frasi con quelle del(la) tuo/a compagno/a e trova le similarità.

> **Modello** I miei genitori speravano/volevano/desideravano che io avessi molti amici.

7 **Riflettere** In coppia e a turno, completate le frasi con il tempo giusto del congiuntivo. Poi riflettete: avete avuto esperienze simili? Avete speranze diverse?

1. Da piccolo/a la sera, nel letto, avevo paura che…

2. Quando giocavo con gli altri bambini non volevo che…

3. Ho sempre sperato che i miei amici…

4. Non avrei mai immaginato che in così pochi anni…

5. Mi piacerebbe che i ragazzi della mia età…

6. Non vorrei mai che i bambini di oggi…

8 **Vacanze italiane** Ecco le foto delle vostre vacanze in Italia con alcuni amici. In coppia, descrivi ogni immagine con almeno due frasi, aiutandoti con le espressioni suggerite.

> **Modello** È stato necessario che Michael bevesse anche il caffè di Tina per rimanere sveglio.

> È stato necessario che… | Io avevo paura che…
> Gli amici volevano che… | Noi speravamo che…
> Bisognava che… | Sembrava che…

9 **Situazioni di vita** Leggete le seguenti situazioni e provate a commentarle suggerendo una soluzione. Aiutatevi con le espressioni della lista.

> Sarebbe stato/Sarebbe meglio che… | È bene/male che… | Pensiamo che…
> È possibile/impossibile che… | È consigliabile che… | Pare che…

1. Una sera Monica esce e, in un pub, trova Sandro, il ragazzo della sua amica Roberta. Non ci sarebbe niente di male, ma Monica ha appena parlato al telefono con Roberta, la quale le ha detto che Sandro è a casa con l'influenza!

2. È febbraio, fa freddo, ma Luigi è contento: oggi stesso parte per Santo Domingo! È all'aeroporto, in fila per il check in, quando improvvisamente si rende conto di aver scambiato la sua valigia con quella del fratello, partito per la Norvegia.

9.2 Indefinite adjectives and pronouns

- Indefinite adjectives and pronouns are used to speak about unspecified people or things and to indicate general quantities. The English equivalents include *someone, something, no one, nothing, everyone, everything, whoever, whatever, none, some, a few, each, any, every,* and *all.* Some Italian indefinites function only as adjectives or only as pronouns, while others can function as both adjectives and pronouns.

Indefinite Adjectives	Indefinite Pronouns
Qualche attore inizia la carriera in teatro. *Some actors begin their careers in the theater.*	**Alcuni** iniziano la carriera in teatro. *Some begin their careers in the theater.*
Pochi giornalisti lavoravano all'estero. *Few journalists were working abroad.*	**Pochi** lavoravano all'estero. *Few were working abroad.*

Indefinite Adjectives

- An indefinite adjective modifies a noun. Some indefinite adjectives are singular and invariable, even though a plural meaning may be implied. Other adjectives change according to the noun they modify.

singular invariable		singular variable		plural	
ogni	*every, all*	tutto/a	*every, all*	alcuni/e	*some, a few*
qualche	*some, a few*	nessuno/a	*no, not any*	tutti/e	*every, all*
qualunque, qualsiasi	*any, whatever, whichever*	ciascuno/a	*each*		

> **Qualunque** giornale leggeranno, gli studenti saranno aggiornati sulle notizie del mondo.
> *Whatever newspaper they read, the students will be updated on world news.*

> **Alcune** riviste pubblicano anche vignette.   Non esiste **nessuna** radio libera qui.
> *Some magazines also print cartoons.*   *There is no independent radio station here.*

- Note that some indefinite words are synonymous. Remember, however, that the words **qualche** and **ogni** require singular forms, even if they indicate a plural meaning.

qualche + [*singular noun*]	=	**alcune** + [*plural noun*]
Compriamo **qualche** rivista.		Compriamo **alcune** riviste.

Let's buy a few magazines.

ogni + [*singular noun*]	=	**tutti** + [*plural noun*]
Ogni giornalista scrive bene.		**Tutti** i giornalisti scrivono bene.

All journalists write well.

- The form **alcuno/a** is used with the negative **non** to indicate *no* + [*noun*] + *whatsoever.*

> **Non** pone **alcun** rischio alla salute.
> *It poses no danger whatsoever to one's health.*

ATTENZIONE!

Note that the words **nessuno**, **alcuno**, and **ciascuno** employ the same forms as the indefinite article (**un, un', uno, una**).

Non vi è nessun dubbio.
There is no doubt.

Si licenzia senza alcuna ragione?
She is resigning for no reason?

ATTENZIONE!

The expressions **tutto questo** and **tutto quello** refer broadly to a concept or fact and correspond to *all this/all that/everything.*

Hai capito tutto quello che ti ho detto?
Did you understand everything I told you?

ATTENZIONE!

Remember that **qualche** is always singular and invariable, even though the English translation is plural.

Guardo la TV solo qualche volta. Preferisco leggere.
I only watch TV once in a while. I prefer reading.

Abbiamo qualche domanda.
We have a few questions.

ATTENZIONE!

Note that the adjective **tutto/a/i/e** requires the definite article (**il/lo/l'/la/i/gli/le**).

Non conosco tutte le usanze degli italiani.
I am not familiar with all the customs of Italians.

Non guardare la TV tutto il giorno!
Don't watch TV all day!

Indefinite pronouns

—I figli del giaguaro? **Nessuno** *l'ha visto qua dentro? Neanche tu?*

- An indefinite pronoun replaces a noun and stands alone. Their forms are summarized below. Note that **tutto** and **niente** refer to things, while **tutti/e** and **nessuno** refer to people.

singular invariable		singular variable		plural	
chiunque	anyone, whoever	qualcuno/a	someone	alcuni/e	some, a few
		ognuno/a	everyone	tutti/e	everyone
niente, nulla	nothing	nessuno/a	no one, not anyone		
qualcosa	something				
tutto	everything	ciascuno/a	each		

Niente è impossibile.
Nothing is impossible.

Chiunque può venire al concerto. L'ingresso è libero.
Anyone can come to the concert. Admission is free.

Nessuno riesce a capire.
No one is able to understand.

I giornalisti lavorano tanto, **alcuni** anche la domenica.
Journalists work a lot, some even (work) on Sundays.

- **Qualcosa**, **nulla**, and **niente** are considered masculine singular. When used with an adjective, they are followed by **di**. When used with an infinitive, they are followed by **da**.

È successo **qualcosa**?
Did something happen?

Avete mangiato **qualcosa di buono**?
Did you eat something good?

Non è **cambiato niente**.
Nothing has changed.

Non hai trovato **niente da guardare** alla TV?
You didn't find anything to watch on TV?

Indefinite adjectives and pronouns

- As you may have noticed from the above tables, several indefinite words can function as either an adjective or a pronoun. When a noun is stated, use the adjectival form and make it agree with the noun. To replace a noun, use the pronoun alone.

indefinite word	adjective	pronoun
tutto/a/i/e	Vediamo **tutti i film**. *We see all the films.*	**Tutti** sono interessanti. *All are interesting.*
alcuni/e	Guardo **alcune telenovele**. *I watch some soap operas.*	Me ne piacciono **alcune**. *I like some (of them).*
nessuno/a	Non ami **nessuno sport**? *You do not like any sports?*	Non te ne piace **nessuno**? *You do not like any (of them)?*
ciascuno/a	**Ciascun giornalista** scrive un articolo. *Each journalist writes an article.*	**Ciascuno** scrive un articolo. *Each one writes an article.*

RIMANDO

To review negation, see **Strutture 6.2, pp. 210-211**.

ATTENZIONE!

Some indefinites may function as adverbs, and are invariable when they do so. These adverbs are **molto, parecchio, poco, tanto, troppo**.

ATTENZIONE!

Other words that act like the ones in the chart on the left are **altro, certo, diverso, molto, parecchio, poco, tanto, troppo**, and **vario**.

Abbiamo comprato **parecchi** DVD di Charlie Chaplin. (indefinite adjective)
We bought many Charlie Chaplin DVDs.

Parecchi dimostrano il suo indiscutibile talento. (indefinite pronoun)
Many demonstrate his indisputable talent.

Pratica

1

Strane notizie alla radio Sonia e Paolo stanno ascoltando la radio ma, improvvisamente, il programma viene interrotto… Completa il dialogo con le parole della lista.

alcune	nessun	niente	qualche	qualcuno	tutti
alcune	nessuna	niente	qualcosa	tutte	tutto

PRESENTATORE Buona sera a (1) _____. Interrompiamo il nostro programma per dirvi che alle 19.40 il prof. Boschi dell'Università di Genova ha osservato (2) _____ esplosioni di gas incandescente che dal pianeta Marte si dirigono verso la Terra! Continuiamo ora con il nostro programma…

SONIA Hai sentito, Paolo? Speriamo che non sia (3) _____ di serio! Forse dovremmo ascoltare (4) _____ giornale radio.

PAOLO Non intendo ascoltare (5) _____ giornale radio a quest'ora. Ho solo bisogno di rilassarmi. Vuoi (6) _____ da bere?

SONIA No, grazie, non voglio (7) _____. Vorrei solo che (8) _____ mi dicesse cosa sta succedendo…

PRESENTATORE Scusateci ancora per l'interruzione, ma questa è un'emergenza. (9) _____ persone ci hanno raccontato di un'astronave cilindrica che è appena atterrata nella campagna fuori Genova. (10) _____ le abitazioni nei dintorni sono state evacuate. Vi preghiamo di rimanere nelle vostre case e di non uscire per (11) _____ ragione!

SONIA Paolo! Che facciamo? Ci uccideranno!

PAOLO Sonia! Ma non hai ancora capito? È l'adattamento di *La Guerra dei Mondi*, il romanzo di H.G. Wells! Ma credi proprio a (12) _____!

2 **Noi e i media** Sostituisci gli aggettivi indefiniti sottolineati con un pronome indefinito e fai le modifiche necessarie.

> **Modello** <u>Alcune persone</u> sono contrarie ad avere la televisione in casa.
> Alcuni sono contrari ad avere la televisione in casa.

1. <u>Molte persone</u> credono alle cose che sentono in televisione.
2. Non <u>tutte le cose</u> che sono scritte sui giornali sono vere.
3. <u>Qualunque persona</u> vorrebbe andare in televisione per diventare famosa.
4. Quando guardo la televisione non voglio vedere <u>nessun programma</u> scandalistico.
5. <u>Ogni telespettatore</u> vorrebbe incontrare il proprio attore preferito.

3 **Le vacanze** Per le vacanze, un tuo amico vorrebbe andare a Savona, ma tu non sei d'accordo. Contraddici ogni sua affermazione usando un aggettivo o un pronome indefinito.

> **Modello** Ci sarebbe tanto da fare a Savona.
> Non, non ci sarebbe niente da fare a Savona.

1. Il 14 di agosto vanno tutti a Savona per vedere la «posa a mare dei lumini».
2. Tutti gli esperti conoscono la grotta (*cave*) di Borgio Verezzi.
3. C'è molto da vedere all'interno della Fortezza del Priamar.
4. Ci sono vari spettacoli interessanti durante l'estate nella Riviera delle Palme.
5. Alcuni sentieri partono da Savona e si arrampicano sulle montagne della costa.

Nota CULTURALE

La città di **Savona** è situata nella **Riviera delle Palme**, che va dalla cittadina di Varazze fino ad Andora. A Savona, la notte prima di ferragosto, c'è la «posa a mare dei lumini»: al tramonto il mare è illuminato da migliaia di lumini galleggianti (*floating lights*). **La Fortezza del Priamar** è la prigione che ha ospitato Giuseppe Mazzini, famoso rivoluzionario che ha contribuito all'unificazione d'Italia nel diciannovesimo secolo. I fondali di Savona, da sempre frequentati da barche e navi per ogni tipo di commercio, sono oggi un interessante parco archeologico per gli amanti dello sport subacqueo.

Practice more at **immagina.vhlcentral.com**.

Comunicazione

4

Si parte! Che tipo di persona sei? Ti piace andare all'avventura o programmare tutto in anticipo? Rischiare a occhi chiusi o sapere qualcosa prima di prendere una decisione? Rispondi alle domande, poi, con un(a) compagno/a, confrontate e discutete le vostre risposte.

1. **Prima di visitare un paese straniero...**
   a. vado in biblioteca e studio tutta la storia del posto fin dalle origini.
   b. raccolgo qualche informazione sommaria su Internet circa i vari aspetti del luogo: sociale, economico, storico e naturale.
   c. non studio niente prima e lascio che tutto sia una sorpresa.

2. **Quando viene il momento di preparare le valigie...**
   a. porto con me tutto quello di cui potrei avere bisogno, incluso il mangiare.
   b. non metto in valigia niente che non sia indispensabile e mi adatto.
   c. mi informo prima su dove poter comprare tutte le comodità a cui sono abituato/a.

3. **Quando arrivo in una città...**
   a. ho già un itinerario dettagliato di tutti i posti che voglio vedere.
   b. vado all'ufficio turistico e chiedo informazioni sul posto e qualche consiglio su cosa vedere.
   c. comincio a camminare in qualsiasi direzione e mi faccio guidare dal caso.

4. **Mentre visito i vari luoghi...**
   a. mi piace parlare con chiunque e per questo studio un po' la lingua prima di partire.
   b. di solito non parlo con nessuno oltre ai miei compagni di viaggio.
   c. vorrei parlare con qualcuno del posto, ma di solito non conosco la lingua.

5. **Quando sono in un ristorante...**
   a. scelgo solo alcuni piatti specifici: quelli che conosco.
   b. provo a ordinare qualunque piatto abbia un nome incomprensibile.
   c. chiedo al cameriere di consigliarmi alcuni piatti tipici.

5

Racconti di viaggio

A. In coppia, preparate sei domande su alcune esperienze di viaggio usando le parole della lista come nel modello.

Modello   Hai mai fatto qualcosa che non ti aspettavi di fare?

niente	qualcosa	tutti
qualche	qualcuno	tutto

B. In gruppi di quattro, fatevi le domande e rispondete raccontando le vostre esperienze.

6

Cosa succede? Antonella e Alessandro sono in gita. Fanno e vedono cose molto divertenti. Ad un certo punto, succede qualcosa. Qualcosa di buffo, di strano, di tragico o di romantico? Decidetelo voi! Guardate le immagini e scrivete una storia usando almeno otto aggettivi o pronomi indefiniti.

9.3

Hypothetical statements

- Hypothetical statements enable us to state what might occur if something else happens. Hypothetical statements contain two parts: a subordinate clause introduced by **se** (*if*) that expresses a condition or possibility, and an independent clause that expresses the result.

> Se **vieni** a Roma la prossima settimana, **chiamami**!
> *If you come to Rome next week, call me!*

> Se **avessimo** tempo, **guarderemmo** tutte le puntate.
> *If we had the time, we would watch all the episodes.*

- Italian grammar allows for three types of **se** clauses, depending on an event's probability: (a) when the condition is likely or real, (b) when the condition is unlikely but possible, and (c) when the condition is impossible. The verb tense and mood convey these levels of probability.

RIMANDO

To review the verb tenses used in hypothetical statements, see

The imperative, p. 138;
The future, p. 176;
The conditional, p. 206;
The imperfect subjunctive and the past perfect subjunctive, p. 330.

Hypothetical Statements

likely or real condition	unlikely but possible condition	impossible condition
Se + **indicative**	*Se* + **imperfect subjunctive**	*Se* + **past perfect subjunctive**
Se **leggi** il giornale, **ti tieni** aggiornato sulla politica.	Se **vivessi** in Italia, **capirei** meglio la politica del paese.	Se **fossi nato** in Italia, **potrei** votare alle elezioni.
If you read the paper, you stay updated on politics.	*If I lived in Italy, I would understand better the country's politics.*	*If I had been born in Italy, I could vote in the elections.*

- To state hypothetically what is possible or real, use the indicative in the **se** clause and the indicative or the imperative in the independent clause. Often the same mood and tense are used in both clauses, but other combinations are possible.

ATTENZIONE!

Note that when the future is used in the **se** clause, the main clause is also often in the future. It is also permissible, however, to use the present tense in the main clause.

Se registrerai il programma, lo guarderemo più di una volta. (fut. + fut.)
Se registrerai il programma, lo guardiamo più di una volta. (fut. + pres.)
If you record the program, we will watch it more than once.

Tense combination *Se* clause, main clause	Examples
presente + presente	Se **parli** lentamente, **capisco** meglio.
	If you speak slowly, I understand better.
passato prossimo + presente	Se **hai** già **letto** il libro, me lo **puoi** prestare?
	If you have finished reading the book, can you loan it to me?
passato prossimo + imperativo	Se **avete guardato** il DVD, **riportatelo** in biblioteca.
	If you have watched the DVD, bring it back to the library.
passato prossimo + futuro	Se non **ha** ancora **finito** l'articolo, lo **finirà** presto.
	If she hasn't yet finished the article, she will finish it soon.
passato prossimo + imperfetto	Se **hanno mangiato** tutto, **avevano** molta fame.
	If they ate everything, they were very hungry.
futuro + futuro	Se **avrai** voglia, **potrai** venire a trovarmi.
	If you (will) want to, you will be able to visit me.
imperfetto + imperfetto	Se **andavo** al cinema, **guardavo** solo film comici.
	If I went to the movies, I only watched comedies.

ATTENZIONE!

It is possible to reverse the order of the clauses in a hypothetical statement.

I tuoi amici verrebbero alla festa se li invitassimo?
Would your friends come to the party if we were to invite them?

- Only in the case of *likely* or *real* hypothetical statements, you may note that a synonymous meaning could be derived by substituting **quando** for **se**. The same is not true for unlikely or impossible hypothetical clauses.

   Se avrò i soldi comprerò una macchina sportiva.
   If I have the money, I will buy a sports car.

   Quando avrò i soldi comprerò una macchina sportiva.
   When I have the money, I will buy a sports car.

- To state hypothetically what may be unlikely but possible, use the imperfect subjunctive in the **se** clause, and the present or past conditional in the result clause.

   Se **credessero** all'oroscopo, lo **leggerebbero** ogni giorno.
   If they believed in the horoscope, they would read it every day.

   Se mi **informassi**, **avrei capito** meglio la conferenza stampa.
   If I kept myself informed, I would have understood the press conference better.

*Se la famiglia **guardasse** questo video, **capirebbe** la sua gioia!*

- To state a hypothesis about the past, a condition that could not change or is contrary to fact, use the **past perfect subjunctive** in the **se** clause, and the present or past conditional in the result clause. The conditional present expresses the potential current outcome if something in the past had occurred.

   Se **avesse letto** il libro, **capirebbe** meglio il film.
   If he had read the book, he would understand the film better. (**now** – conditional present)

   Se **avesse letto** il libro, gli **sarebbe piaciuto**.
   If he had read the book, he would have liked it. (**then** – past conditional)

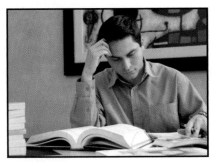

Se **avessi studiato** di più, adesso non **avrei** problemi a scuola!

ATTENZIONE!

Remember to use the conditional mood only in the main clause, never in the **se** clause.

Se avesse più soldi, Claudio comprerebbe una casa al mare.
If he had more money, Claudio would buy a house by the sea.

ATTENZIONE!

Occasionally, in spoken Italian, you may notice that the word **se** is omitted.

Certo, avessi tempo, rileggerei quel libro!
Sure, had I time, I would reread that book!

Pratica

1

La festa della mimosa Luisa invita Miriam alla Festa della Mimosa, a Pieve Ligure. Completa il dialogo inserendo la forma corretta del verbo nel tempo indicativo.

LUISA Ciao Miriam! Vieni anche tu oggi alla Festa della Mimosa?

MIRIAM Dipende, se (1) _____ (trovare) chi mi accompagna, vengo volentieri.

LUISA Se prendi la macchina, (2) _____ (ricordarsi) che il centro è chiuso al traffico per tutta la giornata.

MIRIAM Potrei venire in treno, ma la stazione è lontana.

LUISA Se vieni in treno, (3) _____ (potere) prendere la navetta (*shuttle bus*) alla stazione e arrivare in centro.

MIRIAM A che ora comincia la festa?

LUISA Il prete benedirà le mimose a mezzogiorno, se tutto (4) _____ (procedere) secondo il programma.

MIRIAM Sinceramente, mi interessa di più l'aspetto folcloristico...

LUISA Allora vieni il pomeriggio! Se (5) _____ (prendere) il treno subito dopo pranzo, farai in tempo a vedere la sfilata (*parade*) dei carri e dei quadri fioriti.

MIRIAM Bene! Invito anche Luca! Se (6) _____ (finire) gli esami, forse vorrà rilassarsi un po'...

LUISA Va bene. Se arrivi prima, (7) _____ (chiamarmi). Possiamo mangiare insieme agli stand gastronomici. Ciao!

Nota CULTURALE

La **mimosa** è il fiore simbolo della festa della donna, che in Italia si celebra l'8 marzo. La Liguria con il suo clima temperato favorisce la fioritura della mimosa. Per non far passare inosservata la fioritura di un fiore così simbolico, la prima domenica di febbraio si festeggia a Pieve Ligure l'inizio della primavera con la Festa della Mimosa.

2

Pro o contro?

A. Sei pro o contro il modo in cui i mezzi di comunicazione di massa vengono usati? Completate il questionario usando il condizionale semplice nella prima opzione e quello composto nella seconda.

1. Se Internet non esistesse...
   a. le persone _____ (sentirsi) più sole.
   b. i rapporti interpersonali _____ (rimanere) come una volta: umani e non virtuali!

2. Se la televisione trasmettesse più programmi educativi...
   a. il livello della cultura _____ (alzarsi).
   b. la maggior parte dei telespettatori _____ (lamentarsi) già da tempo.

3. Se la televisione non esistesse...
   a. le persone _____ (leggere) di più.
   b. la popolazione _____ (essere esclusa) dalla storia.

4. Se tu avessi un'antenna parabolica...
   a. la _____ (usare) per guardare canali stranieri e familiarizzarti con nuove lingue.
   b. _____ (trovare) già il tuo canale preferito per guardare solo quello!

5. Se i giornali e le riviste fossero tutte on-line...
   a. _____ (risparmiare —*to save*) molta carta.
   b. tutti noi _____ (perdere) ormai il gusto di leggere il giornale al bar, sul treno o con gli amici.

6. Se non esistesse il doppiaggio...
   a. _____ (essere) più facile imparare altre lingue.
   b. i buoni film non _____ (circolare) così diffusamente.

B. In coppia, rispondete al questionario discutendo sulle risposte.

Comunicazione

3

Consigli sulla TV In coppia, parlate delle vostre reazioni in determinate circostanze. Completate le frasi suggerite, scegliendo con attenzione i modi e i tempi da usare.

> **Modello.** **...metto il volume al massimo.**
>
> Se qualcuno mi disturba mentre guardo la TV, metto il volume al massimo.

1. Se io dovessi decidere dove mettere il televisore in casa...
2. Se qualcuno cambiasse canale mentre sto guardando un programma che mi interessa...
3. Se guardo la TV insieme ad un'altra persona...
4. ...proverei a vivere senza.
5. ...uso i tappi per le orecchie (*earplugs*).
6. ...avrei comprato un televisore con le cuffie (*head-phones*).

4

Cosa fareste voi? Guardate le immagini e dite cosa fareste in queste circostanze. Siate creativi!

> **Modello:** Se io diventassi un'attrice famosa, chiederei a tutta la famiglia di guardare i miei film!

 1.   **2.**   **3.**

 4.   **5.**

5

Se fossi Prova a immaginare come sarebbe la tua vita se tu fossi uno dei seguenti personaggi.

> **Modello:** **Scarlett Johansson**
>
> Se fossi Scarlett Johansson, girerei un film in Italia....

- Robert De Niro
- Justin Timberlake
- Roberto Benigni
- Lindsay Lohan
- Mike Myers
- Leonardo Di Caprio

6

Rimpianti (*Regrets*) Scrivi quattro frasi su alcune cose che avresti fatto diversamente la scorsa estate. Quindi spiega le tue frasi ai tuoi compagni, in gruppi di tre o quattro.

> **Modello:** Se avessi saputo quanto era difficile trovare lavoro, avrei cominciato prima a cercarne uno.

9.4

RIMANDO

Previous presentations related to the subjunctive include the following.

The subjunctive: impersonal expressions; will and emotion, **Strutture 6.3, pp. 214-215**

The subjunctive with expressions of doubt and conjunctions; the past subjunctive, **Strutture 7.3, pp. 256-257**

Other uses of the subjunctive

- You have already learned to use the subjunctive mood in dependent clauses following expressions of opinion, doubt, will, and emotion. You will recall that the indicative mood, in contrast, conveys facts and other objective information.

- Italian also requires the use of the subjunctive in several other instances, in which the subjunctive is not triggered by a particular verb in an independent clause (such as **pensare che**, **dubitare che**, **sperare che**). Rather, it is required because of restrictive or limiting words (indefinites, negatives, and superlatives) that trigger its use in a relative clause.

- Use the subjunctive in relative clauses introduced by the indefinite words **qualunque** and **qualsiasi** (*whichever/whatever*), **chiunque** (*whoever*), **comunque** (*however*), and **dovunque** (*wherever*).

  Qualunque cosa **succeda**, non dimenticarti di me!
  Whatever happens, don't forget me!

  Non rispondo al telefono, **chiunque chiami**.
  I'm not answering the phone, no matter who calls.

  Comunque vadano le cose, non disperare!
  However things go, don't despair!

  Dovunque traslochiate, vi verrò a trovare.
  No matter where you move, I will visit you.

- Use the subjunctive in relative clauses that speak of something or someone that is unknown or does not yet exist. For example, the subjunctive is used after the indefinite article (**un, uno, un', una**) + [*noun*] and after the indefinite pronouns **qualcuno** and **qualcosa**.

  Dobbiamo trovare **un articolo** che **appoggi** le nostre idee.
  We need to find an article that supports our ideas.

  Conosci **qualcuno** che **possa** darci una mano?
  Do you know anyone who can give us a hand?

- Use the subjunctive when speaking of someone or something unknown or nonexistent, for example, after the negative expressions (**non**)... **nulla/niente/nessuno**.

  Di quel museo, non c'è **nulla** che mi **piaccia**.
  There is nothing about that museum that I like.

  Non conosciamo **nessuno** che **possa** aiutarci.
  We don't know anyone who can help us.

RIMANDO

To review comparatives and superlatives, see **Strutture 7.1, pp. 246-248**

- Use the subjunctive after the relative superlative (**il più**... **che**, **il meno**... **che**, **il migliore**... **che**, **il peggiore**... **che**).

  Novecento è **il** film **più lungo** che io **abbia** mai **visto**!
  1900 *is the longest film I have ever seen!*

- The subjunctive is often used after the restrictive adjectives **unico, solo, primo,** and **ultimo** in combination with the definite article.

  La Strada è **l'unico** film di Fellini che **abbiate visto**.
  La Strada *is the only film by Fellini that you have seen.*

  I cartoni animati sono **i primi** programmi che io **abbia visto**.
  Cartoons are the first programs I have seen.

ATTENZIONE!

Note that the word order in sentences containing a relative superlative can vary. Remember also that the forms of some adjectives (such as **bello** and **buono**) change depending on their position in the sentence.

Il Pantheon è l'edificio più bello che esista.
Il Pantheon è il più bell'edificio che esista.
The Pantheon is the most beautiful building there is.

Pratica e comunicazione

1 **Al Genova Comics** Jennifer, studentessa americana in Italia, incontra per la prima volta Paolo al Genova Comics: forse può consigliarle quale fumetto comprare per suo fratello... Completa la conversazione inserendo i verbi al congiuntivo o all'indicativo.

JENNIFER Ciao! Puoi aiutarmi, per favore? Cerco un fumetto per mio fratello... qualcosa di tipicamente italiano, ma fuori dagli stereotipi. Puoi consigliarmi qualcosa?

PAOLO Diabolik, senza dubbio! Ovunque tu (1) _____ (andare), il suo stand è sempre pieno di gente: significa che è il più amato!

JENNIFER Diabolik... non lo conosco, ma chiunque lui (2) _____ (essere), ha un nome davvero inquietante!

PAOLO Diabolik è «il re del terrore»! Non c'è nessuno in Italia che non lo (3) _____ (conoscere).

JENNIFER Cosa fa nella vita questo... Diabolik?

PAOLO Il ladro. Chiunque (4) _____ (avere) denaro o (5) _____ (nascondere) gioielli è una sua possibile vittima.

JENNIFER Una specie di Robin Hood moderno!

PAOLO Non proprio... Diabolik non dà niente ai poveri. Tiene per sé tutto quello che (6) _____ (rubare).

JENNIFER E tu sei d'accordo con tutto quello che lui (7) _____ (fare)?

PAOLO Certo che no! Ma Diabolik è un personaggio assolutamente innovativo per i suoi tempi! La sua amante, Eva Kant, è una donna forte, astuta (*smart*) e sempre fedele. Chiunque (8) _____ (dire) di essere un fan di Diabolik, in realtà è un fan di Eva Kant.

2 **Confronti** Confronta i tuoi gusti con quelli di un(a) compagno/a usando il congiuntivo presente o passato come nell'esempio.

Modello **Il miglior film**
«Gli Intoccabili» è il miglior film che io abbia mai visto.

1. la rivista più interessante
2. il fumetto più divertente
3. il cartone animato più realistico
4. il programma meno commerciale
5. il personaggio più misterioso
6. il giornalista più polemico
7. il peggior telefilm
8. l'opinionista più critico

3 **Quest'anno a ferragosto** Guardate le immagini e scegliete come passare ferragosto quest'anno. Quindi scrivete almeno due frasi al superlativo per ogni immagine, spiegando perché l'avete o non l'avete scelta. Aiutatevi con le parole della lista.

Modello Non farò più trekking perché è la cosa meno entusiasmante che io abbia mai fatto.

Nota CULTURALE

Genova Comics è il festival internazionale che ogni anno propone fumetti e musica di ogni epoca, formato e genere. Al festival, un posto speciale è occupato dalle edizioni di *Diabolik, il «re del terrore»*, inventato nel 1962 dalle sorelle Giussani in formato tascabile (*pocket format*) per i pendolari (*commuters*) che ogni giorno prendevano il treno per andare al lavoro. Figura decisamente controversa, Diabolik non era certo un esempio morale, mentre la sua amante, Eva Kant, era l'opposto dello stereotipo femminile propagandato da stampa e televisione fin ad allora. Inizialmente attaccato dalla critica, Diabolik vanta oggi un fan club molto numeroso per la bellezza dei disegni, il fascino dei personaggi e la storia d'amore assolutamente sincera ed onesta fra il protagonista ed Eva.

Practice more at
immagina.vhlcentral.com.

Sintesi

1

Parliamo In piccoli gruppi, esaminate il sondaggio e discutete degli argomenti proposti dalle domande.

> **Comunicato stampa del Censis: Come si sono informati gli italiani per decidere chi votare alle elezioni amministrative del 2009.**
>
> - Telegiornali: 69,3 %
> - Programmi di discussione e approfondimento: 30,6 %
> - Stampa: 25,4 %
> - Confronti con familiari e amici: 19 %
> - Canali televisivi «all news»: 6,6 %
> - Radio: 5,5 %
> - Internet (iscrizione ai siti di partito per ricevere informazioni, partecipazione ai forum di discussione, blog, Facebook): 2,3 %
> - Partecipazione a manifestazioni: 2,2 %
>
> **fonte: http://www.censis.it/**

1. Qual è il mezzo di informazione più usato dagli italiani? Pensi che sia una fonte valida oppure no? Perché?
2. Pensi che sia corretto concludere che la televisione influenza il voto degli italiani?
3. Come ti informeresti se dovessi prendere una decisione importante?
4. Tra i mezzi di informazione elencati, qual è il migliore che tu possa consigliare ad un(a) amico/a?
5. Secondo te, qual è il mezzo d'informazione più diffuso tra i giovani?

Strategie per la comunicazione

Espressioni utili...

...per esprimere le proprie opinioni:

Secondo me/i sondaggi... (+ indicativo)

Personalmente penso/credo/ritengo che... (+ congiuntivo)

Sono assolutamente contrario/a a...

Sono d'accordo con...

...per esprimere punti di vista diversi:

Da un lato..., dall'altro...

Sono d'accordo con..., tuttavia...

Anche se... (+ indicative)

Nonostante... (+ congiuntivo)

...per indicare i risultati di un sondaggio:

La maggior parte di... (+ verbo al singolare)

La maggioranza/minoranza di...

2

Scriviamo Scegli un argomento tra i due proposti e scrivi una breve composizione.

- Descrivi il tuo rapporto con la televisione. La usi? Come? Quando? Quanto? Trovi che sia giusto parlare di un «uso buono» e un «uso cattivo» della televisione, o pensi che questo sia un atteggiamento moralistico che limita la libertà dell'individuo?

- Descrivi come, in un paese ideale, i cittadini risponderebbero alle domande del sondaggio. Avrebbero un atteggiamento (*attitude*) diverso nei confronti dei mezzi di informazione? Perché? Come si potrebbe creare una società con un maggiore spirito critico? Se tu avessi la possibilità di pianificare la programmazione televisiva del tuo paese, come la struttureresti?

Preparazione

Vocabolario della lettura	Vocabolario utile
il capolavoro *masterpiece*	**il critico (cinematografico)** *(film) critic*
il/la cineasta *filmmaker*	**giallo** *mystery*
il copione *script*	**nero** *noir*
il culmine *height, peak* (fig.)	**premiato/a** *award-winning*
girare *to film; to turn*	**la rassegna** *festival*
onirico/a *dream-like*	**la recensione** *review*
il/la regista *director*	**rosa** *romance*
la sceneggiatura *screenplay*	**sperimentale** *experimental*
il volto *face*	

1

Significati Collega le parole con le loro definizioni.

_____ 1. capolavoro a. copia del testo di un'opera drammatica

_____ 2. cineasta b. filmare

_____ 3. copione c. opera più importante

_____ 4. girare d. testo teatrale o cinematografico

_____ 5. volto e. professionista del cinema

_____ 6. sceneggiatura f. faccia

2

Generi

A. In coppia, inserite dei titoli di film in ogni categoria.

- Film d'azione/Thriller
- Commedia
- Film neorealista
- Film giallo (storie poliziesche, di detective, misteriose)
- Film rosa (storie d'amore)
- Film nero (storie dell'orrore, del soprannaturale, noir)
- Western
- Commedia all'italiana
- Spaghetti western

B. Confrontate le vostre risposte con quelle di un'altra coppia.

3

Gusti In coppia, rispondete alle domande.

1. Vai spesso al cinema?
2. Quale genere di film preferisci? Quale non andresti mai a vedere? Perché?
3. Quali attori hanno vinto il premio Oscar quest'anno? Secondo te, se lo meritavano o no?
4. Quando vai al cinema vedi spesso film stranieri? Preferisci i film doppiati o quelli con i sottotitoli? Perché?
5. Cosa ti viene in mente quando pensi al cinema italiano? Quali film, attori, registi, produttori italiani conosci?
6. Hai mai visto un film di Federico Fellini? Quale? Cosa ne pensi?

Nota CULTURALE

Il movimento **neorealista** è nato durante la seconda guerra mondiale con la resistenza antifascista ed è continuato durante gli anni '50. È un periodo durante il quale gli intellettuali italiani cercavano un nuovo modo di descrivere il mondo con un forte senso di impegno sociale e politico. Nel cinema, i creatori del neorealismo sono registi che usavano attori non professionisti e narravano storie di vita quotidiana: i più celebri sono **Roberto Rossellini, Luchino Visconti, Michelangelo Antonioni** e **Vittorio de Sica**.

Federico Fellini
IL 'MAESTRO' DEI SOGNI

In quarant'anni di carriera—dal 1950 al 1990—il regista Federico Fellini (1920-1993) ha girato ventiquattro film e cambiato il volto del cinema mondiale. Con il loro «realismo magico», i suoi film costituiscono per molti aspetti uno sviluppo del neorealismo italiano ma anche l'espressione di un immaginario profondamente unico, allo stesso tempo autobiografico e universale.

Il più conosciuto tra i registi italiani, vincitore di cinque Oscar e innumerevoli altri premi internazionali, da giovane aveva aspirazioni molto diverse: voleva fare il fumettista° e il giornalista e non immaginava che un giorno sarebbe diventato un celebre cineasta. Già dai tempi in cui era ancora studente al liceo, il giovane Federico aveva cominciato a pubblicare vignette satiriche su giornali e riviste.

Ad appena 19 anni, si è trasferito a Roma promettendo ai genitori di studiare giurisprudenza° all'università, ma iniziando invece a collaborare con giornali e con la principale rivista umoristica del tempo, il *Marc'Aurelio*, disegnando e scrivendo una serie di rubriche intitolate «Le storielle di Federico». A Roma ha cominciato anche a frequentare il mondo del teatro di varietà (chiamato anche l'avanspettacolo) e del cinema, ambiente in cui ha conosciuto personaggi e attori famosi che lo hanno incoraggiato a scrivere copioni e sceneggiature.

Nel 1945 il grande regista Roberto Rossellini lo ha invitato a scrivere con lui la sceneggiatura di *Roma città aperta* e, l'anno successivo, quella di *Paisà*. È l'inizio di una collaborazione storica e dell'entrata del giovane Fellini nel grande cinema. Il primo film di cui ha curato completamente la regia è *Lo sceicco bianco* del 1952, che però non è stato accolto bene né dal pubblico né dalla critica. Il successo e i premi però sono cominciati ad arrivare molto presto: già l'anno successivo il film *I vitelloni* ha vinto il Leone d'argento alla prestigiosa Mostra

cartoonist (riga 15)

law, law school (riga 23)

Il cinema contemporaneo in Italia

Dopo un periodo di crisi alla fine del Novecento, il cinema italiano del Duemila ha cominciato a riprendersi. I grandi registi contemporanei come Nanni Moretti, Matteo Garrone, Gianni Amelio e Marco Tullio Giordana sono molto diversi tra di loro stilisticamente; i loro film trattano gli aspetti più complessi dell'Italia di oggi. Da vedere sono: *Ladro di bambini* (Amelio 1992), *Caro Diario* (Moretti 1993), *Quando sei nato non puoi più nasconderti* (Giordana 2005) e *Gomorra* (Garrone 2008).

del cinema di Venezia. Nel 1942, mentre scriveva anche per la radio, Federico ha incontrato l'attrice Giulietta Masina, sua futura moglie ed indimenticabile interprete dei film *La strada* (1956), *Giulietta degli spiriti* (1965) ed altri capolavori cinematografici felliniani.

La seconda fase del cinema del Fellini maturo ha continuato a ricevere applausi e premi, ma ha causato anche scandalo nella società italiana del tempo con film come *La dolce vita* (1960): una delle scene più controverse in cui l'attrice Anita Ekberg entra nella fontana di Trevi è oggi leggendaria. Ma il culmine del cinema felliniano è certamente il rivoluzionario *8 ½* (1963), la storia onirica e interiore di un regista, interpretato da Marcello Mastroianni (uno dei protagonisti preferiti di Fellini), sul set di un film che non finisce mai. Come il cinema di Fellini stesso, è un mondo in cui l'immaginazione permette la coesistenza di realtà in apparenza opposte, come tristezza e umorismo, personaggi insieme poetici e grotteschi, nostalgia e ironia. ■

Fellini dopo *8 ½*

Dopo il successo internazionale di *8 ½*, i film più ricordati di Fellini sono: *Roma* (1972), *Amarcord* (1973), *E la nave va* (1983) e *Ginger e Fred* (1986).

Analisi

1

Analisi Indica se queste affermazioni sono **vere** o **false**. Poi, in coppia, correggete le affermazioni false.

Vero	Falso	
☐	☐	1. Fellini ha inventato il neorealismo.
☐	☐	2. I genitori di Fellini volevano che studiasse giurisprudenza.
☐	☐	3. Prima di diventare regista Fellini voleva fare il giornalista.
☐	☐	4. Fellini non ha mai lavorato per la radio.
☐	☐	5. Roberto Rossellini è stato uno dei mentori di Fellini.
☐	☐	6. Molti film di Fellini hanno degli elementi onirici.

2

Dibattito In piccoli gruppi, rispondete alle domande.

1. Com'è il cinema di Hollywood paragonato a quello italiano?

2. Quali cineasti americani sono contemporanei di Fellini? Che tipo di cinema hanno creato? Il loro stile è cambiato con il passare degli anni o è rimasto simile?

3. Quali registi contemporanei parlano di problemi sociali?

4. Quali film recenti hanno causato dei dibattiti o degli scandali?

5. Vi piacciono i film fatti solo per divertire o cercate di vedere quelli che hanno un messaggio più complesso? Pensate che ci sia spazio per tutti e due i generi?

3

Collaborazioni Sappiamo che Fellini ha scritto delle sceneggiature per Rossellini e poi, una volta divenuto regista, ha spesso usato gli stessi attori, come Giulietta Masina e Marcello Mastroianni. Quali altre celebri collaborazioni tra artisti vi vengono in mente?

4

Citazioni Leggete e commentate queste celebri frasi di Fellini.

«Sono un artigiano che non ha niente da dire, ma sa come dirlo.»

«Sono un grande bugiardo.»

«Il cinema non ha bisogno della grande idea.»

«Faccio un film alla stessa maniera in cui vivo un sogno.»

- Pensate che Fellini non avesse davvero niente da dire?

- Che cosa intende, secondo voi, per «bugiardo»?

- Quali sono gli elementi di un film eccezionale? Che cos'è una «grande idea»?

- In che modo un film può essere come un sogno?

- Quali sono le qualità di un bravo regista? Perché?

- Che cosa costituisce una trama avvincente (*enthralling*)?

- Quale mezzo sceglieresti per raccontare la tua autobiografia? Un film o un romanzo?

5

Scrittura Scegli uno dei seguenti argomenti e scrivi una breve composizione.

- Proponi un'idea per un film ad un produttore italiano. Qual è la storia principale? Dov'è ambientato? Perché avrà successo?

- Guarda un film di Fellini e scrivi una breve recensione. Descrivi i personaggi, racconta la trama e riassumi gli elementi che ti hanno sorpreso.

Preparazione Reading

A proposito dell'autore

Umberto Eco (Alessandria, 1932) ha ottenuto fama internazionale dopo la pubblicazione del suo primo romanzo *Il nome della rosa* (1980), che è stato tradotto in quarantaquattro lingue ed è anche diventato un film di successo. Oltre che romanziere, Eco è professore universitario, filosofo, semiologo e linguista. Ha collaborato con numerose testate giornalistiche sulle quali ha sempre espresso le sue opinioni tanto politiche quanto di critica di costume e teoria del linguaggio. Uomo autoironico ed interessato alla cultura popolare, ha ricevuto trentacinque lauree honoris causa (*honorary degrees*). *Il Diario minimo*, da cui è tratto questo saggio paradossale, è una raccolta di saggi scritti e pubblicati dagli anni '60 in poi.

Vocabolario della lettura		Vocabolario utile
il balletto *short dance performance*	**la scena** *stage, scene*	**acritico/a** *acritical*
	la scenetta *skit*	**l'avanspettacolo** *variety show*
battere le mani *to clap hands*	**il sipario** *curtain*	**la claque** *professional clappers*
fingere *to pretend*	**la valletta** *TV host assistant*	**il/la concorrente** *contestant*
l'intrattenitore *entertainer*		**il gioco a premi** *quiz show*
la ribalta *downstage*		**la manipolazione** *manipulation*
		la notorietà *fame*

1

Definizioni Trovate la definizione adatta ad ogni parola.

_____ 1. l'avanspettacolo   a. il convincere qualcuno a pensare o fare una cosa

_____ 2. il sipario   b. spettacolo televisivo che regala soldi

_____ 3. la manipolazione   c. forma di spettacolo con scene comiche e canzoni

_____ 4. la notorietà   d. la fama

_____ 5. il gioco a premi   e. ballo breve coreografato

_____ 6. il balletto   f. tela che viene chiusa e aperta all'inizio e alla fine dello spettacolo

2

Preparazione Fate a un(a) compagno/a le seguenti domande.

1. Cosa preferisci guardare in televisione?

2. Che tipo di spettacoli ti attirano (*attract*) di più? Perché?

3. Qual è lo spettacolo televisivo che odi di più e perché?

4. La TV aiuta a pensare o toglie ogni possibilità di sviluppare uno spirito critico?

3

Gli spettacoli televisivi di oggi Con dei compagni, fate una lista degli elementi fondamentali di uno spettacolo a formula (scegliete voi il genere). Poi fatevi le seguenti domande.

● Esiste un tipo di spettacolo veramente spontaneo?

● L'essenza della televisione e dello show business in generale non è forse la creazione di una realtà alternativa alla vita vera? Qual è lo scopo dei reality? Secondo voi, c'è chi crede veramente che i reality rappresentino una realtà?

Practice more at **immagina.vhlcentral.com.**

COME PRESENTARE IN TV

Umberto Eco

Audio: Dramatic Recording

fascinating Fu una affascinante° esperienza quando l'Accademia delle Scienze delle Isole Svalbard mi inviò a studiare per alcuni anni i Bonga, *flourishes* 5 civiltà che fiorisce° tra la Terra Incognita e le Isole Fortunate.

roughly I Bonga fanno a un dipresso° le cose *display* che facciamo noi ma esibiscono° una *completeness* strana attitudine alla completezza° 10 dell'informazione.

assumption Ignorano l'arte della presupposizione° e dell'implicito.

Per esempio noi incominciamo a parlare e usiamo ovviamente delle parole, 15 ma non abbiamo bisogno di dircelo. Invece un Bonga che parla a un altro Bonga inizia dicendo: «Attento che ora parlo e userò delle parole.» Noi costruiamo case *except/we show* e poi (salvo° i giapponesi) indichiamo° ai 20 visitatori il numero civico, il nome degli inquilini, la scala A e la scala B. I Bonga su ogni casa scrivono anzitutto «casa», *special/tags* poi con appositi° cartellini° indicano *bricks/bell* i mattoni°, il campanello°, e scrivono 25 «porta» accanto alla porta. Se suonate all'appartamento del signor Bonga, egli apre la porta dicendo: «Ora apro la porta», e poi si presenta. Se vi invita a cena, vi fa sedere e vi dice: «Questa è la tavola, 30 e queste sono le sedie!» Poi con tono *maid, server* trionfale annuncia: «E ora, la cameriera°! *She* Ecco qui Rosina. Essa° vi domanderà cosa desiderate e vi porterà in tavola il vostro *happens* piatto preferito!» La stessa cosa avviene° 35 nei ristoranti.

È curioso osservare i Bonga quando vanno a teatro. Si spengono le luci in sala e appare un attore che dice: «Ecco il sipario!» Poi il sipario si apre ed entrano in scena *let's say* 40 altri attori per interpretare, poniamo°, *Amleto* o *il Malato immaginario*. Ma ciascun attore viene presentato al pubblico, prima col suo nome e cognome° vero, *last name* poi col° nome del personaggio che deve *with the* 45 interpretare. Quando un attore finisce di parlare annuncia: «E ora, pausa!» Passano alcuni secondi, e quindi inizia a parlare l'altro attore. Inutile dire che alla fine del primo atto, un attore si fa alla ribalta e

annuncia: «E ora seguirà un intervallo.» 50

had struck me Ciò che mi aveva colpito° era che i loro spettacoli musicali erano composti, come i nostri, di scenette parlate, canzoni, duetti e balletti. Ma io ero abituato che da noi due comici fanno la loro scenetta, poi 55 *begins to sing a song* uno incomincia a intonare una canzone°, *burst* quindi entrambi si eclissano e irrompono° *pretty girls* sul palcoscenico graziose fanciulle° che si *interpret* impegnano° in un balletto, tanto per dare

---

I Bonga vivono nel culto dello spettacolo e pertanto debbono trasformare tutto in spettacolo.

---

respite un poco di sollievo° allo spettatore, poi il 60 balletto finisce e gli attori ricominciano. Invece presso i Bonga prima i due attori annunciano che seguirà una scenetta comica, poi dicono che ora canteranno un *funny* duetto, e precisano che sarà scherzoso°, 65 infine l'ultimo attore in scena annuncia: «E ora, il balletto!» La cosa che mi aveva stupito maggiormente era che, nell'intervallo, sul sipario apparivano delle scritte pubblicitarie, come accade° 70 *happens* anche da noi. Ma dopo avere annunciato l'intervallo, l'attore diceva sempre: «E ora, pubblicità!»

Mi ero domandato a lungo che cosa *would compel* spingesse° i Bonga a questo ossessionante 75 bisogno di precisazioni. Forse, mi dicevo, *slow-witted* essi sono di difficile comprendonio° e se uno non gli dice «ora ti saluto» non capiscono di essere salutati. E in parte doveva essere così. Ma c'era anche un'altra 80 ragione. I Bonga vivono nel culto dello spettacolo e pertanto debbono trasformare tutto in spettacolo, anche l'implicito.

stay Durante il mio soggiorno° tra i Bonga ebbi anche modo di ricostruire la storia 85 dell'applauso. Nei tempi antichi i Bonga applaudivano per due ragioni: o perché

erano contenti di un bello spettacolo, o perché volevano onorare una persona di
90 gran merito. Dalla forza dell'applauso si capiva chi fosse più apprezzato e amato.
Sempre un tempo, gli impresari° maliziosi, per convincere gli spettatori della bontà° di uno spettacolo teatrale, ponevano°
95 tra il pubblico dei sicari prezzolati° che dovevano applaudire anche quando non era il caso°. Quando iniziarono gli spettacoli televisivi, i Bonga attiravano in sala dei parenti degli organizzatori, e
100 attraverso un segnale luminoso (ignoto° ai telespettatori) dicevano loro quando dovevano applaudire. Ben presto i telespettatori scoprirono il trucco, e da noi l'applauso sarebbe caduto in totale
105 discredito°. Non così per i Bonga. Anche il pubblico a casa incominciò a desiderare di poter applaudire, e torme° di Bonga si presentarono° volontariamente negli auditori° televisivi, disposti° a pagare per
110 poter battere le mani. Alcuni seguirono anzi dei corsi appositi°. E visto che ormai tutti sapevano tutto, fu lo stesso presentatore° a dire ad alta voce, nei momenti giusti: «E ora, un bell'applauso.»
115 Ma ben presto gli spettatori in sala incominciarono ad applaudire senza che il presentatore li esortasse°. Bastava che egli interrogasse un astante° chiedendogli che mestiere facesse, e che quello
120 rispondesse: «Curo la camera a gas del canile° municipale», e tutti esplodevano° in un fragoroso° applauso. Talora°, come avveniva da noi nelle scenette di Petrolini°, il presentatore non faceva in tempo ad

producers
good quality
planted
paid "hitmen"

it was not appropriate

unknown

would have fallen into disrepute

swarms
showed up
studios/ready

proper

host

urge
by-stander

kennel/would burst
roaring/Sometimes
(famous comedian)

Ettore Petrolini (1884–1936) è uno dei più famosi attori e drammaturghi dell'età prefascista e fascista. Era il re dell'avanspettacolo, del cabaret, dei varietà. Le sue gag, scenette, canzoni, e stile recitativo hanno influenzato generazioni di attori e scrittori comici e fanno parte del repertorio comico italiano. È importante rilevare che tipicamente le scenette di Petrolini sono paradossali e sopra le righe, quindi una risata o un applauso dopo 'buon' sarebbe parte integrante di una gag affermata.

aprire la bocca per dire «buonasera» che
125 dopo il «buon» si udiva in sala un applauso delirante°. Il presentatore diceva: «Eccoci qui, come ogni giovedì», e non solo il pubblico applaudiva, ma si sganasciava° dalle risate.
130
L'applauso divenne così indispensabile che persino nei programmi pubblicitari, quando l'imbonitore° diceva: «Comperate il dimagrante° Pip», si udiva un applauso oceanico. I telespettatori
135

delirious

would roar with

huckster
diet pill

—

Per sentirsi ancorati alla vita, i Bonga ora applaudono sempre.

—

sapevano benissimo che in sala, davanti all'imbonitore, non c'era nessuno, ma avevano bisogno dell'applauso, altrimenti il programma sarebbe apparso artefatto°,
140 ed essi avrebbero cambiato canale. I Bonga chiedono che la televisione mostri la vita vera, così come è, senza finzioni. Gli applausi li fa il pubblico (che è come noi), non l'attore (che finge), e quindi
145 sono l'unica garanzia° che la televisione sia una finestra aperta sul mondo. Stanno preparando un programma fatto esclusivamente di autori che applaudono, e si intitolerà° Televerità.
150 Per sentirsi ancorati° alla vita, i Bonga ora applaudono sempre, anche fuori della televisione. Applaudono ai funerali, e non perché siano contenti né per far piacere al defunto°, ma per non sentirsi ombre° tra
155 le ombre, per sentirsi vivi e reali, come le immagini che si vedono sul teleschermo. Un giorno ero in una casa ed entrò un parente che disse: «Poco fa la nonna è stata stritolata° da un TIR°!» Tutti si alzarono
160 in piedi e batterono le mani.

Non posso dire che i Bonga siano inferiori a noi. Anzi, uno di essi mi disse che intendono conquistare il mondo.

doctored

guarantee

it will be called
anchored

dead/shadows

crushed/trailer truck

Che questo progetto non fosse del
165 tutto platonico me ne sono accorto
al ritorno in patria. Alla sera accesi il
mio televisore e vidi un presentatore
che introduceva le vallette del suo
spettacolo, poi annunciava che avrebbe
he would recite 170 svolto° un monologo comico, e infine
annunciava: «E ora, il balletto!» Un
distinguished distinto° signore che stava discutendo di
massimi problemi politici con un altro
distinto signore, a un certo punto si
175 interruppe per dire: «E ora, una pausa
per la pubblicità.» Alcuni intrattenitori

presentavano persino il pubblico. Altri,
la telecamera che li stava riprendendo.
Tutti applaudivano.

Sconvolto° uscii e andai in un   180 *Upset*
ristorante celebre per la sua nouvelle
cuisine. Arrivò il cameriere che mi portò
tre foglie d'insalata. E disse: «Questa è   *mixed salad (usually said of fruit)/lettuce/*
una macedonia° di lattuga° longobarda°   *Lombard*
cosparsa° di rucola° della Lomellina   185 *covered/arrugula*
tagliata fine fine, insaporita al sale marino,
macerata nel nostro aceto balsamico e
umettata° da una spremuta di ulivi° vergini   *moistened/olive trees*
dell'Umbria.» ■

Analisi

1 Comprensione Decidi quale delle due affermazioni è vera.

1. a. I Bonga sono fortunati.
   b. I Bonga sono simili a noi.
2. a. I Bonga dicono sempre quello che stanno per fare.
   b. I Bonga fanno sempre quello che stanno per dire.
3. a. Dai Bonga, gli attori a teatro interpretano dei ruoli.
   b. Dai Bonga, gli attori a teatro rifiutano la finzione (*pretence*) del personaggio.
4. a. I Bonga annunciano la pubblicità.
   b. I Bonga vivono di pubblicità.
5. a. Dai Bonga, la natura dell'applauso è cambiata.
   b. I Bonga hanno sempre applaudito indiscriminatamente.
6. a. I Bonga applaudono per cose che non necessiterebbero un applauso.
   b. I Bonga si entusiasmano per tutto e parlano tra loro invece di applaudire.
7. a. Gli applausi sono la finestra sul mondo dei Bonga.
   b. Gli applausi danno ai Bonga un senso di sicurezza.
8. a. Il modo di vivere dei Bonga conquisterà il mondo.
   b. Il modo di vivere dei Bonga è assurdo e limitato alla loro isola.

2 Comprensione

A. Scegli una risposta. Per alcune domande più di una risposta è accettabile.

Affermazioni	(Solo) dai Bonga	(Anche) nel mondo occidentale	Da nessuna parte
1. Ogni cosa viene definita nei minimi particolari.	☐	☐	☐
2. Tutte le cameriere si chiamano Rosina.	☐	☐	☐
3. Gli attori interpretano tutti Amleto.	☐	☐	☐
4. Gli attori non entrano nel personaggio.	☐	☐	☐
5. Intervalli e pubblicità sono annunciati.	☐	☐	☐
6. Si applaude anche ai funerali.	☐	☐	☐
7. Una volta l'applauso era meritato.	☐	☐	☐
8. Ci sono persone pagate per far applaudire il pubblico.	☐	☐	☐
9. C'è gente che sogna solo di applaudire professionalmente.	☐	☐	☐
10. Esistono programmi come *Televerità*.	☐	☐	☐

B. In che modo l'uso dell'ironia aiuta a trasmettere il messaggio in questo racconto? In coppia, trovate due o tre esempi specifici e dite come Eco avrebbe potuto scriverli senza ironia. Quale metodo è più efficace, secondo voi? Perché credete che l'autore abbia deciso di scrivere il saggio in questo modo?

C. In coppia, provate a inventare una descrizione ironica di un giorno di lezione o di un corso particolarmente noioso o interessante. Usate descrizioni accurate dell'opposto di ciò che volete dire.

3 **TV formulaica** Fai a un(a) compagno/a le seguenti domande.

1. Quali show televisivi si basano su una rappresentazione «reale»? Elencane almeno tre e spiega perché ti piacciono o non ti piacciono.

2. Quali serie televisive basate su una formula preferisci? Elencane tre e spiega quali sono gli elementi che si ripetono in ogni episodio.

3. Esistono spettacoli in TV che non seguono una formula? Se ne trovi uno, dì in che modo non è sempre uguale.

4 **Inventa il tuo reality!** In coppia, scegliete uno spettacolo televisivo del tipo «reality» che conoscete bene e pensate alle frasi ricorrenti nello spettacolo, tipo *You're fired!* in The Apprentice. Poi traducetele in frasi simili in uno spettacolo corrispondente in italiano. Scegliete anche un titolo in italiano, dei presentatori, e delle prove a cui sottoporre i concorrenti.

5 **Inventa una storia!** A gruppi scegliete un programma televisivo e organizzate una scenetta (uno può essere il presentatore/la presentatrice e gli altri i concorrenti). Potete seguire il formato che conoscete del programma che avete scelto o decidere di modificarlo con un vero «fuori programma». Liberate la fantasia!
Esempi di «fuori programma»:

- un «bachelor» scappa con la sorella di una possibile candidata sposa.

- una corsa per un premio diventa davvero straordinaria quando i concorrenti vengono rapiti (*kidnapped*) sul serio.

- un concorrente con dei problemi a relazionarsi con gli altri sostituisce la lacca per capelli (*hair spray*) di un altro concorrente con della vernice spray (*spray paint*).

- ?

6 **Inventa uno spettacolo originale!** A gruppi pensate a un programma fuori dalla norma, che non segua una formula e che non sia sempre uguale tutte le settimane. Decidete se volete che sia un reality o una serie televisiva, o un talk show: come si potrebbe variare il formato in modo da creare un'audience più attiva?

tipo di programma	titolo	orario della trasmissione	contenuto

7 **Tema** Scegli uno dei seguenti argomenti e scrivi una breve composizione.

1. Scrivi un'e-mail al tuo professore nello stile dei Bonga in cui spieghi perché non sei riuscito a finire i compiti per il giorno assegnato. Usa moltissimi dettagli.

2. Scrivi almeno cinque piatti per un menù (antipasti, primi, secondi, contorni, dolci o bevande) usando descrizioni complicatissime e assurde (come la spremuta di ulivi invece di olio d'oliva) per piatti semplicissimi, persino banali.

Practice more at **immagina.vhlcentral.com**.

Laboratorio di scrittura

Preparazione: Generalizzazioni e mancanza di continuità

Due problemi comuni nella stesura (*drafting*) di un saggio sono le generalizzazioni e la mancanza (*lack*) di continuità. Una generalizzazione non tiene in considerazione tutte le possibili eccezioni che il lettore potrebbe notare. La mancanza di continuità esiste quando mancano dei passaggi logici in quello che stiamo scrivendo. Per evitare questi problemi, leggi ogni paragrafo e ogni frase con queste domande in mente:

- **Quello che sto dicendo è vero in ogni caso?** Se noti delle eccezioni, devi prenderle in considerazione per non incorrere in un'altra generalizzazione.

- **Quello che ho scritto può essere considerato come un passaggio che segue logicamente il precedente?** Se la transizione non è chiara, si devono organizzare le idee in una sequenza logica per evitare la mancanza di continuità.

Pratica Scrivi una frase che presenti una generalizzazione o un esempio di mancanza di continuità. Mostrala ad un(a) compagno/a e chiedigli/le di correggerla.

Modello

Generalizzazione: Guardare la televisione è una perdita di tempo.

Correzione: Sebbene alcuni programmi siano informativi, la maggior parte presenta contenuti futili. Inoltre, passare troppo tempo davanti alla TV, isola le persone e ed è uno spreco (*waste*) di tempo che potrebbe essere utlizzato in maniera più produttiva.

Mancanza di continuità: Alla fine abbiamo deciso di non comprare un computer da tavolo.

Correzione: Volevamo comprare un computer da tavolo, ma i computer portatili non costano molto e, in realtà, non abbiamo abbastanza spazio per un computer da tavolo e tutti i suoi accessori.

Saggio Scegli uno di questi argomenti e scrivi un saggio.

Requisiti

1. Il saggio deve far riferimento ad almeno due dei quattro brani studiati in questa lezione e nelle precedenti lezioni e contenuti in **Cortometraggio**, **Immagina**, **Cultura** e **Letteratura**.

2. Revisiona il tuo saggio. Cerca esempi di generalizzazione o mancanza di continuità e fai le necessarie correzioni.

3. Il saggio deve essere lungo almeno due pagine.

> I mezzi di comunicazione possono raccontarci la realtà in modo vero (notizie, documentari e reality show), oppure immaginario (letteratura, film e fiction). Secondo voi, realtà e immaginario possono mescolarsi e confondersi? L'immaginario può influenzare la realtà?

> Molti programmi alla TV, in particolare i reality show, sembrano voler stimolare il pettegolezzo e l'intromissione nella vita degli altri. Perché piacciono alle persone?

> La grande quantità di informazione aiuta a sviluppare un pensiero critico o inibisce la mente?

Media e cultura Audio: Vocabulary Flashcards

Cinema, radio e televisione

l'adattamento *adaptation*
i cartoni animati *cartoons*
la colonna sonora *soundtrack*
il documentario *documentary*
il doppiaggio *dubbing*
gli effetti speciali *special effects*
l'intervista *interview*
la puntata *episode*
lo schermo *screen*
il sottotitolo *subtitle*
la (stazione) radio *radio (station)*
la telenovela *soap opera*
la televisione via cavo *cable TV*

filmare *to film*
registrare *to record*
trasmettere *to broadcast*
uscire *to come out, to be released*

I media

l'attualità *current events*
la censura *censorship*
il giornale radio *radio news*
la notizia *news story*
il notiziario *news program*
la pubblicità *commercial, advertisement*
il sondaggio *opinion poll*
il telegiornale *TV news*

essere aggiornato/a *to be informed, up-to-date*
informarsi *to get/stay informed*

in differita *pre-recorded*
in diretta *live*
influente *influential*
(im)parziale *(im)partial; (un)biased*

La gente dei media

l'ascoltatore/ascoltatrice *(radio) listener*
l'attore/attrice *actor/actress*
il/la cronista *reporter*
l'editore/editrice *publisher*
il/la giornalista *journalist*

l'inviato/a speciale *correspondent*
il/la redattore/redattrice *editor*
il/la telespettatore/telespettatrice *television viewer*

La stampa

il comunicato stampa *press release*
la cronaca (locale/sportiva) *(local/sports) news*
il fumetto *comic strip*
il giornale *newspaper*
la libertà di stampa *freedom of the press*
il mensile *monthly magazine*
l'oroscopo *horoscope*
la rivista *magazine*
la rubrica (di cultura e società) *(lifestyle) section*
il settimanale *weekly magazine*
la vignetta *cartoon*

fare un abbonamento *to subscribe*

La cultura popolare

il carnevale *carnival, Mardi Gras*
ferragosto *August 15 (holiday); August vacation*
i festeggiamenti *celebrations; festivities*
il folclore *folklore*
la pasquetta *Easter Monday*
il patrimonio culturale *cultural heritage*
il/la santo/a patrono/a *patron saint*
l'usanza *custom*

festeggiare *to celebrate*

Cortometraggio

la carrozza *carriage*
il giornale scandalistico *tabloid*
l'impiegato postale *postal worker*
l'intervento *intervention*
il pacco *package*
il pronto soccorso *emergency room*
la raccomandata *registered mail*
il reality *reality show*
il selciato *cobblestones*

i selvaggi *savages*
il vetturino *coachman*
il vicolo *alley*

incartare *to wrap*
mandare in onda *to broadcast*
timbrare *to stamp*

Cultura

il capolavoro *masterpiece*
il/la cineasta *filmmaker*
il copione *script*
il critico (cinematografico) *(film) critic*
il culmine *height, peak (fig.)*
la rassegna *festival*
la recensione *review*
il/la regista *director*
la sceneggiatura *screenplay*
il volto *face*

girare *to film; to turn*

giallo *mystery*
nero *noir*
onirico/a *dream-like*
premiato/a *award-winning*
rosa *romance*
sperimentale *experimental*

Letteratura

l'avanspettacolo *variety show*
il balletto *short dance performance*
la claque *professional clappers*
il/la concorrente *contestant*
il gioco a premi *quiz show*
l'intrattenitore *entertainer*
la manipolazione *manipulation*
la notorietà *fame*
la ribalta *downstage*
la scena *stage, scene*
la scenetta *skit*
il sipario *curtain*
la valletta *TV host assistant*

battere le mani *to clap their hands*
fingere *to pretend*

acritico/a *acritical*

Prospettive lavorative

Il lavoro è un mezzo per soddisfare alcuni dei bisogni delle persone. La gratificazione di essere ricompensati per ciò che abbiamo realizzato con impegno e dignità non ha eguali. In una realtà competitiva come quella di oggi, bisogna però fare attenzione a non lasciare che il lavoro prenda il sopravvento, annullando il nostro essere e alienandoci dai veri valori della vita. Qual è la tua visione del lavoro? Come pensi di presentarti nel mondo del lavoro? Come è possibile bilanciare vita lavorativa, vita personale e famiglia?

367

388

Destinazione:
LE ALPI

SVIZZERA ITALIANA

VALLE D'AOSTA

PIEMONTE

Il lavoro e le finanze Audio: Vocabulary

La ricerca di lavoro

l'agenzia di collocamento
job agency
la carriera *career*
il colloquio di lavoro *job interview*
il curriculum (vitae) *résumé*
l'esperienza (professionale)
(professional) experience
la formazione *education; training*
l'intervistatore/intervistatrice
interviewer
il mestiere *occupation; trade*
il posto/la posizione *position; job*
le qualifiche *qualifications*

lo/la stagista *intern*

fare domanda (per un lavoro)
to apply (for a job)
impiegare *to employ*

La gente al lavoro

il capo *boss*
il/la consulente *consultant*
il/la contabile *accountant*
il direttore/la direttrice *manager*
il/la dirigente *executive; manager*

l'impiegato/a *employee*
il/la proprietario/a *owner*

il/la segretario/a *secretary*

Al lavoro

il/la collega *colleague*

la ditta/l'azienda *company*
le ferie *holidays*
il lavoro a orario normale/ridotto
full-/part-time job
l'orario di lavoro *work hours*
la promozione *promotion*
lo sciopero *strike*
il sindacato *labor union*
lo stipendio (minimo)
(minimum) wage
l'ufficio *office*

andare in pensione *to retire*
guadagnare *to earn*
dare le dimissioni *to quit*
dirigere *to manage*
fare lo straordinario
to work overtime

licenziare *to fire; to lay off*

Le finanze

la bancarotta *bankruptcy*
il bancomat *ATM*

la borsa *stock exchange*
la carta di credito *credit card*
la cifra *figure, number*
il conto (corrente)
(checking) account
la crisi economica *economic crisis*
il debito *debt*
il mercato immobiliare
real estate market

il prestito *loan*
la recessione *recession*
la ricevuta/lo scontrino *receipt*
il risparmio *savings*
lo sportello *window; counter*
la tassa *tax*
il tasso (d'interesse) *(interest) rate*

approfittare *to take advantage of*
aprire/chiudere un conto *to open/
close an account*
avere dei debiti *to be in debt*
cambiare un assegno *to cash
a check*
depositare/versare *to deposit*
fare un mutuo *to take out
a mortgage*
fare un prelievo/deposito *to make
a withdrawal/deposit*
investire *to invest*
risparmiare *to save*

a breve/lungo termine *short-/long-term*
finanziario/a *financial*
prospero/a *successful*

Pratica

1

In banca Alcune persone vanno in banca per vari motivi e la segretaria gli dice dove andare e con chi parlare. Completa con le parole della lista.

| assegno | colloquio | direttore | prelievo |
| bancomat | depositare | fare un mutuo | prestito |

1. —Salve, sto cercando lavoro, sono qui per il _____.
   —Prego, vada nell'ufficio del _____.

2. — Scusi, devo ritirare dei soldi, ma non voglio fare la fila allo sportello.
   —Allora le consiglio di utilizzare il _____.

3. —Buongiorno, la mia fidanzata e io vogliamo comprare una casa, ma non abbiamo abbastanza soldi, quindi siamo venuti a _____.
   —Per chiedere un _____ andate nell'ufficio in fondo al corridoio.

4. —Mi scusi, devo cambiare questo _____, _____ la somma sul mio conto corrente e poi voglio fare un _____.
   —Non si preoccupi, può fare tutto allo sportello A.

2

I mestieri Indovina che lavoro fanno queste persone. Ricorda di aggiungere l'articolo corrispondente.

1. Sono un professionista che dà informazioni e consigli alle persone su argomenti di mia competenza. _____

2. Tengo la contabilità dell'azienda in cui lavoro. _____

3. Sono il capo della ditta, decido io le strategie da seguire. _____

4. Possiedo (*I own*) una ditta. _____

5. Lavoro in ufficio, prendo gli appuntamenti per il capo, scrivo lettere ed e-mail e rispondo al telefono. _____

3

Colloquio In coppia, parlate del lavoro dei vostri sogni rispondendo alle seguenti domande.

1. Qual è il lavoro dei tuoi sogni?

2. Vuoi essere il dirigente di una grande azienda?

3. Ti piacerebbe lavorare in ufficio come segretario/a?

4. Qual è il tuo orario di lavoro ideale?

5. Secondo te, qual è lo stipendio adeguato al lavoro che vuoi fare?

6. Quanti giorni di ferie deve avere chi svolge il lavoro che hai scelto?

4

Soluzioni Marco e Stefania cercano lavoro per motivi diversi. In coppia, discutete dei seguenti problemi e poi date dei consigli per risolverli.

Marco: Dopo tanti anni di lavoro nella stessa ditta, a causa della crisi economica, sono stato licenziato. Mia moglie non lavora perché deve badare (*take care of*) ai nostri due figli; io devo pagare il mutuo e alla mia età è difficile trovare lavoro. Anche se ho molta esperienza, tutte le aziende preferiscono assumere un giovane.

Stefania: Finalmente mi sono laureata! È ora di mandare il mio curriculum all'agenzia di collocamento per cercare un lavoro. Io voglio trovare un lavoro adatto alle mie capacità, alla mia formazione e che mi faccia guadagnare tanto.

Nota CULTURALE

Le banche italiane, le più antiche al mondo, si svilupparono tra il XV e il XVI secolo a Milano, Firenze, Venezia e Genova. Con la nascita della **lettera di cambio°** i ricchi mercanti non dovevano portare denaro contante con sé, con il rischio di essere derubati°. Le famiglie dei banchieri si arricchirono° così tanto da prestare soldi anche alle famiglie reali° europee, le quali, incapaci di ripagare i loro debiti, concedevano ai ricchi signori titoli nobiliari o terre. Fra le famiglie di banchieri più prestigiose c'erano i Medici di Firenze.

lettera di cambio *bill of exchange* **derubati** *robbed* **si arricchirono** *became rich* **reali** *royal*

Practice more at immagina.vhlcentral.com.

Preparazione

Vocabolario del cortometraggio	Vocabolario utile
affidare *to entrust*	**l'annuncio (di lavoro)** *(job) ad*
assumere *to hire*	**la casalinga** *housewife*
la direzione *management*	**il fioraio** *florist/flower seller*
disoccupato/a *unemployed*	**gli occhiali da sole** *sunglasses*
l'impegno *commitment*	**la piscina** *swimming pool*
rinunciare *to give up*	**lo sguardo** *gaze*
il/la socio/a *(business) partner*	**la società** *firm/society*

ESPRESSIONI

ce la mettiamo tutta *we'll do our best*

peccato! *what a shame!*

pentirsi amaramente *to bitterly regret*

senz'altro *surely*

1

Il mondo del lavoro Inserisci le parole più adatte.

1. Ieri, mentre leggevo gli _____ di lavoro su Internet, ne ho visto uno molto interessante.

2. L'azienda sta crescendo e abbiamo deciso di _____ molti nuovi impiegati.

3. Purtroppo sono _____ e non lavoro da due mesi.

4. Oggi è il compleanno di una collega: sono andata dal _____ per comprarle un mazzo (*bunch*) di rose.

5. Per festeggiare l'inizio dell'estate siamo andati tutti a nuotare in _____ dopo il lavoro.

6. Mia madre non ha mai lavorato fuori casa. Ha sempre fatto la _____.

2

Annunci Leggete gli annunci e rispondete alle domande.

Direttore di un negozio di cosmetici: il/la candidato/a ideale deve avere esperienza nel settore e capacità organizzative del punto vendita. Indispensabile: passione per l'estetica e la cosmesi. In Toscana.

Responsabile commerciale: Società internazionale cerca esperta per lancio di campagne marketing e coordinazione delle risorse tecniche. Si richiede: laurea in economia e commercio, disponibilità a viaggiare in Italia e all'estero.

Agente immobiliare: Agenzia esclusiva cerca agente esperto/a per vendita di castelli e ville. Richiediamo: conoscenza dell'inglese e del tedesco; alta professionalità; interesse per l'architettura.

- Quale annuncio ti sembra più interessante? Perché?

- Come risponderesti? Che altra documentazione manderesti?

3 **Professioni**

A. In coppia, completate la tabella. Quali sono le professioni tradizionalmente più diffuse (*widespread*) tra le donne? E tra gli uomini?

Professione	Più donne	Più uomini
1.		
2.		
3.		
4.		
5.		
6.		
7.		
8.		

B. Rispondete alle domande.

1. Secondo voi, per quali ragioni alcune professioni sono più «maschili» ed altre più «femminili»?
2. Quali professioni state considerando per il vostro futuro? Perché?
3. Le vostre scelte sono tradizionali (come nella tabella) o no?
4. Pensate che la vostra vita professionale cambierà quando avrete dei figli? Perché sì o perché no?

4 **Al lavoro** In piccoli gruppi, rispondete alle domande.

1. Come hai trovato il tuo primo lavoro?
2. Hai mai cercato lavoro leggendo gli annunci?
3. Sei mai stato/a promosso/a?
4. Conosci qualcuno che è stato licenziato? Secondo te, le ragioni erano giuste o ingiuste?
5. Ti è mai successo di lasciare un lavoro? Perché?
6. Qual è la decisione più difficile che abbia dovuto prendere riguardo al lavoro?

5 **Cosa succederà?** In coppia, guardate queste immagini e inventate delle possibili situazioni.

- Com'è il rapporto tra i personaggi?
- Qual è la storia?

Practice more at **immagina.vhlcentral.com.**

Short Film

RISCHIO D'IMPRESA

Una produzione di NUVOLA FILM e CCIAA di Firenze
Scritto e Diretto da FRANCESCO BRANDI **Fotografia** MARCO ONORATO
Musica PAOLO VIVALDI **Direttore di Produzione** MATTEO RAFFAELLI
Montaggio MARCO SPOLETINI **Scenografia** GLORIA BRESCINI
Attori FIORENZA TESSARI/LORENZO GIOIELLI/OTTAVIA PICCOLO

Trama *Cosa succede quando in una coppia una persona viene promossa e l'altra licenziata? Quali sono i problemi che il lavoro può causare in famiglia?*

DIRETTORE Ho il piacevole compito di informarLa che, dopo attente valutazioni (e non poche discussioni) abbiamo deciso di affidare a Lei la direzione del settore marketing.

MARINA Che è successo?
PAOLO Mi hanno licenziato.
MARINA Ma se non ti hanno assunto neanche un anno fa?

MARINA Paolo, dobbiamo parlare di una cosa che è successa oggi.
PAOLO No, scusa, sono stanco. Possiamo parlarne in un altro momento?

PAOLO E tu che sei così brava non lo capisci? Sei un'egoista, ecco che cosa sei!

DIRETTORE Capisco. Va bene: Lei sa senz'altro cos'è meglio per la sua vita. Peccato!

MARINA Paolo!!!

Sullo **SCHERMO**

Indica se queste affermazioni sono **vere** o **false**.

___ 1. Marina telefona alla mamma.
___ 2. Marina ha due bambini.
___ 3. Marina è una casalinga.
___ 4. La mamma di Marina non è contenta che la figlia lavori.
___ 5. Paolo viene promosso.
___ 6. Paolo cucina per festeggiare la promozione.

Analisi

1

Comprensione Completa le frasi.

1. Marina ha _____
2. Mentre guida, Marina _____
3. Il direttore _____
4. Paolo torna a casa e dice che _____
5. I bambini di Marina _____
6. Il direttore e suo marito _____

a. è stato licenziato.
b. una bella notizia.
c. spiano Marina.
d. vuole promuovere Marina.
e. dormono dalla nonna.
f. parla al telefono con la mamma.

2

A scelta Trova l'affermazione corretta. Dopo aggiungine altre due e scambiale con un(a) compagno/a.

1. a. La presidente si identifica con Marina.
   b. La presidente è gelosa di Marina.

2. a. Paolo è stato licenziato per colpa sua.
   b. Paolo è stato licenziato perché era un nuovo assunto.

3. a. Paolo si arrabbia con Marina.
   b. Marina ha paura che Paolo si arrabbi con lei.

4. a. La baby-sitter è stanca perché i bambini piangono.
   b. La baby-sitter è un'irresponsabile.

5. a. La presidente ha un lavoro e una famiglia.
   b. La presidente ha un nuovo marito.

6. a. Alla fine Marina rinuncia alla promozione.
   b. Alla fine Marina accetta la promozione.

7. a. _____
   b. _____

8. a. _____
   b. _____

3

Dialogo Immaginate la conversazione tra Marina e Paolo mentre passeggiano nel parco.

MARINA _____
_____

PAOLO _____
_____

MARINA _____

PAOLO _____

MARINA _____

PAOLO _____

MARINA _____

PAOLO _____

MARINA Sei sicuro?

PAOLO No, ma ce la metteremo tutta. E poi vedremo.

4

Punti di vista

A. In piccoli gruppi, discutete cosa vogliono dire i commenti dei personaggi.

| **Mamma di Marina:** «O la mamma o la carriera.» | **Paolo:** «Voglio dormire per 12 ore e svegliarmi su un altro pianeta.» | **Marina:** «I miei problemi familiari sono molto gravi.» | **Il direttore:** «Il nostro peggior nemico siamo noi stessi.» |

B. In piccoli gruppi, rispondete alle domande.

- Siete d'accordo con alcune opinioni dei personaggi? Quali?
- Quali sono i commenti con i quali non siete d'accordo? Perché?

5

Situazioni alternative In coppia, pensate a cosa succederebbe se…

- Paolo avesse ricevuto la promozione e Marina fosse stata licenziata
- sia Paolo che Marina avessero ricevuto una promozione
- fossero stati licenziati tutti e due
- la mamma di Marina decidesse di parlare con il direttore
- la baby-sitter lasciasse il lavoro

6

Analisi In coppia, rispondete alle domande.

1. Com'è la vita di Paolo disoccupato? Come cambia la sua routine? Che cosa gli manca? Che cosa gli piace fare adesso che ha più tempo?

2. Pensate che questo film mostri un aspetto della vita contemporanea o che abbia un messaggio particolare? (È stato prodotto dalla Camera di Commercio di Firenze.)

3. Come hanno fatto i vostri nonni e i vostri genitori per bilanciare la loro vita personale e familiare? Pensate che la vostra vita sarà molto diversa dalla loro? In che modo?

4. Qual è il lavoro ideale per conciliare serenamente carriera e vita familiare? È giusto desiderare tutte e due?

7

Scenette In piccoli gruppi, improvvisate una conversazione basata su una di queste situazioni e poi recitatela davanti alla classe.

A

Come sarà la vita di Paolo e Marina tra due anni? Riusciranno a bilanciare la loro vita personale e professionale o no? Che dirà la mamma di Marina?

B

Ad un colloquio di lavoro due dirigenti parlano con una ragazza che si è appena laureata. All'inizio c'è molta tensione, ma poi i dirigenti le fanno una bellissima offerta.

7

Scrittura Immagina di essere licenziato/a dopo molti anni di lavoro. Non hai più un lavoro, ma i tuoi datori di lavoro (*employers*) ti hanno dato una liquidazione (*severance pay*) molto alta. Che cosa faresti in questa situazione? Investiresti i soldi o li spenderesti? Come? Fonderesti una nuova azienda o compagnia? Di che tipo? Racconta cosa faresti in uno o due paragrafi.

Practice more at **immagina.vhlcentral.com.**

IMMAGINA LE ALPI

Sport ad alta quota

Tra le regioni del Nord-Ovest dell'Italia, la **Valle d'Aosta** e il **Piemonte** condividono° il paesaggio alpino, una storia comune e molte tradizioni. A queste due regioni possiamo aggiungere l'area a nord del Piemonte conosciuta come **Svizzera italiana** che comprende° il Canton Ticino, la valle **Mesolcina** del Cantone dei Grigioni e le valli **Bregaglia** e di **Poschiavo**. Queste regioni sono considerate «italiane» perché ancora oggi la popolazione parla la lingua italiana, oltre ad altre lingue nazionali.

Geograficamente sono regioni montuose ed è qui che le Alpi toccano il cielo con le cime° più alte: il **Gran Paradiso**, il **Monte Bianco**, il **Grand Combin**, il **Dent d'Herens**, il **Monte Velan**, il **Cervino** e le vette° del **Monte Rosa** raggiungono i 3000 e 4000 metri di quota°. Ed è sui versanti° di questi massicci sempre coperti di neve che il turismo invernale si è sviluppato, soprattutto a partire dagli anni '50 del XX secolo, diventando uno dei punti di forza° dell'economia di queste regioni.

Le possibilità di divertirsi, sperimentare e godere della neve sono molteplici e si evolvono rapidamente: ai materiali più tecnologici e sicuri si uniscono tecniche nuove o riscoperte che permettono un contatto sempre più diretto tra l'uomo e la natura imbiancata° in località come **Sestriere**, **Bardonecchia**, **Cervinia** e **Courmayeur**.

Per gli amanti dello **sci alpino** e dello **sci di fondo**° classici, queste regioni offrono chilometri di piste° sempre ben innevate° ed impianti moderni.

Allo sci alpino, secondo molti° nato sul **Monte Bianco**, oggi si unisce il **telemark**, che offre maggiore libertà di movimento sugli sci. Moltissime sono anche le offerte per gli sport invernali innovativi: dallo **snowboard** al **freeride** al **back country**, che uniscono scalate° ad alta quota a discese fuoripista°. Per gli appassionati di mountain bike, sulle Alpi è possibile praticare lo **snow-bike** che utilizza la bici con gomme chiodate° su percorsi° cross country. Stanno «prendendo il volo»° anche discipline come

Monte Bianco

il **kiteski**, lo **snowkiting** e l'**eliski** che permettono di volare sui massicci innevati prima di affrontarli° in temerarie° discese. Gli scalatori possono arrampicarsi° su pareti ghiacciate° di diversi livelli, da quelle facili a stalattiti gelate impegnative°.

Per chi invece non ama gli effetti dell'adrenalina è possibile camminare in montagna con le «**ciaspole**» o **racchette da neve**, fare lo **sleddog**, o **pattinare sul ghiaccio** insieme alla famiglia. Insomma, Valle d'Aosta, Piemonte e Svizzera italiana possono soddisfare le passioni degli amanti degli sport invernali di tutte le età.

In più...

Il **Monte Bianco**, con i suoi 4.810,90 metri d'altezza, è la montagna più alta delle Alpi, d'Italia e d'Europa. Si trova tra la Valle d'Aosta, in Italia, e la regione della Savoia, in Francia. I fianchi° della montagna sono coperti da numerosi ghiacciai°, i più grandi dei quali sono sul versante francese. Le prime persone a conquistarne la vetta furono **Jacques Balmat** e **Michel Gabriel Paccard** l'8 agosto 1786.

---

condividono *share* **comprende** *includes* **cime** *summits* **vette** *peaks* **quota** *height* **versanti** *mountainsides* **punti di forza** *points of strength* **imbiancata** *whitened* **sci di fondo** *cross-country ski* **piste** *slopes* **innevate** *snow-covered* **secondo molti** *according to many* **scalate** *climbing* **fuoripista** *backcountry skiing* **gomme chiodate** *snow tires* **percorsi** *trails* **prendendo il volo** *taking off* **affrontarli** *face them* **temerarie** *daredevil* **arrampicarsi** *to climb* **ghiacciate** *icy* **impegnative** *compelling* **fianchi** *sides* **ghiacciai** *glaciers*

Vero o falso? Indica se ogni frase è **vera** o **falsa**. Correggi le frasi false.

1. La regione del Canton Ticino fa parte del territorio italiano.

2. Il Monte Bianco è la montagna più alta d'Italia e d'Europa.

3. Il backcountry ed il freeride si praticano su piste regolari.

4. Sulle Alpi è possibile praticare mountain bike solo in estate.

5. Con le «ciaspole» è possibile sciare.

6. Lugano è una città della Svizzera italiana.

7. Lugano è una città importante per l'attività finanziaria.

8. La Nutella è fatta con ingredienti locali del Piemonte.

Quanto hai imparato? Rispondi alle domande.

1. Qual è la caratteristica principale delle regioni della Svizzera italiana?

2. Com'è il paesaggio naturale del Piemonte e della Valle d'Aosta?

3. Di che cosa hanno bisogno gli sportivi che vogliono praticare lo snow-bike?

4. Quali sport possono praticare le persone più tranquille o i bambini?

5. Quali attività all'aperto si possono praticare a Lugano?

6. Quali sono alcune caratteristiche della Nutella?

Lugano **Lugano** è la città più grande e turisticamente più sviluppata del **Canton Ticino** ed il terzo polo finanziario° della Svizzera dopo Ginevra e Zurigo. Si trova sulla riva° nord del **Lago di Lugano** ed è circondata da montagne. È una città eclettica che unisce la vita aristocratica del **Casinò** e quella raffinata degli amanti dell'arte ad una realtà cittadina all'insegna della° natura e della vita all'aria aperta. Numerosi sono i parchi cittadini rigogliosi° di piante e fiori esotici e gli itinerari per escursioni sul lago e nei dintorni° della città.

Ferrero La **Ferrero S.p.A.** è una multinazionale italiana nel settore dei dolciumi°, con sede a Pino Torinese, in provincia di Torino, fondata nel 1946 da **Pietro Ferrero**. L'azienda nasce con l'idea di realizzare prodotti dolciari° usando materie fresche e locali, come le nocciole° piemontesi. Dalla lavorazione° delle nocciole con altri ingredienti, Pietro crea una crema spalmabile° che ha immediatamente grande successo. Negli anni la crema cambierà fino a diventare nel 1964 la famosa **Nutella**. Alla Nutella si aggiungeranno delizie° come il **Ferrero Rocher**, il **Mon Cheri**, il **Kinder Sorpresa** e molte altre ancora!

polo finanziario *financial center* **riva** *shore* **all'insegna della** *characterized by* **rigogliosi** *blooming* **dintorni** *outskirts* **dolciumi** *sweets* **prodotti dolciari** *confectionery products* **nocciole** *hazelnuts* **lavorazione** *processing* **spalmabile** *spreadable* **delizie** *delicatessen*

Progetto

Registi per un giorno

A Torino c'è il Museo Nazionale del Cinema, uno dei musei più ricchi di collezioni e unico nella sua architettura verticale. Dopo aver visitato il sito del museo e ammirato Torino ed il suo panorama dall'alto, immaginate di «essere dei registi» che devono preparare un documentario su Torino.

- Decidete il tema del documentario: storico, artistico o turistico.

- Scegliete un titolo per il documentario.

- Ricercate le informazioni necessarie per il vostro documentario.

- Preparate una presentazione da mostrare alla classe.

10.1

Passive voice

- A verb is in the active voice when the subject carries out the action of the verb. Transitive verbs can also be used in the passive voice. In the passive voice, the subject of the verb is acted upon. The agent (the person or thing carrying out the action) may not be mentioned. Passive voice de-emphasizes the agent and spotlights what would usually be the direct object in the active voice. The passive voice occurs more often in writing than in speech.

Active voice	Passive voice
SUBJECT + VERB + DIRECT OBJECT	SUBJECT + VERB + AGENT
Il topo mangia il formaggio.	Il formaggio è mangiato dal topo.
The mouse eats the cheese.	*The cheese is eaten by the mouse.*

- Form the passive voice using the appropriate tense of **essere** + [*past participle*]; the past participle of the verb must agree in number and gender with the subject of the verb. The agent, when mentioned, is introduced by the preposition **da**.

Le regole **saranno scritte** dal proprietario.
The rules will be written by the owner.

L'assegno **è stato cambiato** (da uno studente).
The check was cashed (by a student).

- Verbs can be conjugated in the passive voice in any tense or mood. The tense or mood is reflected in the form of the verb **essere**.

Tense	Examples
presente	Il latte **è bevuto** dai bambini.
	The milk is drunk by the children.
passato prossimo	La villa **è stata distrutta** dal terremoto.
	The villa was destroyed by the earthquake.
imperfetto	Cinquanta euro **erano dati** alla chiesa ogni domenica.
	Fifty euros were given to the church every Sunday.
futuro semplice	Tutte le città **saranno inquinate** dalle macchine.
	All cities will be polluted by cars.
futuro anteriore	Quando finirà lo sciopero, molti operari **saranno stati** già **licenziati**.
	After the strike is over, many workers will have already been laid off.
condizionale	Lo stesso stipendio minimo **sarebbe guadagnato** da tutti.
	The same minimum wage would be earned by everyone.
condizionale passato	Senza i problemi alla borsa, la recessione **sarebbe stata evitata**.
	Without the problems at the stock exchange, the recession would have been avoided.
congiuntivo presente	È necessario che il prestito **sia fatto** oggi.
	It is necessary for the loan to be made today.
congiuntivo passato	Siamo sorpresi che la risposta **sia stata ricevuta** così presto.
	We are surprised that the answer was received so soon.
congiuntivo imperfetto	Sarebbe meraviglioso se tu **fossi scelto**.
	It would be wonderful if you were chosen.
congiuntivo trapassato	Sarebbe stato meglio se la telefonata **fosse stata fatta** dalla segretaria.
	It would have been better if the telephone call had been made by the secretary.

RIMANDO

The **si passivante** is presented in **Strutture 10.2, pp. 374-375**.

ATTENZIONE!

When forming the passive voice with a compound tense, remember to make both the past participle of **essere** and the past participle of the other verb agree with the subject.

La ragazza è stata invitata dal Principe Azzurro.
The girl was invited by Prince Charming.

ATTENZIONE!

The simple tenses of the verbs **venire** and **andare** are sometimes used instead of **essere** in passive sentences. When **andare** is used this way, it often expresses obligation.

L'inglese è/viene studiato da molti studenti italiani.
English is studied by many Italian students.

Le regole devono essere/vanno spiegate prima di cominciare il gioco.
The rules must be explained before starting the game.

ATTENZIONE!

Some common expressions using **andare** in the passive voice are:

va considerato	*it must be considered*
va detto	*it must be said*
va ripetuto	*it must be repeated*

Pratica e comunicazione

1

In cerca di lavoro Ad un anno dalla laurea, Sara non riesce a trovare lavoro e manda un'e-mail al suo amico Giovanni. Completa il brano con i verbi giusti alla forma passiva.

| aiutare | esaminare | fissare | respingere (*reject*) |
| assistere | fare | lodare (*praise*) | tenere |

Ciao Giovanni,

oggi sono molto triste perché ieri la mia ultima richiesta di lavoro (1) _____.
(2) _____ dal direttore per il mio ottimo curriculm, ma mi hanno detto che
la domanda (3) _____ da molti candidati e che c'era molta concorrenza
(*competition*), però (4) _____ in considerazione per il prossimo posto libero.
Così sono andata in un'agenzia di collocamento. Le persone (5) _____ da
un consulente e (6) _____ nella ricerca del lavoro ideale. Il mio curriculum
(7) _____ da un esperto la prossima settimana e spero che un colloquio
(8) _____ presto.

Ciao,

Sara

2

Al lavoro Riscrivi le frasi dalla forma attiva a quella passiva.

1. Il proprietario assumerebbe nuovi operai.
2. Credo che il dirigente abbia licenziato la segretaria.
3. È necessario che Giovanni chieda un mutuo.
4. I lavoratori guadagnavano un buono stipendio.
5. Gli impiegati faranno lo straordinario.
6. Il collega non aveva ottenuto le ferie.

3

Il giornale universitario In piccoli gruppi, scegliete uno dei seguenti titoli e scrivete un articolo per il giornale universitario dove spiegate quando e dove è accaduto l'evento, chi ha partecipato e come è andata a finire. Utilizzate la forma passiva e le parole suggerite.

> ### Siamo soli nello spazio?
> scoprire, extraterrestri, navicella spaziale, mandare, astronauta, comunicare

> ### Premiato il miglior film dell'anno
> premiare, trattare, dedicare, interpretare, svolgersi, ispirare

> ### Vivere senza tecnologia
> Internet, cellulare, stress, ritmo, uscire, cambiare

 Practice more at **immagina.vhlcentral.com.**

10.2

Si passivante and *si impersonale*

—Non **si può fare** tutto.

Si passivante

RIMANDO

To review the passive voice, see **Strutture 10.1, pp. 372-373.**

- The **si passivante** (passive **si**) is equivalent to the passive voice. It is used primarily when the agent is not expressed and it is used more frequently than the passive voice.

Active voice	Passive voice	*Si passivante*
Ricevono i regali.	I regali sono ricevuti.	Si ricevono i regali.
They receive the gifts.	*The gifts are received.*	*The gifts are received.*

- The **si passivante** is formed with the pronoun **si** and the third person singular or plural of a verb that takes a direct object (a transitive verb). The choice between singular and plural is determined by the subject of the sentence, which generally follows the verb.

  Si beve l'acqua.   **Si mangiano** i piselli.
  Water is drunk.   *Peas are eaten.*

- The **si passivante** is always conjugated with **essere** in compound tenses. The past participle agrees in number and gender with the subject of the verb.

  La scorsa estate **si sono mangiati** molti gelati.
  Last summer, a lot of ice-cream was eaten.

  Mi stupisco che **si siano chiusi** i negozi così presto.
  It surprises me that the stores were closed so early.

- When there are direct or indirect object pronouns used with the **si passivante**, they precede the pronoun **si**. Use the third person singular form of the verb with direct object pronouns. In sentences with **ne**, however, change the order and the spelling of the pronouns to **se ne**.

  Si comprano francobolli all'ufficio postale. **Li si compra** anche alla tabaccheria.
  Stamps are bought at the post office. They are also bought at the tobacco shop.

  Si comprano molte cose, e **se ne buttano via** tantissime.
  Much is bought and so much is thrown away.

- In compound tenses, the past participle agrees with the direct object pronoun.

  Si è chiamato il dottore?
  Has the doctor been called?

  Sì, **lo si è chiamato** un'ora fa.
  Yes, he was called an hour ago.

  Si è servita già la cena?
  Has dinner already been served?

  Sì, **la si è servita** alle 8.00.
  Yes, it was served at 8:00.

ATTENZIONE!

The **si passivante** is often used on signs to indicate something for sale, for rent, etc.

Si vendono appartamenti e monolocali vicino al mare.
Apartments and studios near the beach are for sale.

Affittasi camere doppie e singole in un appartamento per 5 persone.
Single and double rooms for rent in an apartment for 5 people.

Si impersonale

- An impersonal form is used when the subject of a sentence is non-specific or unimportant for the speaker. In English, words like *people*, *they*, *one*, *we*, and *you* can convey this meaning. In Italian, the impersonal form is most commonly expressed by using the **si impersonale**.

  Dopo il lavoro, **si va** al bar.
  After work, people go to the bar.

  Si mangia bene in quel ristorante.
  One eats well in that restaurant.

- The **si impersonale** is formed by using the pronoun **si** followed by the third person singular of any intransitive verb or of any transitive verb when the subject is not expressed.

  Quando **si sta** male, **si va** dal dottore.
  When you are sick, you go to the doctor's.

  S'impara bene se **si studia** molto.
  One learns well if one studies a lot.

  It is commonly used to request or to give information, instructions, and permission.

  Non **si parla** con la bocca piena!
  Don't talk with your mouth full!

  Come **si fa** a creare un sito?
  How does one create a website?

- When the **si impersonale** is used with a verb that expresses a state of being, such as **essere** or **diventare**, adjectives and nouns following the verb are always in the masculine plural form, even though the verb is singular.

  Dalle mie parti, **si è molto generosi**.
  Where I'm from, people are really generous.

  Quando **si diventa vecchi**, tutto è più chiaro.
  When one gets old, everything is clearer.

  Quando **si è studenti**, si dorme poco.
  When one is a student, one sleeps little.

  Si lavora moltissimo quando **si diventa professori**.
  You work a lot when you become a professor.

- When the **si impersonale** is used in compound tenses, a singular form of **essere** is always required as an auxiliary. For verbs normally conjugated with **avere**, use the masculine singular form of the past participle. For verbs conjugated with **essere**, use a plural past participle.

  Si è viaggiato molto.
  (La gente ha viaggiato molto.)
  People have traveled a lot.

  Quando **si è arrivati**, nessuno era lì.
  (Quando la gente è arrivata, nessuno era lì.)
  When we arrived, no one was there.

- Indirect object pronouns precede **si**. When **ne** is used, **si** becomes **se** and the order is always **se ne**.

  Si discute di sport in ufficio?
  Do people talk about sports in the office?

  No, non **se ne parla** affatto!
  No, they don't talk about them at all!

  Si può telefonare ai clienti dopo le sei?
  Can one call clients after six?

  No, non **gli si può telefonare** così tardi!
  No, one cannot call them so late!

- When using a reflexive or reciprocal verb with the **si impersonale**, avoid repeating **si** by replacing it with **ci**.

  Come **ci si saluta** tra amici?
  How does one say hello among friends?

  Ci si saluta con due baci.
  One says hello with two kisses.

ATTENZIONE!

The pronoun **si** precedes the conjugated forms of verbs such as **dovere**, **potere**, and **volere**.

Si deve andare a scuola alle 7.30.
One has to go to school at 7:30.

ATTENZIONE!

As an alternative to using the **si impersonale**, you may use **uno** or **la gente**.

La gente passa troppo tempo a guardare Facebook.
= **Si passa troppo tempo a guardare Facebook.**
People spend too much time on Facebook.

ATTENZIONE!

In spoken Italian, the **si impersonale** is sometimes used to mean **noi**.

Dove si va domani?
Where are we going out tomorrow?

Cosa si mangia oggi?
What are we eating today?

Pratica

1

Cosa si fa...? Simona e Diana stanno organizzando una piccola gita a Torino. Cambia i verbi tra parentesi usando la forma del **si** impersonale.

SIMONA Ciao Diana, allora cosa si fa questo fine settimana?

DIANA (1) _____ (andiamo) a Torino!

SIMONA Sì, che bella idea! Hai già deciso cosa (2) _____ (facciamo)?

DIANA (3) _____ (ci svegliamo) presto, (4) _____ (partiamo) alle sette così (5) _____ (arriviamo) presto.

SIMONA Bene, poi si visita il Museo Egizio e la Mole Antonelliana.

DIANA Va bene, poi per pranzo (6) _____ (mangiamo) al ristorante consigliato da Cristian.

SIMONA E nel pomeriggio?

DIANA Nel pomeriggio (7) _____ (ci riposiamo) in un caffè e poi (8) _____ (torniamo) a casa.

SIMONA Non vedo l'ora di partire!

2

In ufficio Trasforma le frasi passive utilizzando il **si** passivante.

Modello   **Le lettere sono spedite.**
Si spediscono le lettere.

1. Il candidato è stato assunto.
2. Le e-mail saranno lette.
3. Le ferie sono prese ad agosto.
4. La promozione è stata ottenuta.
5. Le imprese sono finanziate.
6. I soldi saranno investiti.

3

Dopo il lavoro Completa il brano con i verbi forniti mettendoli nella forma del **si** passivante o del **si** impersonale.

andare	giocare	invitare	raccontare
bere	guardare	mangiare	rilassarsi
fare	incontrarsi	organizzare	

Ad Alessandria, dopo una lunga giornata di lavoro, (1) _____ un po' prima di tornare a casa. (2) _____ in palestra o (3) _____ a tennis o a calcio. Altre volte (4) _____ con gli amici, (5) _____ un aperitivo, (6) _____ gli stuzzichini e (7) _____ due chiacchiere. Spesso (8) _____ gite per il fine settimana o (9) _____ le novità. Nel fine settimana (10) _____ a cena fuori o (11) _____ gli amici a casa e (12) _____ un film.

4

Il tempo libero In coppia, a turno, fatevi le seguenti domande. Rispondete utilizzando il **si** passivante o il **si** impersonale.

- Come si passa la giornata nella tua città?
- Dove si va quando si vogliono incontrare gli amici?
- Cosa si fa per passare una serata tranquilla?
- Dove si mangiano i migliori gelati?

- Cosa si fa nel tempo libero?
- Cosa si fa la sera?
- Dove si ascolta buona musica?
- Dove si beve il miglior caffè?

Practice more at
immagina.vhlcentral.com.

Comunicazione

5

Conversazione In coppia, inventate sei domande da fare ad un(a) amico/a sul suo nuovo lavoro. Utilizzate il **si** impersonale con **essere** o **diventare** più gli aggettivi.

> **Modello** —Come va il tuo nuovo lavoro? Lavori tanto? Si diventa nervosi quando si lavora molto!
>
> —Sì, sono stanco e quando si è stanchi si diventa nervosi!

6

Inventa

A. In coppia, descrivete la scena e cosa fanno le persone nella foto, con almeno otto frasi. Utilizzate il **si** passivante e il **si** impersonale.

B. Confrontate le vostre frasi con il resto della classe.

7

Il ponte In coppia, inventate e poi mettete in scena una conversazione dove decidete cosa fare durante il prossimo ponte (*long weekend*) utilizzando il si impersonale. Potete usare le espressioni della lista.

andare a sciare sulle Alpi	scrivere e-mail importanti
incontrare i genitori	studiare per l'esame
lavorare ad un progetto	uscire con gli amici

> **Modello** —Ciao Paola, che si fa questo fine settimana?
>
> —Ciao Sara, si va al mare…

8

Festa a sorpresa In coppia, scrivete cosa si deve fare per organizzare una perfetta festa a sorpresa.

> **Modello** Per prima cosa, si deve stabilire la data, poi si deve fare la lista degli invitati...

10.3

Indirect discourse

- Direct discourse reports exactly what someone says or has said. In writing, quotation marks enclose the person's words. Indirect discourse relates a person's words without repeating them verbatim; they are not set off in writing by quotation marks.

In addition to any changes in the verb tenses, depending on the context, you might have to make other changes in subject and object pronouns, reflexive pronouns, and possessive adjectives and pronouns.

Ha detto: «Non sono stato io!»
Ha detto che non era stato lui.

Disse: «È mio.»
Disse che era suo.

Ha detto: «Mi sono dimenticata.»
Ha detto che si era dimenticata.

Mi hai detto: «Voglio andare con te.»
Mi hai detto che volevi andare/venire con me.

Disse: «Ti avevo visto.»
Disse che l'aveva vista.

When the verb introducing the indirect discourse is in the past, you might also need to make the following changes.

adesso	→ in quel momento
oggi	→ (in) quel giorno
ora	→ allora
domani	→ il giorno dopo / seguente
fra poco	→ poco dopo
prossimo	→ seguente
ieri	→ il giorno prima
l'altro ieri	→ due giorni prima
poco fa	→ poco prima
scorso	→ prima / precedente
qui	→ lì
qua	→ là
questo	→ quello

Antonella ha detto: «Mia sorella partirà domani.»
Antonella said, "My sister will leave tomorrow."

Antonella ha detto che sua sorella sarebbe partita il giorno dopo.
Antonella said that her sister would leave the next day.

Direct discourse

Massimiliano dice: «Vado al bancomat.»
Massimiliano says, "I am going to the ATM."

Indirect discourse

Massimiliano dice che va al bancomat.
Massimiliano says that he is going to the ATM.

- Indirect discourse is often introduced by verbs such as **chiedere** (*to ask*), **dire** (*to say/tell*), **domandare** (*to ask*), **ripetere** (*to repeat*), **rispondere** (*to respond*), or **sostenere** (*to maintain*).

Mi **chiedono** quando andrò in pensione.
They are asking me when I will retire.

Gli **rispondo** che non ne ho idea!
I keep telling them that I have no idea!

- The change from direct to indirect discourse often requires a number of changes in a sentence. These changes may include a change of verb tense and/or mood, changes of possessive pronouns and adjectives, changes in personal pronouns, and changes in demonstrative adjectives and expressions of time and place.

- When the verb introducing indirect discourse is in the present or future tense, no change in the verb tense is needed.

Discorso diretto

Barbara **domanda**: «Quando **arriverà** il nuovo motorino?»
Barbara asks, "When will the new scooter arrive?"

Federico **risponderà**: «Non mi **alzerò** fino a mezzogiorno!»
Federico will answer, "I won't get up until noon!"

Discorso indiretto

Barbara **domanda** quando **arriverà** il nuovo motorino.
Barbara asks when the new scooter will arrive.

Federico **risponderà** che non si **alzerà** fino a mezzogiorno.
Federico will answer that he won't get up until noon.

- When introduced by a verb in the past tense, verbs in the **imperfetto** or **trapassato** do not change when changing from direct to indirect discourse. This rule applies both to verbs in the indicative and in the subjunctive.

Discorso diretto (imperfetto)	Discorso indiretto (imperfetto)
Ugo ha detto: «Silvia **voleva** dare le dimissioni.» *Ugo said, "Silvia wanted to quit."*	Ugo ha detto che Silvia **voleva** dare le dimissioni. *Ugo said that Silvia wanted to quit.*
Disse: «**Pensavo** che il contabile **avesse** la ricevuta.» *He said, "I thought the accountant had the receipt."*	Disse che **pensava** che il contabile **avesse** la ricevuta. *He said that he thought that the accountant had the receipt.*

Discorso diretto (trapassato)	Discorso indiretto (trapassato)
Abbiamo detto: «L'**aveva preparata**.» *We said, "She had prepared it."*	Abbiamo detto che l'**aveva preparata**. *We said that she had prepared it.*
Rispose: «Volevo sapere dove **fosse andata**.» *He replied, "I wanted to know where she had gone."*	Rispose che voleva sapere dove **fosse andata**. *He replied that he wanted to know where she had gone.*

- When the verb introducing indirect discourse is in a past tense, verb tenses other than the **imperfetto** or **trapassato** must also shift to the past tense. This is true whether the verb is in the indicative or subjunctive.

Discorso diretto (presente)	Discorso indiretto (imperfetto)
Giorgina ha risposto: «Non **voglio** pagare la tassa.»	Giorgina ha risposto che non **voleva** pagare la tassa.
Giorgina answered, "I don't want to pay the tax."	*Giorgina answered that she didn't want to pay the tax.*

Discorso diretto (futuro / condizionale)	Discorso indiretto (condizionale passato)
Pandora ha urlato: «Non **aprirò** mai questa scatola!»	Pandora ha urlato che non **avrebbe** mai **aperto** quella scatola.
Pandora yelled, "I will never open this box!"	*Pandora yelled that she would never open that box.*

Discorso diretto (passato prossimo / remoto)	Discorso indiretto (trapassato)
Pierluigi ha ammesso: «**Ho perso** la mia chiave.»	Pierluigi ha ammesso che **aveva perso** la sua chiave.
Pierluigi admitted, "I lost my key."	*Pierluigi admitted that he had lost his key.*
Maria Elena ha risposto: «Credo che questi bambini l'**abbiano trovata**.»	Maria Elena ha risposto che credeva che quei bambini l'**avessero trovata**.
Maria Elena replied, "I think these children found it."	*Maria Elena replied that she thought those children had found it.*

- There are two ways to indicate the change from an imperative in direct discourse to its equivalent in indirect discourse. You may use **di** + [infinitive] or the imperfect subjunctive.

Discorso diretto (imperativo)	Discorso indiretto (infinito / congiuntivo imperfetto)
Stefano gli **ha detto**: «**Fallo** subito!»	Stefano gli **ha detto di farlo** subito.
Stefano said to him, "Do it right away!"	Stefano gli **ha detto che lo facesse** subito.
	Stefano said to him do it right away.

- Hypothetical situations expressing reality, possibility, and impossibility undergo changes as shown in the shift from direct to indirect discourse. In indirect discourse, all three of the hypothetical situations are expressed with the same basic tenses: the past perfect subjunctive (**congiuntivo trapassato**) after **se**, and the past conditional (**condizionale passato**) in the result clause.

Discorso diretto	Discorso indiretto
Gianni disse: «Se **avremo** soldi, **compreremo** una bella casa.»	Gianni disse che se **avessero avuto** soldi, **avrebbero comprato** una bella casa.
Gianni said, "If we have the money, we will buy a pretty house."	*Gianni said that if they had the money, they would buy a pretty house.*
Marina rispose: «Se **avessi** soldi, **comprerei** una macchina!»	Marina rispose che se **avesse avuto** soldi, **avrebbe comprato** una macchina.
Marina replied, "If I had the money, I would buy a car!"	*Marina replied that if she had the money, she would buy a car.*
Paolo aggiunse: «Se **avessi avuto** soldi, **avrei comprato** una Ferrari.»	Paolo aggiunse che se **avesse avuto** soldi, **avrebbe comprato** una Ferrari.
Paolo added, "If I had had the money, I would have bought a Ferrari."	*Paolo added that if he had had the money, he would have bought a Ferrari.*

ATTENZIONE!

When the speaker is talking to or about him/herself, use **di** + [*infinitive*]. To indicate a past action, use **di** + [*past infinitive*].

Ugo dice: «Io non guadagno abbastanza.»
Ugo says, "I don't earn enough."

Ugo dice di non guadagnare abbastanza.
Ugo says he doesn't earn enough.

Pia ha detto: «Non ho ricevuto la lettera.»
Pia said, "I didn't receive the letter."

Pia ha detto di non aver ricevuto la lettera.
Pia said that she hadn't received the letter.

RIMANDO

To review hypothetical statements, see **Strutture 9.3, pp. 340-341.**

Pratica

1

Al lavoro Riscrivi le conversazioni ascoltate al lavoro utilizzando il discorso indiretto.

> Modello   **Teresa: «Voglio un aumento di stipendio.»**
> **Il direttore: «Va bene, avrai l'aumento!»**
>
> Teresa dice che vuole un aumento di stipendio.
> Il direttore risponde che va bene, avrà l'aumento.

1. Mario: «Voglio cambiare il mio orario di lavoro.»
   La segretaria: «Devi riempire il modulo.»
2. Carlo: «La prossima settimana andrò in ferie.»
   Il collega: «Io ci sono andato il mese scorso.»
3. Lucia: «Ho mandato il fax.»
   Il capo: «Puoi fare la pausa.»
4. Matteo: «Dovrei uscire un momento.»
   La direttrice: «Va bene.»

2

L'articolo Alcuni esperti esprimono la loro opinione sulla crisi economica. Tu sei un giornalista e scrivi un articolo su quello che hanno detto usando il discorso indiretto.

- Un economista: «Nel mese di luglio la crisi economica raggiungerà livelli altissimi. Gli effetti degli interventi dello stato non si fanno sentire.»

- Un politico: «La ripresa economica dovrebbe avvenire presto. Il periodo peggiore è già passato.»

- Un sindacalista: «Il tasso di disoccupazione è salito negli ultimi mesi. Tutto è iniziato a causa della crisi dei mutui negli Stati Uniti.»

3

Riunione Durante una riunione di lavoro alcuni impiegati fanno delle dichiarazioni (*statements*). Riscrivile in un promemoria usando il discorso indiretto.

1. I dipendenti avevano detto: «Vogliamo un orario di lavoro flessibile.»
2. La segretaria aveva detto: «Abbiamo bisogno di più impiegati.»
3. L'impiegato ha spiegato: «Pensavo che fossero stati assunti.»
4. La ragioniera ha proposto: «Se usassimo materiali più economici i costi di produzione diminuirebbero.»
5. La dirigente aveva dichiarato: «La produzione è salita nell'ultimo mese.»

4

Disposizioni In coppia leggete la lista degli ordini lasciata dal direttore per i suoi dipendenti. Riscrivetela utilizzando le due forme di discorso indiretto.

> Modello   **Per il contabile: Paga gli stipendi.**
>
> Il direttore ha detto al contabile di pagare gli stipendi./Il direttore ha detto al contabile che pagasse gli stipendi.

- **Per Martina:**

  Contatta i vecchi clienti.

  Controlla la posta elettronica ogni mattina.

  Manda i nuovi cataloghi ai rappresentanti.

- **Per i dipendenti:**

  Fate un'ora di straordinario al giorno.

  Ispezionate il materiale arrivato.

  Completate i progetti iniziati.

 Practice more at **immagina.vhlcentral.com.**

Comunicazione

5

Telefonata In coppia, raccontatevi a turno una conversazione telefonica che avete avuto di recente. Fatevi delle domande per saperne di più.

> **Modello** —Ieri sera ho parlato con mia madre e mi ha detto che lei e mio padre sarebbero venuti a trovarmi questo fine settimana.
>
> —Ti ha detto quanto tempo rimarranno?
>
> —Non proprio, ma ha detto che sarebbero rimasti fino a domenica pomeriggio.

6

Fumetti In gruppo, immaginate cosa stanno dicendo i personaggi nei fumetti e inseritelo nella nuvoletta. Poi riscrivetelo usando il discorso indiretto.

7

Recensione In gruppo, a turno raccontate brevemente la trama dell'ultimo film o telefilm che avete visto. Gli altri studenti ascoltano e riassumono in quattro o cinque frasi usando il discorso indiretto.

8

Tra avvocati Due avvocati si incontrano per curare gli interessi dei loro clienti e per negoziare le richieste della controparte. In gruppo, scegliete una delle due situazioni e inventate una conversazione tra gli avvocati, utilizzando il discorso indiretto, per riportare cosa i clienti gli hanno detto.

> **Modello** —Il mio cliente ha detto che voleva tenere il cane.
>
> —Mi dispiace, ma il mio cliente ha detto che il suo cliente poteva tenere il gatto ma non il cane.

- Due avvocati che rappresentano moglie e marito che vogliono divorziare.

- Due avvocati, uno rappresenta un'azienda e l'altro un dipendente che è stato licenziato.

10.4

Fare, *lasciare*, and verbs of perception followed by the infinitive

—Li *farei dormire* a casa tua.

Fare followed by the infinitive

- **Fare** + [*infinitive*] indicates that the subject is causing something to be done or causing someone else to do something.

  L'insegnante **fa parlare** Paolo.
  The teacher makes Paolo talk.

  Marco **fa lavare** la macchina a suo fratello.
  Marco has his brother wash his car.

- When there is one object after **fare** + [*infinitive*], it is always a direct object. When there are two objects, the person or thing acted upon is the direct object and the person participating in the action is an indirect object.

	DIRECT OBJECT
Il padrone farà licenziare	**l'impiegato.**

  The boss will have the employee fired.

	DIRECT OBJECT	INDIRECT OBJECT
Il padre fa aprire	**un conto**	**a sua figlia.**

  The father is having his daughter open an account.

- Object pronouns do not attach to the infinitive. They normally precede the conjugated form of **fare**. Note that the past participle of **fare** agrees with preceding direct object pronouns.

  Ho fatto presentare le sue qualifiche a Gina.
  I had Gina present her qualifications.

  Le ho fatte presentare a Gina.
  I had Gina present them.

  Hai fatto suonare la tromba a Salvatore?
  Did you have Salvatore play the trumpet?

  Gliel'hai fatta suonare?
  Did you have him play it?

- **Farsi** + [*infinitive*] expresses the idea of having something done to or for oneself by another person. Use **da** + a person to indicate who is performing the action.

  La nonna **si fa lavare** i capelli **dalla** nipote.
  The grandmother has her hair washed by her granddaughter.

  Mi farò cuocere una bella pastasciutta **da** Patrizia.
  I will have Patrizia cook a nice pasta dish for me.

- If the infinitive after **fare** is a reflexive verb, the reflexive pronoun is dropped.

  Non **fare alzare** papà.
  Don't make Daddy get up.

  Ho fatto pentire Maria.
  I've made Maria feel sorry.

ATTENZIONE!

To avoid ambiguity, use **da** instead of **a** to show who is performing the action.

Fate scrivere una poesia a Beatrice.
Have a poem written for/by Beatrice.

Fate scrivere una poesia da Beatrice.
Have Beatrice write a poem.

ATTENZIONE!

You may also use a disjunctive pronoun instead of an indirect object pronoun for clarification or emphasis.

Glielo faccio vedere.
I'm showing it to him/her.

Lo faccio vedere a lui, non a lei.
I'll show it to him, not to her.

ATTENZIONE!

Pronouns follow and attach to **fare** in three situations: the **tu**, **noi**, and **voi** forms of the imperative, when **fare** is an infinitive, and in the gerund.

Fallo venire subito!
Have him come right away!

Voglio farli capire.
I want to make them understand.

Facendoli ragionare, il professore li aiuta a ricordare.
By making them reason, the teacher helps them remember.

Lasciare followed by the infinitive

- **Lasciare** + [*infinitive*] means *to allow*, *to let* or *to permit* someone to do something.

  Lascio piangere il mio fratellino.
  I let my little brother cry.

- As with the **fare** construction, when there is one object after **lasciare** + [*infinitive*], it is always a direct object. If there are two objects, the person or thing acted upon is the direct object and the person doing the action is an indirect object.

  Abbiamo lasciato cantare **i nostri ospiti.**
  We allowed our guests to sing.

  Li abbiamo lasciati cantare.
  We allowed them to sing.

  La lasciate mangiare.
  You are letting her eat.

  Le lasciate mangiare **le patatine fritte.**
  You are letting her eat French fries.

- **Lasciarsi** expresses the idea of allowing something to be done by or for oneself. The person or thing who performs the action is introduced by **da**.

  Il mio collega **si lascia convincere** a comprare il caffè a tutti gli amici.
  My coworker lets himself get talked into buying coffee for his friends.

  Mi sono lasciata trasportare dalla musica.
  I let myself drift away with music.

  Per il colloquio, **mi lascerò vestire da** mia moglie!
  For the interview, I'll let my wife choose my clothes!

- **Lasciare** may also be followed by **che**. When the two clauses have a different subject, a verb in the appropriate form of the subjunctive is used in the dependent clause.

  La professoressa **ha lasciato che** gli studenti **mangiassero** nell'aula.
  The professor let the students eat in the classroom.

Verbs of perception followed by the infinitive

- Verbs of perception such as **sentire** (*to hear*) and **vedere** (*to see*) may be followed by an infinitive. Additional verbs of perception are: **guardare** (*to watch*), **ascoltare** (*to listen to*), **udire** (*to hear*), and **osservare** (*to observe*).

  Ho sentito gridare il contabile.
  I heard the accountant screaming.

  L'ho sentito gridare.
  I heard him screaming.

  Ascoltiamo cantare il nostro amico.
  We are listening to our friend sing.

  L'ascoltiamo cantare.
  We are listening to him sing.

- The direct object follows the infinitive and the direct object pronoun precedes the conjugated verb of perception when there is only one object.

  Vedo arrivare **l'aereo.**
  I see the plane coming.

  Lo vedo arrivare.
  I see it coming.

- If the infinitive has its own object, place it after the infinitive and place the other noun after the verb of perception.

  Abbiamo visto il leone **mangiare** la gazzella.
  We saw the lion eat the gazelle.

ATTENZIONE!

Two expressions, **lasciare perdere** and **lasciare stare**, are idiomatic. The first means *to let something go* or *to forget about something*, the second means *to let something be*.

Non troveremo mai quella lettera—lasciamo perdere!
We will never find that letter—let's forget about it.

Hai già riletto la tua risposta tre volte—lascia stare!
You've already read your answer three times—let it be!

ATTENZIONE!

Pronouns follow and attach to **lasciare** in three situations: the **tu**, **noi**, and **voi** forms of the imperative, when **lasciare** is an infinitive, and in the gerund.

Lascialo giocare in pace.
Let him play in peace.

Puoi lasciargli fare un dolce.
You can let them make dessert.

Lasciandole stare alzate fino a tardi, ci troveremo nei guai.
By letting them stay up, we will find ourselves in trouble.

Pratica

1

Istruzioni Utilizza gli elementi forniti per fare delle frasi con **fare** + infinito.

> Modello   **La ditta firma il contratto. / il consulente**
>
>   Il consulente fa firmare il contratto alla ditta.

1. Gli operai lavorano. / il direttore
2. La segretaria ha mandato le e-mail. / il capo
3. La stagista farà il colloquio di lavoro. / il consulente
4. Il contabile ha depositato gli assegni. / il collega
5. L'assistente contatta i clienti. / il dirigente

2

Primo giorno di lavoro Utilizza gli elementi forniti per fare delle frasi con **fare** + infinito o **farsi** + infinito, poi riscrivi le frasi utilizzando i pronomi diretti e indiretti.

> Modello   **La segretaria fa il caffè. (Il capo)**
>
>   Il capo fa fare il caffè alla segretaria./Il capo glielo fa fare.

1. L'assistente porta il contratto al direttore. (Il direttore)
2. La nuova impiegata firma il contratto. (Il direttore)
3. I dipendenti conoscono la nuova impiegata. (Il direttore)
4. La nuova impiegata vede il nuovo progetto. (I dipendenti)
5. L'assistente spiega i progetti alla nuova impiegata. (La nuova impiegata)

3

Genitori e figli In coppia, usate gli elementi forniti per parlare di cosa vi lasciavano o non vi lasciavano fare i vostri genitori quando eravate adolescenti.

> Modello   **avere un cellulare**
>
>   I miei genitori non mi lasciavano avere un cellulare tutto mio, ma mi lasciavano usare il loro se uscivo la sera.

- uscire la sera
- andare in vacanza da solo/a
- andare in discoteca con gli amici
- fare tardi senza avvertire
- guidare la loro macchina
- avere un indirizzo e-mail privato
- usare Internet senza limiti
- ?

4

Una rapina C'è stata una rapina (*robbery*) in una banca e tu come testimone devi rispondere alle domande dell'investigatore.

> Modello   **Hanno fatto uscire i clienti?**
>
>   No, non li hanno fatti uscire.

1. Avete visto arrivare i ladri?
2. Avete sentito sparare un colpo di pistola?
3. I ladri hanno fatto aprire la cassaforte (*safe*) al cassiere?
4. Hanno fatto entrare tutti i clienti nell'ufficio del direttore?
5. Hanno fatto scattare (*go off*) l'allarme?
6. Hanno fatto parlare gli ostaggi con i loro parenti?
7. Si sono fatti consegnare tutti i soldi dall'impiegato?
8. Avete visto cadere a terra la segretaria?

Comunicazione

5

Questionario In coppia, rispondete alle seguenti domande.

1. Cosa ti fa ridere?
2. Che cosa ti fa perdere la pazienza?
3. Fai controllare la tua auto periodicamente?
4. Ti fai tagliare i capelli dal parrucchiere (*barber / hairdresser*)?
5. Lasci usare il tuo computer ai tuoi amici?
6. Lasci leggere il tuo diario personale ai tuoi amici?
7. Ti lasci convincere facilmente dagli altri?
8. Fai usare il tuo iPod ai tuoi amici?

6

Il lavoro ideale In coppia, descrivete il vostro lavoro ideale, utilizzando **fare**, **lasciare** e i verbi di percezione più infinito.

> **Modello**   Il mio lavoro ideale è quello che mi lascia iniziare alle 10 di mattina e non mi fa lavorare il venerdì.

7

Uno sguardo al futuro Fate una lista di sei cose che tu e la tua famiglia vi farete fare da altri tra vent'anni, quando sarete molto ricchi. Condividete la lista con i vostri compagni che vi faranno domande a riguardo.

> **Modello**   Mi farò portare la colazione a letto tutte le mattine.
>
> Mio fratello si farà accompagnare dall'autista.

8

Qualcosa di strano Racconta qualcosa di strano che ti è successo di recente, puoi usare la tua immaginazione, utilizzando i verbi di percezione e **lasciare + infinito**.

> **Modello**   Ieri pomeriggio ho sentito gridare la mia vicina di casa, ho visto correre un uomo con un cappello nel cortile e poi ho udito ridere il marito della vicina...

Sintesi

Parliamo In gruppo, leggete i quattro estratti e rispondete alle domande.

I giovani e il mondo del lavoro.

Francesco, 24 anni, Padova

 È sempre più difficile per noi giovani trovare lavoro. Per me è importante scegliere un buon corso di laurea e soprattutto fare esperienza all'estero. Lavorare in un altro paese è l'occasione per crescere professionalmente e quando torni a casa hai la possibilità di trovare un lavoro interessante e ben pagato.

Paola, 25 anni, Napoli

 Mi sono laureata l'anno scorso e ancora non ho trovato lavoro, e nella mia stessa situazione si trovano la metà dei laureati. Purtroppo dobbiamo accettare lavori precari, spesso mal pagati e non adeguati agli studi fatti. Voglio essere indipendente ma non ci riesco e non capisco perché dovrei trasferirmi in un'altra città o in un altro paese.

Giacomo, 20 anni, Genova

 Secondo me i giovani laureati possono trovare lavoro; devono solo darsi da fare e cercare di fare esperienza anche durante gli anni dell'università invece di aspettare dopo la laurea. Ogni estate, io accetto qualsiasi lavoro riesco a trovare per fare esperienza e poi dopo che mi sarò laureato cercherò il mio lavoro ideale.

Sara, 26 anni, Perugia

 Purtroppo siamo in un circolo vizioso: le aziende vogliono giovani con esperienza, e così nessuno è disposto ad assumerli senza esperienza. Ma dove dovremmo maturare noi giovani questa esperienza? Secondo me l'università e il mondo del lavoro dovrebbero lavorare insieme per dare questa occasione a noi giovani.

---

1. Qual è l'opinione degli intervistati riguardo alle difficoltà che hanno i giovani italiani a trovare lavoro?
2. Quali soluzioni suggeriscono per risolvere questo problema?
3. Secondo te, ci sono dei fattori che influenzano la loro opinione? Quali?
4. Con quale degli intervistati ti identifichi di più? Perché?
5. Secondo te, questi sono problemi solo italiani o ci sono anche nel tuo paese?

Scriviamo Scegli uno dei seguenti argomenti e scrivi un tema di circa una pagina.

1. Fai un resoconto (*summary*) delle opinioni dei quattro intervistati.
2. Quale delle quattro opinioni è più vicina alla tua? Spiega perché.

Strategie per la comunicazione

Quando ti prepari a riportare quello che altre persone hanno detto, sia a voce che per iscritto, ricordati di non limitarti ad usare solo il verbo **dire**, ma utilizza altri sinonimi come: **raccontare**, **spiegare**, **chiarire**, **ricordare**, **far notare**, **affermare** ed **esprimere**.

Preparazione

Vocabolario della lettura	Vocabolario utile
l'abbigliamento *clothing*	l'abito *(men's) suit*
il capo (di vestiario) *article (of clothing)*	la cravatta *tie*
la griffe *designer label*	i gioielli *jewelry*
il look *dressing style*	la (mini)gonna *(mini)skirt*
la marca *brand*	gli orecchini *earrings*
la richiesta *demand*	i pantaloni (lunghi/corti) *(long/short) pants*
il settore *sector*	i sandali *sandals*
la sfilata *(fashion) parade*	il tailleur (*invar.*) *(women's) suit*
lo stile *style*	il tatuaggio *tattoo*
lo stilista *fashion designer*	il trucco *makeup*

1

Parole nuove Associa i sinonimi nelle due colonne.

_____ 1. l'abbigliamento   a. la griffe

_____ 2. i sandali   b. i creatori di moda

_____ 3. la marca   c. la caratteristica, l'orientamento

_____ 4. il look   d. il campo

_____ 5. la richiesta   e. le scarpe aperte

_____ 6. il settore   f. i vestiti

_____ 7. lo stile   g. la domanda

_____ 8. gli stilisti   h. lo stile nel vestirsi

2

Stile e look In coppia, rispondete alle domande.

1. Quali stilisti italiani conosci? Quali sono i prodotti che preferisci?
2. Ti piace seguire le mode nel vestirti?
3. Come descriveresti il tuo look? È simile a quello degli altri studenti?
4. Come descriveresti il look della tua celebrità preferita?

3

Sondaggio Cosa indosseresti in queste occasioni? Intervista altri studenti.

Situazione	Abbigliamento	Accessori	Scarpe
in ufficio			
ad un matrimonio			
ad un colloquio di lavoro			
ad una festa			
all'università			
sulla spiaggia			
sulla neve			

Nota CULTURALE

Il più famoso museo italiano dedicato alla storia della moda è la **Galleria del costume**, che si trova a Palazzo Pitti a Firenze. È una grande collezione che include più di 6.000 manufatti°, fra abiti antichi e moderni, accessori, costumi teatrali e cinematografici a partire dal '700. Molti degli esemplari, creati da stilisti italiani e stranieri, sono rari o addirittura° unici. Il museo spesso organizza anche mostre temporanee speciali.

manufatti *handicrafts* **addirittura** *even*

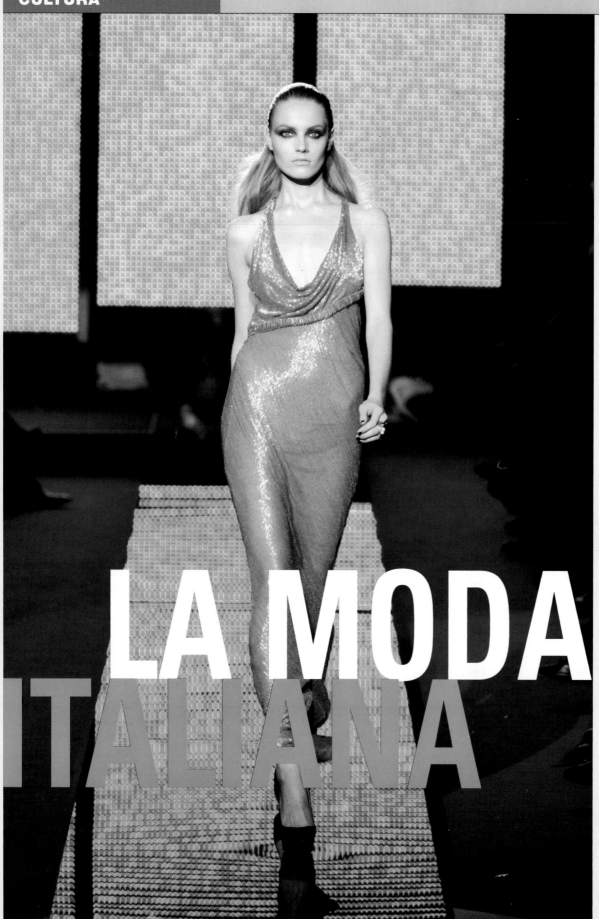

LA MODA
ITALIANA

Versace, collezione
autunno-inverno,
Milano Moda, 2009

Durante gli ultimi venti anni del 1900, la scritta *Made in Italy* su un capo di abbigliamento è diventata un sinonimo di qualità e prestigio, e l'industria della moda è emersa° come uno dei settori più importanti dell'economia italiana. Naturalmente il *Made in Italy* si riferisce anche agli altri prodotti esportati come quelli per l'ingegneria e i macchinari industriali, le automobili, i cibi e i vini che sono ormai diffusi in tutto il mondo. La moda però ha un ruolo privilegiato non solo nell'economia ma anche nell'immaginazione e nella società italiana: «moda», infatti, vuol dire anche «costume», che ha il doppio significato di abbigliamento e di abitudini morali e culturali.

Oltre all'incremento nell'esportazione dei prodotti artigianali e industriali e quindi alla crescita economica del paese, il successo degli stilisti di moda ha anche cambiato l'immagine che gli stranieri hanno degli italiani. Il successo dell'industria della moda italiana nasce dalla piccola e media imprenditoria°: la tradizione tessile°, unita alla qualità dei materiali locali e alla creatività dei talenti individuali, ha ispirato un prodotto completamente *Made in Italy*.

La moda italiana nasce a Roma durante il boom economico degli anni '50. La Seconda Guerra Mondiale è finita e il mercato italiano è in espansione. Con la loro boutique vicino a via Veneto, le sorelle Fontana sono le prime stiliste a conquistare una fama internazionale. Giovanni Battista Giorgini organizza la prima sfilata di alta moda italiana a Firenze. È l'inizio della crescita commerciale del settore: Giorgini riesce infatti a catturare l'interesse dei grandi magazzini statunitensi. Le sfilate fiorentine continuano ancora oggi, ospitate nel famoso Palazzo Pitti. Anche la grande produzione cinematografica di Cinecittà, la Hollywood romana, aumenta la richiesta di capi firmati per i registi, gli attori e le

Eleganza al lavoro

In ufficio gli italiani si vestono sobriamente con abito e cravatta e le italiane in tailleur serio con colori classici. E le scarpe? Preferibilmente chiuse, anche d'estate, con tacchi bassi per le donne. Un look molto rigoroso, variato solo da accessori personalizzati ma non troppo vistosi°.

attrici del momento, visibili in tutto il mondo sia sul grande schermo che in televisione. I modelli indossati negli anni '60 da Ava Gardner, Jackie Kennedy Onassis, Audrey Hepburn, Grace di Monaco e Marilyn Monroe sono diventati dei classici.

All'epoca delle contestazioni° politiche degli anni '60 e '70 si affermano Giorgio Armani e Valentino. Molti stilisti modificano i loro disegni per seguire anche i gusti dei più giovani. Per attrarre il maggior numero di clienti nasce così la moda pronta firmata dalle griffe più prestigiose ma che si può comprare nei negozi più diffusi a prezzi accessibili e non soltanto nelle carissime boutique degli stilisti di via Condotti, di fronte a piazza di Spagna.

Milano è diventata la capitale dello stile e della moda italiana dagli anni '80 in poi°. Nella zona del centro chiamata il «quadrilatero della moda», delimitato da via Montenapoleone, via Manzoni, via della Spiga e corso Venezia, si concentrano i negozi dei più famosi creatori di moda. Alla fine di settembre e all'inizio di ottobre, durante la «settimana della moda» si può assistere° alle sfilate milanesi. Davanti alle telecamere e agli occhi di tutto il mondo sfilano le modelle più conosciute, vestite da Prada, Gucci, Dolce e Gabbana, Versace e moltissimi altri stilisti ormai leggendari per le loro favolose collezioni. È il trionfo della moda *Made in Italy*. ■

*Margin glosses:*
emerged (5)
small/medium business
textile
loud
protests (55)
from the 80s on
attend

Analisi

1

Comprensione

A. Indica se le affermazioni sono **vere** o **false**.

Vero	Falso	
☐	☐	1. Il *Made in Italy* è da sempre sinonimo di alta moda.
☐	☐	2. Il successo della moda italiana è anche dovuto alla forza della piccola e media imprenditoria.
☐	☐	3. Armani e Valentino sono i primi stilisti a diventare famosi anche all'estero.
☐	☐	4. Milano era la capitale della moda durante la produzione cinematografica di Cinecittà.
☐	☐	5. La prima sfilata di moda italiana è stata organizzata a Firenze.
☐	☐	6. Le attrici Ava Gardner, Audrey Hepburn, Grace di Monaco e Marilyn Monroe hanno tutte indossato vestiti di stilisti italiani.
☐	☐	7. Gli italiani si vestono in maniera stravagante per andare in ufficio.
☐	☐	8. Le sfilate più importanti di Milano avvengono ogni anno tra settembre e ottobre.

B. Correggete le affermazioni false.

2

Un look italiano? Guardate queste foto e descrivete il look e la personalità di ogni persona.

3

Dibattito In piccoli gruppi, scegliete un'opinione e difendetela.

Il mondo della moda è superficiale e corrotto.

Il mondo della moda è positivo per l'economia e l'immagine dell'Italia.

4

Scrittura Scegli uno di questi argomenti e scrivi un testo di una pagina.

- Qual è l'impatto dell'industria della moda sull'economia?

- Cosa pensi delle aziende che sfruttano la manodopera (*take advantage of workers*)? Pensi che sia importante non comprare prodotti a prezzi molto più bassi della norma? Perché?

- Secondo te, quale settore economico è in maggiore crescita? Perché? Quali saranno i prodotti più diffusi nel futuro?

Practice more at
immagina.vhlcentral.com.

Preparazione Reading

A proposito dell'autore

talo Calvino (1923–1985) è uno scrittore molto amato da grandi e bambini. Infatti, molte delle sue favole allegoriche possono essere lette da un pubblico adulto o infantile con lo stesso gusto. Nato a Cuba da genitori italiani, Calvino cresce in Liguria durante gli anni del fascismo e trova nell'allegoria un modo sicuro per esprimere le sue idee. È uno dei portavoce dell'intellighenzia più raffinata (*refined*) ed ottimista degli anni '50 e '60. Calvino ha scritto saggi, articoli, romanzi e racconti, e ha raccolto fiabe antiche della tradizione popolare italiana. Calvino è anche uno scrittore sperimentale molto attento ai meccanismi narrativi.

Vocabolario della lettura		Vocabolario utile
coricarsi *to lie down*	**il rumore** *noise*	**la confidenza** *intimacy*
la dolcezza *sweetness*	**la smorfia** *smirk*	**il fraintendimento** *misunderstanding*
la fabbrica/l'officina *factory*	**spogliarsi** *to undress*	**l'odore** *smell*
	stirarsi *to stretch*	**la sveglia** *alarm clock*
il guanciale *pillow*	**la vestaglia** *robe*	**il turno di lavoro** *work shift*
rincasare *to go back home*		

1

Definizioni Trovate la definizione adatta ad ogni parola.

_____ 1. la sveglia   a. togliersi i vestiti

_____ 2. la vestaglia   b. indumento che si usa in casa

_____ 3. spogliarsi   c. l'intimità che si ha con una persona

_____ 4. il guanciale   d. dove mettiamo la testa sul letto

_____ 5. coricarsi   e. mettersi in posizione orizzontale

_____ 6. la confidenza   f. strumento infernale che suona la mattina

2

Preparazione Fate a un(a) compagno/a le seguenti domande.

1. Com'è il tuo orario a scuola? Hai anche un lavoro?

2. Conosci coppie che fanno turni di lavoro diversi? Quando riescono a vedersi?

3. Quando studi e lavori, dove trovi il tempo per divertirti?

4. Che tipo di orario di lavoro vorresti avere a vent'anni? E a trenta? A quaranta?

5. È importante avere lo stesso orario del tuo partner e lo stesso lavoro?

3

Mattinieri o nottambuli? In coppia, rispondete alle seguenti domande.

1. A che ora preferisci svegliarti? Sei nottambulo/a o mattiniero/a?

2. Hai mai abitato con delle persone che hanno ritmi diversi dai tuoi?

3. Sei nervoso se ti svegli fuori dai tuoi orari e bioritmi naturali? È importante per te mantenere una routine?

4. Se tu e tua moglie o tuo marito aveste turni di lavoro diversi, cosa fareste per vedervi?

5. Quanto è importante avere gli stessi interessi e gli stessi bioritmi del partner?

Nota CULTURALE

La raccolta° di racconti **Gli amori difficili** da cui è tratto° il racconto «L'avventura di due sposi» è composta da venti racconti di amori sospesi°, di coppie che non si incontrano la maggior parte delle volte, ma che si amano distrattamente, intensamente, disperatamente, dolcemente. «L'avventura di due sposi» racconta di una vita urbana, spersonalizzata°, con ritmi di lavoro costanti e difficili, in cui l'amore si trova nei piccoli spazi di pochi momenti.

raccolta *collection* **è tratto** *is taken* **sospesi** *suspended* **spersonalizzata** *depersonalized*

Practice more at **immagina.vhlcentral.com**.

L'avventura
di due sposi

ITALO CALVINO

L'operaio Arturo Massolari faceva il turno della notte, quello che finisce alle sei. Per rincasare° aveva un lungo tragitto°, che compiva° in bicicletta nella bella stagione, in tram nei mesi piovosi e invernali. Arrivava a casa tra le sei e tre quarti e le sette, cioè alle volte un po' prima alle volte un po' dopo che suonasse la sveglia della moglie, Elide.

Spesso i due rumori: il suono della sveglia e il passo di lui che entrava si sovrapponevano° nella mente di Elide, raggiungendola° in fondo al sonno, il sonno compatto della mattina presto che lei cercava di spremere° ancora per qualche secondo col viso affondato° nel guanciale. Poi si tirava su dal letto di strappo° e già infilava° le braccia alla cieca° nella vestaglia, coi capelli sugli occhi. Gli appariva così, in cucina, dove Arturo stava tirando fuori° i recipienti° vuoti dalla borsa che si portava con sé sul lavoro: il portavivande°, il termos, e li posava sull'acquaio. Aveva già acceso° il fornello e aveva messo su° il caffè. Appena lui la guardava, a Elide veniva da° passarsi una mano sui capelli, da spalancare° a forza gli occhi, come se ogni volta si vergognasse° un po' di questa prima immagine che il marito aveva di lei entrando in casa, sempre così in disordine, con la faccia mezz'addormentata°. Quando due hanno dormito insieme è un'altra cosa, ci si ritrova al mattino a riaffiorare° entrambi° dallo stesso sonno, si è pari°.

Alle volte° invece era lui che entrava in camera a destarla°, con la tazzina del caffè, un minuto prima che la sveglia suonasse; allora tutto era più naturale, la smorfia per uscire dal sonno prendeva una specie° di dolcezza pigra°, le braccia che s'alzavano per stirarsi, nude, finivano per cingere° il collo di lui. S'abbracciavano. Arturo aveva indosso il giaccone impermeabile°; a sentirselo° vicino lei capiva il tempo che faceva: se pioveva o faceva nebbia o c'era neve, a seconda di° com'era umido e freddo. Ma gli diceva lo stesso: — Che tempo fa? — e lui attaccava°

il suo solito brontolamento° mezzo ironico, passando in rassegna° gli inconvenienti° che gli erano occorsi°, cominciando dalla fine: il percorso° in bici, il tempo trovato uscendo di fabbrica, diverso da quello di quando c'era entrato la sera prima, e le grane° sul lavoro, le voci che correvano nel reparto°, e così via.

A quell'ora, la casa era sempre poco scaldata°, ma Elide s'era tutta spogliata, un po' rabbrividendo°, e si lavava, nello stanzino da bagno. Dietro veniva lui, più con calma, si spogliava e si lavava anche

---

...si davano un bacio, apriva la porta e già la si sentiva correre giù per le scale.

---

lui, lentamente, si toglieva di dosso° la polvere° e l'unto° dell'officina. Così stando tutti e due intorno allo stesso lavabo°, mezzo nudi, un po' intirizziti°, ogni tanto dandosi delle spinte°, togliendosi di mano il sapone, il dentifricio, e continuando a dire le cose che avevano da dirsi, veniva il momento della confidenza, e alle volte, magari° aiutandosi a vicenda° a strofinarsi° la schiena°, s'insinuava° una carezza, e si trovavano abbracciati.

Ma tutt'a un tratto° Elide: — Dio! Che ora è già! — e correva a infilarsi° il reggicalze°, la gonna, tutto in fretta, in piedi, e con la spazzola° già andava su e giù per i capelli, e sporgeva il viso allo specchio del comò°, con le mollette° strette tra le labbra. Arturo le veniva dietro°, aveva acceso una sigaretta, e la guardava stando in piedi, fumando, e ogni volta pareva un po' impacciato°, di dover stare lì senza poter fare nulla. Elide era pronta, infilava il cappotto nel corridoio, si davano un bacio, apriva la porta e già la si sentiva correre giù per le scale.

- return home
- way/he used to cover
- overlapped
- reaching her
- squeeze
- buried
- abruptly
- slipped/blindly
- was taking out/containers
- lunch box
- kitchen sink/lit
- put on (the stove)
- felt like
- open wide
- she were ashamed
- half asleep
- emerging/both
- both are equal
- Sometimes
- to wake her up
- sort
- slow
- hug
- rain jacket/feeling it
- according to
- began

- grumbling
- going over/nuisances
- he had encountered
- journey
- troubles
- division
- heated
- shivering
- would take off
- dust/grease
- sink
- numb with cold
- pushes
- perhaps/reciprocally
- wash, scrub/back/would slip in
- all of a sudden
- put on
- garter belt
- brush
- dresser/hair pins
- would follow her
- clumsy

Arturo restava solo. Seguiva il rumore dei tacchi di Elide giù per i gradini°, e quando non la sentiva più continuava a seguirla col pensiero, quel trotterellare° veloce per il cortile°, il portone°, il marciapiede, fino alla fermata del tram. Il tram lo sentiva bene, invece: stridere°, fermarsi, e lo sbattere° della

steps (89)
steps — *courtyard/street door* (92)
screeching/slamming

...strisciava un piede verso il posto di suo marito, per cercare il calore di lui...

---

pedana° a ogni persona che saliva. «Ecco, l'ha preso», pensava, e vedeva sua moglie aggrappata° in mezzo alla folla d'operai e operaie sull'«undici»°, che la portava in fabbrica come tutti i giorni. Spegneva la cicca°, chiudeva gli sportelli° alla finestra, faceva buio, entrava in letto.

wooden step 95
hanging
tram number eleven
cigarette butt/shutters 100

Il letto era come l'aveva lasciato Elide alzandosi, ma dalla parte sua, di Arturo, era quasi intatto°, come fosse stato rifatto allora. Lui si coricava dalla propria parte, per bene°, ma dopo allungava° una gamba in là, dov'era rimasto il calore di sua moglie, poi ci allungava anche l'altra gamba, e così a poco a poco si spostava° tutto dalla parte di Elide, in quella nicchia° di tepore° che conservava ancora la forma del corpo di lei, e affondava il viso nel suo guanciale, nel suo profumo, e s'addormentava.

undisturbed
105
dutifully/would stretch

would move
niche/warmth 110

Quando Elide tornava, alla sera, Arturo già da un po' girava° per le stanze: aveva acceso la stufa°, messo qualcosa a cuocere. Certi lavori li faceva lui, in quelle ore prima di cena, come rifare il letto, spazzare° un po', anche mettere a bagno° la roba da lavare. Elide poi trovava tutto malfatto°, ma lui a dir la verità non ci metteva nessun impegno° in più: quello che lui faceva era solo una specie di rituale per aspettare lei, quasi un venirle incontro° pur restando tra le pareti° di casa, mentre fuori s'accendevano le luci

was walking around 115
stove

sweep/soak
120
badly done
did not put any effort into it

meeting her/walls 125

e lei passava per le botteghe° in mezzo a quell'animazione fuori tempo dei quartieri dove ci sono tante donne che fanno la spesa alla sera.

shops

130

Alla fine sentiva il passo per la scala, tutto diverso da quello della mattina, adesso appesantito°, perché Elide saliva stanca dalla giornata di lavoro e carica° della spesa.

weighed down
loaded
135

Arturo usciva sul pianerottolo°, le prendeva di mano la sporta°, entravano parlando. Lei si buttava° su una sedia in cucina, senza togliersi il cappotto, intanto che lui levava° la roba° dalla sporta. Poi: —Su, diamoci un addrizzo° lei diceva,— e s'alzava, si toglieva il cappotto, si metteva in veste da casa°. Cominciavano a preparare da mangiare: cena per tutt'e due, poi la merenda che si portava lui in fabbrica per l'intervallo° dell'una di notte, 1a colazione che doveva portarsi in fabbrica lei l'indomani°, e quella da lasciare pronta per quando lui l'indomani si sarebbe svegliato.

landing
grocery bag
would throw herself
140 *would take out/stuff*
let's get a move on

house clothes, apron
145
break

the day after

150

Lei un po' sfaccendava° un po' si sedeva sulla seggiola di paglia° e diceva a lui cosa doveva fare. Lui invece era l'ora in cui era riposato°, si dava attorno°, anzi voleva far tutto lui, ma sempre un po' distratto, con la testa già ad altro. In quei momenti lì, alle volte arrivavano sul punto di urtarsi°, di dirsi qualche parola brutta, perché lei lo avrebbe voluto più attento a quello che faceva, che ci mettesse più impegno, oppure che fosse più attaccato° a lei, le stesse più vicino, le desse più consolazione°. Invece lui, dopo il primo entusiasmo perché lei era tornata, stava già con la testa fuori di casa, fissato° nel pensiero di far presto perché doveva andare.

got busy
straw chair

was rested/would run around
155

hurt one another

160
attached

comfort

165 *(trans)fixed*

Apparecchiata° tavola, messa tutta la roba pronta a portata di mano per non doversi più alzare, allora c'era il momento dello struggimento° che li pigliava° tutti e due d'avere così poco tempo per stare insieme, e quasi non riuscivano° a portarsi il cucchiaio alla bocca, dalla voglia che avevano di star lì a tenersi per mano°.

Set

170 *anguish/would seize them*

didn't manage

hold hands

175 Ma non era ancora passato tutto il caffè
was after e già lui era dietro° la bicicletta a vedere se
ogni cosa era in ordine. S'abbracciavano.
Arturo sembrava che solo allora capisse
soft/warm com'era morbida° e tiepida° la sua sposa.
would hoist/crossbar 180 Ma si caricava° sulla spalla la canna° della
bici e scendeva attento le scale.
Elide lavava i piatti, riguardava la casa
from top to bottom da cima a fondo°, le cose che aveva fatto il
shaking/head marito, scuotendo° il capo°.

Ora lui correva le strade buie, tra i radi° *185 scarce*
fanali°, forse era già dopo il gasometro°. *head lights/gas station*
Elide andava a letto, spegneva° la luce. Dalla *turned off*
propria parte, coricata°, strisciava° un piede *lying down/would slither*
verso il posto di suo marito, per cercare il
calore di lui, ma ogni volta s'accorgeva° *190 realized*
che dove dormiva lei era più caldo, segno
che anche Arturo aveva dormito lì, e ne
provava° una grande tenerezza°. ■ *felt/tenderness*

Analisi

1

Comprensione Metti in ordine i seguenti pezzi del racconto.

_____ a. La mattina tutti e due si lavano in bagno.

_____ b. I due cenano insieme.

_____ c. L'operaio Arturo Massolari fa il turno di notte.

_____ d. Quando Arturo va al lavoro in bicicletta, Elide lo segue con il pensiero.

_____ e. Elide domanda che tempo fa.

_____ f. Arturo ascolta i rumori in strada e immagina la moglie che va al lavoro.

_____ g. Quando Arturo arriva a casa Elide dorme e Arturo le prepara il caffè.

_____ h. Quando Elide torna, Arturo ha fatto qualche faccenda (*chore*) e si scambiano delle parole.

2

Interpretazione Scegli le risposte che ti sembrano giuste e poi confrontale con quelle di un(a) compagno/a.

1. Elide sente arrivare il marito perché _____.
   a. suona la sveglia   b. nel sonno sente i suoi passi in cucina
   c. non ha potuto dormire.

2. Elide si vergogna un po' perché _____.
   a. non ha preparato lei il caffè   b. è ancora in vestaglia
   c. sembra che abbia sempre sonno mentre lui è sveglio

3. Dal giaccone di Arturo, Elide capisce _____.
   a. se Arturo ha fatto una doccia   b. se deve fare il bucato
   c. che tempo fa senza chiederlo

4. In bagno i due _____.
   a. condividono sapone, dentifricio, parole e carezze
   b. aspettano il proprio turno senza parlare   c. si rubano il sapone e litigano

5. Arturo cerca il lato di Elide nel letto perché _____.
   a. è un modo per sentirsi vicino a lei   b. è più comodo del suo lato
   c. lui non ha il comodino

6. Seduti a cena Arturo ed Elide _____.
   a. chiacchierano e si divertono   b. sono allegri perché hanno un po' di
   tempo insieme   c. sono tristi perché sanno che hanno poco tempo

3

I protagonisti In coppia, rispondete alle seguenti domande.

1. Perché Arturo è imbarazzato?

2. Come sono i momenti di intimità tra Arturo ed Elide?

3. Quali gesti di affetto si scambiano? Fate almeno quattro esempi.

4. Perché sono nervosi prima di cena?

5. Che aggettivi usereste per descrivere Arturo ed Elide?

6. Quanti anni pensate che abbiano Arturo ed Elide?

7. Secondo voi, si vogliono bene? Da cosa lo deducete?

4 **La routine di Arturo ed Elide** Discuti con un(a) compagno/a i seguenti punti.

1. In che modo la routine dei due sposi è simile? Pensate a cosa fa Elide quando Arturo non c'è e viceversa.

2. Come sarebbe la loro routine se avessero dei bambini?

3. Perché viene usato l'imperfetto per raccontare questa storia?

4. Quanto interferisce la vita esterna con la loro vita di coppia?

5. La vita esterna dei due sposi non viene rappresentata in forma diretta attraverso la narrazione ma si racconta indirettamente. Come? Potete ricostruire il mondo esterno attraverso la routine di Arturo ed Elide?

6. C'è qualcosa di positivo nella routine della coppia? Cosa?

5 **Relazioni personali e lavoro** In piccoli gruppi, rispondete alle domande.

1. Immaginate che Arturo ed Elide siano già in pensione. Come sarebbe la loro vita? Pensate che gli mancherebbe il lavoro? Perché?

2. Che tipo di sacrifici fareste per le vostre famiglie? Fareste un lavoro che non vi piace o che vi porta lontano dalla famiglia?

3. Pensate ai vostri nonni e ai vostri genitori. Quanto interferiva il lavoro nella vita familiare? Quanto interferiva nel lavoro la vita familiare?

4. Fareste dei sacrifici personali per un lavoro molto importante? Perché?

6 **La vita insieme** In piccoli gruppi, scrivete e recitate una scenetta in cui due coppie di vicini di casa o di colleghi di lavoro si trovano a cena e parlano dei loro orari di lavoro (che devono essere completamente diversi). In caso siate in numero dispari, un marito o una moglie può essere sempre da solo/a perché l'altro è sempre in viaggio per lavoro. Considerate le seguenti idee.

- turni di notte contro turni di giorno

- cosa spinge a scegliere un determinato lavoro: perché scegliere un lavoro con un orario difficile, quali sono i vantaggi

- lavoro in fabbrica, ufficio, scuola contro lavoro da casa

- pranzi a casa contro panino veloce al lavoro

7 **Tema** Scegli una di queste situazioni e scrivi un tema di almeno tre paragrafi.

- Ti hanno offerto un lavoro fantastico ma è dall'altra parte del paese. La tua relazione ne soffrirà sicuramente, ma per fortuna esistono gli aerei. Scrivi un e-mail al(la) tuo/a migliore amico/a per chiedere consigli. Esponi tutti i problemi del caso: distanza, situazione economica, vacanze ecc.

- Ti hanno offerto un lavoro notturno. La paga è buona, ma riuscirai a mantenere intatta la tua relazione? Scrivi la lettera che daresti al(la) tuo/a partner per spiegare perché dovresti accettare il lavoro e quali saranno i sacrifici da fare.

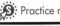 Practice more at **immagina.vhlcentral.com.**

Laboratorio di scrittura

Preparazione: Punti chiave per un buon saggio

Non esiste una formula infallibile per scrivere un buon saggio: ciò che imparerai con la pratica e leggendo buoni esempi ti aiuterà. Fai comunque attenzione ai seguenti elementi:

Concisione Evita la ridondanza sia del linguaggio che delle idee. Non ripetere quello che hai già detto. Evita le parole che non sono necessarie e semplifica il più possibile ogni frase.

Tono Usa un tono adeguato a seconda del pubblico e delle tue intenzioni. Non usare un tono eccessivamente informale né troppo affettato.

Linguaggio Usa parole definite e concrete. Concentrati sulle parole principali di ogni frase e chiediti quali associazioni di idee saranno suggerite al lettore dalle tue parole.

Fluidità Le tue argomentazioni devono scorrere chiaramente dall'inizio alla fine. Se ci sono frasi o paragrafi che potrebbero confondere (*to confuse*) il lettore, cambiali. Va bene presentare una varietà di idee e sorprendere il lettore ma bisogna fare attenzione a non confonderlo.

Pratica Leggete il seguente paragrafo e confrontatelo con la biografia a **pagina 392**. Come sono diversi? Perché questa versione non è un buon esempio?

Calvino (1923–1985) era uno scrittore molto amato. È amato da grandi e bambini. Molte delle sue favole allegoriche possono essere lette da grandi con gusto e da bambini con lo stesso gusto. Calvino è nato a Cuba. Cresce in Liguria durante gli anni del fascismo e trova un modo sicuro per raccontare le sue idee. È amico di Cesare Pavese ed Elio Vittorini. È il portavoce dell'intelligenzia più raffinata ed ottimista degli anni '50 e '60. Ha scritto romanzi, saggi, racconti ed articoli. Ha raccolto fiabe antiche della tradizione fiabistica popolare italiana. È anche uno scrittore sperimentale. È molto attento ai meccanismi narrativi.

Saggio Scegli uno di questi argomenti e scrivi un saggio.

Requisiti

1. Il saggio deve far riferimento ad almeno due dei quattro brani studiati in questa lezione e nelle precedenti lezioni e contenuti in **Cortometraggio**, **Immagina**, **Cultura** e **Letteratura**.

2. Il saggio deve essere lungo almeno tre pagine.

3. Una volta concluso il saggio, rivedilo e controlla che sia conciso, fluido e che il tono ed il linguaggio siano adeguati.

Nella società in cui viviamo, l'apparenza e ciò che facciamo a volte sembrano contare più di chi siamo. Secondo te, quali fattori determinano l'essenza di una persona? Qual è il giusto equilibrio tra apparenza, posizione sociale ed il vero «io»?

Il lavoro serve per sostenere la famiglia, ma spesso porta via tempo agli affetti. Esiste una via di mezzo?

Dai brani studiati in questa lezione, quali riflessioni sono possibili sul rapporto uomo/donna e lavoro?

Il lavoro e le finanze

 Audio: Vocabulary Flashcards

La ricerca di lavoro

l'agenzia di collocamento *job agency*
la carriera *career*
il colloquio di lavoro *job interview*
il curriculum (vitae) *résumé*
l'esperienza (professionale) *(professional) experience*
la formazione *education; training*
l'intervistatore/intervistatrice *interviewer*
il mestiere *occupation; trade*
il posto/la posizione *position; job*
le qualifiche *qualifications*
lo/la stagista *intern*

fare domanda (per un lavoro) *to apply (for a job)*
impiegare *to employ*

La gente al lavoro

il capo *boss*
il/la consulente *consultant*
il/la contabile *accountant*
il direttore/la direttrice *manager*
il/la dirigente *executive; manager*
l'impiegato/a *employee*
il/la proprietario/a *owner*
il/la segretario/a *secretary*

Al lavoro

il/la collega *colleague*
la ditta/l'azienda *company*
le ferie *holidays*
il lavoro a orario normale/ridotto *full-/part-time job*
l'orario di lavoro *work hours*
la promozione *promotion*
lo sciopero *strike*
il sindacato *labor union*
lo stipendio (minimo) *(minimum) wage*
l'ufficio *office*

andare in pensione *to retire*
dare le dimissioni *to quit*
dirigere *to manage*
fare lo straordinario *to work overtime*
guadagnare *to earn*

licenziare *to fire; to lay off*

Le finanze

la bancarotta *bankruptcy*
il bancomat *ATM*
la borsa *stock exchange*
la carta di credito *credit card*
la cifra *figure, number*
il conto (corrente) *(checking) account*
la crisi economica *economic crisis*
il debito *debt*
il mercato immobiliare *real estate market*
il prestito *loan*
la recessione *recession*
la ricevuta; lo scontrino *receipt*
il risparmio *savings*
lo sportello *window; counter*
la tassa *tax*
il tasso (d'interesse) *(interest) rate*

approfittare *to take advantage of*
aprire/chiudere un conto *to open/close an account*
avere dei debiti *to be in debt*
cambiare un assegno *to cash a check*
depositare/versare *to deposit*
fare un mutuo *to take out a mortgage*
fare un prelievo/deposito *to make a withdrawal/deposit*
investire *to invest*
risparmiare *to save*

a breve/lungo termine *short-/long-term*
finanziario/a *financial*
prospero/a *successful*

Cortometraggio

l'annuncio (di lavoro) *(job) ad*
la casalinga *housewife*
la direzione *management*
il fioraio *florist/flower seller*
l'impegno *commitment*
gli occhiali da sole *sunglasses*
la piscina *swimming pool*
lo sguardo *gaze*

la società *firm/society*
il/la socio/a *(business) partner*

affidare *to entrust*
assumere *to hire*
rinunciare *to give up*

disoccupato/a *unemployed*

Cultura

l'abbigliamento *clothing*
l'abito *(men's) suit*
il capo (di vestiario) *article (of clothing)*
la cravatta *tie*
i gioielli *jewelry*
la (mini)gonna *(mini)skirt*
la griffe *designer label*
il look *dressing style*
la marca *brand*
gli orecchini *earrings*
i pantaloni (lunghi/corti) *(long/short) pants*
la richiesta *demand*
i sandali *sandals*
il settore *sector*
la sfilata *(fashion) parade*
lo stile *style*
lo stilista *fashion designer*
il tailleur (invar.) *(women's) suit*
il tatuaggio *tattoo*
il trucco *makeup*

Letteratura

la confidenza *intimacy*
la dolcezza *sweetness*
la fabbrica/l'officina *factory*
il fraintendimento *misunderstanding*
il guanciale *pillow*
l'odore *smell*
il rumore *noise*
la smorfia *smirk*
la sveglia *alarm clock*
il turno di lavoro *work shift*
la vestaglia *robe*

coricarsi *to lie down*
rincasare *to go back home*
spogliarsi *to undress*
stirarsi *to stretch*

Punti per la revisione dei saggi

Per correggere il tuo lavoro, devi essere obiettivo e devi avere un buon occhio critico.

Prova a leggere il tuo saggio come se lo avesse scritto un'altra persona: ti convince? Ci sono elementi che ti lasciano perplesso o ti disturbano? Questa lista ti aiuterà a rivedere tutti gli aspetti del tuo saggio, dalle caratteristiche generali ai dettagli.

Primo passo: una visione generale

Tema

> Il saggio risponde alla domanda o al tema assegnato?

Tesi

> Hai comunicato chiaramente la tua tesi?
>
> La tesi non è la stessa cosa del tema: è un argomento specifico che determina la struttura del saggio.
>
> L'idea della tesi deve apparire nel primo paragrafo, deve essere presente in tutto il saggio e deve riassumersi, ma non semplicemente ripetersi, nella conclusione.

Logica e struttura

> Leggi il saggio dall'inizio alla fine e concentrati sull'organizzazione delle idee.
>
> Ogni idea si relaziona con la successiva? Elimina qualsiasi mancanza di continuità.
>
> Ci sono parti irrilevanti o che devono essere spostate?
>
> Hai sostenuto la tua tesi con un numero di argomenti sufficienti o mancano degli esempi?

Pubblico

> Il saggio deve essere adeguato (*appropriate*) al tipo di lettore.
>
> Se il lettore non è informato sul tema, assicurati di presentare un contenuto sufficientemente ricco perché possa seguire il tuo ragionamento. Spiega i termini che potrebbero confonderlo.
>
> Adatta il tono ed il vocabolario al tipo di pubblico. Pensa sempre al tuo lettore come a qualcuno intelligente e scettico che non accetterà le tue idee se non lo convincono. Il tono non deve essere eccessivamente colloquiale, affettato o frivolo.

Intenzione

> Se vuoi informare o spiegare un tema, devi essere preciso e meticoloso. Un saggio argomentativo si deve distinguere per l'obbiettività: evita le opinioni personali e soggettive. Puoi cercare di persuadere il lettore con opinioni personali e giudizi di valore solo se sono sostenuti da argomenti logici.

Secondo passo: il paragrafo

Concentrati su ogni paragrafo con queste domande in mente:

Paragrafo

> C'è una frase principale in ogni paragrafo? L'idea centrale non solo deve dare coerenza ed unità al paragrafo, ma deve anche indirizzarlo verso la tesi principale del saggio.
>
> Com'è la transizione da un paragrafo all'altro? Se è chiara, conferirà fluidità al saggio; se è brusca, può creare confusione e irritare il lettore.
>
> Come inizia e come finisce il saggio? L'introduzione deve essere interessante e deve indicare chiaramente la tesi del saggio. La conclusione non deve limitarsi a ripetere quello che è stato detto: come qualsiasi altro paragrafo, deve presentare un'idea originale.
>
> Leggi il paragrafo, se è possibile a voce alta, e presta attenzione al ritmo del linguaggio. Se tutte le frasi sono uguali, la lettura diventa monotona e noiosa. Cerca di variare la lunghezza delle frasi ed il ritmo.

Terzo passo: la frase

Come ultimo passo, leggi minuziosamente tutte le frasi.

Frasi

> Cerca le parole appropriate per ogni tipo di situazione. Considera i possibili sinonimi. Usa sempre un linguaggio diretto, preciso e completo.
>
> Evita la ridondanza. Elimina ogni frase o parola che potrebbe creare distrazione o che potrebbe ripetere quello che hai già detto.
>
> Controlla la grammatica. Assicurati che ci sia concordanza tra il soggetto e il verbo, tra i sostantivi e gli aggettivi e tra i pronomi e i loro antecedenti. Assicurati di usare le preposizioni giuste.
>
> Controlla l'ortografia. Fai particolarmente attenzione agli accenti.

Valutazione e progresso

Revisione

> Se è possibile, scambia il tuo saggio con un(a) compagno/a e ascolta i suggerimenti per migliorare il tuo lavoro. Considera quello che cambieresti, ma anche quello che ti piace.

Correzioni

> Quando l'insegnante ti riconsegna (*gives back*) il saggio, leggi i commenti e le correzioni. Prepara una pagina dal titolo: **Note per migliorare i lavori di scrittura** e fai una lista dei tuoi errori più comuni. Conservala insieme al saggio in una cartella dei lavori e consultala regolarmente. In questo modo potrai valutare i tuoi progressi ed evitare di cadere sempre negli stessi errori.

Verb conjugation tables

Below you will find the infinitive of the verbs introduced as active vocabulary in **IMMAGINA**, as well as other model verbs. Each verb is followed by a model verb conjugated on the same pattern. The number in parentheses indicates where in the verb tables, pages **405–416**, you can find the conjugated forms of the model verb. The phrase "**p.p.** with **essere**" after a verb means that it is conjugated with **essere** in the **passato prossimo** and all other compound tenses (see page **406**). The reference "**1-3-3 verb**" in this table indicates that the verb is regular in all forms except the past participle, and the following forms of the **passato remoto**: first person singular, third person singular, and third person plural. The irregular forms for these types of verbs are listed on pages **415–416**. For reflexive verbs, the list usually points to a non-reflexive model and includes a reminder that compound tenses are formed with **essere**. A full conjugation of the simple forms of a reflexive verb is presented in Verb table 5 on page **405**.

abbracciarsi like adorare (1) *except* **p.p.** with **essere**
abitare like adorare (1)
abituarsi like adorare (1) *except* **p.p.** with **essere**
abolire like capire (4)
abusare like adorare (1)
accogliere like togliere (49)
accomodarsi like adorare (1) *except* **p.p.** with **essere**
accorgersi like credere (2) *except* **1-3-3** verb and **p.p.** with **essere**
adagiarsi like mangiare (27) *except* **p.p.** with **essere**
adattarsi like adorare (1) *except* **p.p.** with **essere**
addormentarsi like adorare (1) *except* **p.p.** with **essere**
adeguarsi like adorare (1) *except* **p.p.** with **essere**
adorare (1)
affidare like adorare (1)
aggiornare like adorare (1)
aggrapparsi like adorare (1) *except* **p.p.** with **essere**
aiutarsi like adorare (1) *except* **p.p.** with **essere**
allegare like litigare (26)
allenarsi like adorare (1) *except* **p.p.** with **essere**
allontanarsi like adorare (1) *except* **p.p.** with **essere**
alzare like adorare (1)
alzarsi (5)
amare like adorare (1)
amarsi like adorare (1) *except* **p.p.** with **essere**
andare (8)
annoiarsi like cambiare (13) *except* **p.p.** with **essere**
apparire (9)
appartenere like tenere (48)
applaudire like dormire (3)
approfittare like adorare (1)
approfondire like capire (4)
approvare like adorare (1)
aprire (10)
arrabbiarsi like cambiare (13) *except* **p.p.** with **essere**
arrendersi like prendere (35) *except* **p.p.** with **essere**

arricchirsi like capire (4)
arrivare like adorare (1) *except* **p.p.** with **essere**
asciugarsi like litigare (26) *except* **p.p.** with essere
ascoltare like adorare (1)
aspettare like adorare (1)
assistere like credere (2) *except* past participle is **assistito**
assomigliare like cambiare (13)
assumere like credere (2) *except* **1-3-3** verb
assumersi like credere (2) *except* **1-3-3** verb and **p.p.** with **essere**
attraversare like adorare (1)
aumentare like adorare (1)
avere (6)
avvenire like venire (55)
avvicinarsi like adorare (1) *except* **p.p.** with **essere**
baciarsi like adorare (1) *except* **p.p.** with **essere**
bastare like adorare (1)
battere like credere (2)
bere (11)
bussare like adorare (1)
buttare like adorare (1)
cadere (12)
cambiare (13)
campeggiare like mangiare (27)
cancellare like adorare (1)
cantare like adorare (1)
capire (4)
censurare like adorare (1)
cercare (14)
cessare like adorare (1)
chiacchierare like adorare (1)
chiamare like adorare (1)
chiamarsi like adorare (1) *except* **p.p.** with **essere**
chiedere (15)
clonare like adorare (1)
cogliere like togliere (49)
colonizzare like adorare (1)
coltivare like adorare (1)
combattere like credere (2)
cominciare (16)
condividere like credere (2) *except* **1-3-3** verb
condurre like produrre (36)

conformarsi like adorare (1) *except* **p.p.** with **essere**
conoscere like credere (2) *except* **1-3-3** verb and **p.p.** with **essere**
conoscersi like adorare (1) *except* **p.p.** with **essere**
conquistare like adorare (1)
consigliare like cambiare (13)
contare like adorare (1)
continuare like adorare (1)
contravvenire like venire (55) *except* **p.p.** with **avere**
copiare like cambiare (13)
coprire di like aprire (10)
coricarsi like adorare (1) *except* **p.p.** with **essere**
correggere like credere (2) *except* **1-3-3** verb
correre like credere (2) *except* **1-3-3** verb
credere (2)
crescere like credere (2) *except* **1-3-3** verb
cuocere (17)
dare (18)
decidere like credere (2) *except* **1-3-3** verb
dedicarsi like adorare (1) *except* **p.p.** with **essere**
depositare like adorare (1)
desiderare like adorare (1)
difendere like prendere (35)
digitare like adorare (1)
dimenticarsi like dimenticare (19) *except* **p.p.** with **essere**
diminuire like capire (4)
dimostrare like adorare (1)
dipendere like prendere (35)
dipingere like dormire (3) *except* **1-3-3** verb
dire (20)
dirigere like credere (2) *except* **1-3-3** verb
discutere like credere (2) *except* **1-3-3** verb
disfarsi like fare (23) *except* **p.p.** with **essere**
dispiacere like tacere (47)
dissentire like dormire (3)
disturbare like adorare (1)

divenire like venire (55)
diventare like adorare (1)
divertirsi like dormire (3) *except* **p.p.** with **essere**
divorziare like cambiare (13)
dolere (21)
dormire (3)
dovere (22)
dubitare like credere (2)
educare like cercare (14)
eleggere like credere (2) *except* **1-3-3** verb
entrare like adorare (1)
ereditare like adorare (1)
esaurirsi like capire (4) *except* **p.p.** with **essere**
esigere like credere (2) *except* **1-3-3** verb
espellere like credere (2) *except* **1-3-3** verb
essere (7)
fare (23)
farsi like fare (23) *except* **p.p.** with **essere**
ferirsi like capire (4) *except* **p.p.** with **essere**
fermare like adorare (1)
fermarsi like adorare (1) *except* **p.p.** with **essere**
festeggiare like mangiare (27)
fidanzarsi like adorare (1) *except* **p.p.** with **essere**
fidarsi like adorare (1) *except* **p.p.** with **essere**
filmare like adorare (1)
fingere like credere (2) *except* **1-3-3** verb
finire like capire (4)
fregare like litigare (26)
fuggire like dormire (3)
giocare (24)
girare like adorare (1)
giudicare like dimenticare (19)
giurare like adorare (1)
governare like adorare (1)
guadagnare like sognare (44)
guarire like capire (4)
guidare like adorare (1)
immaginare like adorare (1)
imparare like adorare (1)

impazzire like capire (4)
impedire like capire (4)
impiegare like litigare (26)
imporre like porre (33)
importare like adorare (1)
impoverirsi like capire (4)
  except **p.p.** with **essere**
imprigionare like adorare (1)
improvvisare like adorare (1)
incartare like adorare (1)
incollare like adorare (1)
incontrarsi like adorare (1)
  except **p.p.** with **essere**
incoraggiare like mangiare (27)
indossare like adorare (1)
influenzare like adorare (1)
informarsi like adorare (1)
  except **p.p.** with **essere**
innamorarsi like adorare (1)
  except **p.p.** with **essere**
insegnare like sognare (44)
insistere like credere (2)
  except past participle is **insistito**
interessare like adorare (1)
interpellare like adorare (1)
intervistare like adorare (1)
invadere like credere (2)
  except 1-3-3 verb
invecchiare like cambiare (13)
investire like dormire (3)
inviare (25)
invitare like adorare (1)
lamentare like adorare (1)
lamentarsi like adorare (1)
  except **p.p.** with **essere**
lasciare like cominciare (16)
lavarsi like adorare (1) *except*
  p.p. with **essere**
leggere like credere (2) *except*
  1-3-3 verb
legiferare like adorare (1)
liberare like adorare (1)
licenziare like adorare (1)
litigare (26)
lottare like adorare (1)
maledire like dire (20)
mancare like cercare (14)
mandare like adorare (1)
mangiare (27)
manifestare like adorare (1)
masterizzare like adorare (1)
mentire like dormire (3)
meritare like adorare (1)
mettere (28)
mettersi like mettere (28)
  except **p.p.** with **essere**
mobilitare like adorare (1)
mollare like adorare (1)
morire (29)
muovere (30)
muoversi like muovere (30)
  except **p.p.** with **essere**
nascere like credere (2)
  except 1-3-3 verb
nascondere like credere (2)
  except 1-3-3 verb
navigare like litigare (26)
nuocere (31)

obbligare like litigare (26)
occorrere like credere (2)
  except 1-3-3 verb
occuparsi like adorare (1)
  except **p.p.** with **essere**
odiare like adorare (1)
offrire like dormire (3)
  except 1-3-3 verb
opprimere like dormire (3)
  except 1-3-3 verb
ottenere like tenere (48)
parare like adorare (1)
parcheggiare like mangiare (27)
pareggiare like mangiare (27)
parere (32)
parlare like adorare (1)
parlarsi like adorare (1)
  except **p.p.** with **essere**
partecipare like adorare (1)
partire like dormire (3)
passare like adorare (1)
passeggiare like mangiare (27)
penare like adorare (1)
pensare like adorare (1)
pentirsi like dormire (3) *except*
  p.p. with **essere**
perdere like credere (2) *except*
  1-3-3 verb
perdersi like credere (2) *except*
  1-3-3 verb and **p.p.** with **essere**
permettere like mettere (28)
persuadere like credere (2)
  except 1-3-3 verb
pescare like cercare (14)
piacere like tacere (47)
piangere like credere (2)
  except 1-3-3 verb
pianificare like adorare (1)
porre (33)
possedere like sedere (43)
potere (34)
predire like dire (20)
preferire like capire (4)
pregare like litigare (26)
prendere (35)
preoccuparsi like adorare (1)
  except **p.p.** with **essere**
preparare like adorare (1)
prevedere like vedere (54)
produrre (36)
promettere like mettere (28)
promuovere like muovere (30)
provare like adorare (1)
provarsi like adorare (1)
  except **p.p.** with **essere**
punire like capire (4)
raccogliere like togliere (49)
realizzare like adorare (1)
reclamare like adorare (1)
registrare like adorare (1)
rendersi like prendere (35)
  except **p.p.** with **essere**
restare like adorare (1)
riciclare like adorare (1)
ricordarsi like adorare (1)
  except **p.p.** with **essere**
ridere like credere (2) *except*
  1-3-3 verb

riempire (37)
riflettere like credere (2) *except*
  1-3-3 verb
rimandare like adorare (1)
rimanere (38)
rimproverare like adorare (1)
rincasare like adorare (1)
ringraziare like cambiare (13)
rinunciare like cominciare (16)
riposarsi like adorare (1)
  except **p.p.** with **essere**
risolvere (39)
risparmiare like cambiare (13)
rispettare like adorare (1)
rispondere (40)
risultare like adorare (1)
ritenere like tenere (48)
ritornare like adorare (1)
riuscire like uscire (52)
rompere like credere (2)
  except 1-3-3 verb
rovesciare like cominciare (16)
rubare like adorare (1)
salire (41)
saltare like adorare (1)
salvare like adorare (1)
sapere (42)
sbadigliare like cambiare (13)
sbagliare like cambiare (13)
sbrigarsi like litigare (26)
  except **p.p.** with **essere**
scalare like adorare (1)
scaricare like dimenticare (19)
scegliere like togliere (49)
scendere like prendere (35)
scherzare like adorare (1)
sciare like cominciare (16)
scivolare like adorare (1)
scolpire like capire (4)
scommettere like mettere (28)
scomparire like apparire (9)
sconfiggere like credere (2)
  except 1-3-3 verb
scrivere like credere (2)
  except 1-3-3 verb
scriversi like credere (2) *except*
  1-3-3 verb and **p.p.** with **essere**
sedere (43)
segnare like sognare (44)
sembrare like adorare (1)
sentirsi like dormire (3)
servire like dormire (3)
sfarsi like fare (23)
smettere like mettere (28)
sminuire like capire (4)
soffrire like aprire (10)
sognare (44)
sopravvivere like vivere (57)
sormontare like adorare (1)
sorridere like credere (2)
  except 1-3-3 verb
sparire like capire (4)
spegnere (45)
sperare like adorare (1)
spettinare like adorare (1)
spiare like adorare (1)
spiegare like litigare (26)

spingere like credere (2)
  except 1-3-3 verb
spogliarsi like adorare (1)
  except **p.p.** with **essere**
sposarsi like adorare (1)
  except **p.p.** with **essere**
stabilirsi like capire (4)
  except **p.p.** with **essere**
stare (46)
stirarsi like adorare (1)
  except **p.p.** with **essere**
stringere like credere (2)
  except 1-3-3 verb
studiare like adorare (1)
stufarsi like adorare (1)
  except **p.p.** with essere
stupire like capire (4)
suggerire like capire (4)
suonare like adorare (1)
superare like adorare (1)
svegliare like cambiare (13)
svegliarsi like cambiare (13)
  except **p.p.** with **essere**
svolgersi like credere (2) *except*
  1-3-3 verb and **p.p.** with **essere**
tacere (47)
telefonarsi like adorare (1)
  except **p.p.** with **essere**
temere like credere (2)
tenere (48)
tifare like adorare (1)
timbrare like adorare (1)
tirare like adorare (1)
togliere (49)
tornare like adorare (1)
tracciare like cominciare (16)
tradurre like produrre (36)
trarre (50)
trasferirsi like capire (4)
  except **p.p.** with **essere**
trasmettere like mettere (28)
trattarsi like adorare (1)
trovarsi like adorare (1)
  except **p.p.** with **essere**
truccarsi like cercare (14)
  except **p.p.** with **essere**
tutelare like adorare (1)
udire (51)
uscire (52)
valere (53)
vantarsi like adorare (1)
  except **p.p.** with **essere**
vedere (54)
vedersi like vedere (54)
  except **p.p.** with **essere**
venire (55)
vergognarsi like sognare (44)
  except **p.p.** with **essere**
versare like adorare (1)
vestirsi like dormire (3) *except*
  p.p. with **essere**
vincere (56)
vivere (57)
viziare like cambiare (13)
volere (58)
votare like adorare (1)

Regular verbs: simple tenses

1 — adorare *(to adore)* — Participio passato: adorato — Gerundio presente: adorando — Infinito passato: avere adorato

	INDICATIVO				CONDIZIONALE	CONGIUNTIVO		IMPERATIVO
	Presente	Imperfetto	Passato remoto	Futuro	Presente	Presente	Imperfetto	
	adoro	adoravo	adorai	adorerò	adorerei	adori	adorassi	
	adori	adoravi	adorasti	adorerai	adoreresti	adori	adorassi	adora (non adorare)
	adora	adorava	adorò	adorerà	adorerebbe	adori	adorasse	adori
	adoriamo	adoravamo	adorammo	adoreremo	adoreremmo	adoriamo	adorassimo	adoriamo
	adorate	adoravate	adoraste	adorerete	adorereste	adoriate	adoraste	adorate
	adorano	adoravano	adorarono	adoreranno	adorerebbero	adorino	adorassero	adorino

2 — credere *(to believe)* — Participio passato: creduto — Gerundio presente: credendo — Infinito passato: avere creduto

	INDICATIVO				CONDIZIONALE	CONGIUNTIVO		IMPERATIVO
	Presente	Imperfetto	Passato remoto	Futuro	Presente	Presente	Imperfetto	
	credo	credevo	credei, credetti	crederò	crederei	creda	credessi	
	credi	credevi	credesti	crederai	crederesti	creda	credessi	credi (non credere)
	crede	credeva	credé, credette	crederà	crederebbe	creda	credesse	creda
	crediamo	credevamo	credemmo	crederemo	crederemmo	crediamo	credessimo	crediamo
	credete	credevate	credeste	crederete	credereste	crediate	credeste	credete
	credono	credevano	crederono, credettero	crederanno	crederebbero	credano	credessero	credano

3 — dormire *(to sleep)* — Participio passato: dormito — Gerundio presente: dormendo — Infinito passato: avere dormito

	INDICATIVO				CONDIZIONALE	CONGIUNTIVO		IMPERATIVO
	Presente	Imperfetto	Passato remoto	Futuro	Presente	Presente	Imperfetto	
	dormo	dormivo	dormii	dormirò	dormirei	dorma	dormissi	
	dormi	dormivi	dormisti	dormirai	dormiresti	dorma	dormissi	dormi (non dormire)
	dorme	dormiva	dormì	dormirà	dormirebbe	dorma	dormisse	dorma
	dormiamo	dormivamo	dormimmo	dormiremo	dormiremmo	dormiamo	dormissimo	dormiamo
	dormite	dormivate	dormiste	dormirete	dormireste	dormiate	dormiste	dormite
	dormono	dormivano	dormirono	dormiranno	dormirebbero	dormano	dormissero	dormano

4 — capire *(to understand)* — Participio passato: capito — Gerundio presente: capendo — Infinito passato: avere capito

	INDICATIVO				CONDIZIONALE	CONGIUNTIVO		IMPERATIVO
	Presente	Imperfetto	Passato remoto	Futuro	Presente	Presente	Imperfetto	
	capisco	capivo	capii	capirò	capirei	capisca	capissi	
	capisci	capivi	capisti	capirai	capiresti	capisca	capissi	capisci (non capire)
	capisce	capiva	capì	capirà	capirebbe	capisca	capisse	capisca
	capiamo	capivamo	capimmo	capiremo	capiremmo	capiamo	capissimo	capiamo
	capite	capivate	capiste	capirete	capireste	capiate	capiste	capite
	capiscono	capivano	capirono	capiranno	capirebbero	capiscano	capissero	capiscano

Reflexive verbs

5 — alzarsi *(to get up)* — Participio passato: alzato/a — Gerundio presente: alzandosi — Infinito passato: essersi alzato/a

	INDICATIVO				CONDIZIONALE	CONGIUNTIVO		IMPERATIVO
	Presente	Imperfetto	Passato remoto	Futuro	Presente	Presente	Imperfetto	
	mi alzo	mi alzavo	mi alzai	mi alzerò	mi alzerei	mi alzi	mi alzassi	
	ti alzi	ti alzavi	ti alzasti	ti alzerai	ti alzeresti	ti alzi	ti alzassi	alzati (non alzarti/ non ti alzare)
	si alza	si alzava	si alzò	si alzerà	si alzerebbe	si alzi	si alzasse	si alzi
	ci alziamo	ci alzavamo	ci alzammo	ci alzeremo	ci alzeremmo	ci alziamo	ci alzassimo	alziamoci
	vi alzate	vi alzavate	vi alzaste	vi alzerete	vi alzereste	vi alziate	vi alzaste	alzatevi
	si alzano	si alzavano	si alzarono	si alzeranno	si alzerebbero	si alzino	si alzassero	si alzino

Auxiliary verbs

6

Infinito / Participio passato / Gerundio presente / Infinito passato	INDICATIVO Presente	Imperfetto	Passato remoto	Futuro	CONDIZIONALE Presente	CONGIUNTIVO Presente	Imperfetto	IMPERATIVO
avere *(to have)*	ho	avevo	ebbi	avrò	avrei	abbia	avessi	
	hai	avevi	avesti	avrai	avresti	abbia	avessi	abbi (non avere)
	ha	aveva	ebbe	avrà	avrebbe	abbia	avesse	abbia
avuto	abbiamo	avevamo	avemmo	avremo	avremmo	abbiamo	avessimo	abbiamo
avendo	avete	avevate	aveste	avrete	avreste	abbiate	aveste	abbiate
avere avuto	hanno	avevano	ebbero	avranno	avrebbero	abbiano	avessero	abbiano

7

Infinito / Participio passato / Gerundio presente / Infinito passato	INDICATIVO Presente	Imperfetto	Passato remoto	Futuro	CONDIZIONALE Presente	CONGIUNTIVO Presente	Imperfetto	IMPERATIVO
essere *(to be)*	sono	ero	fui	sarò	sarei	sia	fossi	
	sei	eri	fosti	sarai	saresti	sia	fossi	sii (non essere)
stato/a	è	era	fu	sarà	sarebbe	sia	fosse	sia
essendo	siamo	eravamo	fummo	saremo	saremmo	siamo	fossimo	siamo
essere stato/a	siete	eravate	foste	sarete	sareste	siate	foste	siate
	sono	erano	furono	saranno	sarebbero	siano	fossero	siano

Compound tenses

Ausiliare	INDICATIVO Passato prossimo	Trapassato prossimo	Trapassato remoto	Futuro anteriore	CONDIZIONALE Passato	CONGIUNTIVO Passato	Trapassato
avere	ho	avevo	ebbi	avrò	avrei	abbia	avessi
	hai	avevi	avesti	avrai	avresti	abbia	avessi
	ha adorato	aveva adorato	ebbe adorato	avrà adorato	avrebbe adorato	abbia adorato	avesse adorato
	abbiamo perduto	avevamo perduto	avemmo perduto	avremo perduto	avremmo perduto	abbiamo perduto	avessimo perduto
	avete dormito	avevate dormito	aveste dormito	avrete dormito	avreste dormito	abbiate dormito	aveste dormito
	hanno capito	avevano capito	ebbero capito	avranno capito	avrebbero capito	abbiano capito	avessero capito
essere	sono andato/a	ero andato/a	fui andato/a	sarò andato/a	sarei andato/a	sia andato/a	fossi andato/a
	sei andato/a	eri andato/a	fosti andato/a	sarai andato/a	saresti andato/a	sia andato/a	fossi andato/a
	è andato/a	era andato/a	fu andato/a	sarà andato/a	sarebbe andato/a	sia andato/a	fosse andato/a
	siamo andati/e	eravamo andati/e	fummo andati/e	saremo andati/e	saremmo andati/e	siamo andati/e	fossimo andati/e
	siete andati/e	eravate andati/e	foste andati/e	sarete andati/e	sareste andati/e	siate andati/e	foste andati/e
	sono andati/e	erano andati/e	furono andati/e	saranno andati/e	sarebbero andati/e	siano andati/e	fossero andati/e

Irregular verbs

8. andare *(to go)* — andato/a — andando — essere andato/a

	INDICATIVO Presente	Imperfetto	Passato remoto	Futuro	CONDIZIONALE Presente	CONGIUNTIVO Presente	Imperfetto	IMPERATIVO
	vado	andavo	andai	**andrò**	**andrei**	**vada**	andassi	
	vai	andavi	andasti	**andrai**	**andresti**	**vada**	andassi	**vai, va'** (non andare)
	va	andava	andò	**andrà**	**andrebbe**	**vada**	andasse	**vada**
	andiamo	andavamo	andammo	**andremo**	**andremmo**	andiamo	andassimo	andiamo
	andate	andavate	andaste	**andrete**	**andreste**	andiate	andaste	andate
	vanno	andạvano	andạrono	**andranno**	**andrebbero**	**vạdano**	andạssero	**vạdano**

9. apparire *(to appear)* — apparso/a — apparendo — essere apparso/a

	INDICATIVO Presente	Imperfetto	Passato remoto	Futuro	CONDIZIONALE Presente	CONGIUNTIVO Presente	Imperfetto	IMPERATIVO
	appaio	apparivo	apparii, **apparvi**	apparirò	apparirei	**appaia**	apparissi	
	appari	apparivi	apparisti	apparirai	appariresti	**appaia**	apparissi	appari (non apparire)
	appare	appariva	apparì, **apparve**	apparirà	apparirebbe	**appaia**	apparisse	**appaia**
	appariamo	apparivamo	apparimmo	appariremo	appariremmo	appariamo	apparissimo	appariamo
	apparite	apparivate	appariste	apparirete	apparireste	appariate	appariste	apparite
	appaiono	apparivano	apparirono, **apparvero**	appariranno	apparirebbero	**appaiano**	apparissero	**appaiano**

10. aprire *(to open)* — aperto — aprendo — avere **aperto**

	INDICATIVO Presente	Imperfetto	Passato remoto	Futuro	CONDIZIONALE Presente	CONGIUNTIVO Presente	Imperfetto	IMPERATIVO
	apro	aprivo	aprii, **apersi**	aprirò	aprirei	apra	aprissi	
	apri	aprivi	apristi	aprirai	apriresti	apra	aprissi	apri (non aprire)
	apre	apriva	aprì, **aperse**	aprirà	aprirebbe	apra	aprisse	apra
	apriamo	aprivamo	aprimmo	apriremo	apriremmo	apriamo	aprissimo	apriamo
	aprite	aprivate	apriste	aprirete	aprireste	apriate	apriste	aprite
	ạprono	aprịvano	aprirono, **apersero**	apriranno	aprirebbero	ạprano	aprissero	ạprano

11. bere *(to drink)* — bevuto — bevendo — avere **bevuto**

	INDICATIVO Presente	Imperfetto	Passato remoto	Futuro	CONDIZIONALE Presente	CONGIUNTIVO Presente	Imperfetto	IMPERATIVO
	bevo	**bevevo**	**bevvi**	**berrò**	**berrei**	**beva**	**bevessi**	
	bevi	**bevevi**	**bevesti**	**berrai**	**berresti**	**beva**	**bevessi**	**bevi** (non bere)
	beve	**beveva**	**bevve**	**berrà**	**berrebbe**	**beva**	**bevesse**	**beva**
	beviamo	**bevevamo**	**bevemmo**	**berremo**	**berremmo**	**beviamo**	**bevẹssimo**	**beviamo**
	bevete	**bevevate**	**beveste**	**berrete**	**berreste**	**beviate**	**beveste**	**bevete**
	bẹvono	**bevẹvano**	**bẹvvero**	**berranno**	**berrẹbbero**	**bẹvano**	**bevẹssero**	**bẹvano**

12. cadere *(to fall)* — caduto/a — cadendo — essere caduto

	INDICATIVO Presente	Imperfetto	Passato remoto	Futuro	CONDIZIONALE Presente	CONGIUNTIVO Presente	Imperfetto	IMPERATIVO
	cado	cadevo	**caddi**	**cadrò**	**cadrei**	cada	cadessi	
	cadi	cadevi	cadesti	**cadrai**	**cadresti**	cada	cadessi	cadi (non cadere)
	cade	cadeva	**cadde**	**cadrà**	**cadrebbe**	cada	cadesse	cada
	cadiamo	cadevamo	cademmo	**cadremo**	**cadremmo**	cadiamo	cadẹssimo	cadiamo
	cadete	cadevate	cadeste	**cadrete**	**cadreste**	cadiate	cadeste	cadete
	cạdono	cadẹvano	**cạddero**	**cadranno**	**cadrẹbbero**	cạdano	cadẹssero	cạdano

13. cambiare *(to change)* — cambiato — cambiando — avere cambiato

	INDICATIVO Presente	Imperfetto	Passato remoto	Futuro	CONDIZIONALE Presente	CONGIUNTIVO Presente	Imperfetto	IMPERATIVO
	cambio	cambiavo	cambiai	cambierò	cambierei	**cambi**	cambiassi	
	cambi	cambiavi	cambiasti	cambierai	cambieresti	**cambi**	cambiassi	cambia (non cambiare)
	cambia	cambiava	cambiò	cambierà	cambierebbe	**cambi**	cambiasse	**cambi**
	cambiamo	cambiavamo	cambiammo	cambieremo	cambieremmo	**cambiamo**	cambiạssimo	**cambiamo**
	cambiate	cambiavate	cambiaste	cambierete	cambiereste	**cambiate**	cambiaste	cambiate
	cạmbiano	cambiạvano	cambiạrono	cambieranno	cambierẹbbero	**cạmbino**	cambiạssero	**cạmbino**

14 · cercare *(to look for)* · cercato · cercando · avere cercato

	Indicativo Presente	Imperfetto	Passato remoto	Futuro	Condizionale Presente	Congiuntivo Presente	Congiuntivo Imperfetto	Imperativo
	cerco	cercavo	cercai	cercherò	cercherei	cerchi	cercassi	
	cerchi	cercavi	cercasti	cercherai	cercheresti	cerchi	cercassi	cerca (non cercare)
	cerca	cercava	cercò	cercherà	cercherebbe	cerchi	cercasse	cerchi
	cerchiamo	cercavamo	cercammo	cercheremo	cercheremmo	cerchiamo	cercassimo	cerchiamo
	cercate	cercavate	cercaste	cercherete	cerchereste	cerchiate	cercaste	cercate
	cercano	cercavano	cercarono	cercheranno	cercherebbero	cerchino	cercassero	cerchino

15 · chiedere *(to ask for)* · chiesto · chiedendo · avere chiesto

	Indicativo Presente	Imperfetto	Passato remoto	Futuro	Condizionale Presente	Congiuntivo Presente	Congiuntivo Imperfetto	Imperativo
	chiedo	chiedevo	chiesi	chiederò	chiederei	chieda	chiedessi	
	chiedi	chiedevi	chiedesti	chiederai	chiederesti	chieda	chiedessi	chiedi (non chiedere)
	chiede	chiedeva	chiese	chiederà	chiederebbe	chieda	chiedesse	chieda
	chiediamo	chiedevamo	chiedemmo	chiederemo	chiederemmo	chiediamo	chiedessimo	chiediamo
	chiedete	chiedevate	chiedeste	chiederete	chiedereste	chiediate	chiedeste	chiedete
	chiedono	chiedevano	chiesero	chiederanno	chiederebbero	chiedano	chiedessero	chiedano

16 · cominciare *(to begin)* · cominciato · cominciando · avere cominciato

	Indicativo Presente	Imperfetto	Passato remoto	Futuro	Condizionale Presente	Congiuntivo Presente	Congiuntivo Imperfetto	Imperativo
	comincio	cominciavo	cominciai	comincerò	comincerei	cominci	cominciassi	
	cominci	cominciavi	cominciasti	comincerai	cominceresti	cominci	cominciassi	comincia (non cominciare)
	comincia	cominciava	cominciò	comincerà	comincerebbe	cominci	cominciasse	cominci
	cominciamo	cominciavamo	cominciammo	cominceremo	cominceremmo	cominciamo	cominciassimo	cominciamo
	cominciate	cominciavate	cominciaste	comincerete	comincereste	cominciate	cominciaste	cominciate
	cominciano	cominciavano	cominciarono	cominceranno	comincerebbero	comincino	cominciassero	comincino

17 · cuocere *(to cook)* · cotto · cuocendo · avere cotto

	Indicativo Presente	Imperfetto	Passato remoto	Futuro	Condizionale Presente	Congiuntivo Presente	Congiuntivo Imperfetto	Imperativo
	cuocio	cuocevo	cossi	cuocerò	cuocerei	cuocia	cuocessi	
	cuoci	cuocevi	cuocesti	cuocerai	cuoceresti	cuocia	cuocessi	cuoci (non cuocere)
	cuoce	cuoceva	cosse	cuocerà	cuocerebbe	cuocia	cuocesse	cuoca
	cuociamo	cuocevamo	cuocemmo	cuoceremo	cuoceremmo	cuociamo	cuocessimo	cuociamo
	cuocete	cuocevate	cuoceste	cuocerete	cuocereste	cuociate	cuoceste	cuocete
	cuociono	cuocevano	cossero	cuoceranno	cuocerebbero	cuociano	cuocessero	cuociano

18 · dare *(to give)* · dato · dando · avere dato

	Indicativo Presente	Imperfetto	Passato remoto	Futuro	Condizionale Presente	Congiuntivo Presente	Congiuntivo Imperfetto	Imperativo
	do	davo	diedi, detti	darò	darei	dia	dessi	
	dai	davi	desti	darai	daresti	dia	dessi	dai, da', dà (non dare)
	dà	dava	diede, dette	darà	darebbe	dia	desse	dia
	diamo	davamo	demmo	daremo	daremmo	diamo	dessimo	diamo
	date	davate	deste	darete	dareste	diate	deste	date
	danno	davano	diedero, dettero	daranno	darebbero	diano	dessero	diano

19 · dimenticare *(to forget)* · dimenticato · dimenticando · avere dimenticato

	Indicativo Presente	Imperfetto	Passato remoto	Futuro	Condizionale Presente	Congiuntivo Presente	Congiuntivo Imperfetto	Imperativo
	dimentico	dimenticavo	dimenticai	dimenticherò	dimenticherei	dimentichi	dimenticassi	
	dimentichi	dimenticavi	dimenticasti	dimenticherai	dimenticheresti	dimentichi	dimenticassi	dimentica (non dimenticare)
	dimentica	dimenticava	dimenticò	dimenticherà	dimenticherebbe	dimentichi	dimenticasse	dimentichi
	dimentichiamo	dimenticavamo	dimenticammo	dimenticheremo	dimenticheremmo	dimentichiamo	dimenticassimo	dimentichiamo
	dimenticate	dimenticavate	dimenticaste	dimenticherete	dimentichereste	dimentichiate	dimenticaste	dimenticate
	dimenticano	dimenticavano	dimenticarono	dimenticheranno	dimenticherebbero	dimentichino	dimenticassero	dimentichino

20 · dire *(to say)* · detto · dicendo · avere detto

	Indicativo Presente	Imperfetto	Passato remoto	Futuro	Condizionale Presente	Congiuntivo Presente	Congiuntivo Imperfetto	Imperativo
	dico	dicevo	dissi	dirò	direi	dica	dicessi	
	dici	dicevi	dicesti	dirai	diresti	dica	dicessi	di', dì (non dire)
	dice	diceva	disse	dirà	direbbe	dica	dicesse	dica
	diciamo	dicevamo	dicemmo	diremo	diremmo	diciamo	dicessimo	diciamo
	dite	dicevate	diceste	direte	direste	diciate	diceste	dite
	dicono	dicevano	dissero	diranno	direbbero	dicano	dicessero	dicano

Infinito / Participio passato / Gerundio presente / Infinito passato	INDICATIVO Presente	INDICATIVO Imperfetto	INDICATIVO Passato remoto	INDICATIVO Futuro	CONDIZIONALE Presente	CONGIUNTIVO Presente	CONGIUNTIVO Imperfetto	IMPERATIVO
21 dolere (to hurt) / doluto/a / dolendo / essere doluto/a	**dolgo** / **duoli** / **duole** / **doliamo, dogliamo** / dolete / **dolgono**	dolevo / dolevi / doleva / dolevamo / dolevate / dolevano	**dolsi** / dolesti / **dolse** / dolemmo / doleste / **dolsero**	**dorrò** / **dorrai** / **dorrà** / **dorremo** / **dorrete** / **dorranno**	**dorrei** / **dorresti** / **dorrebbe** / **dorremmo** / **dorreste** / **dorrebbero**	**dolga, doglia** / **dolga, doglia** / **dolga, doglia** / doliamo, **dogliamo** / doliate, **dogliate** / **dolgano**	dolessi / dolessi / dolesse / dolessimo / doleste / dolessero	**duoli** (non dolere) / **dolga** / doliamo / dolete / **dolgano**
22 dovere (to have to; to owe) / dovuto / dovendo / avere dovuto	**devo, debbo** / **devi** / **deve** / **dobbiamo** / dovete / **devono, debbono**	dovevo / dovevi / doveva / dovevamo / dovevate / dovevano	dovei, dovetti / dovesti / dové, dovette / dovemmo / doveste / doverono, dovetero	**dovrò** / **dovrai** / **dovrà** / **dovremo** / **dovrete** / **dovranno**	**dovrei** / **dovresti** / **dovrebbe** / **dovremmo** / **dovreste** / **dovrebbero**	**deva, debba** / **deva, debba** / **deva, debba** / **dobbiamo** / **dobbiate** / **devano, debbano**	dovessi / dovessi / dovesse / dovessimo / doveste / dovessero	*This verb is not used in the imperative.*
23 fare (to do; to make) / **fatto** / **facendo** / avere **fatto**	**faccio** / **fai** / fa / **facciamo** / fate / **fanno**	facevo / facevi / faceva / facevamo / facevate / facevano	**feci** / **facesti** / **fece** / **facemmo** / **faceste** / **fecero**	**farò** / **farai** / **farà** / **faremo** / **farete** / **faranno**	**farei** / **faresti** / **farebbe** / **faremmo** / **fareste** / **farebbero**	**faccia** / **faccia** / **faccia** / **facciamo** / **facciate** / **facciano**	**facessi** / **facessi** / **facesse** / **facessimo** / **faceste** / **facessero**	**fai, fa'** (non fare) / **faccia** / **facciamo** / **fate** / **facciano**
24 giocare (to play) / giocato / giocando / avere giocato	**gioco, giuoco** / **giochi, giuochi** / **gioca, giuoca** / **giochiamo** / giocate / **giocano, giuocano**	giocavo / giocavi / giocava / giocavamo / giocavate / giocavano	giocai / giocasti / giocò / giocammo / giocaste / giocarono	**giocherò** / **giocherai** / **giocherà** / **giocheremo** / **giocherete** / **giocheranno**	**giocherei** / **giocheresti** / **giocherebbe** / **giocheremmo** / **giochereste** / **giocherebbero**	**giochi, giuochi** / **giochi, giuochi** / **giochi, giuochi** / **giochiamo** / **giochiate** / **giochino, giuochino**	giocassi / giocassi / giocasse / giocassimo / giocaste / giocassero	**gioca, giuoca** (non giocare) / **giochi, giuochi** / **giochiamo** / giocate / **giochino, giuochino**
25 inviare (to send) / inviato / inviando / avere inviato	invio / invii / invia / **inviamo** / inviate / inviano	inviavo / inviavi / inviava / inviavamo / inviavate / inviavano	inviai / inviasti / inviò / inviammo / inviaste / inviarono	invierò / invierai / invierà / invieremo / invierete / invieranno	invierei / invieresti / invierebbe / invieremmo / inviereste / invierebbero	invii / invii / invii / **inviamo** / **inviate** / inviino	inviassi / inviassi / inviasse / inviassimo / inviaste / inviassero	invia (non inviare) / invii / **inviamo** / inviate / inviino
26 litigare (to quarrel) / litigato / litigando / avere litigato	litigo / **litighi** / litiga / **litighiamo** / litigate / litigano	litigavo / litigavi / litigava / litigavamo / litigavate / litigavano	litigai / litigasti / litigò / litigammo / litigaste / litigarono	**litigherò** / **litigherai** / **litigherà** / **litigheremo** / **litigherete** / **litigheranno**	**litigherei** / **litigheresti** / **litigherebbe** / **litigheremmo** / **litighereste** / **litigherebbero**	**litighi** / **litighi** / **litighi** / **litighiamo** / **litighiate** / **litighino**	litigassi / litigassi / litigasse / litigassimo / litigaste / litigassero	litiga (non litigare) / **litighi** / **litighiamo** / litigate / **litighino**
27 mangiare (to eat) / mangiato / mangiando / avere mangiato	mangio / **mangi** / mangia / **mangiamo** / mangiate / mangiano	mangiavo / mangiavi / mangiava / mangiavamo / mangiavate / mangiavano	mangiai / mangiasti / mangiò / mangiammo / mangiaste / mangiarono	**mangerò** / **mangerai** / **mangerà** / **mangeremo** / **mangerete** / **mangeranno**	**mangerei** / **mangeresti** / **mangerebbe** / **mangeremmo** / **mangereste** / **mangerebbero**	**mangi** / **mangi** / **mangi** / **mangiamo** / **mangiate** / **mangino**	mangiassi / mangiassi / mangiasse / mangiassimo / mangiaste / mangiassero	mangia (non mangiare) / **mangi** / **mangiamo** / mangiate / **mangino**

28 — méttere (to put)
Participio passato: **messo** · Gerundio presente: mettendo · Infinito passato: avere **messo**

	INDICATIVO Presente	Imperfetto	Passato remoto	Futuro	CONDIZIONALE Presente	CONGIUNTIVO Presente	Imperfetto	IMPERATIVO
	metto	mettevo	**misi**	metterò	metterei	metta	mettessi	
	metti	mettevi	mettesti	metterai	metteresti	metta	mettessi	metti (non méttere)
	mette	metteva	**mise**	metterà	metterebbe	metta	mettesse	metta
	mettiamo	mettevamo	mettemmo	metteremo	metteremmo	mettiamo	mettéssimo	mettiamo
	mettete	mettevate	metteste	metterete	mettereste	mettiate	metteste	mettete
	méttono	mettévano	**mísero**	metteranno	metterébbero	méttano	mettéssero	méttano

29 — morire (to die)
Participio passato: **morto/a** · Gerundio presente: morendo · Infinito passato: èssere **morto/a**

	INDICATIVO Presente	Imperfetto	Passato remoto	Futuro	CONDIZIONALE Presente	CONGIUNTIVO Presente	Imperfetto	IMPERATIVO
	muoio	morivo	morii	morirò, **morrò**	morirei, **morrei**	**muoia**	morissi	
	muori	morivi	moristi	morirai, **morrai**	moriresti, **morresti**	**muoia**	morissi	**muori** (non morire)
	muore	moriva	morì	morirà, **morrà**	morirebbe, **morrebbe**	**muoia**	morisse	**muoia**
	moriamo	morivamo	morimmo	moriremo, **morremo**	moriremmo, **morremmo**	moriamo	moríssimo	moriamo
	morite	morivate	moriste	morirete, **morrete**	morireste, **morreste**	moriate	moriste	morite
	muoiono	morivano	morirono	moriranno, **morranno**	morirébbero, **morrébbero**	**muoiano**	morissero	**muoiano**

30 — muòvere (to move)
Participio passato: **mosso/a** · Gerundio presente: muovendo, **movendo** · Infinito passato: avere **mosso**

	INDICATIVO Presente	Imperfetto	Passato remoto	Futuro	CONDIZIONALE Presente	CONGIUNTIVO Presente	Imperfetto	IMPERATIVO
	muovo	muovevo, **movevo**	**mossi**	muoverò, **moverò**	muoverei, **moverei**	muova	muovessi, **movessi**	
	muovi	muovevi, **movevi**	muovesti, **movesti**	muoverai, **moverai**	muoveresti, **moveresti**	muova	muovessi, **movessi**	muovi (non muòvere)
	muove	muoveva, **moveva**	**mosse**	muoverà, **moverà**	muoverebbe, **moverebbe**	muova	muovesse, **movesse**	muova
	muoviamo, **moviamo**	muovevamo, **movevamo**	muovemmo, **movemmo**	muoveremo, **moveremo**	muoveremmo, **moveremmo**	muoviamo, **moviamo**	muovéssimo, **movéssimo**	muoviamo, **moviamo**
	muovete, **movete**	muovevate, **movevate**	muoveste, **moveste**	muoverete, **moverete**	muovereste, **movereste**	muoviate, **moviate**	muoveste, **moveste**	muovete, **movete**
	muòvono	muovévano, **movévano**	**mòssero**	muoveranno, **moveranno**	muoverébbero, **moverébbero**	muòvano	muovéssero, **movéssero**	muòvano

31 — nuòcere (to harm)
Participio passato: **nuociuto, nociuto** · Gerundio presente: nuocendo, **nocendo** · Infinito passato: avere **nuociuto, nociuto**

	INDICATIVO Presente	Imperfetto	Passato remoto	Futuro	CONDIZIONALE Presente	CONGIUNTIVO Presente	Imperfetto	IMPERATIVO
	nuoccio, noccio	nuocevo, **nocevo**	**nocqui**	nuocerò, **nocerò**	nuocerei, **nocerei**	**nuoccia**	nuocessi, **nocessi**	
	nuoci	nuocevi, **nocevi**	nuocesti, **nocesti**	nuocerai, **nocerai**	nuoceresti, **noceresti**	**nuoccia**	nuocessi, **nocessi**	nuoci (non nuòcere)
	nuoce	nuoceva, **noceva**	**nocque**	nuocerà, **nocerà**	nuocerebbe, **nocerebbe**	**nuoccia**	nuocesse, **nocesse**	nuoca
	nuociamo, **nociamo**	nuocevamo, **nocevamo**	nuocemmo, **nocemmo**	nuoceremo, **noceremo**	nuoceremmo, **noceremmo**	nuociamo, **nociamo**	nuocéssimo, **nocéssimo**	nuociamo, **nociamo**
	nuocete, **nocete**	nuocevate, **nocevate**	nuoceste, **noceste**	nuocerete, **nocerete**	nuocereste, **nocereste**	nuociate, **nociate**	nuoceste, **noceste**	nuocete, **nocete**
	nuòcciono, **nòcciono**	nuocévano, **nocévano**	**nòcquero**	nuoceranno, **noceranno**	nuocerébbero, **nocerébbero**	**nuòcciano**	nuocéssero, **nocéssero**	**nuòcciano**

32 — parere (to seem)
Participio passato: **parso/a** · Gerundio presente: parendo · Infinito passato: èssere **parso/a**

	INDICATIVO Presente	Imperfetto	Passato remoto	Futuro	CONDIZIONALE Presente	CONGIUNTIVO Presente	Imperfetto	IMPERATIVO
	paio	parevo	**parvi**	**parrò**	**parrei**	**paia**	paressi	
	pari	parevi	paresti	**parrai**	**parresti**	**paia**	paressi	
	pare	pareva	**parve**	**parrà**	**parrebbe**	**paia**	paresse	*This verb is not used in the imperative.*
	paiamo	parevamo	paremmo	**parremo**	**parremmo**	**paiamo**	paréssimo	
	parete	parevate	pareste	**parrete**	**parreste**	**paiate**	pareste	
	paiono	parévano	**pàrvero**	**parranno**	**parrébbero**	**paiano**	paréssero	

33 — porre (to put) / posto / ponendo / avere posto

	INDICATIVO				CONDIZIONALE	CONGIUNTIVO		IMPERATIVO
	Presente	Imperfetto	Passato remoto	Futuro	Presente	Presente	Imperfetto	
	pongo	ponevo	posi	porrò	porrei	ponga	ponessi	
	poni	ponevi	ponesti	porrai	porresti	ponga	ponessi	poni (non porre)
	pone	poneva	pose	porrà	porrebbe	ponga	ponesse	ponga
	poniamo	ponevamo	ponemmo	porremo	porremmo	poniamo	ponessimo	poniamo
	ponete	ponevate	poneste	porrete	porreste	poniate	poneste	ponete
	pongono	ponevano	posero	porranno	porrebbero	pongano	ponessero	pongano

34 — potere (to be able to) / potuto / potendo / avere potuto

	INDICATIVO				CONDIZIONALE	CONGIUNTIVO		IMPERATIVO
	Presente	Imperfetto	Passato remoto	Futuro	Presente	Presente	Imperfetto	
	posso	potevo	potei, potetti	potrò	potrei	possa	potessi	
	puoi	potevi	potesti	potrai	potresti	possa	potessi	*This verb is not used in the imperative.*
	può	poteva	poté, potette	potrà	potrebbe	possa	potesse	
	possiamo	potevamo	potemmo	potremo	potremmo	possiamo	potessimo	
	potete	potevate	poteste	potrete	potreste	possiate	poteste	
	possono	potevano	poterono, potettero	potranno	potrebbero	possano	potessero	

35 — prendere (to take) / preso / prendendo / avere preso

	INDICATIVO				CONDIZIONALE	CONGIUNTIVO		IMPERATIVO
	Presente	Imperfetto	Passato remoto	Futuro	Presente	Presente	Imperfetto	
	prendo	prendevo	presi	prenderò	prenderei	prenda	prendessi	
	prendi	prendevi	prendesti	prenderai	prenderesti	prenda	prendessi	prendi (non prendere)
	prende	prendeva	prese	prenderà	prenderebbe	prenda	prendesse	prenda
	prendiamo	prendevamo	prendemmo	prenderemo	prenderemmo	prendiamo	prendessimo	prendiamo
	prendete	prendevate	prendeste	prenderete	prendereste	prendiate	prendeste	prendete
	prendono	prendevano	presero	prenderanno	prenderebbero	prendano	prendessero	prendano

36 — produrre (to produce) / prodotto / producendo / avere prodotto

	INDICATIVO				CONDIZIONALE	CONGIUNTIVO		IMPERATIVO
	Presente	Imperfetto	Passato remoto	Futuro	Presente	Presente	Imperfetto	
	produco	producevo	produssi	produrrò	produrrei	produca	producessi	
	produci	producevi	producesti	produrrai	produrresti	produca	producessi	produci (non produrre)
	produce	produceva	produsse	produrrà	produrrebbe	produca	producesse	produca
	produciamo	producevamo	producemmo	produrremo	produrremmo	produciamo	producessimo	produciamo
	producete	producevate	produceste	produrrete	produrreste	produciate	produceste	producete
	producono	producevano	produssero	produrranno	produrrebbero	producano	producessero	producano

37 — riempire (to fill) / riempito / riempiendo / avere riempito

	INDICATIVO				CONDIZIONALE	CONGIUNTIVO		IMPERATIVO
	Presente	Imperfetto	Passato remoto	Futuro	Presente	Presente	Imperfetto	
	riempio	riempivo	riempii	riempirò	riempirei	riempia	riempissi	
	riempi	riempivi	riempisti	riempirai	riempiresti	riempia	riempissi	riempi (non riempiere)
	riempie	riempiva	riempì	riempirà	riempirebbe	riempia	riempisse	riempia
	riempiamo	riempivamo	riempimmo	riempiremo	riempiremmo	riempiamo	riempissimo	riempiamo
	riempite	riempivate	riempiste	riempirete	riempireste	riempiate	riempiste	riempite
	riempiono	riempivano	riempirono	riempiranno	riempirebbero	riempiano	riempissero	riempiano

38 — rimanere (to stay) / rimasto/a / rimanendo / essere rimasto/a

	INDICATIVO				CONDIZIONALE	CONGIUNTIVO		IMPERATIVO
	Presente	Imperfetto	Passato remoto	Futuro	Presente	Presente	Imperfetto	
	rimango	rimanevo	rimasi	rimarrò	rimarrei	rimanga	rimanessi	
	rimani	rimanevi	rimanesti	rimarrai	rimarresti	rimanga	rimanessi	rimani (non rimanere)
	rimane	rimaneva	rimase	rimarrà	rimarrebbe	rimanga	rimanesse	rimanga
	rimaniamo	rimanevamo	rimanemmo	rimarremo	rimarremmo	rimaniamo	rimanessimo	rimaniamo
	rimanete	rimanevate	rimaneste	rimarrete	rimarreste	rimaniate	rimaneste	rimanete
	rimangono	rimanevano	rimasero	rimarranno	rimarrebbero	rimangano	rimanessero	rimangano

39 risolvere (to resolve) — Participio passato: risolto — Gerundio presente: risolvendo — Infinito passato: avere risolto

	INDICATIVO Presente	Imperfetto	Passato remoto	Futuro	CONDIZIONALE Presente	CONGIUNTIVO Presente	Imperfetto	IMPERATIVO
	risolvo	risolvevo	risolvei, risolvetti, risolsi	risolverò	risolverei	risolva	risolvessi	
	risolvi	risolvevi	risolvesti	risolverai	risolveresti	risolva	risolvessi	risolvi (non risolvere)
	risolve	risolveva	risolvé, risolvette, risolse	risolverà	risolverebbe	risolva	risolvesse	risolva
	risolviamo	risolvevamo	risolvemmo	risolveremo	risolveremmo	risolviamo	risolvessimo	risolviamo
	risolvete	risolvevate	risolveste	risolverete	risolvereste	risolviate	risolveste	risolvete
	risolvono	risolvevano	risolverono, risolvettero, risolsero	risolveranno	risolverebbero	risolvano	risolvessero	risolvano

40 rispondere (to answer) — Participio passato: risposto — Gerundio presente: rispondendo — Infinito passato: avere risposto

	INDICATIVO Presente	Imperfetto	Passato remoto	Futuro	CONDIZIONALE Presente	CONGIUNTIVO Presente	Imperfetto	IMPERATIVO
	rispondo	rispondevo	risposi	risponderò	risponderei	risponda	rispondessi	
	rispondi	rispondevi	rispondesti	risponderai	risponderesti	risponda	rispondessi	rispondi (non rispondere)
	risponde	rispondeva	rispose	risponderà	risponderebbe	risponda	rispondesse	risponda
	rispondiamo	rispondevamo	rispondemmo	risponderemo	risponderemmo	rispondiamo	rispondessimo	rispondiamo
	rispondete	rispondevate	rispondeste	risponderete	rispondereste	rispondiate	rispondeste	rispondete
	rispondono	rispondevano	risposero	risponderanno	risponderebbero	rispondano	rispondessero	rispondano

41 salire (to go up) — Participio passato: salito — Gerundio presente: salendo — Infinito passato: avere salito/essere salito (intransitive)

	INDICATIVO Presente	Imperfetto	Passato remoto	Futuro	CONDIZIONALE Presente	CONGIUNTIVO Presente	Imperfetto	IMPERATIVO
	salgo	salivo	salii	salirò	salirei	salga	salissi	
	sali	salivi	salisti	salirai	saliresti	salga	salissi	sali (non salire)
	sale	saliva	salì	salirà	salirebbe	salga	salisse	salga
	saliamo	salivamo	salimmo	saliremo	saliremmo	saliamo	salissimo	saliamo
	salite	salivate	saliste	salirete	salireste	saliate	saliste	salite
	salgono	salivano	salirono	saliranno	salirebbero	salgano	salissero	salgano

42 sapere (to know) — Participio passato: saputo — Gerundio presente: sapendo — Infinito passato: avere saputo

	INDICATIVO Presente	Imperfetto	Passato remoto	Futuro	CONDIZIONALE Presente	CONGIUNTIVO Presente	Imperfetto	IMPERATIVO
	so	sapevo	seppi	saprò	saprei	sappia	sapessi	
	sai	sapevi	sapesti	saprai	sapresti	sappia	sapessi	sappi (non sapere)
	sa	sapeva	seppe	saprà	saprebbe	sappia	sapesse	sappia
	sappiamo	sapevamo	sapemmo	sapremo	sapremmo	sappiamo	sapessimo	sappiamo
	sapete	sapevate	sapeste	saprete	sapreste	sappiate	sapeste	sappiate
	sanno	sapevano	seppero	sapranno	saprebbero	sappiano	sapessero	sappiano

43 sedere (to sit) — Participio passato: seduto — Gerundio presente: sedendo — Infinito passato: essere seduto

	INDICATIVO Presente	Imperfetto	Passato remoto	Futuro	CONDIZIONALE Presente	CONGIUNTIVO Presente	Imperfetto	IMPERATIVO
	siedo, seggo	sedevo	sedei, sedetti	sederò, siederò	sederei, siederei	sieda, segga	sedessi	
	siedi	sedevi	sedesti	sederai, siederai	sederesti, siederesti	sieda, segga	sedessi	siedi (non sedere)
	siede	sedeva	sedé, sedette	sederà, siederà	sederebbe, siederebbe	sieda, segga	sedesse	sieda, segga
	sediamo	sedevamo	sedemmo	sederemo, siederemo	sederemmo, siederemmo	sediamo	sedessimo	sediamo
	sedete	sedevate	sedeste	sederete, siederete	sedereste, siedereste	sediate	sedeste	sedete
	siedono, seggono	sedevano	sederono, sedettero	sederanno, siederanno	sederebbero, siederebbero	siedano, seggano	sedessero	siedano, seggano

44 sognare (to dream) — Participio passato: sognato — Gerundio presente: sognando — Infinito passato: avere sognato

	INDICATIVO Presente	Imperfetto	Passato remoto	Futuro	CONDIZIONALE Presente	CONGIUNTIVO Presente	Imperfetto	IMPERATIVO
	sogno	sognavo	sognai	sognerò	sognerei	sogni	sognassi	
	sogni	sognavi	sognasti	sognerai	sogneresti	sogni	sognassi	sogna (non sognare)
	sogna	sognava	sognò	sognerà	sognerebbe	sogni	sognasse	sogni
	sogniamo	sognavamo	sognammo	sogneremo	sogneremmo	sogniamo	sognassimo	sogniamo
	sognate	sognavate	sognaste	sognerete	sognereste	sogniate	sognaste	sognate
	sognano	sognavano	sognarono	sogneranno	sognerebbero	sognino	sognassero	sognino

Infinito / Participio passato / Gerundio presente / Infinito passato	INDICATIVO Presente	Imperfetto	Passato remoto	Futuro	CONDIZIONALE Presente	CONGIUNTIVO Presente	Imperfetto	IMPERATIVO
45 **spegnere** (to turn off) **spento** spegnendo avere **spento**	**spengo** spegni spegne spegniamo spegnete **spengono**	spegnevo spegnevi spegneva spegnevamo spegnevate spegnevano	**spensi** spegnesti **spense** spegnemmo spegneste **spensero**	spegnerò spegnerai spegnerà spegneremo spegnerete spegneranno	spegnerei spegneresti spegnerebbe spegneremmo spegnereste spegnerebbero	**spenga** **spenga** **spenga** spegniamo spegniate **spengano**	spegnessi spegnessi spegnesse spegnessimo spegneste spegnessero	spegni (non spegnere) **spenga** spegniamo spegnete **spengano**
46 **stare** (to stay; to be) stato/a stando essere stato/a	sto **stai** sta stiamo state **stanno**	stavo stavi stava stavamo stavate stavano	**stetti** stesti **stette** stemmo steste **stettero**	**starò** starai starà staremo starete staranno	starei staresti starebbe staremmo stareste starebbero	stia stia stia stiamo stiate stiano	**stessi** **stessi** **stesse** **stessimo** **steste** **stessero**	**stai, sta'** (non stare) stia stiamo state stiano
47 **tacere** (to be silent) **taciuto** tacendo avere **taciuto**	**taccio** taci tace **tacciamo** tacete **tacciono**	tacevo tacevi taceva tacevamo tacevate tacevano	**tacqui** tacesti **tacque** tacemmo taceste **tacquero**	tacerò tacerai tacerà taceremo tacerete taceranno	tacerei taceresti tacerebbe taceremmo tacereste tacerebbero	**taccia** **taccia** **taccia** **tacciamo** **tacciate** **tacciano**	tacessi tacessi tacesse tacessimo taceste tacessero	taci (non tacere) **taccia** **tacciamo** tacete **tacciano**
48 **tenere** (to hold) tenuto tenendo avere tenuto	**tengo** **tieni** **tiene** teniamo tenete **tengono**	tenevo tenevi teneva tenevamo tenevate tenevano	**tenni** tenesti **tenne** tenemmo teneste **tennero**	**terrò** **terrai** **terrà** **terremo** **terrete** **terranno**	**terrei** **terresti** **terrebbe** **terremmo** **terreste** **terrebbero**	**tenga** **tenga** **tenga** teniamo teniate **tengano**	tenessi tenessi tenesse tenessimo teneste tenessero	**tieni** (non tenere) **tenga** teniamo tenete **tengano**
49 **togliere** (to remove) **tolto** togliendo avere **tolto**	**tolgo** **togli** toglie **togliamo** togliete **tolgono**	toglievo toglievi toglieva toglievamo toglievate toglievano	**tolsi** togliesti **tolse** togliemmo toglieste **tolsero**	toglierò toglierai toglierà toglieremo toglierete toglieranno	toglierei toglieresti toglierebbe toglieremmo togliereste toglierebbero	**tolga** **tolga** **tolga** **togliamo** **togliate** **tolgano**	togliessi togliessi togliesse togliessimo toglieste togliessero	**togli** (non togliere) **tolga** **togliamo** togliete **tolgano**
50 **trarre** (to draw) **tratto** traendo avere **tratto**	**traggo** trai trae traiamo traete **traggono**	traevo traevi traeva traevamo traevate traevano	**trassi** traesti **trasse** traemmo traeste **trassero**	**trarrò** **trarrai** **trarrà** **trarremo** **trarrete** **trarranno**	**trarrei** **trarresti** **trarrebbe** **trarremmo** **trarreste** **trarrebbero**	**tragga** **tragga** **tragga** traiamo traiate **traggano**	traessi traessi traesse traessimo traeste traessero	trai (non trarre) **tragga** traiamo traete **traggano**
51 **udire** (to hear) udito udendo avere udito	**odo** **odi** **ode** udiamo udite **odono**	udivo udivi udiva udivamo udivate udivano	udii udisti udì udimmo udiste udirono	udirò, udrò udirai, udrai udirà, udrà udiremo, udremo udirete, udrete udiranno, udranno	udirei, udrei udiresti, udresti udirebbe, udrebbe udiremmo, udremmo udireste, udreste udirebbero, udrebbero	**oda** **oda** **oda** udiamo udiate **odano**	udissi udissi udisse udissimo udiste udissero	**odi** (non udire) **oda** udiamo udite **odano**

52 uscire (to go out)

Infinito: uscire — Participio passato: uscito/a — Gerundio presente: uscendo — Infinito passato: essere uscito/a

	INDICATIVO				CONDIZIONALE	CONGIUNTIVO		IMPERATIVO
	Presente	Imperfetto	Passato remoto	Futuro	Presente	Presente	Imperfetto	
	esco	uscivo	uscii	uscirò	uscirei	esca	uscissi	
	esci	uscivi	uscisti	uscirai	usciresti	esca	uscissi	esci (non uscire)
	esce	usciva	uscì	uscirà	uscirebbe	esca	uscisse	esca
	usciamo	uscivamo	uscimmo	usciremo	usciremmo	usciamo	uscissimo	usciamo
	uscite	uscivate	usciste	uscirete	uscireste	usciate	usciste	uscite
	escono	uscivano	uscirono	usciranno	uscirebbero	escano	uscissero	escano

53 valere (to be worth)

Infinito: valere — Participio passato: valso — Gerundio presente: valendo — Infinito passato: avere valso

	INDICATIVO				CONDIZIONALE	CONGIUNTIVO		IMPERATIVO
	Presente	Imperfetto	Passato remoto	Futuro	Presente	Presente	Imperfetto	
	valgo	valevo	valsi	varrò	varrei	valga	valessi	
	vali	valevi	valesti	varrai	varresti	valga	valessi	vali (non valere)
	vale	valeva	valse	varrà	varrebbe	valga	valesse	valga
	valiamo	valevamo	valemmo	varremo	varremmo	valiamo	valessimo	valiamo
	valete	valevate	valeste	varrete	varreste	valiate	valeste	valete
	valgono	valevano	valsero	varranno	varrebbero	valgano	valessero	valgano

54 vedere (to see)

Infinito: vedere — Participio passato: visto/veduto — Gerundio presente: vedendo — Infinito passato: avere visto/veduto

	INDICATIVO				CONDIZIONALE	CONGIUNTIVO		IMPERATIVO
	Presente	Imperfetto	Passato remoto	Futuro	Presente	Presente	Imperfetto	
	vedo	vedevo	vidi	vedrò	vedrei	veda	vedessi	
	vedi	vedevi	vedesti	vedrai	vedresti	veda	vedessi	vedi (non vedere)
	vede	vedeva	vide	vedrà	vedrebbe	veda	vedesse	veda
	vediamo	vedevamo	vedemmo	vedremo	vedremmo	vediamo	vedessimo	vediamo
	vedete	vedevate	vedeste	vedrete	vedreste	vediate	vedeste	vedete
	vedono	vedevano	videro	vedranno	vedrebbero	vedano	vedessero	vedano

55 venire (to come)

Infinito: venire — Participio passato: venuto/a — Gerundio presente: venendo — Infinito passato: essere venuto/a

	INDICATIVO				CONDIZIONALE	CONGIUNTIVO		IMPERATIVO
	Presente	Imperfetto	Passato remoto	Futuro	Presente	Presente	Imperfetto	
	vengo	venivo	venni	verrò	verrei	venga	venissi	
	vieni	venivi	venisti	verrai	verresti	venga	venissi	vieni (non venire)
	viene	veniva	venne	verrà	verrebbe	venga	venisse	venga
	veniamo	venivamo	venimmo	verremo	verremmo	veniamo	venissimo	veniamo
	venite	venivate	veniste	verrete	verreste	veniate	veniste	venite
	vengono	venivano	vennero	verranno	verrebbero	vengano	venissero	vengano

56 vincere (to win)

Infinito: vincere — Participio passato: vinto — Gerundio presente: vincendo — Infinito passato: avere vinto

	INDICATIVO				CONDIZIONALE	CONGIUNTIVO		IMPERATIVO
	Presente	Imperfetto	Passato remoto	Futuro	Presente	Presente	Imperfetto	
	vinco	vincevo	vinsi	vincerò	vincerei	vinca	vincessi	
	vinci	vincevi	vincesti	vincerai	vinceresti	vinca	vincessi	vinci (non vincere)
	vince	vinceva	vinse	vincerà	vincerebbe	vinca	vincesse	vinca
	vinciamo	vincevamo	vincemmo	vinceremo	vinceremmo	vinciamo	vincessimo	vinciamo
	vincete	vincevate	vinceste	vincerete	vincereste	vinciate	vinceste	vincete
	vincono	vincevano	vinsero	vinceranno	vincerebbero	vincano	vincessero	vincano

57 vivere (to live)

Infinito: vivere — Participio passato: vissuto — Gerundio presente: vivendo — Infinito passato: avere vissuto

	INDICATIVO				CONDIZIONALE	CONGIUNTIVO		IMPERATIVO
	Presente	Imperfetto	Passato remoto	Futuro	Presente	Presente	Imperfetto	
	vivo	vivevo	vissi	vivrò	vivrei	viva	vivessi	
	vivi	vivevi	vivesti	vivrai	vivresti	viva	vivessi	vivi (non vivere)
	vive	viveva	visse	vivrà	vivrebbe	viva	vivesse	viva
	viviamo	vivevamo	vivemmo	vivremo	vivremmo	viviamo	vivessimo	viviamo
	vivete	vivevate	viveste	vivrete	vivreste	viviate	viveste	vivete
	vivono	vivevano	vissero	vivranno	vivrebbero	vivano	vivessero	vivano

58 volere (to want)

Infinito: volere — Participio passato: voluto — Gerundio presente: volendo — Infinito passato: avere voluto

	INDICATIVO				CONDIZIONALE	CONGIUNTIVO		IMPERATIVO
	Presente	Imperfetto	Passato remoto	Futuro	Presente	Presente	Imperfetto	
	voglio	volevo	volli	vorrò	vorrei	voglia	volessi	
	vuoi	volevi	volesti	vorrai	vorresti	voglia	volessi	vogli (non volere)
	vuole	voleva	volle	vorrà	vorrebbe	voglia	volesse	voglia
	vogliamo	volevamo	volemmo	vorremo	vorremmo	vogliamo	volessimo	vogliamo
	volete	volevate	voleste	vorrete	vorreste	vogliate	voleste	vogliate
	vogliono	volevano	vollero	vorranno	vorrebbero	vogliano	volessero	vogliano

Verbs that are irregular in the *participio passato* and *passato remoto*

These **–ere** and **–ire** verbs are irregular in the **participio passato** and in three forms of the **passato remoto**. All other forms of these verbs follow regular conjugation patterns. The full conjugation of some high-frequency verbs from this list —**chiedere** (15), **mettere** (28), **prendere** (35), **rispondere** (40), and **vincere** (56)— is presented in the preceding pages for your reference. On the list of active verbs on p. **403**, these verbs are referenced as **1-3-3** verbs.

Infinito		Participio passato	Passato remoto (1st p. sing, 3rd p. sing, 3rd p. pl.)
accorgersi	to realize	accorto	accorsi, accorse, accorsero
affliggere	to torment	afflitto	afflissi, afflisse, afflissero
assumere	to assume	assunto	assunsi, assunse, assunsero
attendere	to wait for	atteso	attesi, attese, attesero
chiedere	to ask	chiesto	chiesi, chiese, chiesero
chiudere	to close	chiuso	chiusi, chiuse, chiusero
concludere	to conclude	concluso	conclusi, concluse, conclusero
condividere	to share	condiviso	condivisi, condivise, condivisero
conoscere	to meet, to know/ be familiar with	conosciuto	conobbi, conobbe, conobbero
coprire	to cover	coperto	copriii/copersi, coprì/coperse, coprirono/copersero
correggere	to correct	corretto	corressi, corresse, corressero
correre	to run	corso	corsi, corse, corsero
crescere	to grow	cresciuto	crebbi, crebbe, crebbero
decidere	to decide	deciso	decisi, decise, decisero
difendere	to defend	difeso	difesi, defese, difesero
dipendere	to depend on	dipeso	dipesi, dipese, dipesero
dipingere	to paint	dipinto	dipinsi, dipense, dipinsero
dirigere	to manage	diretto	diressi, diresse, diressero
discutere	to discuss	discusso	discussi, discusse, discussero
distruggere	to destroy	distrutto	distrussi, distrusse, distrussero
eleggere	to elect	eletto	elessi, elesse, elessero
emergere	to emerge	emerso	emersi, emerse, emersero
esigere	to require	esatto	esigei/esigetti, esigé/esigette, esigerono/esigettero
espandere	to expand		espansi, espanse, espansero
espellere	to expel	espulso	espulsi, espulse, espulsero
esplodere	to explode	esploso	esplosi, esplose, esplosero
esprimere	to express	espresso	espressi, espresse, espressero
evadere	to evade	evaso	evasi, evase, evasero
fingere	to pretend	finto	finii, finì, finirono
friggere	to fry	fritto	frissi, frisse, frissero
giungere	to arrive	giunto	giunsi, giunse, giunsero
invadere	to invade	invaso	invasi, invase, invasero
leggere	to read	letto	lessi, lesse, lessero
mettere	to put	messo	misi, mise, misero
nascere	to be born	nato	nacqui, nacque, nacquero
nascondere	to hide	nascosto	nascosi, nascose, nascosero

Infinito		Participio passato	Passato remoto (1st p. sing, 3rd p. sing, 3rd p. pl.)
occorrere	to be necessary	occorso	occorsi, occorse, occorsero
offendere	to offend	offeso	offesi, offese, offesero
offrire	to offer	offerto	offrii/offersi, offrì/offerse, offrirono/offersero
opprimere	to oppress	oppresso	oppressi, oppresse, oppressero
perdere	to lose	perso	persi, perse, persero
persuadere	to convince	persuaso	persuasi, persuase, persuasero
piacere	to please, to like	piaciuto	piacqui, piacque, piacquero
piangere	to cry	pianto	piansi, pianse, piansero
piovere	to rain	piovuto	piovve, piovvero
porgere	to give	porto	porsi, porse, porsero
prendere	to take	preso	presi, prese, presero
radere	to shave	raso	rasi, rase, rasero
redimere	to redeem	redento	redensi, redense, redensero
rendere	to render	reso	resi, rese, resero
ridere	to laugh	riso	risi, rise, risero
riflettere *(intrans.)*	to reflect on, to ponder	riflettuto	riflettei, rifletté, rifletterono
riflettere *(trans.)*/ riflettersi	to reflect	riflesso	riflessi, riflesse, riflessero
risolvere	to resolve	risolto	risolsi/risolvei, risolse/risolvé, risolsero/risolverono
rispondere	to answer	risposto	risposi, rispose, risposero
rompere	to break	rotto	ruppi, ruppe, ruppero
scendere	to come down	sceso	scesi, scese, scesero
sconfiggere	to defeat	sconfitto	sconfissi, sconfisse, sconfissero
scoprire	to discover	scoperto	scoprii/scopersi, scoprì/scoperse, scoprirono/ scopersero
scrivere	to write	scritto	scrissi, scrisse, scrissero
scuotere	to shake	scosso	scossi, scosse, scossero
smettere	to stop	smesso	smisi, smise, smisero
soffrire	to suffer	sofferto	soffrii/soffersi, soffrì/sofferse, soffrirono/soffersero
sorridere	to smile	sorriso	sorrisi, sorrise, sorrisero
sospendere	to hang	sospeso	sospesi, sospese, sospesero
spendere	to spend	speso	spesi, spese, spesero
spingere	to push	spinto	spinsi, spinse, spinsero
stringere	to press	stretto	strinsi, strinse, strinsero
succedere	to happen	successo	successi, successe, successero
svolgersi	to take place	svolto	mi svolsi, si svolse, si svolsero
trascorrere	to spend	trascorso	trascorsi, trascorse, trascorsero
uccidere	to kill	ucciso	uccisi, uccise, uccisero
vincere	to win	vinto	vinsi, vinse, vinsero
volgere	to turn	volto	volsi, volse, volsero

Vocabulary

This glossary contains the words and expressions listed on the **Vocabolario** page found at the end of each lesson in **IMMAGINA**, as well as other useful vocabulary. A numeral following an entry indicates the lesson where the word or expression was introduced.

Abbreviations used in this glossary

adj.	adjective	*invar.*	invariable
adv.	adverb	*m.*	masculine
conj.	conjunction	*p.p.*	past participle
f.	feminine	*pl.*	plural
fam.	familiar	*prep.*	preposition
form.	formal	*pron.*	pronoun
indef.	indefinite	*v.*	verb

Italiano-Inglese

A

a *prep.* at; in; to
  a condizione che *conj.* provided that **7**
  a meno che *conj.* unless **7**
  a patto che *conj.* provided that **7**
  a piedi *adv.* on foot
  a righe *adj.* striped
  a squarciagola *adv.* at the top of one's voice **3**
  a suo agio *adv.* at ease
  a tempo parziale *adj., adv.* part-time
  a tempo pieno *adj., adv.* full-time
  a tinta unita *adj.* solid-color
  a volte *adv.* sometimes
  al completo *adj.* sold out **3**
  al mare *adv.* at/to the beach
  al solito suo *adv.* as usual
  al vapore *adj.* steamed
  all'inizio *adv.* at first
  alla griglia *adj.* grilled
  alla moda *adj.* fashionable **3**
abbastanza *adv.* enough
  Abbastanza bene. Pretty well.
abbiente *adj.* affluent **5**
abbigliamento *m.* clothing **10**
abbonamento *m.* season ticket; subscription
abbracciare *v.* to hug
abbracciarsi *v.* to hug each other **2**
abbronzarsi *v.* to tan
abitare *v.* to inhabit, to live **8**
abitazioni *f., pl.* housing **5**
abito *m.* dress; suit (men's) **10**
  abito *m.* **da sera** evening dress **3**
abituarsi *v.* to get used to **7, 8**
abolire *v.* to abolish **8**
abusare *v.* to abuse **4**

abuso *m.* **di potere** abuse of power **4**
accadere *v.* to happen
accanto (a) *prep.* next to
accendere *v.* to turn on
accenno *m.* hint, mention **8**
accogliere *v.* to greet **1**
accomodarsi *v.* to make oneself comfortable **5**
accordo *m.* agreement **4**
accorgersi *v.* to realize **2**
  accorgersi di *v.* to notice **8**
acido/a: pioggia *f.* **acida** acid rain
acqua *f.* water
acquario *m.* aquarium **7**
acquedotto *m.* aqueduct **2**
acquerello *m.* watercolor **8**
acquisito/a: parenti *m., pl.* **acquisiti** in-laws
acritico/a *adj.* acritical **9**
adagiarsi *v.* to lie down
adattamento *m.* adaptation **9**
adattarsi *v.* to adapt **6**
addormentarsi *v.* to fall asleep **2**
adeguarsi *v.* to adjust **6**
adesso *adv.* now
adorare *v.* to adore **1**
adottare *v.* to adopt
adottivo/a *adj.* adopted; adoptive **5**
aereo *m.* airplane
aeroporto *m.* airport
affare *m.* deal **4**
affascinante *adj.* charming **1**
affatto *adv.* completely
  non... affatto *adv.* not at all
affettuoso/a *adj.* affectionate **1**
affiatato/a *adj.* close-knit **5**
affidare *v.* to entrust **10**
affinché *conj.* so that **7**
affittare *v.* to rent (owner) **1**
affitto *m.* rent
affollato/a *adj.* crowded **2**
affresco *m.* fresco **8**

affumicato/a *adj.* smoked
africano/a *adj.* African
agenda *f.* planner
agente *m., f.* agent
agenzia *f.* agency
  agenzia *f.* **di collocamento** job agency **10**
  agenzia *f.* **di somministrazione lavoro** temp agency
  agenzia *f.* **immobiliare** real estate agency
aggiornare *v.* to update **7**
aggiornato: essere aggiornato/a *v.* to be informed, up-to-date **9**
aggiustare *v.* fix
aggrapparsi *v.* to hold on to, hang on to **6**
aglio *m.* garlic
agnostico/a *adj.* agnostic **6**
agosto *m.* August
agricoltore/agricoltrice *m., f.* farmer
agricoltura *f.* agriculture
  agricoltura *f.* **biologica** organic farming
agrodolce *adj.* sweet-and-sour
aiutare *v.* help
aiutarsi *v.* to help each other **2**
alba *f.* dawn, sunrise
albergo *m.* hotel
  albergo *m.* **a cinque stelle** five-star hotel
albero *m.* tree
alcuni/e *indef. adj.* some; a few **9**; *indef. pron.* some; a few **9**
alimentari *m., pl.* foodstuffs
allacciare *v.* to buckle (seatbelt)
allagamento *m.* flooding **7**
alleati *m., pl.* allies, allied troops **2**
allegare *v.* to attach **7**
allegramente *adv.* cheerfully
allegro/a *adj.* cheerful
allenarsi *v.* to train **3**
allenatore/allenatrice *m., f.* coach **3**

allontanarsi (da) *v.* to distance oneself **8**

allora *adv., conj.* so, then

allusivo/a *adj.* suggestive, allusive **8**

alluvione *f.* flood, inundation **7**

alpinismo *m.* mountain climbing **3**

alto/a *adj.* tall **9**

altri/e *indef. pron.* others

altro *indef. pron.* something (anything else)

altro/a/i/e *indef. adj.* other

  l'altro ieri *adv.* the day before yesterday

  l'un l'altro each other

altroché *adv.* absolutely

alunno/a *m., f.* pupil, student

alzare *v.* to raise; lift **2**

alzarsi *v.* to get up, to stand up **2**

amabile *adj.* lovable **5**

amante *m., f.* lover **1**

amare *v.* to love **1**

amaro/a *adj.* bitter

amarsi *v.* to love each other **2**

ambientalismo *m.* environmentalism

ambiente *m.* environment

ambulanza *f.* ambulance

americano/a *adj.* American

amicizia *f.* friendship **1**

amico/a *m., f.* friend

analfabeta *adj.* illiterate **4**

ananas *(invar.)* *m.* pineapple

anche *conj.* also, as well, too

ancora *adv.* again, still, yet

  non... ancora *adv.* not yet

andare *v.* to go **1**

  andare a cavallo *v.* to go horseback riding

  andare al cinema *v.* to go to the movies

  andare dal dottore *v.* to go to the doctor

  (non) andare di moda *v.* to (not) be in fashion

  andare in bicicletta *v.* to ride a bike

  andare in palestra *v.* to go to the gym **3**

  andare in pensione *v.* to retire **10**

  andarsene *v.* to leave (go away from it) **6**

angolo *m.* corner **2**

  dietro l'angolo *adv.* around the corner

anima *f.* soul **5**

  anima *f.* **gemella** soul mate **1**

animalaccio *m.* monster **2**

animale *m.* animal

  animale *m.* **domestico** pet

anno *m.* year

  avere ... anni *v.* to be ... years old

annoiarsi *v.* to get bored **2**

annullare *v.* to cancel

annuncio *m.* ad **10**

  annuncio *m.* **di lavoro** job ad **10**

ansioso/a *adj.* anxious **1**

antenato *m.* ancestor **5**

anticipo: essere in anticipo *v.* to be early **2**

anticonformista *adj.* nonconformist **6**

antipasto *m.* appetizer, starter

antipatico/a *adj.* unpleasant

ape *f.* bee

apparecchiare la tavola *v.* to set the table

apparenza *f.* appearance **4**

appartamento *m.* apartment **2**

  appartamento *m.* **arredato** furnished apartment

appartenere (a) *v.* to belong (to) **6**

appena *adv., conj.* hardly, just

applaudire *v.* to clap **3**

applauso *m.* applause

apprendista *m., f.* apprentice **8**

approfittare *v.* to take advantage of **10**

approfondire *v.* to study in-depth **1**

approvare una legge *v.* to pass a law **4**

appuntamento *m.* date **1**

  prendere un appuntamento *v.* to make an appointment

appunti *m., pl.* notes

aprile *m.* April

aprire *v.* to open **3**

  aprire un conto *v.* to open an account **10**

arabo/a *adj.* Arab

arancia *f.* orange

arancione *adj.* orange

arbitro *m.* referee **3**

architetto *m., f.* architect

arma *f.* weapon **4**

armadio *m.* closet

armate *f., pl.* armies **2**

aroma *m.* aroma, flavoring

arrabbiarsi *v.* to get mad/angry **1, 2**

arrabbiato/a *adj.* angry

arrampicata *f.* climbing

arrendersi *v.* to surrender **8**

arricchirsi *v.* to become rich **6**

arricciare *v.* to curl

arrivare *v.* to arrive **3**

Arrivederci. Good-bye.

arrivi *m., pl.* arrivals

arrosto/a *adj.* roasted

arte *f.* art

  belle arti *f. pl.* fine arts **8**

  opera *f.* **d'arte** work of art

artigiano/a *m., f.* artisan; craftsman **8**

artistico/a *adj.* artistic

ascensore *m.* elevator

asciugacapelli *(invar.)* *m.* hair dryer

asciugamano *m.* towel

asciugarsi *v.* to dry up **2**

asciugatrice *f.* clothes dryer

ascoltare *v.* to listen **6**

  ascoltare musica *v.* to listen to music

ascoltatore/ascoltatrice *m., f.* (radio) listener **9**

aspettare *v.* to wait **8**

  aspettare un figlio *v.* to be expecting (a baby) **5**

aspirapolvere *m.* to vacuum

  passare l'aspirapolvere *v.* to vacuum

aspirina *f.* aspirin

assaggiare *v.* to taste

assegno *m.* check

  cambiare un assegno *v.* to cash a check **10**

  pagare con assegno *v.* to pay by check

assicurazione *f.* **sulla vita** life insurance

assistente *m., f.* **amministrativo/a** administrative assistant

assistere a *v.* to attend **8**

assolo *m.* solo

assomigliare a *v.* to resemble **5**

assumere *v.* to hire **10**

  assumersi una responsabilità *v.* to assume responsibility **5**

assunzione *f.* hiring

astronauta *m., f.* astronaut **7**

astronomo/a *m., f.* astronomer **7**

ateo/a *adj.* atheistic **6**; *m., f.* atheist

atletica *f.* track and field

atletico/a *adj.* athletic

attendere *v.* to wait (for)

attento/a *adj.* attentive

  essere attento/a *v.* to be careful **8**

attenzione: fare attenzione *v.* to pay attention

atterrare *v.* to land

attesa *f.* waiting

  restare in attesa *v.* to be on hold

attimo *m.* second, moment

attivista *m., f.* activist **4**

attivo/a *adj.* active

atto *m.* act

attore/attrice *m., f.* actor/actress **9**

attraversare *v.* to cross **2**

attualità *f.* current affairs **9**

audace *adj.* audacious, bold

aula *f.* classroom, lecture hall

aumentare *v.* to increase **6**

aumento *m.* raise

autista *m.* driver **2**

autobus *m.* bus

  salire sull'autobus *v.* to get on the bus **2**

  scendere dall'autobus *v.* to get off the bus **2**

automobile *f.* car

automobilismo *m.* car racing **3**

autonomia *f.* autonomy **6**
autonomo/a *adj.* self-governing **4**
autore/autrice *m., f.* author
autoritario/a *adj.* bossy **5**
autoritratto *m.* self-portrait **8**
autostrada *f.* highway
autosufficiente *adj.* self-sufficient **5**
autunno *m.* fall
avanspettacolo *m.* variety show, burlesque **9**
avanti Cristo *adj.* BC, BCE **8**
avaro/a *adj.* greedy
avere *v.* to have **1**
  avercela con qualcuno *v.* to be angry at someone
  avere bisogno di *v.* to need **8**
  avere dei debiti *v.* to be in debt **10**
  avere fame *v.* to be hungry **1**
  avere fiducia (in) *v.* to trust **1**
  avere fretta (di) *v.* to be in a hurry **8**
  avere mal di pancia (schiena, testa) *v.* to have a stomachache (backache, headache)
  avere paura (di) *v.* to be afraid (of) **1**
  avere ragione *v.* to be right **8**
  avere sete *v.* to be thirsty **1**
  avere sonno *v.* to be sleepy **1**
  avere torto *v.* to be wrong **8**
  avere un incidente *v.* to have/be in an accident
  avere vergogna (di) *v.* to be ashamed (of) **1**
  avere voglia di *v.* to feel like **8**
  avere… anni *v.* to be… years old **1**
avvenire *v.* to happen **6**
avvicinarsi *v.* to go/come near **5**
avvocato *m., f.* lawyer **4**
azienda *f.* company **10**
azzurro/a *adj.* blue, sky blue

bacca *f.* berry
bacheca *f.* bulletin board
baciare *v.* to kiss
baciarsi *v.* to kiss each other **2**
bagaglio *m.* **a mano** carry-on baggage
bagno *m.* bath, bathroom
  vasca *f.* **da bagno** bathtub
baita *f.* cabin (mountain shelter)
balconata *f.* dress circle
balcone *m.* balcony
ballare *v.* to dance
ballerino/a *m., f.* ballet dancer
balletto *m.* ballet; *m.* short dance performance **9**
bambino/a *m., f.* baby, child
bambola *f.* doll **5**
banana *f.* banana

banca *f.* bank
  banca *f.* **dati** database **7**
bancario/a *adj.* bank
  conto *m.* **bancario** bank account
bancarotta *f.* bankruptcy **10**
banchiere/a *m., f.* banker
banco *m.* desk; *m.* check-in counter **5**
bancomat *m.* ATM **10**
banconota *f.* bill
bandiera *f.* flag **4**
bar *m.* café **1**
barba *f.* beard
  schiuma *f.* **da barba** shaving cream
barca *f.* boat
barista *m., f.* bartender
barocco/a *adj.* Baroque
basket *m.* basketball
basso/a *adj.* short **9**
bastare *v.* to be sufficient **3**
battaglia *f.* battle **8**
battere le mani *v.* to clap **9**
batteria *f.* drums
batterista *m., f.* drummer
baule *m.* trunk **8**
beige (*invar.*) *adj.* beige
bellezza *f.* beauty **1**
  salone *m.* **di belleza** beauty salon
bellino/a *adj.* cute, pretty
bello/a *adj.* beautiful, handsome
  belle arti *f. pl.* fine arts **8**
benché *conj.* although **7**
bene *adv.* well **9**
  Abbastanza bene. Pretty well.
Benvenuto! Welcome!
bere *v.* to drink **1**
bernoccolo *m.* bump
biancheria *f.* **intima** underwear
bianco/a *adj.* white
bibita *f.* drink
biblioteca *f.* library
bicchiere *m.* glass
bicicletta *f.* bicycle
bidello/a *m., f.* caretaker, custodian
biglietteria *f.* ticket office/window
biglietto *m.* ticket **3**
  biglietto *m.* **intero** full price ticket
  biglietto *m.* **ridotto** reduced ticket
biliardino *m.* foosball **3**
biliardo *m.* billiards **3**
bilocale *m.* two-room apartment
binario *m.* train track **1**
biochimico/a *m., f.* biochemist **7**
biografia *m.* biography **8**
biologia *f.* biology
biologo/a *m., f.* biologist **7**
biondo/a *adj.* blond(e)
birra *f.* beer
birreria *f.* pub
biscotto *m.* cookie **1**
bisnonno/a *m., f.* great-grandfather/grandmother **1, 5**

bisogno: avere bisogno di *v.* to need **8**
bizantino/a *adj.* Byzantine
blu (*invar.*) *adj.* blue
bocca *f.* mouth
  In bocca al lupo. (*lit.* In the mouth of the wolf.) Good luck.
boccaglio *m.* snorkel **4**
bocciare *v.* to fail (an exam)
bollette *f., pl.* bills
  pagare le bollette *v.* to pay the bills
bontà *f.* goodness **3**
borsa *f.* handbag; stock exchange **10**
  borsetta *f.* small purse
bottega *f.* shop **8**
bottiglia *f.* bottle
braccio (*pl.* braccia *f.*) *m.* arm
bravo/a *adj.* good; skilled
breve: a breve termine *adj.* short-term **10**
brevetto *m.* patent **7**
briciola *f.* crumb
brillante *adj.* bright
bruciore *m.* **di stomaco** heartburn
bruno/a *adj.* dark-haired
brutto/a *adj.* ugly
bucato: fare il bucato *v.* to do the laundry **5**
bue (*pl.* i buoi) *m.* ox (oxen) **7**
buffo/a *adj.* funny **3**
bullo/a *m., f.* bully **3**
buono/a *adj.* good **9**
  buon affare *m.* good deal
  buon senso *m.* common sense **6**
  Buonanotte. Good night.
  Buonasera. Good evening.
  Buongiorno. Good morning, Hello.
burattinaio *m.* puppetteer **4**
burattino *m.* puppet **3**
burro *m.* butter
bussare *v.* to knock **5**
busta *f.* envelope
buttare: buttare di sotto *v.* to throw down/below **6**
  buttare via *v.* to throw away **1**

C.V. *m.* résumé
c'è *there is*
  C'è il/la signor(a)…? Is Mr./Mrs… there?
  C'è il sole. It's sunny.
  C'è il temporale. It's stormy.
  C'è vento. It's windy.
  Che c'è di nuovo? What's new?
  Che cosa c'è? What's wrong?
cabina *f.* cabin
  cabina *f.* **di controllo** cockpit **5**
  cabina *f.* **telefonica** phone booth
cadere *v.* to fall **3**

caffè *m.* coffee
caffettiera *f.* coffee maker
cafone/a *m., f.* slob; *adj.* rude, boorish
calciatore *m.* soccer player **3**
calcio *m.* soccer **3**
  calcio *m.* **di rigore** penalty kick **3**
caldo/a *adj.* hot
  avere caldo *v.* to feel hot
  ondata *f.* **di caldo** heat wave
calli *f., pl* Venetian streets **7**
calza *f.* sock; stocking
cambiare *v.* to change; to exchange **3**
  cambiare un assegno *v.* to cash a check **10**
camera *f.* room
  camera *f.* **d'aria** inner tube **4**
  camera *f.* **da letto** bedroom
  camera *f.* **singola/doppia** single/double room
  servizio *m.* **in camera** room service
cameriere/a *m., f.* waiter/waitress
camicetta *f.* blouse
camicia *f.* dress shirt
camion *m.* truck
  camion *m.* **della nettezza urbana** garbage truck
camionista *m., f.* truck driver
camminare *v.* to walk
campagna *f.* campaign; countryside **2**
  campagna *f.* **elettorale** electoral campaign **3**
campeggiare *v.* to camp **3**
campeggio *m.* camping
campo *m.* field **2**
  campi *m., pl.* Venetian squares/fields **7**
  campo *m.* **di/da gioco** playing field **3**
canadese *adj.* Canadian
canale *m.* channel, canal
  canale *m.* **televisivo** television channel
  canali *m., pl.* canals **7**
canarino *m.* canary
cancellare *v.* to erase **7**
candidato/a *m., f.* candidate
cane *m.* dog
canottaggio *m.* rowing **3**
canottiera *f.* tank top
cantante *m., f.* singer
cantare *v.* to sing **1**
cantina *f.* wine cellar **8**
cantucci *m., pl.* Tuscan almond biscotti **1**
canzone *f.* song
caos *m.* chaos **6**
capacità *f.* skill
capelli *m., pl.* hair
  capelli *m., pl.* **a spazzola** crew cut
  capelli *m., pl.* **raccolti** pulled back hair
  capelli *m., pl.* **sciolti** loose hair
  tagliarsi i capelli *v.* to cut one's hair

capire *v.* to understand **1**
capitone *m.* large eel **6**
capo *m.* leader **4**, boss **10**; item, article
  capo *m.* **di vestiario** article of clothing **10**
capodanno *m.* New Year's Day
capolavoro *m.* masterpiece **9**
capolinea *m.* terminus
cappello *m.* hat
cappotto *m.* coat **3**
Cappuccetto Rosso *m.* Little Red Riding Hood **2**
capra *f.* goat
carabinieri *m., pl.* military police **5**
caraffa *f.* carafe
carattere *m.* personality **5**
carcere *m.* jail **8**
carciofo *m.* artichoke
carica *f.* post **4**
  carica batteria *m.* battery charger
caricare *v.* to charge; to load
carie *f.* cavity
carino/a *adj.* cute
carne *f.* meat
  carne *f.* **di maiale** pork
  carne *f.* **di manzo** beef
carnevale *m.* carnival, Mardi Gras **9**
caro/a *adj.* expensive
carota *f.* carrot
carriera *f.* career **10**
carrozza *f.* carriage **9**
carta *f.* card, paper
  carta *f.* **d'imbarco** boarding pass
  carta *f.* **di credito** credit card **10**
  carta *f.* **di debito** debit card
  carta geografica *map* **6**
  foglio *m.* **di carta** sheet of paper
  pagare con carta di credito/ debito *v.* to pay with a credit/ debit card
carte *f., pl.* playing cards
cartella *f.* folder
cartina *f.* map
cartoleria *f.* stationery store
cartolina *f.* post card
cartoni *m. pl.* **animati** *m.* cartoons **9**
caruccio *adj.* sweet, very dear
casa *f.* home, house
casale *m.* farmhouse; hamlet **2**
casalinga *f.* housewife **10**
cascata *f.* waterfall
casino: Che casino! What a mess!
caso: nel caso che *conj.* in the case that **7**
cassa *f.* **automatica** ATM
cassata *f.* Sicilian dessert **1**
cassetta *f.* **delle lettere** mailbox
cassettiera *f.* dresser
cassetto *m.* drawer
castano/a *adj.* brown (hair)
catastrofe *f.* catastrophe

cattedrale *f.* cathedral **6**
cattivo/a *adj.* bad **9;** naughty
cattolico/a *adj.* Catholic **6**
cavallo *m.* horse
cavo *m.* cable
CD/compact disc *m.* CD
CD-ROM *m.* CD-ROM
celibe *adj., m.* single **1**
cellula staminale *f.* stem cell **7**
cellulare *m.* cell phone
cena *f.* supper
censura *f.* censorship **8, 9**
censurare *v.* to censor **8**
centesimo *adj.* one-hundredth
cento *m.* one hundred
centomila *m.* one hundred thousand
centonovantotto *m.* one hundred ninety eight
centouno *m.* one hundred one
centoventicinque *m.* one hundred twenty five
centrale *f.* **nucleare** nuclear power plant
centravanti *m.* center forward **3**
centro *m.* center
  centro *m.* **commerciale** shopping mall **3**
  in centro *adj., adv.* downtown
cercare *v.* to look for **1, 5**
  cercare di *v.* to try **8**
certo/a *adj.* certain
cespuglio *m.* bush
cessare (di) *v.* to stop **8**
cestino *m.* wastebasket
che *interr. pron.* what; *rel. pron.* that, which, who, whom
  che cosa *interr. pron.* what
chi *interr. pron.* who; whom; *rel. pron.* those who, the one(s) who
chiacchierare *v.* to chat **2**
chiacchiere *f., pl.* chit-chat **1**
chiacchierone *m.* chatterbox
chiamare *v.* to call **2**
chiamarsi *v.* to be named; to call each other **2**
chiaro/a *adj.* clear; light
chiave *f.* key
chiavetta USB *f.* flash drive **7**
chic *adj.* chic
chiedere *v.* to ask (for) **3**
  chiedere un prestito *v.* to ask for a loan
chiesa *f.* church **6**
chilo *m.* kilo
chimico/a *m., f.* chemist **7**
chiocciola *f.* @ symbol **7**
chiosco *m.* kiosk, newstand
  chiosco *m.* **per le informazioni** information booth
chirurgo/a *m., f.* surgeon
chitarra *f.* guitar
chitarrista *m., f.* guitarist

chiudere *v.* to close
  chiudere un conto *v.* to close an account **10**
chiunque *indef. pron.* anyone, whoever **9**
chiuso: naso *m.* **chiuso** stuffy nose
ci: ci sono there are
  Ci sono 18 gradi. It is 18 degrees out.
  Ci vediamo! See you soon!
Ciao. Good-bye./Hi.
ciascuno/a *indef. adj.* each **9**; *indef. pron.* each **9**
cibo *m.* food
ciclismo *m.* cycling
ciclone *m.* cyclone
cielo *m.* sky
cifra *f.* figure, number **10**
ciglia *(invar.) f.* eyelash
Cin, cin! Cheers!
cineasta *m., f.* filmmaker **9**
cinema *m.* cinema
cinese *adj.* Chinese
cinquanta *m.* fifty
cinquantuno *m.* fifty-one
cinque *m.* five
cinquecentesimo *adj.* five-hundredth
cinquecento *m.* five hundred
cinquecentocinquantamila *m.* five hundred fifty thousand
cinquemila *m.* five thousand
cintura *f.* belt
  cintura *f.* **di sicurezza** seatbelt
ciò che *rel. pron.* that which, that, what **9**
cioccolateria *f.* cafè specializing in chocolate
cipolla *f.* onion
cipresso *m.* cypress
circolazione *f.* traffic **2**
città *f.* city
cittadinanza *f.* citizenship **4**
cittadino/a *m., f.* citizen **2**
ciuffo *m.* tuft of hair
civile *adj.* civil
  guerra *f.* **civile** civil war **4**
  stato *m.* **civile** marital status
civiltà *f.* civilization **8**
clandestino *m.* illegal (immigrant) **4**
claque *f.* professional clappers **9**
clarinetto *m.* clarinet
classe *f.* class
  classe *f.* **economica** economy class
  classe *f.* **turistica** tourist class
  conflitto *m.* **di classe** class conflict **6**
  prima classe *adj.* first class
classico/a *adj.* classic; classical **8**
classifica *f.* chart **3**
cliente *m., f.* client, customer
clima *m.* climate

clonare *v.* to clone **7**
club *m.* **sportivo** sports club **3**
coda *f.* queue
  fare la coda *v.* to wait in line **3**
codardo/a *adj.* coward **5**
codice *m.* code **7**
  codice *m.* **deontologico** code of conduct/ethics **7**
codino *m.* ponytail
coercitivo/a *adj.* coercive **8**
cofano *m.* hood
cogliere *v.* to pick **1**
cognato/a *m.* brother-/sister-in-law
cognome *m.* last name
coincidenza *f.* coincidence **3**
coinquilino/a *m., f.* housemate; roommate **2**
colazione *f.* breakfast
  fare colazione *v.* to have breakfast **1**
collaboratrice *f.* **domestica** maid
collana *f.* necklace
collega *m., f.* colleague **10**
collegamento *m.* connection **7**
collezione *f.* collection
colline *f., pl.* hills **8**
collo *m.* neck
colloquio *m.* **di lavoro** job interview **10**
colonizzare *v.* to colonize **8**
colonna *f.* **sonora** soundtrack **9**
colore *m.* color
colpa *f.* fault **1**
colpevole *adj.* guilty **4**
colpire *v.* to hit
colpo *m.* **di fulmine** love at first sight **1**
coltello *m.* knife
coltivare *v.* to grow **7**
combattere *v.* to fight **4**
come *adv.* how
cominciare (a) *v.* to begin (to); to start (to) **1**
commedia *f.* comedy
commessa *f.* saleswoman **1**
commettere *v.* commit
commissione *f.* commission **8**
commovente *adj.* moving, touching
comodino *m.* night table
compagno/a *m., f.* partner **1**
  compagno/a *m., f.* **di classe** classmate
comparsa *f.* appearance **6**
compassione *f.* compassion, pity **2**
competenza *f.* ability; competence
competitivo/a *adj.* competitive **3**
compiti *m., pl.* homework
compleanno *m.* birthday
completo/a: al completo *adj.* no vacancies
comporre *v.* to compose; to dial
compositore/compositrice *m., f.* composer

composizione *f.* composition **8**
  composizione *f.* **demografica** demographic makeup **2**
comprare *v.* to buy
comprensione *f.* understanding **6**
comprensivo/a *adj.* understanding **1**
compressa *f.* tablet
compromesso *m.* compromise
computer *m.* computer **7**
  computer *m.* **portatile** laptop computer **7**
  computer *m.* **da tavolo** desktop computer **7**
comune *m.* town hall
comunicato *m.* **stampa** press release **9**
comunque *conj., adv.* however
con *prep.* with
concerto *m.* concert
concorrente *m.* contestant **9**
condividere *v.* to share **1**
condizione *f.* condition
condurre *v.* to run
  condurre un'inchiesta *v.* to carry out an investigation
confidenza *f.* intimacy **10**
confine *m.* (national) boundary **4**
conflitto *m.* **di classe** class conflict **6**
conformarsi *v.* to conform **6**
conformismo *m.* conformism **8**
conformista *adj.* conformist **6**
congedo *m.* leave
congelatore *m.* freezer
coniglio *m.* rabbit
conoscere *v.* to meet; know, be familiar with **3**
  conoscere di vista *v.* to know by sight
  conoscere la strada *v.* to know the way
  conoscere… a fondo *v.* to know something inside and out
  Piacere di conoscerLa/ti. *(form./fam.)* Pleased to meet you.
conoscersi *v.* to know each other **2**
conquistare *v.* to conquer **8**
conservare *v.* to preserve
conservatore/conservatrice *adj.* conservative **4**
consigliare (di) *v.* to advise **8**
consiglio *m.* council **4**
consulente *m., f.* consultant **10**
conta *f.* counting rhyme **2**
contabile *m., f.* accountant **10**
contadino/a *m., f.* farmer **2**
contanti *m., pl.* cash
  pagare in contanti *v.* to pay in cash
contare su *v.* to rely on, count on **1**
contemporaneo/a *adj.* contemporary; modern

contento/a *adj.* content; happy
continuare *v.* to continue **8**
conto *m.* account **10**
 aprire/chiudere un conto *v.* to open/close an account **10**
 conto *m.* **bancario** bank account
 conto *m.* **corrente** checking account **10**
contorno *m.* side dish
contrariato/a *adj.* upset; annoyed **1**
contratto *m.* contract; lease
contravvenire a *v.* to contravene, infringe **8**
contributi *m., pl.* contributions; taxes
contro *prep.* against **8**
controllare *v.* to check
 controllare la linea *v.* to watch one's weight
controllo *m.* control; check-up
 controllo *m.* **passaporti** passport control
controllore *m.* ticket collector
controverso/a *adj.* controversial **7**
convalidare *v.* to validate (ticket)
conversazione *f.* conversation
convinto/a *adj.* earnest
coperto/a *adj.* overcast
copiare *v.* to copy **7**
copione *m.* script **9**
coppia *f.* couple **1**
coprire (di) *v.* to cover (with) **8**
coraggioso/a *adj.* courageous
coricarsi *v.* to lie down **10**
cornetta *f.* receiver
coro *m.* chorus
corpo *m.* body
correggere *v.* to correct **3**
correre *v.* to run **3**
corridoio *m.* hallway
corriera *f.* long-distance bus **6**
cortese *adj.* courteous
cortesia *f.* courtesy
corto/a *adj.* short (hair)
cortometraggio *m.* short film
cosa *f.* thing; *interr. pron.* what
 (Che) cos'è? What is it?
 Cosa vuol dire…? What does… mean?
 La solita cosa. The usual.
coscienza *f.* conscience **3, 8**
 coscienza *f.* **ambientale** environmental awareness
Così, così. So-so.
così… come *adv.* as
costa *f.* coast
costare *v.* to cost; to be worth
 Quanto costa(no)…? How much is/are… ?
costituzione *f.* constitution **6**
costoso/a *adj.* expensive
costruire *v.* to build
costume *m.* **da bagno** bathing suit

cotone *m.* cotton
cravatta *f.* tie **10**
credenza *f.* cupboard
credere *v.* to believe **6**
credito *m.* credit
 carta *f.* **di credito** credit card **10**
 pagare con carta di credito *v.* to pay with a credit card
crema *f.* lotion
Crepi. Thanks. (*lit.* May the wolf die.) (*answer to* **In bocca a lupo.**)
crescere *v.* to grow **3**
crescita *f.* growth **4**
cretino/a *m., f.* jerk
criminale *m., f.* criminal **4**
criminalità *f.* crime **4**
crimine *m.* crime **4**
crisi *f.* **economica** economic crisis **10**
critico *m.* critic **9**
 critico *m.* **cinematografico** film critic **9**
crociera *f.* cruise
cronaca *f.* news **9**
 cronaca *f.* **sportiva** sports news **9**
 cronaca *f.* **locale** local news **9**
cronista *m., f.* reporter **9**
crostata *f.* pie
crudele *adj.* cruel
crudeltà *f.* cruelty **4**
cucchiaino *m.* teaspoon
cucchiaio *m.* spoon
cucina *f.* kitchen
cucinare *v.* to cook
cuffie *f., pl.* headphones
cugino/a *m., f.* cousin **5**
cui *rel. pron.* which, whom
culmine *m.* height, peak (fig.) **9**
cuocere *v.* to cook **3**
cuoco/a *m., f.* chef, cook
cuore *m.* heart
 stare a cuore *v.* to matter **2**
curare *v.* to heal
curatore/curatrice *m., f.* curator **1**
curioso/a *adj.* curious
curriculum (vitae) *m.* résumé **10**

D

d.C. (dopo Cristo) *adj.* AD (Anno Domini) **2, 8**
d'avanguardia *adj.* avant-garde **8**
da *prep.* at; by; from, since
 Da quanto tempo… For how long…
danza *f.* **classica** classical dance
dare *v.* to give
 dare fastidio *v.* to annoy **1**
 dare indicazioni *v.* to give directions **2**
 dare le dimissioni *v.* to resign, to quit **10**
 dare noia a *v.* to bother **8**

dare retta *v.* to pay attention **5**
dare un esame *v.* to take a test **1**
dare un passaggio *v.* to give a ride **2**
dare un'occhiata *v.* to take a look **3**
darsi *v.* to give to each other
 può darsi it's possible
davanti (a) *prep.* in front of
davvero *adv.* really
debito *m.* debt **10**
 avere dei debiti *v.* to be in debt **10**
 pagare con carta di debito *v.* to pay with a debit card
debole *adj.* weak
debutto *m.* debut
decennio *m.* decade **8**
decidere *v.* to decide **3**
decidersi (a) *v.* to make up one's mind (to) **8**
decimo *adj.* tenth
decisione: prendere una decisione *v.* to make a decision
decollare *v.* to take off
decreto *m.* decree **8**
dedicarsi (a) *v.* to dedicate oneself to **4**
degrado *m.* deterioration
delitto *m.* crime **6**
deluso/a *adj.* disappointed **1**
democratico/a *adj.* democratic **8**
democrazia *f.* democracy **4**
denaro *m.* money
dente *m.* tooth
 lavarsi i denti *v.* to brush one's teeth
dentiera *f.* denture **5**
dentifricio *m.* tooth paste
dentista *m., f.* dentist
dentro *prep.* inside
depositare *v.* to deposit **10**
deposito: fare un deposito *v.* to make a deposit **10**
depressione *f.* depression
depresso/a *adj.* depressed **1**
depurare *v.* purify
deputato/a *m., f.* congressman/ congresswoman **4**
deserto *m.* desert
desiderare *v.* to desire **6**
desolato/a *adj.* sorry
 essere desolato/a *v.* to be sorry **5**
destra *f.* right, right hand
di (d') *prep.* from; of
 di fronte a *prep.* across from
 di media statura *adj.* of average height
dialetto *m.* dialect **6**
dialogo *m.* dialogue **6**
dicembre *m.* December
diciannove *m.* nineteen
diciasette *m.* seventeen
diciottesimo *adj.* eighteenth

diciotto *m.* eighteen
dieci *m.* ten
dieta *f.* diet
  essere a dieta *v.* to be on a diet
dietro *prep.* behind **8**
difendere *v.* to defend **4**
difesa *f.* defense **3**
differita: in differita *adv.*
  pre-recorded **9**
difficile *adj.* difficult
diffidente *adj.* mistrustful **2**
digitale *adj.* digital
  macchina *f.* **fotografica digitale**
    digital camera
digitare *v.* to type; dial **7**
dignità *f.* dignity
dilemma *m.* dilemma, quandary
diluvio *m.* torrential downpour
dimenticabile *adj.* forgettable **1**
dimenticare *v.* to forget
dimenticarsi (di) *v.* to forget (to) **2**
diminuire *v.* to decrease **6**
dimissioni: dare le dimissioni *v.*
  to quit **10**
dimostrare *v.* to prove **7**
dinamico/a *adj.* dynamic
Dio *m.* God **6**
dipendere (da) *v.* to depend (on) **8**
dipingere *v.* to paint **3**
diploma *m.* degree; diploma
dire *v.* to say **1**
diretta: in diretta *adv., adj.* live **9**
direttore *m., f.* manager **10**
direzione *f.* management **10**
dirigente *m., f.* executive; manager **10**
dirigere *v.* to lead **8**; to manage **10**
diritto *m.* right; law
  diritti *m., pl.* **umani** human rights **4**
  diritto *m.* **d'autore** copyright **8**
disboscamento *m.* deforestation
discarica *f.* dump
disco *m.* **rigido** hard drive
discreto/a *adj.* discreet
discutere *v.* to discuss **3**
disfarsi *v.* to get rid of **6**
disinvolto/a *adj.* confident
disoccupato/a *adj.* unemployed **10**
disonesto/a *adj.* dishonest **1**
dispensa *f.* pantry
dispiacere *v.* to mind, to be sorry **2**
disponibile *adj.* helpful
  stanza *f.* **disponibile** vacancy
dispositivo *m.* device **7**
dissentire *v.* to disagree; dissent **6**
distinguere *v.* to distinguish **6**
disturbare *v.* to bother **1**
dito (*pl.* **dita** *f.*) *m.* finger
  dito *m.* **del piede** (*pl.*
  dita *f.*) toe
ditta *f.* company **10**
dittatura *f.* dictatorship **4**
divano *m.* couch

divenire *v.* to become **3**
diventare *v.* to become
  diventare indipendente *v.* to
  become independent **5**
divergenza *f.* difference
diversità *f.* diversity **6**
divertente *adj.* fun
divertirsi *v.* to have fun **2**
divieto *m.* prohibition, ban **8**
divorziare (da) *v.* to divorce **1**
divorziato/a *adj.* divorced **1**
dizionario *m.* dictionary
DNA *m.* DNA **7**
doccia *f.* shower
docente *m., f.* lecturer; teacher
documentario *m.* documentary **9**
documento *m.* document; ID
dodici *m.* twelve
dogana *f.* customs
dolce *adj.* sweet; *m.* dessert
dolcezza *f.* sweetness **10**
dolore *m.* pain
domanda *f.* question
  fare domanda *v.* to apply **10**
  fare una domanda *v.* to ask
    a question
domandare *v.* to ask
domani *adv.* tomorrow
domenica *f.* Sunday
domestico/a *adj.* domestic
dominio *m.* domination **6**
donna *f.* woman
  donna *f.* **d'affari** businesswoman
dono *m.* gift
dopo *adv.* afterwards; *prep.* after **8**
  d.C. (dopo Cristo) *adj.* AD
    (Anno Domini) **2, 8**
dopodomani *adv.* the day
  after tomorrow
doppiaggio *m.* dubbing **9**
dormire *v.* to sleep **1**
dotato/a *adj.* gifted; talented
dottore(ssa) *m., f.* doctor
dove *prep.* where
dovere *v.* to have to; must **1**; *v.*
  to owe
dramma *m.* drama; play
  dramma *m.* **psicologico**
    psychological drama
drammatico/a *adj.* dramatic
drammaturgo/a *m., f.* playwright **8**
dubitare *v.* to doubt **7**
due *m.* two
duecento *m.* two hundred
duecentoquarantacinque *m.* two
  hundred forty five
duemila *m.* two thousand
durante *prep.* during **8**
durare *v.* to last
duro/a *adj.* hard; tough

<table><tr><td align="center">E</td></tr></table>

e *conj.* and
ebreo/a *adj.* Jewish, Jew **6**
ecco *adv.* here
ecografia *f.* ultrasound **3**
ecologia *f.* ecology
economia *f.* economics
edicola *f.* newsstand **2**
edificio *m.* building **2**
editore/editrice *m., f.* publisher **9**
editoria *f.* publishing industry
educare *v.* to raise **5**
effetto *m.* effect
  effetti *m., pl.* **speciali** special
    effects **9**
  effetto *m.* **serra** greenhouse effect
egoista *adj.* selfish **5**
Ehilà! Hey there!
eleggere *v.* to elect **4**
elettricista *m., f.* electrician
elettrodomestico *m.* appliance
elettronica *f.* electronics **7**
elevato/a *adj.* high
elezione *f.* election
  perdere le elezioni *v.* to lose
    the election **4**
  vincere le elezioni *v.* to win
    the election **4**
e-mail *f.* e-mail message
emicrania *f.* migraine
emigrazione *f.* emigration **4**
emozionato/a *adj.* excited; moved **1**
empatia *f.* empathy **6**
energia *f.* energy
  energia *f.* **eolica** wind power
  energia *f.* **nucleare** nuclear energy
  energia *f.* **rinnovabile** renewable
    energy
  energia *f.* **solare** solar energy
  energia *f.* **termica** thermal energy
  energia pulita *f.* clean energy **7**
energico/a *adj.* energetic
enoteca *f.* store specializing in wine
entrare *v.* to go in **3**
entusiasta *adj.* enthusiastic, excited **1**
epico/a: racconto *m.* **epico** epic
equitazione *f.* horseback riding **3**
erba *f.* grass
ereditare *v.* to inherit **5**
errore *m.* error
eruzione *f.* eruption
  eruzione *f.* **cutanea** rash
esame *m.* test
  dare un esame *v.* to take a test **1**
esaurirsi *v.* to run out **7**
escursionismo *m.* hiking **3**
esercito *m.* army **4**
esercizio: fare esercizio *v.*
  to exercise
esibizione *f.* performance
esigente *adj.* demanding

esigenza *f.* need; requirement **2**
esigere *v.* to require **6**
espellere *v.* to expel **8**
esperienza *f.* experience **10**
  esperienza *f.* **professionale** professional experience **10**
esperimento *m.* experiment **7**
esplorare *v.* explore
esposizione *f.* exhibit
espressione *f.* expression
essere *v.* to be **3**
  essere aggiornato/a *v.* to be informed, up-to-date **9**
  essere al verde *v.* to be broke
  essere allergico (a) *v.* to be allergic (to)
  essere attento/a *v.* to be careful **8**
  essere ben/mal pagato/a *v.* to be well/poorly paid
  essere desolato/a *v.* to be sorry **5**
  essere in anticipo *v.* to be early **2**
  essere in buona salute *v.* to be in good health
  essere in linea to be online
  essere in panne *v.* to break down
  essere in tour *v.* to be on tour
  essere in/fuori forma *v.* to be in/out of shape
  essere incinta *v.* to be pregnant **5**
  essere negato/a per *v.* to be no good at…
  essere pronto/a a *v.* to be ready to **8**
  essere sorpreso/a *v.* to be surprised **6**
estate *f.* summer
estero *m.* foreign countries **6**
  all'estero *adv.* abroad
estetico/a *adj.* aesthetic **8**
estraneo/a *m., f.* stranger **5**
età *f.* age; times **8**
  età adulta *f.* adulthood **5**
etico/a *adj.* ethical **7**
etto *m.* one hundred grams
evitare (di) *v.* to avoid

F

fa *adv.* ago
fabbrica *f.* factory **10**
faccende *f., pl.* chores
  fare i mestieri/le faccende *v.* to do household chores
faccia *f.* face
facile *adj.* easy
facoltà *f.* department; faculty
fagiolino *m.* green bean
falegname *m.* carpenter
fallire *v.* fail
fame: avere fame *v.* to be hungry **1**
famiglia *f.* family
fango *m.* mud

fantascientifico/a *adj.* science fiction **7**
fantasma *m.* ghost **5**
fantoccio *m.* puppet **4**
fare *v.* to do, make **1**
  Fa caldo. It's hot.
  Fa freddo. It's cold.
  Fammi vedere. Let me see.
  farcela *v.* to make it **6**
  fare attenzione a *v.* to pay attention **8**
  fare bel/brutto tempo *v.* to be nice/nasty weather **1**
  fare colazione *v.* to have breakfast **1**
  fare commissioni *v.* to run errands **2**
  fare domanda (per un lavoro) *v.* to apply (for a job) **10**
  fare due passi *v.* to take a short walk
  fare i compiti *v.* to do one's homework **1**
  fare il bagno/la doccia *v.* to take a bath/shower
  fare il bucato *v.* to do the laundry **5**
  fare il buffone *v.* to act the fool
  fare il letto *v.* to make the bed
  fare il pendolare *v.* to commute
  fare il ponte *v.* to take a long weekend
  fare la coda *v.* to wait in line **3**
  fare la fila *v.* to wait in line
  fare la polvere *v.* to dust
  fare la valigia *v.* to pack a suitcase
  fare lo straordinario *v.* to work overtime **10**
  fare meglio a *v.* to be better off **8**
  fare progetti *v.* to make plans
  fare spese *v.* to go shopping **1**
  fare un abbonamento *v.* to subscribe **9**
  fare un giretto *v.* to go for a stroll **2**
  fare un mutuo *v.* to take out a mortgage **10**
  fare un picnic *v.* to have a picnic
  fare un prelievo/deposito *v.* to make a withdrawal/deposit **10**
  fare un viaggio *v.* to take a trip
  fare una domanda *v.* to ask a question
  fare una foto *v.* to take a picture
  fare una gita *v.* to take a short trip
  fare una manifestazione *v.* to demonstrate **6**
  fare una passeggiata *v.* to take a walk
  fare vedere a *v.* to show **8**
  farsi male *v.* to hurt oneself
  fatto/a in casa *adj.* homemade
farmacista *m., f.* pharmacist
faro *m.* headlight; *m.* lighthouse **4**
farsi la barba *v.* to shave **2**
fascista *adj.* fascist **8**

fastidio: dare fastidio *v.* to annoy **1**
fatato/a *adj.* enchanted **3**
fattoria *f.* farm
favola *f.* fairy tale **3**
fax *m.* fax
febbraio *m.* February
febbre *f.* fever
  avere la febbre *v.* to have a fever
fede *f.* faith **6**
fedele *adj.* faithful **1**; *m., f.* believer **6**
felice *adj.* happy
felpa *f.* sweatshirt
femmina *f.* female
femminista *adj.* feminist
fenomeno *m.* phenomenon **3**
ferie *f., pl.* holidays **10**
ferirsi *v.* to injure oneself **3**
ferita *f.* injury; wound
fermare *v.* to stop **2**
fermarsi *v.* to stop **2**
fermata *f.* stop **2**
  fermata *f.* **a richiesta** stop on request
  fermata *f.* **dell'autobus/della metro/del treno** *f.* bus/subway/train
ferragosto *m.* August 15 (holiday); August vacation **9**
ferro (da stiro) *m.* iron
ferroviere *m.* railway employee **6**
festa *f.* holiday; party
  Festa del santo patrono *f.* Feast of the Patron Saint
  Festa *f.* **del lavoro** Labor Day
  Festa *f.* **della Repubblica** Republic Day
festeggiamenti *m., pl.* celebrations; festivities **9**
festeggiare *v.* to celebrate **3**
festival *m.* festival
fetta *f.* slice
fiaba *f.* fairy tale **3**
fidanzarsi (con) *v.* to get engaged (to) **1**
fidanzato/a *adj.* engaged **1**; *m., f.* boyfriend/girlfriend **5**; *m., f.* fiancé(e) **1**
fidarsi (di) *v.* to trust (in) **8**
fiducia *f.* trust **4**
  avere fiducia (in) *v.* to trust **1**
fieno *m.* hay
figliastra *f.* stepdaughter
figliastro *m.* stepson
figlio/a *m., f.* son/daughter **5**
  figlio/a unico/a *m., f.* only child **5**
figlioccio/a *m., f.* godson/goddaughter **5**
fila *f.* line
  fare la fila *v.* to wait in line
  stare in fila *v.* to stand in line
film *m.* film, movie
  film *m.* **di fantascienza/dell'orrore** horror/sci-fi film

filmare *v.* to film **9**
filmino *m.* short film
finanziario/a *adj.* financial **10**
fine *f.* end **1**
  saldi *m., pl.* **di fine stagione**
  end-of-season sales **3**
finestra *f.* window
fingere *v.* to pretend **9**
finire *v.* to finish **4**
fino a *prep.* until
fioraio *m.* florist; flower seller **10**
fiore *m.* flower
fiorista *m.* florist; flower shop
firmare *v.* to sign
firmato/a *adj.* designer **3**
fisarmonica *f.* accordion
fisico/a *m., f.* physicist **7**
  fisico/a *m., f.* **nucleare** nuclear
  physicist **7**
fiume *m.* river
flauto *m.* flute
focacceria *f.* store specializing
  in focaccia
foglia *f.* leaf
folclore *m.* folklore **9**
folla *f.* crowd **2**
fondamenta *f., pl.* foundations **6**
fondo *m.* bottom
fontana *f.* fountain
football *m.* **americano** football
forchetta *f.* fork
foresta *f.* forest
formaggio *m.* cheese
formazione *f.* education; training **10**
forno *m.* oven
forte *adj.* strong
Forza! Come on!
foschia *f.* mist
foto(grafia) *f.* photo(graph)
fotocopiare *v.* to photocopy
fotografo *m.* photographer
fra/tra *prep.* among; between; in **8**
  fra di loro each other, among/
  between them
  fra poco *adv.* in a little while
fragola *f.* strawberry
fraintendimento *m.*
  misunderstanding **10**
francese *adj.* French
francobollo *m.* stamp
frangia *f.* bang
fratellastro *m.* half brother;
  stepbrother
fratellino *m.* little/younger brother
fratello *m.* brother
frattura *f.* fracture
freccette *f., pl.* darts
freddo/a *adj.* cold
  avere freddo *v.* to feel cold
fregarsene *v.* to not care (about) **6**
frenare *v.* to brake
freni *m., pl.* brakes

frequentare *v.* to attend
frequentemente *adv.* frequently
fresco/a *adj.* cool
fretta *f.* haste
  avere fretta (di) *v.* to be in a hurry **8**
frettoloso/a *adj.* in a hurry **2**
friggere *v.* to fry
frigo *m.* fridge
fritto/a *adj.* fried
frizione *f.* clutch
frizzante: acqua *f.* **frizzante**
  sparkling water
fronte *f.* front
frutta *f.* fruit
  frutti *m., pl.* **di mare** seafood
fuggire *v.* to flee **3**
fulmine lightning
  colpo *m.* **di fulmine** love at
  first sight **1**
fumetto *m.* comic strip **9**
fungo *m.* mushroom
funzionare *v.* function; work
funzionario/a *m., f.* civil servant
fuori *prep.* outside
furbo/a *adj.* sly, shrewd **5**
furto *m.* theft **7**
  furto *m.* **d'identità** identity theft **7**
futurista *adj.* Futurist
futuro *m.* future

G

gabbiano *m.* seagull
gabinetto *m.* toilet
galleria *f.* gallery
gamba *f.* leg
  in gamba *adj.* smart
gamberetto *m.* shrimp
gara *f.* race; competition **3**
garage *(invar.)* *m.* garage
gatto/a *m., f.* cat
gelateria *f.* ice cream shop
geloso/a *adj.* jealous **1**
gemello/a *adj.* twin **5**
  anima *f.* **gemella** soul mate **1**
gene *m.* gene **7**
genere *m.* genre; kind **8**
  in genere *adv.* generally
genero *m.* son-in-law **5**
generoso/a *adj.* generous
genetica *f.* genetics **3**
gengiva *f.* gum **5**
geniale *adj.* ingenious; great **1**
genio/a *m., f.* genius
genitore *m.* parent **5**
  genitore *m.* **single** single parent **5**
gennaio *m.* January
genocidio *m.* genocide
gentile *adj.* kind
geologo/a *m., f.* geologist **7**
gesso *m.* chalk

gestore *m., f.* manager
gettare *v.* to throw
già *adv.* already
giacca *f.* jacket
giallo *m.* crime novel; thriller **8;**
  adj. mystery **9**
giallo/a *adj.* yellow
giapponese *adj.* Japanese
giardiniere/a *m., f.* gardener
giardino *m.* garden
  giardini *m., pl.* **pubblici** public
  gardens **2**
ginnastica *f.* gymnastics
ginocchio (pl. ginocchia f.) *m.* knee
giocare *v.* to play **8**
  giocare a nascondino *v.* to play
  hide-and-seek **3**
  giocare in casa/trasferta *v.* to
  play a home/away game **3**
giocatore/giocatrice *m., f.* player **3**
gioco *m.* game
  campo *m.* **di/da gioco** playing
  field **3**
  gioco *m.* **a premi** quiz show **9**
  gioco *m.* **di società** board game **3**
gioielleria *f.* jewelry store
gioielli *m., pl.* jewelry **10**
giornale *m.* newspaper **9**
  giornale *m.* **radio** radio news **9**
  giornale *m.* **scandalistico** tabloid **9**
giornalista *m., f.* journalist **9**
giorno *m.* day
  giorno *m.* **festivo** public holiday
giovane *adj.* young; *m., f.* young
  man/woman
giovedì *m.* Thursday
gioventù: ostello *m.* **della**
  gioventù youth hostel
giovinezza *f.* youth **5**
girare *v.* to film; turn **9**
  girare (a destra/sinistra) *v.* to
  turn (right/left) **2**
giro *m.* tour; turn
  in giro *adv.* around; out and about
  prendere in giro *v.* to tease
gita *f.* short trip
giudicare *v.* to judge **4**
giudice *m., f.* judge **4**
giugno *m.* June
giurare (su) *v.* to swear (on) **8**
giuria *f.* jury **4**
giurisprudenza *f.* law
giustizia *f.* justice **4**
giusto/a *adj.* fair, right **4**
globalizzazione *f.* globalization **6**
gola *f.* throat
gomito *m.* elbow
gomma *f.* eraser
gonna *f.* skirt **10**
gotico/a *adj.* Gothic
governare *v.* to govern **4**
governo *m.* government **4**

gradinata *f.* tier
gradino *m.* step
grado *m.* degree
graffetta *f.* paper clip; staple
graffettatrice *f.* stapler
granata *f.* grenade 8
grande *adj.* big 9
  grande magazzino *m.*
    department store
grandine *f.* hail
grasso/a *adj.* fat
gratis *(invar.)* *adj.* free
gratitudine *f.* gratitude
grattacielo *m.* skyscraper 2
grave *adj.* serious
Grazie. Thank you.
  Grazie mille. Thanks a lot.
greco/a *adj.* Greek
grembo *m.* womb
griffe *f.* designer label 10
grigio/a *adj.* grey
griglia *f.* grill
gruppo *m.* group
  gruppo *m.* **(musicale)** band 3
  gruppo *m.* **rock** rock band
guadagnare *v.* to earn 10
guanciale *m.* pillow 10
guanto *m.* glove
guardare *v.* to look at
guardarsi *v.* to look at oneself/each
  other
guardia *f.* **costiera** coast guard 4
guarire *v.* to cure; heal 7
guerra *f.* war
  guerra *f.* **civile** civil war 4
  guerra *f.* **mondiale** world war 4
guidare *v.* to drive 2
gusto *m.* flavor
gustoso/a *adj.* tasty

I

idea *f.* idea
idealista *adj.* idealistic 1
idraulico *m.* plumber
ieri *adv.* yesterday
  ieri sera last night
illegale *adj.* illegal 4
imbianchino *m.* painter
imbonitore *m.* huckster
imbucare una lettera *v.* to mail
  a letter
immaginare *v.* to imagine 7
immaturo/a *adj.* immature 1
immigrante *m., f.* immigrant 2
immigrazione *f.* immigration 4
immobiliare: agente *m., f.*
  immobiliare real estate agent
immondizia *f.* trash
immorale *adj.* unethical 7
impanare *v.* to bread
imparare *v.* to learn 8

imparentato/a *adj.* related 5
imparziale *adj.* impartial; unbiased 9
impatto *m.* impact
  impatto ambientale *m.*
    environmental impact 7
impazzire *v.* to go mad 3
impedire *v.* to prevent; incapacitate
impegno *m.* commitment 10
imperatore/imperatrice *m., f.*
  emperor/empress 8
imperdibile *adj.* must-see 3
impermeabile *m.* raincoat 3
impianto *m.* **stereo** stereo system
impiegare *v.* to employ 10
impiegato/a *m., f.* employee 10
  impiegato/a *m., f.* **postale** postal
    worker 9
impiego *m.* job 4
imporre *v.* to impose 4
importante *adj.* important
importare *v.* to be important; matter 2
impossibile *adj.* impossible 7
impoverirsi *v.* to become poor 6
impressione *f.* impression
imprigionare *v.* to imprison 4
improbabile *adj.* unlikely 7
improvvisare *v.* to improvise 3
in *prep.* at; in; to
  In bocca al lupo. *(lit.* In the mouth
    of the wolf.) Good luck.
  in gamba *adj.* sharp
  in modo che *conj.* so that
inaffidabile *adj.* unreliable 4
incartare *v.* to wrap 9
incertezza *f.* uncertainty 6
inchiesta: condurre
  un'inchiesta *v.* to carry out an
    investigation
incidente *m.* accident
incinta: essere incinta *v.* to be
  pregnant 5
incollare *v.* to paste 7
incomprensione *f.* lack of
  understanding 6
incontrare *v.* to meet
incontrarsi *v.* to get together 2
incoraggiare *v.* to encourage 8
incosciente *adj.* irresponsible 6
incoscienza *f.* recklessness 6
incredibile *adj.* incredible
incrocio *m.* intersection 2
indaffarato/a *adj.* busy 2
indicazioni: dare indicazioni *v.* to
  give directions 2
indimenticabile *adj.* unforgettable 1
indipendente *adj.* independent
  diventare indipendente *v.* to
    become independent 5
indirizzo *m.* address
  indirizzo *m.* **e-mail** e-mail address 7
indossare *v.* to wear 1
indovinare *v.* to guess

ineguale *adj.* unequal 4
infanzia *f.* childhood 5
infedele *adj.* unfaithful 1
inferiore *adj.* lower, shorter; inferior 9
infermiere/a *m., f.* nurse
infezione *f.* infection
infimo/a *adj.* lowest 9
influente *adj.* influential 9
influenza *f.* flu
influenzare *v.* to influence 4
informarsi *v.* to keep oneself
  informed 9
informatica *f.* computer science 7
infradito *f., pl.* flip-flops 3
infrastruttura *f.* infrastructure 2
ingegnere *m.* engineer 2
ingegneria *f.* engineering 7
ingenuità *f.* naïveté 5
ingenuo/a *adj.* naïve 1
ingiusto/a *adj.* unfair 4
inglese *adj.* English
ingolfare *v.* to flood
ingorgo *m.* **stradale** traffic jam 2
inizio *m.* beginning 1
innamorarsi (di) *v.* to fall in
  love (with) 1
innanzitutto *adv.* first of all
inno *m.* anthem 4
innocente *adj.* innocent 4
innovativo/a *adj.* innovative
inopportuno/a *adj.* inappropriate
inquietante *adj.* disturbing
inquilino/a *m., f.* tenant
inquinamento *m.* pollution 7
insalata *f.* salad
insegnante *m., f.* professor; teacher
insegnare *v.* to teach 8
insensibile *adj.* insensitive
insetto *m.* insect
insicuro/a *adj.* insecure 1
insieme *adv.* together
insipido/a *adj.* bland
insistere *v.* to insist 6
insonnia *f.* insomnia
insopportabile *adj.* unbearable 5
intasato/a *adj.* crowded
integrazione *f.* integration 4, 6
intelligente *adj.* intelligent
intelligenza *f.* intelligence
  intelligenza *f.* **artificiale**
    artificial intelligence (A.I.) 7
interessante *adj.* interesting
interessare *v.* to interest 2
interessarsi (a/di) *v.* to be
  interested in 8
interesse: tasso *m.* **di**
  interesse interest rate
Internet caffè *m.* internet cafè
interpellare *v.* to ask, consult 8
interpretare *v.* to perform
intervallo *m.* intermission
intervento *m.* intervention 9

intervista *f.* interview **9**
intervistatore/intervistatrice *m., f.*
   interviewer **10**
intorno *prep., adv.* around
intrattenitore *m.* entertainer **9**
invadere *v.* to invade **8**
invecchiare *v.* to age **5**
invece *adv.* instead; on the other hand
inventare *v.* invent
inverno *m.* winter
investimento *m.* investment
investire *v.* to invest **10**
inviare *v.* to send **1**
inviato/a *m., f.* **speciale**
   correspondent **9**
invitare (a) *v.* to invite (to) **8**
irlandese *adj.* Irish
irresponsabile *adj.* irresponsible
isola *f.* island
istantaneo/a: messaggio *m.*
   istantaneo instant message
istruzione *f.* education
italiano/a *adj.* Italian

jeans *m., pl.* jeans

là *adv.* there
labbro (*pl.* labbra *f.*) *m.* lip
laboratorio *m.* lab **7**
laggiù *adv.* down there **6**
ladro/a *m., f.* thief **4**
lagnone/a *m., f.* whiner
lago *m.* lake
lamentare *v.* to regret, to lament **6**
lamentarsi (di) *v.* to complain
   (about) **2**
lamentoso/a *adj.* whiny
lampada *f.* lamp
lampo *m.* flash of lightning
lana *m.* wool
largo/a *adj.* big; loose
lasciare *v.* to allow, to let; to leave **1**
   Lasciami in pace. Leave me alone.
   lasciare un messaggio *v.* to
      leave a message
lasciarsi *v.* to leave each other, to
   split up
lassù *adv.* up there **6**
latte *m.* milk
lattuga *f.* lettuce
laurearsi *v.* to graduate from
   college/university
lavagna *f.* blackboard
lavanderia *f.* dry cleaner; laundromat
lavare *v.* to wash
   lavare i piatti *v.* to wash the dishes
lavarsi *v.* to wash oneself **2**
   lavarsi i denti *v.* to brush one's teeth

lavastoviglie *f.* dishwasher
lavatrice *f.* washing machine **5**
lavavetri *m.* window cleaner
lavorare *v.* to work
lavoro *m.* job; work
   annuncio *m.* **di lavoro** job ad **10**
   colloquio *m.* **di lavoro** job
      interview **10**
   lavoro *m.* **a orario normale/
      ridotto** full-/part-time job **10**
leale *adj.* loyal **3**
legale *adj.* legal **4**
legge *f.* law
   approvare/passare una legge
      v. to pass a law **4**
leggere *v.* to read **3**
leggero/a *adj.* light; slight
legiferare *v.* legislate **4**
legno *m.* wood **5**
legumi *m., pl.* legumes
lenti a specchio *f., pl.* mirrored
   lenses **3**
lento/a *adj.* slow
lettera *f.* letter
   lettera *f.* **di presentazione**
      cover letter
letteratura *f.* literature
lettere *f., pl.* arts (humanities)
letto *m.* bed
lettore *m.* reader
   lettore CD/DVD/MP3 *m.*
      CD/DVD/MP3 player **7**
lettura *f.* reading
lezione *f.* class; lesson
liberale *adj.* liberal **4**
liberare *v.* to liberate **8**
libertà *f.* freedom **4**
   libertà *f.* **di culto** freedom of
      worship **6**
   libertà *f.* **di stampa** freedom of
      the press **9**
libreria *f.* bookstore
libro *m.* book
   libro *m.* **elettronico** *m.* e-Book **7**
licenziare *v.* to fire; lay off **10**
liceo *m.* high school
limite *m.* **di velocità** speed limit
linea *f.* line
lingua *f.* language
   lingua *f.* **dei segni** sign language **7**
   lingua *f.* **madre** native language **6**
   lingue *f., pl.* languages (subject)
liscio/a *adj.* straight (hair)
litigare *v.* to quarrel, fight **5**
livello: passaggio *m.* **a livello**
   level crossing
livido *m.* bruise
locale *m.* **notturno** nightclub
località *f.* resort
   località *f.* **balneare** ocean resort
   località *f.* **di villeggiatura** resort
lontano/a *adj.* distant **5**; *adv.* far

look *m.* dressing style **10**
lottare *v.* to fight, struggle
luglio *m.* July
luna *f.* moon
luna park *m.* amusement park **3**
lunedì *m.* Monday
lungo *prep.* along **8**
lungo/a *adj.* long
   a lungo termine *adj.* long-term **10**
luogo *m.* place
   luoghi comuni *m., pl.*
      commonplaces, clichés **1**

ma *conj.* but
macchiare *v.* to stain
macchiato/a *adj.* stained
macchina *f.* car
   macchina *f.* **ibrida** hybrid car
   salire in macchina *v.* to get in
      the car **2**
   scendere dalla macchina get
      out of the car **2**
macchina *f.* **fotografica (digitale)**
   (digital) camera
macelleria *f.* butcher
madre *f.* mother
madrina *f.* godmother **5**
maggio *m.* May
maggiore *adj.* bigger; older **9**
magia *f.* magic **3**
maglia *f.* jersey **3**
maglietta *f.* t-shirt
maglione *m.* sweater
magro/a *adj.* thin
mai *adv.* ever
malato/a *adj.* ill
malattia *f.* ailment; disease
male *adv.* badly **9**; *m.* pain
   mal *m.* **di gola** sore throat
   mal *m.* **di mare** sea-sickness
   mal *m.* **di testa** headache
   Non c'è male. Not bad.
   Sto male. I am not well.
maledire *v.* to curse
maledizione *f.* curse
maleducato/a *adj.* bad-mannered **5**
malgrado *conj.* although **7**
maltempo *m.* bad weather **6**
maltrattamento *m.* abuse;
   mistreatment **6**
mamma *f.* mom
mammone *m.* mama's boy **5**
mancare *v.* to be missing **2**
mandare *v.* to send
   mandare in onda *v.* to broadcast **9**
mandria *f.* herd **7**
mangiare *v.* to eat **6**
manica *f.* sleeve
   maglietta *f.* **a maniche corte/
      lunghe** short-/long-sleeved t-shirt

manifestare *v.* to demonstrate **6**
manipolazione *f.* manipulation **9**
mano (pl. le mani) *f.* hand
mansarda *f.* attic
mantenersi *v.* to provide for oneself
mappa *f.* map
marca *f.* brand **10**
marciapiede *m.* sidewalk **2**
mare *m.* sea
marea *f.* tide **7**
marito *m.* husband **5**
  primo/secondo marito *m.* first/
   second husband
marmellata *f.* jam
marmo *m.* marble **8**
marrone *adj.* brown (eyes)
martedì *m.* Tuesday
martello *m.* hammer **8**
marziano/a *m., f.* Martian **7**
marzo *m.* March
maschera *f.* mask **4**
maschio *m.* male
massima *f.* maxim, axiom **1**
massimo/a *adj.* greatest **9**
masterizzare *v.* to burn **7**
matematica *f.* mathematics
matematico/a *m., f.* mathematician **7**
materia *f.* subject
materiale *m.* **edile** building
  material **2**
materno/a *adj.* maternal **5**
matita *f.* pencil
matrigna *f.* stepmother
matrimonio *m.* wedding **1**
mattina *f.* morning
maturità *f.* maturity **5**
maturo/a *adj.* mature **1**
meccanico/a *m., f.* mechanic
media *m., pl.* media
mediante *prep.* by means of **8**
medicina *f.* drug; medicine
medico *m.* **di famiglia** family doctor
medio/a: di media statura *adj.* of
  average height
Medioevo *m.* Middle Ages **6**
meglio *adv.* better **9**
mela *f.* apple
melanzana *f.* eggplant
melone *m.* melon
mendicante *m., f.* beggar **2**
meno *adv.* less; *adv.* minus
mensa *f.* cafeteria
mensile *f.* monthly magazine **9**
mensilità *f.* monthly
  paycheck; salary
mentire *v.* to lie **1**
mentre *conj.* while
menu *m.* menu
mercato *m.* market
  mercato *m.* **immobiliare** real
   estate market **10**

mercoledì *m.* Wednesday
merenda *f.* afternoon snack
merendina *f.* snack **3**
meridionale *adj.* southern **6**
meritare *v.* to deserve **1**
mese *m.* month
messaggio *m.* message
  messaggio *m.* **istantaneo** IM,
   instant message
messicano/a *adj.* Mexican
mestiere *m.* occupation; trade **10**
  mestieri *m., pl.* chores
metro(politana) *f.* subway **2**
metropoli *f.* metropolis, big city **2**
mettere *v.* to put **2**
  mettere in scena *v.* to put on a play
mettersi *v.* to put on (clothing, shoes) **1**
mezzanotte *f.* midnight
mezzo *m.* means
  mezzo *m.* **di trasporto** means
   of transportation
  mezzo *m.* **pubblico** public
   transportation **2**
mezzogiorno *m.* noon
mezzora *f. m.* half hour
microfono *m.* microphone
microonda: (forno a)
  microonde *m.* microwave oven
miglio *m.* mile
migliorare *v.* to improve
migliore *adj.* better **9**
mille *m.* one thousand
millecento *m.* one thousand
  one hundred
millesimo *adj.* one-thousandth
minaccia *f.* threat **4**
minestrone *m.* thick soup
minigonna *f.* miniskirt **10**
minimo/a *adj.* least, lowest **9**
minore *adj.* smaller; younger **9**
miracolo *m.* miracle **5**
miseria *f.* misery, poverty
mobili *m., pl.* furniture
mobilità *f.* transfer
mobilitare *v.* to mobilize **6**
moda *f.* fashion
  passato/a di moda *adj.*
   out-of-style **3**
moderato/a *adj.* moderate **4**
modesto/a *adj.* modest
modo *m.* way
modulo *m.* form
  riempire un modulo *v.* to fill out
   a form
moglie *f.* wife **5**
mollare *v.* to let go **6**
molto *adv.* a lot **9**
molto/a/i/e *indef. adj., pron.* a lot of;
  many; much
monarchico/a *adj.* monarchic **8**
moneta *f.* change; coin
monolocale *m.* studio apartment

montagna *f.* mountain
montano/a: località *f.* **montana**
  mountain resort
morale *adj.* ethical **7;** *f.* moral **3**
morbillo *m.* measles
morire *v.* to die **3**
morso *m.* bite
morte *f.* death **5**
moschea *f.* mosque **6**
mosso/a *adj.* wavy
mostra *f.* exhibition **3, 8**
mostrare *v.* to show
motore *m.* engine; motor
motorino *m.* scooter
mucca *f.* cow
multa *f.* fine
multilingue *adj.* multilingual **6**
multilinguismo *m.* multilingualism **4**
municipio *m.* city hall **2**
muovere *v.* to move **2**
muoversi *v.* to get going **2**
mura *f., pl.* **di cinta** city walls **2**
muratore *m.* bricklayer
muschio *m.* moss
muscoloso/a *adj.* muscular
musica *f.* music
musicista *m., f.* musician
musulmano/a *adj.* Muslim **6**
muta *f.* wet suit **4**

N

nanotecnologia *f.* nanotechnology **7**
narratore *m.* narrator **8**
nascere *v.* to be born **3**
nascita *f.* birth **5**
nascondere *v.* to hide **1**
nascosto/a *adj.* hidden **4**
naso *m.* nose
  naso *m.* **chiuso** stuffy nose
nastro *m.* ribbon
  nastro *m.* **adesivo** adhesive tape **7**
  nastro *m.* **trasportatore** luggage
   carousel; moving walkway **5**
Natale *m.* Christmas
natura *f.* nature
  natura *f.* **morta** still life **8**
naturale *adj.* natural
  acqua *f.* **naturale** still water
naufrago *m.* castaway **4**
nausea *f.* nausea
nave *f.* ship
navigare *v.* to navigate
  navigare in rete *v.* to surf the Web
  navigare su Internet/sulla rete
   v. to browse /surf the Internet/Web **7**
navigatore satellitare *m.* GPS **7**
nazionalismo *m.* nationalism **6**
né: non… né… né *conj.*
  neither… nor
neanche: non… neanche *adv.*
  not even

necessario/a *adj.* necessary
necessità: di prima necessità *adj.* absolutely necessary **5**
negozio *m.* store
negozio *m.* **d'alimentari** grocery store
nemico *m.* enemy **2**
nemmeno *conj.* not even
neoclassico/a *adj.* Neoclassical
neoplatonismo *m.* Neoplatonism **8**
neppure *conj.* not even
nero/a *adj.* noir **9**, black
nervoso/a *adj.* nervous
nessuno/a *indef. adj.* no, not any **9**; *indef. pron.* no one, not anyone **9**
netturbino/a *m., pl.* garbage collector
neve *f.* snow
nevicare *v.* to snow
niente *indef. pron.* nothing **9**
   Niente di nuovo. Nothing new.
ninnananna *f.* lullaby **3**
nipote *m., f.* nephew/niece; grandson/granddaughter **5**
no *adv.* no
noia *f.* boredom **1**
   Che noia! How boring!
   dare noia a *v.* to bother **8**
noioso/a *adj.* boring
noleggiare *v.* to rent (car)
non *adv.* not
   non… più *adv.* no more, no longer
nonno/a *m., f.* grandfather/ grandmother **5**
nono *adj.* ninth
nonostante *conj.* although **7**
norma *f.* law, norm **8**
notevole *adj.* remarkable, important **7**
notizia *f.* news story **9**
notiziario *m.* radio/TV news, news program **2, 9**
notorietà *f.* fame **9**
notte *f.* night
novanta *m.* ninety
nove *m.* nine
novecento *m.* nine hundred
novella *f.* short novel **8**
novembre *m.* November
nubile *adj., f.* single **1**
nucleo familiare *m.* family unit **5**
nulla *indef. pron.* nothing **9**
numero *m.* number
   numero *m.* **di telefono** phone number
nuora *f.* daughter-in-law **5**
nuotare *v.* to swim
nuoto *m.* swimming
nuovo/a *adj.* new
   di nuovo *adv.* again
nuvola *f.* cloud
nuvoloso/a *adj.* cloudy

O

o *conj.* or
obbediente *adj.* obediente **4**
obbligare (a) *v.* to oblige, compel **8**
occhiali *m., pl.* glasses
   occhiali da sole *m., pl.* sunglasses **10**
occhiata: dare un'occhiata *v.* to take a look **3**
occhio *m.* eye
occorrere *v.* to be necessary **6**
occuparsi di *v.* to take care of **8**
occupazione *f.* occupation
   prima occupazione *f.* first job
oceano *m.* ocean
odiare *v.* to hate **1**
odiarsi *v.* to hate each other
odio *m.* hatred **1**
odore *m.* smell **10**
officina *f.* factory **10**
offrire *v.* to offer **3**
oggettivo/a *adj.* objective **8**
oggi *m., adj., adv.* today
ogni *indef. adj.* every, all **9**
Ognissanti *m.* All Saints' Day
ognuno/a *indef. pron.* everyone **9**
olio *m.* oil
olio d'oliva *m.* olive oil
oltre *prep.* beyond **8**
ombrello *m.* umbrella
onesto/a *adj.* honest **1**
onirico/a *adj.* dream-like **9**
opera *f.* work (of art); opera **8**
operaio/a *m., f.* factory worker
opinione *f.* opinion
   opinione *f.* **pubblica** public opinion **6**
opportuno/a *adj.* appropriate
oppresso/a *adj.* oppressed **4**
opprimere *v.* to oppress **8**
oppure *conj.* or
ora *f.* hour
orario *m.* schedule **1**
   orario *m.* **di lavoro** work hours **10**
orchestra *f.* orchestra
   orchestra *f.* **da camera** chamber orchestra **8**
   orchestra *f.* **sinfonica** symphony **8**
ordigno *m.* bomb **5**
ordinare *v.* to order
orecchini *m., pl.* earrings **10**
orecchio (pl. orecchie f.) *m.* ear
orgoglio *m.* pride **3**
orgoglioso/a *adj.* proud **1**
orientarsi *v.* to get one's bearings
orizzonte *m.* horizon
ormai *adv.* by now, already
orologio *m.* clock; watch
oroscopo *m.* horoscope **9**
orrore: film *m.* **dell'orrore** *m.* horror film

ospedale *m.* hospital
ospizio *m.* nursing home **6**
osteria *f.* small restaurant
ottanta *m.* eighty
ottantaduesimo *adj.* eighty-second
ottantuno *m.* eighty-one
ottavo *adj.* eighth
ottenere *v.* to obtain **6**
ottico *m.* optician **3**
ottimista *adj.* optimistic **1**
ottimo/a *adj.* very good **9**
otto *m.* eight
otto milioni *m.* eight million
ottobre *m.* October
ottocento *m.* eight hundred
ovunque *adv.* all over; wherever

P

pacco *m.* package **9**
pace *f.* peace **4**
pacifico/a *adj.* peaceful **4**
pacifista *adj.* pacifist **4**
padre *m.* father
padrino *m.* godfather **5**
padrone *m.* owner, boss **4**
   padrone/a di casa *m., f.* landlord/ landlady
paesaggio *m.* landscape **8**
paesano/a *m., f.* fellow villager/ countryman/woman **2**
paese *m.* village **2**
pagare *v.* to pay
   pagare con assegno *v.* to pay by check
   pagare in contanti *v.* to pay in cash
   pagare le bollette *v.* to pay the bills
paio *m.* pair
palazzo *m.* building, palace **2**
palestra *f.* gymnasium
   andare in palestra *v.* to go to the gym **3**
pallacanestro *f.* basketball
pallavolo *f.* volleyball
pallone *m.* soccer; (soccer) ball **3**
palpebra *f.* eyelid **5**
panchina *f.* bench
pane *m.* bread
panetteria *f.* bakery
panettone *m.* Christmas cake **6**
paninoteca *f.* sandwich shop
pannello *m.* **solare** solar panel
pannolino *m.* diaper **2**
panorama *m.* landscape; panorama
pantaloncini *m., pl.* shorts
pantaloni *m., pl.* pants
   pantaloni corti *m., pl.* short pants **10**
   pantaloni lunghi *m., pl.* long pants **10**
pantofole *f., pl.* slippers
papa *m.* pope **6**

papà *m.* dad
parabrezza *m.* windshield
parapendio *m.* paragliding
parare *v.* to save 3
parcheggiare *v.* to park 2
pareggiare *v.* to tie 3
  pareggiare una partita *v.* to tie a game 3
pareggio *m.* tie 3
parente *m., f.* relative 5
parentela *f.* relatives; family relationship 5
parenti *m., pl.* relatives
parere *v.* to appear; seem 2
parete *f.* wall
parlamento *m.* parliament 6
parlare (di) *v.* to talk (about) 8
parlarsi *v.* to speak to each other 2
parrucchiere/a *m., f.* hairdresser
parte *f.* part
  Da questa parte. This way.
partecipare (a) *v.* to participate (in) 8
partenze *f., pl.* departures
partigiano *m.* resistance fighter 2
partire *v.* to leave 3
  partire in vacanza *v.* to go on vacation
partita *f.* game
  vincere/perdere/pareggiare una partita *v.* to win/lose/tie a game 3
partito *m.* **politico** political party 4
parziale *adj.* partial; biased 9
pascolo *m.* pasture, grazing land 7
Pasqua *f.* Easter
pasquetta *f.* Easter Monday 9
passaggio *m.* passage
  dare un passaggio *v.* to give a ride 2
passare *v.* to pass 3; to spend (time)
  passare una legge *v.* to pass a law 4
passato/a di moda *adj.* out of style 3
passeggero/a *m.* passenger 2
passeggiare *v.* to take a walk 2
passeggiata *f.* walk
passerella *f.* footbridge 7
passo *m.* pass; step
  a due passi da not far from
pasta(sciutta) *f.* pasta
  laboratorio *m.* **di pasta fresca** store specializing in homemade pasta
pasticceria *f.* pastry shop
pasto *m.* meal
patata *f.* potato
patente *f.* driver's license
paterno/a *adj.* paternal 5
patria *f.* homeland 2
patrigno *m.* stepfather
patrimonio *m.* **culturale** cultural heritage 9
patrono *m.* patron 8

pattinaggio *m.* skating 3
  pattinaggio *m.* **sul ghiaccio** ice-skating 3
patto *m.* pact 8
paura *f.* fear 4
  avere paura (di) *v.* to be afraid (of) 1
pavimento *m.* floor
paziente *adj.* patient; *m., f.* patient
pazzo/a *adj.* crazy
peccato *m.* pity
pecora *f.* sheep
pedone *m., f.* pedestrian 2
peggio *adv.* worse
peggiore *adj.* worse 9; *adv.* worse 9
pelle *f.* skin; leather
pelliccia *f.* fur 5
penare *v.* to suffer 6
penna *f.* pen
pennello *m.* paintbrush 8
pensare *v.* to think 8
  pensare a *v.* to think about 8
  pensare di *v.* to plan to 8
pensionato/a *m., f.* retiree
pensione *f.* boarding house; pension
pensione: andare in pensione *v.* to retire 10
pentirsi *v.* to regret 5
pepe *m.* pepper (spice)
peperone (rosso, verde) *m.* (red, green) pepper
per *prep.* for, in order to, through
  per favore *adv.* please
pera *f.* pear
perché *conj.* why; so that 7
perciò *conj.* so
perdere *v.* to lose 3
  perdere le elezioni *v.* to lose the election 4
  perdere una partita *v.* to lose a game 3
perdersi *v.* to get lost 2
perdita *f.* loss 2
pericolo *m.* danger 4
pericoloso/a *adj.* dangerous 2
periferia *f.* outskirts; suburb 2
permettere *v.* to allow 6
persona *f.* person
personaggio *m.* character 8
  personaggio *m.* **principale** main character
persuadere (a) *v.* to persuade (to) 8
pesante *adj.* heavy; rich
pesca *f.* peach
pescare *v.* to fish 4
pesce *m.* fish
pescheria *f.* fish/seafood shop
peso *m.* weight
pessimista *adj.* pessimistic 1
pessimo/a *adj.* very bad 9
pettegolezzi *m.* gossip 1
pettinare *v.* to brush
pettinarsi *v.* to brush/comb one's hair

pettine *m.* comb
petto *m.* chest
pezzo *m.* piece 3
piacere *m.* pleasure 1; *v.* to be pleasing, like 6
pianeta *m.* planet
  salvare il pianeta *v.* to save the planet
piangere *v.* to cry 3
pianificare *v.* to plan 6
pianista *m., f.* pianist
piano *m.* **di cottura** stovetop 7
piano *m.* **urbanistico** city plan 2
pianta *f.* plant
piattaforma *f.* platform 1
piatto *m.* course; plate
  primo/secondo piatto *m.* first/second course
piccante *adj.* spicy
piccolo/a *adj.* small 9
piede *m.* foot
pieno/a *adj.* full
pietra *f.* rock
pigmento *m.* pigment 8
pigro/a *adj.* lazy
PIL *m.* GDP
pillola *f.* pill
pinne *f., pl.* flippers 4
pioggia *f.* rain
piovere *v.* to rain
piovoso/a *adj.* rainy
piscina *f.* swimming pool 10
pittore/pittrice *m., f.* painter 8
pittura *f.* paint; painting 8
  pittura *f.* **a olio** oil painting 8
  pittura *f.* **a pastello** pastel painting 8
più *adj., adv.* more; most
  non… più *adv.* no more, no longer
pizzeria *f.* pizza shop
pizzico *m.* pinch
platea *f.* stall
pneumatico *m.* **sgonfio** flat tire
poco *adv.* little 9
poco/a (po'): po' (di) *adj.* little (not much) (of)
podere *m.* farmhouse 8
poema *m.* poem
poesia *f.* poetry 8
poeta/poetessa *m., f.* poet
poi *adv.* later; then
polemica *f.* controversy 6
politico/a *m., f.* politician 4
politica *f.* politics 4
polizia *f.* police
poliziotto/a *m., f.* police officer 2
pollici *m./pl* inches (*lit.* thumbs) 7
polpo *m.* octopus 7
poltrona *f.* armchair; seat
polvere *f.* dust
pomeriggio *m.* afternoon
pomodoro *m.* tomato

pompiere *m.* fireman 7
ponte *m.* bridge
popolazione *f.* population 6
popolo *m.* people 8
poppa *f.* stern 4
porre *v.* to put 1
porta *f.* door
portare *v.* to bring; to wear
  portare fuori la spazzatura *v.* to take out the trash
  portare un vestito *v.* to wear a suit
portatile *adj.* portable
  computer *m.* **portatile** laptop computer 7
portiera *f.* car door
portiere *m.* goalkeeper 3
portiere/a *m., f.* caretaker; doorman
posizione *m., f.* position; job 10
possedere *v.* to own 4; to possess
possessivo/a *adj.* possessive 5
possibile *adj.* possible 7
posta *f.* mail
poster *m.* poster
postino/a *m., f.* mail carrier
posto *m., f.* position; job 10
potente *adj.* powerful 4
potenza *f.* power 4
potere *v.* to be able, can 1; *m.* power 8
povero/a *adj.* poor
povertà *f.* poverty 2, 6
pranzo *m.* lunch
  sala *f.* **da pranzo** dining room
prato *m.* meadow
predire *v.* to predict 7
preferibile *adj.* preferable
preferire *v.* to prefer 6
preferito/a *adj.* favorite
pregare *v.* to pray 6
preghiera *f.* prayer
pregiudizio *m.* prejudice 6
preistorico *adj.* prehistoric 8
prelievo: fare un prelievo *v.* to make a withdrawal 10
premiato/a *adj.* award-winning 8, 9
premio *m.* prize
prenatale *adj.* prenatal 3
prendere *v.* to take 1
  prendere in affitto *v.* to rent (tenant)
  prendere l'iniziativa *v.* to take initiative 5
  prendere qualcosa da bere/ mangiare *v.* to get something to drink/eat 3
  prendere un congedo *v.* to take leave time
prenotare *v.* to make a reservation
prenotazione *f.* reservation
preoccuparsi (di) *v.* to worry (about) 2
preoccupato/a *adj.* worried 1
preparare *v.* to prepare 8
prepararsi *v.* to get oneself ready
presentare *v.* to introduce; to present

presentazione *f.* introduction
preservare *v.* to preserve
presso *prep.* near, with 8
prestare *v.* to lend
presidente *m., f.* president 4
prestito *m.* loan 10
presto *adv.* quickly; soon
  A presto. See you soon.
prete *m.* priest 6
prevedere *v.* to predict 7
prigionia *f.* imprisonment
prigioniero/a *m., f.* prisoner 2
prima *adv.* beforehand; *adv.* first, before; *f.* opening night, premiere 3; *prep.* before
  prima che *conj.* before 7
primavera *f.* spring
primo/a *adj.* first
primogenito/a *m., f.* first-born
principale *adj.* main; *m., f.* boss; director
prioritario/a: posta *f.* **prioritaria** priority mail
probabile *adj.* likely 7
problema *m.* problem
professione *f.* profession
professore(ssa) *m., f.* professor
profumeria *f.* cosmetics/perfume shop
programma *m.* plan; program
proibito/a *adj.* forbidden 8
proiezione *f.* screening
promesso *p.p., adj.* promised 4
promettere (di) *v.* to promise (to) 8
promozione *f.* promotion 10
promuovere *v.* to promote 4
pronto/a *adj.* ready
  essere pronto/a a *v.* to be ready to 8
  pronto soccorso *m.* first aid; emergency room 9
  Pronto. Hello. (on the phone)
proporre *v.* to propose
proprietario/a *m., f.* owner 10
prosa *f.* prose 8
prosciutto *m.* ham
proseguire *v.* to continue
prospero/a *adj.* successful 10
prossimo/a *adj.* next
protagonismo *m.* desire to be in the limelight
protestante *adj.* Protestant 6
protettore *m.* protector 8
provare *v.* to feel 1
  provare a *v.* to try to 8
provarsi *v.* to try on 3
proverbio *m.* proverb 6
provincia *f.* province 6
prua *f.* bow 4
prudente *adj.* careful 1
pseudonimo *m.* screen/pen name
psicologo/a *m., f.* psychologist
pubblicare *v.* to publish

pubblicità *f.* commercial, advertisement 9
pubblico *m.* audience, public
pugilato *m.* boxing 3
pulire *v.* to clean
pulito/a *adj.* clean
  energia *f.* **pulita** clean energy 7
pullman *m.* bus; coach
punire *v.* to punish 5
puntata *f.* episode 9
punto *m.* point
  punto *m.* **di riferimento** reference point 4
  punto *m.* **di vista** point of view 8
puntuale *adj.* on-time
puntura: fare una puntura *v.* to give a shot
purché *conj.* so that 7
pure *adv.* also; even
puzza *f.* stench 8

Q

qua *adv.* here
quaderno *m.* notebook
quadro *m.* painting 8
qualche *indef. adj.* some, a few 9
  qualche volta *adv.* sometimes
qualcosa *indef. pron.* something 9
qualcuno/a *indef. pron.* someone 9
quale *adj., pron., adv.* what, which
qualifiche *f., pl.* qualifications 10
qualsiasi *indef. adj.* any, whatever, whichever 9
qualunque *indef. adj.* any, whatever, whichever 9
quando *conj., adv.* when
quanti *rel. pron.* everyone, all who, all that 9
quanti/e *adj.* how many
  Quanti gradi ci sono? What is the temperature?
quanto *adj., pron., adv.* how much; *rel. pron.* that which, that, what 9
  Da quanto tempo... For how long...
quaranta *m.* forty
quartiere *m.* neighborhood 1, 2; *m.* quarter
quarto *adj.* fourth; quarter hour
quattordici *m.* fourteen
quattro *m.* four
quattrocchi *m., f.* four eyes 3
quattrocento *m.* four hundred
quel(lo) che *rel. pron.* that which, that, what 9
quello/a *adj.* that
questo/a *adj.* this
questura *f.* police headquarters
qui *adv.* here
  qui vicino *adv.* nearby
quindici *m.* fifteen

quinto *adj.* fifth
quotidiano/a *adj.* daily **2**

R

rabbino *m.* rabbi **6**
raccogliere *v.* to pick **3**
raccomandare *v.* to recommend; to urge
raccomandata *f.* registered mail **9**
raccomandazione *f.* recommendation
racconto *m.* short story
radersi *v.* to shave
radice *f.* root **5**
radio *f.* radio
 stazione *f.* **radio** radio station **9**
raffinato/a *adj.* refined **3**
raffreddore *m.* cold
 avere il raffreddore *v.* to have a cold
rafting *m.* rafting
ragazza *f.* girl; girlfriend
ragazzaccio *m.* bad boy
ragazzo *m.* boy; boyfriend
ragione *f.* reason
 avere ragione *v.* to be right **8**
ramo *m.* branch
rana *f.* frog
rappresentazione *f.* **dal vivo** live performance
raramente *adv.* rarely
rasoio *m.* razor
rassegna *f.* festival **9**
rata *f.* installment; payment
razzismo *m.* racism **6**
re/regina *m., f.* king/queen **8**
realismo *m.* realism **6**
realista *adj.* realistic **8**
reality *m.* reality show **9**
realizzare *v.* to fulfill; achieve **6**
recensione *f.* review **9**
recessione *f.* recession **10**
recitare *v.* to act; to recite
 recitare un ruolo *v.* to play a role
reclamare *v.* to complain, protest; claim **6**
redattore/redattrice *m., f.* editor **9**
referenze *f., pl.* references
regalare *v.* to give (as a gift)
regime *m.* regime **8**
regista *m., f.* director **9**
registrare *v.* to record **9**
registratore *m.* recorder (tape, CD, etc.)
regno *m.* kingdom **6, 8**
regolamento *m.* regulations **3**
relitto *m.* relic **8**
remare *v.* to row
remissivo/a *adj.* submissive **5**
rendersi *v.* to become
 rendersi conto di *v.* to realize **8**

reperto *m.* find (archeol.) **2**
resistente *adj.* sturdy **1**
responsabile *adj.* responsible
restare *v.* to have left **2**; to remain, to stay
restituire *v.* to give back
retaggio *m.* heritage **1**
rete *f.* goal; net **3**
 rete *f.* **senza fili** wireless network **7**
retta: dare retta *v.* to pay attention **5**
riattaccare: riattaccare il telefono *v.* to hang up the phone
ribalta *f.* proscenium, downstage **9**
ribelle *adj.* rebellious **5**
riccio/a *adj.* curly
ricco/a *adj.* rich
ricerca *f.* research **7**
ricercatore/ricercatrice *m., f.* researcher **7**
ricetta *f.* prescription; recipe **7**
ricevere *v.* to receive; to get
ricevuta *f.* receipt **10**
richiesta *f.* demand **10**
riciclare *v.* to recycle **7**
riciclo *m.* recycling
riconoscere *v.* to acknowledge, to recognize
ricordare *v.* to remember
ricordarsi (di) *v.* to remember (to) **2**
ricordo *m.* memory **1**
ridere *v.* to laugh **3**
riempire (di) *v.* to fill (with) **8**
rifiuto *m.* garbage
 vietato buttare rifiuti no littering
riflettere (su) *v.* to reflect (on) **8**
rifugio *m.* shelter **8**
riga *f.* part, stripe
rigore: calcio *m.* **di rigore** penalty kick **3**
rima *f.* rhyme **8**
rimandare *v.* to postpone **5**
rimanere *v.* to stay **1**
rimborso *m.* refund
rimproverare *v.* to scold **5**
rinascimentale *adj.* Renaissance
Rinascimento *m.* Renaissance **6**
rincasare *v.* to go back home **10**
rincorrere *v.* to chase
rinforzo *m.* reinforcement **5**
ringraziare (di) *v.* to thank (for) **8**
rinunciare (a) *v.* to give up **10**
riordinare *v.* to tidy up
riparare *v.* to repair
ripetere *v.* to repeat
riposarsi *v.* to rest **2**
riscaldamento *m.* **globale** global warming **7**
riso *m.* rice
risolvere *v.* to solve **6**
Risorgimento *m.* Resurgence (Italian unification) **6**
risparmiare *v.* to save **10**

risparmio *m.* saving **10**
 conto *m.* **di risparmio** savings account
rispettare *v.* to respect
rispondere *v.* to answer **3**
 rispondere al telefono *v.* to answer the phone
ristorante *m.* restaurant
risultare *v.* to result **3**
ritardo *m.* delay **2**
ritenere *v.* to maintain **6**
ritirare dei soldi *v.* to withdraw money
ritirata *f.* retreat **2**
ritornare *v.* to go back, to return **3**
ritratto *f.* portrait
ritrovato *m.* discovery, finding **7**
riunione *f.* meeting
riuscire (a) *v.* to succeed in, manage to **1**
rivedere *v.* to recognize
rivista *f.* magazine, revue, vaudeville **9**
robotica *f.* robotics **7**
romanico/a *adj.* Romanesque
romantico/a *adj.* romantic
romanzo *m.* novel **8**
rompere *v.* to break **3**
 rompere con *v.* to break up with **1**
rompersi *v.* to break
rondine *f.* swallow
rosa *adj.* romance **9**; (*invar.*) pink; *f.* rose
rosolare *v.* to brown
rossetto *m.* lipstick
rosso/a *adj.* red
rotonda *f.* rotary
rovesciare *v.* to overturn **4**; to overthrow **8**
rovine *f., pl.* ruins **2**
rozzo/a *adj.* crude
rubare *v.* to steal **5**
rubrica *f.* address book
 rubrica (di cultura e società) *f.* (lifestyle) section **9**
rumore *m.* noise **10**
rumoroso/a *adj.* noisy **2**
ruolo *m.* role **5**
ruscello *m.* stream
russo/a *adj.* Russian

S

sabato *m.* Saturday
sacco *m.* sack
 sacco (di) *adj.* ton (of)
saggista *m., f.* essayist **8**
sala *f.* hall, room
 sala *f.* **d'emergenza** emergency room
salario *m.* salary
 salario *m.* **elevato/basso** high/ low salary

salato/a *adj.* salty

saldi *m., pl.* sales **3**

saldi *m., pl.* **di fine stagione** end-of-season sales **3**

sale *m.* salt

salire *v.* to go up **1**

salire in macchina *v.* to get in the car **2**

salire le scale *v.* to climb stairs

salire sul treno *v.* to get on the train **2**

salire sull'autobus *v.* to get on the bus **2**

saltare *v.* to jump **3**

saltare la lezione *v.* to skip class

salto *m.* **generazionale** generation gap **5**

salumeria *f.* delicatessen

salutare *v.* to greet

salutarsi *v.* to greet each other

salute *f.* health

saluto *m.* greeting

salvare *v.* to save **4**

Salve. *(form.)* Hello.

salvo *prep.* except (for) **8**

salvo che *conj.* unless **7**

salvo/a *adj.* safe **4**

sandali *m., pl.* sandals **10**

sangue *m.* blood **5**

sano/a *adj.* healthy

santo/a *m., f.* saint **6**

santo/a *m., f.* **patrono/a** patron saint **9**

sapere *v.* to know **1**

sapone *m.* soap

saporito/a *adj.* tasty

sasso *m.* stone

sassofono *m.* saxophone

satirico/a *adj.* satirical **8**

sbadigliare *v.* to yawn **1**

sbadiglio *m.* yawn **1**

sbagliare *v.* to make a mistake **1**

sbagliato/a *adj.* wrong **7**

sbarazzarsi di *v.* to get rid of

sbrigarsi *v.* to hurry **2**

scacchi *m., pl.* chess **3**

scaffale *m.* bookshelf

scala *f.* ladder, staircase **8**

scale *f., pl.* stairs

salire/scendere le scale *v.* to climb/go down stairs

scalare *v.* to climb **3**

scambio *m.* exchange **4**

scandalo *m.* scandal **4**

scappamento *m.* exhaust

scaricare *v.* to download **7**

scarpe *f., pl.* **da ginnastica/ tennis** sneakers **3**

scatola *f.* box **1**

scavo *m.* excavation **2**

scegliere *v.* to choose **1**

scemo/a *adj.* dim-witted

scena *f.* stage, scene **9**

mettere in scena *v.* to put on a play

scendere *v.* to go down

scendere dal treno get off the train **2**

scendere dalla macchina *v.* to get out of the car **2**

scendere dall'autobus *v.* to get off the bus **2**

scendere in campo *v.* to start the game **3**

sceneggiatura *f.* screenplay **9**

scenetta *f.* skit **9**

schema *m.* diagram; scheme

schermo *m.* screen **9**

scherzare *v.* to joke **1**

scherzo *m.* joke

scherzoso/a *adj.* playful

schiavitù *f.* slavery **8**

schiena *f.* back

schifoso/a *adj.* disgusting

schizzo *m.* sketch **8**

sci *m.* skiing **3**; *m. (inv.)* ski

sci *m.* **di fondo** cross-country skiing **3**

sciare *v.* to ski **1**

sciarpa *f.* scarf

scienze *f., pl.* science

scienziato/a *m., f.* scientist

Sciò! Shoo!

sciopero *m.* strike **10**

scivolare *v.* to slide **8**

scodella *f.* bowl

scogliera *f.* cliff

scoiattolo *m.* squirrel

scolpire *v.* to sculpt; engrave

scommettere (su) *v.* to bet (on) **6, 8**

scomparire *v.* to disappear **7**

scomparsa *f.* disappearance **6**

sconfiggere *v.* to defeat **8**

sconfitta *f.* defeat **4**

scontrino *m.* receipt **10**

scopa *f.* broom

scoperta *f.* discovery **7**

scopo *m.* aim; goal **7**

scoria *f.* waste

scorso/a *adj.* last

scortese *adj.* discourteous

scottatura *f.* burn

scrittore/scrittrice *m., f.* writer

scrivere *v.* to write **3**

scriversi *v.* to write each other **2**

scultore/scultrice *m., f.* sculptor **8**

scultura *f.* sculpture **8**

scuola *f.* school

scuro/a *adj.* dark

scusare *v.* to excuse

Scusi/a. *(form./fam.)* Excuse me.

sdegno *m.* contempt

se *conj.* if

sé *disj. pron., m., f., sing., pl.* herself; himself; itself; themselves; yourself

sebbene *conj.* although **7**

secchione/a *m., f.* student who studies too hard **3**

secco/a *adj.* dry

secolo *m.* century **2**

secondo *prep.* according to **8**

secondo/a *adj.* second

sedersi *v.* sit down

sedia *f.* chair

sedicesimo *adj.* sixteenth

sedici *m.* sixteen

seducente *adj.* attractive **1**

segnale *m.* signal **7**

segnale *m.* **analogico** analog signal **7**

segnale *m.* **digitale** digital signal **7**

segnale *m.* **stradale** road sign **2**

segnare (un gol) *v.* to score (a goal) **3**

segretario/a *m., f.* secretary **10**

seguire *v.* to follow; to take (a class)

sei *m.* six

seicento *m.* six hundred

selciato *m.* cobblestones **9**

selvaggi *m. pl.* savages **9**

semaforo *m.* traffic light **2**

sembrare *v.* to seem **2**

seminterrato *m.* basement; garden-level apartment

sempre *adv.* always

sensibile *adj.* sensitive **1**

senso *m.* sense

buon senso *m.* common sense **6**

senso *m.* **unico** one way

sentiero *m.* path

sentire *v.* to feel; to hear

sentirsi *v.* to feel **1**

senza *prep.* without **8**

senza che *conj.* without **7**

separato/a *adj.* separated

sera *f.* evening

serio/a *adj.* serious

serpente *m.* snake

servire *v.* to serve

servire a *v.* to be good for **8**

servizio *m.* service

stazione *f.* **di servizio** service station

sessanta *m.* sixty

sesto *adj.* sixth

seta *m.* silk

sete: avere sete *v.* to be thirsty **1**

settanta *m.* seventy

sette *m.* seven

settecento *m.* seven hundred

settembre *m.* September

settentrionale *adj.* northern **6**

settimana *f.* week

settimana *f.* **bianca** ski vacation

settimanale *m.* weekly magazine **9**

settimo *adj.* seventh

settore *m.* sector **10**
severo/a *adj.* strict **5**
sfarsi *v.* to fall apart
sfida *f.* challenge **7**
sfilata *f.* (fashion) parade **10**
sfogliatella *f.* Neapolitan pastry **1**
sfollati *m., pl.* evacuees **2**
sguardo *m.* gaze **10**
shampoo *(invar.) m.* shampoo
si *pron.* one; *ref. pron. m., f., sing.,
   pl.* herself, himself, itself, onself,
   themselves
siccità *f.* drought
sicurezza *f.* security, safety **4**
sicuro *adj.* certain
significare *v.* to mean
signor… *m.* Mr.…
signora… *f.* Mrs.…
simpatico/a *adj.* likeable, nice
sinagoga *f.* synagogue **6**
sincero/a *adj.* sincere
sindacato *m.* labor union **10**
sindaco *m.* mayor **2**
sinistra *f.* left
sintomo *m.* symptom
sipario *m.* curtain **9**
sistema *m.* system
sistemare *v.* to put together
sito *m.* **Internet** Web site
smaltire *v.* to drain
smettere *v.* to stop **3**
sminuire *v.* to play down **3**
smog *m.* smog
smorfia *f.* smirk **10**
SMS *m.* text message **7**
soccorso: pronto soccorso *m.*
   emergency room **9**
società *f.* firm/society **10**
socievole *adj.* sociable; friendly **5**
socio/a *m., f.* (business) partner **10**
sofferenza *f.* suffering
soffriggere *v.* to fry lightly
soffrire (di) *v.* to suffer (from) **8**
soggettivo/a *adj.* subjective; biased **8**
soggiorno *m.* living room
sognare *v.* to dream **1**
soldato *m.* soldier **2**
soldi *m., pl.* money
sole *m.* sun
soleggiato/a *adj.* sunny
solito/a *adj.* usual
   di solito *adv.* usually
soltanto *adv.* only
soluzione *f.* solution
sommerso/a *adj.* submerged **7**
sondaggio *m.* opinion poll **9**
sopra *prep., adv.* above; over
sopracciglio (*pl.* sopracciglia *f.*)
   m. eyebrow
soprannome *m.* nickname **5**
sopravvivenza *f.* survival **2**

sopravvivere *v.* to survive **5**
sordo/a *adj.* deaf **5**
sorella *f.* sister
   sorellastra *f.* half sister, stepsister
   sorellina *f.* little/younger sister
sorgere *v.* to rise (sun)
sormontare *v.* to overcome **5**
**sorpreso/a: essere
   sorpreso/a** *v.* to be surprised **6**
sorridere *v.* to smile **5**
sottaceto *adj.* pickled
sott'olio *adj.* in oil
sotto *prep.* under **8**; *adv.* underneath
sottosviluppo *m.*
   underdevelopment **6**
sottotitolo *m.* subtitle **9**
sovrappopolazione *f.*
   overpopulation **6**
spagnolo/a *adj.* Spanish
spalla *f.* shoulder
sparecchiare la tavola *v.* to clear
   the table
sparire *v.* to dissapear **3**
spazzare *v.* to sweep
spazzatura *f.* garbage
   portare fuori la spazzatura *v.*
      to take out the trash
spazzino/a *m., f.* street sweeper
spazzola *f.* brush
spazzolino *m.* **(da denti)** tooth brush
specchio *m.* mirror
specialista *m., f.* specialist
specializzazione *f.* specialization
spedire *v.* to send
spegnere *v.* to turn off
spendere *v.* to spend (money)
sperare *v.* to hope **6**
sperimentale *adj.* experimental **9**
spesa: fare la spesa *v.* to buy
   groceries
spesso *adv.* often
spettacolo *m.* show, performance **3**
spettatore/spettatrice
   m., f. spectator
spettinare *v.* to muss hair **5**
spia *f.* spy **2**
spiaggia *f.* beach
spiare *v.* to spy **4**
spiccioli *m., pl.* small change **3**
spiegare *v.* to explain **1**
spigola *f.* bass fish **4**
spingere *v.* to push **6**
spinotto *m.* plug **3**
spiritoso/a *adj.* clever; funny
spogliarsi *v.* to undress **10**
spolverare *v.* to dust
sporcare *v.* to soil
sporco/a *adj.* dirty
sport *m.* sport
   sport *m., pl.* **estremi** extreme sports
sportello *m.* window; counter **10**

sportivo/a *adj.* active
   club *m.* **sportivo** sports club **3**
   cronaca *f.* **sportiva** sports news **9**
sposare *v.* to marry
sposarsi (con) *v.* to get married (to) **1**
sposato/a *adj.* married **1**
sposo/a *m., f.* groom/bride **5**
sprecare *v.* to waste
spumone *m.* a type of gelato **1**
spuntare (i capelli) *v.* to trim
   (one's hair)
spuntino *m.* snack
squadra *f.* team **3**
squillare *v.* to ring (telephone)
squisito/a *adj.* exquisite
stabilirsi *v.* to settle **6**
stadio *m.* stadium **2**
stage *m.* internship
stagione *f.* season
stagista *m., f.* intern **10**
stampa: comunicato *m.* **stampa**
   press release **9**
stampante *f.* printer
stampare *v.* to print
stanco/a *adj.* tired
stanza *f.* room
stare *v.* to stay **1**
   stare a cuore *v.* to matter **2**
   stare bene/male *v.* to be well/ill **1**
   stare in fila *v.* to stand in line **5**
   stare per *v.* to be about to **1**
   stare zitto *v.* to be/stay quiet
starnutire *v.* to sneeze
statista *m.* statesman **6**
statua *f.* statue
stazione *f.* station
   stazione *f.* **di polizia** police
      station **2**
   stazione *f.* **radio** radio station **9**
stella *f.* star
stereotipo *m.* stereotype **6**
stile *m.* style **10**
stilista *m., f.* fashion designer **10**
stipendio *m.* wage **10**
   stipendio *m.* **minimo** minimum
      wage **10**
stirare *v.* to iron
stirarsi *v.* to stretch **10**
stivale *m.* boot
stomaco *m.* stomach
storia *f.* history
storico/a *adj.* historic **8**
strada *f.* street **2**
   conoscere la strada *v.* to know
      the way
strafare *v.* to overdo things
straniero/a *adj.* foreign
strano/a *adj.* strange **5**
stretto/a *adj.* tight; tight-fitting
stringere la mano a *v.* to shake
   hands with **8**

strisce *f., pl.* **pedonali** crosswalk **2**
strofa *f.* stanza **8**
strumento *m.* instrument **7**
  strumento *m.* **musicale**
    musical instrument
studente(ssa) *m., f.* student
studi *m., pl.* studies
studiare *v.* to study **1**
studio *m.* office; study
studioso/a *adj.* studious
stufarsi *v.* to be fed up **2**
stufo/a *adj.* fed up **1**
stupire *v.* to surprise **7**
su *prep.* in; on
  su Internet online
subacqueo *m.* scuba diver **4**
subaffittare *v.* to sublet
subito *adv.* immediately; right away
succedere *v.* to happen
successo *m.* success
succo *m.* juice
  succo *m.* **d'arancia** orange juice
suggerire *v.* to suggest **6**
suocero/a *m., f.* father-/mother-
  in-law **5**
suonare *v.* to play (instrument) **3**
suora *f.* nun **3**
superare *v.* to overcome **6**; *v.* to
  pass (an *exam*)
superato/a *adj.* old-fashioned
superiore *adj.* higher; superior **9**
supermercato *m.* supermarket
supplemento *m.* excess fare
supplente *m.* substitute teacher **1**
supremo/a *adj.* supreme **9**
sussurro *m.* rumor, whisper **8**
sveglia *f.* alarm clock **10**
svegliare *v.* to wake someone **2**
svegliarsi *v.* to wake up **2**
sviluppare *v.* to develop
sviluppo *m.* advance; development **6, 7**
svizzero/a *adj.* Swiss
svolgersi *v.* to take place **8**

T

tacchi *m., pl.* heels **3**
  tacchi *m., pl.* **alti** high heels **1**
  tacchi *m., pl.* **bassi** low heels **1**
taccuino *m.* notebook **1**
taglia *f.* clothing size
tagliare *v.* to cut
  tagliare i capelli *v.* to cut one's hair
tailleur *m.* (women's) suit **10**
tamburo *m.* drum
tana *f.* burrow **8**
tanto *adj.* so much, so many
  di tanto in tanto *adv.* off and on
  tanto… quanto *adv.* as
tappeto *m.* carpet
tardi *adv.* late
  A più tardi. See you later.

tariffa *f.* fare
tassa *f.* tax **10**
tassì *m.* taxi
tassista *m.* taxi driver **6**
tasso *m.* rate
  tasso *m.* **d'interesse** interest rate **10**
  tasso *m.* **di natalità** birthrate **6**
tastiera *f.* keyboard
tata *f.* nanny
tatuaggio *m.* tattoo **10**
tavola *f.* table
  sparecchiare la tavola *v.* to clear
    the table
  tavola *f.* **calda** cafeteria; snack bar
tavolo *m.* table
  computer *m.* **da tavolo** desktop
    computer **7**
taxi *m.* taxi
tazza *f.* cup; mug
tè *m.* tea
teatrale *adj.* theatrical
teatro *m.* theater
tecnico *m., f.* technician
tecnologia *f.* technology
tedesco/a *adj.* German
tela *f.* canvass
telecomando *m.* remote control
telecomunicazioni *f., pl.*
  telecommunications **7**
telefonare *v.* to telephone
telefonarsi *v.* to phone each other **2**
telefonico/a: segreteria *f.*
  telefonica answering machine
telefono *m.* telephone
telegiornale *m.* TV news **9**
telenovela *f.* soap opera **9**
telespettatore/telespettatrice
  m., f. television viewer **9**
televisione *f.* television **9**
  televisione *f.* **via cavo** cable TV **9**
tema *m.* essay; theme
temere *v.* to fear, be afraid **6**
tempaccio *m.* bad weather
tempo *m.* weather
temporale *m.* storm
tenace *adj.* tenacious
tenda *f.* curtain
tenere *v.* to hold **1**
  tenere a *v.* to care about **8**
tenero/a *adj.* sweet; tender
tennis *m.* tennis
tenore di vita *m.* standard of living **6**
teorema *m.* theorem
tergicristallo *m.* windshield wiper
terme *f., pl.* (thermal) baths **2**
termine: breve/lungo
  termine *adj.* short-/long-term **10**
termometro *m.* thermometer
terra: surriscaldamento *m.* **della**
  terra global warming
terremoto *m.* earthquake
terrorismo *m.* terrorism **4**

terrorista *m., f.* terrorist **4**
terzo *adj.* third
tesina *f.* essay; term paper
testa *f.* head
testardo/a *adj.* stubborn **5**
testimone *m., f.* witness **4**
testo *m.* textbook
tiepido *adj.* lukewarm **4**
tifare (per) *v.* to be a fan of, root for **3**
tifoso/a *m., f.* fan **3**
timbrare *v.* to stamp **9**
timido/a *adj.* shy **1**
tinta *f.* color; dye
tintoria *f.* dry cleaner
tipo *m.* guy
tiramisù *m.* "pick-me-up" coffee
  dessert **1**
tirare avanti *v.* to forge ahead **6**
tirocinio *m.* professional training
tivù *f.* TV
toccare *v.* to touch
togliere *v.* to remove **1**
tonno *m.* tuna
tonto/a *adj.* dumb
topo *m.* mouse
topografia *f.* topography **2**
tormenta *f.* bilizzard
tornado *m.* tornado
tornare *v.* to go back, to return **3**
torneo *m.* tournament **3**
toro *m.* bull
tosse *f.* cough **1**
tossico/a: rifiuti *m., pl.* **tossici**
  toxic waste
tossire *v.* to cough
tostapane *m.* toaster
tostare *v.* to toast
tovaglia *f.* tablecloth
tovagliolo *m.* napkin
tra *prep.* among, between, in
tracciare *v.* to trace **6**
tradizione *f.* tradition **6**
tradurre *v.* to translate **1, 8**
traffico *m.* traffic **2**
tragedia *f.* tragedy
traghetto *m.* ferry **7**
tragico/a *adj.* tragic **8**
tram *m.* cable car **2**
trama *f.* plot **8**
tramontare *v.* set (sun)
tramonto *m.* sunset
tranne *prep.* except **8**
tranquillo/a *adj.* calm, quiet **1**
trarre *v.* to draw, bring **9**
trasferirsi *v.* to move (change
  residence) **2, 5**
traslocare *v.* to move
trasmettere *v.* to broadcast **9**
trasmissione *f.* broadcast **7**
trasporto *m.* transportation
  trasporto *m.* **pubblico**
    public transportation

trattarsi di *v.* to be about, deal with **8**
trattato *m.* treaty **4**
trattoria *f.* small restaurant, family run
trauma *m.* trauma
tre *m.* three
treccia *f.* braid
treccine *f., pl.* dreadlocks
trecento *m.* three hundred
tredicesima *f.* year-end bonus
tredici *m.* thirteen
trendy *adj.* trendy
treno *m.* train
  salire sul treno *v.* to get on the train **2**
  scendere dal treno *v.* get off the train **2**
trenta *m.* thirty
trentacinque *m.* thirty-five
trentadue *m.* thirty-due
trentanove *m.* thirty-nine
trentaquattro *m.* thirty-four
trentasei *m.* thirty-six
trentasette *m.* thirty-seven
trentatré *m.* thirty-three
trentatreesimo *adj.* thirty-third
trentotto *m.* thirty-eight
trentuno *m.* thirty-one
tribuna *f.* stand
tribunale *m.* courthouse **2**
triste *adj.* sad
troppo *adj., adv., indef. pron.* too much
trovare *v.* to find
  trovare lavoro *v.* to find a job
trovarsi *v.* to be located **2**
truccarsi *v.* to put on make up **1**
trucco *m.* makeup **10**
truppa *f.* troop **7**
tuono *m.* thunder
turista *m., f.* tourist
turno *m.* **di lavoro** work shift **10**
tutelare *v.* to protect, defend **6**
tutto *indef. adj.* every, all **9**; *indef. pron.* everything **9**
  tutti quanti *rel. pron.* everyone, all who, all that **9**
  tutti quelli che *rel. pron.* everyone, all who, all that **9**
  tutti/e *indef. pron.* everyone; everything **9**
  tutto ciò che *rel. pron.* everything that, all that **9**
  tutto quanto *rel. pron.* everything that, all that **9**
  tutto quel(lo) che *rel. pron.* everything that, all that **9**
TV *f.* TV
  guardare la TV *v.* to watch TV

uccello *m.* bird
ufficio *m.* office **10**

ufficio *m.* **informazioni turistiche** tourist information office
ufficio *m.* **postale** post office
uguaglianza *f.* equality **4**
uguale *adj.* equal **4**
ultimo/a *adj.* last
Umanesimo *m.* Humanism **8**
umano/a: risorse *f., pl.* **umane** human resources
umidità *f.* humidity
umido/a *adj.* humid
  in umido *adj.* stewed
umile *adj.* humble **1**
umorismo *m.* humor **6**
umoristico/a *adj.* humorous **8**
undicesimo *adj.* eleventh
undici *m.* eleven
unito/a *adj.* united
università *f.* university
uomo (*pl.* uomini) *m.* man
  uomo *m.* **d'affari** businessman
uovo (*pl.* uova f.*) *m.* egg
urbanistica *f.* city/town planning **2**
usanza *f.* custom **9**
usare *v.* to use
uscire *v.* to come out **1**; to be released **9**
  uscire (da) *v.* to leave **8**
  uscire con *v.* to go out with **1**
uscita *f.* exit
utile *adj.* useful **1**
uva *f.* grapes

vacanza *f.* vacation
vaccino *m.* vaccine **7**
valere *v.* to be worth **6**
  valere la pena *v.* to be worth it **3**
valigetta *f.* briefcase
valigia: fare la valigia *v.* to pack a suitcase
valle *f.* valley
valletta *f.* TV host assistant **9**
valuta *f.* currency **4**
vanitoso/a *adj.* vain **5**
vantaggio *m.* advantage **4**
vantarsi *v.* to boast, brag **2**
vaporetto *m.* motor boat (used for public transportation in Venice) **7**
varicella *f.* chicken-pox
vaso *m.* vase
vassoio *m.* tray **1**
vecchiaia *f.* old age **5**
vecchio/a *adj.* old
vedere *v.* to see **3**
vedersi *v.* to see each other **2**
vedovo/a *adj.* widowed; widower/ widow **1**
velato/a *adj.* veiled **8**
veloce *adj.* fast

velocemente *adv.* quickly
vendere *v.* to sell
vendicativo/a *adj.* vengeful **1**
venditore/venditrice *m., f.* vendor **2**
  venditore/venditrice *m., f.* **ambulante** street vendor **2**
venerdì *m.* Friday
venire *v.* to come **1**
  venire da *v.* to come from **8**
ventesimo *adj.* twentieth
venti *m.* twenty
venticinque *m.* twenty-five
ventidue *m.* twenty-two
ventinove *m.* twenty-nine
ventiquattro *m.* twenty-four
ventisei *m.* twenty-six
ventisette *m.* twenty-seven
ventitré *m.* twenty-three
vento *m.* wind
ventoso/a *adj.* windy
ventotto *m.* twenty-eight
ventre *m.* abdomen
ventuno *m.* twenty-one
veramente *adv.* truly
verde *adj.* green
verdura *f.* vegetable
vergogna *f.* shame **2**
  avere vergogna (di) *v.* to be ashamed (of) **1**
vergognarsi *v.* to be ashamed **1**
versare *v.* to deposit **10**
verso *m.* line (of poetry) **8**; *prep.* toward
vestaglia *f.* robe **10**
vestirsi *v.* to get dressed **2**
vestito *m.* suit; dress
  vestiti *m., pl.* clothing
  vestito *m.* **da donna** suit **3**
  vestito *m.* **da sposa** wedding dress **8**
  vestito *m.* **da uomo** suit **3**; suit/dress **3**
veterinario/a *m., f.* veterinarian
vetrina *f.* shop window **1**
vetro *m.* car window
vetturino *m.* coachman **9**
via *f.* street **2**; *adv.* away
  buttare via *v.* to throw away **1**
viaggiare *v.* to travel
viaggiatore *m.* traveler
viaggio *m.* trip
  agente *m.f.* **di viaggio** travel agent
vicino/a *adj.* near; *m., f.* neighbor; *adv.* near, close
  vicino a *prep.* close (to)
vicolo *m.* alley **9**
videocamera *f.* camcorder
videogioco *m.* videogame **3**
videoteca *f.* video store
vigile *m., f.* **del fuoco** firefighter **2**

vigile/vigilessa *m., f.* **urbano/a** traffic officer

vigilia *f.* eve **6**

vignetta *f.* cartoon **9**

villa *f.* single-family home; villa

vincere *v.* to win

   vincere le elezioni *v.* to win the election **4**

   vincere una partita *v.* to win a game **3**

vino *m.* wine

viola *(invar.) adj.* purple

violenza *f.* violence **4**

violinista *m., f.* violinist

violino *m.* violin

visitare *v.* to visit

viso *m.* face

vista *f.* sight

   conoscere di vista *v.* to know by sight

vita *f.* waist

vittima *f.* victim **4**

vitto: vitto e alloggio room and board (lit. food and apartment) **5**

vittoria *f.* victory **4**

vittorioso/a *adj.* victorious **4**

vivace *adj.* lively **2, 5**

vivere *v.* to live **5**

   vivere di *v.* to live on **8**

viziare *v.* to spoil **5**

voglia *f.* desire

   avere voglia di *v.* to feel like **8**

volante *m.* steering wheel

volere *v.* to want **1**

   volerci *v.* to take, require **8**

   volere bene a *v.* to feel affection for; to love **1**

volo *m.* flight

volontà *f.* willingness, will, wish **4, 6**

volta *f.* time; turn

volto *m.* face **9**

vongola *f.* clam

votare *v.* to vote **4**

voto *m.* grade

vulanico/a: eruzione *f.* **vulcanica** volcanic eruption

W

windsurf *m.* windsurfing

Y

yogurt *m.* yogurt

Z

zainetto *m.* small backpack **5**

zaino *m.* backpack

zeppe *f., pl.* wedge shoes **3**

zio/a *m., f.* uncle/aunt **5**

zoologo/a *m., f.* zoologist **7**

zuppa *f.* soup

English-Italian

@ symbol chiocciola *f.* **7**
abdomen ventre *m.*
ability competenza *f.*
abolish abolire *v.* **8**
above sopra *prep., adv.*
abroad all'estero *adv.*
absolutely altroché *conj.*
abuse abusare *v.* **4;**
  maltrattamento *m.* **6**
  abuse of power abuso *m.* di
  potere **4**
accident incidente *m.*
  to have/be in an accident avere
  un incidente *v.*
according to secondo *prep.* **8**
accordion fisarmonica *f.*
account conto *m.* **10**
  checking account conto *m.*
  corrente **10**
  to open/close an account
  aprire/chiudere *v.* un conto **10**
accountant contabile *m., f.* **10**
achieve realizzare *v.* **6**
acid rain pioggia *f.* acida
acknowledge riconoscere *v.*
acritical acritico/a *adj.* **9**
across from di fronte a *prep.*
act atto *m.;* recitare *v.*
active attivo/a *adj.;* sportivo/a *adj.*
activist attivista *m., f.* **4**
actor/actress attore/attrice *m., f.* **9**
ad annuncio *m.* **10**
  job ad annuncio *m.* di lavoro **10**
AD (Anno Domini) d.C. (dopo
  Cristo) *adj.* **2, 8**
adapt adattarsi *v.* **6**
adaptation adattamento *m.* **9**
address indirizzo *m.*
  address book rubrica *f.*
adhesive tape nastro *m.* adesivo **7**
adjust adeguarsi *v.* **6**
administrative assistant assistente
  m., f. amministrativo/a
adopt adottare *v.*
adopted adottivo/a *adj.* **5**
adoptive adottivo/a *adj.* **5**
adore adorare *v.* **1**
adulthood età *f.* adulta **5**
advance sviluppo *m.* **6, 7**
advantage vantaggio *m.* **4**
advertisement pubblicità *f.* **9**
advise consigliare (di) *v.* **8**
aesthetic estetico/a *adj.* **8**
affectionate affettuoso/a *adj.* **1**
affluent abbiente *adj.* **5**
afraid: be afraid (of) avere paura
  (di) *v.* **1**

African africano/a *adj.*
after dopo *prep.* **8**
afternoon pomeriggio *m.*
  afternoon snack merenda *f.*
afterwards dopo *adv.*
again ancora; di nuovo *adv.*
against contro *prep.* **8**
age età *f.* **8;** invecchiare *v.* **5**
agency agenzia *f.*
agent agente *m., f.*
agnostic agnostico/a *adj., m., f.* **6**
ago fa *adv.*
agreement accordo *m.* **4**
agriculture agricoltura *f.*
ailment malattia *f.*
aim scopo *m.* **7**
airplane aereo *m.*
airport aeroporto *m.*
alarm clock sveglia *f.* **10**
all ogni; tutto *indef. adj., indef. pron.* **9**
  all over ovunque *adv.*
  All Saints' Day Ognissanti *m.*
  all that tutto ciò che, tutto quanto,
  tutto quel che, tutto quello che *rel.*
  pron. **9**
  all that/who quanti, tutti quanti,
  tutti quelli che, tutti/e *rel. pron.* **9**
allergic: to be allergic (to) essere
  allergico (a) *v.*
alley vicolo *m.* **9**
allies (allied troops) alleati *m., pl.* **2**
allow lasciare *v.;* permettere *v.* **6**
allusive allusivo/a *adj.* **8**
along lungo *prep.* **8**
already già *adv.*
  by now, already ormai *adv.*
also anche; pure *conj.*
although benché, malgrado,
  nonostante, sebbene *conj.* **7**
always sempre *adv.*
ambulance ambulanza *f.*
American americano/a *adj.*
among fra, tra *prep.*
amusement park luna park *m.* **3**
analog signal segnale *m.*
  analogico **7**
ancestor antenato *m.* **5**
and e *conj.*
angry arrabbiato/a *adj.*
  to be angry at someone avercela
  con qualcuno *v.*
animal animale *m.*
annoy dare fastidio *v.* **1**
annoyed contrariato/a *adj.* **1**
answer rispondere *v.* **3**
  to answer the phone rispondere
  al telefono *v.*
answering machine segreteria *f.*
  telefonica
anthem inno *m.* **4**
anxious ansioso/a *adj.* **1**
any qualsiasi, qualunque *indef. adj.* **9**

anyone chiunque *indef. pron.* **9**
apartment appartamento *m.* **2**
  studio apartment monolocale *m.*
appear parere *v.* **2**
appearance apparenza *f.* **4;**
  comparsa *f.* **6**
appetizer antipasto *m.*
applause applauso *m.*
apple mela *f.*
appliance elettrodomestico *m.*
apply fare domanda *v.*
  apply for a job fare domanda per
  un lavoro *v.* **10**
appointment: to make an
  appointment prendere un
  appuntamento *v.*
apprentice apprendista *m., f.* **8**
appropriate opportuno/a *adj.*
April aprile *m.*
aquarium acquario *m.* **7**
aqueduct acquedotto *m.* **2**
Arab arabo/a *adj.*
architect architetto *m., f.*
arm braccio (*pl.* braccia *f.*) *m.*
armchair poltrona *f.*
armies armate *f., pl.* **2**
army esercito *m.* **4**
aroma aroma *m.*
around intorno *prep., adv.*
  around (out and about) in giro
arrivals arrivi *m., pl.*
arrive arrivare *v.* **3**
art arte *f.*
  fine arts belle arti *f., pl.* **8**
artichoke carciofo *m.*
article: article of clothing capo *m.*
  di vestiario **10**
artificial intelligence (A.I.)
  intelligenza *f.* artificiale **7**
artisan artigiano/a *m., f.* **8**
artistic artistico/a *adj.*
arts (*humanities*) lettere *f., pl.*
as così… come *adv.;* tanto…
  quanto *adv.*
  as well anche *conj.*
ask chiedere *v.* **3;** domandare *v.*
  to ask a question fare una
  domanda *v.*
  to ask, consult interpellare *v.* **8**
aspirin aspirina *f.*
assume responsibility assumersi
  una responsabilità *v.* **5**
astronaut astronauta *m., f.* **7**
astronomer astronomo/a *m., f.* **7**
at a; da; in *prep.*
  @ symbol chiocciola *f.* **7**
atheistic ateo/a *adj.* **6**
athletic atletico/a *adj.*
ATM bancomat *m.* **10;** cassa *f.*
  automatica
attach allegare *v.* **7**
attend assistere a *v.* **8;** frequentare *v.*

attention: to pay attention dare retta, fare attenzione a *v.* **5**
attentive attento/a *adj.*
attic mansarda *f.*
attractive seducente *adj.* **1**
audacious audace *adj.*
audience pubblico *m.*
August agosto *m.*
aunt zia *f.* **5**
author autore/autrice *m., f.*
autonomy autonomia *f.* **6**
avant-garde d'avanguardia *adj.* **8**
average: of average height di media statura *adj.*
avoid evitare (di) *v.*
award-winning premiato/a *adj.* **8, 9**
awareness: environmental awareness coscienza *f.* ambientale
axiom massima *f.* **1**

B

baby bambino/a *m., f.*
back schiena *f.*
backpack zaino *m.*
  small backpack zainetto *m.* **5**
bad cattivo/a *adj.* **9**
  bad boy ragazzaccio *m.*
  bad weather maltempo *m.* **6**; tempaccio *m.*
  bad-mannered maleducato/a *adj.* **5**
  very bad pessimo/a *adj.* **9**
badly male *adv.* **9**
bakery panetteria *f.*
balcony balcone *m.*
ball pallone *m.* **3**
ballet balletto *m.*
ballet dancer ballerino/a *m., f.*
ban divieto *m.* **8**
banana banana *f.*
band gruppo *m.* (musicale) **3**
  rock band gruppo *m.* rock
bang frangia *f.*
bank banca *f.;* bancario/a *adj.*
  bank account conto *m.* bancario
banker banchiere/a *m., f.*
bankruptcy bancarotta *f.* **10**
Baroque barocco/a *adj.*
bartender barista *m., f.*
basement seminterrato *m.*
basketball basket, pallacanestro *m.*
bass (*fish*) spigola *f.* **4**
bath bagno *m.*
bathing suit costume *m.* da bagno
bathroom bagno *m.*
bathtub vasca *f.* da bagno
battery charger carica batteria *m.*
battle battaglia *f.* **8**
BC(E) a.C. (avanti Cristo) *adj.* **8**
be essere *v.* **3**
  to be... years old avere... anni *v.* **1**

to be a fan of, root for tifare (per) *v.* **3**
to be able, can potere *v.* **1**
to be about to stare per *v.* **1**
to be about, deal with trattarsi di *v.* **8**
to be afraid (of) avere paura (di) *v.* **1**
to be afraid temere *v.* **6**
to be ashamed vergognarsi *v.* **1**
to be ashamed (of) avere vergogna (di) *v.* **1**
to be better off fare meglio a *v.* **8**
to be born nascere *v.* **3**
to be careful essere attento/a *v.* **8**
to be early essere in anticipo *v.* **2**
to be expecting (a baby) aspettare un figlio *v.* **5**
to be fed up stufarsi *v.* **2**
to be good for servire a *v.* **8**
to be hungry avere fame *v.* **1**
to be important, to matter importare *v.* **2**
to be in a hurry avere fretta (di) *v.* **8**
to be in debt avere dei debiti *v.* **10**
to be informed, up-to-date essere aggiornato/a *v.* **9**
to be interested in interessarsi (a/di) *v.* **8**
to be located trovarsi *v.* **2**
to be missing mancare *v.* **2**
to be named chiamarsi *v.* **2**
to be necessary occorrere *v.* **6**
to be pregnant essere incinta *v.* **5**
to be ready essere pronto/a a *v.* **8**
to be released uscire *v.* **9**
to be right avere ragione (di) *v.* **8**
to be sorry dispiacere *v.* **2**; essere desolato/a *v.* **5**
to be sufficient bastare *v.* **3**
to be surprised essere sorpreso/a *v.* **6**
to be thirsty avere sete *v.* **1**
to be well/ill stare bene/male *v.* **1**
to be worth valere *v.* **6**
to be worth it valere la pena *v.* **3**
to be wrong avere torto *v.* **8**
beach spiaggia *f.*
  at/to the beach al mare *adv.*
beard barba *f.*
bearings: to get one's bearings orientarsi *v.*
beautiful bello/a *adj.*
beauty bellezza *f.* **1**
  beauty salon salone *m.* di belleza
become divenire *v.* **3**; diventare; rendersi *v.*
  to become independent diventare indipendente *v.* **5**
  to become poor impoverirsi *v.* **6**
  to become rich arricchirsi *v.* **6**
bed letto *m.*

bedroom camera *f.* da letto
bee ape *f.*
beef carne *f.* di manzo
beer birra *f.*
before prima *prep., adv.;* prima che *conj.* **7**
beforehand prima *adv.*
beggar mendicante *m., f.* **2**
begin (to) cominciare (a) *v.* **1**
beginning inizio *m.* **1**
behind dietro *prep., adv.* **8**
beige beige (*invar.*) *adj.*
believe credere *v.* **6**
believer fedele *m., f.* **6**
belong (to) appartenere (a) *v.* **6**
belt cintura *f.*
bench panchina *f.*
berry bacca *f.*
bet (on) scommettere (su) *v.* **6, 8**
better meglio *adv.* **9**; migliore *adj.* **9**
between fra/tra *prep.*
beyond oltre *prep., adv.* **8**
biased soggettivo/a *adj.* **8**; parziale *adj.* **9**
bicycle bicicletta *f.*
big grande *adj.* **9**; largo/a *adj.*
  big city metropoli *f.* **2**
  bigger maggiore *adj.* **9**
bill banconota *f.;* conto *m.*
billiards biliardo *m.* **3**
bills bollette *f., pl.*
  to pay the bills pagare le bollette *v.*
biochemist biochimico/a *m., f.* **7**
biography biografia *m.* **8**
biologist biologo/a *m., f.* **7**
biology biologia *f.*
bird uccello *m.*
birth nascita *f.* **5**
birthday compleanno *m.*
birthrate tasso *m.* di natalità **6**
bite morso *m.*
bitter amaro/a *adj.*
black nero/a *adj.*
blackboard lavagna *f.*
bland insipido/a *adj.*
blizzard tormenta *f.*
blonde biondo/a *adj.*
blood sangue *m.* **5**
blouse camicetta *f.*
blue azzurro/a; blu (*invar.*) *adj.*
board game gioco *m.* di società **3**
boarding house pensione *f.*
boarding pass carta *f.* d'imbarco *f.*
boast vantarsi *v.* **2**
boat barca *f.*
body corpo *m.*
bomb ordigno *m.* **5**, bomba *f.*
book libro *m.*
bookshelf scaffale *m.*
bookstore libreria *f.*
boot stivale *m.*

boredom noia *f.* 1
boring noioso/a *adj.*
  How boring! Che noia!
boss padrone *m.* 4; capo *m.* 10;
  principale *m., f.*
bossy autoritario/a *adj.* 5
bother disturbare *v.* 1; dare noia a *v.* 8
bottle bottiglia *f.*
bottom fondo *m.*
boundary confine *m.* 4
bow prua *f.* 4
bowl scodella *f.*
box scatola *f.* 1
boxing pugilato *m.* 3
boy ragazzo *m.*
boyfriend fidanzato *m.* 5; ragazzo *m.*
brag vantarsi *v.* 2
braid treccia *f.*
brake frenare *v.*
brakes freni *m., pl.*
branch ramo *m.*
brand marca *f.* 10
bread impanare *v.;* pane *m.*
break rompere *v.* 3; rompersi *v.*
  to break up with rompere con *v.* 1
break down essere in panne *v.*
breakfast colazione *f.*
  to have breakfast fare
    colazione *v.* 1
bricklayer muratore *m.*
bride sposa *f.* 5
bridge ponte *m.*
briefcase valigetta *f.*
bright brilliante *adj.*
bring portare *v.*, trarre *v.* 9
broadcast mandare in onda;
  trasmettere *v.* 9; trasmissione *f.* 7
broke: to be broke essere al verde *v.*
broom scopa *f.*
brother fratello *m.*
  brother-in-law cognato *m.*
  little/younger brother fratellino *m.*
brown rosolare *v.*
  brown (*eyes*) marrone *adj.*
  brown (*hair*) castano/a *adj.*
browse the Internet/Web navigare
  su Internet/sulla rete *v.* 7
bruise livido *m.*
brush pettinare *v.;* spazzola *f.*
  to brush one's hair pettinarsi *v.*
  to brush one's teeth lavarsi
    i denti *v.*
buckle (*seatbelt*) allacciare *v.*
build costruire *v.*
building edificio *m.* 2; palazzo *m.* 2;
  immobiliare *adj.*
  building material materiale
    m. edile 2
bull toro *m.*
bulletin board bacheca *f.*
bully bullo *m., f.* 3
bump bernoccolo *m.*

burn bruciare; masterizzare *v.* 7;
  scottatura *f.*
burrow tana *f.* 8
bus autobus *m.;* pullman *m.*
  get off a bus scendere
    dall'autobus *v.* 2
  long-distance bus corriera *f.* 6
  to get on a bus salire
    sull'autobus *v.* 2
bush cespuglio *m.*
businessman uomo *m.* d'affari
businesswoman donna *f.* d'affari
busy indaffarato/a *adj.* 2
but ma *conj.*
butcher macelleria *f.;* macellaio *m.*
butter burro *m.*
buy comprare *v.*
by da *prep.*
  by now; already ormai *adv.*
Byzantine bizantino/a *adj.*

C

cabin (*mountain shelter*) baita *f.*
cable cavo *m.*
  cable car tram *m.* 2
  cable TV televisione *f.* via cavo 9
café bar *m.* 1
  **cafè specializing in
    chocolate** cioccolateria *f.*
cafeteria mensa; tavola *f.* calda *f.*
**cake: Christmas
    cake** panettone *m.* 6
call chiamare *v.* 2
calm tranquillo/a *adj.* 1
camcorder videocamera *f.*
camera: digital camera
  macchina *f.* fotografica digitale
camp campeggiare *v.* 3
campaign campagna *f.*
  electoral campaign campagna *f.*
    elettorale 3
camping campeggio *m.*
Canadian canadese *adj.*
canals canali *m., pl.* 7
canary canarino *m.*
cancel annullare *v.*
candidate candidato/a *m., f.*
canvass tela *f.*
car automobile *f.;* macchina *f.*
  car racing automobilismo *m.* 3
  get out of a car scendere dalla
    macchina *v.* 2
  to get in a car salire in macchina
    v. 2
  car door portiera *f.*
carafe caraffa *f.*
card carta *f.*
  playing cards carte *f., pl.* (da gioco)
care (about) tenere a *v.* 8
  to not care (about) fregarsene
    (di) *v.* 6

career carriera *f.* 10
careful prudente *adj.* 1
caretaker bidello/a; portiere/a *m., f.*
carnival carnevale *m.* 9
carpenter falegname *m.*
carpet tappeto *m.*
carriage carrozza *f.* 9
carrot carota *f.*
carry: carry out an investigation
  condurre un'inchiesta *v.*
carry-on baggage bagaglio *m.*
  a mano
cartoon vignetta *f.* 9
  cartoons cartoni *m. pl.* animati 9
cash contanti *m., pl.*
  to cash a check cambiare un
    assegno *v.* 10
  to pay in cash pagare in contanti *v.*
castaway naufrago *m.* 4
cat gatto/a *m., f.*
catastrophe catastrofe *f.*
cathedral cattedrale *f.* 6
Catholic cattolico/a *adj.* 6
cavity carie *f.*
CD CD/compact disc *m.*
CD-ROM CD-ROM *m.*
celebrate festeggiare *v.* 3
celebrations festeggiamenti *m., pl.* 9
cell phone cellulare *m.*
censorship censura *f.* 8, 9
censor censurare *v.* 8
center centro *m.*
  center forward centravanti *m.* 3
century secolo *m.* 2
certain certo/a, sicuro/a *adj.*
chair sedia *f.*
chalk gesso *m.*
challenge sfida *f.* 7
chamber orchestra orchestra *f.*
  da camera 8
change cambiare *v.;* moneta *f.*
  small change spiccioli *m., pl.* 3
channel canale *m.*
chaos caos *m.* 6
character personaggio *m.* 8
  main character personaggio
    m. principale
charge caricare *v.*
charming affascinante *adj.* 1
chart classifica *f.* 3
chase rincorrere *v.*
chat chiacchierare *v.* 2
chatterbox chiacchierone *m.*
check assegno *m.;* controllare *v.*
  to cash a check cambiare un
    assegno *v.* 10
  to pay by check pagare con
    assegno *v.*
check-in counter banco *m.* 5
cheerful allegro/a *adj.*
cheerfully allegramente *adv.*
Cheers! Cin, cin!

cheese formaggio *m.*
chef cuoco/a *m., f.*
chemist chimico/a *m., f.* **7**
chess scacchi *m., pl.* **3**
chest petto *m.*
chic chic *adj.*
chicken-pox varicella *f.*
child bambino/a *m., f.*
  only child figlio/a unico/a *m., f.* **5**
childhood infanzia *f.* **5**
Chinese cinese *adj.*
chit-chat chiacchiere *f., pl.* **1**
choose scegliere *v.* **1**
chores faccende *f., pl.,*
  mestieri *m., pl.*
  to do household chores fare i
  mestieri/le faccende *v.*
chorus coro *m.*
Christmas Natale *m.*
  Christmas bread panettone *m.* **6**
church chiesa *f.* **6**
cinema cinema *m.*
citizen cittadino/a *m., f.* **2**
citizenship cittadinanza *f.* **4**
city città *f.*
  big city metropoli *f.* **2**
  city hall municipio *m.* **2**
  city plan piano *m.* urbanistico **2**
  city walls mura *f., pl.* di cinta **2**
  city/town planning urbanistica *f.* **2**
civil civile *adj.*
  civil servant funzionario/a *m., f.*
  civil war guerra *f.* civile **4**
civilization civiltà *f.* **8**
claim reclamare *v.* **6**
clam vongola *f.*
clap applaudire *v.* **3;** battere le mani *v.* **9**
clapper: professional clappers
  claque *f.* **9**
clarinet clarinetto *m.*
class classe; lezione *f.*
  class conflict conflitto *m.* di classe **6**
classic; classical classico/a *adj.* **8**
classmate compagno/a *m., f.* di classe
classroom aula *f.*
clean pulire *v.;* pulito/a *adj.*
  clean energy energia *f.* pulita **7**
clear chiaro/a *adj.*
  to clear the table sparecchiare la
  tavola *v.*
clever spiritoso/a *adj.*
client cliente *m., f.*
cliff scogliera *f.*
climate clima *m.*
climb scalare *v.* **3**
  to climb stairs salire le scale *v.*
climbing arrampicata *f.*
clock orologio *m.*
clone clonare *v.* **7**
close chiudere *v.*
  to close an account chiudere
  un conto *v.* **10**

close (to) vicino (a) *prep.*
close-knit affiatato/a *adj.* **5**
closet armadio *m.*
clothes dryer asciugatrice *f.*
clothing abbigliamento *m.* **10;**
  vestiti *m., pl.*
  clothing size taglia *f.*
cloud nuvola *f.*
cloudy nuvoloso/a *adj.*
clutch frizione *f.*
coach allenatore/allenatrice *m., f.* **3**
  coach (bus) pullman *m.*
coachman vetturino *m.* **9**
coast costa *f.*
  coast guard guardia *f.* costiera **4**
coat cappotto *m.* **3**
cobblestones selciato *m.* **9**
cockpit cabina *f.* di controllo **5**
code codice *m.* **7**
  code of conduct/ethics codice
  m. deontologico **7**
coercive coercitivo/a *adj.* **8**
coffee caffè *m.*
  coffee maker caffettiera *f.*
coin moneta *f.*
coincidence coincidenza *f.* **3**
cold freddo/a *adj.;* raffreddore *m.*
  It's cold. Fa freddo.
  to feel cold avere freddo *v.*
  to have a cold avere il
  raffreddore *v.*
colleague collega *m., f.* **10**
collection collezione *f.*
colonize colonizzare *v.* **8**
color colore *m.;* tinta *f.*
comb pettine *m.*
  to comb one's hair pettinarsi *v.*
come venire *v.* **1**
  Come on! Forza!
  to come from venire da *v.* **8**
  to come near avvicinarsi *v.* **5**
  to come out uscire *v.* **1**
comedy commedia *f.*
comic strip fumetto *m.* **9**
commercial pubblicità *f.* **9**
commission commissione *f.* **8**
commit commettere *v.*
commitment impegno *m.* **10**
common sense buon senso *m.* **6**
commonplaces luoghi *m., pl.*
  comuni **1**
commute fare il pendolare *v.*
company azienda, ditta *f.* **10**
compassion compassione *f.* **2**
compel obbligare (a) *v.* **8**
competence competenza *f.*
competition gara *f.* **3**
competitive competitivo/a *adj.* **3**
complain lamentarsi (di) *v.* **2;**
  reclamare *v.* **6**
completely affatto;
  completamente *adv.*

compose comporre *v.*
composer compositore/
  compositrice *m., f.*
composition composizione *f.* **8**
compromise compromesso *m.*
computer computer *m.* **7**
  computer science informatica *f.* **7**
  desktop computer computer *m.*
  da tavolo **7**
  laptop computer computer *m.*
  portatile **7**
concert concerto *m.*
condition condizione *f.*
confident disinvolto/a *adj.*
conform conformarsi *v.* **6**
conformism conformismo *m.* **8**
conformist conformista *adj.* **6**
congressman/congresswoman
  deputato/a *m., f.* **4**
connection collegamento *m.* **7**
conquer conquistare *v.* **8**
conscience coscienza *f.* **3, 8**
conservative conservatore/
  conservatrice *adj.* **4**
constitution costituzione *f.* **6**
consult interpellare *v.* **8**
consultant consulente *m., f.* **10**
contemporary contemporaneo/a *adj.*
contempt sdegno *m.*
content contento/a *adj.*
contestant concorrente *m., f.* **9**
continue continuare *v.* **8;**
  proseguire *v.*
contract contratto *m.*
contravene contravvenire a *v.* **8**
contributions contributi *m., pl.*
control controllo *m.*
controversial controverso/a *adj.* **7**
controversy polemica *f.* **6**
conversation conversazione *f.*
cook cucinare *v.;* cuocere *v.* **3**
cook cuoco/a *m., f.*
cookie biscotto *m.* **1**
cool fresco/a *adj.*
copy copiare *v.* **7**
copyright diritto *m.* d'autore **8**
corner angolo *m.* **2**
  around the corner dietro
  l'angolo *adv.*
correct correggere *v.* **3**
correspondent inviato/a *m., f.*
  speciale **9**
cosmetics shop profumeria *f.*
cost costare *v.*
cotton cotone *m.*
couch divano *m.*
cough tosse *f.* **1;** tossire *v.*
council consiglio *m.* **4**
count on contare su *v.* **1**
counting rhyme conta *f.* **2**
countryman/countrywoman
  paesano/a *m., f.* **2**

countryside campagna *f.* 2
couple coppia *f.* 1
courageous coraggioso/a *adj.*
course piatto *m.*
  first/second course primo/
  secondo piatto *m.*
courteous cortese *adj.*
courtesy cortesia *f.*
courthouse tribunale *m.* 2
cousin cugino/a *m., f.* 5
cover (with) coprire (di) *v.* 8
cow mucca *f.*
coward codardo/a *adj.* 5
craftsman artigiano/a *m., f.* 8
crazy pazzo/a *adj.*
credit credito *m.*
  credit card carta *f.* di credito 10
  to pay with a credit card pagare
  con carta di credito *v.*
crew cut capelli *m., pl.* a spazzola
crime criminalità *f.* 4; crimine 4;
  delitto *m.* 6
  crime novel giallo *m.* 8
criminal criminale *m., f.* 4
crisis: economic crisis crisi *f.*
  economica 10
critic critico *m.* 9
cross attraversare *v.* 2
cross-country skiing sci *m.* di
  fondo *m.* 3
crosswalk strisce *f., pl.* pedonali 2
crowd folla *f.* 2
crowded affollato/a *adj.* 2;
  intasato/a *adj.*
crude rozzo/a *adj.*
cruel crudele *adj.*
cruelty crudeltà *f.* 4
cruise crociera *f.*
crumb briciola *f.*
cry piangere *v.* 3
cultural heritage patrimonio
  culturale *m.* 9
cup tazza *f.*
cupboard credenza *f.*
curator curatore/curatrice *m., f.* 1
cure guarire *v.* 7
curious curioso/a *adj.*
curl arricciare *v.*
curly riccio/a *adj.*
currency valuta *f.* 4
current affairs attualità *f.* 9
curse maledire *v.*; maledizione *f.*
curtain sipario *m.* 9; tenda *f.*
custom usanza *f.* 9
customer cliente *m., f.*
customs dogana *f.*
cut tagliare *v.*
  to cut one's hair tagliare i capelli *v.*
cute bellino/a, *m., f.* carino/a *adj.*
cycling ciclismo *m.*
cyclone ciclone *m.*
cypress cipresso *m.*

D

dad papà *m.*
daily quotidiano/a *adj.* 2
dance ballare *v.*
  classical dance danza *f.* classica

  short dance performance
  balletto *m.* 9
danger pericolo *m.* 4
dangerous pericoloso/a *adj.* 2
dark scuro/a *adj.*
  dark-haired bruno/a *adj.*
darts freccette *f., pl.*
database banca *f.* dati 7
date appuntamento *m.* 1
  be up-to-date essere
  aggiornato/a *v.* 9
daughter figlia *f.* 5
  daughter-in-law nuora *f.* 5
dawn alba *f.*
day giorno *m.*
deaf sordo/a *adj.* 5
deal affare *m.* 4
  good deal buon affare *m.*
dear: sweet, very dear
  caruccio *adj.*
death morte *f.* 5
debit card carta *f.* di debito
  to pay with a debit card pagare
  con carta di debito *v.*
debt debito *m.* 10
  to be in debt avere dei debiti *v.* 10
debut debutto *m.*
decade decennio *m.* 8
December dicembre *m.*
decide decidere *v.* 3
decision: to make a
  decision prendere una decisione *v.*
decrease diminuire *v.* 6
decree decreto *m.* 8
dedicate oneself (to) dedicarsi
  (a) *v.* 4
defeat sconfiggere *v.* 8; sconfitta *f.* 4
defend difendere *v.* 4; tutelare *v.* 6
defense difesa *f.* 3
deforestation disboscamento *m.*
degree diploma; grado *m.*
  It is 18 degrees out. Ci sono
  18 gradi.
delay ritardo *m.* 2
delicatessen (negozio di)
  gastronomia *f.*
demand richiesta *f.* 10
demanding esigente *adj.*
democracy democrazia *f.* 4
democratic democratico/a *adj.* 8
demographic makeup
  composizione *f.* demografica 2
demonstrate fare una manifestazione,
  manifestare *v.* 6
dentist dentista *m., f.*

denture dentiera *f.* 5
department facoltà *f.*
  department store grande
  magazzino *m.*
departures partenze *f., pl.*
depend (on) dipendere (da) *v.* 8
deposit depositare, versare *v.* 10
depressed depresso/a *adj.* 1
depression depressione *f.*
desert deserto *m.*
deserve meritare *v.* 1
designer firmato/a *adj.* 3
  designer label griffe *f.* 10
desire desiderare *v.* 6; voglia *f.*
  desire to be in the limelight
  protagonismo *m.*
desk banco *m.*
desktop computer computer *m.*
  da tavolo 7
dessert dolce *m.*
deterioration degrado *m.*
develop sviluppare *v.*
development sviluppo *m.* 6, 7
device dispositivo *m.* 7
diagram schema *m.*
dial comporre *v.*; digitare *v.* 7
dialect dialetto *m.* 6
dialogue dialogo *m.* 6
diaper pannolino *m.* 2
dictatorship dittatura *f.* 4
dictionary dizionario *m.*
die morire *v.* 3
diet dieta *f.*
  to be on a diet essere a dieta *v.*
difference divergenza; differenza *f.*
difficult difficile *adj.*
digital digitale *adj.*
  digital camera macchina *f.*
  fotografica digitale
  digital signal segnale *m.* digitale 7
dignity dignità *f.*
dilemma dilemma *m.*
dim-witted scemo/a *adj.*
dining room sala *f.* da pranzo
diploma diploma *m.*
directions: to give directions
  dare indicazioni *v.* 2
director regista *m., f.* 9;
  principale *m., f.*
dirty sporco/a *adj.*
disagree dissentire *v.* (da, su) 6
disappear scomparire *v.* 7
disappearance scomparsa *f.* 6
disappointed deluso/a *adj.* 1
discourteous scortese *adj.*
discovery ritrovato *m.* 7; scoperta *f.* 7
discreet discreto/a *adj.*
discuss discutere *v.* 3
disease malattia *f.*
disgusting schifoso/a *adj.*
dishonest disonesto/a *adj.* 1
dishwasher lavastoviglie *f.*

dissapear sparire *v.* **3**
dissent dissentire *v.* **6**
distance oneself allontanarsi (da) *v.* **8**
distant lontano/a *adj.* **5**
distinguish distinguere *v.* **6**
disturbing inquietante *adj.*
diversity diversità *f.* **6**
divorce divorziare (da) *v.* **1**
divorced divorziato/a *adj.* **1**
DNA DNA *m.* **7**
do fare *v.* **1**
  to do one's homework fare
    i compiti *v.* **1**
  to do the laundry fare il
    bucato *v.* **5**
doctor dottore(ssa) *m., f.*
  family doctor medico *m.* di famiglia
  to go to the doctor andare
    dal dottore *v.*
document documento *m.*
documentary documentario *m.* **9**
dog cane *m.*
doll bambola *f.* **5**
domestic domestico/a *adj.*
domination dominio *m.* **6**
door porta *f.*
doorman portiere/a *m., f.*
doubt dubitare *v.* **7**
down there laggiù *adv.* **6**
download scaricare *v.* **7**
downstage ribalta *f.* **9**
drain smaltire *v.*
drama dramma *m.*
dramatic drammatico/a *adj.*
draw (bring) trarre *v.* **9**
drawer cassetto *m.*
dreadlocks treccine *f., pl.*
dream sognare *v.* **1**
dream-like onirico/a *adj.* **9**
dress abito *m.;* vestito *m.* **3**
  dress circle balconata *f.*
  dress shirt camicia *f.*
  evening dress abito *m.* da sera **3**
  woman's dress vestito *m.* da
    donna **3**
dresser cassettiera *f.*
dressing style look *m.* **10**
drink bere *v.* **1;** bibita *f.*
  to get something drink/
    eat prendere qualcosa da bere/
    mangiare *v.* **3**
drive guidare *v.* **2**
driver autista *m.* **2**
  driver's license patente *f.*
drought siccità *f.*
drug medicina *f.*
drum tamburo *m.*
  drums batteria *f.*
drummer batterista *m., f.*
dry secco/a *adj.*
  dry cleaner lavanderia, tintoria *f.*
dry up asciugarsi *v.* **2**

dryer (*clothes*) asciugatrice *f.*
dubbing doppiaggio *m.* **9**
dumb tonto/a *adj.*
dump discarica *f.*
during durante *prep.* **8**
dust fare la polvere, spolverare *v.;*
  polvere *f.*
dye tinta *f.*
dynamic dinamico/a *adj.*

each ciascuno/a *indef. adj., pron.* **9**
  each other l'un l'altro, fra di loro
ear orecchio (*pl.* orecchie *f.*) *m.*
earn guadagnare *v.* **10**
earnest convinto/a *adj.*
earrings orecchini *m., pl.* **10**
earthquake terremoto *m.*
ease: at ease a proprio agio *adv.*
Easter Pasqua *f.*
  Easter Monday pasquetta *f.* **9**
easy facile *adj.*
eat mangiare *v.* **6**
  to get something to drink/
    eat prendere qualcosa da bere/
    mangiare *v.* **3**
e-Book libro *m.* elettronico **7**
ecology ecologia *f.*
economics economia *f.*
economy class classe *f.* economica
editor redattore/redattrice *m., f.* **9**
education formazione *f.* **10;**
  istruzione *f.*
eel: large eel capitone *m.* **6**
effect effetto *m.*
egg uovo (*pl.* uova *f.*) *m.*
eggplant melanzana *f.*
eight otto *m.*
eight hundred ottocento *m.*
eight million otto milioni *m.*
eighteen diciotto *m.*
eighteenth diciottesimo *adj.*
eighth ottavo *adj.*
eighty ottanta *m.*
eighty-one ottantuno *m.*
eighty-second ottantaduesimo *adj.*
elbow gomito *m.*
elect eleggere *v.* **4**
election elezione *f.*
  to lose the election perdere le
    elezioni *v.* **4**
electrician elettricista *m., f.*
electronics elettronica *f.* **7**
elevator ascensore *m.*
eleven undici *m.*
eleventh undicesimo *adj.*
e-mail address indirizzo *m.* e-mail **7**
e-mail message e-mail *f.*
emergency room sala *f.*
  d'emergenza; pronto soccorso *m.* **9**
emigration emigrazione *f.* **4**

empathy empatia *f.* **6**
emperor/empress imperatore/
  imperatrice *m., f.* **8**
employ impiegare *v.* **10**
employee impiegato/a *m., f.* **10**
enchanted fatato/a *adj.* **3**
encourage incoraggiare *v.* **8**
end fine *f.* **1**
enemy nemico *m.* **2**
energetic energico/a *adj.*
energy energia *f.*
  clean energy energia *f.* pulita **7**
engaged fidanzato/a *adj.* **1**
engine motore *m.*
engineer ingegnere *m.* **2**
engineering ingegneria *f.* **7**
English inglese *adj.*
engrave scolpire *v.*
enough abbastanza *adv.*
entertainer intrattenitore *m.* **9**
enthusiastic entusiasta *adj.* **1**
entrust affidare *v.* **10**
envelope busta *f.*
environment ambiente *m.*
environmental impact impatto *m.*
  ambientale **7**
environmentalism ambientalismo *m.*
epic racconto *m.* epico
episode puntata *f.* **9**
equal uguale *adj.* **4**
equality uguaglianza *f.* **4**
erase cancellare *v.* **7**
eraser gomma *f.*
error errore *m.*
eruption eruzione *f.*
essay tema *m.;* tesina *f.*
essayist saggista *m., f.* **8**
ethical etico/a; morale *adj.* **7**
evacuees sfollati *m., pl.* **2**
eve vigilia *f.* **6**
even pure, persino *adv.*
  not even non… neanche *adv.*
  not even non… nemmeno, non…
    neppure *conj.*
evening sera *f.*
  Good evening. Buonasera.
ever mai *adv.*
every ogni; tutto *indef. adj.* **9**
everyone ognuno/a; tutti *indef. pron.* **9**
  quanti, tutti quanti, tutti quelli che,
  tutti/e *rel. pron.* **9**
everything tutto, tutti/e *indef. pron.* **9**
  everything that tutto ciò che, tutto
    quanto, tutto quel che, tutto quello
    che *rel. pron.* **9**
excavation scavo *m.* **2**
except tranne *prep.* **8**
  except (for) salvo *prep.* **8**
exchange cambiare *v.* **3;** scambio *m.* **4**
excited emozionato/a, entusiasta *adj.* **1**
excuse scusare *v.*
  Excuse me. Scusi/a. (*form./fam.*)

executive dirigente *m., f.* **10**
exercise fare esercizio *v.*
exhaust scappamento *m.*
exhibit esposizione *f.*
exhibition mostra *f.* **3, 8**
exit uscita *f.*
expel espellere *v.* **8**
expensive caro/a, costoso/a *adj.*
experience esperienza *f.* **10**
  professional experience
    esperienza *f.* professionale **10**
experiment esperimento *m.* **7**
experimental sperimentale *adj.* **9**
explain spiegare *v.* **1**
explore esplorare *v.*
expression espressione *f.*
exquisite squisito/a *adj.*
extreme sports sport *m., pl.* estremi
eye occhio *m.*
eyebrow sopracciglio
  (*pl.* sopracciglia *f.*) *m.*
eyelash ciglio (*pl.* ciglia *f.*) *m.*
eyelid palpebra *f.* **5**

F

face faccia *f.;* viso *m.;* volto *m.* **9**
factory fabbrica; officina *f.* **10**
  factory worker operaio/a *m., f.*
faculty facoltà *f.*
fail fallire *v.*
  to fail (exam) bocciare *v.*
fair giusto/a *adj.* **4**
fairy tale favola, fiaba *f.* **3**
faith fede *f.* **6**
faithful fedele *adj.* **1**
fall autunno *m.;* cadere *v.* **3**
  to fall apart sfarsi *v.*
  to fall asleep addormentarsi *v.* **2**
  to fall in love (with) innamorarsi
    (di) *v.* **1**
fame notorietà *f.* **9**
family famiglia *f.*
  family relationship parentela *f.* **5**
  family unit nucleo *m.* familiare **5**
fan tifoso/a *m., f.* **3**
fare tariffa *f.*
  excess fare supplemento *m.*
farm fattoria *f.*
farmer agricoltore/agricoltrice *m., f.;*
  contadino/a *m., f.* **2**
farmhouse casale *m.* **2;** podere *m.* **8**
fascist fascista *adj.* **8**
fashion moda *f.*
  to (not) be in fashion (non)
    andare di moda *v.*
  fashion designer stilista *m.* **10**
fashionable alla moda *adj.* **3**
fast veloce *adj.*
fat grasso/a *adj.*
father padre *m.*

father-in-law suocero *m.* **5**
fault colpa *f.* **1**
favorite preferito/a *adj.*
fax fax *m.*
fear paura *f.* **4;** temere *v.* **6**
Feast of the Patron Saint Festa
  del santo patrono *f.*
February febbraio *m.*
fed up stufo/a *adj.* **1**
feel sentire *v.;* provare *v.* **1;** sentirsi *v.* **1**
  to feel affection for volere
    bene a *v.* **1**
  to feel like avere voglia di *v.* **8**
fellow villager/countryman/
  woman paesano/a *m., f.* **2**
female femmina *f.*
feminist femminista *adj.*
ferry traghetto *m.* **7**
festival festival *m.;* rassegna *f.* **9**
festivities festeggiamenti *m., pl.* **9**
fever febbre *f.*
  to have a fever avere la febbre *v.*
few: a few qualche, alcuni/e *indef.*
  adj. **9** alcuni/e *indef. pron.* **9**
fiancé(e) fidanzato/a *m., f.* **1**
field campo *m.* **2**
  playing field campo *m.* di/da gioco **3**
fifteen quindici *m.*
fifth quinto *adj.*
fifty cinquanta *m.*
fifty-one cinquantuno *m.*
fight combattere *v.* **4;** litigare *v.* **5;**
  lottare *v.* **6**
figure cifra *f.* **10**
fill (with) riempire (di) *v.* **8**
  to fill out a form riempire un
    modulo *v.*
film film *m.;* filmare, girare *v.* **9**
  film critic critico *m.*
    cinematografico **9**
  horror/sci-fi film film *m.* di
    fantascienza/dell'orrore
filmmaker cineasta *m., f.* **9**
financial finanziario/a *adj.* **10**
find trovare *v.*
  find (archeol.) reperto *m.* **2**
finding ritrovato *m.* **7**
fine multa *f.*
  fine arts belle arti *f., pl.* **8**
finger dito (*pl.* dita *f.*) *m.*
finish finire *v.* **4**
fire licenziare *v.* **10**
firefighter vigile *m., f.* del fuoco **2**
fireman pompiere *m.* **7**
firm società *f.* **10**
first prima *adv.;* primo/a *adj.*
  at first all'inizio *adv.*
  first aid pronto/primo soccorso *m.*
  first-born primogenito/a *m., f.*
  first class prima classe *adj.*
  first of all innanzitutto *adv.*

fish pescare *v.* **4;** pesce *m.*
  fish shop pescheria *f.*
five cinque *m.*
five hundred cinquecento *m.*
five hundred fifty thousand
  cinquecentocinquantamila *m.*
five thousand cinquemila *m.*
five-hundredth cinquecentesimo *adj.*
fix aggiustare *v.*
flag bandiera *f.* **4**
flash drive chiavetta USB *f.* **7**
flash of lightning lampo *m.*
flavor gusto *m.*
flavoring aroma *m.*
flee fuggire *v.* **3**
flight volo *m.*
flip-flops infradito *f., pl.* **3**
flippers pinne *f., pl.* **4**
flood alluvione *f.* **7;** ingolfare *v.*
flooding allagamento *m.* **7**
floor pavimento *m.*
florist fioraio, fiorista *m.* **10**
flower fiore *m.*
  flower seller fioraio *m.* **10**
  flower shop fiorista *m.*
flu influenza *f.*
flute flauto *m.*
folder cartella *f.*
folklore folclore *m.* **9**
follow seguire *v.*
food cibo *m.*
foodstuffs alimentari *m., pl.*
fool: to act the fool fare il buffone *v.*
foosball biliardino *m.* **3**
foot piede *m.*
  on foot a piedi *adv.*
football football *m.* americano
footbridge passerella *f.* **7**
for per *prep.*
  For how long… Da quanto tempo…
forbidden proibito/a *adj.* **8**
foreign straniero/a *adj.*
  foreign countries estero *m.* **6**
forest foresta *f.*
forge ahead tirare avanti *v.* **6**
forget dimenticare *v.;* dimenticarsi
  (di) *v.* **2**
forgettable dimenticabile *adj.* **1**
fork forchetta *f.*
form modulo *m.*
forty quaranta *m.*
foundations fondamenta *f., pl.* **6**
fountain fontana *f.*
four quattro *m.*
four eyes quattrocchi *m., f.* **3**
four hundred quattrocento *m.*
fourteen quattordici *m.*
fourth quarto *adj.*
fraction parte, frazione *f.*
fracture frattura *f.*
free gratis (*invar.*) *adj., adv.*

freedom libertà *f.* **4**
  freedom of the press libertà *f.* di stampa **9**
  freedom of worship libertà *f.* di culto *f.* **6**
freezer congelatore *m.*
French francese *adj.*
frequently frequentemente *adv.*
fresco affresco *m.* **8**
Friday venerdì *m.*
fridge frigo *m.*
fried fritto/a *adj.*
friend amico/a *m., f.*
friendly socievole *adj.* **5**
friendship amicizia *f.* **1**
frog rana *f.*
from da, di (d') *prep*
front fronte *f.*
  in front of davanti (a) *prep.*
fruit frutta *f.*
fry friggere *v.*
  to fry lightly soffriggere *v.*
fulfill realizzare *v.* **6**
full pieno/a *adj.*
  full: no vacancies al completo *adj.*
  full price ticket biglietto *m.* intero
  full-time a tempo pieno *adj., adv.*
fun divertente *adj.*
function funzionare *v.*
funny buffo/a *adj.* **3**; spiritoso/a *adj.*
fur pelliccia *f.* **5**
furnished apartment appartamento *m.* arredato
furniture mobili *m., pl.*
future futuro *m.*
Futurist futurista *adj.*

G

gallery galleria *f.*
game gioco *m.*; partita *f.*
  to win/lose/tie a game vincere/perdere/pareggiare una partita *v.* **3**
garage garage (*invar.*) *m.*
garbage rifiuto *m.*; spazzatura *f.*
  garbage collector netturbino/a *m., pl.*
  garbage truck camion *m.* della nettezza urbana
garden giardino *m.*
  garden-level apartment seminterrato *m.*
  public gardens giardini *m., pl.* pubblici **2**
gardener giardiniere/a *m., f.*
garlic aglio *m.*
gaze sguardo *m.* **10**
GDP PIL *m.*
gene gene *m.* **7**
generally in genere *adv.*
generation gap salto *m.* generazionale **5**

generous generoso/a *adj.*
genetics genetica *f.* **3**
genius genio/a *m., f.*
genocide genocidio *m.*
genre genere *m.* **8**
geologist geologo/a *m., f.* **7**
German tedesco/a *adj.*
get ricevere *v.*
  to get angry arrabbiarsi *v.* **1**
  to get bored annoiarsi *v.* **2**
  to get dressed vestirsi *v.* **2**
  to get embarrassed vergognarsi *v.* **1**
  to get engaged (to) fidanzarsi (con) *v.* **1**
  to get going muoversi *v.* **2**
  to get in a car salire in macchina *v.* **2**
  to get lost perdersi *v.* **2**
  to get mad/angry arrabbiarsi *v.* **2**
  to get married (to) sposarsi (con) *v.* **1**
  to get off the bus scendere dall'autobus *v.* **2**
  to get off the train scendere dal treno *v.* **2**
  to get on the bus salire sull'autobus *v.* **2**
  to get on the train salire sul treno *v.* **2**
  to get out of the car scendere dalla macchina *v.* **2**
  to get rid of disfarsi di *v.* **6**
  to get something to drink/eat prendere qualcosa da bere/mangiare *v.* **3**
  to get together incontrarsi *v.* **2**
  to get up alzarsi *v.* **2**
  to get used to abituarsi *v.* **7, 8**
ghost fantasma *m.* **5**
gift dono *m.*
gifted dotato/a *adj.*
girl ragazza *f.*
girlfriend ragazza *f.*; fidanzata *m., f.* **5**
give dare *v.*
  to give (*as a gift*) regalare *v.*
  to give a ride dare un passaggio *v.* **2**
  to give back restituire *v.*
  to give directions dare indicazioni *v.* **2**
  to give to each other darsi *v.*
  to give up rinunciare (a) *v.* **10**
glass bicchiere *m.*
glasses occhiali *m., pl.*
global warming riscaldamento *m.* globale *m.* **7**; surriscaldamento *m.* della Terra
globalization globalizzazione *f.* **6**
glove guanto *m.*
go andare *v.* **1**
  to go back home rincasare *v.* **10**
  to go back/return (ri)tornare *v.* **3**
  to go down scendere *v.*

to go down the stairs scendere le scale *v.*
to go for a stroll fare un giretto *v.* **2**
to go in entrare *v.* **3**
to go mad impazzire *v.* **3**
to go near avvicinarsi *v.* **5**
to go out with uscire con *v.* **1**
to go shopping fare spese *v.* **1**
to go to the gym andare in palestra *v.* **3**
to go up salire *v.* **1**
goal rete *f.* **3**; scopo *m.* **7**
goalkeeper portiere *m.* **3**
goat capra *f.*
God Dio *m.* **6**
godfather padrino *m.* **5**
godmother madrina *f.* **5**
godson/goddaughter figlioccio/a *m., f.* **5**
good bravo/a *adj.;* buono/a *adj.* **9**
  good deal buon affare *m.*
  Good evening. Buonasera.
  Good luck. In bocca al lupo. (*lit.* In the mouth of the wolf.)
  Good morning. Buongiorno.
  Good night. Buonanotte.
  to be no good at... essere negato/a per *v.*
  very good ottimo/a *adj.* **9**
Good-bye. Arrivederci., Ciao.
goodness bontà *f.* **3**
gossip pettegolezzi *m.* **1**
Gothic gotico/a *adj.*
govern governare *v.* **4**
government governo *m.* **4**
GPS navigatore satellitare *m.* **7**
grade voto *m.*
graduate: to graduate from college/university laurearsi *v.*
grandfather/grandmother nonno/a *m., f.* **5**
grandson/granddaughter nipote *m., f.* **5**
grapes uva *f.*
grass erba *f.*
gratitude gratitudine *f.*
grazing land pascolo *m.* **7**
great geniale *adj.* **1**
greatest massimo/a *adj.* **9**
great-grandfather/grandmother bisnonno/a *m., f.* **1, 5**
greedy avaro/a *adj.*
Greek greco/a *adj.*
green verde *adj.*
green bean fagiolino *m.*
greenhouse effect effetto *m.* serra
greet accogliere *v.* **1**; salutare *v.*
  to greet each other salutarsi *v.*
greeting saluto *m.*
grenade granata *f.* **8**
grey grigio/a *adj.*
grill griglia *f.*

grilled alla griglia *adj.*
groceries: to buy groceries fare la spesa *v.*
grocery store negozio *m.* d'alimentari
groom sposo *m.* **5**
group gruppo *m.*
grow coltivare *v.* **7**; crescere *v.* **3**
growth crescita *f.* **4**
guess indovinare *v.*
guilty colpevole *adj.* **4**
guitar chitarra *f.*
guitarist chitarrista *m., f.*
gum gengiva *f.* **5**
guy tipo *m.*
gym: to go to the gym andare in palestra *v.* **3**
gymnasium palestra *f.*
gymnastics ginnastica *f.*

H

hail grandine *f.;* capelli *m., pl.*
to cut one's hair tagliare i capelli *v.*
hair dryer asciugacapelli *(invar.) m.*
hairdresser parrucchiere/a *m., f.*
half brother fratellastro *m.*
half hour mezzo *m.*
half sister sorellastra *f.*
hall sala *f.*
hallway corridoio *m.*
ham prosciutto *m.*
hamlet casale *m.* **2**
hammer martello *m.* **8**
hand mano (*pl.* le mani) *f.*
on the other hand invece *adv.*
handbag borsa *f.*
handsome bello/a *adj.*
hang: to hang up the phone riattaccare il telefono *v.*
happen accadere, succedere *v.;* avvenire *v.* **6**
happy contento/a; felice *adj.*
hard duro/a *adj.*
hard drive disco rigido *m.*
hardly appena *adv., conj.*
haste fretta *f.*
hat cappello *m.*
hate odiare *v.* **1**
to hate each other odiarsi *v.*
hatred odio *m.* **1**
have avere *v.* **1**
to have a stomachache (backache, headache) avere mal di pancia (schiena, testa) *v.*
to have breakfast fare colazione *v.* **1**
to have fun divertirsi *v.* **2**
to have left restare *v.* **2**
to have to; must dovere *v.* **1**
hay fieno *m.*

head testa *f.*
headache mal *m.* di testa
headlight faro *m.*
headphones cuffie *f., pl.*
heal curare *v.;* guarire *v.* **7**
health salute *f.*
to be in good health essere in buona salute *v.*
healthy sano/a *adj.*
hear sentire *v.*
heart cuore *m.*
heartburn bruciore *m.* di stomaco
heat wave ondata *f.* di caldo
heavy pesante *adj.*
heels tacchi *m., pl.* **3**
high heels tacchi alti *m., pl.* **1**
low heels tacchi bassi *m., pl.* **1**
height (fig.) culmine *m.* **9**
of average height di media statura *adj.;*
Hello. Buongiorno.; Salve. (*form.*)
Hello. (*on the phone*) Pronto.
help aiutare *v.*
to help each other aiutarsi *v.* **2**
helpful disponibile *adj.*
herd mandria *f.* **7**
here ecco *adv.;* qua, qui *adv.*
heritage retaggio *m.* **1**
Hey there! Ehilà!
Hi. Ciao.
hidden nascosto/a *adj.* **4**
hide nascondere *v.* **1**
high elevato/a *adj.*
high school liceo *m.*
higher superiore *adj.* **9**
highway autostrada *f.*
hiking escursionismo *m.* **3**
hills colline *pl* **8**
hint accenno *m.* **8**
hire assumere *v.* **10**
hiring assunzione *f.*
historic storico *adj.* **8**
history storia *f.*
hit colpire *v.*
hold tenere *v.* **1**
to hold on to, hang on to aggrapparsi *v.* **6**
to be on hold restare in attesa *v.*
holiday festa *f.*
public holiday giorno *m.* festivo
holidays ferie *f., pl.* **10**
home casa *f.*
homeland patria *f.* **2**
homemade fatto/a in casa *adj.*
homework compiti *m., pl.*
honest onesto/a *adj.* **1**
hood cofano *m.*
hope sperare *v.* **6**
horizon orizzonte *m.*
horoscope oroscopo *m.* **9**
horror film film *m.* dell'orrore *m.*

horse cavallo *m.*
horseback riding equitazione *f.* **3**
to go horseback riding andare a cavallo *v.*
hospital ospedale *m.*
hot caldo/a *adj.*
It's hot. Fa caldo.
to feel hot avere caldo *v.*
hotel albergo *m.*
five-star hotel albergo *m.* a cinque stelle
hour ora *f.*
house casa *f.*
househusband casalingo *m.*
housemate coinquilino/a *m., f.* **2**
housewife casalinga *f.* **10**
housing abitazioni *f., pl.* **5**
how come *adv.*
For how long… Da quanto tempo…
how many quanti/e *adj., pron.*
how much quanto *adj., pron., adv.*
How much is/are… ? Quanto costa(no)…?
however comunque *conj., adv.*
huckster imbonitore *m.*
hug abbracciare *v.;* abbracciarsi *v.* **2**
human resources risorse *f., pl.* umane
human rights diritti *m., pl.* umani **4**
Humanism Umanesimo *m.* **8**
humanities lettere *f., pl.*
humble umile *adj.* **1**
humid umido/a *adj.*
humidity umidità *f.*
humor umorismo *m.* **6**
humorous umoristico/a *adj.* **8**
hungry: to be hungry avere fame *v.* **1**
hurry sbrigarsi *v.* **2**
in a hurry frettoloso/a *adj.* **2**
to be in a hurry avere fretta (di) *v.* **8**
hurt: to hurt oneself farsi male *v.*
husband marito *m.* **5**
first/second husband primo/ secondo marito *m.*
hybrid car macchina *f.* ibrida

I

ice cream shop gelateria *f.*
ice-skating pattinaggio *m.* sul ghiaccio **3**
ID documento *m.*
idea idea *f.*
idealistic idealista *adj.* **1**
identity theft furto *m.* d'identità **7**
if se *conj.*
ill malato/a *adj.*
illegal illegale *adj.* **4**
illegal immigrant clandestino *m.* **4**
illiterate analfabeta *adj.* **4**

IM messaggio *m.* istantaneo *m.*
imagine immaginare *v.* 7
immature immaturo/a *adj.* 1
immediately subito *adv.*
immigrant immigrante *m., f.* 2
  illegal immigrant clandestino *m.* 4
immigration immigrazione *f.* 4
impact impatto *m.*
impartial imparziale *adj.* 9
important importante *adj.;*
  notevole *adj.* 7
impose imporre *v.* 4
impossible impossibile *adj.* 7
impression impressione *f.*
imprison imprigionare *v.* 4
imprisonment prigionia *f.*
improve migliorare *v.*
improvise improvvisare *v.* 3
in a; fra/tra; in; su *prep.*
  in a hurry frettoloso/a *adj.* 2; di/in
    fretta *adv.*
  in order to per *prep.*
  in the case that nel caso
    che *conj.* 7
inappropriate inopportuno/a *adj.*
incapacitate impedire *v.*
inches pollici *m./pl* 7
increase aumentare *v.* 6
incredible incredibile *adj.*
independent indipendente *adj.*
  to become independent
    diventare indipendente *v.* 5
infection infezione *f.*
inferior inferiore *adj.* 9
influence influenzare *v.* 4
influential influente *adj.* 9
information booth chiosco *m.* per
  le informazioni
**informed: to keep oneself
  informed** informarsi *v.* 9
infrastructure infrastruttura *f.* 2
infringe contravvenire a *v.* 8
ingenious geniale *adj.* 1
inhabit abitare *v.* 8
inherit ereditare *v.* 5
injure oneself ferirsi *v.* 3
injury ferita *f.*
in-laws parenti *m., pl.* acquisiti
inner tube camera *f.* d'aria 4
innocent innocente *adj.* 4
innovative innovativo/a *adj.*
insect insetto *m.*
insecure insicuro/a *adj.* 1
insensitive insensibile *adj.*
inside dentro *prep., adv.*
insist insistere *v.* 6
insomnia insonnia *f.*
installment rata *f.*
instant message messaggio *m.*
  istantaneo
instead invece *adv.*

instrument strumento *m.* 7
  musical instrument
    strumento *m.* musicale
insurance: life insurance
  assicurazione *f.* sulla vita
integration integrazione *f.* 4, 6
intelligence intelligenza *f.*
intelligent intelligente *adj.*
interest interessare *v.* 2
  interest rate tasso *m.* di interesse
interested: to be interested in
  interessarsi (a/di) *v.* 8
interesting interessante *adj.*
intermission intervallo *m.*
intern stagista *m., f.* 10
Internet café Internet caffè *m.*
internship stage *m.*
intersection incrocio *m.* 2
intervention intervento *m.* 9
interview intervista *f.* 9
  job interview colloquio *m.* di
    lavoro 10
interviewer intervistatore/
  intervistatrice *m., f.* 10
intimacy confidenza *f.* 10
introduce presentare *v.*
introduction presentazione *f.*
inundation alluvione *f.* 7
invade invadere *v.* 8
invent inventare *v.*
invest investire *v.* 10
investment investimento *m.*
invite (to) invitare (a) *v.* 8
Irish irlandese *adj.*
iron ferro *m.* (da stiro); stirare *v.*
irresponsible incosciente *adj.* 6;
  irresponsabile *adj.*
island isola *f.*
Italian italiano/a *adj.*

J

jacket giacca *f.*
jail carcere *m.* 8
jam marmellata *f.*
January gennaio *m.*
Japanese giapponese *adj.*
jealous geloso/a *adj.* 1
jeans jeans *m., pl.*
jerk cretino/a *m., f.*
jersey maglia *f.* 3
jewelry gioielli *m., pl.* 10
  jewelry store gioielleria *f.*
Jewish ebreo/a *adj.* 6
job lavoro *m.;* impiego *m.* 4, posto *m.,*
  posizione *f.* 10
  first job prima occupazione *f.*
  full-/part-time job lavoro *m.* a
    orario normale/ridotto 10
  job ad annuncio *m.* di lavoro 10
  job agency agenzia *f.* di
    collocamento 10

  job interview colloquio *m.* di
    lavoro 10
  to find a job trovare lavoro *v.*
joke scherzare *v.* 1; scherzo *m.*
journalist giornalista *m., f.* 9
judge giudicare *v.* 4; giudice *m., f.* 4
juice succo *m.*
July luglio *m.*
jump saltare *v.* 3
June giugno *m.*
jury giuria *f.* 4
just appena *adv., conj.*
justice giustizia *f.* 4

K

keep: keep oneself informed
  informarsi *v.* 9
key chiave *f.*
keyboard tastiera *f.*
kilo chilo *m.*
kind genere *m.;* gentile *adj.*
king re *m.* 8
kingdom regno *m.* 6, 8
kiosk chiosco *m.*
kiss baciare *v.*
  kiss each other baciarsi *v.* 2
kitchen cucina *f.*
knee ginocchio (*pl.* ginocchia *f.*) *m.*
knife coltello *m.*
knock bussare *v.* 5
know sapere *v.* 1 (*be familiar with*)
  conoscere *v.* 3
  to know by sight conoscere
    di vista *v.*
  to know each other conoscersi *v.* 2
  **to know something inside and
    out** conoscere... a fondo *v.*
  to know the way conoscere la
    strada *v.*

L

lab laboratorio *m.* 7
Labor Day Festa *f.* del lavoro
labor union sindacato *m.* 10
lack of understanding
  incomprensione *f.* 6
ladder scala *f.* 8
lake lago *m.*
lament lamentare *v.* 6
lamp lampada *f.*
land atterrare *v.*
landlord/landlady padrone/a *m., f.*
  di casa
landscape paesaggio *m.* 8;
  panorama *m.*
language lingua *f.*
  languages (*subject*) lingue *f., pl.*
  native language lingua *f.* madre 6
  sign language lingua *f.* dei segni 7

laptop computer computer *m.* portatile 7
last durare *v.;* scorso/a, ultimo/a *adj.*
  last name cognome *m.*
  last night ieri sera
late tardi *adv.*
later poi *adv.*
laugh ridere *v.* 3
laundromat lavanderia *f.*
laundry: to do the laundry fare il bucato *v.* 5
law giurisprudenza; legge *f.;* norma *f.* 8
  to pass a law approvare/passare una legge *v.* 4
lawyer avvocato *m., f.* 4
lay off licenziare *v.* 10
lazy pigro/a *adj.*
leader capo *m.* 4
lead dirigere *v.* 8
leaf foglia *f.*
learn imparare *v.* 8
lease contratto *m.*
least minimo/a *adj.* 9
leather pelle *f.*
leave congedo *m.;* lasciare *v.* 1; partire *v.* 3; uscire (da) *v.* 8
  Leave me alone. Lasciami in pace.
  to leave (*go away from it*) andarsene *v.* 6
  to leave a message lasciare un messaggio *v.*
  to leave each other, to split up lasciarsi *v.*
  to take leave time prendere un congedo *v.*
lecture hall aula *f.*
lecturer docente *m., f.*
left sinistra *f.*
leg gamba *f.*
legal legale *adj.* 4
legislate legiferare *v.* 4
legumes legumi *m., pl.*
lend prestare *v.*
less meno *adj., adv.*
lesson lezione *f.*
let lasciare *v.*
  Let me see. Fammi vedere.
  to let go mollare *v.* 6
letter lettera *f.*
  cover letter lettera *f.* di presentazione
lettuce lattuga *f.*
level livello *m.*
liberal liberale *adj.* 4
liberate liberare *v.* 8
library biblioteca *f.*
lie mentire *v.* 1
  to lie down adagiarsi *v.;* sdraiarsi *v.* 2; coricarsi *v.* 10
lift alzare *v.* 2
light chiaro/a; leggero/a *adj.*
lighthouse faro *m.* 4
lightning fulmine *m.*

like piacere *v.* 6
likeable simpatico/a *adj.*
likely probabile *adj.* 7
line fila; linea *f.*
  line (*poetry*) verso *m.* 8
  to wait in line fare la coda, fare la fila *v.*
lip labbro (*pl.* labbra *f.*) *m.*
lipstick rossetto *m.*
listen ascoltare *v.* 6
  to listen to music ascoltare musica *v.*
listener: radio listener ascoltatore/ ascoltatrice *m., f.* 9
literature letteratura *f.*
littering: no littering vietato buttare rifiuti
little poco *adj., adv., indef. pron.* 9
  in a little while fra poco *adv.*
  little sister sorellina *f.*
  little (*not much*) (of) po' (di) *adj.*
  Little Red Riding Hood Cappuccetto Rosso *m.* 2
live abitare *v.* 8; vivere *v.* 5; in diretta *adj., adv.* 9
  live performance rappresentazione *f.* dal vivo
  to live on vivere di *v.* 8
lively vivace *adj.* 2, 5
living room soggiorno *m.*
load caricare *v.*
loan prestito *m.* 10
  to ask for a loan chiedere un prestito *v.*
located: to be located trovarsi *v.* 2
long lungo/a *adj.*
  no more, no longer non… più *adv.*
long-term a lungo termine *adj.* 10
look at guardare *v.*
  to look at oneself/each other guardarsi *v.*
look for cercare *v.* 1, 5
loose largo/a *adj.*
  loose hair capelli *m., pl.* sciolti
lose perdere *v.* 3
  to lose a game perdere una partita *v.* 3
  to lose the election perdere le elezioni *v.* 4
loss perdita *f.* 2
lot: a lot molto *adv.* 9
a lot of molto/a/i/e *indef. adj., pron.*
lotion crema *f.*
lovable amabile *adj.* 5
love amare *v.* 1; volere bene a *v.* 1
  love at first sight colpo *m.* di fulmine 1
  to love each other amarsi *v.* 2
lover amante *m., f.* 1
lower inferiore *adj.* 9
lowest infimo/a; minimo/a *adj.* 9
loyal leale *adj.* 3

luck: Good luck. Buona fortuna.; In bocca al lupo. (*lit.* In the mouth of the wolf.)
luggage carousel nastro *m.* trasportatore 5
lukewarm tiepido *adj.*
lullaby ninnananna *f.* 3
lunch pranzo *m.*

M

magazine rivista *f.* 9
  monthly magazine mensile *m.* 9
  weekly magazine settimanale *m.* 9
magic magia *f.* 3
maid collaboratrice *f.* domestica
mail posta *f.*
  mail carrier postino/a *m., f.*
  to mail a letter imbucare una lettera *v.*
mailbox cassetta *f.* delle lettere
main principale *adj.*
maintain ritenere *v.* 6
make fare *v.* 1
  to make a mistake sbagliare *v.* 1
  to make a withdrawal/deposit fare un prelievo/deposito *v.* 10
  to make it farcela *v.* 6
  to make oneself comfortable accomodarsi *v.* 5
  to make the bed fare il letto *v.*
  to make up one's mind (to) decidersi (a) *v.* 8
makeup trucco *m.* 10
male maschio *m.*
mama's boy mammone *m.* 5
man uomo (*pl.* uomini) *m.*
manage dirigere *v.* 10
  manage (to) riuscire (a) *v.* 1
management direzione *f.* 10
manager direttore/direttrice; dirigente *m., f.* 10; gestore *m.*
manipulation manipolazione *f.* 9
many molto/a/i/e *indef. adj., pron.*
  how many quanti/e *adj., pron.*
  so many tanti/e *adj.*
map carta *f.* geografica 6; cartina, mappa *f.*
marble marmo *m.* 8
March marzo *m.*
Mardi Gras carnevale *m.* 9
marital status stato *m.* civile
market mercato *m.*
married sposato/a *adj.* 1
marry sposare *v.*
Martian marziano/a *m., f.* 7
mask maschera *f.* 4
masterpiece capolavoro *m.* 9
maternal materno/a *adj.* 5
mathematician matematico/a *m., f.* 7
mathematics matematica *f.*
matter stare a cuore *v.* 2

mature maturo/a *adj.* **1**
maturity maturità *f.* **5**
maxim massima *f.* **1**
May maggio *m.*
mayor sindaco *m.* **2**
meadow prato *m.*
meal pasto *m.*
mean significare *v.*
means mezzo *m.*
  by means of mediante *prep.* **8**
  means of transportation mezzo *m.* di trasporto
measles morbillo *m.*
meat carne *f.*
mechanic meccanico/a *m.*, *f.*
media media *m.*, *pl.*
medicine medicina *f.*
meet conoscere *v.* **3**; incontrare *v.*; conoscersi *v.*
meeting riunione *f.*
melon melone *m.*
memory ricordo *m.* **1**
mention accenno *m.* **8**
menu menù *m.*
mess: What a mess! Che casino!
message messaggio *m.*
metropolis metropoli *f.* **2**
Mexican messicano/a *adj.*
microphone microfono *m.*
microwave oven (forno a) microonde *m.*
Middle Ages Medioevo *m.* **6**
midnight mezzanotte *f.*
migraine emicrania *f.*
mile miglio *m.*
military police carabinieri *m.*, *pl.* **5**
milk latte *m.*
mind dispiacere *v.* **2**
miniskirt minigonna *f.* **10**
minus meno *adv.*
minute minuto *m.*
miracle miracolo *m.* **5**
mirror specchio *m.*
mirrored lenses lenti *f.*, *pl.* a specchio **3**
missing: to be missing mancare *v.* **2**
mist foschia *f.*
mistreatment maltrattamento *m.* **6**
mistrustful diffidente *adj.* **2**
misunderstanding fraintendimento *m.* **10**
mobilize mobilitare *v.* **6**
moderate moderato/a *adj.* **4**
modern contemporaneo/a *adj.*
modest modesto/a *adj.*
mom mamma *f.*
moment attimo *m.*
monarchic monarchico/a *adj.* **8**
Monday lunedì *m.*
money denaro *m.*; soldi *m.*, *pl.*
monster animalaccio *m.* **2**
month mese *m.*

moon luna *f.*
moral morale *f.* **3**
more più *adj.*, *adv.*
  no more, no longer non… più *adv.*
morning mattina *f.*
  Good morning. Buongiorno.
mosque moschea *f.* **6**
moss muschio *m.*
most più *adj.*, *adv.*
mother madre *f.*
mother-in-law suocera *f.* **5**
motor motore *m.*
motor boat (*used for public transportation in Venice*) vaporetto *m.* **7**
mountain montagna *f.*
  mountain climbing alpinismo *m.* **3**
mouse topo *m.*
mouth bocca *f.*
move muovere *v.* **2**
  to move (*change residence*) trasferirsi *v.* **2**, **5**; traslocare *v.*
moved emozionato/a *adj.* **1**
movie film *m.*
  to go to the movies andare al cinema *v.*
moving commovente *adj.*
moving walkway nastro *m.* trasportatore **5**
Mr.… signor… *m.*
Mrs.… signora… *f.*
much molto/a/i/e *indef. adj.*, *pron.*
  how much quanto *adj.*, *pron.*, *adv.*
  How much is/are… ? Quanto costa(no)…?
  so much tanto *adj.*, *adv.*
  too much troppo *adj.*, *adv.*
mud fango *m.*
mug tazza *f.*
multilingual multilingue *adj.* **6**
multilinguism multilinguismo *m.* **4**
muscular muscoloso/a *adj.*
mushroom fungo *m.*
music musica *f.*
musician musicista *m.*, *f.*
Muslim musulmano/a *adj.* **6**
muss hair spettinare *v.* **5**
must-see imperdibile *adj.* **3**
mystery giallo/a *adj.* **9**

N

naïve ingenuo/a *adj.* **1**
naïveté ingenuità *f.* **5**
name: last name cognome *m.*
named: to be named chiamarsi *v.* **2**
nanny tata *f.*
nanotechnology nanotecnologia *f.* **7**
napkin tovagliolo *m.*
narrator narratore *m.* **8**
nationalism nazionalismo *m.* **6**
natural naturale *adj.*

nature natura *f.*
naughty cattivo/a *adj.*
nausea nausea *f.*
navigate navigare *v.*
Neapolitan pastry sfogliatella *f.* **1**
near presso *prep.* **8**; vicino/a *adj.*
nearby qui vicino *adv.*
necessary necessario/a *adj.*
  absolutely necessary di prima necessità *adj.* **5**
  to be necessary occorrere *v.* **6**

neck collo *m.*
necklace collana *f.*
need esigenza *f.* **2**; avere bisogno di *v.* **8**
neighborhood quartiere *m.* **1**, **2**
neither: neither… nor non… né… né *conj.*
Neoclassical neoclassico/a *adj.*
Neoplatonism neoplatonismo *m.* **8**
nephew nipote *m.* **5**
nervous nervoso/a *adj.*
net rete *f.* **3**
new nuovo/a *adj.*
  New Year's Day capodanno *m.*
news cronaca *f.* **9**
  (radio/TV) news (program) notiziario *m.* **2**, **9**
  local news cronaca *f.* locale **9**
  news story notizia *f.* **9**
newspaper giornale *m.* **9**
newsstand edicola *f.* **2**; chiosco *m.* dei giornali
next prossimo/a *adj.*
  next to accanto (a) *prep.*
nice simpatico/a *adj.*
  Have a nice day Buona giornata!
nickname soprannome *m.* **5**
niece nipote *f.* **5**
night notte *f.*
  Good night. Buonanotte.
  night table comodino *m.*
nightclub locale *m.* notturno
nine nove *m.*
nine hundred novecento *m.*
nineteen diciannove *m.*
ninety novanta *m.*
ninth nono *adj.*
no nessuno/a *indef. adj.* **9**; no *adv.*
no one nessuno/a *indef. pron.* **9**
noir nero *adj.* **9**
noise rumore *m.* **10**
noisy rumoroso/a *adj.* **2**
nonconformist anticonformista *adj.* **6**
noon mezzogiorno *m.*
norm norma *f.* **8**
northern settentrionale *adj.* **6**
nose naso *m.*
  stuffy nose naso *m.* chiuso
not non *adv.*
  not any nessuno/a *indef. adj.* **9**
  not anyone nessuno/a *indef. pron.* **9**

not at all non… affatto *adv.*
Not bad. Non c'è male.
not far from a due passi da
not yet non… ancora *adv.*
notebook quaderno *m.;* taccuino *m.* **1**
notes appunti *m., pl.*
nothing niente, nulla *indef. pron.* **9**
  Nothing new. Niente di nuovo.
notice accorgersi di *v.* **8**
novel romanzo *m.* **8**
  short novel novella *f.* **8**
November novembre *m.*
now adesso *adv.*
nuclear nucleare *adj.*
  nuclear energy energia *f.* nucleare
  nuclear power plant centrale *f.*
    nucleare
number cifra *f.* **10;** numero *m.*
nun suora *f.* **3**
nurse infermiere/a *m., f.*
nursing home ospizio *m.* **6**

O

obedient obbediente *adj.* **4**
objective oggettivo *adj.* **8**
oblige obbligare (a) *v.* **8**
obtain ottenere *v.* **6**
occupation mestiere *m.* **10;**
  occupazione *f.*
ocean oceano *m.*
October ottobre *m.*
octopus polpo *m.* **7**
of di (d') *prep.*
off: off and on di tanto in tanto *adv.*
offer offrire *v.* **3**
office studio *m.;* ufficio *m.* **10**
often spesso *adv.*
oil olio *m.*
  in oil sott'olio *adj.*
old vecchio/a *adj.*
  old age vecchiaia *f.* **5**
  to be … years old avere … anni *v.*
older maggiore *adj.* **9**
old-fashioned superato/a *adj.*
olive: olive oil olio *m.* d'oliva
on su *prep.*
one hundred cento *m.*
  one hundred grams etto *m.*
one hundred ninety eight
  centonovantotto *m.*
one hundred one centouno *m.*
one hundred thousand
  centomila *m.*
one hundred twenty five
  centoventicinque *m.*
one thousand mille *m.*
one thousand one hundred
  millecento *m.*
one way senso *m.* unico
one-hundredth centesimo *adj.*

one-thousandth millesimo *adj.*
onion cipolla *f.*
online su Internet *adj., adv.*
  to be online essere in linea *v.*
only soltanto *adv.*
on-time puntuale *adj., adv.*
open aprire *v.* **3**
  to open an account aprire un
    conto *v.* **10**
opening night prima *f.* **3**
opera opera *f.*
opinion opinione *f.*
  opinion poll sondaggio *m.* **9**
  public opinion opinione *f.*
    pubblica **6**
oppress opprimere *v.* **8**
oppressed oppresso/a *adj.* **4**
optician ottico *m.* **3**
optimistic ottimista *adj.* **1**
or o; oppure *conj.*
orange arancia *f.;* arancione *adj.*
  orange juice succo *m.* d'arancia
orchestra orchestra *f.*
order ordinare *v.*
organic farming agricoltura *f.*
  biologica
other altro/a/i/e *indef. adj.*
  others altri/e *indef. pron.*
out-of-style passato/a di moda *adj.* **3**
outside fuori *prep., adv.*
outskirts periferia *f.* **2**
oven forno *m.*
over sopra *prep., adv.*
overcast coperto/a *adj.*
overcome sormontare *v.* **5;**
  superare *v.* **6**
overdo strafare *v.*
overpopulation sovrappopolazione
  f. **6**
overthrow rovesciare *v.* **8**
overturn rovesciare *v.* **4**
owe dovere *v.*
own possedere *v.* **4**
owner padrone *m.* **4;** proprietario/a
  m., f. **10**
ox (oxen) bue (*pl.* buoi) *m.* **7**

P

pacifist pacifista *m., f., adj.* **4**
pack: to pack a suitcase fare la
  valigia *v.*
package pacco *m.* **9**
pact patto *m.* **8**
paid: to be well/poorly paid
  essere ben/mal pagato/a *v.*
pain dolore; male *m.*
paint dipingere *v.* **3;** pittura *f.* **8**
paintbrush pennello *m.* **8**
painter imbianchino *m.;* pittore/
  pittrice *m., f.* **8**

painting quadro *m.* **8;** pittura *f.* **8**
  oil painting pittura *f.* a olio **8**
  pastel painting pittura *f.* a
    pastello **8**
pair paio *m.*
palace palazzo *m.* **2**
panorama panorama *m.*
pantry dispensa *f.*
pants pantaloni *m., pl.*
  long pants pantaloni *m., pl.*
    lunghi **10**
  short pants pantaloni *m., pl.*
    corti **10**
paper clip graffetta *f.*
parade: fashion parade sfilata *f.* **10**
paragliding parapendio *m.*
parent genitore *m.* **5**
  single parent genitore *m.* single **5**
park parcheggiare *v.* **2**
parliament parlamento *m.* **6**
part parte; riga *f.*
partial parziale *adj.* **9**
participate (in) partecipare (a) *v.* **8**
partner compagno/a *m., f.* **1**
  business partner socio/a *m., f.* **10**
part-time a tempo parziale *adj., adv.*
party festa *f.*
pass passare *v.* **3;** passo *m.*
  to pass (exam) superare *v.*
  to pass a law approvare/passare
    una legge *v.* **4**
passage passaggio *m.*
passenger passeggero/a *m.* **2**
passport control controllo *m.*
  passaporti
pasta pasta(sciutta) *f.*
paste incollare *v.* **7**
pastry shop pasticceria *f.*
pasture pascolo *m.* **7**
patent brevetto *m.* **7**
paternal paterno/a *adj.* **5**
path sentiero *m.*
patient paziente *adj.;* paziente *m., f.*
patron patrono *m.* **8**
  patron saint santo/a *m., f.*
    patrono/a **9**
pay pagare *v.*
  to pay attention dare retta *v.* **5;**
    fare attenzione a *v.* **8**
  to pay by check pagare con
    assegno *v.*
  to pay in cash pagare in contanti *v.*
  to pay the bills pagare le bollette *v.*
  to pay with a credit/debit card
    pagare con carta di credito/
    debito *v.*
paycheck: monthly paycheck
  mensilità *f.*
payment rata *f.*
peace pace *f.* **4**
peaceful pacifico/a *adj.* **4**

peach pesca *f.*
peak (*fig.*) culmine *m.* 9
pear pera *f.*
pedestrian pedone *m.* 2
pen penna *f.*
penalty kick calcio *m.* di rigore 3
pencil matita *f.*
pension pensione *f.*
people popolo *m.* 8
pepper: (red, green) pepper
peperone (rosso, verde) *m.*
(*spice*) pepe *m.*
perform interpretare *v.*
performance esibizione *f.;*
spettacolo *m.* 3
perfume shop profumeria *f.*
person persona *f.*
personality carattere *m.* 5
persuade (to) persuadere (a) *v.* 8
pessimistic pessimista *adj.* 1
pet animale *m.* domestico
pharmacist farmacista *m., f.*
phenomenon fenomeno *m.* 3
phone booth cabina *f.* telefonica
phone number numero *m.*
di telefono
photo(graph) foto(grafia) *f.*
photocopy fotocopiare *v.*
photographer fotografo *m.*
physicist fisico/a *m., f.* 7
nuclear physicist fisico/a
m., f. nucleare 7
pianist pianista *m., f.*
pick cogliere *v.* 1; raccogliere *v.* 3
pickled sottaceto *adj.*
picnic: to have a picnic fare un
picnic *v.*
pie crostata *f.*
piece pezzo *m.* 3
pigment pigmento *m.* 8
pill pillola *f.*
pillow guanciale *m.* 10
pinch pizzico *m.*
pineapple ananas *(invar.) m.*
pink rosa *(invar.) adj.*
pity peccato *m.;* compassione *f.* 2
pizza shop pizzeria *f.*
place luogo *m.*
plan pensare di *v.* 8; pianificare *v.* 6;
programma *m.*
to make plans fare progetti *v.*
planet pianeta *m.*
planner agenda *f.*
plant pianta *f.*
plate piatto *m.*
platform piattaforma *f.* 1
play giocare *v.* 8; dramma *m.*
to play (*instrument*) suonare *v.* 3
to play a home/away game
giocare in casa/trasferta *v.* 3
to play a role recitare un ruolo *v.*
to play down sminuire *v.* 3

to play hide-and-seek giocare a
nascondino *m.* 3
to put on a play mettere in scena *v.*
player giocatore/giocatrice *m., f.* 3
CD/DVD/MP3 player lettore *m.*
CD/DVD/MP3 7
playful scherzoso/a *adj.*
playing field campo *m.* di/da gioco 3
playwright drammaturgo/a *m., f.* 8
please per favore *adv.*
pleasure piacere *m.* 1
Pleased to meet you. Piacere di
conoscerLa/ti. (*form./fam.*)
plot trama *f.* 8
plug spinotto *m.* 3
plumber idraulico *m.*
poem poema *m.*
poet poeta/poetessa *m., f.*
poetry poesia *f.* 8
point punto *m.*
point of view punto *m.* di vista 8
reference point punto *m.* di
riferimento 4
police polizia *f.*
military police carabinieri *m., pl.* 5
police headquarters questura *f.*
police officer poliziotto/a *m., f.* 2
police station stazione *f.* di
polizia 2
political party partito *m.* politico 4
politician politico/a *m., f.* 4
politics politica *f.* 4
pollution inquinamento *m.* 7
ponytail codino *m.*
pool piscina *f.* 10
poor povero/a *adj.*
to become poor impoverirsi *v.* 6
pope papa *m.* 6
population popolazione *f.* 6
pork carne *f.* di maiale
portable portatile *adj.*
portrait ritratto *f.*
position posto *m.,* posizione *f.* 10
possess possedere *v.* 4
possessive possessivo/a *adj.* 5
possible possibile *adj.* 7
it's possible può darsi
post carica *f.* 4
post card cartolina *f.*
post office ufficio *m.* postale
postal worker impiegato/a *m., f.*
postale 9
poster poster *m.*
postpone rimandare *v.* 5
potato patata *f.*
poverty povertà *f.* 2, 6
power potenza *f.* 4; potere *m.* 8
powerful potente *adj.* 4
pray pregare *v.* 6
prayer preghiera *f.*
predict predire, prevedere *v.* 7
prefer preferire *v.* 6

preferable preferibile *adj.*
pregnant incinta *adj.* 5
to be pregnant essere incinta *v.*
prehistoric preistorico *adj.* 8
prejudice pregiudizio *m.* 6
premiere prima *f.* 3
prenatal prenatale *adj.* 3
prepare preparare *v.* 8
pre-recorded in differita *adj., adv.* 9
prescription ricetta *f.*
present presentare *v.*
preserve conservare; preservare *v.*
president presidente *m., f.* 4
press release comunicato *m.* stampa 9
pretend fingere *v.* 9
pretty bellino/a *adj.*
Pretty well. Abbastanza bene.
prevent impedire *v.*
pride orgoglio *m.* 3
priest prete *m.* 6
print stampare *v.*
printer stampante *f.*
priority mail posta *f.* prioritaria
prisoner prigioniero/a *m., f.* 2
prize premio *m.*
problem problema *m.*
profession professione *f.*
professor insegnante;
professore(ssa) *m., f.*
program programma *m.*
prohibition divieto *m.* 8
promise (to) promettere (di) *v.* 8
promised promesso *p.p., adj.* 4
promote promuovere *v.* 4
promotion promozione *f.* 10
propose proporre *v.*
proscenium ribalta *f.* 9
prose prosa *f.* 8
protect tutelare *v.* 6
protector protettore *m.* 8
protest reclamare *v.* 6
Protestant protestante *adj.* 6
proud orgoglioso/a *adj.* 1
prove dimostrare *v.* 7
proverb proverbio *m.* 6
provide: to provide for oneself
mantenersi *v.*
provided that a condizione che,
a patto che *conj.* 7
province provincia *f.* 6
psychological drama dramma *m.*
psicologico
psychologist psicologo/a *m., f.*
pub birreria *f.*
public pubblico *m.*
public transportation mezzo *m.*
pubblico 2; trasporto *m.* pubblico
publish pubblicare *v.*
publisher editore/editrice *m., f.* 9
publishing industry editoria *f.*
pulled back hair capelli *m., pl.*
raccolti

punish punire *v.* **5**
pupil alunno/a *m.*, *f.*
puppet burattino *m.* **3**, fantoccio *m.* **4**
puppeteer burattinaio *m.* **4**
purify depurare *v.*
purple viola (*invar.*) *adj.*
purse: small purse borsetta *f.*
push spingere *v.* **6**
put mettere *v.* **2**; porre *v.* **1**
  to put on (*clothing, shoes*) mettersi *v.* **1**
  to put on a play mettere in scena *v.*
  to put on make up truccarsi *v.* **1**
  to put together sistemare *v.*

Q

qualifications qualifiche *f.*, *pl.* **10**
quandary dilemma *m.*
quarrel litigare *v.* **5**
quarter quartiere *m.*
  quarter hour quarto
queen regina *f.* **8**
question domanda *f.*
  to ask a question fare una domanda *v.*
queue coda *f.*
quickly presto, velocemente *adv.*
quiet tranquillo/a *adj.* **1**
  to be/stay quiet stare zitto *v.*
quit dare le dimissioni *v.* **10**
quiz show gioco *m.* a premi **9**

R

rabbi rabbino *m.* **6**
rabbit coniglio *m.*
race gara *f.* **3**
racism razzismo *m.* **6**
radio radio *f.*
  radio news giornale *m.* radio **9**
  radio station stazione *f.* radio **9**
rafting rafting *m.*
railway employee ferroviere *m.* **6**
rain pioggia *f.*; piovere *v.*
raincoat impermeabile *m.* **3**
rainy piovoso/a *adj.*
raise alzare *v.* **2**; aumento *m.*; educare *v.* **5**
rarely raramente *adv.*
rash eruzione *f.* cutanea
rate tasso *m.*
  interest rate tasso *m.* d'interesse *m.* **10**
razor rasoio *m.*
read leggere *v.* **3**
reader lettore *m.*
reading lettura *f.*
ready pronto/a *adj.*
  to be ready essere pronto/a a *v.* **8**
  to get oneself ready prepararsi *v.*

real estate immobiliare *adj.*
  real estate agency agenzia *f.* immobiliare
  real estate agent agente *m.*, *f.* immobiliare
  real estate market mercato *m.* immobiliare **10**
realism realismo *m.* **6**
realistic realista *adj.* **8**
reality show reality *m.* **9**
realize accorgersi *v.* **2**; rendersi conto (di) *v.* **8**
really davvero *adv.*
reason ragione *f.*
rebellious ribelle *adj.* **5**
receipt ricevuta *f.* **10**; scontrino *m.* **10**
receive ricevere *v.*
receiver cornetta *f.*
recession recessione *f.* **10**
recipe ricetta **7**
recite recitare *v.*
recklessness incoscienza *f.* **6**
recognize rivedere *v.*; riconoscere *v.*
recommend raccomandare *v.*
recommendation raccomandazione *f.*
record registrare *v.* **9**
recorder (*tape, CD, etc.*) registratore *m.*
recycle riciclare *v.* **7**
recycling riciclo *m.*
red rosso/a *adj.*
reduce: reduced ticket biglietto *m.* ridotto
referee arbitro *m.* **3**
reference point punto di riferimento *m.* **4**
references referenze *f.*, *pl.*
refined raffinato/a *adj.* **3**
reflect (on) riflettere (su) *v.* **8**
refund rimborso *m.*
regime regime *m.* **8**
registered mail raccomandata *f.* **9**
regret lamentare *v.* **6**; pentirsi *v.* **5**
regulations regolamento *m.* **3**
reinforcement rinforzo *m.* **5**
related imparentato/a *adj.* **5**
relative parente *m.*, *f.* **5**
  relatives parentela *f.* **5**; parenti *m.*, *pl.*
relic relitto *m.* **8**
rely on contare su *v.* **1**
remain restare
remarkable notevole *adj.* **7**
remember ricordare *v.*; ricordarsi (di) *v.* **2**
remote control telecomando *m.*
remove togliere *v.* **1**
Renaissance rinascimentale *adj.*; Rinascimento *m.* **6**
renewable energy energia *f.* rinnovabile

rent affitto *m.*
  to rent (*car*) noleggiare *v.*
  to rent (*owner*) affittare *v.*
  to rent (*tenant*) prendere in affitto *v.*
repair riparare *v.*
repeat ripetere *v.*
reporter cronista *m.*, *f.* **9**
require esigere *v.* **6**; volerci *v.* **8**
requirement esigenza *f.* **2**
research ricerca *f.* **7**
researcher ricercatore/ricercatrice *m.*, *f.* **7**
resemble assomigliare a *v.* **5**
reservation prenotazione *f.*
  make a reservation prenotare *v.*
resign dare le dimissioni *v.*
resistance fighter partigiano *m.* **2**
resort località *f.* di villeggiatura
  mountain resort località *f.* montana
  ocean resort località *f.* balneare
respect rispettare *v.*
responsible responsabile *adj.*
rest riposarsi *v.* **2**
restaurant ristorante *m.*
  small restaurant osteria *f.*
  small restaurant, family run trattoria *f.*
result risultare *v.* **3**
résumé C.V. *m.*; curriculum *m.* (vitae) **10**
Resurgence Risorgimento *m.* **6**
retire andare in pensione *v.* **10**
retiree pensionato/a *m.*, *f.*
retreat ritirata *f.* **2**
return tornare *v.*
review recensione *f.* **9**
revue rivista *f.* **9**
rhyme rima *f.* **8**
ribbon nastro *m.*
rice riso *m.*
rich pesante; ricco/a *adj.*
  to become rich arricchirsi *v.* **6**
rid: to get rid of sbarazzarsi di *v.*
ride: to give someone a ride dare un passaggio *v.*
  to ride a bike andare in bicicletta *v.*
right destra *f.*; giusto/a *adj.* **4**
  right away subito *adv.*
  to be right avere ragione (di) *v.* **8**
ring (*telephone*) squillare *v.*
rise (*sun*) sorgere *v.*
river fiume *m.*
road sign segnale *m.* stradale **2**
roasted arrosto/a *adj.*
robe vestaglia *f.* **10**
robotics robotica *f.* **7**
rock pietra *f.*
role ruolo *m.* **5**
romance rosa *adj.* **9**
Romanesque romanico/a *adj.*

romantic romantico/a *adj.*

room camera, stanza, sala *f.*
  single/double room camera *f.*
    singola/doppia
  room and board vitto e alloggio
    (lit. *food and apartment*) **5**
  room service servizio *m.*
    in camera

roommate coinquilino/a *m., f.* **2**

root radice *f.* **5**

rotary rotonda *f.*

row remare *v.*

rowing canottaggio *m.* **3**

ruins rovine *f., pl.* **2**

rumor sussurro *m.* **8**

run condurre *v.;* correre *v.* **3**
  to run errands fare
    commissioni *v.* **2**
  to run out esaurirsi *v.* **7**

Russian russo/a *adj.*

S

sack sacco *m.*

sad triste *adj.*

safe salvo/a *adj.* **4**

safety sicurezza *f.* **4**

saint santo/a *m., f.* **6**

salad insalata *f.*

salary salario *m.;* mensilità *f.*
  high/low salary salario *m.*
    elevato/basso

sales saldi *m., pl.* **3**
  end-of-season sales saldi *m., pl.*
    di fine stagione **3**

saleswoman commessa *f.* **1**

salt sale *m.*

salty salato/a *adj.*

sandals sandali *m., pl.* **10**

sandwich shop paninoteca *f.*

satirical satirico/a *adj.* **8**

Saturday sabato *m.*

savages selvaggi *pl* **9**

save parare *v.* **3;** risparmiare *v.* **10;**
  salvare *v.* **4**
  to save the planet salvare il
    pianeta *v.*

saving risparmio *m.* **10**
  savings account conto *m.*
    di risparmio

saxophone sassofono *m.*

say dire *v.* **1**

scandal scandalo *m.* **4**

scarf sciarpa *f.*

scene scena *f.* **9**

schedule orario *m.* **1**

scheme schema *m.*

school scuola *f.*

science scienze *f., pl.*
  computer science informatica *f.* **7**
  science fiction
    fantascientifico/a *adj.* **7**

scientist scienziato/a *m., f.*

scold rimproverare *v.* **5**

scooter motorino *m.*

score (a goal) segnare (un gol) *v.* **3**

screen schermo *m.* **9**
  screen name pseudonimo *m.*

screening proiezione *f.*

screenplay sceneggiatura *f.* **9**

script copione *m.* **9**

scuba diver subacqueo *m.* **4**

sculpt scolpire *v.*

sculptor scultore/scultrice *m., f.* **8**

sculpture scultura *f.* **8**

sea mare *m.*

seafood frutti *m., pl.* di mare
  seafood shop pescheria *f.*

seagull gabbiano *m.*

sea-sickness mal *m.* di mare

season stagione *f.*
  season ticket abbonamento *m.*

seat poltrona *f.*

seatbelt cintura *f.* di sicurezza

second secondo/a *adj.*

secretary segretario/a *m., f.* **10**

section: lifestyle section rubrica *f.*
  di cultura e società **9**

sector settore *m.* **10**

security sicurezza *f.* **4**

see vedere *v.* **3**
  See you later. A più tardi.
  See you soon. Ci vediamo./
    A presto.
  to see each other vedersi *v.* **2**

seem sembrare, parere *v.* **2**

selfish egoista *adj.* **5**

self-governing autonomo/a *adj.* **4**

self-portrait autoritratto *m.* **8**

self-sufficient autosufficiente *adj.* **5**

sell vendere *v.*

send inviare *v.* **1;** mandare, spedire *v.*

sense senso *m.*

sensitive sensibile *adj.* **1**

separated separato/a *adj.*

September settembre *m.*

serious grave, serio/a *adj.*

serve servire *v.*

service servizio *m.*
  service station stazione *f.*
    di servizio

set (*sun*) tramontare *v.*
  to set the table apparecchiare la
    tavola *v.*

settle stabilirsi *v.* **6**

seven sette *m.*

seven hundred settecento *m.*

seventeen diciasette *m.*

seventh settimo *adj.*

seventy settanta *m.*

shake hands with stringere la
  mano a *v.* **8**

shame vergogna *f.* **2**

shape: to be in/out of shape
  essere in/fuori forma *v.*

share condividere *v.* **1**

sharp in gamba *adj.*

shave farsi la barba *v.* **2;** radersi *v.*

shaving cream schiuma *f.* da barba

sheep pecora *f.*

sheet: sheet of paper foglio *m.*
  di carta

shelter rifugio *m.* **8**

ship nave *f.*

Shoo! Sciò!

shop bottega *f.* **8;** fare spese *v.*
  shop window vetrina *f.* **1**

shopping center/mall centro
  commerciale *m.* **3**

short basso/a *adj.* **9**
  short (hair) corto/a *adj.*
  short film cortometraggio;
    filmino *m.*
  short story racconto *m.*
  short-term a breve termine *adj.* **10**
  short trip gita *f.*

shorter inferiore *adj.* **9**

shorts pantaloncini *m., pl.*

shot: to give a shot fare una
  puntura *v.*

shoulder spalla *f.*

show fare vedere a *v.* **8;** mostrare *v.;*
  spettacolo *m.* **3**

shower doccia *f.*

shrewd furbo/a *adj.* **5**

shrimp gamberetto *m.*

shy timido *adj.* **1**

side dish contorno *m.*

sidewalk marciapiede *m.* **2**

sight vista *f.*
  to know by sight conoscere di
    vista *v.*

sign firmare *v.*

signal segnale *m.* **7**

silk seta *m.*

since da *prep*

sincere sincero/a *adj.*

sing cantare *v.* **1**

singer cantante *m., f.*

single celibe *adj., m.* **1;** nubile *adj., f.* **1**

single-family home villa *f.*

sister sorella *f.*
  little/younger sister sorellina *f.*

sister-in-law cognata *f.*

sit down sedersi *v.*

six sei *m.*

six hundred seicento *m.*

sixteen sedici *m.*

sixteenth sedicesimo *adj.*

sixth sesto *adj.*

sixty sessanta *m.*

size (*clothing*) taglia *f.*

skating pattinaggio *m.* **3**

sketch schizzo *m.* **8**

ski sciare *v.* **1**; sci *(invar.) m.*
skiing sci *m.* **3**
skill capacità *f.*
skilled bravo/a *adj.*
skin pelle *f.*
skip: to skip class saltare la lezione *v.*
skirt gonna *f.* **10**
skit scenetta *f.* **9**
sky cielo *m.*
  sky blue azzurro/a *adj.*
skyscraper grattacielo *m.* **2**
slavery schiavitù *f.* **8**
sleep dormire *v.* **1**
sleepy: to be sleepy avere sonno *v.* **1**
sleeve manica *f.*
slice fetta *f.*
slide scivolare *v.* **8**
slight leggero/a *adj.*
slippers pantofole *f., pl.*
slob cafone/a *m., f.*
slow lento/a *adj.*
sly furbo/a *adj.* **5**
small piccolo/a *adj.* **9**
  small change spiccioli *m., pl.* **3**
  smaller minore *adj.* **9**
smart in gamba *adj.*
smell odore *m.* **10**
smile sorridere *v.* **5**
smirk smorfia *f.* **10**
smog smog *m.*
smoked affumicato/a *adj.*
snack spuntino *m.;* merendina *f.* **3**
  snack bar tavola *f.* calda
snake serpente *m.*
sneakers scarpe *f., pl.* da ginnastica/
  tennis **3**
sneeze starnutire *v.*
snorkel boccaglio *m.* **4**
snow neve *f.;* nevicare *v.*
so allora *adv., adj.;* perciò *conj.*
  so much, so many tanto *adj.*
  so that in modo che *conj.*
  so that affinché, benché,
    purché *conj.* **7**
soap sapone *m.*
soap opera telenovela *f.* **9**
soccer calcio *m.* **3**;
  soccer ball pallone *m.* **3**
  soccer player calciatore *m.* **3**
sociable socievole *adj.* **5**
society società *f.* **10**
sock calza *f.*
soil sporcare *v.*
solar: solar energy energia *f.* solare
  solar panel pannello *m.* solare
sold out al completo *adj.* **3**
soldier soldato *m.* **2**
solid-color tinta unita *adj.*
solo assolo *m.*
solution soluzione *f.*

solve risolvere *v.* **6**
some qualche, alcuni/e *indef. adj.* **9**;
  alcuni/e *indef. pron.* **9**
someone qualcuno/a *indef. pron.* **9**
something qualcosa *indef. pron.* **9**;
  (anything else) altro *indef. pron.*
sometimes a volte, qualche volta *adv.*
son figlio *m.* **5**
song canzone *f.*
son-in-law genero *m.* **5**
soon presto *adv.*
sorry desolato/a *adj.*
  to be sorry dispiacere *v.* **2**;
    essere desolato/a *v.* **5**
So-so. Così, così.
soul anima *f.* **5**
  soul mate anima *f.* gemella **1**
soundtrack colonna sonora *f.* **9**
soup zuppa *f.*
  thick soup minestrone *m.*
southern meridionale *adj.* **6**
Spanish spagnolo/a *adj.*
sparkling water acqua *f.* frizzante
speak: to speak to each other
  parlarsi *v.* **2**
special effects effetti *m., pl.* speciali **9**
specialist specialista *m., f.*
specialization specializzazione *f.*
spectator spettatore/spettatrice *m., f.*
speed limit limite *m.* di velocità
spend (money) spendere *v.;* **(time)**
  passare *v.*
spicy piccante *adj.*
spoil viziare *v.* **5**
spoon cucchiaio *m.*
sport sport *m.*
  sports club club *m.* sportivo **3**
  sports news cronaca *f.* sportiva **9**
spring primavera *f.*
spy spia *f.* **2**; spiare *v.* **4**
squirrel scoiattolo *m.*
stadium stadio *m.* **2**
stage scena *f.* **9**
stain macchiare *v.*
stained macchiato/a *adj.*
staircase scala *f.* **8**
stairs scale *f., pl.*
  to climb/go down stairs
    salire/scendere le scale *v.*
stall platea *f.*
stamp francobollo *m.;* timbrare *v.* **9**
stand tribuna *f.*
  stand in line stare in fila *v.* **5**
standard of living tenore di vita *m.* **6**
stanza strofa *f.* **8**
staple graffetta *f.*
stapler graffettatrice *f.*
star stella *f.*
start (to) cominciare (a) *v.* **1**
  to start the game scendere in
    campo *v.* **3**

starter antipasto *m.*
statesman statista *m.* **6**
station stazione *f.*
  radio station stazione *f.* radio **9**
stationery store cartoleria *f.*
statue statua *f.*
stay rimanere, stare *v.* **1**; restare *v.*
steal rubare *v.* **5**
steamed al vapore *adj.*
steering wheel volante *m.*
stem cell cellula *f.* staminale **7**
stench puzza *f.* **8**
step gradino; passo *m.*
stepbrother fratellastro *m.*
stepdaughter figliastra *f.*
stepfather patrigno *m.*
stepmother matrigna *f.*
stepsister sorellastra *f.*
stepson figliastro *m.*
stereo system impianto *m.* stereo
stereotype stereotipo *m.* **6**
stern poppa *f.* **4**
stewed in umido *adj.*
still ancora *adv.*
  still life natura *f.* morta **8**
  still water acqua *f.* naturale
stock exchange borsa *f.* **10**
stomach stomaco *m.*
stone sasso *m.*
stop cessare (di) *v.* **8**; fermare; fermarsi
  v. **2**; smettere *v.* **3**; fermata *f.* **2**
  bus/subway/train stop fermata
    f. dell'autobus/della metro/del
    treno *f.* **2**
  stop on request fermata *f.* a richiesta
store negozio *m.*
  store specializing in focaccia
    focacceria *f.*
  store specializing in homemade
    pasta laboratorio *m.* di pasta fresca
  store specializing in wine
    enoteca *f.*
storm temporale *m.*
  It's stormy. C'è il temporale.
stovetop piano *m.* di cottura **7**
straight (hair) liscio/a *adj.*
strange strano/a *adj.* **5**
stranger estraneo/a *m., f.* **5**
strawberry fragola *f.*
stream ruscello *m.*
street strada, via *f.* **2**
  Venetian streets calli *f., pl* **7**
stretch stirarsi *v.* **10**
strict severo/a *adj.* **5**
strike sciopero *m.*
stripe riga *f.*
striped a righe *adj.*
strong forte *adj.*
struggle lottare *v.* **4**
stubborn testardo/a *adj.* **5**

student studente(ssa), alunno/a *m., f.*
  student who studies too hard
    secchione/a *m., f.* **3**
studies studi *m., pl.*
studio apartment monolocale *m.*
studious studioso/a *adj.*
study studiare *v.* **1**; studio *m.*
  to study in-depth approfondire *v.* **1**
stuffy nose naso *m.* chiuso
sturdy resistente *adj.* **1**
style stile *m.* **10**
subject materia *f.*
subjective soggettivo/a *adj.* **8**
sublet subaffittare *v.*
submerged sommerso/a *adj.* **7**
submissive remissivo/a *adj.* **5**
subscribe fare un abbonamento *v.* **9**
subscription abbonamento *m.*
substitute teacher supplente *m.* **1**
subtitle sottotitolo *m.* **9**
suburbs periferia *f.* **2**
subway metro(politana) *f.* **2**
succeed in riuscire a *v.* **1**
success successo *m.*
successful prospero/a *adj.* **10**
suffer penare *v.* **6**
  to suffer (from) soffrire (di) *v.* **8**
suffering sofferenza *f.*
sufficient: to be sufficient
  bastare *v.* **3**
suggest suggerire *v.* **6**
suggestive allusivo/a *adj.* **8**
suit abito *m.* **10**; vestito *m.* (da uomo) **3**
  women's suit tailleur *m.* **10**
suitcase: to pack a suitcase fare
  la valigia *v.*
summer estate *f.*
sun sole *m.*
  It's sunny. C'è il sole.
Sunday domenica *f.*
sunglasses occhiali *m., pl.* da sole **10**
sunny soleggiato/a *adj.*
sunrise alba *f.*
sunset tramonto *m.*
superior superiore *adj.* **9**
supermarket supermercato *m.*
supper cena *f.*
supreme supremo/a *adj.* **9**
surf: to surf the Internet/Web
  navigare su Internet/sulla rete *v.* **7**;
  navigare in rete *v.*
surgeon chirurgo *m.*
surprise stupire *v.* **7**
  to be surprised essere
    sorpreso/a *v.* **6**
surrender arrendersi *v.* **8**
survival sopravvivenza *f.* **2**
survive sopravvivere *v.* **5**
swallow rondine *f.*
swear (on) giurare (su) *v.* **8**
sweater maglione *m.*
sweatshirt felpa *f.*

sweep spazzare *v.*
  street sweeper spazzino/a *m., f.*
sweet caruccio; dolce; tenero/a *adj.*
  sweet-and-sour agrodolce *adj.*
sweetness dolcezza *f.* **10**
swim nuotare *v.*
swimming nuoto *m.*
  swimming pool piscina *f.* **10**
Swiss svizzero/a *adj.*
symphony orchestra *f.* sinfonica **8**
symptom sintomo *m.*
synagogue sinagoga *f.* **6**
system sistema *m.*

T

table tavola *f.;* tavolo *m.*
  to clear the table sparecchiare la
    tavola *v.*
tablecloth tovaglia *f.*
tablet compressa *f.*
tabloid giornale *m.* scandalistico **9**
take prendere *v.* **1**; volerci *v.* **8**
  to take (*a class*) seguire *v.*
  to take a bath/shower fare il
    bagno/la doccia *v.*
  to take a long weekend fare il
    ponte *v.*
  to take a look dare un'occhiata *v.* **3**
  to take a picture fare una foto *v.*
  to take a short trip fare una gita *v.*
  to take a short walk fare due
    passi *v.*
  to take a test dare un esame *v.* **1**
  to take a trip fare un viaggio *v.*
  to take a walk passeggiare *v.* **2**;
    fare una passeggiata *v.*
  to take advantage of
    approfittare *v.* **10**
  to take care of occuparsi di *v.* **8**
  to take initiative prendere
    l'iniziativa *v.* **5**
  to take off decollare *v.*
  to take out a mortgage fare un
    mutuo *v.* **10**
  to take out the trash portare
    fuori la spazzatura *v.*
  to take place svolgersi *v.* **8**
talented dotato/a *adj.*
talk (about) parlare (di) *v.* **8**
tall alto/a *adj.* **9**
tan abbronzarsi *v.*
tank top canottiera *f.*
taste assaggiare *v.*
tasty gustoso/a, saporito/a *adj.*
tattoo tatuaggio *m.* **10**
tax tassa *f.* **10**
taxes contributi *m., pl.*
taxi tassì; taxi *m.*
  taxi driver tassista *m.* **6**
tea tè *m.*
teach insegnare *v.* **8**

teacher docente; insegnante *m., f.*
team squadra *f.* **3**
tease prendere in giro *v.*
teaspoon cucchiaino *m.*
technician tecnico *m., f.*
technology tecnologia *f.*
telecommunications
  telecomunicazioni *f., pl.* **7**
telephone telefonare *v.;* telefono *m.*
  to (tele)phone each other
    telefonarsi *v.* **2**
television televisione *f.* **9**
  television channel canale
    m. televisivo
  television viewer telespettatore/
    telespettatrice *m., f.* **9**
  TV host assistant valletta *f.* **9**
  TV news telegiornale *m.* **9**
temp agency agenzia *f.* di
  somministrazione lavoro
ten dieci *m.*
tenacious tenace *adj.*
tenant inquilino/a *m., f.*
tender tenero/a *adj.*
tennis tennis *m.*
tenth decimo *adj.*
term paper tesina *f.*
terminus capolinea *m.*
terrorism terrorismo *m.* **4**
terrorist terrorista *m., f.* **4**
test esame *m.*
text message SMS *m.* **7**
textbook libro *m.* di testo
thank (for) ringraziare (di) *v.* **8**
  Thank you. Grazie.
  Thanks a lot. Grazie mille.
  Thanks. Crepi. *(answer to* In bocca
    a luppo.*) (lit. May the wolf die.)*
that che; ciò che, quanto, quel che,
  quello che *rel. pron.* **9**; quello/a *adj.*
  that which ciò che, quanto, quel
    che, quello che *rel. pron.* **9**
theater teatro *m.*
theatrical teatrale *adj.*
theft furto *m.* **7**
theme tema *m.*
then allora; poi *adv.*
theorem teorema *m.*
there là *adv.*
  Is Mr./Mrs. … there? C'è il/la
    signor(a)…?
  there are ci sono
  there is c'è
thermal baths terme *f., pl.* **2**
thermal energy energia *f.* termica
thermometer termometro *m.*
thief ladro/a *m., f.* **4**
thin magro/a *adj.*
think pensare *v.* **8**
  to think about pensare a *v.* **8**
third terzo *adj.*
thirsty: to be thirsty avere sete *v.* **1**

thirteen tredici *m.*
thirty trenta *m.*
thirty-eight trentotto *m.*
thirty-five trentacinque *m.*
thirty-four trentaquattro *m.*
thirty-nine trentanove *m.*
thirty-one trentuno *m.*
thirty-seven trentasette *m.*
thirty-six trentasei *m.*
thirty-third trentatreesimo *adj.*
thirty-three trentatré *m.*
thirty-two trentadue *m.*
this questo/a *adj.*
threat minaccia *f.* 4
three tre *m.*
three hundred trecento *m.*
thriller giallo *m.* 8
throat gola *f.*
  sore throat mal *m.* di gola
through per *prep.*
throw gettare *v.*
  to throw away buttare via *v.* 1
  to throw down/below buttare di
    sotto *v.* 6
thunder tuono *m.*
Thursday giovedì *m.*
ticket biglietto *m.* 3
  ticket collector controllore *m.*
  ticket office/window biglietteria *f.*
tide marea *f.* 7
tidy: to tidy up riordinare *v.*
tie cravatta *f.* 10; pareggiare *v.* 3;
    pareggio *m.* 3
  to tie a game pareggiare una
    partita *v.* 3
tight: tight-fitting stretto/a *adj.*
time volta *f.*
  times etá *f.* 8
tire: flat tire pneumatico *m.* sgonfio
tired stanco/a *adj.*
to a; in *prep.*
toast tostare *v.*
toaster tostapane *m.*
today oggi *m., adv.*
toe dito *m.* del piede (*pl.* dita *f.*) *m.*
together insieme *adv.*
  to get together incontrarsi *v.* 2
toilet gabinetto *m.*
tomato pomodoro *m.*
tomorrow domani *m., adv.*
  the day after tomorrow
    dopodomani *m., adv.*
ton (of) sacco (di) *adj.*
too anche *conj.*
  too much troppo *adj., adv.*
tooth dente *m.*
  to brush one's teeth lavarsi i
    denti *v.*
  tooth brush spazzolino *m.* (da denti)
  tooth paste dentifricio *m.*
topography topografia *f.* 2

tornado tornado *m.*
torrential downpour diluvio *m.*
touch toccare *v.*
touching commovente *adj.*
tough duro/a *adj.*
tour giro *m.*
  to be on tour essere in tour *v.*
tourist turista *m., f.*
  tourist class classe *f.* turistica
  tourist information office
    ufficio *m.* informazioni turistiche
tournament torneo *m.* 3
toward verso *prep.*
towel asciugamano *m.*
town città *f.*, paese *m.*
  in town in centro *adv.*
  town hall comune *m.*
toxic waste rifiuti *m., pl.* tossici
trace tracciare *v.* 6
track and field atletica *m.*
trade mestiere *m.* 10
tradition tradizione *f.* 6
traffic circolazione *f.*, traffico *m.* 2
  traffic jam ingorgo *m.* stradale 2
  traffic light semaforo *m.* 2
  traffic officer vigile/vigilessa *m.,*
    f. urbano/a
tragedy tragedia *f.*
tragic tragico/a *adj.* 8
train allenarsi *v.* 3; treno *m.*
  get off the train scendere dal
    treno *v.* 2
  to get on the train salire sul
    treno *v.* 2
  train track binario *m.* 1
training formazione *f.* 10
  professional training tirocinio *m.*
transfer mobilità *f.*
translate tradurre *v.* 1, 8
transportation trasporto *m.*
trash immondizia *f.*
  to take out the trash portare
    fuori la spazzatura *v.*
trauma trauma *m.*
travel viaggiare *v.*
  travel agent agente *m., f.* di viaggio
traveler viaggiatore *m.*
tray vassoio *m.* 1
treaty trattato *m.* 4
tree albero *m.*
trendy trendy *adj.*
trim (one's hair) spuntare (i
    capelli) *v.*
trip viaggio *m.*
troop truppa *f.* 7
truck camion *m.*
  truck driver camionista *m., f.*
truly veramente *adv.*
trunk baule *m.* 8
trust avere fiducia (in), fidarsi (di)
    v. 1; fiducia *f.* 4

try to cercare di *v.* 8; provare a *v.* 8
  to try on provare, provarsi *v.* 3
t-shirt maglietta *f.*
  short-/long-sleeved t-shirt
    maglietta *f.* a maniche corte/lunghe
Tuesday martedì *m.*
tuft of hair ciuffo *m.*
tuna tonno *m.*
turn volta *f.*; svolta *f.*; girare *v.* 9
  to turn off spegnere *v.*
  to turn on accendere *v.*
  to turn (right/left) girare
    (a destra/sinistra) *v.* 2
Tuscan almond biscotti cantucci
    m., pl. 1
TV tivù, TV *f.*
twelve dodici *m.*
twentieth ventesimo *adj.*
twenty venti *m.*
twenty-eight ventotto *m.*
twenty-five venticinque *m.*
twenty-four ventiquattro *m.*
twenty-nine ventinove *m.*
twenty-one ventuno *m.*
twenty-seven ventisette *m.*
twenty-six ventisei *m.*
twenty-three ventitré *m.*
twenty-two ventidue *m.*
twin gemello/a *adj.* 5
two due *m.*
two hundred duecento *m.*
two hundred forty five
    duecentoquarantacinque *m.*
two thousand duemila *m.*
two-room apartment bilocale *m.*
type digitare *v.* 7

U

ugly brutto/a *adj.*
ultrasound ecografia *f.* 3
umbrella ombrello *m.*
unbearable insopportabile *adj.* 5
unbiased imparziale *adj.* 9
uncertainty incertezza *f.* 6
uncle zio *m.* 5
under sotto *adv., prep.* 8
underdevelopment sottosviluppo
    m. 6
understand capire *v.* 1
understanding comprensione *f.* 6;
    comprensivo/a *adj.* 1
underwear biancheria *f.* intima
undress spogliarsi *v.* 10
unemployed disoccupato/a *adj.* 10
  to be unemployed essere
    disoccupato/a *v.*
unequal ineguale *adj.* 4
unethical immorale *adj.* 7
unfair ingiusto/a *adj.* 4
unfaithful infedele *adj.* 1

unforgettable indimenticabile *adj.* **1**
united unito/a *adj.*
university università *f.*
unless a meno che, salvo che *conj.* **7**
unlikely improbabile *adj.* **7**
unpleasant antipatico/a *adj.*
unreliable inaffidabile *adj.* **4**
until fino a *prep.*
up there lassù *adv.* **6**
update aggiornare *v.* **7**
upset contrariato/a *adj.* **1**
urge raccomandare *v.*
use usare *v.*
useful utile *adj.* **1**
usual solito/a *adj.*
  as usual al solito suo *adv.*
  The usual. La solita cosa.
usually di solito *adv.*

V

vacancy stanza *f.* disponibile
vacation vacanza *f.*
  ski vacation settimana *f.* bianca
  to go on vacation partire in vacanza *v.*
vaccine vaccino *m.* **7**
vacuum aspirapolvere *m.;* passare l'aspirapolvere *v.*
vain vanitoso/a *adj.* **5**
validate (*ticket*) convalidare *v.*
valley valle *f.*
variety show avanspettacolo *m.* **9;** varietà *f.*
vase vaso *m.*
vaudeville rivista *f.* **9**
vegetable verdura *f.*
veiled velato/a *adj.* **8**
vendor venditore/venditrice *m., f.* **2**
  street vendor venditore/venditrice *m., f.* ambulante *2*
Venetian veneziano *m., f.*
  Venetian squares/fields campi *m., pl.* **7**
  Venetian streets calli *f., pl.* **7**
vengeful vendicativo/a *adj.* **1**
veterinarian veterinario/a *m., f.*
victim vittima *f.* **4**
victorious vittorioso/a *adj.* **4**
victory vittoria *f.* **4**
video store videoteca *f.*
videogame videogioco *m.* **3**
viewer telespettatore *m.* **9**
villa villa *f.*
village paese *m.* **2**
violence violenza *f.* **4**
  fellow villager/countryman/ woman paesano/a *m., f.* **2**
violin violino *m.*
violinist violinista *m., f.*
visit visitare *v.*

voice: at the top of one's voice a squarciagola *adv.* **3**
volcanic eruption eruzione *f.* vulcanica
volleyball pallavolo *f.*
vote votare *v.* **4**

W

wage stipendio *m.* **10**
  minimum wage stipendio *m.* minimo **10**
waist vita *f.*
wait aspettare *v.* **8**
  to wait (for) attendere *v.*
  to wait in line fare la coda *v.* **3;** fare la fila *v.*
waiter/waitress cameriere/a *m., f.*
waiting attesa *f.*
wake (*someone*) svegliare *v.* **2**
  to wake up svegliarsi *v.* **2**
walk camminare *v.;* passeggiata *f.*
wall parete *f.*
want volere *v.* **1**
war guerra *f.*
  civil war guerra *f.* civile **4**
  world war guerra *f.* mondiale **4**
wash lavare *v.*
  to wash the dishes lavare i piatti *v.*
  to wash oneself lavarsi *v.* **2**
washing machine lavatrice *f.* **5**
waste scoria *f.;* sprecare *v.*
wastebasket cestino *m.*
watch orologio *m.*
  to watch one's weight controllare la linea *v.*
  to watch TV guardare la TV *v.*
water acqua *f.*
watercolor acquerello *m.* **8**
waterfall cascata *f.*
wavy mosso/a *adj.*
way modo *m.*
  This way. Da questa parte.
  to know the way conoscere la strada *v.*
weak debole *adj.*
weapon arma *f.* **4**
wear indossare *v.* **1;** portare *v.*
  to wear a suit portare un vestito *v.*
weather tempo *m.*
  to be nice/nasty (*weather*) fare bel/brutto tempo *v.* **1**
Web site sito *m.* Internet
wedding matrimonio *m.* **1**
  wedding dress vestito *m.* da sposa **8**
wedge shoes zeppe *f., pl.* **3**
Wednesday mercoledì *m.*
week settimana *f.*
weight peso *m.*
Welcome! Benvenuto!

well bene *adv.* **9**
  I am not well. Sto male.
  Pretty well. Abbastanza bene.
wet suit muta *f.* **4**
what che, che cosa, cosa *interr. pron.;* quale *adj., pron., adv.;* ciò che, quanto, quel che, quello che *rel. pron.* **9**
  What does . . . mean? Cosa vuol dire…?
  What is it? (Che) cos'è?
  What is the temperature? Quanti gradi ci sono?
  What's new? Che c'è di nuovo?
  What's wrong? Che cosa c'è?
whatever/whichever qualsiasi, qualunque *indef. adj.* **9**
wheel: steering wheel volante *m.*
when quando *conj., adv.*

where dove *adv., conj.*
wherever ovunque *adv.*
which che; cui *rel. pron.;* quale *adj., pron., adv.*
while mentre *conj.*
whiner lagnone/a *m., f.*
whiny lamentoso/a *adj.*
whisper sussurro *m.* **8**
white bianco/a *adj.*
who che *rel. pron.;* chi *interr. pron.*
  those who, the one(s) who chi *rel. pron.*
whoever chiunque *indef. pron.* **9**
whom che; cui *rel. pron.;* chi *rel. pron.*
why perché *conj.*
widowed vedovo/a *adj.* **1**
widower/widow vedovo/a *m., f.* **1**
wife moglie *f.* **5**
willingness volontà *f.* **4, 6**
win vincere *v.*
  to win a game vincere una partita *v.* **3**
  to win the election vincere le elezioni *v.* **4**
wind vento *m.*
  It's windy. C'è vento.
  wind power energia *f.* eolica
window finestra *f.*
  window (*bank*) sportello *m.* **10**
  window cleaner lavavetri *m.*
windshield parabrezza *m.*
  windshield wiper tergicristallo *m.*
windsurfing windsurf *m.*
windy ventoso/a *adj.*
wine vino *m.*
  wine cellar cantina *f.* **8**
winter inverno *m.*
wireless network rete *f.* senza fili **7**
with con *prep.;* presso *prep.* **8**
withdraw: to withdraw money ritirare dei soldi *v.*
without senza *prep.* **8;** senza che *conj.* **7**
witness testimone *m., f.* **4**

woman donna *f.*
womb grembo *m.*
wood legno *m.* **5**
wool lana *m.*
work lavoro *m.;* funzionare; lavorare *v.*
  to work overtime fare lo
  straordinario *v.* **10**
    work (of art) opera *f.* (d'arte) **8**
    work hours orario *m.* di lavoro **10**
    work shift turno *m.* di lavoro **10**
  worker operaio/a *m., f.*
  worried preoccupato/a *adj.* **1**
  worry (about) preoccuparsi (di) *v.* **2**
  worse peggiore *adj.* **9**; peggio *adv.* **9**
  worth: to be worth valere *v.* **6;**
    costare *v.*
    to be worth it valere la pena *v.* **3**
  wound ferita *f.*

wrap incartare *v.* **9**
write scrivere *v.* **3**
  to write each other scriversi *v.* **2**
writer scrittore/scrittrice *m., f.*
wrong sbagliato/a *adj.* **7**
  to be wrong avere torto *v.* **8**

Y

yawn sbadigliare *v.* **1;** sbadiglio *m.* **1**
year anno *m.*
  to be … years old avere… anni *v.*
year-end bonus tredicesima *f.*
yellow giallo/a *adj.*
yesterday ieri *m., adv.*
  the day before yesterday
    l'altro ieri *m., adv.*
yet ancora *adv.*
yogurt yogurt *m.*
young giovane *adj.*
  younger sister sorellina *f.*
younger minore *adj.* **9**
youth giovinezza *f.* **5**
  youth hostel ostello *m.*
    della gioventù

Z

zoologist zoologo/a *m., f.* **7**

Index

Credits

Text Credits

34-35 Salvatore Fiume, "Il supplente, 2ª lezione", CHE STORIE SON QUESTE?. Permission requested. Best efforts made.

72-73 "La Mamma e il Bambino", taken from SPICCHI DI REALTÀ, by Claudio Gianini. Published in Italy in e-book by Kult Virtual Press.

110-111 Stefano Benni, "La chitarra magica", IL BAR SOTTO IL MARE. Permission requested. Best efforts made.

150-151 "La compra della repubblica" taken from Gog, by Giovanni Papini © Eredi di Giovanni Papini. All rights reserved. Published in Italy by Giunti Editore, Firenze.

188-189 "Innocenza" taken from RACCONTI DIMENTICATI by Elsa Morante © Elsa Morante Estate. All rights reserved. Published in Italy by Giulio Einaudi Editore, Torino.

226-229 "Il problema dei vecchi" taken from BUONASERA CON FRANCA RAME by Dario Fo and Franca Rame. © 1979, Dario Fo and Franca Rame. All Rights reserved. Published in Italy by Giulio Einaudi Editore, Torino.

310-313 "La parola proibita" taken from SESSANTA RACCONTI by Dino Buzzati © Dino Buzzati Estate. All rights reserved. Published in Italy by Arnoldo Mondadori Editore, Milano.

352-355 © RCS Libri S.p.A. - Milano, Bompiani 1992-2007.

392-395 "L'avventura dei due spose" by Italo Calvino. Copyright © 2002 by The Estate of Italo Calvino, reprinted with permission of The Wylie Agency LLC.

Photography Credits

All images © Vista Higher Learning unless otherwise noted.

Cover: © Radius Images/Alamy.

Lesson One: 2 (full pg) © Henrik Weis/Getty images; **4** (tl, b) Martín Bernetti; (tm) Vanessa Bertozzi; **12–13** (t) © Ed Rooney/Alamy; **13** (m, br) María Eugenia Corbo; (bl) © Corbis; **17** (br) © Blend Images/Alamy; **23** (tl) Nancy Camley; (tr) Ana Cabezas Martín; (bl) John DeCarli; (br) Katie Wade; **27** (l) Anne Loubet; **29** (l, r) María Eugenia Corbo; **32** (l, m) Nicolás Corbo; (r) Gaby Corbo (www.gabycorbo.com); **33** (tr) © AP Photo/Giancarlo Caloja; **34** (full pg) © Nino Braia/age fotostock; **37** (l) María Eugenia Corbo.

Lesson Two: 40 (full pg) © Atlantide Phototravel/Corbis; **42** (tl, r, bl) Katie Wade; (m) Anne Loubet; **50–51** (t) © Riccardo Spila/Grand Tour/Corbis; **50** (b) Ana Cabezas Martín; **51** (m) © Wolfgang Thieme/dpa/Corbis; (bl) © Terry Wilson/iStockphoto.com; (br) Ana Cabezas Martín; **54** (bl) Ali Burafi; (br) Ana Cabezas Martín; **58** (tl, tm, bl) Vanessa Bertozzi; (bm) Isabelle Alouane; (br) Janet Dracksdorf; **59** (l) Nancy Camley; (r) Vanessa Bertozzi; **63** (m) Anne Loubet; **65** (r) John DeCarli; (bl) Rossy Llano; (bm) Pascal Pernix; **66** (tl) Katie Wade; (tr) Isabelle Alouane; (br) Vanessa Bertozzi; **67** (l) Andrew Paradise; (r) © AP Photo/ Ufficio Stampa Santa Cecilia-Riccardo Musacchio; **68** (full pg) © fabiomax/Fotolia; **71** Courtesy of Claudio Giannini; **72** (full pg) © Altrendo Images/Getty Images.

Lesson Three: 78 (full pg) © Adrian Weinbrecht/Getty Images; **80** (tl) © Corbis; **88–89** (t) © WernerHilpert/Fotolia; **88** (b) Isabelle Alouane; **89** (bl) © Vaclav Janousek/Fotolia; (br) Andrew Paradise; **99** Ana Cabezas Martín; **102** Ana Cabezas Martín; **103** Ali Burafi; **104** (tr) © Ted Levine/Corbis; (br) © Paul Barton/Corbis; **106** (full pg) © mipan/Fotolia; **107** © Rick Friedman/Corbis; **109** © Sophie Bassouls/Corbis; **110** © Lawrence Manning/Corbis.

Lesson Four: 116 (full pg) © AP Photo/Antonio Calanni; **118** (tl) Teresa Garrido; (tm) Katie Wade; (bl) © Image Source/Corbis; (br) Ana Cabezas Martín; **119** Isabelle Alouane; **126–127** (t) © Atlantide Phototravel/Corbis; **126** (b) Nancy Camley; **127** (m) © vision images/ Fotolia; (bl) © Skowron/Shutterstock; (br) © Albo/Shutterstock; **131** (l) Vanessa Bertozzi;

(r) Nancy Camley; **141** (tl) Martín Bernetti; (tr) Vanessa Bertozzi; (bl) Rafael Ríos; (br) Katie Wade; **146** (full pg) © Klaus Hackenberg/Corbis; **149** © Eredi di Giovanni Papini; **150** (full pg) © Ocean/Corbis.

Lesson Five: 156 (full pg) © Rolf Bruderer/Corbis; **158** (l) © Katrina Brown/123RF; (r) © SW Productions/Getty Images; **159** Anne Loubet; **166–167** (t) © ollirg/Shutterstock; **166** (b) © imagebroker/Alamy; **167** (m) © John Miller/Robert Harding World Imagery/Corbis; (bl) © Giorgio Mercalli/Fotolia; (br) ©Tobias Machhaus/Shutterstock; **171** © Dragan Trifunovic/ iStock; **174** © CuboImages s.r.l / Alamy; **175** ©Tomo Jesenicnik/Shutterstock; **184** (full pg) © Michael Blann/Getty Images; **185** Rachel Distler; **187** © Pictorial Parade/Staff/ Getty Images; **188** © Siri Stafford/Getty Images; **191** María Eugenia Corbo.

Lesson Six: 194 (full pg) © Ryan McVay/Getty Images; **196** (t) Nancy Camley; (bm) © Randall Fung/Corbis; **197** Katie Wade; **198** (r) Rachel Distler; **204–205** (t) Vanessa Bertozzi; **205** (m) © Sailorr /Fotolia; (bl) © Davide Chiarito/iStockphoto.com; (br) © Zbynek/Shutterstock; **209** (l,r) Nancy Camley; **219** Martín Bernetti; **222** © Fototeca Storica Nazionale/Getty Images; **223** © PoodlesRock/Corbis; **225** © Colin McPherson/Corbis; **226–227** © Dario Fo. Il Giudizio. Gioco di equilibri by author Dario Fo, 1981.; **228** © Dario Fo. Il Giudizio. Gioco di equilibri by author Dario Fo, 1981 (detail).; **229** © Dario Fo. Il Giudizio. Gioco di equilibri by author Dario Fo, 1981 (detail).

Lesson Seven: 234 (full pg) © Paola Pandolfi/123RF; **236** (tm) © Milos Luzanin/Shutterstock; (tr) Katie Wade; (m) © suravid/Shutterstock; (b) © Comstock/Fotosearch; **244–245** (t) © Grand Tour/Corbis; **244** (b) Sarah Kenney; **245** (m) © Mikhail Nekrasov/Shutterstock; (bl) © Hulton Archive/iStockphoto; (br) © Sebastiano Bettio/Fotolia; **250** (l) Martín Bernetti; **259** Martín Bernetti; **263** Sarah Kenney; **264** (full pg) © AP Photo/Constantini; **267** Courtesy of the Salgari family.

Lesson Eight: 276 (full pg) Vanessa Bertozzi; **278** (t) Janet Dracksdorf; (ml) © laurent hamels/ Fotolia; (mr) Ana Cabezas Martín; (bl) © Ismael Montero Verdu/Shutterstock; (br) © Corbis; **279** © Bryan Busovicki/Shutterstock; **280** Isabelle Alouane; **286–287** (t) © DEA/R. CARNOVALINI/Getty Images; **286** (b) John Decarli; **287** (m) © Perov Stanislav/Shutterstock; (bl) © Neil Harrison/Dreamstime; (br) © Barbara Pheby /Shutterstock; **291** (t) Rafael Rios; (ml, mr, br) Martín Bernetti; **303** (ml) Rachel Distler; (r) Martín Bernetti; **305** © Alinari Archives/ Corbis; **306** (full pg) © INSADCO Photography/Alamy; **309** © Studio Patellani/CORBIS; **310** (full pg) © Nancy R. Cohen/Getty Images; **312–313** © Nancy R. Cohen/Getty Images.

Lesson Nine: 318 (full pg) © Andrea Matone/Alamy; **319** (m) © Carlo Bavagnoli/Time & Life Pictures/Getty Images; **320** (tl) Rafael Ríos; (tm) Vanessa Bertozzi; (ml) © Corbis; (bl) © Louie Psihoyos; (br) Sarah Kenney; **328–329** (t) © LEONARDO VITI/Shutterstock; **328** (b) © CuboImages s.r.l/Alamy; **329** (m) © Foto Studio De Bon; (bl) Courtesy of Renzo Piano Building Workshop s.r.l. © Stefano Goldberg; (br) © The Art Gallery Collection/Alamy; **335** (tr, bl, bml, bmr, br) Katie Wade; **339** (bl, bm, br) Rafael Ríos; **345** (bl) Andrew Paradise; (bm) Martín Bernetti; (br) Katie Wade; **348** © Carlo Bavagnoli/Time & Life Pictures/Getty Images; **349** © MARKA/Alamy; **351** © Gianni Giansanti/Sygma/Corbis; **352** (full pg) © Elisabetta Villa/Getty Images; **355** © Elisabetta Villa/Getty Images.

Lesson Ten: 360 (full pg) © Dmitriy Shironosov/Shutterstock; **361** (m) © WWD/Condé Nast/ Corbis; **362** (tl) Anne Loubet; (tm) © PhotoAlto/Alamy; (tr) Katie Wade; (ml) Martín Bernetti; (mr) Vanessa Bertozzi (bl) Nancy Camley; **370–371** (t) © C./Shutterstock; **370** (b) © macumazahn/ Shutterstock; **371** (m) John DeCarli; (bl) Leah Mercanti; (br) María Eugenia Corbo; **376** María Eugenia Corbo; **388** (full pg) © WWD/Condé Nast/Corbis; **389** Katie Wade; **390** (ml) © Ustyujanin/Shutterstock; (m) © Paul Hakimata Photography/Shutterstock; (mr) © konstantynov/Shutterstock; **391** © Jean-Paul Guilloteau/Kipa/Corbis; **392** © Leslie Richard Jacobs/Corbis; **395** © Rob Goldman/Corbis; **397** María Eugenia Corbo.

About the Authors

Anne Cummings is a Professor of French and Italian at El Camino College in California. She has over thirty years of teaching experience at universities, community colleges, and in the private sector in both the US and abroad. Anne is widely published in the field of foreign language education. She has degrees from the University of Southern California and the University of California at Los Angeles, and a diploma from the **Centro di Lingua e Cultura Italiana "Giacomo Leopardi."** Anne resides in Southern California.

Chiara Frenquelluci teaches in the Department of Romance Languages and Literatures at Harvard University, where she also earned her PhD. Chiara also holds graduate degrees in Pedagogy and Comparative Literature from the University of Massachusetts at Boston and Brandeis University. She has won numerous awards for excellence in teaching and has published on French and Italian literature. Chiara is a native of Rome and now lives in the Boston area.

Gloria Pastorino is an Assistant Professor of Italian and French at Farleigh Dickinson University in New Jersey. She holds a PhD in Comparative Literature from Harvard University, and also has degrees from the University of New Mexico and the **Istituto Universitario di Lingue Moderne** in Milan, Italy. Gloria specializes in theater and is a renowned literary translator. She is currently writing a book on Dario Fo. Among other accomplishments, she has earned numerous honors for distinction in teaching. Gloria is originally from Milan and lives outside New York City.

Julia A. Viazmenski is a Lecturer in Italian at Dartmouth College. She holds degrees in Italian Language and Literature from Smith College and the University of Wisconsin at Madison. Julia has been writing educational materials for students of Italian and teaching the language for over fifteen years. A native of Vermont, she currently resides in West Lebanon, New Hampshire with her husband and two children.